I0815688

OCÉANO exprés

abecé

Eric Araya-Monardes

de redacción

2.ª edición revisada, actualizada y aumentada

exprés

ABECÉ DE REDACCIÓN
2.ª edición revisada, actualizada y aumentada

Diseño de portada: Ivonne Murillo

D. R. © 2025, Editorial Océano de México, S.A. de C.V.
Guillermo Barroso 17-5, Col. Industrial Las Armas
Tlalnepantla de Baz, 54080, Estado de México
info@oceano.com.mx

Segunda edición: 2025

ISBN: 978-607-584-067-3

Impreso en México / Printed in Mexico

A mi hija y mi esposa,
dos pilares inconmensurables
que confluyen en mí.

In memoriam
A Maury, Mamby, Edson.
Gracias por tanto, tanto.

ÍNDICE

PRIMERA PARTE
LENGUAJE ESCRITO Y ORTOGRAFÍA PUNTUAL

I
Puntuación intraoracional: lo que sucede dentro de la oración

SEGUNDA PARTE
DISCURSO Y ESTILO

I
De la oración al discurso

II
Formas discursivas

III
El estilo

TERCERA PARTE
APÉNDICES

I
Orientaciones idiomáticas

II
Vicios

III
Algunos prontuarios

IV
Gramática auxiliar

AGRADECIMIENTOS

A mi esposa y a mi hija, por soportar tantas horas de ausencia; por entender lo laboriosa y avasalladora que suele ser la labor de intentar enseñar por medio de los libros. Gracias por estar y proveer fuerzas.

A mi madre, por estar siempre, desde siempre, pese a la distancia.

A Maury, siempre ahí, desde el trasfondo, siempre, incluso ahora que partió.

A toda mi familia, por aquí y por allá, por confiar en mí, por concederme siempre el beneficio de los laureles.

A mis amigos, los de verdad, por su confianza y su compañía, muchas veces silenciosa.

A todos, infinitas gracias.

ADVERTENCIA

En este libro utilizo tilde en el adverbio *sólo*, en los pronombres demostrativos y en la *o* que se presenta junto a cifras. Valgan las explicaciones que en la misma obra asoman y los abundantes y categóricos considerandos que a estas alturas todos podemos o debemos conocer.

Por otro lado, en pos de la eficiencia ilustrativa, en varios pasajes la obra incurre en licencias, premeditadas, que pudieren atentar contra las normas de ortografía y de estilo, especialmente en diagramas y esquemas.

PREFACIO A LA SEGUNDA EDICIÓN

Quince años han pasado desde que realicé los últimos ajustes globales a *Abecé de redacción*. No es poco. Quien nació en aquel año hoy ya debería estar incursionando en su educación secundaria. Es el período en que vuelve a acontecer un equinoccio en Saturno. Es, según la zoología, el lapso de vida de un zorro en un zoológico. Es tiempo suficiente para que, en general, al menos dos presidentes consecutivos hayan probado su pericia y su cualidad de estadistas (?) en sus naciones. Es bastante tiempo. Es también el plazo ineludible para la segunda edición de un voluminoso libro.

Obviamente, desde aquel entonces, aquel lejano 2009, «mucha agua ha corrido debajo del puente», como apunta el dicho. Es más, un año después, en 2010, justo cuando esta obra era publicada, la Real Academia Española (RAE) sacaba al mercado su *Ortografía de la lengua española,* que venía a robustecer con creces un acervo someramente plasmado en 1999, cuando, para la masa, poner tilde a *sólo* no era aún ningún pecado ni estaba siquiera en tela de juicio.

En aquel tiempo no solamente la RAE era distinta sino, en general, lo era el mundo que nos rodeaba. Los *smartphones* aún estaban en su etapa inicial; no eran una parte esencial de la vida diaria. Facebook ya era popular, pero no como lo es hoy; además, Instagram apenas abría sus ojos; Snapchat aún era un embrión y TikTok estaba lejos de la concepción. No había un consumo a rabiar de «transmisión por secuencias» o «descarga continua» (entiéndase *streaming*); salvo con uno que otro video corto o con iniciativas de radiodifusión bastante germinales, y con todo lo que ello conllevaba, nadie buscaba distender sus ratos de ocio con transmisiones en línea. Nada de asistentes virtuales, como Siri, Alexa, Google Assistant, ahora tan comunes en los hogares; teclear en una PC o una *laptop* era la única opción. Evidentemente, tampoco conocíamos el «internet de las cosas» (IdC o IoT en inglés), es decir, diversidad de dispositivos conectados, como termostatos inteligentes, electrodomésticos, cerraduras de puertas, cámaras de seguridad y otros *gadgets,* que permiten un control y monitoreo remoto de los objetos cotidianos. Tampoco se veían en la cotidianidad señales fuertes sobre automatización y robótica o sobre transporte eléctrico. La realidad virtual (VR) y la realidad aumentada (AR) eran casi conceptos de ciencia ficción. Y qué decir de la inteligencia artificial, sólo digna de películas en su mayoría distópicas, y enfrentada totalmente con la realidad presente: al servicio de alumnos simuladores, que con ésta encontraron un método aún más simplón e indulgente para que "alguien" haga la tarea por ellos; antes, *copiar y pegar* de Wikipedia era lo más redituable. Asimismo, en tiempos en que terminé de apuntalar esta obra y ésta surcaba hacia imprenta, no estaba afianzado el concepto de «energía renovable»; las energías solar y eólica ni siquiera se asomaban en el horizonte del incipiente ciudadano del mundo, al menos el de este lado del orbe. Salvo para algunos revoltosos y exagerados —hoy visionarios—, muy aislados, el cambio climático y la conciencia ambiental no eran tema; muy pocos se preocupaban por la reducción de emisiones, la conservación de recursos y la sostenibilidad en diversas áreas, desde el transporte hasta la producción de alimentos. ¿Criptomonedas, *blockchain*? Ni de broma; solamente «contante y sonante» o por tarjeta bancaria.

Y es que el mundo ha cambiado. Y la gente, como parte de un sistema dinámico y tal vez en un principio antrópico, también ha cambiado, más allá de la tecnología. En lo político y social, hemos visto cómo, de manera real o por simple conveniencia, ha surgido una tendencia de políticas gubernamentales en respuesta a diversas problemáticas y en pro de respectivas mejoras, como la igualdad de género, los derechos LGBTQ+, la migración y la tornadiza y escurridiza justicia social. Ahora, si esta renovada propensión es para bien o para mal, que lo diga quien tenga la voz cantante.

Desde luego, en este contexto de cambio incesante e inevitable, *Abecé de redacción* no podía quedarse atrás. Y acerca de esto sí puedo sostener con total certeza que el cambio particular ha sido para mejor. No era para menos, después de quince años... De todos modos, aclaro que en 2013 yo había hecho ya unas pequeñas enmiendas, en su mayoría erratas, nada colosal; el esqueleto y el espíritu quedaron intactos. Como sea, como es posible advertir, la inmediación con una segunda versión andaba rondando, iba y venía, se insinuaba mediante diversas epifanías.

Ahora bien, los motivos o excusas para esta verdadera sorna en torno a una segunda edición son sencillos: agobio, falta de aliento, principalmente, y ese afán que tiene la vida, intrépida, de llevarnos por insospechadas divergencias, que además suelen ir acompañadas de la invisibilidad del paso del tiempo. Sobre lo segundo no profundizaré, por circundar asuntos personales; pero sí sobre lo primero. Y es que tan sólo mover un par de asuntos triviales a tan maciza obra requería de un aliento grande. Igualmente, producto de mi incesante afán perfeccionista y de algunas sugerencias de los lectores, ya desde 2014 comencé a visualizar algunas primeras mejoras, que se fueron apilando incesantemente sobre mi voluntad. Llegó el momento en que se requería más que un aliento grande, mucho más, para elaborar una segunda edición.

Desde luego, en estos 15 años también he aprendido mucho. No me refiero a leer más libros técnicos, que sí lo he hecho, sino a, en mi calidad de corrector de estilo y editor, revisar una cantidad profusa de textos, literarios y de ciencias sociales, gracias a los cuales he logrado advertir y revalidar en la práctica cómo se desarrollan las situaciones planteadas en este libro. Ha ayudado también mi labor de compilador de corpus, gracias a la cual he logrado recabar muchos patrones y sus discrepancias o variantes en torno a muchos contenidos. Y, por supuesto, ha ayudado sobremanera mi labor docente, con actividades académicas formales —en preparatoria y universidad— y no formales —cursos y otros—, de manera consecuente. Por último, mi labor de *coach* literario ha venido a afianzar un crisol de labores en torno a la lengua y la comunicación escrita.

Sobre la evolución y el enfoque

En esta segunda edición, el espíritu, que es lo que más le celebra la gente, seguirá intacto, por pomposo que éste parezca a simple vista. No por nada es un «abecé» —que efectivamente proviene de «a, b, c»—, es decir, según el *Diccionario de la lengua española* (DLE) en línea, en su tercera acepción, un «conjunto de rudimentos o principios de una disciplina o ciencia».

Como mencioné en su primera edición, desde el inicio la intención fue integrarlo todo, aunque ese todo inevitablemente fuera permutando, bien por la perspectiva, bien por la indeterminación ontológica de ese *todo* y, por lo tanto, el trazado de sus límites y sus componentes. De acuerdo a esto, la obra será eternamente perfectible, especialmente si todos los lectores, con sus propias precisiones y miradas, son quienes fungen como dictaminadores. En este último sentido, debo decir que fue imposible solventar los asuntos manifestados en algunas críticas, todas válidas, por cierto. Aun así, advierto que ser demasiado extenso es, como ya he mencionado, una de las principales cualidades que definieron la concepción de esta obra. Un abecé no podía ser de otra manera, y se confunde quien busca concisión, cual cápsulas o recetas, en una obra tan voluminosa. No busca sombra el que no tiene sol, ¿no?

Gracias a un proceso de reingeniería, el libro tiene grandes novedades. En cuanto a su estructura, por ejemplo, algunos segmentos se ubican ahora en posiciones distintas; en general, todo lo que no es instrucción del proceso mismo de comunicación —sino referencia o contextualización— quedó al final, como apéndice. Igualmente, todo el libro cambió de piel, ya que los capítulos exhiben ahora una fisonomía distinta, tendiente a alivianar el acceso al libro y el aprendizaje. Veamos... Todo lo que es muy técnico o de complejidad mayor pasó a conformar una vigorosa sección de notas al final del libro, numeradas según las partes. Esto garantiza que el redactor menos avezado no se tope con situaciones que pudieren confundirlo; y, por otro lado, el más ducho y con intenciones de ir más allá podrá valerse del número de nota para ir justamente a la nota en cuestión, al final del libro.

La primera edición contaba con cuadros titulados «si se quiere profundizar»; pues bien, éstos se fueron también al final del libro. De igual manera, dentro de los capítulos fueron implementadas algunas medidas para que el seguimiento del libro sea más expedito; por ejemplo, ya no hay pies de nota numéricos para indicar que el tema será tratado con más holgura, el famoso «véase...». Ahora, y pocas veces, aparece un cuadrito sin bordes, introducido por un símbolo revelador (⚐), inmediatamente después de cuando el aviso sea pertinente. El número de nota, como bien dije, quedó reservado para las notas al final del libro. Los pies de nota propiamente tal son símbolos (*, †, ‡, §) y sirven para bibliografía o explicaciones leves, aunque digresivas, de lo que sucede en el cuerpo mismo del texto. Por último, abundan las bolaspas (⊗), especialmente pospuestas, donde no estorban a la ilustración de los ejemplos.

El estilo del libro también pasó por el quirófano. Antes, en una pretensión de formalidad tal vez "académica", todo el libro estaba cifrado en los ampulosos tiempos de pasiva refleja e impersonal refleja; dicho de manera muy sencilla, verbos concertados con *se*. Ahora todo suena más natural, o más cercano, si usted quiere, con la voz activa como eje, y en algunas ocasiones voz pasiva, cuando lo consideré oportuno. Asimismo, todos los capítulos fueron pulidos, lo que, junto con lo antes mencionado, le da a la edición el carácter de «mejorada». No obstante, es especialmente la parte I, en específico el capítulo I, sobre puntuación, el que obtuvo el mayor contingente de complacencia. En lugar de presentar un inventario prescrito y rutinario, como es común y porque resulta más sencillo para el autor, en esta ocasión los signos fueron distribuidos de acuerdo a criterios pragmáticos: lo que va *entre* oraciones y lo que va *adentro de* las oraciones. La forma y el fondo se sistematizaron desde la praxis misma de la redacción.

¿Por qué afirmo esto último? En general, y así he podido constatar, la gente escribe por inducción o por una especie de mecanización seguida de inercia, por decirlo de la manera más sencilla. El primer caso es el ideal, pero ocurre poco o en menor grado, y es entorpecido por la gran cantidad de malos ejemplos en redes y medios de comunicación, además de mensajes de cercanos y la mala instrucción académica, que abunda. El segundo caso, el de la mecanización, es al cual en gran parte apunto; busco concebir el lenguaje escrito como un fenómeno cercano a un algoritmo, una agrupación no azarosa de signos y con predisposición a la lógica. Como sea, ambos casos son cubiertos en el libro, el primero con ejemplos y el segundo por medio de la disección de cada fenómeno.

Cabe aclarar que la gramática o la ortografía en sí no son la finalidad de esta obra. Podrá corroborarlo sin dificultad alguna quien recorra con ponderación sus pasajes. La gramática y la ortografía, además de otros tantos coagentes, son solamente herramientas. En sus manos tiene usted un libro de comunicación escrita por medio de divulgación lingüística y discursiva, y su fin es poner en armonía todos los factores que se ven involucrados en el proceso. Y no sólo me baso en la RAE, vale aclarar. Y es que esta labor demanda considerar otras voces, todas autorizadas; es así como me permito ir mucho más allá, incluso en normas no escritas.

Reitero que se trata de un abecé, no de un curso. Para este último, en caso de necesitarlo, el lector puede recurrir a mi obra *Redactario*, un curso hincado en la crestomatía, con recetas, cápsulas y ejemplos a rabiar.

Entre paréntesis, si usted tiene curiosidad por aquello de «inducción» y «mecanización seguida de inercia», se lo explico brevemente; si no, puede pasar al siguiente apartado.

Mi enfoque parte de la teoría del procesamiento de la información y del constructivismo de la cognición situada, dos perspectivas que ayudan a entender cómo aprendemos a escribir. La primera permite analizar la escritura como un proceso estructurado en etapas, mientras que la segunda resalta el papel del contexto y la interacción en su desarrollo.

Concebir la escritura como un fenómeno algorítmico facilita el reconocimiento de patrones lingüísticos y estructuras previsibles, lo que hace más claro y ordenado el aprendizaje. En este marco, distingo entre aprendizaje explícito e implícito. El primero ocurre cuando exploramos activamente reglas y las generalizamos a partir de la exposición; el segundo, cuando interiorizamos estructuras por repetición e inercia. Ambos son fundamentales en la adquisición de la escritura, ya sea construyéndola de manera consciente o absorbiéndola de forma automática.

También incorporo el enfoque de las gramáticas de construcción, propio de la lingüística cognitiva aplicada a la didáctica. Este enfoque permite entender que el lenguaje no es un cúmulo de reglas aisladas, sino un sistema en el que los patrones recurrentes se afianzan con el uso. Diseccionarlos y trabajar sobre ellos ayuda a comprender la estructura del lenguaje de manera más orgánica y funcional.

Pero escribir no es sólo seguir estructuras; también implica reflexión. Por eso, incluyo estrategias metacognitivas que fomentan la conciencia metalingüística. Escribir no es repetir modelos, sino entenderlos, cuestionarlos y usarlos con intención. En este proceso, resulta clave identificar los malos modelos —presentes en redes, medios y en ciertas prácticas de enseñanza— para evitarlos y fortalecer una escritura clara, lógica y efectiva.

La inclusión lingüística: un desafío actual

Uno de los puntos más llamativos de esta edición será, sin duda, el tratamiento del «lenguaje incluyente», *neutral* en nuestro caso, la gran novedad de la edición. En primer lugar, me lo han solicitado; y he sido testigo de cómo se perpetran las peores barbaridades en pos de la evitación del masculino genérico. Para una referencia general, no he revisado todos los manuales o las guías sobre el tema, debo aclarar; sería imposible; pero los revisados, que son muchos, me han dejado el peor sabor de boca, especialmente porque vienen de instituciones grandes, de prestigio, o al menos de las que se espera el mínimo rigor en cualquier asunto que aborden. Fue tan pobre lo recabado, tan insuficiente o precipitado, que al final tuve que partir de cero, yo y mis pesquisas. Es por eso que estas referencias no aparecen en la bibliografía, para bien o para mal.

Pese a todo, el resultado fue una óptima guía básica, funcional y pormenorizada. ¿De fácil digestión? Difícilmente, en honor a la verdad, ya que el fondo, el trasfondo, el procedimiento y el alcance, en sí, no son sencillos de concebir sin caer en cierto desbarajuste. Aun así, quien deba o quiera escribir así, evitando el masculino genérico, por obligación o por convicción, aquí encontrará herramientas sólidas para su cometido, y tendrá total certeza de que no estará atentando contra ninguna regla ortográfica ni gramatical.

Si quiere ir directamente a la guía, ésta está en la segunda parte, en el apartado *El estilo*, donde corresponde, punto 1.4.1.

Con todas estas mejoras, es de esperar que la obra siga teniendo gran aceptación en su segunda edición.

ERIC ARAYA-MONARDES
Septiembre de 2024

PRIMERA PARTE

Lenguaje escrito y ortografía puntual

UN LEVE PREÁMBULO SOBRE LA PUNTUACIÓN

La PUNTUACIÓN constituye una sección importante dentro de la ortografía de cualquier idioma. Al hablar de puntuación nos referimos a un conjunto de signos ortográficos utilizados para facilitar la comprensión de un texto y señalar las relaciones sintácticas y lógicas entre sus constituyentes o el carácter especial que pudiesen tener algunos fragmentos. Y con SIGNOS nos referimos a un conjunto de grafías, de representaciones gráficas (*significantes*) que quieren decir algo, que intentan formar representaciones mentales (*significados*).

Las representaciones gráficas en cuestión son conocidas por todos: PUNTO (.), COMA (,), PUNTO Y COMA (;)... Todo el mundo sabe cómo se trazan estos signos. Es a la ortografía puntual a donde apuntamos, o sea, a saber cómo utilizarlos, a entender y esgrimir para qué sirven, qué implican o indican.

Cuando nos aprestamos a redactar, es precisamente la puntuación el artilugio que nos obliga a pensar de manera estructurada; nos ayuda a organizar los pensamientos, a plantear conceptualmente las ideas antes de adentrarnos en la escritura, y también a plantear conceptualmente las ideas mientras escribimos, reescribimos o corregimos. Así pues, para quienes de alguna u otra manera transitamos la senda de la comunicación escrita, es decir, todos, los signos de puntuación constituyen la arquitectura de nuestro pensamiento, es decir, se encargan de señalar las relaciones entre los componentes de nuestro mensaje y de establecer la jerarquía sintáctico-lógica de los componentes que se aparejan en nuestra mente.

Desde el punto de vista de la funcionalidad comunicativa, la puntuación dispone y encamina el discurso y —ojalá— la lectura. De ella depende en gran parte la correcta expresión y comprensión de los mensajes escritos; gracias a la puntuación, el lector puede ir asociando el carácter de las oraciones y las frases, y puede ir asimilando la relación existente entre éstas. Así es: cada signo revela al lector lo que sucede y lo que habrá de suceder en el resto de la oración o el resto del texto. La puntuación permite evitar la ambigüedad en textos que, sin su empleo, pudieran tener interpretaciones diferentes.

En esta labor hay fundamentos, un cimiento normativo y necesario. Pero de ahí en adelante, cabe señalar, la conveniencia de la colocación de cierto signo u otro, o de la omisión de alguno, tiene mucho que ver con el sentido que queramos obtener, con el grado de énfasis en algún pasaje o, en resumidas cuentas, con el estilo propio. Una puntuación mínima, por ejemplo, logra entorpecer lo menos posible el flujo de ideas, pero también incurre en el riesgo de que el lector caiga en confusiones. Una puntuación minuciosa, en cambio, podría conseguir un texto preciso, en teoría (si la puntuación está bien ejecutada), aunque posiblemente también un estilo desazonado, de poca fluidez, entrecortado.

¿Cuál es el balance, entonces? No hay respuesta. Cada quien debe encontrar su camino dentro de ciertos parámetros normativos y ciertas docilidades estilísticas o descriptivas, además de consensuadas.

En muchas ocasiones, quienes utilizan la puntuación pretenden reproducir la enunciación oral; muchos suelen puntuar de acuerdo a criterios orales, a pausas cortas y no tan cortas y a entonaciones. A esto se le llama PUNTUACIÓN PROSÓDICA O RETÓRICA, *una práctica heredada de la tradición grecolatina y medieval. Sí, medieval.*

Hoy, y desde hace mucho tiempo, esto es un error colosal, que suele traer muchos inconvenientes a la hora de redactar. De tal suerte, es este yerro uno de los primeros asuntos que debemos sortear.

A fin de cuentas, la puntuación tiene como objetivo todo lo sugerido hasta ahora, en el preámbulo, y todo lo que viene acto continuo, y por ningún motivo tiene que ver con establecer pausas y ritmos. Y si por alguna inaudita razón viviéramos en un incoherente universo en el que la puntuación respondiera a criterios hincados en pausas, usted no estaría leyendo este derrotero, ¿verdad?, ya que bastaría confiar en el propio criterio rítmico, en el oído, para ostentar la más pulcra redacción.

Ahora bien, nuestra lengua cuenta con los siguientes signos de puntuación (representaciones gráficas):

punto	.	coma	,
punto y coma	;	dos puntos	:

puntos suspensivos	...	signos de interrogación	¿ ?
signos de exclamación	¡ !	paréntesis	( )
corchetes / llaves	[ ] / { }	raya	—
comillas	« », “ ”, ‘ ’		

Comencemos por jerarquizar; todos son signos, pero sus funciones son muy disímiles entre sí. Lo primero, por lo tanto, es saber dónde debemos centrarnos... Y en este contexto, debemos asimilar que los signos primordiales en la escritura son dos: 1) PUNTO Y SEGUIDO y 2) COMA. Ni más ni menos.

El PUNTO es el signo por excelencia, la base de todo; se centra en lo extraoracional, en la amalgama de todos esos ladrillos de aquel muro comunicacional llamado PÁRRAFO. El segundo es multiuso, pero en general —salvo distinciones— se concentra en lo intraoracional, en la correspondencia entre los ingredientes de aquel mensaje básico llamado PROPOSICIÓN. Con tan sólo estos dos, especialmente el primero, es posible realizar sin problema alguno una gran cantidad de textos. Para incursionar en asuntos expresivos, podemos recurrir a la COMA. De todos modos, para obtener más posibilidades y tal vez más riqueza, podemos agregar PUNTO Y COMA, como una variante del punto. No obstante, para que nadie se asuste, este último signo sigue siendo totalmente prescindible.

Veamos un somero preludio...*

* Es imperioso asumir que la puntuación, como ya aludimos, **NO** debe ser contemplada como una revelación de PAUSAS, mayores o menores. Hay pausas orales que no se marcan en el lenguaje escrito, y, por otro lado, hay comas exigidas por las normas de puntuación y que no representan pausa alguna. Para efectos de redacción, lo importante es lo sintáctico-semántico, lo lógico... y lo cognitivo. Por lo demás, el criterio de las pausas responde a un COMPÁS PROSÓDICO, y en cierto modo FONOLÓGICO, es decir, de ramas lingüísticas que poco o nada aportan al ejercicio de la redacción.

En la mente del redactor esmerado, la puntuación primordial debe ser contemplada como indicaciones lógico-gramaticales, que, llevadas a la lectura en voz alta —si es que sucede—, algunas veces provocan una pausa como consecuencia... Como consecuencia, no como finalidad.

Las reglas, por cierto, comenzaron a ser compiladas a partir de la publicación de *ORTHOGRAPHÍA ESPAÑOLA* de la Real Academia de la Lengua (RAE), en 1741. En su mayor parte, las normas vigentes datan de mediados del siglo XIX.

• Punto y seguido

Es el primordial entre primordiales, como ya mencionamos. Sin éste, un texto no tendría sentido, salvo en muy pocas excepciones. En el mundo literario es posible incluso que nos encontremos con párrafos de una única gran proposición, con un único signo: un PUNTO.

Hay tres clases de punto: PUNTO Y SEGUIDO, PUNTO Y APARTE *y* PUNTO Y FINAL.

√ *El* PUNTO Y SEGUIDO *—punto oracional—, que nos compete justo ahora, indica enunciados que integran un párrafo. Después de un punto y seguido se continúa escribiendo en el mismo renglón. Por ejemplo:*

Salieron a dar una breve caminata. La mañana era majestuosa.

Si el punto está al fin del renglón, no obstante, se empieza el siguiente sin dejar margen.

√ *El* PUNTO Y APARTE *separa dos párrafos distintos, que suelen desarrollar, dentro de la unidad del texto, contenidos diferentes. Después de punto y aparte se escribe en una línea distinta. La primera línea del nuevo párrafo debe tener un margen mayor que el resto de las líneas que lo componen; es decir, ha de quedar sangrada (con* SANGRÍA*). Por ejemplo:*

El mar estaba embravecido aquel día. Sorteando con dificultad las olas, los barcos cabrioleaban sobre el agua.

Miguel, sentado en el muelle, esperaba el regreso de su padre. Ansioso, buscando con su mirada aquel barco, atisbaba el horizonte.

√ *El* PUNTO FINAL *es el que cierra un texto.*

• Punto y coma

El PUNTO Y COMA es muchas veces —podríamos decir— una variante del PUNTO Y SEGUIDO. Por su carácter muchas veces contrastivo, tiene el plus de que ayuda a sistematizar y esclarecer ciertas relaciones oracionales y semánticas dentro de un párrafo. En otros casos, en estructuras complejas, es —podríamos decir— una versión de la COMA, y sirve para evitar ambigüedades.

Como sea, pese a que puede proporcionar mucha precisión y riqueza si es bien utilizado —lo que no en muchas ocasiones sucede—, es un signo totalmente prescindible. Así pues, al menos en una etapa inicial de aprendizaje, su manejo desacertado no debe quitarnos el sueño. Y, al final, si definitivamente no podemos con él —algo improbable—, no es ningún pecado descartarlo por completo.

• Coma

A grandes rasgos, podríamos decir que sus facultades son poner orden, armonía y concierto, además de generar detalle y precisión; claridad y riqueza, al final de cuentas. Tiene un carácter multiuso. Suele centrarse mayoritariamente en la labor de marcar lo secundario, lo incidental, en una oración; también sirve para aislar elementos extraoracionales.

Considerando un inventario preliminar, éstas son sus funciones sustanciales:

1. Señala lo incidental o parentético; brinda información adicional
2. Ayuda a evitar ambigüedades relacionadas con los contextos
3. Aísla elementos extraoracionales
4. Demarca elementos de enlace intraoracionales
5. Demarca elementos de enlace extraoracionales
6. Demarca elementos de enlace discursivos
7. Demarca algunas coordinaciones
8. Forma series elementos o frases
9. Forma series de oraciones
10. Distribuye
11. Brinda matices pragmáticos
12. Otros

Cada uno de estos puntos puede tener, a su vez, varios subpuntos.

Preguntas

1. ¿Cuál es la labor del punto y seguido? ¿Podemos utilizarlo para asuntos intraoracionales?
2. ¿Cuál es la labor del punto y coma? ¿Es imprescindible?
3. ¿Cuál es la principal y más común labor de la coma?

I
PUNTUACIÓN INTRAORACIONAL: LO QUE SUCEDE DENTRO DE LA ORACIÓN

Nuestro adiestramiento comenzará en lo oracional. Esto es, arrancaremos redactando oraciones, nada más. Y para esto, debemos comenzar sabiendo en qué labor estamos.

Como punto de partida, forjemos una primera referencia: imaginemos un párrafo, un párrafo de 12 oraciones...

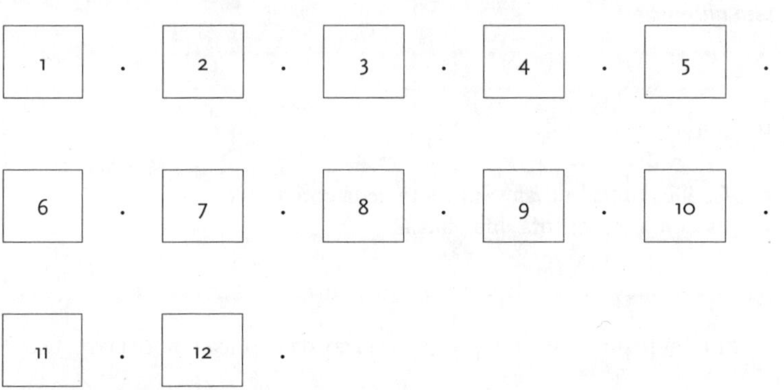

En el capítulo I únicamente abordaremos lo que pasa dentro de 1, de 2, de 3..., es decir, dentro de cada eslabón de un párrafo, la unidad mínima de comunicación.

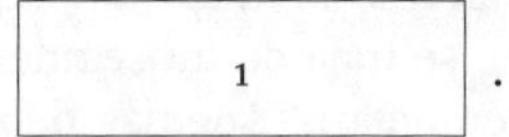

El desarrollo será progresivo, cabe aclarar, por lo cual la confección de párrafos y discursos acaecerá más tarde.

1. LA COMA PARA EXPLICAR

La coma suele implicar una EXPLICACIÓN. Y en el lenguaje escrito, esta "explicación" se refiere a la añadidura de información secundaria, incidental. Debe quedar claro, en todo caso, que esta información secundaria no implica que el fragmento en cuestión no tenga cierto importe valioso para la oración o que no sea necesario; no por nada el redactor ha decidido que debe estar ahí. Precisamente, se trata de fragmentos accesorios, pero valiosos, que sobrevienen en el tema central de la oración.

La gran mayoría de las ocasiones en que aparece una coma en un texto es por este motivo: información incidental. De este modo, queda extendida la invitación para que, una vez terminada y asimilada esta sección, usted revise un libro bien escrito —hoy abundan los desastrosos— y corrobore esta afirmación.

Preguntas

1. ¿Cuál es función más recurrente de la coma?
2. ¿La coma representa una pausa?

Ahora, en lo general, ¿en qué casos la coma explica o podría explicar?

1.1. En frases u oraciones incidentales

¿Qué es una FRASE U ORACIÓN INCIDENTAL? Es un conjunto de palabras que agrega información "accesoria" a lo que podría considerarse como la oración básica; es decir, se trata de un segmento que tiene información "no esencial", complementaria. Además, debemos saber que, si este fragmento no estuviese, no se perdería el sentido de la oración principal.

También suelen ser llamadas PARENTÉTICAS (relativas al paréntesis), ya que proporcionan información adicional, como lo hace el paréntesis.

Esta frase incidental puede ir en tres diferentes posiciones:

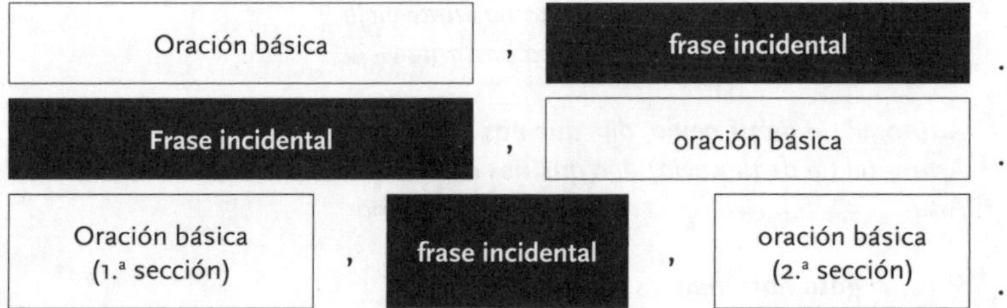

En los tres esquemas hay secciones incidentales, parentéticas: al comienzo, al final o en una posición medial, respectivamente. Estos fragmentos incidentales, como ya sabemos, agregan alguna precisión o algún comentario al contenido de la oración básica.

Pues bien, podemos ver que hay una coma antes de una incidental en posición final, así como una coma después de una incidental en posición inicial; asimismo, vemos dos comas que encierran una incidental en posición medial. La coma sirve para delimitar lo principal de lo secundario, una especie de paréntesis.

Ahora bien, veamos dos mecanismos muy útiles para saber si lo que tenemos es realmente un fragmento incidental:

1. Utilizar imaginariamente paréntesis en lugar de coma(s).
2. Suprimir el fragmento y corroborar que la oración básica no haya sufrido cambio en su sentido.

Este tipo de frases u oraciones puede presentar muchas variedades.* Aprovechemos, pues, para ver preliminarmente algunas variantes y para corroborar los mecanismos antes mencionados:

Cuando lleguemos a la nueva casa, ***espero que pronto****, veremos qué pasa.*
Cuando lleguemos a la nueva casa (espero que pronto) veremos qué pasa.
Cuando lleguemos a la nueva casa ———— veremos qué pasa.

Ése no es el punto, ***que yo sepa****, del debate en cuestión.*
Ése no es el punto (que yo sepa) del debate en cuestión.
Ése no es el punto ———— del debate en cuestión.

* Una sola palabra, oraciones subordinadas explicativas, adverbios (o locuciones adverbiales), aposiciones o información adicional de cualquier índole.

*Tu abuela, **Dios la bendiga**, ya está bastante vieja.*
Tu abuela (Dios la bendiga) ya está bastante vieja.
Tu abuela ________________ ya está bastante vieja.

*Arturo, **el tío de tu novia**, dijo que nos acarrearía.*
Arturo (el tío de tu novia) dijo que nos acarrearía.
Arturo ________________ dijo que nos acarrearía.

*Pepe, **el gato horrendo**, es muy gruñón.*
Pepe (el gato horrendo) es muy gruñón.
Pepe ________________ es muy gruñón.

*Canta, **no tienes idea**, como un ruiseñor.*
Canta (no tienes idea) como un ruiseñor.
Canta ______________ como un ruiseñor.

*Edmundo, **que nada sabe de música**, quedó sorprendido con la presentación.*
Edmundo (que nada sabe de música) quedó sorprendido con la presentación.
Edmundo ________________________ quedó sorprendido con la presentación.

En todos estos ejemplos, la frase u oración incidental ocurre en medio de la oración, por cuanto existe una coma antes y una coma después. Sin embargo, podría iniciar o concluir una oración, según lo permita el sentido. Por ejemplo:

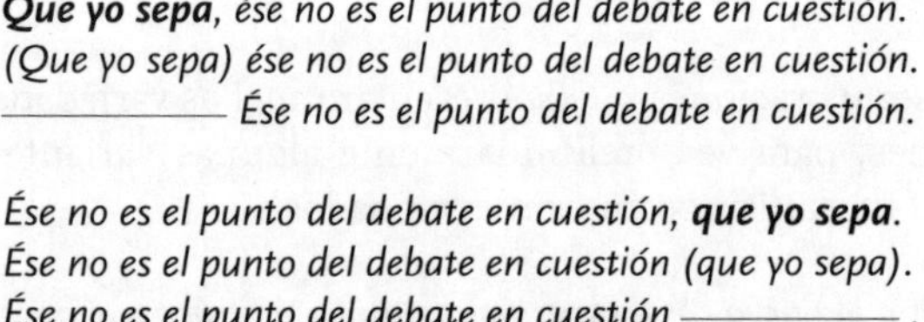

***Que yo sepa**, ése no es el punto del debate en cuestión.*
(Que yo sepa) ése no es el punto del debate en cuestión.
______________ Ése no es el punto del debate en cuestión.

*Ése no es el punto del debate en cuestión, **que yo sepa**.*
Ése no es el punto del debate en cuestión (que yo sepa).
Ése no es el punto del debate en cuestión ____________.

Así, muchas oraciones incidentales pueden ir en el comienzo, en medio o al final de una proposición. Por ejemplo:

***Por desgracia**, mañana no se efectuará el tradicional baile.*
(Por desgracia) mañana no se efectuará el tradicional baile.
______________ Mañana no se efectuará el tradicional baile.

*Mañana, **por desgracia**, no se efectuará el tradicional baile.*
Mañana (por desgracia) no se efectuará el tradicional baile.
Mañana ——————— no se efectuará el tradicional baile.

*Mañana no se efectuará, **por desgracia**, el tradicional baile.*
Mañana no se efectuará (por desgracia) el tradicional baile.
Mañana no se efectuará ——————— el tradicional baile.

*Mañana no se efectuará el tradicional baile, **por desgracia**.*
Mañana no se efectuará el tradicional baile (por desgracia).
Mañana no se efectuará el tradicional baile ——————— .

Ejercicios

- *Redacte seis oraciones con una frase parentética al comienzo.*

- *Redacte seis oraciones con una frase parentética al final.*

- *Redacte seis oraciones con una frase parentética en posición medial.*

- *Agregue frases parentéticas a las siguientes oraciones. Utilice variantes en posiciones:*

1. Quiero agradecerte por todo el tiempo que me has apoyado.
2. Deberías llegar a la meta más pronto que tarde.
3. Esto no es todo lo que tengo que decir al respecto.
4. Estoy de acuerdo con que me avises cuando no vayas a venir.
5. Es hora de que aprendas todo lo que te has negado a aprender durante mucho tiempo.
6. El amigo de él sabe perfectamente lo que debe hacer.

• No todo puede ser incidental

Algunas veces, especialmente cuando comenzamos a incursionar en este asunto, comenzamos a poner comas donde no corresponde, pensando que estamos indicando una incidental. Pero no todo fragmento puede ser una frase incidental...

⊗ *Consuelo descubrió, un buen bar.*	Grave error. Vemos por qué...

Sabemos que una incidental podría ser suprimida sin que se altere el sentido de la oración. A ver...

⊗ *Consuelo descubrió, un buen bar.*

⊗ *Consuelo descubrió (un buen bar).*

⊗ *Consuelo descubrió* ______________ .

La primera oración demuestra que Consuelo conoció ALGO. ¿QUÉ conoció? Un buen bar.

Si se suprime el QUÉ, el ALGO, *un buen bar*, la oración se desnaturaliza, queda inconclusa, sin sentido completo. Este traspié, el de erróneamente considerar como incidental un complemento directo, sucede de vez en cuando.[*]

Las incidentales, como bien sabemos, funcionan como paréntesis; se trata de contenido que, para explicar algo, se intercala en una oración.[†] Pero una incidental jamás alterará el sentido del mensaje principal, ni mucho menos hará que el mensaje quede inconcluso en cuanto a sentido.

• LA APOSICIÓN EXPLICATIVA, EL INCISO Y LA SUBORDINADA

Por rigor terminológico y, por sobre todo, por una posible utilidad en los puntos venideros, debemos aclarar que, para incidentales o parentéticas, estaremos hablando posiblemente de APOSICIONES EXPLICATIVAS y de INCISOS. Si bien para muchos autores suelen ser tomados como sinónimos —y en muchos casos conviene hacerlo—, conocer

---

* Informalmente, los amantes de la escritura suelen llamar de una manera muy particular a este error: COMA CRIMINAL. El término fue acuñado por el lingüista peruano Alfredo Valle Degregori.

Ésta es la variante de complemento directo, la menos común y en muchas ocasiones la más difícil de detectar (al menos para el ojo no entrenado), especialmente cuando el complemento directo es una oración. De todos modos, hay una segunda COMA CRIMINAL, más bien la principal, la de cabecera: la coma criminal de sujeto.

† Pueden ser marcados con COMAS, PARÉNTESIS O RAYAS. En este caso, obviamente nos enfocaremos en las comas.

sus diferencias, o intentar instaurarlas, a veces podría ayudarnos a hilar más fino.

√ Aposición explicativa.* Es una construcción en la que una frase explica el significado de determinado segmento inmediatamente anterior. Para el proceso, no hay necesidad de una preposición:

*Nació en **París, la ciudad de la luz.***

El segundo sustantivo, el de la incidental (*la* ciudad *de la luz*), explica el significado del primero (*París*). El de la incidental, además, no agrega nada nuevo al sustantivo de la primera; sólo explicita, repite o desarrolla una idea ya implícita en aquel sustantivo.

En general, como en este ejemplo, lo explicado está centrado en un sustantivo, y su explicación, en otro sustantivo.

√ Inciso. Es una expresión dotada de autonomía gramatical, que se intercala en una oración para explicar algo relacionado con ésta:

*Laura aprendió la lección, **cómo no.***
*Laura, **cómo no**, aprendió la lección*
***Cómo no**, Laura aprendió la lección.*

El inciso *cómo no* puede ir ubicado en varias posiciones, no necesariamente después de un sustantivo.

Su gran particularidad es que no explica al sustantivo (*Laura* o *lección*, en este caso), sino que expone un asunto relacionado con el tema de la oración (una reacción al hecho de que Laura haya aprendido la lección). De este modo, puede ir ubicado en más de una posición, como simple comentario del tema de la oración en sí o como paráfrasis del grupo que aparece inmediatamente antes.

√ Subordinada. Nos referimos a una oración subordinada; esto es, en una relación entre dos oraciones, la que posee menor jerarquía

* Como dato cultural, la formación de secciones complejas por medio de aposiciones —es decir, con la ampliación y el enriquecimiento a partir de un sustantivo para representar de manera conjunta un solo concepto— empezó en la literatura. Vemos, por ejemplo, que en la oralidad no se da. Pues bien, con el tiempo se convirtió en un procedimiento cotidiano en la comunicación escrita, al menos para la alta escritura o la escritura esmerada.

frente a la de mayor jerarquía (la oración principal). De manera más sencilla aún, la subordinada depende de la principal, tanto así que no tiene sentido sin su existencia.

1.1.1. Aposiciones explicativas del nombre

Las APOSICIONES son construcciones en la que un sustantivo complementa a otro sustantivo y, en este caso en particular, lo hace para explicar (no para especificar) a un sustantivo o a un grupo nominal. ¿Cómo? Con comas.*

Esta aposición explicativa da información sobre el sustantivo al que precede; y puede hacerlo contemplando cualquier sustantivo, en el sujeto o en el predicado:

***Adrián, el marido de mi hermana**, dijo que nos ayudaría.*
***Adrián** (el marido de mi hermana) dijo que nos ayudaría.*
***Adrián** ———————— dijo que nos ayudaría.*

***Tu hermano, aquel bondadoso irreparable**, otra vez nos ayudó.*
***Tu hermano** (aquel bondadoso irreparable) otra vez nos ayudó.*
***Tu hermano** ———————— otra vez nos ayudó.*

***El hermano de Gabriel, el chaparrito simpático**, se mete en lo que no sabe.*
***El hermano de Gabriel** (el chaparrito simpático) se mete en lo que no sabe.*
***El hermano de Gabriel** ———————— se mete en lo que no sabe.*

*Ayer tuve el gusto de saludar a **Jesús, nuestro viejo profesor**.*
*Ayer tuve el gusto de saludar a **Jesús** (nuestro viejo profesor).*
*Ayer tuve el gusto de saludar a **Jesús** ———————— .*

*El clima de **tu ciudad, Valparaíso**, es delicioso.*
*El clima de **tu ciudad** (Valparaíso) es delicioso.*
*El clima de **tu ciudad** ———————— es delicioso.*

---

* Por ahora, basta saber que existe una aposición que no es explicativa, sino especificativa, y que no va marcada con comas.

De acuerdo con la RAE...

Es conveniente escribir entre comas la mención del autor cuando se pospone al título de la obra:

La escultura *El pensador*, de August Rodin, es la más conocida de su autor.

En cualquier caso, si bien se refiere exclusivamente a obras y dice "es conveniente" (no "es obligatorio" o similar), se trata innegablemente de una regla.

Ejercicios

• *Redacte seis oraciones con aposiciones explicativas de nombre.*

• *En las siguientes oraciones hay palabras o fragmentos subrayados. Agregue aposiciones explicativas de aquellos fragmentos:*

1. Lo que menos teníamos en aquel entonces era tiempo.
2. No era raro que nos centráramos en nuestro caballito de batalla.
3. Aquel buen hombre siempre estuvo dispuesto a ponerse el overol.
4. Había ahí un perro que no dejaba de ladrar.
5. Los amigos son imprescindibles.
6. Había muchos libros en aquel hermoso lugar.

[Cuando haya dos subrayados, haga tres versiones: una con el primero, otra con el segundo y una última con ambos.]

• *Ahora, sin ayuda, agregue, donde corresponda, aposiciones explicativas en las siguientes oraciones:*

1. Estamos sentados a la orilla de una hermosísima playa.
2. Ellos sabían perfectamente cómo se realizaba aquella labor.
3. Los números suelen ser un gran adversario para quienes andan por aquí.
4. La vida siempre puede ser más sabrosa.
5. El descanso es el mejor amigo del trabajador.
6. Era una taza.

Este procedimiento incluye los apodos:

*Simón Bolívar, **el Libertador**, nació en Caracas.*
Simón Bolívar (el Libertador) nació en Caracas.
Simón Bolívar ——————— nació en Caracas.

*Aquel señor es fanático de Elvis Presley, **el Rey**.*
Aquel señor es fanático de Elvis Presley (el Rey).
Aquel señor es fanático de Elvis Presley ——— .

Especialmente con personajes célebres o con ciudades, es posible recurrir a un tipo de apodo especial, retórico: la antonomasia. Se trata de la sustitución de un nombre propio por una expresión reconocida universalmente o al menos por un grupo determinado o grande:*

El Dúo Dinámico *(Batman y Robin)*, El Azote de Dios *(Atila)*, El Filósofo *(Aristóteles)*, La Dama de Hierro *(Margaret Thatcher)*, El Rey *(Elvis Presley)*, La Voz *(Frank Sinatra)*... El Gigante Asiático *(China)*, La Ciudad de las Luces *(París)*, La Gran Manzana *(Nueva York)*...

De acuerdo con la RAE...

Los sobrenombres que no pueden utilizarse solos, sino que deben ir necesariamente acompañados del nombre propio, se unen a éste sin utilizar coma:

Alfonso II el Casto
Guzmán el Bueno
Lorenzo el Magnífico.

* No confundamos la antonomasia con la locución adverbial *por antonomasia*, que denota que a una persona o cosa le conviene el nombre apelativo con que se la designa, por ser, entre todas las de su clase, la más importante, conocida o característica.

• El nombre propio y el cargo

Cuando unimos cargo con frase incidental, es muy posible cometer un error puntual. Partamos con una referencia previa a partir de un ejemplo:

*Adrián, **el marido de mi hermana**, dijo que nos ayudaría.*

En general, para efectos del sentido del mensaje, no importa cuál sea el término en aposición (*Adrián* o *marido*). El sentido no se perderá si invertimos el orden:

*El marido de mi hermana, **Adrián**, dijo que nos ayudaría.*

Lo que sí cambiará será el sujeto de nuestra oración, es decir, el primer eje referencial de nuestro mensaje. El sujeto, en estos casos, es lo primero que aparece. No obstante, y aquí lo importante, cuando se trata de un cargo o un puesto, hay que tener especial cuidado, especialmente si es un cargo genérico, es decir, si otros más también lo ostentan.

*El profesor de la escuela 49, **Luis Órdenes**, se mostró satisfecho.*	Si quitamos la aposición explicativa, *Luis Órdenes*, nos queda lo siguiente: *El profesor de la escuela 49 se mostró satisfecho.*
El profesor de la escuela 49 (Luis Órdenes) se mostró satisfecho.	¿Podemos ver el error?
El profesor de la escuela 49 se mostró satisfecho.	¿Hay sólo un profesor en esa escuela?

Al agregar el nombre propio entre comas, indicamos que existe un único profesor en aquella escuela. En general, un sujeto que implica cargo o puesto genérico y que está articulado con *el, la, los* o *las,* más una aposición explicativa (una frase incidental) con un nombre propio, nos transmite la significación de que aquel(los) sujeto(s) es/son único(s) en su especie.

Las soluciones:

*Luis Órdenes, ~~el~~ **profesor de la escuela 49**, se mostró satisfecho.*
Luis Órdenes (~~el~~ profesor de la escuela 49) se mostró satisfecho.
Luis Órdenes se mostró satisfecho.

Uno. Cambiar el orden es una buena opción, es decir, que el nombre propio sea el sujeto: *Luis Órdenes se mostró satisfecho.* Si agregamos aposición, debemos quitar el artículo (*el, la, los, las*).

Cualquier imprecisión que pudiere sobrevenir será por causa ajena a la oración en cuestión.

El profesor de la escuela 49 Luis Órdenes se mostró satisfecho.

Dos. Quitar la coma (especificar, no explicar) es una mejor opción: *El profesor de la escuela 49 Luis Órdenes se mostró satisfecho.* Queda un sujeto largo pero correcto.

El error en cuestión es muy común en el periodismo escrito. Muchas veces los periodistas pretenden mencionar el nombre de un personaje y su cargo, e inmediatamente piensan en la fórmula aposición explicativa. Gramaticalmente no hay error; es el sentido el extraviado.*

* Dos ejemplos reales, tomados de periódicos:

Uno. "El fotoperiodista Luis Antonio Rojas denunció que el diputado de Morena, **Miguel Torruco Garza**, le regaló al presidente de la República, Andrés Manuel López Obrador, una fotografía [...]

¿Hay un solo diputado en Morena? En el caso del presidente de la República, está correcto el nombre en aposición, ya que aquel cargo recae en una sola persona. Lo correcto:

1. [...] que Miguel Torruco Garza, diputado de Morena, le regaló [...].
2. [...] que el diputado de Morena Miguel Torruco Garza le regaló [...].

Dos. "La concejala de Las Condes, **Isidora Alcalde (RD)**, coincide en que ese espacio se podría convertir en una nueva ciclovía o bien en un paseo peatonal. [...]

¿Hay una única concejala en Las Condes? Lo correcto:

1. Isidora Alcalde (RD), concejala de Las Condes, coincide en [...].
2. La concejala de Las Condes Isidora Alcalde (RD) coincide en [...].

La problemática no surge exclusivamente de la aposición, sino de un conjunto de factores, entre ellos el artículo determinado (el, la, los, las), que apunta a un referente consabido y, en este caso, exclusivo, por ende, opuesto a algo genérico. En resumen, el problema surge de la siguiente fórmula:

*artículo determinado + cargo/puesto **genérico** + nombre propio en aposición.*

• El inciso nominal*

¿Qué es esto? Es una frase centrada en un sustantivo, siempre antepuesta a la oración en sí, con la intención de dar un antecedente previo significativo sobre el sujeto de la oración. Además, este inciso no permite determinantes (artículos, posesivos...) pero sí un adjetivo u otro modificador.

Veamos:

Ejemplo
***PENSADOR sobresaliente**, Arturo era torpe con las relaciones personales.*
*Arturo, [un] **PENSADOR sobresaliente**, era torpe con las relaciones personales.*

El inciso *pensador* antepuesto no permite determinante (*el, un, este, ese, aquel, mi...*), pero sí exige un modificador, en este caso un adjetivo, *sobresaliente.*

Ejemplo
***PENSADOR sobresaliente**, ~~Arturo~~ era torpe con las relaciones personales.*

Sin sujeto explícito (*Arturo*), no es posible la inversión, a menos que esta referencia venga en la oración anterior:

Arturo era especial. Pensador sobresaliente, era torpe con las relaciones personales.

* Propio de la literatura y sus ribetes estéticos, a veces se traslada a la escritura esmerada. Al menos de manera espontánea, jamás es parte de la lengua hablada.

***Estudiante eterno**, mi tío nunca dejó de aprender.*	El inciso *estudiante* antepuesto no permite determinante (*el, un, este, ese, aquel, mi...*), pero sí exige un modificador, en este caso un adjetivo, *eterno*.
*Mi tío, [un] **estudiante eterno**, nunca dejó de aprender.*	

***Estudiante eterno**, ~~mi tío~~ nunca dejó de aprender.*	Sin sujeto explícito (*mi tío*), no es posible la inversión, a menos que esta referencia venga en la oración anterior: *A mi tío le encantaba cultivarse. Estudiante eterno, nunca dejó de aprender.*

Más ejemplos:

***Mujer de pocas palabras**, [Ana] prefería demostrar con hechos.*
*Ana, [una] **mujer de pocas palabras**, prefería demostrar con hechos.*

***Personaje imperdible en la literatura**, [el Quijote] sigue vigente siglos después.*
*[El Quijote], [un] **personaje imperdible en la literatura**, sigue vigente siglos después.*

*Ejercicio opcional**

- *Redacte seis oraciones con un inciso nominal.*

1.1.2. Frases que califican al sustantivo

A la manera en que lo hacen los adjetivos, casi, una frase podría calificar a un sustantivo. En líneas generales, y muy obvias, se trata de una

* Este ejercicio podría resultar muy complicado; por eso es opcional. Ahora, si así llegare a ser, usted puede soslayarlo y regresar cuando termine toda la sección de ortografía puntual. Tal vez, con la destreza obtenida en aquel momento, el ejercicio dejará de ser difícil.

construcción con dos elementos: un sustantivo por calificar y una frase que lo calificará. Lo que será calificado es un antecedente expreso, está explícito; y la calificadora, siempre pospuesta, es una frase introducida con *que*.

Ejemplos
Los vientos del sur, ***que en aquellas cálidas regiones abundan****, incomodan a los viajeros.*
Los vientos del sur (que en aquellas cálidas regiones abundan) incomodan a los viajeros.
Los vientos del sur incomodan a los viajeros.

Tenemos un antecedente expreso: *los vientos del sur*. Hay también una frase calificadora: *que en aquellas cálidas regiones abundan.*

Ejemplos
Mis canciones, ***que no suelen cautivar a cualquiera****, por lo menos te gustan a ti.*
Mis canciones (que no suelen cautivar a cualquiera) por lo menos te gustan a ti.
Mis canciones por lo menos te gustan a ti.

Antecedente expreso: *mis canciones.* Frase calificadora: *que no suelen cautivar a cualquiera.*

Estas frases subordinadas siempre están introducidas por un relativo, y los relativos son varios; pero por ahora solamente nos interesa el que.

Para relativos, véase **1.1.7. Para puntualizar con una oración secundaria: relativas**
También puede ver desde otra perspectiva en **12.1. Explicación versus especificación**

Como vemos, salvo con nombres propios o pronombres, el sustantivo por calificar es generalmente un GRUPO NOMINAL, *es decir, un grupo de palabras cuyo núcleo está constituido por un sustantivo (o palabra sustantivada) o un pronombre. En palabras muy sencillas, se trata del sustantivo (núcleo) y todos sus acompañantes; por ejemplo: el* *<u>alumno</u>*, *una* *<u>profesora</u>* *magnífica, el* *<u>rey</u>* *de Suecia, el* *<u>vaso</u>* *de agua, el* *<u>libro</u>* *encima de la mesa que compramos la semana pasada...*

El proceso puede suceder tanto en el sujeto como en el predicado (complementos):

√ *En el sujeto*
AQUEL HOMBRE, **que no estaba al tanto del asunto,** *no supo qué hacer.*
LA HERMANA, **que no sabía qué hacer,** *se dio la media vuelta.*

√ *En el predicado:*
Aquel hombre no supo qué hacer con EL BULTO, **que llevaba horas ahí.**
La hermana saludó a TODOS, **que a esa hora ya estaban ansiosos.**

Ejercicios

• *Redacte seis oraciones que contengan frases que califiquen a un sustantivo.*

• *En las siguientes oraciones hay sustantivos o fragmentos subrayados. Agregue frases que califiquen a estas frases o sustantivos:*

1. Lo que menos teníamos en aquel entonces era tiempo.
2. No era raro que nos centráramos en nuestro caballito de batalla.
3. Aquel buen hombre siempre estuvo dispuesto a ponerse el overol.
4. Había ahí un perro que no dejaba de ladrar.
5. Los amigos son imprescindibles.
6. Había muchos libros en aquel hermoso lugar.

[Cuando haya dos subrayados, haga 3 versiones: una con el primero, otra con el segundo y una última con ambos.]

• *Ahora, sin ayuda, agregue frases que califiquen a un sustantivo en las siguientes oraciones:*

1. Estamos sentados a la orilla de una hermosísima playa.
2. Ellos sabían perfectamente cómo se realizaba aquella labor.
3. Los números suelen ser un gran adversario para quienes andan por aquí.
4. La vida siempre puede ser más sabrosa.
5. El descanso es el mejor amigo del trabajador.
6. Era una taza.

• Economía de lenguaje y evitación de torpeza

Como ya hemos visto, si colocamos una incidental que comienza con *que* después de un sustantivo, estamos añadiendo información sobre éste, es decir, estamos diciendo qué sucede con éste.

Mis canciones, ***que PUEDEN INCOMODAR a algunos****, por lo menos te gustan a ti.*	¿Qué más podemos o queremos decir sobre *mis canciones*? Que… *pueden incomodar a algunos.*

El padre*,* ***que HABÍA PERMANECIDO DESPIERTO****, sí escuchó cuando su hijo llegó.*	¿Qué más podemos o queremos decir sobre *el padre*? Que… *había permanecido despierto.*

Para la parentética utilizaremos cualquier verbo que no sea *ser* (*era, fue, es*) o *estar* (*estaba, estuvo, está*), inmediatamente después de *que*. ¿La razón? Estamos indicando QUÉ SUCEDE CON el sustantivo, no QUÉ ES ni CÓMO O DÓNDE ESTÁ.

Para ver lo innecesario (y torpe) que significa, casi siempre, utilizar una subordinación de este tipo con el verbo *ser*, tomemos algunos ejemplos del punto 1.1.1:

Adrián, ~~que es~~ ***el marido de mi hermana****, dijo que nos ayudaría.*
Adrián, ***el marido de mi hermana****, dijo que nos ayudaría*

Ayer tuve el gusto de saludar a Jesús, ~~que es~~ ***nuestro viejo profesor****.*
Ayer tuve el gusto de saludar a Jesús, ***nuestro viejo profesor****.*

El clima de tu ciudad, ~~que es~~ ***Valparaíso****, es delicioso.*
El clima de tu ciudad, ***Valparaíso****, es delicioso.*

Como vemos, agregar *que es/son* no implica error, pero no suma, y evidencia impericia. Pero ¿de verdad nunca se verá bien utilizar este tipo de incidental con el verbo *ser*? Hay excepciones.

Primero, cuando el verbo *ser* “está alejado” del *que*, es decir, cuando haya una especie de HIPÉRBATON:*

Los vientos del sur, ***QUE en aquellas cálidas regiones SON frecuentes****, incomodan a los viajeros.*

Vemos que *que* y el verbo *ser* (*son*) están muy alejados. Por tanto, *que* y verbo se tornan absolutamente necesarios; no podemos suprimirlos.

Distinto sería si tuviéramos juntos *que* y verbo:

Los vientos del sur, ~~**QUE SON**~~ ***frecuentes en aquellas cálidas regiones****, incomodan a los viajeros.*

Ahora, *que* y el verbo *ser* (son) están juntos; de este modo, debemos suprimirlos.

Segundo, cuando queramos precisar o recalcar que es el antecedente:†

Adrián, ***QUE ES el marido de mi hermana****, dijo que nos ayudaría.*

Como vemos, en la incidental recalcamos quién es Adrián; tendría implícito un “que no se te olvide” o un “que quede claro”. Obviamente, entramos a un terreno de sutilezas del lenguaje escrito, en el agudo ejercicio de LEER ENTRE LÍNEAS (escribir entre líneas, en este caso).

Tercera y última, cuando la incidental lleva *ser*... pero es negativa.

---

* HIPÉRBATON es la alteración del orden que las palabras tienen habitualmente en una oración. Ejemplo: *a hacer la tarea te ayudaré,* por *te ayudaré a hacer la tarea.*

† Una premisa arcana de la comunicación escrita avanzada, más allá de la ortografía y la gramática, indica que utilizar un elemento cuando no es necesario —salvo que involucre error— implica recalcadura.

*Adrián, **QUE NO ES el marido de mi hermana,** dijo que nos ayudaría.*

Ni está mal ni se recalca nada. Ese *no* —que en otro caso podría ser *nunca, jamás...*— nos obliga a poner *que* y *es*.

1.1.3. El adjetivo incidental

Para empezar, recordemos qué es un ADJETIVO. *Se trata de una clase de palabra que tiene como misión modificar a un sustantivo; los adjetivos denotan cualidades, propiedades y, en general, relaciones de diversa naturaleza.* Pueden ir antepuestos o pospuestos al sustantivo.*

Los adjetivos también pueden ser utilizados como frases incidentales. Un adjetivo incidental —esto es, entre comas— implica el estado puntual que el sustantivo referido posee en determinado momento pretérito. Aquel momento, jamás presente, es corto aunque, a su vez, impreciso: desde instantes previos a la enunciación hasta muy poco antes del momento mismo de la enunciación.

Primero veamos el adjetivo adjunto (el "convencional"):

*El hombre **agotado** regresó a su casa.*
*El **agotado** hombre regresó a su casa.*

El adjetivo puesto de manera "convencional", es decir, como modificador directo del sustantivo, va junto a éste. ¿Qué indica? Calificación valorativa (subjetiva) o denotativa (objetiva): indica cómo se cree o se piensa que es en todo momento o, en todo caso, en un tiempo indeterminado, el sustantivo al que califica. En este caso particular, se aprecia que «estar agotado» es parte de aquel hombre; él "es así": un hombre agotado.

Más allá de motivos puntuales para anteponer o posponer, existe la posibilidad de ponerlo en cualquiera de estas dos opciones.

* Además de modificar a un sustantivo, un adjetivo podría predicarse de él; es decir, podría formar un predicado a partir de este sustantivo. No fue mencionado en el cuerpo original porque es irrelevante para el punto.

Por otro lado:

*El hombre, **agotado,** regresó a su casa.*
***Agotado,** el hombre regresó a su casa.*

En ambos casos, el hombre no es así, "cansado", no vive cansado. Está cansado en ese momento; de este modo, va entre comas.

Ahora las dos posibilidades contrastadas:

*Aquel niño, **travieso,** reía sin parar.*
*Aquel niño **travieso** reía sin parar.*

En el primer ejemplo, el niño actuaba travieso en aquel momento (y desde momentos previos). Se explica cómo estaba.

En cambio, en el segundo ejemplo el niño es siempre así, travieso. Se especifica qué tipo de niño es.

Los participios adjetivos (-ado, -ada, -ido, -ida) también pueden utilizarse, siempre que funcionen justamente como adjetivos.

*Ahora, ¿cómo verificar que están correctos? Para comprobar la funcionalidad del adjetivo incidental pospuesto, mentalmente podemos probar anteponiendo «que en ese preciso momento estaba»:**

El hombre, **[que en ese preciso momento estaba] agotado**, regresó a su casa.

Y para comprobar la funcionalidad del segundo, con al adjetivo incidental antepuesto, mentalmente podemos probar anteponiendo "debido a que en ese preciso momento estaba":

[Debido a que en ese preciso momento estaba] cansado, *el hombre regresó a su casa.*

Para profundizar sobre participios en una función algo similar al adjetivo incidental antepuesto (que podría confundirse con éste), véase **12.3. Periodos absolutos de gerundio y participio**

* Si queremos ser más precisos, en el primer ejemplo, con el adjetivo pospuesto, se tiende a lo TEMPORAL: en aquel momento, cuando regresa a casa, está cansado. Y en el segundo se tiende a lo CAUSAL: el hecho de estar cansado provoca que regrese a casa.

Ejercicios

- *Redacte seis oraciones que contengan, cada una, un adjetivo incidental.*

- *Probando variantes antepuestas y pospuestas, agregue un adjetivo incidental a cada una de las siguientes oraciones:*

1. Aquel buen hombre siempre estuvo dispuesto a ponerse el overol.
2. Los amigos no tardaron en saludarlo.
3. Ellos supieron perfectamente cómo se realizaba aquella labor.
4. La vida se encargó de reintegrarle todo lo que merecía.
5. No tuvo más remedio que ser feliz.
6. Dimos a conocer nuestra amplia propuesta.

- *Revise las oraciones del ejercicio anterior. En caso de que se pueda, haga una segunda versión de la oración, ahora con el adjetivo incidental en otra posición (de antepuesto a pospuesto o viceversa).*

1.1.4. Aposiciones a una circunstancia

Para empezar, debemos saber más o menos qué es un ADVERBIO, *ya que este asunto bordea lo adverbial. Pero no tenemos que ir muy lejos; lo único que aquí nos importa, por el momento, es que un adverbio expresa circunstancias:* MODO *(cómo),* LUGAR *(dónde),* TIEMPO *(cuándo),* CANTIDAD *(cuánto), etc. No olvidemos que las oraciones representan una situación, y ésta está incorporada en un contexto determinado. Por ejemplo, si digo* el perro dejó de ladrar una vez que todos se habían ido, *la acción sucede en un* TIEMPO *determinado:* una vez que todos se habían ido. *He ahí el contenido adverbial.*

Una circunstancia oracional —generalmente orientada a lugar, tiempo, modo, cantidad o grado, hay que insistir— también puede ser incidental. ¿Cuándo? Cuando se trata de una frase que comenta o desarrolla una circunstancia ya mencionada, es decir, cuando indica algo como una versión detallada o con más riqueza acerca de la circunstancia que ya se mencionó. Querámoslo o no, la segunda será la fructuosa, frente a la primera, siempre somera.

La justificación para recurrir a este procedimiento es desplegar detalles de la circunstancia, bien porque intencionalmente fue expresada someramente en una primera instancia, bien porque requerimos brindar detalles importantes para una segunda instancia. Se recurre a éste generalmente por asuntos estéticos.

*ALLÍ, **junto a sus hermanos**, se sentía más seguro.*	La aposición *junto a sus hermanos* (locativa, de lugar) explicita *allí.*
*Nos iremos MUY PRONTO, **como en una hora**.*	La aposición *como en una hora* (temporal, de tiempo) explicita *muy pronto.*
*CON MUCHA PRISA, **casi corriendo**, salió de su casa.*	La aposición *casi corriendo* (modal, de modo) explicita *con mucha prisa.*
*Comimos DEMASIADO, **prácticamente todo lo que estaba en la mesa**.*	La aposición *prácticamente todo lo que estaba en la mesa* (cuantitativa, de cantidad) explicita *demasiado.*

Ejercicios

• *Redacte seis oraciones que contengan, cada una, una aposición a una circunstancia.*

• *En las siguientes oraciones hay palabras o fragmentos subrayados. Agregue una aposición a una circunstancia de aquellos fragmentos:*

1. Lo que menos teníamos en aquel entonces era tiempo.
2. No será raro que próximamente nos centremos en nuestro caballito de batalla.
3. Aquel buen hombre siempre estuvo dispuesto a ponerse el overol.
4. Había ahí un perro que no dejaba de ladrar.
5. Los amigos están siempre cuando los necesitamos.
6. Había muchos libros en aquel hermoso lugar.

• *Ahora, sin ayuda, agregue una aposición a una circunstancia a cada una las siguientes oraciones:*

1. Allá todo es mejor.
2. En aquella época eras más delgado.
3. Yo no quería seguir así.
4. En breve me regreso definitivamente.
5. Con mucho pesar se despidió de todos.
6. No había nadie en aquel lugar.

Si la circunstancia va al final y, a la vez, buscamos ser anunciativos —esto es, alertar al lector de algo importante o revelador que está por sobrevenir—, podemos recurrir a los DOS PUNTOS*:*

Estamos sentados ***ahí***	,	*a la orilla de una hermosísima playa.*	Con DOS PUNTOS, siempre que la circunstancia esté al final, alertamos al lector sobre algo revelador que sucederá. Pero debemos tener moderación y criterio: no debemos usarlos en vano (como ahora).
Estamos sentados ***ahí***	:	*a la orilla de una hermosísima playa.*	

1.1.5. Inciso para incidentales sobre opiniones, dichos o pensamientos[1]

En estricto rigor, en este punto trataremos diversas situaciones que involucran un ESTILO DIRECTO *—cuando el redactor reproduce literalmente las palabras de alguien— más la mención del autor de dicho mensaje o reflexión. Las fórmulas pertenecen a situaciones gramaticales distintas, pero tienen esta materia en común; y es por esto, por un propósito de practicidad, que están reunidas en el presente apartado.*

Debemos utilizar comas cuando, primero, adentro de una oración aludimos lo que otro asevera, dice o piensa y, luego también, a quién es el autor se dicha aseveración. Es una fórmula escritural bastante usada, especialmente en el periodismo y en la literatura.

La verdad, ***escribe un político****, ha de sustentarse con razones y autoridades.*
La verdad (escribe un político) ha de sustentarse con razones y autoridades.
La verdad ha de sustentarse con razones y autoridades.

El tiempo, ***según Einstein****, es...*
El tiempo (según Einstein) es...
El tiempo es...

Las razones, ***opinó el líder****, deben ser analizadas.*
Las razones (opinó el líder) deben ser analizadas.
Las razones deben ser analizadas.

*La vida, **expresó Lennon**, es lo que te pasa mientras estás planeando otras cosas.*

La vida (expresó Lennon) es lo que te pasa mientras estás planeando otras cosas.

La vida es lo que te pasa mientras estás planeando otras cosas.

En general, tenemos tres opciones. Y podremos utilizar las que más nos convengan, de acuerdo a sus características:

Opción 1. En caso de opiniones o aseveraciones de personas o entidades, utilizamos *según, de acuerdo con, conforme a, con arreglo a*, además de formas verbales como *dice*:

opinión o aseveración		mención del autor	
El azul es un color que provoca paz	,	***según** la ciencia.*	Es una alternativa a *La ciencia dice que el azul es un color que provoca paz*, una cita indirecta.
	,	***de acuerdo con** la ciencia.*	
	,	***dice** la ciencia.*	

opinión o aseveración		mención del autor	
El de chocolate es el más rico	,	**según** *Mariana.*	Alternativa a *Mariana dice que el de chocolate es el más rico*, una cita indirecta.
	,	**de acuerdo con** *Mariana.*	
	,	**dice** *Mariana.*	

> *Las fórmulas* de acuerdo con,* según, en palabras de *o similares*[2] *pueden encabezar el enunciado, ir en posición medial o ir al final. Las que comienzan con un verbo* (escribe, opinó, expresó...),† *en cambio, no pueden, y suelen preferir la utilización de rayas.*

* La forma *de acuerdo a* es válida, aunque sólo si lo que introduce se refiere a cosas: *de acuerdo a + cosa* (no persona). Ahora, cuando la locución introduce un sustantivo de persona y significa «con arreglo o conforme a lo que dice u opina esa persona», como en este caso, el uso culto sólo admite *de acuerdo con.*

† Verbos que expresan actos del entendimiento o del habla, además de creencias, reflexiones y emociones. Los más usuales:

Ya que se trata de un inciso, la opinión puede cambiar de ubicación, en caso de que el sentido del mensaje lo permita y si no utilizamos *dice(n)*:

El azul es un color que provoca paz, ***según la ciencia.***
El azul es un color que, ***según la ciencia****, provoca paz.*
El azul es, ***según la ciencia,*** *un color que provoca paz.*
El azul, ***según la ciencia,*** *es un color que provoca paz.*
Según la ciencia, *el azul es un color que provoca paz.*

El de chocolate es el más rico, ***según Mariana.***
El de chocolate es, ***según Mariana,*** *el más rico.*
El de chocolate, ***según Mariana,*** *es el más rico.*
Según Mariana, *el de chocolate es el más rico.*

Debemos tener presente lo siguiente:
√ *Según parece* es otra cosa; es sinónimo de *al parecer.*
√ Tampoco hay que considerar el *según* que manifiesta *según las indicaciones de.*

---

aclarar	*aconsejar*	*admitir*	*afirmar*	*añadir*	*apuntar*
asegurar	*aseverar*	*avisar*	*berrear*	*bramar*	*clamar*
comentar	*comunicar*	*concretar*	*confesar*	*confirmar*	*considerar*
contar	*contestar*	*cuchichear*	*decir*	*declarar*	*demandar*
describir	*destacar*	*enfatizar*	*escribir*	*especificar*	*exclamar*
explicar	*exponer*	*expresar*	*gritar*	*implorar*	*increpar*
indicar	*informar*	*insinuar*	*insistir*	*interrogar*	*manifestar*
mascullar	*matizar*	*mencionar*	*murmurar*	*musitar*	*narrar*
negar	*notificar*	*objetar*	*opinar*	*platicar*	*pedir*
precisar	*pregonar*	*preguntar*	*proclamar*	*proponer*	*protestar*
protestar	*protestar*	*quejarse*	*querer decir*	*ratificar*	*recalcar*
reconocer	*recomendar*	*reiterar*	*replicar*	*reprender*	*responder*
revelar	*trasmitir*	*señalar*	*sermonear*	*sostener*	*subrayar*
	sugerir	*suplicar*	*suponer*	*susurrar*	

√ Tampoco *según creo* o *según sé* (*según tengo entendido, según parece, según se sabe...*).
√ *Según dicen* y *según se dice* sí sirven, aunque no precisan quién. Es una opinión ambigua, si no ligera.

Ejercicios

- *Redacte seis oraciones que contengan comentarios de autor de la opción 1.*

- *Agregue comentarios de autor de la opción 1 a las siguientes oraciones:*

1. El tiempo no es lo más importante.
2. Lo mejor es centrarnos en nuestros puntos fuertes.
3. Aquel buen hombre es a quien debemos preguntar.
4. El perro emite más sonidos, además del ladrido.
5. Los amigos han de ser parte esencial de nuestras vidas.
6. Comprar muchos libros nunca está de más.

Opción 2. Para dichos o pensamientos, utilizamos los mismos verbos de lengua o de pensamiento señalados hace poco: *aclarar, asegurar, comentar, contar, describir*... Los más comunes, como sabemos, son *decir* y *pensar*.

El dicho o pensamiento puede recaer en algo personal, en lo que le sucede a alguien, o puede ser una afirmación:

El Sol es una gran estrella, ***dijo Arturo****.*	Es una alternativa a *Arturo dijo que el Sol es una gran estrella.*
«El Sol es una gran estrella», ***dijo Arturo****.*	Así queda con comillas, en caso literal.

América es un gran continente, pensó.	Alternativa a *Pensó que América es un gran continente.*
«América es un gran continente», pensó.	Con comillas.

A diferencia de como acontece con la opción 1, *si ahora queremos cambiar el orden, la mención del autor nunca puede ir al comienzo y la(s) coma(s) se convierte(n) en* DOBLE RAYA *(guion largo); la opción de la coma no es recomendable, especialmente si la cita está entrecomillada o si es muy larga:*

El Sol es una gran estrella, **dijo** Arturo.	América es un gran continente, **pensó**.
El Sol —dijo Arturo— es una gran estrella.	América —pensó— es un gran continente.

Ejercicios

- *Redacte seis oraciones que contengan comentarios de autor de la opción 2.*
- *Agregue comentarios de autor de la opción 2 a las siguientes oraciones:*

1. El tiempo no es lo más importante.
2. Lo mejor es centrarnos en nuestros puntos fuertes.
3. Aquel buen hombre es a quien debemos preguntar.
4. El perro emite más sonidos, además del ladrido.
5. Los amigos han de ser parte esencial de nuestras vidas.
6. Comprar muchos libros nunca está de más.

[Ojalá sean más de una versión por oración, y que algunas no vayan al final.]

Como una especie de mezcla entre las opciones 1 y 2, podemos tener situaciones que involucren los verbos de habla y pensamiento con un según *antepuesto. El procedimiento siempre irá pospuesto y el autor del pensamiento o el dicho debe estar estrictamente explícito, y lo mencionado versará siempre sobre una aseveración o un punto de vista:*

El Sol es una gran estrella, **según dijo Arturo.**	*Tenemos el* según *y el verbo del habla (*dijo*).*

Lo interesante es que, como podemos ver, da la sensación de poner en duda lo aseverado o de poner en evidencia al autor del dicho o el pensamiento. De este modo, las comillas no son recomendables; la literalidad no es el punto, sino el mensaje mismo.

Opción 3. Es válido, por último, utilizar, siempre al final, fórmulas como *fueron palabras de*, *fue lo que dijo*... Las comillas son imprescindibles para el dicho o la aseveración.

"El Sol es una gran estrella", ***fueron palabras de Arturo.***
«El Sol es una gran estrella», ***fue lo que dijo Arturo.***

Ejercicios

- *Redacte seis oraciones que contengan comentarios de autor de la opción 3.*
- *Agregue comentarios de autor de la opción 3 a las siguientes oraciones:*

1. «El tiempo no es lo más importante».
2. «Lo mejor es centrarnos en nuestros puntos fuertes».
3. «Aquel buen hombre es a quien debemos preguntar».
4. «El perro emite más sonidos, además del ladrido».
5. «Los amigos han de ser parte esencial de nuestras vidas».
6. «Comprar muchos libros nunca está de más».

1.1.6. Incisos y frases incidentales simples

Hemos estado hablando de "paréntesis", de comas que funcionan como tal. Y sabemos también que el contenido de estos paréntesis puede ser variado, a veces inclasificable. Hay de todo.

En este contexto, y según ya adelantamos, tenemos los INCISOS. Éstos pueden ir intercalados en varios lugares, donde las posibilidades de la oración lo permitan. Podríamos decir que son paréntesis oracionales, es decir, que añaden información sobre la oración, no sobre un elemento determinado.

*Toda mi familia, **incluido mi hermano**, estaba de acuerdo.*
Toda mi familia (incluido mi hermano) estaba de acuerdo.
Toda mi familia estaba de acuerdo.

Otras opciones:	***Incluido mi hermano**, toda mi familia estaba de acuerdo.*
	*Toda mi familia estaba de acuerdo, **incluido mi hermano**.*

*El tipo, **como te iba contando**, estaba muy emocionado.*
El tipo (como te iba contando) estaba muy emocionado.
El tipo estaba muy emocionado.

Otras opciones:	***Como te iba contando**, el tipo estaba muy emocionado.*
	*El tipo estaba muy emocionado, **como te iba contando**.*

*Dimos en el clavo, **contra todo pronóstico**, en reiteradas ocasiones.*
Dimos en el clavo (contra todo pronóstico) en reiteradas ocasiones.
Dimos en el clavo en reiteradas ocasiones.

Otras opciones:	***Contra todo pronóstico**, dimos en el clavo en reiteradas ocasiones.*
	*Dimos en el clavo en reiteradas ocasiones, **contra todo pronóstico**.*

Ejercicios

- *Agregue incisos a cada una de las siguientes oraciones:*

1. El tiempo no es lo más importante.
2. Lo mejor es centrarnos en nuestros puntos fuertes.
3. Aquel buen hombre es a quien debemos preguntar.
4. El perro emite más sonidos, además del ladrido.
5. Los amigos han de ser parte esencial de nuestras vidas.
6. Comprar muchos libros nunca está de más.

- *Redacte seis oraciones que contengan, cada una, un inciso.*

Las incidentales simples (por no decir indeterminadas), en cambio, tienen una única posibilidad de ubicación: pospuesta a lo que puntualmente indican.

*El alto, **y no el otro**, es el que nos invitó.*
El alto (y no el otro) es el que nos invitó.
El alto es el que nos invitó.

*Aquel pastel, **¡qué delicia!**, no duró mucho tiempo.*
Aquel pastel (¡qué delicia!) no duró mucho tiempo.
Aquel pastel no duró mucho tiempo.

Ejercicios

- *Agregue incidentales simples a cada una de las siguientes oraciones:*

1. El tiempo no es lo más importante.
2. Lo mejor es centrarnos en nuestros puntos fuertes.
3. Aquel buen hombre es a quien debemos preguntar.
4. El perro emite más sonidos, además del ladrido.
5. Los amigos han de ser parte esencial de nuestras vidas.
6. Comprar muchos libros nunca está de más.

- *Redacte seis oraciones que contengan, cada una, una incidental.*

En algunos casos, el contenido del paréntesis está demasiado apartado del tema, por lo cual la coma se vuelve improductiva; se requiere paréntesis propiamente como tal o rayas.*

Llegó a la comida **(ay, qué mala estaba)** *sin avisarle a nadie.*	El hecho de encontrar mala la comida nada tiene que ver con que alguien haya llegado a la comida sin avisarle a nadie.
Llegó a la comida sin avisarle a nadie.	

Los jugadores —dijo el entrenador— están muy motivados.	Desde esta perspectiva, también podemos contemplar ejemplos de 1.1.5. En este caso *dijo el entrenador* es la mención del autor.
Los jugadores están muy motivados.	

1.1.7. Para puntualizar con una secundaria: relativas[3]

En esencia, es lo mismo visto en **1.1.2. Frases que califican al sustantivo**. *La diferencia es que aquí veremos más posibilidades, y nos centraremos en oraciones en posición final.*

En otros casos se trata de APOSICIONES A UNA CIRCUNSTANCIA.

Para más detalles, véase **1.1.4. Aposiciones a una circunstancia**

* A grandes rasgos, el contenido parentético tiene semblante de DIGRESIÓN, es decir, de la acción de romper el hilo del discurso y de introducir en él cosas que no tengan aparente relación directa con el asunto principal.

En esencia, este uso de COMA *—el de la* RELATIVA *(en posición final)— es el que más se acerca —aunque no en lo discursivo— al de* PUNTO Y SEGUIDO*, un signo extraoracional. ¿Por qué? Aquí, lo señalado a partir de la coma tiene sentido completo, como lo indicado a partir del* PUNTO Y SEGUIDO.

Puntualmente, una relativa en posición final comenta, explica o precisa algo dicho al final de la oración principal (ANTECEDENTE)*. En específico, utilizamos un* NEXO RELATIVO*, el cual funciona prácticamente como sujeto de la oración relativa.**

Si bien la relativa en general tiene varias posibilidades de antecedente para hacer alusión, en el caso que ahora nos interesa, en posición final, hace alusión al último elemento de la oración principal, es decir, al antecedente. Pues bien, al estar al final —es decir, luego de una oración que ya fue enunciada en su sentido cabal—, la relativa tiene muchas posibilidades de crecer al punto de convertirse en una oración propiamente, con sentido completo; de hecho, así sucede.

Ahora, en detalle, unas relativas hablan sobre un algo o un alguien:

oración principal (antecedente con **negrita**)		nexo relativo	relativa
Había ahí ***una hermosa casa***	,	*(la) que / la cual*	*nos dejó maravillados.*
Debíamos ***hacerlo bien***	,	*lo cual*	*siempre nos ayudó a crecer.*
Esta semana llegó ***un nuevo profesor***	,	*quien*	*nos enseñó el uso de relativos.*

La relativa tiene sentido completo; y el nexo relativo es su "sujeto". Este nexo, a su vez, es una representación del antecedente. Si queremos otra perspectiva para asimilar mejor, veámoslo así:

* Aproveché la instancia para explicar y ejemplificar *el/la* con el *cual* como sujeto de la relativa, que se refiere al antecedente: *un nexo relativo.*

nexo relativo		antecedente (a qué se hace referencia)
(la) que / la cual		*Una hermosa casa*
lo cual	=	*Hacerlo bien*
quien		*Un nuevo profesor*

Ejercicios

• *Agregue relativas —con los nexos indicados— a cada una de las siguientes oraciones:*

1. El tiempo no es lo más importante.
2. Lo mejor es centrarnos en nuestros puntos fuertes.
3. Aquel buen hombre es a quien debemos preguntar sobre nuestras dudas.
4. El perro emite más sonidos, además del ladrido.
5. Los amigos han de ser parte esencial de nuestras vidas.
6. Nunca está de más comprar muchos libros.

• *Redacte seis oraciones que contengan, cada una, una relativa en posición final. Utilice variantes.*

Hay un caso especial: *cuyo* (*cuya, cuyos, cuyas*). Hace alusión al antecedente, sí, pero tiene también un carácter posesivo. Indica pertenencia a alguien o algo mencionado en el antecedente.

oración principal		nexo relativo	oración relativa
Tuvimos que estudiar a ***Martin Luther King Jr.***	,	*cuyo*	***nombre verdadero*** *era Michael King.*

Para otra perspectiva, podemos verlo así:

nexo relativo				antecedente (poseedor referenciado)
cuyo	+	lo poseído	es poseído por	*Martin Luther King Jr.*

No es fácil para todos utilizar este RELATIVO. *Así, si se complica mucho su uso, para asimilarlo podemos utilizar el vicio que, paradójicamente, surge de no saber utilizarlo:* quesuismo, *la utilización de* que su *en lugar de* cuyo.

Ojo, es una forma de entender su uso. Una vez comprobado, cambiamos ese que su *por* cuyo, *como corresponde.*

⊗ *Tuvimos que estudiar a Martin Luther King Jr.,* ***que su*** *nombre verdadero era Michael King.*
Tuvimos que estudiar a Martin Luther King Jr., ***cuyo*** *nombre verdadero era Michael King.*

Otra opción para lograr la comprensión es, mentalmente, cambiar la coma por un punto y seguido, y luego cuyo *por* su.

Tuvimos que estudiar a ***Martin Luther King Jr.***	,	*cuyo*	***nombre verdadero*** *era Michael King.*
Tuvimos que estudiar a ***Martin Luther King Jr.***	.	*Su*	***nombre verdadero*** *era Michael King.*

Ejercicios

• *Agregue relativas con* cuyo *a cada una de las siguientes oraciones:*

1. Lo más importante es el tiempo.
2. Lo mejor es centrarnos en nuestros puntos fuertes.
3. Debemos preguntar sobre nuestras dudas.
4. Aquel ladrido es del perro grande de la esquina.
5. Siempre es importante contar con amigos.
6. Nunca está de más comprar muchos libros.

• *Redacte tres oraciones que contengan, cada una, una oración relativa en posición final con* cuyo *(y variantes).*

Aparte de referirse a alguien o a algo, o a posesión, hay formas que hablan sobre circunstancias:

oración principal		nexo relativo	oración relativa
Lo hizo ***de la mejor manera***	,	**como**	*tú le pediste.*
Éramos felices ***en aquel entonces***	,	**cuando**	*no teníamos preocupaciones.*
Llegamos a ***un hermosísimo lugar***	,	**donde**	*el mar siempre es cálido.*

Ahora veámoslo así:

oración principal			nexo relativo	oración relativa
Lo hizo ***de la mejor manera***		*¿Cómo lo hizo?*	***Como***	*tú le pediste.*
Éramos felices ***en aquel entonces***	→	*¿Cuándo éramos felices?*	***Cuando***	*no teníamos preocupaciones.*
Llegamos a ***un hermosísimo lugar***		*¿Adónde llegamos?*	***(A)Donde****	*el mar siempre es cálido.*

Ejercicios

• *Agregue relativas —con los nexos indicados— a cada una de las siguientes oraciones:*

1. Estuvimos siempre ahí.
2. Era lo mejor de la mañana.
3. Él lo quería así.

• *Redacte seis oraciones que contengan, cada una, una relativa de circunstancia.*

* Cuando *donde* está inserto en un contexto de movimiento (*llegar* implica movimiento), debemos recurrir a *adonde* o *a donde*.

Como referencia, he aquí un listado completo de los nexos relativos:[4]

		a qué se refiere (antecedente)	descripción	ejemplo
*que**		persona, animal, cosa, concepto o acontecimiento	Sirve para muchos antecedentes y es, por esto, el más común. Hace hincapié en "la acción" (el verbo del antecedente). Es un comodín.	*Le confiamos todo a ella, **que** finalmente nos defraudó.*
el que *la que*	*los que* *las que*	persona o cosa	Una variante de *que*. Señala de manera unívoca el antecedente cuando hay más de una persona en la oración principal o en el contexto próximo anterior.	*Es necesario hablar con ella, **la que** acaba de sentarse.* [es ésa y no otra]
el cual *la cual*	*los cuales* *las cuales*	persona o cosa	Variante de *el que*. Remite a antecedentes alejados o varios potenciales. Así, hace hincapié en el quién. También se restringe a registros formales.	*Tardamos en elegir el itinerario, **el cual** terminó siendo un gran acierto.* [hay otras opciones de itinerarios]
lo que		oración completa	Variante de *que*. Se centra en la situación planteada por la oración principal (el verbo).	*Pensaron en ir al parque, **lo que** me pareció una buena idea.* [eso en particular]

* En esta forma simple, el relativo nunca puede ir precedido de una preposición. Para poder combinarse con una preposición, debe ir necesariamente precedido de un artículo determinado, como en el cuadro inferior: *el que, la que, los que, las que.*

lo cual		oración completa	Variante de *lo que*. Se centra en la situación planteada por la oración principal (el verbo), pero hace hincapié en el contraste con otras situaciones previas.	*Pensaron en ir al parque,* ***lo cual*** *me pareció una buena idea.* [además del parque, había más opciones]
quien	*quienes*	persona	Variante de *que*, pero exclusiva para persona. Casi exclusivo de la escritura.	*Iremos a visitar a Ricardo,* ***quien*** *no se ha sentido bien.*
cuyo *cuya*	*cuyos* *cuyas*	posesión	Es usado con valor posesivo; indica pertenencia a alguien mencionado con anterioridad. Concuerda con lo poseído, no con el poseedor (en la oración principal).	*Me acordé de Alhelí,* ***cuya*** *risa solía alegrarme el día.*
como		contexto, circunstancia	Indica *en el modo [en] que* o *en la manera [en] que*.	*Todo fue hecho con mucha dedicación,* ***como*** *a ti te gusta.*
cuando		contexto, circunstancia	Indica *en el momento [en] que*.	*Era mejor revisarlo ayer,* ***cuando*** *había menos gente.*
donde		contexto, circunstancia	Indica *en el lugar [en] que*.	*Llegamos a casa de Noé,* ***donde*** *siempre nos atendían bien.*

Ningún nexo lleva tilde, como podemos ver. Que no se nos olvide.

Ejercicio opcional

- *Ahora que tiene más detalles, si quiere perfeccionar lo aprendido sobre relativas, cree más oraciones con ellas.*

• Más posibilidades

Muchos de los siguientes usos suelen estar más del lado de los ESPECIFICATIVOS *(sin coma) que de los* EXPLICATIVOS *(con coma). Así pues, es necesario recalcar que las relativas no siempre exigen una coma. El uso de coma dependerá de si lo que introduce el nexo versa sobre lo adicional, lo parentético.*

Si agregamos algunas preposiciones a las formas base, nos quedan muchas más posibilidades:

al *que* - ***a*** *la que* ***al*** *cual* - ***a*** *la cual*	***a*** *lo que* ***a*** *lo cual*	***a*** *quien(es)*	***a*** *cuyo/a(s)*
ante *el que* - ***ante*** *la que* ***ante*** *el cual* - ***ante*** *la cual*	***ante*** *lo que* ***ante*** *lo cual*	***ante*** *quien(es)*	***ante*** *cuyo/a(s)*
bajo *el que* - ***bajo*** *la que* ***bajo*** *el cual* - ***bajo*** *la cual*	***bajo*** *lo que* ***bajo*** *lo cual*	***bajo*** *quien(es)*	***bajo*** *cuyo/a(s)*
con *el que* - ***con*** *la que* ***con*** *el cual* - ***con*** *la cual*	***con*** *lo que* ***con*** *lo cual*	***con*** *quien(es)*	***con*** *cuyo/a(s)*
contra *el que* - ***contra*** *la que* ***contra*** *el cual* - ***contra*** *la cual*	***contra*** *lo que* ***contra*** *lo cual*	***contra*** *quien(es)*	***contra*** *cuyo/a(s)*
desde *el que* - ***desde*** *la que* ***desde*** *el cual* - ***desde*** *la cual*			***desde*** *cuyo/a(s)*

durante *el que* - ***durante*** *la que* ***durante*** *el cual* - ***durante*** *la cual*			***durante*** *cuyo/a(s)*
en *el que* - ***en*** *la que* ***en*** *el cual* - ***en*** *la cual*		***en*** *quien(es)*	***en*** *cuyo/a(s)*
entre *el que* - ***entre*** *la que* ***entre*** *el cual* - ***entre*** *la cual*		***entre*** *quien(es)*	***entre*** *cuyo/a(s)*
hacia *el que* - ***hacia*** *la que* ***hacia*** *el cual* - ***hacia*** *la cual*		***hacia*** *quien(es)*	***hacia*** *cuyo/a(s)*
hasta *el que* - ***hasta*** *la que* ***hasta*** *el cual* - ***hasta*** *la cual*			***hasta*** *cuyo/a(s)*
mediante *el que* - ***mediante*** *la que* ***mediante*** *el cual* - ***mediante*** *la cual*	***mediante*** *lo que* ***mediante*** *lo cual*	***mediante*** *quien(es)*	***mediante*** *cuyo/a(s)*
para *el que* - ***para*** *la que* ***para*** *el cual* - ***para*** *la cual*	***para*** *lo que* ***para*** *lo cual*	***para*** *quien(es)*	***para*** *cuyo/a(s)*
por *el que* - ***por*** *la que* ***por*** *el cual* - ***por*** *la cual*	***por*** *lo que* ***por*** *lo cual*	***por*** *quien(es)*	***por*** *cuyo/a(s)*
según *el que* - ***según*** *la que* ***según*** *el cual* - ***según*** *la cual*	***según*** *lo que* ***según*** *lo cual*	***según*** *quien(es)*	***según*** *cuyo/a(s)*
sin *el que* - ***sin*** *la que* ***sin*** *el cual* - ***sin*** *la cual*		***sin*** *quien(es)*	***sin*** *cuyo/a(s)*
sobre *el que* - ***sobre*** *la que* ***sobre*** *el cual* - ***sobre*** *la cual*	***sobre*** *lo que* ***sobre*** *lo cual*	***sobre*** *quien(es)*	***sobre*** *cuyo/a(s)*
tras *el que* - ***tras*** *la que* ***tras*** *el cual* - ***tras*** *la cual*	***tras*** *lo que* ***tras*** *lo cual*	***tras*** *quien(es)*	***tras*** *cuyo/a(s)*

Si vemos más de cerca, las opciones se ven mejor:

	al *que...*	***al*** *cual...*	***a*** *quien...*	***a*** *cuyo...*
	ante *el que...*	***ante*** *el cual...*	***ante*** *quien...*	***ante*** *cuyo...*
	con *el que...*	***con*** *el cual...*	***con*** *quien...*	***con*** *cuyo...*
	contra *el que...*	***contra*** *el cual...*	***contra*** *quien...*	***contra*** *cuyo...*
	en *el que...*	***en*** *el cual...*	***en*** *quien...*	***en*** *cuyo...*
	hacia *el que...*	***hacia*** *el cual...*	***hacia*** *quien...*	***hacia*** *cuyo...*
Ayer fuimos a saludar al profe José,	***hasta*** *el que...*	***hasta*** *el cual...*	***hasta*** *quien...*	***hasta*** *cuyo...*
	mediante *el que...*	***mediante*** *el cual...*	***mediante*** *quien...*	***mediante*** *cuyo...*
	para *el que...*	***para*** *el cual...*	***para*** *quien...*	***para*** *cuyo...*
	por *el que...*	***por*** *el cual...*	***por*** *quien...*	***por*** *cuyo...*
	según *el que...*	***según*** *el cual...*	***según*** *quien...*	***según*** *cuyo...*
	sin *el que...*	***sin*** *el cual...*	***sin*** *quien...*	***sin*** *cuyo...*
	sobre *el que...*	***sobre*** *el cual...*	***sobre*** *quien...*	***sobre*** *cuyo...*
	tras *el que...*	***tras*** *el cual...*	***tras*** *quien...*	***tras*** *cuyo...*

Veamos ejemplos:*

Estábamos de acuerdo con ella, ***a la cual*** *siempre apoyamos.*

Estábamos de acuerdo con ella, ***a quien*** *dimos nuestro apoyo.*

Estábamos de acuerdo con ella, ***a cuyo*** *<u>programa</u> nos sumamos con entusiasmo.*

Estábamos de acuerdo con ella, ***ante la cual*** *manifestamos nuestra aprobación.*

Estábamos de acuerdo con ella, ***ante quien*** *todos habíamos rendido cuentas.*

Estábamos de acuerdo con ella, ***ante cuya*** *<u>presencia</u> todos nos comprometimos.*

Estábamos de acuerdo con ella, ***con la que*** *siempre hubo mucha conexión.*

Estábamos de acuerdo con ella, ***con quien*** *compartíamos muchos anhelos.*

Estábamos de acuerdo con ella, ***con cuyo*** *<u>perfil</u> todos coincidíamos.*

---

* No olvidemos que *cuyo*, al ser posesivo, llevará siempre pospuesto lo poseído.

Estábamos de acuerdo con ella, ***contra la cual*** *otros habían despotricado.*
Estábamos de acuerdo con ella, ***contra quien*** *pesaban muchas injusticias.*
Estábamos de acuerdo con ella, ***contra cuya*** *reputación otros habían atentado.*

> *Ejercicios*
>
> • ***Redacte al menos tres oraciones por cada una de las opciones de relativo con preposiciones (desde a hasta*** tras).
>
> *[Que lo explicativo tenga sentido; no se trata de cumplir por cumplir.]*

• Relativas con sustantivo precedente

En ocasiones podemos poner un sustantivo antepuesto al nexo relativo. Este sustantivo puede ser la repetición del antecedente o un sinónimo. Lo "tradicional" sería así:

		oración relativa	
Vimos una ***película***	,	***que*** *llevaba apenas un día en cartelera.*	Una relativa tradicional, "normal".

Así queda con un sustantivo antepuesto al nexo y con un antecedente inmediatamente anterior a la coma:

Vimos una buena ***película***	,	***película que*** *llevaba apenas un día en cartelera.*	Con un sustantivo antepuesto; se repite el antecedente, que está solo: *película*.
		cinta que *llevaba apenas un día en cartelera.*	Con un sustantivo antepuesto; SINÓNIMO del antecedente, que está solo: *cinta*.

Y así se ve si el antecedente queda un poco más alejado de la coma, porque hay complementos de aquella palabra:

*Vimos una **película** de mucha calidad*	,	***película que** llevaba apenas un día en cartelera.*	Con un sustantivo antepuesto; se repite el núcleo del antecedente: *película*.
		***cinta que** llevaba apenas un día en cartelera.*	Con un sustantivo antepuesto; SINÓNIMO del núcleo del antecedente: *cinta*.

¿Para qué sirve esta fórmula?

A veces no queda claro cuál es el antecedente, y debemos remarcarlo o incluso aclararlo. Esto sucede cuando el antecedente es muy largo (con muchos complementos) o tiene situaciones distractoras (cursivas, comillas, interrogaciones...):

El rector entregó las directrices generales del comienzo de semestre	,	*directrices que...*	El núcleo del antecedente queda muy alejado. Repetirlo antepuesto al nexo relativo es una solución.
El rector entregó las directrices generales del comienzo de semestre	,	*pautas que...*	Está también la posibilidad de un sinónimo.

Si queremos ir más allá, este procedimiento también sirve si queremos recalcar. Se logra con la repetición del concepto.

Podemos utilizar todas nuestras variantes de nexos, mientras el sentido lo permita:

		a *la que...*
		ante *la que...*
		bajo *la que...*
		con *la que...*
		contra *la que...*
		desde *la que...*
		durante *la que...*
		en *la que...*
*Vimos una **película** de mucha calidad,*	*película* *cinta*	***entre*** *la que...*
		hacia *la que...*
		hasta *la que...*
		mediante *la que...*
		para *la que...*
		por *la que...*
		según *la que...*
		sin *la que...*
		sobre *la que...*
		tras *la que...*

Ejercicios

• *Agregue relativas con sustantivo antepuesto al nexo, al final a cada una de las siguientes oraciones:*

1. El tiempo no es lo más importante.
2. Lo mejor es centrarnos en nuestros puntos fuertes.
3. Aquel buen hombre es a quien debemos preguntar.
4. El perro emite más sonidos, además del ladrido.
5. Los amigos han de ser parte esencial de nuestras vidas.
6. Comprar muchos libros nunca está de más.

• *Redacte seis oraciones que contengan al final una relativa con sustantivo antepuesto al nexo.*

1.2. La coma para confirmar o dilucidar en respuestas

Debemos colocar coma después de cualquier afirmación, negación o cualquier tipo de enunciación corta que amerite o sugiera una profundización o aclaración. Por ejemplo:

respuesta corta		confirmación
Sí	,	*estoy bien.*
No	,	*terminaré.*
Está bien	,	*iré contigo.*
No	,	*no quiero.*
No	,	*sí quiero.*

Lo importante es siempre colocar coma entre la respuesta corta (que es en muchas ocasiones una condensación) y el reforzamiento (CONFIRMACIÓN).

Como vemos, la confirmación es lo que realmente revela una respuesta al cuestionamiento.

Esto no quiere decir que siempre se deba responder así. Podemos responder simplemente con la confirmación; en tal caso ya no es confirmación, sino una respuesta simple.

~~*Sí*~~	*Estoy bien.*
~~*No*~~	*Terminaré.*
~~*Está bien*~~	*Iré contigo.*
~~*No*~~	*No quiero.*
~~*No*~~	*Sí quiero.*

La respuesta corta no es la que revela el verdadero sentido; depende de cómo fue formulada la pregunta que la originó. La confirmación, en cambio, es la que manifiesta el sentido del mensaje. Veamos más a fondo:

		respuesta corta		confirmación	
¿Quieres aprender?	→	*Sí*	,	*quiero (aprender).*	En los tres casos la respuesta es que sí quiere aprender: lo que está en la confirmación.
¿Quieres aprender?	→	*Sí*	,	*sí quiero (aprender).*	
¿No quieres aprender?	→	*No*	,	*sí quiero (aprender).*	
¿No quieres aprender?	→	*No*	,	*no quiero (aprender).*	En los tres casos la respuesta es que no quiere aprender, tal cual muestra la confirmación.
¿Quieres aprender?	→	*No*	,	*no quiero (aprender).*	
¿No quieres aprender?	→	*Sí*	,	*no quiero (aprender).*	

Otros ejemplos más aclaratorios:

¿Quieres?	*Sí,* ***quiero.***	Afirmativo.
	Sí, ***sí quiero.***	Afirmativo enfático.
	No, ***no quiero.***	Negativo.

¿No quieres?	*No,* ***quiero.***	Afirmativo.
	No, ***sí quiero.***	Afirmativo enfático.
	Sí, ***no quiero.***	Negativo.

Si esta coma no es aplicada, puede generar muchas confusiones:

¿Te sientes mal?	***No me siento bien.***	Se está asintiendo (responde “sí”), porque “no se siente bien”.
	No, **me siento bien.**	Se está disintiendo, pues la respuesta es *no*; y *me siento bien* es un refuerzo.

Por otro lado...

¿Quieres?	***Tal vez**, aunque...*
	***No sé**, pero...*
	***Por supuesto**, puesto que...*
	***Por ningún motivo**, pues...*

Cuando la respuesta no es *sí* o *no*, no se requiere confirmación. *Tal vez* es *tal vez*, *no sé* es *no sé*... Lo que viene después de la coma es una profundización o una explicación.

2. LA COMA PARA CIRCUNSTANCIAS: CÓMO, CUÁNDO, DÓNDE...

En general, las situaciones planteadas por las oraciones están situadas en un contexto determinado: el COMPLEMENTO CIRCUNSTANCIAL. A veces están implícitas o sobrentendidas por el contexto del párrafo, y por eso no las vemos; pero están. Por ejemplo, si tenemos la oración *Gabriela terminó la tarea a las 10 de la mañana*, vemos que hay un contexto temporal, un *cuándo*: *a las 10 de la mañana*. Si decimos *Gabriela terminó la tarea en el comedor*, vemos, en cambio, un contexto locativo, un *dónde*: *en el comedor*. Se trata de vocablos, locuciones o frases que determinan o modifican la significación del verbo mediante, entre otros, *de qué manera* (modo, el *cómo*), *en qué momento* (tiempo, el *cuándo*) y *en qué lugar* (lugar, el *dónde*).

> *Como adelanto, en estos casos el uso de coma está sujeto, en primera instancia, a si esta circunstancia es un modificador opcional ("no obligatorio"). En caso de no serlo, hablamos, en términos específicos, de un* ADJUNTO *(interno en ese caso).*[5]
>
> *Más adelante ahondaremos en este asunto.*

Pues bien, contextualicemos un poco... En las oraciones,* solemos enviar el contexto al final, y en este caso generalmente no requeriremos coma.

Veamos un diagrama práctico y fijémonos especialmente en lo circunstancial:

* Cuando escribimos y también cuando hablamos. En realidad, este hábito proviene de la oralidad.

Sujeto	Predicado			
QUIÉN	HACE	QUÉ	A QUIÉN	EN QUÉ CIRCUNSTANCIAS
El profesor *La profesora*	*llegó*			***en un nuevo automóvil.***
Él *Ella*	*ha comprado*	*un nuevo libro*		***en aquella librería.***
—	*(Le) Regalará*	*flores*	*a su pareja*	***esta noche.***
Él y ella *Ellos*	*estudiaban*			***todas las tardes.***

Si decidimos mover de lugar este complemento, es probable que requiramos una coma, a veces dos:[6]

Debes llamarme al teléfono que te di ***cuando llegues a la escuela.***	Circunstancia al final: no hay coma.
Cuando llegues a la escuela, *debes llamarme al teléfono que te di.*	Circunstancia al comienzo: hay una coma pospuesta.
Debes llamarme, ***cuando llegues a la escuela****, al teléfono que te di.*	Circunstancia en posición medial: hay dos comas.

He aquí la explicación general. No obstante, hay tres puntos importantísimos que abordar...

Primero, no es recomendable recurrir a esta traslación sólo "porque sí" o porque no tenemos nada mejor que hacer. Esta opción obedece muchas veces a razones estilísticas, para evitar un texto monótono, generalmente, y en otras, para eludir confusiones.

Segundo, parte del mundo aficionado a las letras, especialmente en redes sociales, ha llamado a este uso, de manera bastante desacertada, "coma hiperbática" ("relativa al hipérbaton", alteración del orden que las palabras tienen habitualmente en el discurso). Y es desacertada porque, para empezar, un hipérbaton no demanda coma, y menos dos; y, por otra parte, porque en el procedimiento planteado no existe hipérbaton, sino simplemente una variante originada a partir de un orden menos común o recurrente.

Desde luego, este uso de coma responde a muchos factores, y no debe ser tomado tan a la ligera. En cualquier caso, la dichosa "coma hiperbática", más allá de su errónea noción y su insuficiente alcance, es un buen comienzo.

Tercero, lo más importante, no siempre es posible hacer el procedimiento en cuestión. Si escribimos, por ejemplo, Dejé el libro <u>en la mesa del despacho en el segundo piso</u>, *el complemento* (en la mesa del despacho en el segundo piso) *es exigido por el verbo, es absolutamente necesario. Es así porque* dejé el libro, *a secas, da una orientación muy distinta al mensaje. Además, tampoco podríamos prescindir del fragmento en cuestión.*[7]
Como sea, en estos casos, si el fragmento mencionado va al principio o al final, no requeriremos coma.

• **Precisiones sobre cuándo poner coma**

Considérese todo lo mencionado en este punto como referencia inicial para todo lo circunstancial que vendrá a continuación.

Partamos por una justificación a la cual asirnos para entender el asunto... Para que podamos colocar un signo cualquiera, debe haber un motivo, ¿verdad? Suena a perogrullada; pero, por alguna extraña razón, muchas personas suelen olvidarse de esta premisa. Pues bien, la coma no es una excepción; pero, eso sí, tiene muchos motivos para sí ser colocada, tantos que a veces pareciera que a esas muchas personas les gusta inventarles nuevos usos.

Ahora, de manera preliminar, ¿cuándo no poner coma si se trata de circunstancias? Con un contexto al final, la primera opción será siempre no poner coma, casi por defecto. Este fundamento surge de dos situaciones, situaciones que abarcan la gran mayoría de los casos. Primero, en esta ubicación, el complemento no suele generar ningún tipo de ambigüedad o anfibología en la interpretación del mensaje, que es el alma en muchos casos de la moción para poner la dichosa coma. Segundo, en algunos casos, el complemento no puede ser separado del verbo;[8] *es parte sustancial del verbo.*

Como sabemos, la circunstancia podría ir ubicada en el final —su posición más común—, en una zona intermedia de la oración o al comienzo. Tres opciones. La cantidad de comas, en su caso, una o dos, dependerá justamente de la ubicación de la circunstancia.

Veamos las opciones:*

◇ **Contexto al final.** Si la circunstancia va al final, la coma, una única coma, no será necesaria, en principio.

Por otro lado, como sugerimos, colocar una coma recae en distinciones:

- **Coma periférica.** El escenario es indicado como incidental, periférico. Es señalado así de manera arbitraria.

- **Coma realzadora.** Que, por asuntos estilísticos, el autor ha decidido remarcar el segmento. El contexto tiene mucha magnitud para lo dicho.

> *Si bien este criterio no es una regla ortográfica, sí se afianza como una disposición arraigada en el lenguaje expresivo, especialmente el literario, donde los énfasis toman mucha relevancia. Basta tomar la novela preferida —ojalá donde haya muchos escenarios— y hojearla un poco para corroborar este arreglo.*

> *Existe, asimismo, algo a lo que podríamos llamar* COMA MIMÉTICA. *Es con la que, por asuntos estilísticos, apegados a la* MIMESIS *(imitación del modo de hablar), el autor ha decidido desunir el segmento. Esto sucede en narraciones y, en específico, con narradores "de carne y hueso".*

---

* Es claro que las comas no tienen apelativos; no hay tipos de comas. No obstante, mediante SINÉCDOQUE (recurso retórico para designar una cosa con el nombre de otra), podemos referirnos como «coma x» al «uso x de coma». Por lo demás, el afán ilustrativo y práctico nos faculta para apellidar así las comas, por una parte. Y, en realidad, nada prohíbe que así lo hagamos, cualquiera sea nuestro afán. Valga la aclaración por si alguien se alarma por la terminología.

◇ **Contexto en posición medial.** Si la circunstancia no va al comienzo ni al final, es decir, va en una posición medial, siempre se requerirán dos comas. Sí o sí.

◇ **Contexto al comienzo.** Si la circunstancia va al comienzo, necesitaremos una coma, en principio. Éste es nuestro punto de partida.

- **Coma esclarecedora.** El segmento en cuestión generará ambigüedad si no es delimitado con una coma.*

- **Coma prudencial.** El segmento, si bien no genera ambigüedad, ostenta características que entorpecen o atrasan la lectura.

> *Gracias a una relectura, o varias, o simplemente al sentido común, un mensaje algo intrincado —y en cuya complejidad el complemento circunstancial sea gran partícipe— sobre seguro terminará siendo correctamente asimilado. Es aquí donde aparece la subvención de la coma, como colaboradora en el esclarecimiento de la oración.*
>
> *Debe quedar claro que ésta tampoco es una regla ortográfica, especialmente por la dificultad para establecer un parámetro exacto; no obstante, no debemos olvidar que redactamos para comunicarnos, no para realizar un acto monologante, por más apegado que esté a la norma (a veces pertinaz y distanciada). De este modo, incluir criterios basados en la facilidad de lectura, el entendimiento por parte de nuestro receptor, es primordial.*†

- **Coma realzadora.** Por asuntos estilísticos, el autor ha decidido remarcar el segmento. El contexto tiene mucha magnitud para lo dicho.

---

* Esto sucede en general cuando no queda claro cuál es el final de la circunstancia. El final de éste se inmiscuye en el comienzo de la oración propiamente tal.

Cuando se sentó, a su lado había más personas.	Si no ponemos la coma, no podemos saber si *a su lado* es el comienzo de la oración en sí o si es el final del contexto.
Cuando se sentó a su lado, había más personas.	

† En un tuit del 30 de noviembre de 2017, incluso, la RAE menciona «en la actualidad, la puntuación no tiene como objetivo marcar las pausas de la oralidad, sino **facilitar la legibilidad del texto** y dejar claras las relaciones sintácticas de sus constituyentes».

> *Una premisa del lenguaje literario: un fragmento separado de manera innecesaria con una coma, aunque sin error, puede considerarse como un fragmento realzado. De manera sencilla: coma correcta pero innecesaria = realce.*

Cuando el contexto sea corto o de suma sencillez, es decir, que con él no asome atisbo alguno de anfibología, la coma no es necesaria. ¿Excepciones? Un asunto realzador.

2.1. La posición de la circunstancia

Ya sabemos que tenemos distintos tipos de circunstancias. Ahora es momento de ver las posiciones en que pueden ir ubicadas y qué sucede en cada una.

2.1.1. La circunstancia al final

De manera preliminar, y como ya sabemos, no se requiere coma cuando la circunstancia va al final de la oración, el lugar más habitual.

	circunstancia	
El profesor pudo hacer mejor su trabajo	*cuando se lo permitieron.*	En esa ubicación y con esas características, el contexto no encarna ambigüedad.
El profesor explicaba el punto	*desde el fondo del salón.*	

Debemos asegurarnos, con más razón, de que no haya coma cuando la circunstancia no sea independiente, cuando sea parte de lo que indica el verbo:

	circunstancia	
El profesor caminó	*por el salón.*	En el primer ejemplo, no se trata de *caminar* a secas, sino de *caminar por el salón*. Lo mismo en el segundo: no es *reír* a secas.
El profesor rio	*sin poder detenerse.*	

2.1.1.1. Coma periférica (circunstancial)

En ocasiones, como dislocación, separamos con coma el complemento circunstancial al final, pese a que no hay razón de claridad para hacerlo. ¿El motivo? Señalar que su contenido es un añadido, un comentario marginal.

		circunstancia periférica	
El profesor llegó	,	*en un automóvil nuevo.*	Lo esencial es simplemente que *el profesor llegó*. La manera en que lo hizo —*en un automóvil nuevo*— es irrelevante; recae en un segundo plano, en una especie de paréntesis.
		Lo que más o menos se entiende:	
		y lo hizo *en un automóvil nuevo.*	
		y, por cierto, lo hizo *en un automóvil nuevo.*	

		circunstancia periférica	
Ella ha comprado un nuevo libro	,	*en aquella librería.*	Lo que importa es que *ella ha comprado un nuevo libro*. El lugar en donde lo hizo —*en aquella librería*— es irrelevante; recae en un segundo plano, un paréntesis.
		Lo que más o menos se entiende:	
		y lo hizo *en aquella librería.*	
		y, a propósito, lo hizo *en aquella librería.*	

Ejercicios

- *Redacte seis ejemplos del uso en cuestión.*

2.1.1.2. Coma realzadora (circunstancial)

Desde la textolingüística, la pragmática, la estilística y la grafemática, integradas, la coma puede emplearse para remarcar un fragmento del enunciado. Sucede un desprendimiento sintáctico y se establece un foco informativo que modula la jerarquía de la información en el texto. El complemento circunstancial deja de ser un simple modificador adyacente, y tiene ahora un efecto similar al del uso de **negritas**:

		circunstancia remarcada	
El profesor llegó	,	*en un automóvil nuevo.*	El segmento posterior a la coma, *en un automóvil nuevo*, adquiere realce. Como observación, sólo funciona si la oración principal es corta.
		Lo que más o menos se entiende:	
		y ojo: lo hizo *en un automóvil nuevo.*	
		y pon atención: lo hizo *en un automóvil nuevo.*	

		circunstancia remarcada	
Ella ha comprado un nuevo libro	,	*en aquella librería.*	El segmento posterior a la coma, *en aquella librería*, adquiere realce. Como observación, sólo funciona si la oración principal es corta.
		Lo que más o menos se entiende:	
		y ojo: lo hizo *en aquella librería.*	
		y pon atención: lo hizo *en aquella librería.*	

El uso periférico y el de realce no suelen coexistir en el mismo fragmento de texto. Que quede claro. El segundo se demarca al lenguaje literario, como una medida expresiva; no obstante, tal cual sucede con la aceptación y la resonancia, podría extenderse al lenguaje pragmático.

Sirva este apartado como referencia y para ayudar a la lectura.

Por otro lado, este uso es fácilmente intercambiable por DOS PUNTOS. *Eso sí, para esta segunda opción se requiere que el redactor busque ser anunciativo y que el fragmento sea digno de la alerta.*

Ejercicios

- *Redacte seis ejemplos del uso en cuestión.*

2.1.2. La circunstancia en posición medial

Aquí siempre requeriremos coma. No hay excepciones.

		circunstancia			
El profesor	,	*al ver que nadie le hacía caso*	,	*regañó a todos.*	Las dos comas son forzosas.

Solamente para recordar y contrastar: ¿cómo se vería en posición final esta circunstancia?

		circunstancia	
El profesor	*regañó a todos*	*al ver que nadie le hacía caso.*	No se requiere coma.

Ejercicios

- *Redacte seis ejemplos del uso en cuestión.*

2.1.3. La circunstancia al comienzo

Diremos que la coma no es necesaria. Éste es el punto de partida, tal cual se lee. Pero, por supuesto, hay excepciones.

La justificación más arraigada dice que el asunto es al revés: que va coma, y que no se pone en ciertas circunstancias. Ahora, por un sentido práctico y con el objetivo de recalcar la premisa de que, para colocarla, la coma necesita un motivo, diremos que es a la inversa: por defecto, no se requiere coma; de este modo, las comas, en este caso, responden a dos motivos, y uno adicional circunscrito a la subjetividad.

2.1.3.1. Coma prudencial

Partamos pensando en circunstancias sencillas o cortas: *ayer, durante este mes, con extraña prontitud, en la conferencia...*

circunstancia		
Ayer	*me entregó su gran resolución.*	En esa ubicación y con esas características, el contexto no encarna ambigüedad, que es la principal razón para colocar coma, una razón ineludible.
Durante este mes	*no hubo controversia.*	
Con extraña prontitud	*pudo terminar el trabajo.*	
En la conferencia	*dio su versión de los hechos.*	

En algunas ocasiones esta circunstancia es compleja o tiene cierta longitud, cualidades que podrían dificultar la lectura (obligar a una relectura) o, de plano, generar un embrollo en el sentido y la resolución del mensaje.

Una coma podría evitar que el lector haga una relectura para buscar el sentido de la oración o que tenga un barullo momentáneo, barullo que únicamente pueda ser resuelto por el sentido común (en algunos casos por la ridiculez de las opciones alternativas), al terminar de leer la oración.

circunstancia			
Después de muchas horas de incertidumbre	,	*me entregó su gran resolución.*	
Durante el recién inaugurado mes de la educación cívica	,	*no hubo controversia.*	Aquí, la coma no es del todo necesaria. Pero sí es recomendable; no dilucida, pero sí ayuda, y mucho.
Con extraña y sorprendente prontitud como distintivo	,	*pudo terminar el trabajo.*	
En la conferencia que dio inicio a la actividad	,	*entregó su versión de los hechos.*	

Ejercicios

- *Redacte seis ejemplos del uso en cuestión.*

[Es posible que no se logren con ejemplos puntuales de lo solicitado; pero al menos servirá para ir asimilando el asunto.]

2.1.3.2. Coma esclarecedora

En otros casos la coma ya no es recomendable, sino necesaria.

Una coma podría esclarecer ciertos asuntos, como el contexto y el sujeto, u otro asunto. Importantísimo.

circunstancia		
Cuando se sentó	,	***a su lado** había más personas.*
*Cuando se sentó **a su lado***	,	*había más personas.*

Cuando llegó	,	***su hermano*** *recordó que había dejado abierta la puerta.*
Cuando llegó ***su hermano***	,	*recordó que había dejado abierta la puerta.*

En un lugar alejado de todos	,	***los alumnos*** *se pusieron a estudiar.*
En un lugar alejado de todos ***los alumnos***	,	*se pusieron a estudiar*

> *Ejercicios*
>
> - *Redacte seis ejemplos del uso en cuestión.*

2.1.3.3. Coma realzadora

En algunas ocasiones, el uso de una coma en una circunstancia al comienzo tendrá como objetivo dar énfasis. Por ejemplo:

circunstancia		
Ayer	,	*me entregó su gran resolución.*
Durante este mes	,	*no hubo controversia.*
Con extraña prontitud	,	*pudo terminar el trabajo.*
En la conferencia	,	*dio su versión de los hechos.*

Tomamos los ejemplos iniciales del punto 1.2.3.1, que no requieren coma. Pero al ponerla, la circunstancia queda realzada.

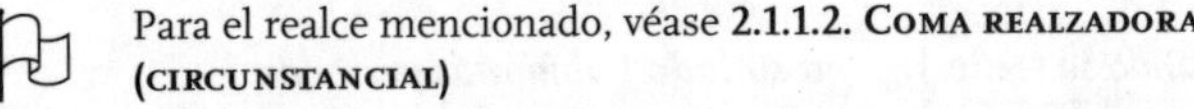

Para el realce mencionado, véase **2.1.1.2. Coma realzadora (circunstancial)**

Ejercicios

- *Redacte seis ejemplos del uso en cuestión.*

[Es posible que no se logren con ejemplos puntuales de lo solicitado; pero al menos servirá para ir asimilando el asunto.]

2.2. Los tipos de circunstancias

Los escenarios o circunstancias principales son el tiempo, el lugar y la manera. Pero se desprenden otros tantos más, bien como variantes de la manera o como alcances de tiempo y lugar.

A continuación, se detallan las circunstancias. Si llevan coma o no, dependerá de lo indicado en los puntos anteriores; no obstante, en los ejemplos serán expuestos casos con coma.

2.2.1. El tiempo

Hay complementos circunstanciales que indican el momento en que se produce el proceso al que hacen referencia. Estos complementos responden a CUÁNDO.

Veamos:

- √ *un día, dos meses, tres años, esta mañana, esa tarde, la semana...*
- √ *ayer, mañana, después, entonces, temprano, recién, luego, antes, aún, ahora, hoy, tarde, todavía, pronto...*
- √ *al mediodía, al amanecer, al instante, al momento, con frecuencia, de pronto, de repente, de vez en cuando, por la mañana, en un santiamén...*
- √ *por la tarde, en la mañana, hasta mañana, a las cinco, sobre las cinco...*
- √ *cuando __, mientras __, antes (de) que __, después (de) que __, al + infinitivo (al llegar, al reír, por ejemplo)...*

Veamos ejemplos:*

Esta mañana, *el bus que nos traía tuvo un percance.*
Antes, *los tiempos eran mejor aprovechados.*
De vez en cuando, *todo debe quedar en silencio.*
Por la tarde, *Juan va a correr al parque.*
Cuando sea el momento oportuno, *sabrás toda la verdad.*

Ejercicios

• *Tome las oraciones de los ejemplos anteriores y cámbieles el complemento circunstancial, en la misma posición.*

• *Agregue complementos circunstanciales de momento a las siguientes oraciones:*

1. Rodrigo no supo qué hacer con aquella máscara.
2. Ya había hecho todo lo que le habían pedido.
3. No había absolutamente nadie en la oficina.
4 Era mucho más fácil desconectarse de todo.
5. Los tiempos no logran ponerse de acuerdo con las intenciones.
6. Íbamos al parque a ver cómo caían las hojas de los árboles.

Podemos ir más allá. Hay complementos circunstanciales que surgen a partir de *cuándo* más una preposición antepuesta:

desde cuándo	*hasta cuándo*	*para cuándo*

√ *desde el amanecer, desde aquella vez, desde que nos conocimos, desde el momento en que se fueron...*
√ *hasta la medianoche, hasta que me olvides, hasta que las velas no ardan, hasta cuando se te dé la gana...*
√ *para la primera quincena, para Navidad, para el segundo semestre, para cuando hayas aprendido...*

* Vale reiterar que, sin excepción, en todos los casos habrá coma. Todas estas comas están correctas; pero, como sabemos, hay circunstancias diversas en torno al asunto. Es un punto de partida.

Ejemplos:

Desde que nos conocimos, *nuestra amistad ha ido creciendo cada día.*
Hasta cuando se te dé la gana, *los lápices estarán disponibles para ti.*
Para Navidad, *aquel pan sabrá mucho más rico.*

Ejercicios

- *Cree tres oraciones con complementos con cada grupo mencionado. Utilice comas.*

2.2.2. El lugar

Hay complementos circunstanciales que indican el lugar en que se produce el proceso al que hacen referencia. Estos complementos responden a DÓNDE.

¿Qué posibilidades tenemos?

- √ *aquí, fuera, arriba, abajo, allá, afuera, adentro, atrás, delante, cerca, lejos, detrás, enfrente, encima, debajo...*
- √ *a la cabeza, a la derecha, a la izquierda, a lo lejos, al final, al otro lado, de cerca, de lejos, por detrás, por delante, desde lejos, a lo lejos, por detrás...*
- √ *a la esquina, por la calle, al colegio, hasta la oficina, desde mi casa, hacia allá, por el lado sur, sobre el mostrador, tras el cristal...**
- √ *donde* ______ .

Veamos ejemplos:

Enfrente, *todo giraba en armonía.*
A lo lejos, *un ave reparaba con esmero su nido.*

---

* Aquí surge *a donde* o *adonde*. Si bien en algún momento hubo diferencias en estas formas, actualmente su uso es indistinto. El único requisito es que el verbo principal de la oración implique movimiento.

También surge *en donde*. Éste se diferencia de *donde*, en líneas generales, en la indicación de precisión y porque la acción sucede dentro de un espacio determinado.

Desde mi casa, *todo logra verse con claridad.*
Donde don Augusto Riquelme, *las empanadas son deliciosas.*

Ejercicios

• *Tome las oraciones de los ejemplos anteriores y cámbieles el complemento circunstancial, en la misma posición.*

• *Agregue complementos circunstanciales de lugar a las siguientes oraciones:*

1. La situación había vuelto a la total normalidad.
2. Aquellos gratos recuerdos nos saludaban entrañablemente.
3. Todo se veía desordenado.
4 Ellos podían ver la nuestra.
5. El tiempo no pasa en vano.
6. El panorama es sereno.

2.2.3. El modo

Hay complementos circunstanciales que indican la manera o el modo en que se produce el proceso al que hacen referencia. Estos complementos responden a CÓMO.

Veamos:

√ *andando, jugando...*

De manera preliminar, debemos evitar que el GERUNDIO *indique una acción posterior a la acción del verbo principal,* ya que esto es un vicio. No olvidemos que el gerundio es un cómo, y un cómo es simultáneo, no posterior.*

√ *bien, mal, regular, despacio, deprisa, así, tal, como, aprisa, adrede, peor, mejor, fácilmente, correctamente...*

---

* El GERUNDIO, recordemos, es una forma no personal del verbo, cuya terminación en español es *-ndo*. Tiene carácter modal.

√ *a ciegas, a las buenas, a sabiendas, a tontas y a locas, de este modo, por las buenas, por las malas, poco a poco...*
√ *de buen humor, con ganas, al revés, a traición...*

Ejemplos:

Saludando, *la maestra comenzó con la dinámica.*
Despacio, *aquel perro logró llegar a su refugio.*
A ciegas, *aquel niño pudo encender la luz.*
Con muchas ganas, *los alumnos comenzaron las clases.*

Ejercicios

• *Tome las oraciones de los ejemplos anteriores y cámbieles el complemento circunstancial. Debe ser otro de modo.*

• *Agregue complementos circunstanciales de modo a las siguientes oraciones:*

1. El conserje cerró la puerta.
2. Todos ellos corrieron desde la base al primer punto.
3. Llegamos a destino.
4 Lo logramos.
5. Él levantó su brazo.
6. Comenzamos la travesía.

2.2.4. Compañía, instrumento, medio...

De manera preliminar —y mecánica—, podemos obtener varios complementos circunstanciales a partir de *qué, quién(es)* y *cuánto* más una preposición antepuesta:

	ante qué	*bajo qué*		*contra qué*	*de qué*	*durante qué*	*en qué*
entre qué	*hacia qué*	*hasta qué*	*mediante qué*			*sin qué*	*sobre qué*

	ante quién(es)			*contra quién(es)*			
entre quién(es)	*hacia quién(es)*		*mediante quién(es)*	*para quién(es)*	*según quién(es)*	*sin quién(es)*	

	ante cuánto(a) (s)	*bajo cuánto(a) (s)*	*con cuánto(a) (s)*	*contra cuánto(a) (s)*			
entre cuánto(a) (s)	*hacia cuánto(a) (s)*		*mediante cuánto(a) (s)*	*para cuánto(a) (s)*	*según cuánto(a) (s)*	*sin cuánto(a) (s)*	*sobre cuánto(a) (s)*

La forma según quién *ya fue vista, aunque desde otras perspectivas:*

Véase **1.1.5. Inciso para incidentales sobre opiniones, dichos o pensamientos**

*El complemento de materia (*CON QUÉ O DE QUÉ *se elabora, se ocupa, se trata, se modifica o se transforma lo indicado por el verbo) también es parte de este grupo; no obstante, salvo tal vez en alguna estructura intrincada, no obliga a utilizar coma. Asimismo, causa y finalidad deberían estar; no obstante, fueron emplazadas en otro lugar.*

Para otros usos de comas para asuntos circunstanciales, véase **3. La coma para operaciones lógicas: la consecuencia, la causa y la finalidad**

• Compañía*

Podemos indicar CON QUIÉN se efectúa el proceso al que hace referencia.

√ *conmigo, contigo, consigo.*

* La compañía podría también denotar contigüidad, concomitancia, coexistencia, colaboración o acción conjunta. Ojo, como dato extra, este complemento es llamado *conmitativo.*

√ *con mis amigos, con tu perro, con mi jefe, con tus vecinos, con dos policías, con el profesor...**

Veamos ejemplos:

Conmigo, *todo estará de maravillas.*
Con sus dos hermanos, *Ricardo llegó a donde le habían pedido.*
Con tu perro, *el camino se te hizo más llevadero.*

Ejercicios

• *Tome las oraciones de los ejemplos anteriores y cámbieles el complemento circunstancial. Debe ser otro de compañía.*

• *Agregue complementos circunstanciales a las siguientes oraciones:*

1. El alumno pudo obtener la mejor calificación.
2. Pudimos dar con el lugar.
3. Todo se veía desordenado.

• Instrumento†

Podemos indicar CON QUÉ se realiza la acción de la oración. Puntualmente, se trata del utensilio, el dispositivo o el recurso empleado.

¿Qué posibilidades tenemos?

√ *con las llaves, mediante la ley...*
√ *por medio de, a través de, con el auxilio de...*

---

* Podemos ser más específicos, con opciones como *en compañía de.*

† La fórmula *con un(a) + objeto* en ocasiones podría no ser instrumental. *Con la ayuda de* identifica también un instrumento (aunque en algunos casos expresa compañía o colaboración).

Con puede designar un utensilio (*con un martillo, con un hacha*), pero también el medio, material o inmaterial, empleado en la consecución de algo (*con vapor, con fuerza, con paciencia*) o la manera en que se lleva a cabo un proceso (*con sorpresa, con glotonería*).

Los de instrumento están próximos a los de medio; pero ambos conceptos no son equivalentes.

Veamos ejemplos:

Con una ganzúa, *pudieron abrir la puerta.*
Por medio del instructivo, *supimos cómo hacer los ajustes finales.*
Mediante un oficio, *nos comunicaron la noticia.*

Ejercicios

- *Tome las oraciones de los ejemplos anteriores y cámbieles el complemento circunstancial. Debe ser otro de instrumento.*

- *Agregue complementos circunstanciales a las siguientes oraciones:*

1. La administrativa verificó la información.
2. Nos comunicamos con ella.
3. Alumbramos la cancha.

- **Medio**

Podemos indicar CON QUÉ O POR MEDIO DE QUÉ se realiza la acción de la oración. Este medio representa el canal o la vía a través de la cual se realiza la acción.

¿Qué posibilidades tenemos?*

√ *por correo, por internet, a caballo, a pie, en bicicleta...*
√ *por/mediante sorteo, por propio mérito, mediante/por medio de/a través de lecturas...*

En general, hablamos de sistemas de transporte o de comunicación. A veces, podría tratarse de recursos de los que se sirve alguien para lograr un objetivo determinado.

* En primer término, *mediante,* indica recursos para lograr algo. En sistemas de transportes o medios de comunicación, varios se acoplan con *a, en* y *por: por tren, por avión, por barco; en tren, en avión, en barco, en bicicleta, en canoa; a caballo; por teléfono, por cable, por internet, por correo.*

Veamos ejemplos:

En bicicleta, *Rubén llegó a casa de su novia.*
Por encomienda, *Rita le enviaba sus regalos.*
Por medio de mucha práctica, *ellos alcanzaron su mejor nivel.*

Ejercicios

- *Tome las oraciones de los ejemplos anteriores y cámbieles el complemento circunstancial. Debe ser otro de medio.*

- *Agregue complementos circunstanciales a las siguientes oraciones:*

1. Fernanda obtuvo ese premio.
2. Se llega más rápido.
3. Ellos solían comunicarse.

- **Provecho, beneficio o daño**

Podemos indicar POR QUIÉN O PARA QUIÉN se realiza la acción de la oración. Este provecho, beneficio o daño radica en el ser animado que se ve beneficiado o perjudicado; es la persona a la que se destina algo.

¿Qué posibilidades tenemos?

√ *para ti, para Rosaura, para ellos...*
√ *por nosotros, por mí, por sus hijos...*

No debemos confundir los introducidos por para *con los de finalidad* (para tener los mejores resultados, debemos prepararnos) *o los de destinatario* (para su hermano menor, él envió un paquete), *incluso los de punto de vista o apreciación* (para mí, esto ya está bien). *Ni los introducidos con* por *por los de causa* (por la lluvia, no pudimos vernos).

Veamos ejemplos:

Para su madre, *dejó todo limpio y reluciente.*
Por sus hijos, *él era capaz de todo.*

Ejercicios

- *Tome las oraciones de los ejemplos anteriores y cámbieles el complemento circunstancial. Debe ser otro de provecho, beneficio o daño.*

- *Agregue complementos circunstanciales a las siguientes oraciones:*

1. La situación había vuelto a la total normalidad.
2. Aquellos gratos recuerdos nos saludaban entrañablemente.
3. Todo se veía desordenado.

2.2.5. Inclinación, sustitución, campo...

Porque no requieren coma salvo que su asunto sea complejo, no hemos incluido el complemento de campo o aspecto (que indica un determinado campo o aspecto de la realidad). Por ejemplo, en sociología, en la universidad... *En el segundo ejemplo, no indica el lugar sino el campo, la instancia.*

- **Inclinación y oposición**

Expresa el objeto con el que se establece una relación de favor, ayuda o disposición favorable, por una parte, o de disposición desfavorable, por otra. En lo favorable, indicamos A FAVOR DE QUIÉN/QUÉ O EN BENEFICIO DE QUIÉN/QUÉ respecto al proceso al que hacen referencia; y en lo desfavorable, indicamos el EN CONTRA DE QUIÉN/QUÉ O EN PERJUICIO DE QUIÉN/QUÉ respecto al proceso al que hacen referencia.

√ *por, a favor de, en/a beneficio de, en auxilio de...*
√ *contra, en contra (de), frente a, enfrente de, en contraposición con...*

Veamos ejemplos:

En beneficio de nuestros amigos, *haremos lo que nos sugeriste.*
Contra sus propios principios, *se vio en la obligación de mentir.*
Por una buena causa, *donamos todo lo que habíamos recaudado.*

Ejercicios

• *Tome las oraciones de los ejemplos anteriores y cámbieles el complemento circunstancial. Debe ser otro de inclinación y oposición.*

• *Agregue complementos circunstanciales a las siguientes oraciones:*

1. Terminamos la tarea.
2. Fuimos todos a su casa.
3. Consideramos cambiar nuestra estrategia.
4. Tuvieron que retractarse.
5. Siguió adelante.
6. No tuvo reparos en renunciar.

• Sustitución o delegación y equivalencia

Podemos indicar EN LUGAR/VEZ DE para expresar la persona o cosa que debería ocupar el puesto o lugar de algún otro componente de la oración.

√ *en vez de, en lugar de, lejos de...*

Veamos ejemplos:

En vez de cinco, *pidió seis.*
En lugar de apurarse, *se tomó su tiempo.*
Lejos de intimidarse, *infló con todo su pecho.*

Ejercicios

• *Tome las oraciones de los ejemplos anteriores y cámbieles el complemento circunstancial. Debe ser otro de sustitución o delegación y equivalencia.*

• *Agregue complementos circunstanciales a las siguientes oraciones:*

1. La situación había vuelto a la total normalidad.
2. Aquellos gratos recuerdos nos saludaban entrañablemente.
3. Le dio con todo.

• Tema o materia tratada

Podemos indicar ACERCA DE O EN RELACIÓN CON qué se desarrolla la acción.

√ *acerca de, en torno a, respecto a, en relación con, en cuanto a...*

Veamos ejemplos:

Acerca de lo que solicitaste, *ya está listo.*
En cuanto a ti, *ya puedes irte.*
En relación con la nueva propuesta, *debo decir que me gusta.*

Como podremos comprobar, éstos siempre irán antepuestos.

Ejercicios

• *Tome las oraciones de los ejemplos anteriores y cámbieles el complemento circunstancial. Debe ser otro de tema o materia tratada.*

• *Agregue complementos circunstanciales a las siguientes oraciones:*

1. Ya no vimos cómo terminó.
2. Puedes tomarte libre toda la tarde.
3. Es muy buena.

• Adición y exclusión

De acuerdo al carácter de este grupo, podríamos sumar lo concesivo; pero éste será tratado en otro punto.

Para los usos concesivos, véase **4.1. LO CONCESIVO: COMA OBLIGATORIA Y TRES POSIBLES POSICIONES**

Para la adición...

√ *además de...*

Por ejemplo:

Además de ser buen cantante, *es muy buen amigo.*

Para la exclusión...

√ *menos, salvo, fuera, excepto, a excepción de, a no ser...*

Veamos ejemplos:

Salvo él, *todos se portaron muy bien.*
Menos aquellos dos, *todos los libros son de ediciones antiguas.*
Excepto Juan, *ellos nacieron en la misma ciudad.*

Para estos casos en particular, siempre será recomendable utilizar coma, independientemente de la posición de la adición o la exclusión. Funciona como inciso.

Ejercicios

- *Tome las oraciones de los ejemplos anteriores y cámbieles el complemento circunstancial. Debe ser otro de adición o exclusión.*

- *Agregue complementos circunstanciales a las siguientes oraciones:*

1. Todos están bien.
2. Lo hicimos muy bien.
3. Las asignaturas son muy fáciles.
4. Ellos también lo hicieron muy bien.

2.3. Gerundio circunstancial

En general, el gerundio debe cumplir tres condiciones para que su uso sea considerado correcto:

- ✓ *funcionar como adverbio o como verbo*
- ✓ *expresar acción simultánea o anterior a la del verbo principal, o tan inmediata que se percibe como simultánea*
- ✓ *que el sujeto del gerundio sea el mismo que el del verbo principal o que tenga un sujeto propio*

Veamos las posibilidades:

***Agitando** una bandera, el hincha salió a celebrar.*	Indica modo (cómo salió a celebrar).
***Gobernando** Ramírez, se fundó mi ciudad.*	Indica tiempo (*cuando gobernaba Ramírez*).
*No **teniendo** más que decir, decidieron callarse.*	Indica causa (*debido a que no tenían más que decir*).
***Estudiando** más, podremos aprobar tranquilamente.*	Indica condición (*si estudiamos más*).
*Aun **pidiéndoselo** sus padres, no quiso hacerlo.*	Indica concesión (*aunque se lo pidieron sus padres*).*

2.4. A veces sí, a veces no

En general, cuando otros complementos verbales (directos, indirectos, complementos de régimen, etc.) anticipan su aparición, no debe escribirse coma cuando la intención es destacar o enfatizar el elemento

* La concesión no está dada precisamente por el gerundio, sino por el adverbio *aun*. Como sea, es necesario saber que el gerundio antepuesto, más otros elementos, podría indicar concesión.

anticipado. Sin embargo, cuando el elemento anticipado simplemente expresa el tema del que se va a decir algo, la coma es opcional.

Cuando se coloca el complemento directo o indirecto al principio de la oración o entre el sujeto y el núcleo del predicado, también va coma.

Ejemplo	Comentario
Aquel regalo que ves ahí, lo trajo tu abuela. *Eso que dices, tendrás que consultarlo con la maestra.*	Hace falta reduplicar el complemento directo con el pronombre *lo*, ya que sin esta reiteración la oración se discurre incompleta.
A los niños traviesos, nunca les dan premios. *A un buen profesor, la vida siempre le da recompensas.*	También es necesario reduplicar; pero esta vez se trata del complemento indirecto por los pronombres *le* y *les*.

• **Ciertas variaciones de oraciones cortas**

Hay ciertas oraciones cortas a las cuales frecuentemente se les puede aplicar esta norma práctica:

✓ *Si el elemento antepuesto admite una* PARÁFRASIS *con «en cuanto a», es preferible usar coma.*[9] *Por ejemplo:*

Ejemplo	Comentario
Dinero, ya no le queda.	Es posible decir *En cuanto al dinero, ya no le queda.* El orden lógico sería *Ya no le queda dinero.*

Por el contrario...

✓ *Si admite una paráfrasis con «es lo que», no se empleará coma. Por ejemplo:*

Ejemplo	Comentario
Vergüenza debería darte.	Equivalente a *Vergüenza es lo que debería darte.* El orden lógico sería *Debería darte vergüenza.*

En muchos casos, ambas paráfrasis parecerán ajustarse, por lo cual la oración podría llevar coma o no llevarla. Si así ocurriere, optaremos por la opción más "coherente"... Siempre habrá una alterativa más congruente, especialmente si puede asomar un criterio adicional (de todos los vistos hasta ahora).

3. LA COMA PARA OPERACIONES LÓGICAS: LA CONSECUENCIA, LA CAUSA Y LA FINALIDAD

A veces, las oraciones tienen un apéndice oracional —SUBORDINACIÓN— con cuyo sentido hay una conexión lógica. Por ejemplo, si vemos la oración *Gabriela terminó temprano la tarea, porque así se lo pidieron*, vemos que hay un apéndice que indica la causa, una razón: *porque así se lo pidieron*. Si decimos *Gabriela terminó temprano la tarea, así que pudo descansar más temprano*, vemos, en cambio, un apéndice consecutivo, una consecuencia.

Estas glosas suelen ir al final; no obstante, hay opciones. Veamos un diagrama práctico como primer acercamiento:

Oración principal			**Apéndice lógico**
El profesor *La profesora*	*llegó muy temprano al salón*	,	***así que*** *ya estaba ahí cuando nosotros entramos.*
—	*(Le) Regalará flores a su pareja esta noche*	,	***para que*** *no siga enojada con él.*
Él y ella *Ellos*	*estudiaban todas las tardes*	,	***porque*** *querían salir adelante.*

En estos casos se suele utilizar fórmulas como las siguientes:[10]

Consecuencia	*por tanto, así que, conque, de manera/modo/forma/suerte que, así pues, pues...*[*]
Finalidad	*para que, a fin de que, con el/la propósito/intención/fin/objetivo de que, para* + infinitivo *(para mejorar, para prever,* por ejemplo)...
Causa	*porque, ya que, puesto que, por* + infinitivo *(por desobedecer, por negarse,* por ejemplo) *por* + haber + *participio (por haber participado, por haber entendido,* por ejemplo)...

* Con excepción de las locuciones que tienen al final un *que* (o palabras que terminan en *-que*), los consecutivos tienen también una coma pospuesta.

> *Las CONSECUTIVAS señalan la consecuencia o implicación lógica de la principal, es decir, un hecho o acontecimiento derivado o que resulta inevitable y forzosamente de otro. Las FINALES indican la finalidad, el propósito o el cometido de la proposición principal. Las CAUSALES señalan el origen lógico de la proposición principal.*

Algunos ejemplos:

Éramos solamente cinco, por (lo) tanto, *nos fue más fácil terminar el trabajo en equipo.*

Éramos solamente cinco, así que *nos fue más fácil terminar el trabajo en equipo.*

Éramos solamente cinco, conque *nos fue más fácil terminar el trabajo en equipo.*

Éramos solamente cinco, de manera que *nos fue más fácil terminar el trabajo en equipo.*

Éramos solamente cinco, así pues, *nos fue más fácil terminar el trabajo en equipo.*

Éramos solamente cinco, por ende, *nos fue más fácil terminar el trabajo en equipo.*

Iremos a ver a Florencia, ***para que*** *comience a sentirse mejor.*
Iremos a ver a Florencia, ***a fin de que*** *comience a sentirse mejor.*
Iremos a ver a Florencia, ***con el propósito de que*** *comience a sentirse mejor.*

Estoy muy orgulloso de ti, ***porque*** *siempre diste todo lo que tenías.*
Estoy muy orgulloso de ti, ***ya que*** *siempre diste todo lo que tenías.*
Estoy muy orgulloso de ti, ***puesto que*** *siempre diste todo lo que tenías.*
Estoy muy orgulloso de ti, ***debido a que*** *siempre diste todo lo que tenías.*

Ahora debemos ir al detalle. Podremos apreciar que las opciones van a veces más allá del apéndice, ya que el segmento en cuestión podría ir en otra ubicación.

3.1. Lo consecutivo: al final y coma obligatoria

Las CONSECUTIVAS siempre van al final, y la coma es obligatoria:

		oración lógica	
Trabajé mucho	,	***así que*** *ahora merezco descansar.*	Lo CONSECUTIVO (*así que*) va siempre al final y también va una coma antes del nexo.

Nexos CONSECUTIVOS *para esta instancia:* así que, por tanto, por lo tanto, por ende, en consecuencia...

Ejercicios

• *Agregue subordinaciones consecutivas a las siguientes oraciones:*

1. Estoy de acuerdo contigo.
2. Ya ves que era lo mejor que pudimos haber hecho.
3. No creo que se hayan dado cuenta.
4. Dormí muy poco anoche.
5. Me pasé toda la noche estudiando.
6. Nunca fue así como tú dices.

• *Redacte tres oraciones que contengan subordinadas consecutivas.*

Si la oración principal es muy larga o contiene al menos una coma u otros elementos que la vuelven compleja (comillas, cursivas, rayas, paréntesis, signos de interrogación o exclamación...), será aconsejable cambiar la COMA *por* PUNTO Y COMA*:*

En aquella ocasión, cuando nos conocimos —en aquel "mall" que ya no existe—, teníamos poco más de veintidós años los dos; **por (lo) tanto,** nos conocemos desde hace más de la mitad de nuestras vidas.

3.2. Lo final (relativo a la finalidad): dos o tres opciones

Las FINALES (que expresan finalidad) también tienen opciones en su ubicación.

*Ahora te dejaremos tranquila, **para que** comiences a estudiar.*	Lo FINAL puede ir al final.
***Para que** comiences a estudiar, ahora te dejaremos tranquila.*	O puede ir al comienzo.

Veamos detalles:

- **AL FINAL Y UNA COMA OBLIGATORIA**

Las FINALES suelen ir al final, y la coma es, en primera instancia, "obligatoria":

		oración lógica	
Hoy todos llegarán temprano	,	***para que** no digas que no te hacen caso.*	Lo FINAL (*para que*) va al final y también va una coma antes.

Nexos FINALES para esta instancia: para que, con el fin de que, con la finalidad de que, a fin de que, de modo que, de tal forma que, con el propósito de que...

Es importante tener en cuenta que la finalidad es respecto a la oración; es el propósito por el cual se ejecuta la acción de la oración. Esto quiere decir que no debemos contemplar oraciones como Compraré un baúl <u>para Sofía</u> *o* No encontraba la tabla <u>para cortar</u>, *porque, en estos casos en particular,* para Sofía *indica destinatario y* para cortar *es un complemento del nombre, adyacente (no es una tabla a secas), que especifica el tipo de tabla. En estos casos, no hay coma. Sucede lo mismo con otros.*

Ejercicios

- *Agregue subordinaciones finales en posición medial a las siguientes oraciones:*

1. Iré contigo.
2. Lo analizaremos muy despacio.
3. Debemos poner todo de nuestra parte.

- *Redacte tres oraciones que contengan subordinadas finales en posición final.*

• Al comienzo y una coma obligatoria

Las finales pueden ir al comienzo, y la coma también es obligatoria:

oración lógica

Para que *no digas que no te hacen caso*	,	*hoy todos llegarán temprano.*	Lo final (*para que*) va al comienzo y también va una coma después.

Este orden ofrece muchas implicaciones. Primero, para la intención de claridad por parte del redactor, esta ubicación es de gran ayuda cuando el mensaje es largo o intrincado, o cuando la oración principal, por uno u otro motivo, se vislumbra como compleja. Partamos indicando cuál es la motivación de todo lo que viene a continuación; se establece un contexto anticipatorio y anunciativo.

En cuanto a lo expresivo, la elección de colocar la subordinación final al inicio puede indicar una mayor intención de realzar la finalidad, de enfatizar en ella, como información relevante o destacada; se resalta la razón o explicación de la acción que sigue.

Más ejemplos:

Para que *lleguemos a los resultados esperados, debemos esmerarnos más de lo que creemos.*

***A fin de que** reunamos lo proyectado, comenzaremos a trabajar desde hoy mismo.*

***Con el fin de que** no te pierdas ni un solo detalle, iremos revisando los puntos lentamente.*

Ejercicios

- *Agregue subordinaciones finales en posición inicial a las siguientes oraciones:*

1. Iré contigo.
2. Lo analizaremos muy despacio.
3. Debemos poner todo de nuestra parte.

- *Redacte tres oraciones que contengan subordinadas finales en posición inicial.*

• Si se puede, en posición medial, y dos comas obligatorias

Las causales, si el sentido lo permite (si la finalidad tiene ribetes de inciso), pueden ir en una posición intermedia, y necesariamente tendremos que recurrir a dos comas:

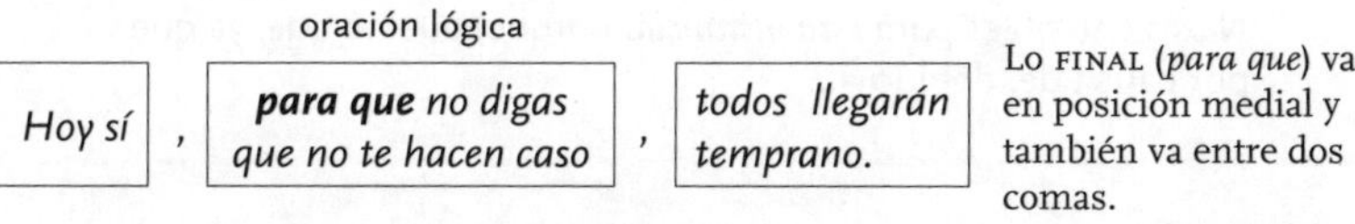

Lo final (*para que*) va en posición medial y también va entre dos comas.

Específicamente, ¿cuál es esa posición medial? No hay un lugar fijo o estable. Es la misma oración la que indicará las posibilidades correctas.

3.3. Lo causal: dos o tres opciones

Las CAUSALES (que expresan causa) también tienen opciones en su ubicación.

No tendremos ningún tipo de problema con esta coma, ***porque*** *es sumamente sencilla.*	Lo CAUSAL puede ir al final.
Porque *es sumamente sencilla, no tendremos ningún tipo de problema con esta coma.*	O puede ir al comienzo.

Veamos detalles:

• AL FINAL Y UNA COMA OBLIGATORIA

Las CAUSALES suelen ir al final, y la coma es obligatoria:

		oración lógica	
No te diré lo que sucedió aquel día	,	***porque*** *es lo mejor.*	Lo CAUSAL (*porque*) va al final y también va una coma antes.

Nexos CAUSALES *para esta instancia:* porque, puesto que, ya que, por causa de, debido a...

Más ejemplos:

Éramos solamente cinco, porque *nadie más quiso sumarse al equipo.*
Estoy muy tranquilo, ***puesto que*** *el esfuerzo suele mostrar sus frutos.*
No te lo prestaré otra vez, ***debido a que*** *no lo cuidaste como prometiste.*

Ejercicios

• *Agregue subordinaciones finales a las siguientes oraciones:*

1. Quedará tal cual lo dejamos.
2. Tendremos que darnos prisa.
3. Sí iré.

• *Redacte tres oraciones que contengan subordinadas causales en posición final.*

• Al comienzo y una coma obligatoria

Las causales pueden ir al comienzo, y la coma también es obligatoria:

oración lógica

***Porque** es lo mejor*	,	*no te diré lo que sucedió aquel día.*	Lo causal (*porque*) va al comienzo y también va una coma después.

Pese a que lo causal es una SUBORDINACIÓN, es decir, una oración dependiente, puede ir al comienzo, un lugar aparentemente paradójico. Pues bien, este orden ofrece muchas implicaciones. Veamos...

Primero, tenemos un punto en torno a la fluidez de la recepción del mensaje. Con lo causal al comienzo, conseguimos el orden real en que se da el proceso en la práctica; establecemos desde el principio una clara relación de causa-efecto, inequívoca. Dicho de manera más sencilla, sabiendo de antemano que lo inaugural es una causa, también advertimos sin problema alguno la conexión lógica después de la coma: el efecto.

Segundo, para la intención de claridad por parte del redactor, esta ubicación es de gran ayuda cuando el mensaje es largo o intrincado, o cuando la oración principal por uno u otro motivo se vislumbra como compleja. La razón: todo lo que viene después de la coma es efecto.

En cuanto a lo expresivo, la elección de colocar la subordinación causal al inicio puede indicar una mayor intención de realzar la causa, de enfatizar en ella, como información relevante o destacada; se resalta la razón o explicación de la acción que sigue. Es más, tal vez la causa sea incluso más importante que la acción misma. Por lo demás, también se establece un contexto anticipatorio y anunciativo

En lo pragmático, esta variante es de suma utilidad en textos que tengan intenciones persuasivas o justificativas, o de textos que tengan una necesidad de contextualización relevante antes de ofrecer la información principal.

Más ejemplos:

Porque *nadie más quiso sumarse al equipo, éramos solamente cinco.*
Puesto que *el esfuerzo suele mostrar sus frutos, estoy muy tranquilo.*
Debido a que *no lo cuidaste como prometiste, no te lo prestaré otra vez.*

Ejercicios

• *Agregue subordinaciones finales a las siguientes oraciones:*

1. Quedará tal cual lo dejamos.
2. Tendremos que darnos prisa.
3. Sí iré.

• *Redacte tres oraciones que contengan subordinadas causales en posición inicial.*

• Si se puede, en posición medial, y dos comas obligatorias

Si el sentido lo permite (si la causa tiene ribetes de inciso), las causales pueden ir en una posición intermedia, y tendremos que recurrir sí o sí a dos comas:

oración lógica

La reunión	,	***dado que*** *los participantes no habían llegado a la hora*	,	*tuvo que ser retrasada.*	Lo CAUSAL (*dado que*) va en posición medial, entre dos comas.

4. LA COMA PARA MARCAR PERÍODOS: LA CONCESIÓN Y LA CONDICIÓN

Podemos escribir ESTRUCTURAS BIMEMBRES —llamadas PERIODOS—, que, como su nombre lo indica, son básicamente mensajes organizados en dos partes.

> *En estas construcciones, la parte principal se llama* APÓDOSIS *(o* CONSECUENTE*); y la parte subordinada,* PRÓTASIS.
>
> *Las* CONDICIONALES *señalan una condición necesaria e imprescindible para que se produzca la proposición principal:* si sucede A, sucede B. *Las* CONCESIVAS, *por su parte, señalan una consecuencia no esperada ni deseada, o menos lógica que las anteriores, una complicación más que una implicación, que no impide el cumplimiento de la proposición principal:* sucede A, aunque B.

Para lo concesivo tenemos algo así:

ORACIÓN PRINCIPAL (APÓDOSIS)	,	SUBORDINACIÓN (PRÓTASIS)	
Gabriela terminó temprano la tarea	,	***aunque*** *estuvo cerca de no lograrlo.*	Hay una parte principal en primera instancia. La concesión está al final y hay una coma antes.

Algunos ejemplos (de la forma más usual):

Llegamos a tiempo, ***aunque*** *nos costó mucho.*

Por supuesto que lo lograré, ***pese a que*** *dije claramente que no iba a poder.*
Siempre logro lo que quiero, ***a pesar de que*** *en un comienzo me abrumo.*

Pues bien, en estos casos la coma cumple una función delimitadora entre lo principal y lo secundario. Sucede que la parte subordinada tiene un comienzo claro (*aunque...*), pero no siempre un final evidente. La falta de certeza sobre esta delimitación puede llevar al lector a realizar una o varias relecturas (en el mejor de los casos), una irresolución por *impasse* o, de plano, un lío con el sentido del mensaje.

Por otro lado, para lo condicional tenemos algo así:

Oración principal (Apódosis)	Subordinación (Prótasis)	
Gabriela podrá descansar más tiempo	***si*** *termina temprano la tarea.*	Hay una parte principal en primera instancia. La condición está al final y no vemos ninguna coma.

Iremos a ver a Florencia ***si*** *no tienes inconveniente.*
Iremos a la playa a refrescarnos ***en caso de que*** *haga mucho calor.*
Haremos aquí la fiesta ***siempre y cuando*** *mamá lo autorice.*
Aquí nos sentaremos ***a menos que*** *alguien se oponga.*

Cuando la subordinación va en segunda instancia, la coma no es necesaria.

> *Famosa es una reflexión en torno al tema atribuida a Julio Cortázar:*
>
> Si el hombre supiera realmente el valor que tiene la mujer andaría en cuatro patas en su búsqueda.

¿Dónde termina la condición?

Si el hombre supiera realmente el valor que tiene la mujer	,	andaría en cuatro patas en su búsqueda.
Si el hombre supiera realmente el valor que tiene	,	la mujer andaría en cuatro patas en su búsqueda.

Y cuando la subordinación va en primera instancia, sí va coma. Veamos detalles...

4.1. Lo concesivo: coma obligatoria y tres posibles posiciones

Nexos CONCESIVOS *para esta instancia:* aunque, pese a (que), a pesar de, aun cuando, si bien...

- **Al final y una coma obligatoria**

Las CONCESIVAS suelen ir al final, y la coma es obligatoria:

		subordinación	
Fue lo mejor que pudo haberte pasado	,	***aunque*** *no quieras aceptarlo.*	Lo CONCESIVO (*aunque*) va al final y antes también va una coma.

Más ejemplos:

Llegamos a tiempo, ***aunque*** *nos costó mucho.*

No hay duda de que lo lograré, ***pese a que*** *en un principio dije claramente que no iba a poder.*

Siempre logro lo que quiero, ***a pesar de que*** *en un comienzo me abrumo.*

Ejercicios

• *Agregue subordinaciones concesivas en posición final a las siguientes oraciones:*

1. Así quedó establecido.
2. Llevaremos todos los cuadernos que tenemos en la repisa.
3. No tenía idea.
4. Dormí mucho anoche.
5. Era lo que esperaba.
6. Nunca fue así como tú dices.

• *Redacte tres oraciones que contengan subordinadas concesivas en posición final.*

• Al comienzo y una coma obligatoria

Las CONCESIVAS también pueden ir al comienzo, y la coma también es obligatoria:

subordinación

***Aunque** no quieras aceptarlo*	,	*fue lo mejor que pudo haberte pasado.*	Lo CONCESIVO (*aunque*) va al comienzo y también va una coma después.

Con esta posición sabemos de antemano que lo inaugural es una concesión (cierto obstáculo, potencial pero inefectivo, para el cumplimiento de algo). Asimismo, esta ubicación es de gran ayuda para el lector cuando el mensaje es largo o intrincado. Pero, por sobre todo en lo expresivo, la elección de colocar la subordinación concesiva al inicio puede indicar una mayor intención de realzar esta concesión, de enfatizar en ella, como información relevante o destacada.

Más ejemplos:

Aunque *nos costó mucho, llegamos a tiempo.*
Pese a que *en un principio dije claramente que no iba a poder, no hay duda de que lo lograré.*
A pesar de que *en un comienzo me abrumo, siempre logro lo que quiero.*

Ejercicios

• *Agregue subordinaciones concesivas en posición inicial a las siguientes oraciones:*

1. Así quedó establecido.
2. Llevaremos todos los cuadernos que tenemos en la repisa.
3. No tenía idea.
4. Dormí mucho anoche.
5. Era lo que esperaba.
6. Nunca fue así como tú dices.

• *Redacte tres oraciones que contengan subordinadas concesivas en posición inicial.*

• Si se puede, en posición medial, y dos comas obligatorias

Si el sentido lo permite, lo CONCESIVO puede tomar carácter de inciso, con lo cual sus posibilidades de posición se incrementan, según el sentido común. Podemos ver que, en resumidas cuentas, la parte principal (APÓDOSIS) queda fraccionada en dos secciones:

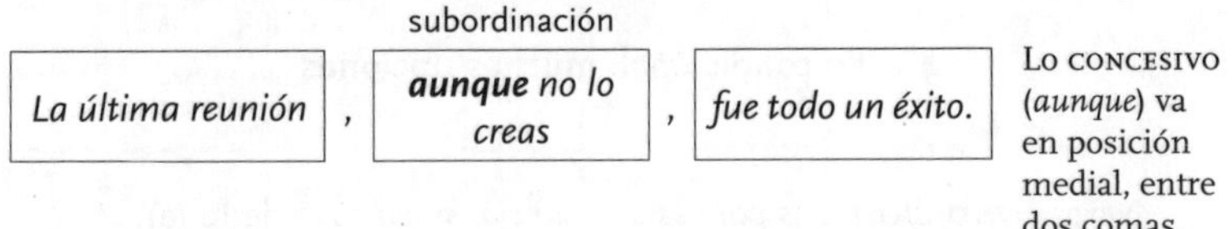

Si no hay opción en posición medial, puede ir en otras posiciones:

La última reunión fue todo un éxito, ***aunque*** *no lo creas.*

***Aunque** no lo creas, la última reunión fue todo un éxito.*
*La última reunión fue, **aunque** no lo creas, todo un éxito.*

Otro ejemplo:

*Haremos siempre nuestro mejor esfuerzo, **aunque** no lo creas.*

***Aunque** no lo creas, haremos siempre nuestro mejor esfuerzo.*

*Haremos siempre, **aunque** no lo creas, nuestro mejor esfuerzo.*

Sí puede ir en posición medial.

Si el sentido lo permite, la opción que más posibilidades brinda para el éxito de este inciso intermedio es, en oraciones largas —especialmente con sujeto largo—, ubicado justo después del SUJETO:

Nuestra hermana, **aunque** tuvo siempre todo en contra, el próximo año se titula.

La semana entrante, **aunque** algunos no estén de acuerdo, será mucho más relajada.

Si el sentido lo permite también, otra opción para un inciso concesivo intermedio correcto es justo antes del COMPLEMENTO DIRECTO (el *qué* solicitado por el verbo: *qué compró, qué tendrá...*):

Nuestra hermana compró, **aunque** tuvo poco tiempo para hacerlo, todos los libros que quería.

La semana entrante tendrá, **aunque** para algunos parecerá que no, muchas opciones para relajarse.

4.2. Lo condicional: muchas opciones

Nexos CONDICIONALES *para esta instancia:* si, en caso de (que), a condición de que, siempre y cuando, siempre que, a no ser que, a menos que, salvo que...

• **Condición al comienzo y una coma obligatoria**

Las condicionales pueden ir al comienzo. Si así sucede, la coma es obligatoria:

subordinación

Si *te parece bien*	,	*pasaré a buscarte un poco antes de las ocho.*

Lo condicional (*si*) va al comienzo y también va una coma después de toda su sección.

Más ejemplos:

Si *tenemos poco tiempo para terminar la tarea, debemos buscar la forma de hacerlo.*

En caso de que *no encuentres la llave, tendrás que llamar a un cerrajero.*

A menos que *digas la verdad, estás castigado.*

Ejercicios

• *Agregue subordinaciones condicionales (prótasis) en posición inicial a las siguientes oraciones:*

1. Nos quedaremos aquí.
2. Llevaremos todos los cuadernos que tenemos en la repisa.
3. No sé qué hacer.
4. Dormiré muy poco esta noche.
5. Me pasaré toda la noche estudiando.
6. Será así como tú dices.

• *Redacte tres oraciones que contengan subordinadas condicionales (prótasis) en posición inicial.*

El motivo principal para la colocación de esta coma es, como ya hemos dicho, evitar confusiones: dónde termina lo subordinado y dónde comienza lo principal. Lo condicional tiene un comienzo claro, pero no así un final. Por eso, este límite queda definido por la coma. Pero si el período es corto o sencillo, y, por tanto, la delimitación de sus partes es innecesaria, la coma también lo es. En palabras sencillas: periodos cortos o sencillos no exigen coma:

Si puedes hazlo ya.
Si quieres no vamos.
Si nadie sabe estamos fritos.

Con CONSTRUCCIONES DE RELIEVE,[11] *tampoco se requiere coma:*

con relieve		sin relieve
Si lo dijo es porque así lo piensa	Están construidas con el verbo *ser*. La condición siempre va al comienzo, siempre *si*.	Si lo dijo, así lo piensa.
Si cree en algo es justamente en aquello.		Si cree en algo, es en aquello.

• Si el sentido lo permite, condicional en posición medial y con dos comas obligatorias

Las CONDICIONALES pueden ir en una posición intermedia. Si así sucede, son obligatorias dos comas:

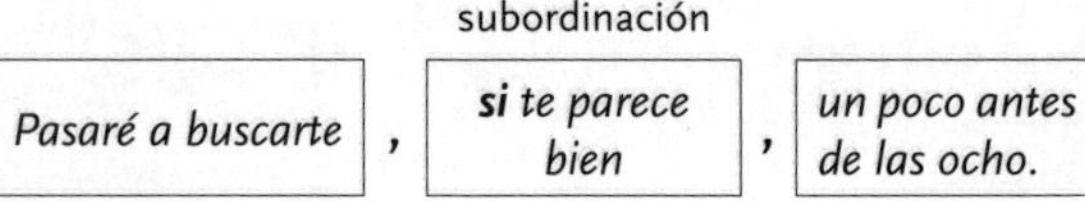

Lo CONDICIONAL (*si*) va en posición medial; por esta ubicación, este fragmento debe ir entre comas.

• Condicional al final y sin necesidad de coma

Las CONDICIONALES pueden ir al final, y en este caso no va coma, no es necesaria:

subordinación

Pasaré a buscarte un poco antes de las ocho	***si** te parece bien.*	Lo CONDICIONAL (*si*) va al final y no hay ninguna coma.

Más ejemplos:

*Debemos buscar la forma de hacerlo **si** tenemos poco tiempo para terminar la tarea.*

*Tendrás que llamar a un cerrajero **en caso de que** no encuentres la llave.*

*Estás castigado **a menos que** digas la verdad.*

Ejercicios

• *Agregue subordinaciones condicionales (prótasis) en posición final, y sin comas, a las siguientes oraciones:*

1. Nos quedaremos aquí.
2. Llevaremos todos los cuadernos que tenemos en la repisa.
3. No sé qué hacer.
4. Dormiré muy poco esta noche.
5. Me pasaré toda la noche estudiando.
6. Será así como tú dices.

• *Redacte tres oraciones que contengan subordinadas condicionales (prótasis) en posición final, sin coma.*

• CONDICIONAL AL FINAL ¡Y UNA COMA!

Por definición, las CONDICIONALES que van al final no requieren coma. No obstante, una coma no es del todo censurable; existe una posibilidad:

		subordinación	
Pasaré a buscarte un poco antes de las ocho	,	***si** te parece bien.*	Lo CONDICIONAL (*si*) va al final y sí hay una coma.

En general, la motivación y justificación de esta coma es señalar que el contenido condicional al final es un añadido o que, en voz de un narrador espontáneo, surgió repentinamente. En esencia, se trata de una misma situación vista en las comas para las circunstancias.

De una manera práctica, podríamos verlo de la siguiente manera:

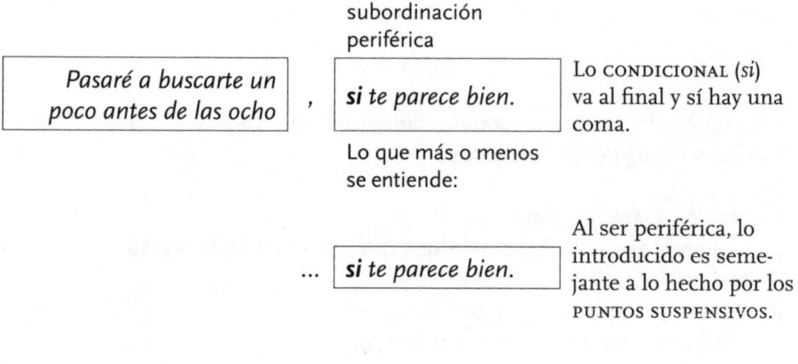

Más ejemplos:

Debemos buscar la forma de hacerlo, ***si*** *tenemos poco tiempo para terminar la tarea.*

Tendrás que llamar a un cerrajero, ***en caso de que*** *no encuentres la llave.*

Estás castigado, ***a menos que*** *digas la verdad.*

Ejercicios

• *Agregue subordinaciones condicionales (prótasis) en posición final, y con comas, a las siguientes oraciones:*

1. Nos quedaremos aquí.
2. Llevaremos todos los cuadernos que tenemos en la repisa.

3. No sé qué hacer.
4. Dormiré muy poco esta noche.
5. Me pasaré toda la noche estudiando.
6. Será así como tú dices.

[Al hacerlo, considere lo que esta coma implica.]

• *Redacte tres oraciones que contengan subordinadas condicionales (prótasis) en posición final, con coma.*

[Otra vez, al hacerlo, considere lo que esta coma implica.]

5. LA COMA PARA COMPARAR

Las oraciones comparativas señalan igualdad, inferioridad o superioridad respecto a la proposición principal; se trata de una equiparación entre dos elementos oracionales, con lo cual desde cierta perspectiva se recalca una diferencia.

Podemos recurrir a comas cuando comparamos. Pero, ojo, esto no quiere decir que debamos recurrir a comas cada vez que queramos comparar. Para hacerlo, el fragmento de comparación tiene que ser necesariamente explicativo.

5.1. La igualdad

Nexos DE IGUALDAD *para esta instancia:* cual, tal cual, tal y como, como, como si, como que, así como, así también...

• **IGUALDAD AL FINAL**

En la lengua oral o en la coloquial, la igualdad suele ir al final:

comparación

Ella corría muy rápido	,	***cual** gacela.*	La COMPARACIÓN explicativa solicita una coma antes.

Ejemplos:

*Hice lo mejor que pude, **tal cual** tú hiciste.*
*Ella es muy inteligente, **así como** tú.*
*Nos quedó muy bien, **tal y como** ellos pidieron.*

Ejercicios

- *Agregue comparaciones de igualdad al final a las siguientes oraciones:*

1. Está todo dicho.
2. Fue la mejor solución.
3. Éramos muy revoltosos.
4. Yo también aprobé.
5. Tiene 90 páginas.
6. Eran muy amistosos.

- *Redacte tres oraciones que contengan igualdad al final.*

- **IGUALDAD AL COMIENZO**

Con cierta finalidad expresiva, la igualdad puede ir en un comienzo:

comparación

***Cual** gacela*	,	*ella corría muy rápido.*	La COMPARACIÓN explicativa solicita una coma después.

Ejemplos:

***Tal cual** tú hiciste, hice lo mejor que pude.*
***Así como** tú, ella es muy inteligente.*
***Tal y como** ellos pidieron, nos quedó muy bien.*

Ejercicios

• *Agregue comparaciones de igualdad al comienzo a las siguientes oraciones:*

1. Está todo dicho.
2. Fue la mejor solución.
3. Éramos muy revoltosos.
4. Yo también aprobé.
5. Tiene 90 páginas.
6. Eran muy amistosos.

• *Redacte tres oraciones que contengan igualdad al comienzo.*

• Igualdad en posición medial

Si el sentido del resultado lo permite, podemos ubicarlo en una posición intermedia:

comparación

Ella	,	***cual** gacela*	,	*corría muy rápido.*

La comparación explicativa, al ir en posición medial, exige dos comas: una antes y otra después.

Ejemplos:

Hice, ***tal cual*** *tú hiciste, lo mejor que pude.*
Ella, ***así como*** *tú, es muy inteligente.*

Ejercicios

• *Agregue comparaciones de igualdad en posición medial a las siguientes oraciones:*

1. Está todo dicho.
2. Fue la mejor solución.
3. Éramos muy revoltosos.

4. Yo también aprobé.
5. Tiene 90 páginas.
6. Eran muy amistosos.

• *Redacte tres oraciones que contengan igualdad en posición medial.*

5.2. La desigualdad

Nexos DE DESIGUALDAD, SUPERIORIDAD *para esta instancia:* (mucho) más que, mayor que, mejor que...
Nexos DE DESIGUALDAD, INFERIORIDAD *para esta instancia:* (mucho) menos que, menor que, peor que...

5.2.1. La superioridad

Lo más común es encontrarla al final:

comparación

Ella corría muy rápido , ***más que** cualquier otro.*

La COMPARACIÓN explicativa solicita una coma antes.

Ejercicios

• *Agregue comparaciones de superioridad a las siguientes oraciones:*

1. Está todo dicho.
2. Fue una buena solución.
3. Éramos muy revoltosos.
4. Yo también aprobé.
5. Tiene 90 páginas.
6. Eran muy amistosos.

• *Redacte tres oraciones que contengan fragmentos superioridad.*

En otra posición, el resultado suele estar muy alejado de lo esperado. Como sea, nada se pierde con intentar.

5.2.2. La inferioridad

• **Inferioridad al final**

Lo más común es encontrarla al final:

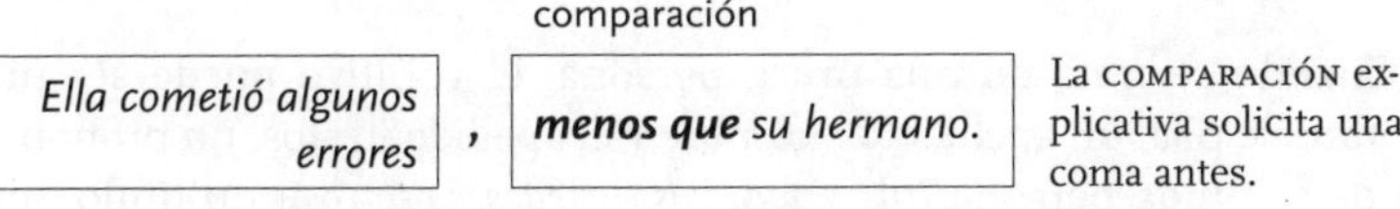

Ejercicios

• *Agregue comparaciones de superioridad a las siguientes oraciones:*

1. Está todo dicho.
2. Fue una buena solución.
3. Éramos muy revoltosos.
4. Yo también aprobé.
5. Tiene 90 páginas.
6. Eran muy amistosos.

• *Redacte tres oraciones que contengan fragmentos de inferioridad.*

En otra posición, aquí también, el resultado suele alejarse de lo esperado. También, nada se pierde con intentar.

6. LA COMA PARA AISLAR ELEMENTOS EXTRAORACIONALES

En cuanto a escritura, hay dos elementos que no pertenecen a una oración, por lo cual deben ser aislados: VOCATIVOS e INTERJECCIONES. En líneas generales, el primero es el destinatario del mensaje, y el segundo, una expresión oracional (no en lo léxico o lo gramatical).

6.1. El vocativo

El VOCATIVO es la palabra o la frase que se emplea cuando alguien se dirige a otra persona, a un grupo de personas, una figura real o imaginaria (esté o no presente). Es el destinatario del mensaje, el cual debe ser separado del mensaje mediante una COMA.

Cuando se trata de una única persona, el vocativo puede ser un nombre de pila, un apellido, el nombre y el apellido juntos, un pronombre de segunda persona (*tú, usted, vos; ustedes, vosotros*), un título, un cargo, un apodo... Si se trata de dos o más personas, el vocativo puede ser un sustantivo genérico, en plural, que represente al grupo (*amigos, compañeros, alumnos, señores, conciudadanos...*) o un sustantivo colectivo (*grupo, fraternidad, alumnado...*).

En consecuencia, el VOCATIVO se da siempre en SEGUNDA PERSONA, sea formal o coloquial. Ejemplos:

Julio, *ven acá.*
Estimados colegas, *tengo que retirarme.*
He dicho que me escuchéis, ***muchachos.***
Deberían obedecerme, ***señores.***

En líneas generales, el asunto se ve así:

Héctor*, dime qué hora es.*	*Dime,* ***Héctor****, qué hora es.*	*Dime qué hora es,* ***Héctor****.*
Mamá*, avísame cuando llegues.*	*Avísame,* ***mamá****, cuando llegues.*	*Avísame cuando llegues,* ***mamá****.*

• **Al comienzo**

Si el VOCATIVO aparece en primera instancia, se coloca una coma después de él:

vocativo		mensaje
Manuel	,	*todo va como lo planeamos.*
Don Adolfo	,	*está listo su préstamo.*
Licenciado	,	*lo esperan en el salón de juntas.*
Estimados alumnos	,	*no olviden que mañana tienen examen.*
Chicos	,	*ya es hora.*

(destinatario del mensaje)

El VOCATIVO va al comienzo, así que debemos poner una coma después.

En caso de que haya signos de interrogación o exclamación, el vocativo no queda dentro de lo marcado por estos signos:

vocativo		mensaje interrogativo/ exclamativo
Manuel	,	*¿todo va como lo planeamos?*
Don Adolfo	,	*¿cómo está?*
Licenciado	,	*¿está de acuerdo?*
Estimados alumnos	,	*¡no olviden que mañana tienen examen!*
Chicos	,	*¡ya es hora!*

Cuando va al comienzo, el VOCATIVO no queda dentro de los signos. Se puede decir que no es parte de la pregunta o la exclamación.

Ejercicios

• *Agregue vocativo(s) en posición inicial [con su(s) respectiva(s) coma(s)] a las siguientes oraciones:*

1. Nos quedaremos aquí.
2. Llevaremos todos los cuadernos que tenemos en la repisa.
3. No.
4. Dormí muy poco anoche.

5. Me pasé toda la noche estudiando.
6. Nunca fue así como tú dices.

- *Redacte seis oraciones que contengan vocativos en posición inicial.*

- *Redacte tres oraciones interrogativas o exclamativas que contengan vocativos en posición inicial.*

• Al final

Si el vocativo aparece en última instancia, se coloca una coma antes de él:

mensaje		vocativo
Todo va como lo planeamos	,	***Manuel.***
Está listo su préstamo	,	***don Adolfo.***
Lo esperan en el salón de juntas	,	***licenciado.***
No olviden que mañana tienen examen	,	***estimados alumnos.***
Ya es hora	,	***chicos.***
		(destinatario del mensaje)

El vocativo va al final, así que debemos poner una coma antes.

En caso de que haya signos de interrogación o exclamación, el vocativo sí queda dentro de lo marcado por estos signos:

mensaje interrogativo/ exclamativo		
¿Todo va como lo planeamos	,	***Manuel?***
¿Cómo está	,	***don Adolfo?***
¿Está de acuerdo	,	***licenciado?***
¡No olviden que mañana tienen examen	,	***estimados alumnos!***
¡Ya es hora	,	***chicos!***

Cuando va al final, el vocativo queda dentro de los signos. Se podría decir que sí es parte de la pregunta o la exclamación.

Ejercicios

• *Agregue vocativo(s) en posición final [con su(s) respectiva(s) coma(s)] a las siguientes oraciones:*

1. Nos quedaremos aquí.
2. Llevaremos todos los cuadernos que tenemos en la repisa.
3. No.
4. Dormí muy poco anoche.
5. Me pasé toda la noche estudiando.
6. Nunca fue así como tú dices.

• *Redacte seis oraciones que contengan vocativos en posición final.*

• *Redacte tres oraciones interrogativas o exclamativas que contengan vocativos en posición final.*

• En posición medial

El vocativo podría ir en una posición medial, es decir, ni al comienzo ni al final. Y en este caso debemos colocar dos comas, una antes y otra después:

mensaje		vocativo		mensaje
Todo va	,	***Manuel***	,	*como lo planeamos.*
Está listo	,	***don Adolfo***	,	*su préstamo.*
Lo esperan	,	***licenciado***	,	*en el salón de juntas.*
No olviden	,	***estimados alumnos***	,	*que mañana tienen examen.*
Ya es hora	,	***chicos***	,	*de terminar lo que iniciaron.*
		(destinatario del mensaje)		

El vocativo va en posición medial, así que debemos "encerrarlo" entre comas, como si fueran paréntesis.

En caso de que haya signos de interrogación o exclamación, obviamente...

mensaje		vocativo		mensaje
¿Todo va	,	***Manuel***	,	*como lo planeamos?*
¿Cómo está	,	***don Adolfo***	,	*su familia?*
¿Está de acuerdo	,	***licenciado***	,	*con este orden?*
¡No olviden	,	***estimados alumnos***	,	*que mañana tienen examen!*
¡Ya es hora	,	***chicos***	,	*de terminar lo que iniciaron!*
		(destinatario del mensaje)		

El VOCATIVO aparece en posición medial, por lo que se escribe entre comas, como si éstas funcionaran como paréntesis.

Ejercicios

• *Agregue vocativo(s) en posición medial [con su(s) respectiva(s) coma(s)] a las siguientes oraciones:*

1. Nos quedaremos aquí.
2. Llevaremos todos los cuadernos que tenemos en la repisa.
3. No.
4. Dormí muy poco anoche.
5. Me pasé toda la noche estudiando.
6. Nunca fue así como tú dices.

• *Redacte seis oraciones que contengan vocativos en posición medial.*

• *Redacte tres oraciones interrogativas o exclamativas que contengan vocativos en posición medial.*

6.2. La interjección[12]

Una INTERJECCIÓN *es una clase de palabra que por sí sola, además de describir elementalmente una acción, comunica un mensaje completo (como una oración), específicamente sentimientos, llamadas e impresiones. Algunas constituyen fórmulas que codifican verbalmente determinados comportamientos sociales convencionales, como saludos y despedidas, felicitaciones o agradecimientos.*

Al igual que los VOCATIVOS, las INTERJECCIONES deben ir aisladas entre comas, porque no son parte de la oración. Ejemplos:

Ay, *no me acordaba de aquello.*
Ups, *discúlpame.*
Oh, *no me lo esperaba.*
Por Dios, *me asustaste.*

En líneas generales, suelen ir al comienzo, antes de la oración; no obstante, pueden ir ubicadas en cualquier parte, mientras el sentido así lo permita. Sin importar dónde estén ubicadas, siempre deben ir aisladas por comas:

Ay*, ya es demasiado tarde.*	*Ya es,* ***ay****, demasiado tarde.*	*Ya es demasiado tarde,* ***ay****.*

Hey*, avísame cuando llegues.*	*Avísame,* ***hey****, cuando llegues.*	*Avísame cuando llegues,* ***hey****.*

Como se ve, en ciertas posiciones no suena tan natural; pero el asunto es que sí está correcto. Pues bien, más allá de la posición —con la inicial como primordial, más las variantes medial y final—, es primordial revisar los tipos de interjecciones...

De acuerdo a sus características, podemos categorizar estas interjecciones...

- **IMITATIVA**

Representan un papel parecido al de las ilustraciones que acompañan a un texto escrito. Muchas de ellas son ONOMATOPEYAS, y, en su función reforzadora de lo sucedido, suelen ir en una posición lo más cercana posible a lo representado.* Por ejemplo:

---

* Una ONOMATOPEYA es una imitación o recreación del sonido de algo en el vocablo que se forma para significarlo. En algunos casos se usa para referirse a fenómenos visuales.

De pronto, ***zas,*** *se me cayó todo encima.*
Zas, *de pronto todo se me cayó encima*

El vocablo *zas* no pertenece al sujeto ni al predicado; no es parte de la oración. Se trata de una representación "gráfica" —de la imitación de un ruido— que ejemplifica qué se está relatando en la oración; es una imitación.

Si bien la segunda opción no está mal, la primera sería la más apegada al criterio de la cercanía reforzadora.

Si la onomatopeya funciona como un sustantivo (el *zas,* un *zas,* aquel *zas...*), *no se aísla entre comas. Sería simplemente un sustantivo, y nada tiene que ver con el asunto presente.*

Ejercicios

- *Agregue una interjección imitativa (con sus respectivas comas) a las siguientes oraciones:*

1. Y escuchamos una gran explosión.
2. El perro no dejaba de ladrar.
3. No vio venir el golpe.

- *Redacte seis oraciones que contengan interjecciones imitativas.*

- **Expresiva**

Tratan de expresar una sensación o una emoción del que las pronuncia (y no de proporcionar la imagen de un hecho). Por ejemplo:

Ah, *qué gusto.*
Ay, *no sabes cuánto lo siento.*
Vaya, *esto sí que no me lo esperaba.*
No te lo tomes tan a pecho, ***por Dios.***

Por lo general, aunque no de manera restrictiva, las que tienen forma de frases (dos o más palabras) suelen ir al comienzo o al final. Y el resto, al comienzo.

Es normal que por medio de interjecciones se practique el mero acto social —sin otra comunicación— del saludo o la despedida:

Hola.
Adiós.
Buenos días.
Hasta luego.

Ejercicios

- *Agregue una interjección expresiva (con sus respectivas comas) a las siguientes oraciones:*

1. No me importa.
2. Ya te lo dije.
3. Así es como debe ser.

- *Redacte seis oraciones que contengan interjecciones expresivas.*

- **Apelativa**

Sirven sólo para iniciar o reestablecer la comunicación, para establecer el contacto con el lector antes de emitir el mensaje. Por ejemplo:

¡Eh!, *acércate más.*	
¡Bien!, *vengan ustedes por este lado.*	Suelen ir al comienzo.
¡Ustedes!, *¡qué están haciendo!*	

Ejercicios

• ***Agregue una interjección apelativa (con sus respectivas comas) a las siguientes oraciones:***

1. No me importa.
2. Ya te lo dije.
3. Así es como debe ser.

• ***Redacte seis oraciones que contengan interjecciones apelativas.***

6.3. Vocativo e interjección señeros

Interjecciones y —muy raramente— vocativos pueden presentarse solos, sin adherirse a ninguna oración. En estos casos son oraciones unimembres. Al ser oraciones, su alcance es extraoracional.

con punto
¡Ay! No me lo esperaba.
¡Oh! Que así se quede.
Por Dios. *No estoy de acuerdo.*

El PUNTO indica que se trata de oraciones independientes. Cada interjección es una oración en sí, anterior, en este caso, a otra oración. En los ejemplos, la interjección es una oración del párrafo, párrafo de dos oraciones.

con coma
¡Ay!, no me lo esperaba.
¡Oh!, que así se quede.
Por Dios, *no estoy de acuerdo.*

La COMA indica que se trata interjecciones insertas en oraciones principales. Su labor es reforzar el contenido de la oración en la que fue incrustada.

Para las oraciones independientes, véase **II PUNTUACIÓN EXTRAORACIONAL: LO QUE SUCEDE ENTRE ORACIONES**, específicamente **1. EL PUNTO Y SEGUIDO: UN MENSAJE TRAS OTRO**

7. LA COMA SERIAL

Concebir series —un conjunto de eslabones de un todo— es una de las posibilidades procedimentales de la coma. En este contexto, son varias las posibilidades lingüísticas en las que la serie puede asomar. A nosotros nos interesan tres de estos escenarios, porque, pese a que hay similitudes en su esencia, hay diferencias en su aplicación. Hablamos de la serie de elementos, la de frases y la de oraciones.

En el primer caso —serie de elementos—, este procedimiento puede ser de mucho valor si la situación en mente es la propicia: dos, tres, cuatro o más componentes o partes de un mismo expediente son concatenados de manera contigua. No hay complicación en su asimilación. Por otro lado, ciertas frases podrían tener un alcance muy distinto, es decir, agregar una “palabrita” al elemento (y convertirlo en frase), lo cual puede hacer que nuestro mensaje tome un rumbo muy distinto. Por último, por el lado de las oraciones —la función más errada en la escritura por parte de novicios o ágrafos—, el problema asoma por desconocer que estas oraciones deben cumplir con ciertos requisitos. No toda sucesión de oraciones debe ser seriada; y aunque pudiera serlo, muy pocas veces es conveniente. Es así que, para el redactor avanzado, la coma serial para oraciones es una de las funciones menos explotadas, y con justa razón; suele evidenciar impericia o pobreza.

Cabe recalcarlo: no cualquier cúmulo de oraciones contiguas puede ser seriado; deben cumplir con ciertos requisitos. Y, por otro lado, en caso de que sí pudieran ser seriadas, debemos estar al tanto del efecto que el procedimiento produce en el lector y evaluar otras posibilidades (las más fecundas o propicias para el correcto desempeño del segmento y del texto).

7.1. Elementos en serie

La coma se emplea para eslabonar y ordenar los miembros de una serie; en general, se trata de vocablos o frases que representan otro vocablo. Los elementos deben representar un concepto.

Pues bien, la figura es más o menos así:

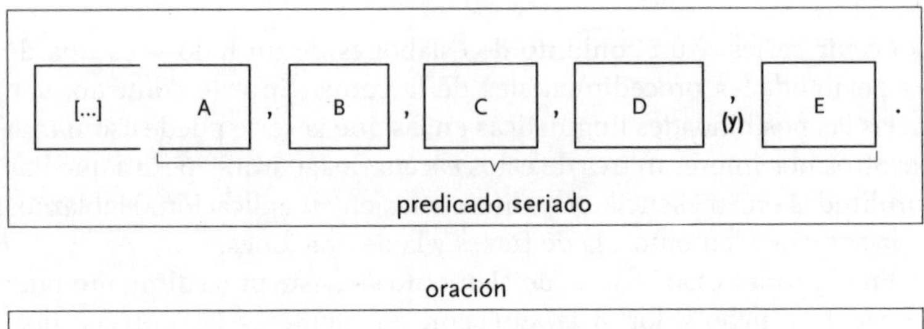

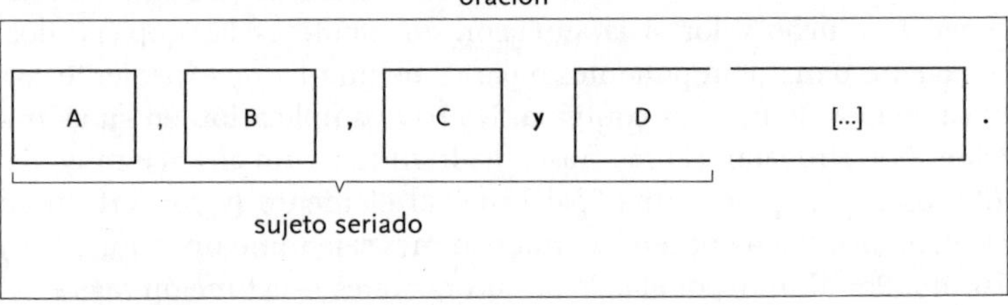

Es usual, muy usual, aunque no obligatorio, colocar una conjunción (y, e, o, u, ni) *entre el penúltimo elemento y el último. La usanza de esta conjunción recae en la costumbre, especialmente para los no entendidos, que creen que es siempre obligatoria.*

En cuanto al PREDICADO, *la realidad dice que en algunos casos esta conjunción es producto de una especie cortesía escritural, para que el lector pueda saber a ciencia cierta dónde termina la serie, asunto que en casos intrincados es difícil de saber. Si no ponemos la dichosa conjunción, el lector se ve obligado a realizar al menos un esfuerzo adicional, en ocasiones infructuoso.*

En otros casos sí es necesario, ya que lo que viene después de la coma podría ser considerado como una explicación y no como parte de la serie.

En el caso del SUJETO, *la conjunción resulta esencial, ya que sin ella algún elemento podría interpretarse como una explicación y no como parte de la serie.*

Para explicación, véase **1. La coma para explicar**

Ejemplos en el PREDICADO:

Compré ***pan, azúcar, arroz, harina.***
Hace un mes ***viajamos, conocimos y disfrutamos.***
Quiero ***leer, descifrar, entender lo que escribió.***
Es un chico muy ***reservado, estudioso y de buena familia.***
Las leyes son ***de, para y por*** *el pueblo.*
¿Quieres café, té o un refresco*?*
El ferrocarril avanza ***lenta, trabajosa, lastimeramente.***
No quiero comer ***yogur, frutas ni avena***
Invitamos a ***Claudia, Patricia, Angélica, Carmen...***

Cuando los elementos de la enumeración constituyen un COMPLEMENTO VERBAL *(en el* PREDICADO*) y van antepuestos al verbo, no se pone coma detrás del último. Ejemplos:*

Leonardo	**rápida, eficiente y amablemente** AYUDÓ con la tarea.
sujeto	predicado

De manera puntual, rápida(mente), eficiente(mente) y amablemente *son complementos verbales, antepuestos, de* ayudó *(verbo). Entonces, entre* amablemente *y* ayudó *no debe haber coma.*

Si bien este orden no es el predilecto (sino Leonardo AYUDÓ **rápida, eficiente y amablemente** con la tarea, *es decir, con los modificadores pospuestos), cierta búsqueda de expresividad, especialmente en textos literarios, podría llevarnos a este tipo de variantes.*

Ejercicios

- *Redacte seis oraciones que contengan enumeraciones de elementos en el predicado.*

Cuando los elementos de la enumeración constituyen el SUJETO de la oración, no debemos poner coma detrás del último elemento:

El perro, el gato y el ratón *son animales mamíferos.*
sujeto

Puntualmente, *el perro, el gato y el ratón* son el sujeto; y *ratón* es el último elemento en serie. Entonces, entre *ratón* y *son* no debe haber coma.

Si ponemos esta coma, incurriremos en lo que los amantes de las letras, especialmente en plataformas digitales, llaman COMA CRIMINAL *(en este caso, de sujeto).** *Lo largo de la serie no justifica el uso de la coma.*

Ejemplos de series en el SUJETO:

García, Reyes y Jiménez *fueron grandes poetas.*
Los estudiantes, los maestros y los padres *deben estar siempre coordinados.*
Vivir, soñar, amar y revivir *es lo que necesitas.*

De acuerdo con la **RAE*...***

La palabra etcétera *(o su abreviatura* etc.*) se separa con coma del resto del enunciado.*

Los bailes populares como **la sardana, la jota, etcétera,** estaban proscritos.
Los bailes autóctonos, las peregrinaciones, etc., perduran hasta nuestros días.

Para más detalle, véase **11.1. COMA DE SUJETO**

Ejercicios

- *Redacte seis oraciones que contengan enumeraciones de elementos en el sujeto.*

* El término fue acuñado por el lingüista peruano Alfredo Valle Degregori.

Pues bien, ¿qué tipos de elementos (palabras) pueden ser parte de la serie?

sustantivos	*pan, azúcar, abuelos, padres..., Claudia, Patricia...*
verbos conjugados	*viajamos, conocimos..., sabremos, veremos..., diríamos, seríamos...*
verboides	*leer, descifrar, reír..., caminado, corrido..., yendo, andando...*
adjetivos	*reservado, estudioso, inteligente, diligente...*
preposiciones	*de, para, con...*
adverbios	*lentamente, trabajosamente...*

Es posible mezclar elementos en serie con alguna frase o más de una palabra. Si así fuere, esta frase o conjunto de palabras se comportará como si fuera un solo término.

Pensábamos ir a Grecia, Roma, Jerusalén y	***otras grandes ciudades de la antigüedad.***

frase considerada como otro elemento de la serie

O, bien, los elementos pueden estar constituidos por más de una palabra (pero siempre encabezado con un sustantivo, su núcleo), en una especie de especificación:*

*Comió **plátanos con cajeta, duraznos con crema, peras con azúcar y manzanas con miel.***

- **Los listados**

Las series pueden ir en listados, después de DOS PUNTOS. Con listados largos, es muy común agregar algún mecanismo para sustituir el resto del listado, porque se sobrentiende o porque no nos interesa expresarlo, como el *etcétera* (con su abreviación *etc.*) o los PUNTOS SUSPENSIVOS:

* En este caso en particular se trata de complementos del nombre, adyacentes. No se trata de duraznos o plátanos a secas (sin nada, solos).

Acudió toda la familia: ***abuelos, padres, hijos, cuñados, etc.***
Es hora de hacer las tareas: ***matemáticas, biología, química...***

Si bien colocar DOS PUNTOS *antes de un listado podría no estar mal, también podría no estar bien. Dicho de otra manera, los* DOS PUNTOS *podrían ser innecesarios. Veamos:*

Para empezar, los DOS PUNTOS *tienen la particularidad de crear una alerta en el lector; le decimos que debe estar muy atento a lo que viene, algo sumamente importante, revelador. De este modo, antes de poner* DOS PUNTOS*, especialmente con oraciones largas, debemos sopesar la importancia del listado posterior.*

Viajaré a: **Londres, Dublín y Edimburgo**.

Los dos puntos son totalmente innecesarios. ¿Incorrectos? No, pero manifiestan torpeza.

Quitémoslos para ver qué pasa. ¡Voilà!

Ahora bien, lo correcto, en ciertos casos, es poner antes de los DOS PUNTOS *un elemento anticipador; y de este modo, ya no hay alerta desmañada, sino el aviso de que aquel elemento será desglosado.*

De este modo, es correcto utilizar los DOS PUNTOS *después de un elemento anticipador y, a la vez, antes de un listado.*

Viajaré a **tres ciudades**: **Londres, Dublín y Edimburgo**.

Tenemos la serie Londres, Dublín y Edimburgo, *tres ciudades. Y justamente antes de los dos puntos lo anticipamos. El listado, pues, es un desglose o una explicación, y los dos puntos así lo anuncian. Dos* PUNTOS *correctísimos.*

Necesito **lo siguiente**: **salud, amor y un millón de dólares**.

*Tenemos una anticipación (*lo siguiente*) y un desglose (*salud, amor y un millón de dólares*). Dos* PUNTOS *bien utilizados.*

Solamente haz **tu parte: la introducción, el primer gráfico y la bibliografía.**	*Dicho de otra manera,* la introducción, el primer gráfico y la bibliografía = tu parte

7.2. Frases

Desde la perspectiva más básica, dos o más palabras son una frase. Así, si a un elemento (lo visto en el punto anterior) le agregamos coherentemente otro elemento, tenemos una frase. En este caso descartamos las frases encabezadas por un sustantivo (locuciones nominales, que son consideradas elementos).

En ciertas ocasiones, estas frases entrañan un mayor alcance, prácticamente sinérgico. Una serie de frases podría significar que los miembros en cuestión, por decirlo de la manera más sencilla, tienen cierta separación. Esto, en lo pragmático, podría parecer paradójico, ya que la serie, como sabemos, eslabona. Ya lo veremos...

*Como advertimos anteriormente, es usual poner una conjunción (*y, e, ni, o, u*) entre los eslabones penúltimo y último. En el predicado son casi siempre aconsejables; en el sujeto, imprescindibles.*

En el PREDICADO, el desconcierto puede surgir al agregar o quitar PREPOSICIONES,* como veremos en los ejemplos contrastados:

* Preposiciones: *a, ante, bajo, cabe, con, contra, de, desde, durante, en, entre, hacia, hasta, mediante, para, por, según, sin, sobre, tras, versus, vía.* Locuciones: *acerca de, al lado de, alrededor de, antes de, a pesar de, cerca de, con arreglo a, con objeto de, con tal de que, con tal que, debajo de, delante de, dentro de, después de, detrás de, encima de, en cuanto a, enfrente de, en orden a, en pos de, en virtud de, frente a, fuera de, gracias a, a merced de, junto a, lejos de, por culpa de, respecto a,* etc.

elemento	*Hoy hablaremos* ***de*** *Demócrito, Sócrates y Platón.*	Entendemos que hay un solo tema que incluye a tres filósofos. Debe haber un hilo conductor para quien ideó aquel coloquio (fecha, geografía, temáticas...).
frase	*Hoy hablaremos* ***de*** *Demócrito,* ***de*** Sócrates y ***de*** *Platón.*	Por su parte, tenemos tres temas, los cuales serán tratados de manera individual, uno a uno.

elemento	*Traeré seis empanadas* ***para*** *Hugo, Paco y Luis.*	Con la enumeración de elementos, las empanadas serán repartidas entre los tres personajes.
frase	*Traeré seis empanadas* ***para*** *Hugo,* ***para*** *Paco y* ***para*** *Luis.*	En este caso, habrá seis empanadas para cada personaje.

Con series de dos elementos —sin coma— la premisa es la misma.

elemento	*Había empanadas* ***de*** *queso y carne.*	En primera instancia, las empanadas (cuya cantidad desconocemos) están rellenas de queso y carne a la vez. Puede ser, por qué no: "quesocarne".
frase	*Había empanadas* ***de*** *queso y* ***de*** *carne.*	En segunda instancia, algunas empanadas están rellenas de queso, y otras, de carne.

En algunos casos, no obstante, no habrá diferencia entre enumeración de elemento y de frase:

Estaba preocupado **por** su familia, su trabajo y su salud.	Estrictamente, en el primer caso se trata de una única preocupación que comprende varios asuntos. En el segundo, en cambio, hay varias preocupaciones. No obstante, el alcance es prácticamente el mismo.
Estaba preocupado **por** su familia, **por** su trabajo y **por** su salud.	

¿Alguna fórmula para saber si es conveniente, o no, recurrir a frases? No. Solamente analizar y recurrir a nuestro sentido común. Cada caso es particular; debemos determinar si afecta que los eslabones manifiesten cierta separación.

En el SUJETO, por su parte, el desconcierto puede surgir al agregar o quitar algún ACTUALIZADOR,* como veremos en los ejemplos contrastados:

elemento	***Mi** hermana, vecina y ayudante es lo que necesito.*	En el primer ejemplo, se trata de una misma persona: mi hermana es también mi vecina y mi ayudante.
frase	***Mi** hermana, **mi** vecina y **mi** ayudante son lo que necesito.*	En el segundo, hablamos de tres personas distintas.

Ejercicios

- *Redacte seis oraciones que contengan enumeraciones de frases.*

---

* Artículos: *el, la, los, las; un, una, unos, unas.*

Demostrativos: *este, estos* o *esta, estas; ese, esos* o *esa, esas; aquel, aquellos* o *aquella, aquellas.*

Posesivos: *mi, mis; tu, tus; su, sus; nuestro, nuestros* o *nuestra, nuestras; vuestro, vuestros* o *vuestra, vuestras.*

7.3. Oraciones

Podemos eslabonar oraciones, es decir, construcciones con verbos conjugados. Está la posibilidad; pero, para que así ocurra, debemos ver si estas oraciones cumplen con ciertos requisitos, en primera instancia. ¿Cuál es? Que sean oraciones gramaticalmente equivalentes o de sentido equivalente.

Como vimos anteriormente, es usual poner una conjunción (y, e, ni, o, u) *entre los eslabones penúltimo y último. En este caso, es prácticamente imprescindible.*

Al igual que con los elementos, la figura —con A, B, C... como oraciones, no como palabras o frases— es más o menos así:

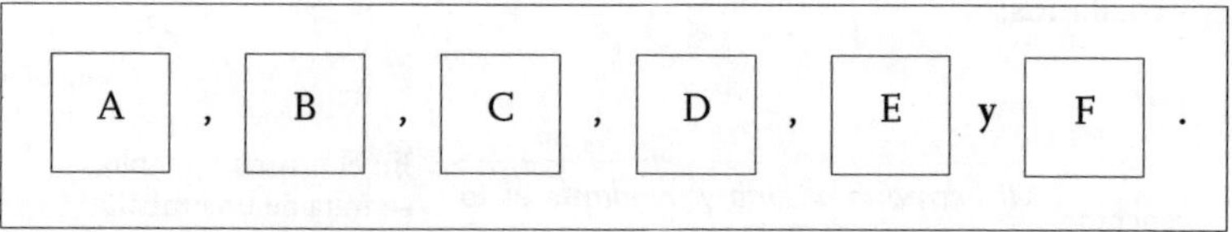

Asimismo, las oraciones deben ser parte justamente de una cadena. Ésta ha de contener oraciones simultáneas, paralelas o relacionadas íntimamente en su génesis (divisiones de una tarea global). Algunos ejemplos:[13]

Corre *las cortinas,* ***bájale*** *a la tele,* ***apaga*** *las luces y* ***cierra*** *la puerta.*	Oraciones imperativas, dirigidas a un *tú*.
Salimos *del cine,* ***pagamos*** *el estacionamiento,* ***recogimos*** *el auto y* ***fuimos*** *al restaurante.*	Oraciones en pretérito y con mismo sujeto: *nosotros*.

Ejemplo	*Nota*
***Repudia** la religión, **le da** igual la política, **detesta** la filosofía y **prefiere** evitar la confrontación.*	Oraciones en presente y con mismo sujeto: *ella* o *él*.

Ejemplo	*Nota*
*Ricardo **lavó** los platos, Carlos **preparó** el desayuno y Eugenio sólo **disfrutó** de lo que otros hicieron.*	Oraciones en pretérito que ocurren en el mismo contexto con sujetos diferentes.

La primera clave es la equivalencia, especialmente en el VERBO CONJUGADO. Deben ser equivalentes en tiempo y modo.

> *Por ejemplo, si, en el tercer caso, utilizáramos* preferiría *(condicional) en lugar de* prefiere *(verbo en tiempo presente, como el resto de verbos de la oración), no estaría mal. ¿Por qué? Porque el condicional tiene muchos matices y perspectivas, y sobre todo porque el verbo* preferir *es muy particular en su alcance de sentido. Aquel "dar la preferencia" a veces, como en este caso, forma perífrasis verbales (en este caso preferir + infinitivo* [prefiere evitar]*). En conclusión, el condicional (en tiempo pospretérito) no dista mucho del presente; solamente añade el matiz de preferencia no sólo presente, sino de cuando sea que suceda.*

Si las oraciones no son equivalentes, no es posible que sean parte de una misma serie. Veamos ejemplos errados:

Ejemplo	*Nota*
⊗ *Estuvimos de acuerdo, no tenemos nada que perder, esto será lo mejor.*	Pretérito, presente y futuro. Además, a diferencia de las otras dos, el segundo elemento es negativo.

Ejemplo	*Nota*
⊗ *Tal vez así sea, no lo sé, estoy confundido.*	El primer segmento es de duda; el segundo, negativo; y el tercero, afirmativo.

⊗ *Corrimos mucho, a veces sorteamos varios obstáculos y seguimos como si nada.*	El adverbio *a veces* —un elemento ajeno a los parámetros de equivalencia— estropea la equivalencia.
☑ *Corrimos mucho, sorteamos varios obstáculos y seguimos como si nada.*	

He aquí el error más recurrente en la redacción descuidada (valga el eufemismo): pretender hacer de todo el párrafo una gran serie. El requisito de las oraciones equivalentes es irrenunciable.

La otra clave es la correlatividad. Se trata de eslabones de una misma situación; y así debemos verlo: dos, tres, cuatro teselas de un mismo *collage*. Si, por ejemplo, una oración es la consecuencia o el efecto de otra, no hay serie; esta última oración no puede ser parte del *collage*. La consecuencia y el efecto no son paralelos, sino posteriores; por tanto, no serían parte de un todo en aquel proceso.

Por último, tampoco se trata de producir series a mansalva. Es un recurso que debe ser tomado con moderación. ¿Podemos ir de serie en serie? Sí, técnicamente es posible; pero el resultado será pobre, y en lo representativo, aún más. La potencial serie debe ser elegida con pinzas, y debe representar efectivamente un proceso.

Ahora, revisemos una novela, la que tengamos a mano. ¿Cuántas series de oraciones puede divisar? Pocas, muy pocas. Contraste la proporción de aparición de estas series de oraciones con las frases parentéticas...

Como podemos ver, se trata de puntuación extraoracional. Fue establecido aquí, en primera instancia, por su relación con la serie de elementos y de frases. De este modo, es mejor asimilarla en la conformación de párrafos.

Ejercicios

- *Redacte seis series de oraciones.*

8. LA COMA DISTRIBUTIVA

Mediante comas, tenemos la opción de distribuir oraciones correlativas. El alcance de esta distribución es diverso.

Algunos conectores DISTRIBUTIVOS *(discontinuos):**

Ya... ya...
Ora... ora...
Bien... bien...
Unas veces... otras veces...
Unos... otros...
Algunos... los más...

• **Contraste**

Podemos tener una sucesión de oraciones distribuidas para marcar el contraste que hay entre ellas:

__Unos__ se quedaron estudiando	,	*__otros__ preparando materiales*	,	*__los más__ descansando*	.

Las tres oraciones están distribuidas; así nos lo indica *unos, otros* y *los demás.*

Con esta fórmula podemos omitir el verbo repetido (*se quedaron*).

Ejercicios

- *Redacte tres ejemplos de distribución con contraste.*

---

* *Ora* es una aféresis (supresión de algún sonido al principio de un vocablo) de *ahora*. En esta fórmula distributiva, eso sí, poca o nula relación hay con "en este momento o en el tiempo actual" (*ahora*). El primer *ora* implica algo como "primero"; y los restantes, algo como "luego" ("después"). Algo similar sucede con *bien* y *ya*.

- **Alternancia o exclusión**

También podemos marcar disyuntiva.

Cuando lleguemos a casa	,	***bien** encendemos la tele*	,	***bien** nos vamos directo a dormir*	.	Hay una relación de alternancia o exclusión entre las dos opciones.
		***o bien** encendemos la tele*		***o bien** nos vamos directo a dormir*		

Para acabar con el frío	,	***bien** prendemos el calefactor*	,	***bien** nos arropamos en exceso*	.	Para lograr nuestro cometido, realizaremos una u otra opción.
		***o bien** prendemos el calefactor*		***o bien** nos arropamos en exceso*		

Tú y yo nos iremos de vacaciones	,	***bien** a la playa*	,	***bien** a la montaña*	.	Tomaremos una de las dos opciones para las vacaciones.
		***o bien** a la playa*		***o bien** a la montaña*		

En algunos casos, tenemos el carácter de inciso:

*Comenzamos a disfrutar de aquella hermosa ciudad, **ora en sus plazas, ora en sus calles pintorescas**.*
***Ora en sus plazas, ora en sus calles pintorescas**, comenzamos a disfrutar de aquella hermosa ciudad.*
*Comenzamos a disfrutar, **ora en sus plazas, ora en sus calles pintorescas**, de aquella hermosa ciudad.*

*Hoy sí haré temprano la tare, **ya porque quiero descansar, ya porque no quiero que me regañen**.*
***Ya porque quiero descansar, ya porque no quiero que me regañen**, hoy sí haré temprano la tarea.*

Hoy sí, ***ya porque quiero descansar, ya porque no quiero que me regañen,*** *haré temprano la tarea.*

Ejercicios

- *Redacte tres ejemplos de distribución con alternancia o exclusión.*

9. LA COMA PARA ELIPSIS VERBAL

La coma también sirve para elidir verbos.

Una ELIPSIS *es la supresión de algún elemento lingüístico del discurso, sin que esto contradiga las reglas gramaticales.*

Cabe destacar que no toda ELIPSIS VERBAL *se traduce en una coma. Una oración puede carecer, de modo natural, de verbo. Esto sucede sobre todo en el lenguaje periodístico y el publicitario, en titulares, eslóganes, lemas, carteles... En ellos suele estar sobrentendido el verbo* estar *o, bien, tiene un valor existencial, equivalente al verbo* haber.

Tres heridos en un accidente.	*[Hubo] tres heridos en un accidente.*
El presidente y su esposa.	*[En la foto se ve a] el presidente y su esposa.*
Prisión preventiva para los acusados.	*[Hay/habrá] prisión preventiva para los acusados.*
Cuidado con el perro.	*[Ten(ga)(n)] cuidado con el perro.*
Todos juntos por este paso.	*[Vamos] todos juntos por este paso.*
Siempre con una sonrisa.	*[Voy/Debemos ir] siempre con una sonrisa.*

• Los verbos *ser* o *estar*

Este uso —recurrente en títulos, especialmente periodísticos— podría ser considerada una elisión verbal propiamente tal o, desde otra perspectiva, una aposición explicativa:

nombre / sujeto		aposición explicativa / atributo*	
Colo-Colo	,	*campeón.*	**Es** campeón.
Abecé de redacción	,	*la obra más completa sobre el tema.*	**Es** la obra más completa sobre el tema.
John Lennon	,	*un genio.*	**Es** un genio.
El gobierno	,	*a un paso del descalabro.*	**Está** a un paso del descalabro.
La ruta	,	*sin novedad.*	**Está** sin novedad.

Ejercicios

- *Redacte seis ejemplos de elipsis de* ser *o* estar.

• Verbo repetido

Como veremos, este uso de coma se mezcla con uno extraoracional: con PUNTO Y COMA *o con la formula «, y».*

Con construcciones yuxtapuestas† en las que dos o más oraciones tienen estructuras semejantes y comparten el mismo verbo, podemos, por razones estilísticas, escribir el verbo en primera instancia, y en las subsiguientes colocamos coma en su lugar. Además, entre una y otra proposición colocamos PUNTO Y COMA, para oraciones largas o complejas, o la fórmula «, y».

* En palabras sencillas, un ATRIBUTO es un predicado formado con un VERBO COPULATIVO (*ser, estar, parecer*).

† YUXTAPOSICIÓN es la unión de dos o más elementos gramaticales contiguos del mismo nivel jerárquico y sin partículas intermedias que los relacionen. En este caso, se trata de oraciones.

*Alejandro **conoce** Europa. (Y) Francisco **conoce** Asia.*

*Alejandro **conoce** Europa; (y) Francisco, Asia.*
*Alejandro **conoce** Europa, **y** Francisco, Asia.*

Como ambas oraciones comparten el verbo *conocer*, es posible omitirlo (hacer una elipsis): mantenemos el primer *conoce*; excluimos el segundo, y en su lugar colocamos una COMA. Entre ambas oraciones cambiamos el PUNTO Y SEGUIDO por un PUNTO Y COMA, con la conjunción *y* opcional.

Ya que la construcción es corta y de solamente dos oraciones, tenemos otra opción con «, y» (y no PUNTO Y COMA) entre oraciones.

Pueden ser varias frases separadas por PUNTO Y COMA que comparten un verbo y una idea semejante.*

*En el armario **colocó** la vajilla;* *en el cajón, los cubiertos;* *en los estantes, los vasos;* *y en la despensa, los alimentos.*

Todas las frases están separadas por PUNTO Y COMA. Cada una de éstas tiene una misma estructura:

1) un lugar donde se
2) "colocó"
3) algo.

Como el verbo es común (*colocar*), podemos hacer elipsis en todas, salvo la primera:

1) un lugar donde se
2) coma (, = *colocó*)
3) un algo.

Más ejemplos:

Los perros son cuadrúpedos. *(Y) Los seres humanos son bípedos.*
Los perros son cuadrúpedos; *(y) los seres humanos, bípedos.*
Los perros son cuadrúpedos, ***y** los seres humanos, bípedos.*

Cambiamos el segundo *son* por una COMA, y el PUNTO Y SEGUIDO es reemplazado por PUNTO Y COMA.

La otra opción: «, y» por el PUNTO Y SEGUIDO.

* Para efectos de claridad visual, en estos ejemplos las oraciones irán de manera vertical, no horizontal.

A mi hermano mayor le gustan las golosinas con sabor a manzana. *A mi hermano menor le gustan las golosinas con sabor a durazno.*	La elipsis se aplica en *le gustan.* La opción de «, y» no es aconsejable, por la extensión de las oraciones.
A mi hermano mayor le gustan las golosinas con sabor a manzana; (y) a mi hermano menor, las golosinas con sabor a durazno.	

Ejercicios

- *En las siguientes oraciones, agregue comas donde corresponda:*

1. Ella habla francés y él alemán.
2. El alumno quedó satisfecho con la evaluación y el profesor con la presentación.
3. Arturo es un buen pintor Leonardo un buen escritor y Andrea una excelente escultora.

- *Redacte tres ejemplos de elipsis por verbo repetido.*

10. LA COMA PARA DEMARCAR CONECTORES Y MARCADORES

En general, se trata de un uso extraoracional. El conector está en la oración en curso, pero éste se enlaza con la anterior.

¿Cuándo no es extraoracional? Cuando la segunda frase no tiene verbo:

Quiero ése, es decir, el de la orilla.	*Por* Quiero ése, es decir, **quiero** el de la orilla.
Preferiría las sencillas, a saber, ésta y aquélla.	*Por* Preferiría las sencillas, a saber, **preferiría** ésta y aquélla.

Debemos escribir una coma después de determinados enlaces, como *esto es, es decir, pues bien, en primer lugar, por un/otro lado, en fin, por último, además, en tal caso, sin embargo, no obstante, o sea...*[14]

Se trata de palabras y frases que no agregan ningún tipo de información adjunta, sino que vinculan semánticamente ciertos grupos, especialmente oraciones. Y, en este contexto, la función de la coma es indicar dónde termina este conector; es decir, indicar qué no es oración.

*[...] Marcó, **por fin**, la diferencia necesaria.*
*[...] **Por fin,** marcó la diferencia necesaria.*

*[...] El gremio, **por consiguiente,** no puede consentir dicho argumento.*
*[...] **Por consiguiente,** el gremio no puede consentir dicho argumento.*

*Moisés puede enseñarte el acorde, **o bien,** puedes pedírselo a Edson.*
*Moisés puede enseñarte el acorde o, **bien,** puedes pedírselo a Edson.*

*[...] Fue él, **además,** quien lo provocó.*
*[...] Fue él quien lo provocó, **además**.*
*[...] **Además,** fue él quien lo provocó.*

*[...] Mi mamá, **por ejemplo,** odia los embustes.*
*[...] Mi mamá odia los embustes, **por ejemplo**.*
*[...] **Por ejemplo,** mi mamá odia los embustes.*

*[...] Dígame, **entonces,** a qué se refiere.*
*[...] Dígame a qué se refiere, **entonces**.*
*[...] **Entonces,** dígame a qué se refiere.*

*[...] Los alumnos, **en general,** escriben bien.*
*[...] Los alumnos escriben bien, **en general**.*
*[...] **En general,** los alumnos escriben bien.*

*[...] Dime, **al menos,** de qué se trata.*
*[...] Dime de qué se trata, **al menos**.*
*[...] **Al menos,** dime de qué se trata.*

[...] Es imperioso, ***no obstante,*** *llegar a tiempo.*
[...] ***No obstante,*** *es imperioso llegar a tiempo*

[...] Esa escena, ***por tanto,*** *nunca fue borrada.*
[...] ***Por tanto,*** *esa escena nunca fue borrada.*

[...] Estimado amigo, ***por cierto,*** *¿cuándo es tu cumpleaños?*[15]
[...] ***Por cierto,*** *estimado amigo, ¿cuándo es tu cumpleaños?*
[...] ¿Cuándo es tu cumpleaños, ***por cierto,*** *estimado amigo?*

A veces, determinados adverbios o locuciones que desempeñan la función de MODIFICADORES ORACIONALES[16] —como *generalmente, posiblemente, efectivamente, finalmente, en definitiva, por regla general, quizás*—, colocados al principio de una oración, se separan del resto mediante una coma.

Por consiguiente, *no vamos a tomar ninguna resolución precipitada.*
No obstante, *es necesario reformar el estatuto.*
Efectivamente, *tienes razón.*

Cuando estas expresiones van en medio de dos oraciones, se escriben entre comas para indicar que ambas oraciones tienen la misma jerarquía y que están relacionadas con cierto sentido (el que las expresiones mismas les dan). Ejemplos:

Estas dos palabras son sinónimas, ***es decir,*** *significan lo mismo.*
Los incidentes fueron graves, ***sin embargo****, no se repitieron.*

• CONECTORES EN DETALLE

Las palabras y frases más comunes:[17]

a continuación, acto seguido, además, ahora bien, al final, al mismo tiempo, al principio, análogamente, antes que nada/ todo, ante todo, aparte de eso, a pesar de todo, a propósito, a saber, así, así y todo, asimismo, así pues, a todo esto, aun así...	*bien, brevemente, bueno...*

con todo...	*de cualquier manera/modo, de hecho, de modo similar, del mismo modo, después, dicho de otro modo...*
efectivamente, enseguida, empero, en breve, en cambio, en cierta medida, en cierto modo, encima, en conclusión, en conjunto, en consecuencia, en definitiva, en efecto, en ese caso, en fin, en general, en otras palabras, en otro orden (de cosas), en particular, en pocas palabras, en primer lugar, en resumen, en resumidas cuentas, en tal caso, en todo caso, entonces, en síntesis, en suma, entonces, es decir, es más, específicamente, esto es...	*finalmente...*
hasta cierto punto...	*igualmente, incidentalmente, incluso...*
lo más importante, luego...	*más adelante, más tarde, más aún, mejor dicho...*
no obstante...	*o bien, o sea...*
para comenzar, para finalizar, para ilustrar, para resumir, particularmente, por añadidura, por cierto, por consiguiente, por ejemplo, por el contrario, por ende, por eso, por esta razón, por fin, por lo que sigue, por (lo) tanto, por una/otra parte, por regla general, por último, por un/otro lado, primero, pues, pues bien...	*sin embargo...*
también, total...	*vale (la pena) decir, verbigracia...*

Lo más común es que vayan al comienzo de la oración enlazada, es decir, la segunda. Ejemplos:

oración 1	oración 2
Hizo todo lo que tenía que hacer.	***Por fin**, marcó la diferencia necesaria.*

nexo coma

La coma nos indica cuál es el nexo (todo lo que esté antes). De este modo, podemos entender la relación entre la oración 1 y la oración 2.

oración 1	oración 2
Ella no llegó a la hora acordada.	***Por consiguiente**, él se enojó mucho.*

nexo coma

Gracias al nexo, con la coma que lo demarca, podemos entender la relación entre la oración 1 y la oración 2.

oración 1	oración 2
Ellos querían salir de aquel lugar.	***Además***, *la película era más que mala.*
	nexo coma

oración 1	oración 2
Vas por muy buen camino.	***En cierta medida,*** *comienzas a convertirte en experto.*
	nexo coma

oración 1	oración 2
No podíamos creerlo.	***Así y todo,*** *pudimos sobrellevarlo.*
	nexo coma

En algunos casos es posible utilizar DOS PUNTOS *en lugar de coma. Pero, primero, el sentido debe permitirlo. Segundo, debe haber una intención anunciativa por parte del redactor.*

oración 1	oración 2
No estoy de acuerdo con eso.	***Así pues:*** *por ningún motivo cuentes conmigo.*
	nexo dos puntos

oración 1	oración 2
Me encantó la propuesta.	***En otras palabras:*** *ahí estaré puntualmente.*
	nexo dos puntos

oración 1	oración 2
Este asunto no es complicado.	***En consecuencia:*** *aprenderé sin ningún problema.*
	nexo dos puntos

Los casos de sentido explicativo o resolutivo, como se ve, caen forzosamente en esta posibilidad.

Ejercicios

• *Agregue una segunda oración correlativa, y hágalo con un conector:*

1. El desenlace en efecto no fue el esperado.
2. Tráenos una foto o bien espera hasta que nosotros podamos tomarte una.
3. Dinos entonces cuáles son tus propósitos.
4. Tú al menos no has tolerado tanto.
5. Esos flojos en lugar de estar vagando deberían estar estudiando.
6. Antonia deberá hacer todos los exámenes que debe en esta semana.
7. Eusebio ya terminó el proyecto es decir pronto tendrá el capital en sus manos.
8. Vicente con todo es una excelente persona.
9. Los poetas oscuros en general no revelan alcances de sus versos misteriosos.
10. Debes admitir por tanto que nunca te esforzaste.

• *Agregue a las siguientes oraciones la conjunción, el adverbio o la locución adverbial que considere conveniente en el lugar también adecuado:*

1. Ellos no querían mover un dedo.
2. Yo fui como tú.
3. Creímos que lo habíamos logrado, que la meta era parte del pasado.
4. El vocativo debe ir entre comas.
5. El contrincante no era el mejor.
6. Muchos reímos con sus locuras.
7. El ave no saldrá de su nido.

• Variantes en posiciones

En algunos casos, no siempre, como posibilidad estilística y expresiva, podemos posponer el nexo, cual inciso. En este caso, la delimitación es doble: una coma antes y una coma después.

oración 1	oración 2
Hizo todo lo que tenía que hacer.	*Marcó, **por fin**, la diferencia necesaria.*

coma nexo coma

El nexo queda pospuesto.

oración 1	oración 2
Ella no llegó a la hora acordada.	*Él, **por consiguiente**, se enojó mucho.*

coma nexo coma

oración 1	oración 2
Ellos querían salir de aquel lugar.	*La película, **además,** era más que mala.*

coma nexo coma

¿En qué posición exactamente puede ir? No hay una regla; simplemente hay que probar hasta que el sentido común nos indique que no es posible. No obstante, el nexo exactamente después del sujeto, como en los ejemplos, suele dar resultado. En otros casos, siempre que el sentido lo permita, el nexo puede ir incluso al final. Obviamente, llevará una coma antes.

oración 1	oración 2
Hizo todo lo que tenía que hacer.	*Marcó la diferencia necesaria, **por fin**.*

coma nexo

Nexo al final.

oración 1	oración 2
Ella no llegó a la hora acordada.	*Él se enojó mucho, **por consiguiente**.*

coma nexo

oración 1	oración 2
Ellos querían salir de aquel lugar.	*La película era más que mala,* ***además.***
	coma nexo

Esta posibilidad de nexo al final es poco común, además de riesgosa.

Ejercicios

- *Coloque comas donde lo requieran las siguientes oraciones:*

1. El desenlace en efecto no fue el esperado.
2. Tráenos una foto o bien espera hasta que nosotros podamos tomarte una.
3. Dinos entonces cuáles son tus propósitos.
4. Tú al menos no has tolerado tanto.
5. Esos flojos en lugar de estar vagando deberían estar estudiando.
6. Antonia deberá hacer todos los exámenes que debe en esta semana.
7. Eusebio ya terminó el proyecto es decir pronto tendrá el capital en sus manos.
8. Vicente con todo es una excelente persona.
9. Los poetas oscuros en general no revelan alcances de sus versos misteriosos.
10. Debes admitir por tanto que nunca te esforzaste.

11. LAS COMA POLÉMICAS O INCORRECTAS*

Hay controversia sobre la posibilidad de colocar coma en ciertas situaciones. Hay quienes consideran que el uso de coma para tales situaciones debe ser opción; entre ellos, el autor de este libro, por cierto. Por otro lado, la RAE dice que no. No obstante, es prudente al menos cuestionarnos algo. ¿De verdad tenemos todos los antecedentes a la mano y hemos leído lo suficiente (en cantidad y variedad temática) como para dar un carpetazo sobre el tema? Según muchos, no. ¿Gregarismo

* Gran parte de este punto fue extraído y adaptado desde *Redactario* (Océano, 2021).

dizque culto, pues? Tal vez, tal vez no. Pero, como podremos imaginar, en el mundo de la comunicación escrita no siempre todo está dicho. Ningún tema es incuestionable o irrefutable; el lenguaje escrito es perfectible, y sus ejecutantes o sus prescriptores, imperfectos.

En general, si queremos ser reverentes con la Academia,* acataremos a rajatabla. Si, en cambio, tenemos una mínima disposición a contemplar la opción o, mejor, intentar facilitar la lectura o resolver cualquier vislumbre de confusión, no nos cerraremos a las evidencias.

Pues bien, de acuerdo con el *Diccionario panhispánico de dudas* (DPD) de la RAE, los signos ortográficos (relacionados con el conjunto de normas que regulan la escritura de la lengua) «son todas aquellas marcas gráficas que, no siendo números ni letras, aparecen en los textos escritos con el fin de contribuir a su correcta lectura e interpretación. Cada uno de ellos tiene una función propia y unos usos establecidos por convención». Específicamente, los signos de puntuación tienen como función «delimitar las diferentes unidades del discurso para facilitar su comprensión, poniendo de manifiesto las relaciones sintácticas y lógicas entre sus diversos constituyentes, evitando posibles ambigüedades en textos que, sin su empleo, podrían tener interpretaciones diferentes, y señalando el carácter especial de determinados fragmentos —citas, incisos, intervenciones de distintos interlocutores en un diálogo, etc.—».

Así las cosas, con esta contextualización, veamos las desavenencias de la coma y a qué posición llegamos al final...

11.1. Coma de sujeto

Como regla general, no debemos colocar "porque sí" una coma entre SUJETO y PREDICADO. A esta coma, mal empleada, se le suele llamar COMA CRIMINAL.†

Ahora, en el siniestro mundo de la coma criminal, la que se coloca entre el SUJETO y el NÚCLEO DEL PREDICADO (verbo conjugado) es la más común. Sería algo así:

* Para ciertos asuntos, pareciera zanjar —dicen— en virtud del orden en sus apartados y disecciones, inequívocos, y no en la búsqueda incesante de mejoría.

† El término fue acuñado por el lingüista peruano Alfredo Valle Degregori, hay que reiterar.

SUJETO		PREDICADO			
		NÚCLEO	COMPLEMENTO DIRECTO (QUÉ)	COMPLEMENTO INDIRECTO (A QUIÉN)	COMPLEMENTO CIRCUNSTANCIAL (EN QUÉ CIRCUNSTANCIAS)
⊗ *El profesor*	,	*llegó.*			
⊗ *El profesor*	,	*trajo*	*un nuevo libro.*		
⊗ *El profesor*	,	*(le) dio*	*un recado*	*a su alumno.*	
⊗ *El profesor*	,	*(le) compró*	*flores*	*a su novia*	*esta semana.*

De acuerdo con la RAE*...*

Hay una excepción —recordemos—, desplegada en su Diccionario panhispánico de dudas *(*DPD*): cuando el sujeto es una enumeración que se cierra con* ETCÉTERA *(o su abreviatura* ETC.*), aparece necesariamente una coma delante del verbo de la oración:*

Los bailes populares como la sardana, la jota, etcétera, estaban proscritos.

Los bailes autóctonos, las peregrinaciones, etc., perduran hasta nuestros días.

Es la única situación. Toda coma parentética es otro asunto; no se trata de poner una coma entre sujeto y predicado, sino de insertar algo entre sujeto y predicado. Por lo demás, en estos casos las comas serán dos, no una.

Este error es bastante común en la escritura de los desentendidos en el tema y de quienes se dejan llevar por malas influencias (congéneres y periódicos deficientes, por ejemplo), la abrumadora mayoría, y no por ricas lecturas, en las que este yerro no asoma.

• Sujeto largo compuesto por varios elementos separados por comas

Soslayando el asunto de *etcétera*, la regla general dice que nunca, "absolutamente nunca", debe haber COMA entre SUJETO y PREDICADO. ¿Pero siempre, absolutamente siempre, es censurable colocarla?

Poner coma entre sujeto y predicado porque el primero es largo o complejo y no queda claro en una primera instancia hasta dónde llega esta función sintáctica, tendría sentido. Acabo de hacerlo, como muestra (!); y calza con los fundamentos de los signos de puntuación. El único inconveniente para poner coma entre un sujeto demasiado largo o complejo y su predicado sería lo dificultoso de establecer criterios para tal, lo que nos llevaría a establecer más bien criterios de excepción o de regla negativa.*

¿Es posible saber en una primera instancia —sin relectura— y con absoluta certeza del mensaje —sin titubear siquiera una pizca— dónde están el sujeto y el predicado en las siguientes oraciones?:[18] †

[...] Hechos tales como las complejas y extraordinarias excrecencias que invariablemente siguen a la inoculación de una pequeña gota de cochinilla nos muestran qué modificaciones singulares podrían resultar. [...]

[...] Las peculiaridades que aparecen en los machos de nuestras crías domésticas son frecuentemente transmitidas a los machos exclusivamente. [...]

[...] Que las especies tienen capacidad para cambiar lo admitirán todos los evolucionistas [...]

---

* Al respecto, el bibliólogo, tipógrafo, ortógrafo, ortotipógrafo y lexicógrafo español José Martínez de Sousa menciona lo siguiente en su *Diccionario de ortografía de la lengua española*, en 1995 ("ayer" en el mundo lingüístico): *También es correcto colocar una coma entre el sujeto y el verbo en casos de sujeto muy extenso y explicativo.*

Asimismo, la bibliotecaria, filóloga y lexicógrafa española María Moliner dice lo siguiente en su *Diccionario de uso del español*, en 1967 (no hace mucho en términos lingüísticos): *[Puede usarse coma] en cualquier caso en que el sentido o la expresión lo hacen necesario; aunque sea entre el sujeto y su verbo, caso de regla negativa más que fija. [...] Con esto podemos colegir un uso "para evitar ambigüedades" (más allá de si es entre sujeto y predicado).*

† Para certificar el punto, las comas originales fueron suprimidas:

DARWIN, Charles: *El origen de las especies.*

FROMM, Erich: *El arte de amar.*

Nube de verano, extraído de BENEDETTI, Mario: *Buzón del tiempo.*

DUMAS, Alejandro: *El vizconde de Bragelonne.*

GARCÍA MÁRQUEZ, Gabriel: *Obra periodística 1. Textos costeños.*

[...] La consideración de estos hechos sobre el dimorfismo y también la consideración de los resultados de los cruzamientos recíprocos claramente llevan a la conclusión de que la causa primaria de la esterilidad de las especies cruzadas está reducida a diferencias en sus elementos sexuales [...]

[...] El primer hombre que escogió una paloma con cola ligeramente más larga seguramente ni se imaginó lo que los descendientes de esa paloma llegarían a hacer por selección [...]

[...] La segunda premisa que sustenta la actitud de que no hay nada que aprender sobre el amor es la suposición de que el problema del amor es el de un objeto y no de una facultad. [...]

[...] El tercer error que lleva a suponer que no hay nada que aprender sobre el amor radica en la confusión entre la experiencia inicial del "enamorarse" y la situación permanente de estar enamorado [...]

[...] La persona cuyo carácter no se ha desarrollado más allá de la etapa correspondiente a la orientación receptiva experimenta de esa manera el acto de dar. [...]

[...] La gente cuya orientación fundamental no es productiva vive el dar como un empobrecimiento [...]

[...] Que mis ojos pudieran ser combustibles fue para mí una revelación. [...]

[...] Que con veinte mil que traigo encima me completan un total de doscientas cincuenta mil libras [...]

[...] El hecho de que en un museo de Nueva York se esté exhibiendo un extenso y curioso pergamino de origen oriental ha dado motivo para que la prensa comente la cuestión en el sentido de que fueron los chinos los inventores del cine. [...]

[...] Que todo el mundo cante nuestras cartas de amor es algo no sólo perdonable [...]

[...] El viejo deporte de los magnates de Hollywood de tirarse con los trastos a la cabeza ha salido a relucir otra vez con la carga de profundidad que Charlie Chaplin les lanzó hace algunos días a los mercachifles del cine norteamericano.[...]

[...] Quien esto ha escrito parece haber olvidado una verdad elemental [...]

[...] La luna de miel de Eva y Juan Domingo fue casi un golpe de estado a los prejuicios de la alta sociedad americana [...]

En ocasiones, nuestro concepto es largo, inevitablemente largo, y no habrá ajuste que lo evite: *el perro que ladraba sin cesar a la luna antes de cenar y después de restregar sus bigotes por los muros del patio trasero* será inevitablemente *el perro que ladraba sin cesar a la luna antes de cenar y después de restregar sus bigotes por los muros del patio trasero.** ¿Que

* *El fenómeno climatológico sin precedentes ocurrido a finales del siglo pasado en Medio Oriente... La tenaz capacidad identitaria que ha sabido caracterizar a todos los habitan-*

se puede expresar de otro modo, con varias oraciones? Por supuesto, pero su autor —por quién sabe qué motivo, aunque válido— lo quiere así, con una oración, con un sujeto así de preciso. No somos quiénes para cuestionar lo específico de un término, al menos en una primera instancia. Además, especialmente en ciencias sociales, hay conceptos sumamente largos que suelen ser sujetos.

En fin, la coma de sujeto tiene como propósito que el lector no se confunda, ni por un solo instante, con respecto a dónde termina el sujeto y dónde comienza el predicado. Pero esta delimitación, como hemos visto, no es gratuita: el sujeto tiene que ser complejo.

Como decíamos, es difícil, si no imposible, determinar a ciencia cierta cuándo un sujeto es largo, ya que la subjetividad nos juega en contra. Pero debemos al menos intentarlo. ¿Cuándo irrumpe en esta categoría, qué características debe tener? Podemos partir de un parámetro inicial de dos filtros:

√ Que aquel sujeto no sea natural en la lengua oral.
√ Que no sea viable recordar con todo detalle.

• Sujeto largo compuesto por diversas estructuras (subordinaciones especificativas, complementos de complemento...)

Luego de este primer coladero, podemos ir más allá...

El sujeto podría ser complejo si comienza con determinadas fórmulas:

el [hecho de] que
que

el	*los*	*que*
la	*las*	

quien(es)

tes de aquella azotada zona del sur... Basta leer un libro técnico o especializado para toparse con muchos sujetos así.

Veamos:

El [hecho de] que *los artistas esquiven aquel tópico ligero*	,	*es un claro asomo a una búsqueda primorosa.*
El que / ***Quien*** *escribe para comer*	,	*ni come ni escribe.**
Que *tú lo digas*	,	*me basta y me sobra.*

En algunos casos, la complejidad radica en que después de un sujeto sencillo (*las viejas estatuas, los animales salvajes, el elenco...*) aparece un *que* o un *cuyo*:

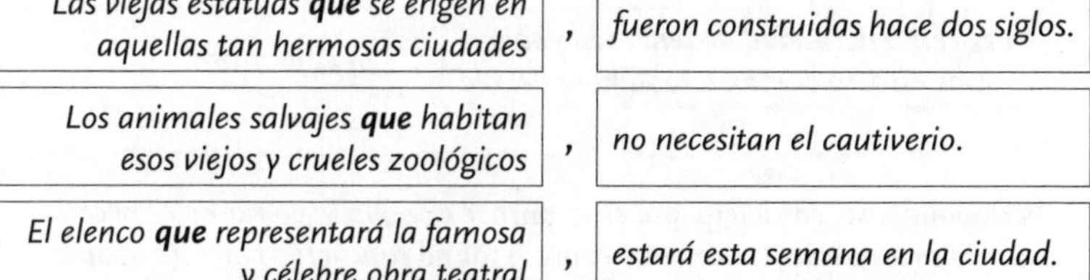

Las viejas estatuas ***que*** *se erigen en aquellas tan hermosas ciudades*	,	*fueron construidas hace dos siglos.*
Los animales salvajes ***que*** *habitan esos viejos y crueles zoológicos*	,	*no necesitan el cautiverio.*
El elenco ***que*** *representará la famosa y célebre obra teatral*	,	*estará esta semana en la ciudad.*

Las construcciones de posesión o pertenencia, generalmente con la preposición *de*, también podrían ameritar una COMA. Y en general, cualquier sujeto extremadamente largo podría exigir la colocación de una COMA:

La memoria de quienes aún no han podido olvidar los sucesos tan desdichados que sacudieron a casi todo el país	,	***está...***
El representante de la empresa organizadora de este espectacular evento artístico itinerante	,	***ha declarado...***
Los ejemplos del hábito convertido en una sana aceptación que seduce a quienes se enteran	,	***debe...***

* Atribuida a Francisco de Quevedo.

> *La coma por sujeto "no tan largo" (!) se torna necesaria especialmente si, como vemos en los dos primeros ejemplos, el último fragmento del sujeto concuerda (en número) con el primero del predicado (el verbo conjugado):* el país *con* está, evento artístico itinerante *con* ha declarado.

Los sujetos a veces son largos, y poco podemos hacer al respecto; el concepto es complejo o requiere, por el contexto, un detalle extremo.

Los alumnos que no hayan entregado el trabajo antes de la fecha fijada por el profesor	,	*reprobarán la asignatura.*
El hermano de tu amiga que fue a la fiesta contigo la noche en que llegamos muy tarde	,	*era muy simpático.*
La extrema necesidad de tener todo bajo el más estricto control a toda hora del día	,	*es enfermiza.*

> *Personalmente, considero que en el primer ejemplo la coma no es necesaria. ¿El motivo? Sencillamente,* el profesor *no concuerda con* reprobarán. *El primero es singular; el segundo, plural. No obstante, hay quienes piensan que, pese a esto, la coma debe ir, por alcances de facilitación.*

Podríamos pensar que, en caso de sujeto largo o complejo, una relectura o el detenimiento y la reflexión resolverán cualquier duda. Sí, a veces, sólo a veces será posible. Como sea, en estos casos la lectura no será fluida, como mínimo. Ahora bien, por muy bueno que el escrito sea, de qué sirve su agudeza si en puntos clave se verá obstruido por la privación que brota entre la complejidad de los conceptos (totalmente válidos, muchas veces directamente proporcionales a su propósito) y las exiguas posibilidades que a veces nos da la ortografía (o quienes tienen su fideicomiso). Eficiencia.

• **Enunciados ambiguos**

Ahora, en otros casos la coma será totalmente necesaria. Alguien dirá que podemos reformular, sí; pero el asunto es que, así como está, es tal cual el redactor quiere o necesita que el mensaje sea entregado; y, en este escenario, debe haber un signo que evite la confusión:

El que entra por aquí // no sale.	versus	*El que entra // por aquí no sale.*
El que canta // sus males espanta.		*El que canta sus males // espanta.*
Quien más dinero tenga al final // ganará.		*Quien más dinero tenga // al final ganará.*
El que no escribe // nunca se equivoca.		*El que no escribe nunca // se equivoca.*

11.2. Coma de objeto

Sin preámbulos: esta coma es incorrecta, es "criminal". Es la que se ubica entre el NÚCLEO DEL PREDICADO (verbo conjugado) y el COMPLEMENTO DIRECTO (el objeto, el *qué*).

Sujeto	Predicado				
	NÚCLEO		COMPLEMENTO DIRECTO (QUÉ)	COMPLEMENTO INDIRECTO (A QUIÉN)	COMPLEMENTO CIRCUNSTANCIAL (EN QUÉ CIRCUNSTANCIAS)
⊗ *El profesor*	*trajo*	,	*un nuevo libro.*		
⊗ *El profesor*	*(le) dio*	,	*un recado*	*a su alumno.*	
⊗ *El profesor*	*(le) compró*	,	*flores*	*a su novia*	*esta semana.*

Esta última coma criminal suele suceder más cuando el COMPLEMENTO DIRECTO es una frase que comienza con *que.**

SUJETO	PREDICADO		
	NÚCLEO		COMPLEMENTO DIRECTO (QUÉ)
⊗ *El profesor*	*quiere*	,	*que le ayuden.*
⊗ *Isabel*	*no sabe*	,	*que está en lo cierto*

Ahora, en caso de que nos topáramos con una coma entre, en primera instancia, el núcleo del predicado y el objeto o, en segunda, entre el sujeto y el predicado, significa que hay un error. Si hay comas, en realidad se tratará de dos comas: una frase parentética. Pero esto es harina de otro costal.

11.3. Construcciones intensivas o ponderativas

Nos referimos a las que se forman cuando los determinantes *tanto(s)*, *tan* (forma apocopada de *tanto*) y *tal(es)* encabezan segmentos que aparecen seguidos de una subordinada introducida por *que*.

Estaba ***tan*** *apurado*	***que*** *no se acordó.*
Hicieron ***tanto*** *ruido ayer*	***que*** *hoy no tengo ganas de verlos.*
Ha comido ***tal*** *cantidad de donas últimamente*	***que*** *los kilos lo alcanzaron.*
Escaló ***tan*** *arriba*	***que*** *después no sabía cómo bajar.*
Duerme ***tan*** *poco*	***que*** *se queda dormido en el trabajo.*

* Ésta sería una SUBORDINACIÓN SUSTANTIVA.

> ***De acuerdo con la RAE...***
>
> *En este tipo de construcciones consecutivas jamás debe ir coma antes de la conjunción* que.
>
> *No obstante, hay ciertos factores que considerar...*

Hay quienes consideran que, en ciertas ocasiones, una coma ayudaría mucho. Entre aquellos revoltosos está, otra vez, el autor de este libro.

Un primer vistazo:

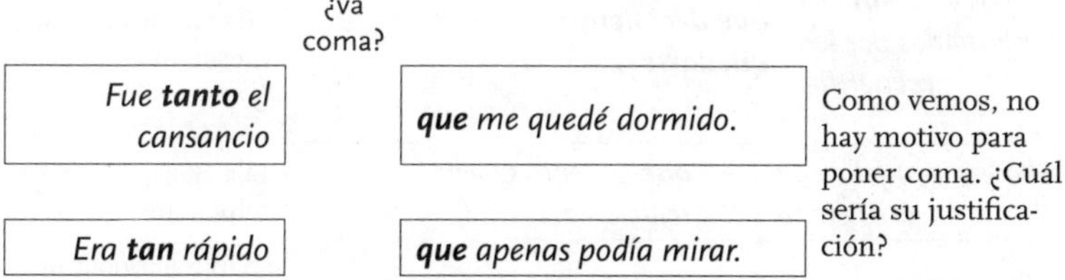

El asunto es que, tomando como referencia lo mencionado sobre puntuación, en general no hay motivo para poner coma.

*Estaban **tan** confundidos*	***que** decidieron quedarse.*
*Era **tan** feliz*	***que** siempre se veía reluciente.*
*Se asustó **tanto***	***que** salió de aquella habitación.*

¿Pero qué podemos decir en los siguientes casos?:

En estos tres ejemplos hay, al menos, confusión momentánea:

*Fue **tanto** el gusto*	***que** disfrutó toda aquella noche.*	¿el gusto que disfrutó toda aquella noche?
***Tal** era la fe*	***que** no cuestionaba.*	¿la fe que no cuestionaba?
***Tales** habían sido los resultados definitivos*	***que** presumían todo el tiempo.*	¿los resultados definitivos que presumían todo el tiempo?

En ciertas ocasiones sí es necesaria una coma; hay una pequeña y leve vaguedad, que será resuelta al final de la proposición, solamente en vista de lo descabellada que parece una opción. No obstante, lo mejor es resolver inmediatamente esa imprecisión. Así pues, en muchos casos de las circunstancias, la coma sirve para evitar confusiones momentáneas o para facilitar la lectura.*

Veamos casos, tal vez rebuscados, pero posibles. El asunto es ver qué podemos hacer si esto sucede y si, por los motivos que sean, no queremos cambiar la formulación:

Ellos estaban ***tan*** *confundidos por los recuerdos*	,	***que*** *decidieron quedarse.*	Ellos decidieron quedarse.
Ellos estaban tan confundidos por ***los recuerdos***		***que decidieron quedarse...***	¿Recuerdos que decidieron quedarse...?

Ella era ***tan*** *feliz con el teléfono*	,	***que*** *siempre se veía reluciente.*	Ella siempre se veía reluciente.
Ella era tan feliz con ***el teléfono***		***que siempre se veía reluciente...***	¿Un teléfono que siempre se veía reluciente...?

El gato se asustó ***tanto*** *con el ruido*	,	***que*** *salió de aquella habitación.*	El gato salió de aquella habitación.
El gato se asustó tanto con ***el ruido***		***que salió de aquella habitación...***	¿Un ruido que salió de aquella habitación...?

* En resumen, se puede pensar que *que* es una ESPECIFICACIÓN (subordinación adjetiva especificativa) de lo indicado antes: *el gusto que..., la fe que..., los resultados definitivos que...*

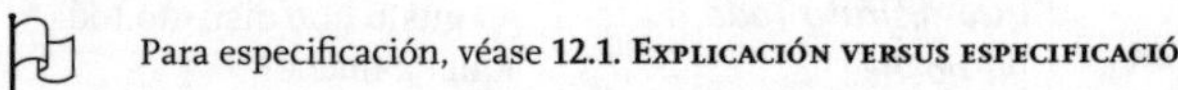
Para especificación, véase **12.1. Explicación versus especificación**

El problema surge cuando antes de *que* hay un sustantivo. En general, el *que* podría ser considerado una especificación del sustantivo anterior: *un recuerdo que..., el teléfono que..., el ruido que..., el gusto que..., la fe que..., los resultados que...*

Con los adjetivos y adverbios no suele suceder. Tal vez con locuciones que terminen con un sustantivo.

Tales *habían sido los resultados*	,	***que*** *presumían todo el tiempo.*	Ellos presumían todo el tiempo.
Tales habían sido ***los resultados***		***que presumían todo el tiempo...***	¿Resultados que presumían todo el tiempo...?

Como podemos ver, la coma a veces es necesaria.

12. LAS COMAS ENREVESADAS

En cuanto a comas, hay situaciones que suelen revestir mucha complicación para muchos redactores.

12.1. Explicación versus especificación

Como referencia inicial, lo EXPLICATIVO lleva COMA, y lo ESPECIFICATIVO no lleva. Se trata de SUBORDINACIONES ADJETIVAS (fragmentos que se integran en una principal, y que cumplen una función adjetiva), es decir, son palabras sencillas, frases que complementan al nombre, con funciones propias del adjetivo. Por lo tanto, pueden funcionar de manera muy parecida a los adjetivos:

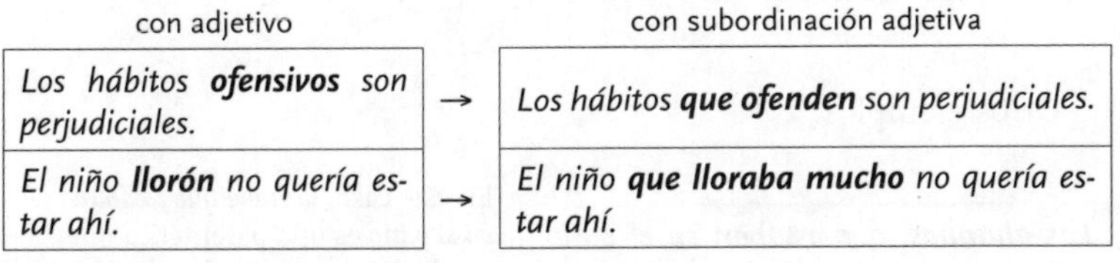

con adjetivo		con subordinación adjetiva
Los hábitos ***ofensivos*** *son perjudiciales.*	→	*Los hábitos* ***que ofenden*** *son perjudiciales.*
El niño ***llorón*** *no quería estar ahí.*	→	*El niño* ***que lloraba mucho*** *no quería estar ahí.*

Para más antecedentes sobre la explicación, véase **1.1.2. FRASES QUE CALIFICAN AL SUSTANTIVO** y **1.1.7. PARA PUNTUALIZAR CON UNA SECUNDARIA: RELATIVAS**

De manera preliminar:

explica [con coma]

♣♣♣, *que...*	Entrega información adicional sobre ♣♣♣.

—

especifica [sin coma]

♣♣♣ *que...*	Especifica el tipo o la clase de ♣♣♣.

De este modo:

Los niños que juegan son muy felices.	¿Qué tipo de niños son felices? *Los niños que juegan.* Desde *que* en adelante se especifica el tipo de niños (los niños que juegan). Precisamos, dejamos de generalizar; ya no se trata de todos los niños, sino de algunos en particular.

Los niños, ***que juegan,*** *son muy felices.*	¿Qué podemos decir de los niños, además de que son felices? *Que juegan.* Los niños son muy felices... y además juegan. La frase *que juegan* da información adicional sobre los niños.
Los niños ***(que juegan)*** *son muy felices.*	
Los niños son muy felices.	

Otros ejemplos:

Los alumnos*, que estaban en el patio, echaron a correr.*	En este caso, la frase *que estaban en el patio* es una parentética que añade dónde estaban *los alumnos que echaron a correr.*

Los alumnos que estaban en el patio *echaron a correr.*	Aquí, en cambio, se especifica cuáles fueron los alumnos que echaron a correr: *los alumnos que estaban en el patio.* Es una precisión, no una explicación.

***Los conductores**, que manejan hablando por teléfono, son un peligro.*	El sujeto es *los conductores* (a secas), quienes representan un peligro, hagan lo que hagan, o no hagan nada. En este caso, además hablan por teléfono mientras manejan.
***Los conductores que manejan hablando por teléfono** son un peligro.*	Aquí, en cambio, el sujeto es *los conductores que manejan hablando por teléfono*; éstos en particular son un peligro.

En cuanto a la explicación entre comas, consideremos que, sin importar lo que digan, nunca harán que cambie el mensaje principal:

***Los conductores**, que manejan hablando por teléfono, **son un peligro**.*	No importa lo que hagan o dejen de hacer *los conductores*; según el mensaje, *son un peligro.*
***Los conductores**, que manejan con total precaución, **son un peligro**.*	
***Los conductores**, que no saben andar en bicicleta, **son un peligro**.*	
***Los conductores**, que aman comer hamburguesas con papas fritas, **son un peligro**.*	
***Los conductores**, que no saben cantar, **son un peligro**.*	

Desde otra perspectiva, al menos en la esencia del mensaje, podríamos considerar lo siguiente:

Otra opción:	***Los conductores**, que manejan hablando por teléfono, **son un peligro**.*
	Los conductores son un peligro. (Y) Manejan hablando por teléfono.

Otra opción:	***Los conductores****, que manejan con total precaución,* ***son un peligro****.*
	Los conductores son un peligro. (Y) Manejan con total precaución.

Otra opción:	***Los conductores****, que no saben andar en bicicleta,* ***son un peligro****.*
	Los conductores son un peligro. (Y) No saben andar en bicicleta.

Otra opción:	***Los conductores****, que aman comer hamburguesas con papas fritas,* ***son un peligro.***
	Los conductores son un peligro. (Y) Aman comer hamburguesas con papas fritas.

Otra opción:	***Los conductores****, que no saben cantar,* ***son un peligro****.*
	Los conductores son un peligro. (Y) No saben cantar.

• La explicación que evita confusiones

Hay ocasiones en que frases, complementos u oraciones no se relacionan directamente con lo que los antecede, sino con otra parte de la oración que se encuentra más distante. Si así sucediere, debemos separar con una coma las dos frases, complementos u oraciones que no se relacionan directamente entre sí. Por ejemplo:

Queremos ir al ***Parque Forestal*** *de Villa Sur,* ***que tiene especies endémicas.***	Es el Parque Forestal el que tiene especies endémicas, no Villa Sur en sí. Debido que *Parque Forestal* está “separado” de *que tiene especies endémicas* (subordinación adjetiva), ponemos una coma; de otro modo, se pensaría que es Villa Sur la “que tiene especies endémicas”.

En este caso, la subordinación es inevitablemente explicativa, es decir, con coma.

*Necesitamos **una casa** con una cochera, **que sea amplia**.*	Necesitamos *una casa amplia* que además tenga cochera. No necesitamos *una casa con cochera amplia.*

En ocasiones como ésta sería mejor replantear las oraciones y evitar, así, estas ambigüedades. Pero, lamentablemente, no siempre se puede. El punto medular es reconocer cuándo hace falta una coma para evitar confusiones.

Ejercicios

- *Escriba cinco nuevos ejemplos de este uso de la coma, y luego replantéelos de otro modo para que esa coma no sea necesaria.*

Por ejemplo:

	replanteado
Me gustaría encontrar una gabardina de tela azulina, que no sea demasiado llamativa.	Me gustaría encontrar una gabardina de tela azulina, y espero que esta prenda no sea demasiado llamativa.
Aquí se quiere decir que la gabardina no sea demasiado llamativa, no que la tela sea llamativa.	*No existe la posibilidad de que sea la tela azulina en sí la llamativa, ya que* tela azulina *no se encuentra al lado del relativo* que. *Aquí se espera que la gabardina de tela azulina no sea demasiado llamativa.*

12.2. El enunciado y la enunciación

Las causas —motivos, razones, marcados con *porque* o similar— pueden estar asociadas a dos posibilidades: DEL ENUNCIADO y DE LA ENUNCIACIÓN.[19] Esto implica un criterio especial para el uso de coma. Veamos:

del enunciado	de la enunciación
Dan la causa real.	Dan la causa de la aseveración.
Responden a la pregunta «por qué (sucede)»: Esto sucede porque...	Responden a la pregunta «por qué lo digo»: Lo digo porque...
Sin coma antepuesta.	**Con** coma antepuesta.

Ejemplos:	*Estoy feliz* ***porque el día está hermoso.***	*Estoy feliz****, porque el día está hermoso.***
	¿Por qué estoy feliz? Porque el día es hermoso.	Estoy feliz. ¿Por qué lo digo? Porque el día es hermoso.

Además de las causas, también las finalidades (*para, para que*), aunque no siempre, podrían responder a este criterio:

Responden a la pregunta «para qué sucede/sucederá)»: Esto sucede/sucederá para que...	Responden a la pregunta «para qué lo digo»: Lo digo para que...
Sin coma antepuesta.	**Con** coma antepuesta.

Ejemplos:	*Tienes que estudiar* ***para que logres tus metas.***	*Tienes que estudiar****, para que logres tus metas.***
	¿Para qué debes estudiar? Para que logres tus metas.	¿Para qué lo dices? Para que logres tus metas.

> *Tanto con* DEL ENUNCIADO *como con* DE LA ENUNCIACIÓN*, si la causa o la finalidad encabeza el enunciado, pondremos una coma.*

12.3. Periodos absolutos de gerundio y participio

Se trata de una fórmula “exclusiva” del lenguaje escrito: utilizar un adjetivo PARTICIPIO o un GERUNDIO en un segmento introductorio.* Son llamadas generalmente CONSTRUCCIONES ABSOLUTAS.

Suelen funcionar como predicados que aportan información adicional a la oración principal.

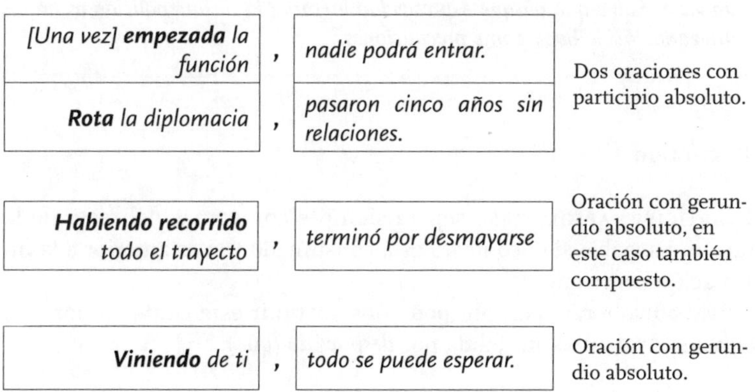

- **GERUNDIO**

El GERUNDIO ABSOLUTO se separa siempre con comas del resto de la oración:†

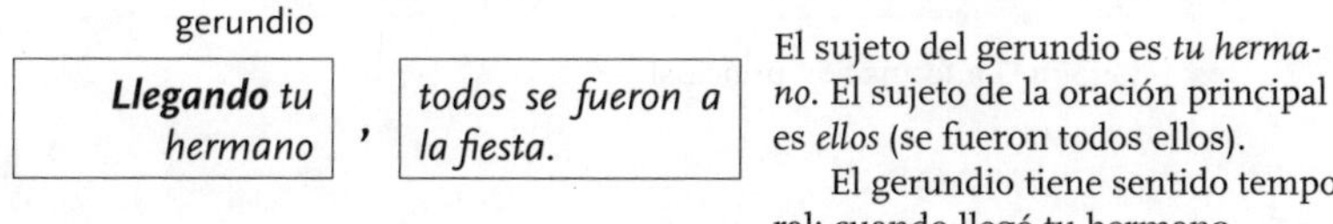

* Los participios, hay que recordar, son verboides —formas no personales— que terminan regularmente en *-ado* e *-ido*, y podrían terminar irregularmente en *-ito, -isto, -oto, -dito, -icho, -echo, -uelto, -uesto, -uerto, -ierto* y *-eso*.

Por su parte, los gerundios también son verboides, y terminan en *-ando* y *-iendo* o *-yendo*.

† Tiene su sujeto propio y particular, distinto del sujeto y del objeto directo del verbo principal.

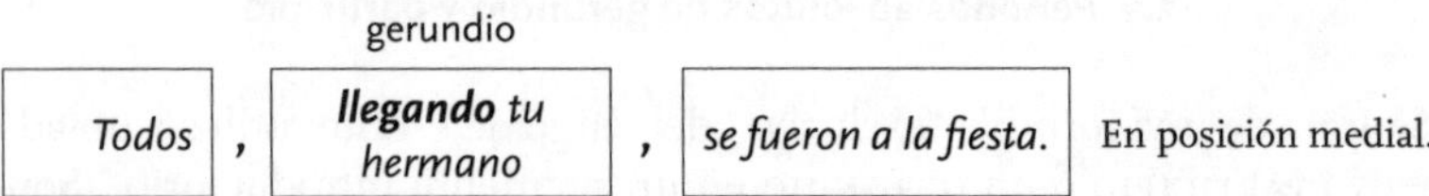

Pese a que en ciertos contextos, especialmente el coloquial y el literario, es aceptado, la recomendación es no recurrir a él. Puede convertirse en un vicio. Salvo que busque expresividad literaria, la recomendación es no utilizarlo. Y si lo hace, tome precauciones.

• **Participio**

El participio absoluto se separa siempre con comas del resto de la oración. Es viable si el contexto está consumado y si es anterior a la información principal.

Para corroborar, siempre podemos sustituir este contexto por una forma equivalente antecedida por *después de (que)*.

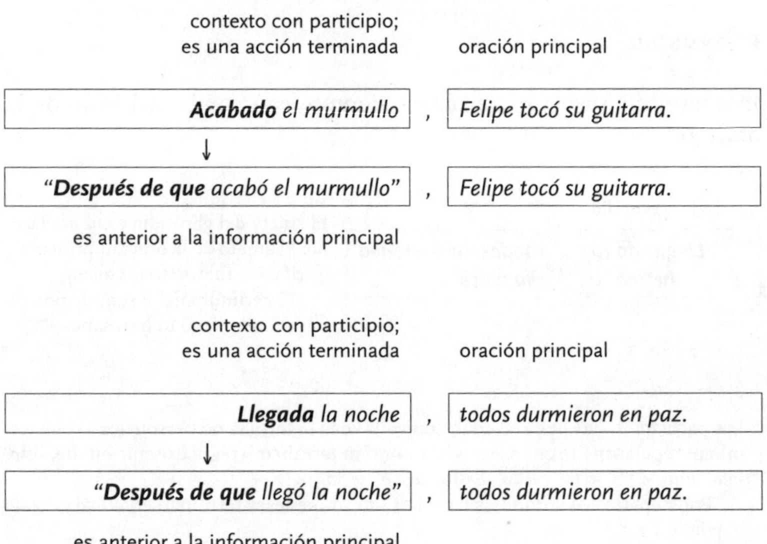

En concreto, este especial contexto tiene tres tipos de interpretaciones, todas anteriores a la parte principal, obviamente:

√ ser la causa de la parte principal (*debido a que...*)

√ ser la condición de la parte principal (*en caso de que...*)

√ ser una complicación que no impide el cumplimiento de la parte principal (*a pesar de que...*)

> *Para la última interpretación (*a pesar de que*), suele aparecer con marcas explícitas adicionales, como* sin embargo, *por ejemplo.*

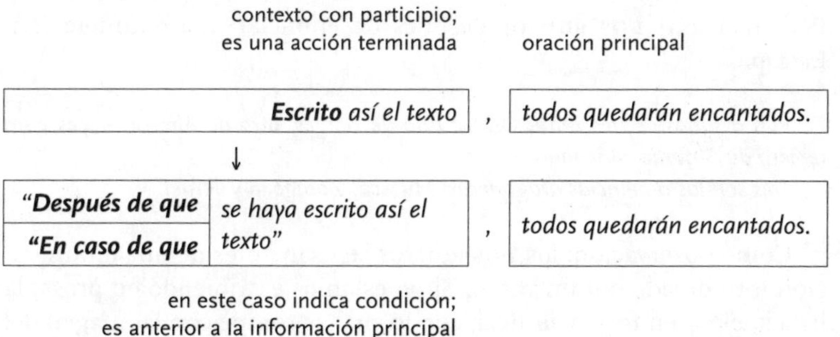

13. PRONTUARIO DE SIGNOS SECUNDARIOS Y SIGNOS AUXILIARES

13.1. Uso de los dos puntos

Los DOS PUNTOS (:) detienen el discurso para llamar la atención sobre lo que sigue...

¿Cuándo debemos usar DOS PUNTOS?

• **TRAS FÓRMULAS DE SALUDO**

Se emplea este signo de puntuación tras las fórmulas de saludo en las cartas y documentos. También, en este caso, la palabra que sigue a los dos puntos se escribe con mayúscula y, generalmente, en un renglón aparte. Ejemplos:

Querido amigo:
Te escribo esta carta para comunicarte...

*Muy señor mío:**
Le agradeceré...

Ejercicios

- *Escriba cinco ejemplos de este uso.*

- **Antes de una lista**

Podemos usar DOS PUNTOS después de enunciar una enumeración. Ejemplos:

Van a subastar tres manuscritos: uno de Borges, otro de Alfonso Reyes y un tercero de Antonio Machado.
Tres son las provincias aragonesas: Huesca, Zaragoza y Teruel.

Como observación: los DOS PUNTOS se usan antes de una enumeración introducida por un verbo. Si no estamos escribiendo en prosa, la lista suele ir en forma vertical, con lo cual se rompe con la imagen del párrafo:†

Las herramientas que todo escritor debe tener a mano son las siguientes:
lápiz
papel
un diccionario
pasión
claridad
pulcritud
constancia

* Esta fórmula es de uso frecuente, pero representa un *idiotismo* (giro o expresión propio de una lengua, que no se ajusta a las reglas gramaticales; por ejemplo: *a ojos vistas*), aparte de la evidente "lisonja excesiva": un adverbio (*muy*) no puede modificar a un sustantivo (*señor*).
Esta representación sólo fue planteada para ilustrar.

† La PROSA es la estructura o forma que toma naturalmente el lenguaje para expresar los conceptos, y no está sujeta, como el verso, a medida y cadencia determinadas.

En otras ocasiones la lista se escribe dentro de un párrafo, pero con un número o una letra antes de cada elemento:

Las herramientas que todo escritor debe tener a mano son: 1) un lápiz duradero, 2) un papel dispuesto a ser desechado, o, mejor, un cúmulo de papeles, 3) un diccionario actualizado, 4) mucha pasión y ganas de lograr un buen cometido, 5) claridad en sus ideas, 6) pulcritud en el contenido y en la forma, y 7) una constancia infranqueable.

Dos correcciones muy útiles

Debemos evitar la muletilla "como son" —precedida por coma y sucedida por DOS PUNTOS*— para introducir una lista. Por ejemplo:*

⊗ Hay herramientas que todo escritor debe tener a mano**, como son**: un lápiz duradero, un papel...

Lo aconsejable:

Hay herramientas que todo escritor debe tener a mano**, como** un lápiz duradero, un papel...

No toda enumeración amerita el uso de DOS PUNTOS*, como se vio anteriormente. Por ejemplo:*

Hace un mes viajamos, conocimos y disfrutamos.
Quiero leer, descifrar, entender lo que escribió.

En la prosa o en el verso,[20] los DOS PUNTOS pueden usarse para introducir una enumeración; pero hay una condición: la oración que viene antes de los dos puntos debe ser completa; es decir, debe haber un complemento directo antes de los dos puntos. Por ejemplo:

Necesito	*que me traigas estas cosas*	:	*lápiz, papel y corrector.*

complemento directo

El sujeto es tácito: *yo*.
El núcleo del predicado es *necesito*.
El complemento directo está en la frase subordinada *que me traigas estas cosas*.

Gramaticalmente, esta aplicación es correcta. Pero hay una reduplicación: necesito: 1) estas cosas, 2) lápiz, papel y corrector; 1 y 2 son lo mismo. Esta situación es aconsejable sólo cuando el listado es extenso.

Tal vez queramos eliminar la frase "estas cosas", para descartar aquel desliz, aunque siempre sin dos puntos:

Necesito	*que me traigas lápiz, papel y corrector.*
	complemento directo

El complemento directo ahora está en la frase subordinada *que me traigas lápiz, papel y corrector.*

Como se puede ver, en muchas ocasiones el uso de DOS PUNTOS es innecesario; incluso, puede quitar limpieza y proporcionar desacierto.

Asimismo, en prosa no debemos colocar dos puntos cuando la enumeración es introducida por un verbo (todo lo contrario a cuando se trataba de una lista vertical o con numeración):

Los amigos de mi hermana ***son*** *Ricardo, Francisco, Iván y Alejandro.*
Mi hermana ***tiene*** *muchos amigos*: *Ricardo, Francisco, Iván y Alejandro.*

Ejercicios

- *Elabore tres listas de cada una de las siguientes clases:*

1. *Introducida por un verbo, vertical.*
2. *Introducida por un verbo, enumerada.*
3. *Introducida por una oración completa.*

- *Escriba cinco listas que no que no requieran de dos puntos.*

• ANTES DE UNA CITA

Los DOS PUNTOS preceden a las citas textuales. En este caso, después de los signos se suele escribir la primera palabra con mayúscula inicial. Ejemplos:

Las palabras del médico fueron: «Reposo y alimentación equilibrada».
Ya lo dijo Descartes: «Pienso, luego existo».
Como dijo Shakespeare: «Está bien lo que bien termina».
Gilberto Owen lo escribió en uno de sus poemas más célebres: «Me he querido mentir que no te amo».

Cuando se trata de una cita directa, textual, debemos comenzar dicha mención con mayúscula. En cambio, si la referencia es indirecta, debemos comenzar con minúscula.

Ejercicios

- *Escriba cinco ejemplos de este uso.*

• Para conectar (o "separar") oraciones

Se emplean los DOS PUNTOS para conectar oraciones o proposiciones relacionadas entre sí, sin necesidad de usar otro conector. Son diversas las relaciones que podemos expresar:

Todos estos usos son intercambiables por PUNTO Y COMA. *En tal caso, el matiz es distinto, pero es posible.*

√ Relación causa-efecto

Se ha quedado sin trabajo: no podrá ir de vacaciones este verano.
No necesitaba apresurarse: aún era temprano.

√ Conclusión o resumen de la proposición anterior

Sólo queda una salida: abandonemos la nave.
Digámoslo de otro modo: no puedes quedarte aquí.

√ Verificación o explicación de la proposición anterior, que suele tener un sentido más general

La paella es un plato de la cocina española muy completo desde el punto de vista nutritivo: cuenta con la fécula del arroz, las proteínas de sus carnes y pescados, y la fibra de sus verduras.

• Para cerrar una enumeración, antes del anafórico que los sustituye[21]

Natural, sana y equilibrada: así debe ser una buena alimentación.
Terremotos, inundaciones y erupciones volcánicas: ésas son las principales catástrofes naturales.

• Para "separar" la ejemplificación del resto de la oración

De vez en cuando tiene algunos comportamientos inexplicables: hoy ha venido a la oficina con sandalias.
Puedes escribir un texto sobre algún animal curioso: el ornitorrinco, por ejemplo.

Ejercicios

- *Escriba tres ejemplos de este uso.*

• Antes de ciertos giros o frases hechas

Podemos usar dos puntos para introducir un juicio o alguna sentencia, antes o después de ciertos giros o frases hechas. En estos casos, si la "frase hecha" va pospuesta, siempre comenzaremos la cita con minúscula. Por ejemplo:

Sin rodeos: necesito este trabajo.
Al contrario: la democracia sirve para proteger los intereses de la minoría.

Ejercicios

- *Escriba cinco ejemplos de este uso.*

• **ALGUNOS USOS JURÍDICOS Y ADMINISTRATIVOS**

En textos jurídicos y administrativos (decretos, sentencias, bandos, edictos, certificados o instancias), se colocan DOS PUNTOS después del verbo —escrito con todas sus letras mayúsculas— que presenta el objetivo fundamental del documento. La primera palabra del texto que sigue a este verbo se escribe siempre con inicial mayúscula y el texto forma un párrafo diferente. Por ejemplo:

CERTIFICA:
Que José Álvarez García ha concluido el curso de Técnicas Audiovisuales, celebrado en la Escuela de Cine durante abril y mayo del presente año.

13.2. Uso de los puntos suspensivos

Los PUNTOS SUSPENSIVOS (...) suponen una interrupción de la oración o un final impreciso.

Se suele abusar mucho de este signo, con la intención de dar mayor "emoción" a un escrito. Pero la inclusión de estos signos no asegura expresión o ironía si lo subsecuente no tiene dichas características. Esto es, las palabras del escritor están obligadas a causar asombro o cualquier otra impresión, y no un signo en sí, ya que este último es sólo un auxiliar.

Después de los PUNTOS SUSPENSIVOS, cuando cierran un enunciado, se escribe con mayúscula. Por ejemplo:

El caso es que si lloviese... Mejor no pensar cosa tan improbable.

Estamos ante un bosque mediterráneo de encinas, pinos... Bajo estos árboles es fácil resguardarse.

Cuando los PUNTOS SUSPENSIVOS *no cierran un enunciado y éste continúa tras ellos, se escribe minúscula. Por ejemplo:*

Estoy pensando que... aceptaré; en esta ocasión debo arriesgarme.
Me dijo... sí. No tenía más opciones.

• En enumeraciones abiertas o incompletas

Cuando empezamos una enumeración, pero consideramos que no es necesario seguirla hasta su conclusión lógica, o si es de suponerse que el lector ya puede imaginar los "elementos restantes", podemos recurrir a PUNTOS SUSPENSIVOS. En estas enumeraciones abiertas o incompletas, los puntos suspensivos tienen el mismo valor que la palabra *etcétera*.[22] Ejemplos:

Su bazar es como los de los pueblos, donde revenden de todo: comestibles, ropa, juguetes, artículos de limpieza...
Puedes hacer lo que más quieras: leer, ver televisión, escuchar música...
Fue un viaje larguísimo por las ciudades más importantes de Europa, incluyendo Londres, Ámsterdam, Viena, Madrid, París, Berlín, Roma...
No hay nada que haga mal: canta, baila, actúa...

Ejercicios

- *Escriba seis ejemplos de este uso.*

• Cuando se dejan incompletas ciertas frases

√ En citas textuales, sentencias o refranes

Podemos emplear este signo cuando, omitiendo una parte, reproducimos una cita textual, una sentencia o un refrán. Esto sucede por razones de estilo, ya que podría tener mayor efecto si es el lector quien mentalmente completa la cita:

En ese momento de indecisión, pensé: "Más vale pájaro en mano..." y acepté el dinero.

El escolar recitaba muy solemne: "Yo no quiero que a mi niña golondrina...".

Como dice el refrán, no hay mal...

Citando a Neruda, "puedo escribir los versos más tristes...".

> *Como podemos ver, la cita comienza con mayúscula cuando es introducida por* DOS PUNTOS. *Los dos puntos dan mayor solemnidad, ya que se trata de una cita directa, y ésta es el centro: es el referente de la situación que generó el "comentario".*
>
> *En cambio, podemos optar por agilizar la oración si quitamos los* DOS PUNTOS *y comenzamos la cita con minúscula: la situación que generó el "comentario" es el centro, y concuerda con lo mencionado en la cita.*
>
> *Por último, podríamos alivianar aún más la oración si quitamos incluso las* COMILLAS: *se trata simplemente de una* frase hecha, *que tal vez fue incluida por inoperancia o falta de recursos.*

√ Cuando una oración es interrumpida

En un diálogo, si quien tiene la palabra es interrumpido, lo anunciaremos con PUNTOS SUSPENSIVOS. Por ejemplo:

—Oye, escúchame: ésta es la última vez que...

—¡Cállate! Eres tú quien debe escucharme a mí —interrumpió Juan a Martín, violentamente.

En cualquier otro escrito podría darse esta misma situación, aunque no sea diálogo:

Cualquier tipo de gobierno totalitario me... Digámoslo así: el individuo debe mantener íntegro su valor para que la sociedad en su conjunto también lo mantenga.

√ Cuando citamos sólo parte de un texto

Cuando en un artículo periodístico o académico ya hemos citado el título de una obra a la que deseamos volver a citar, no es necesario mencionar el título completo si éste es largo. Es posible repetir sólo la primera o las primeras palabras seguidas de puntos suspensivos. Por ejemplo:

Steven Spielberg, en La lista..., *usó el blanco y negro por varias razones difíciles de refutar.*
El primer sencillo de Supposed former... *fue* Thank you.
En el segundo capítulo de El ingenioso hidalgo..., *Cervantes revela una clave importante.*

Ejercicios

- *Escriba nueve ejemplos del uso de puntos suspensivos en frases incompletas (tres de cada caso: citas textuales, interrupción, y cita de sólo parte de un título).*

- **Para indicar ironía, sorpresa, dramatismo, duda, temor...**

Cuando queremos expresar que antes de lo que viene hay un momento de duda, temor o vacilación, podemos usar PUNTOS SUSPENSIVOS. Ejemplos:

Iré; no iré... Debo decidirme pronto.
Espero una llamada del hospital... Seguro que son buenas noticias.
No sé... Creo que... bueno, sí, me parece que voy a ir.

Un dato

Algunos escritores se valen de estos puntos suspensivos asiduamente, ya sea en diálogos o cuando utilizan narradores protagonistas o testigos. Esta práctica (mimesis) *tiene el afán de representar fielmente el lenguaje oral, a través de la transcripción. Basta fijarse en cada pausa, producida por vacilación, que interviene en las conversaciones, para comprender la inclusión "masiva" de este signo. Pero hay que tener en cuenta que se trata de transcripción: la imitación de lo expresado oralmente, y no "sirve" para otros casos; menos si se trata de un documento formal.*

También podemos recurrir a los PUNTOS SUSPENSIVOS dentro de una oración, para indicar que habrá un giro irónico, de sorpresa o dramatismo. Por ejemplo:

Me juró que me daría todo el dinero que me hiciera falta para el viaje, y no sabes lo que sentí cuando me entregó un cheque por... quince dólares.

Se convocó a una junta, se distribuyeron centenares de papeles anunciándola y, al final, nos reunimos... cuatro personas.

Para dejar un enunciado incompleto y en suspenso. Por ejemplo:

Fue todo muy violento, estuvo muy desagradable... No quiero seguir hablando de ello.

> *Ejercicios*
>
> • *Escriba cinco ejemplos más de duda, y cinco más de sorpresa.*

• PARA OMITIR PARTE DE CIERTAS ORACIONES

Hay oraciones bimembres, es decir, que por naturaleza constan de dos secciones. Por ejemplo, las condicionales:

1		2
Si realmente pudiera convencerla	,	*no retrocedería en mis afanes.*
Si no me ayudas	,	*no podré terminar a tiempo.*

Por razones de estilo o por asunto estratégico, podríamos querer suprimir la segunda fracción (la principal, de hecho), y antes, en lugar de coma, colocar PUNTOS SUSPENSIVOS:

Si *realmente pudiera convencerla...*
Si *no me ayudas...*

Podemos hacer lo mismo con las oraciones que se construyen con *tan* o *tanto*, y que después indican el relativo *que*:*

1		2
*Me hizo **tanto** daño*	,	***que** ya no quiero saber más de él.*
*La vi **tan** joven*	,	***que** me dio envidia.*

En oraciones de esta clase se podría suprimir la segunda oración, también por razones estilísticas.

Me hizo tanto daño...
La vi tan joven...

Ejercicios

- *Escriba tres ejemplos de uso de puntos suspensivos en oraciones condicionales.*

- *Escriba tres ejemplos de uso de puntos suspensivos en oraciones con* tan *o* tanto.

• **Para omitir parte de un texto**

Se escriben tres puntos dentro de paréntesis (...) o corchetes [...] cuando al transcribir literalmente un texto se omite una parte de él.

Por ejemplo:

Yo fui loco y ya soy cuerdo; fui don Quijote de la Mancha y soy agora [...] *Alonso Quijano el Bueno.*

(Cervantes: Quijote, II, LXXIV)

* Recordemos que habíamos llegado a la conclusión de que en estos casos las comas podrían ser necesarias. Más allá de eso, en los ejemplos va la coma, como medida ilustrativa.

Combinación de los puntos suspensivos con otros signos

√ *Tras los* PUNTOS SUSPENSIVOS *nunca debemos escribir* PUNTO. *Sin embargo, sí podríamos colocar otros signos de puntuación, como* COMA, PUNTO Y COMA *o* DOS PUNTOS. *Ejemplos:*

Cuando decidas los colores, las telas, el tipo de mobiliario…, ven a verme y haremos un presupuesto.

Pensándolo bien…: mejor que no se presente.

Ya habían llegado los libros, los ordenadores, el papel…; al día siguiente empezaría a trabajar.

√ *Los signos de* INTERROGACIÓN *o* EXCLAMACIÓN *se escriben delante o detrás de los* PUNTOS SUSPENSIVOS, *dependiendo de si el enunciado que encierran está completo o incompleto. Ejemplos:*

¿Me habrá traído los libros?… Seguro que sí.

¡Si te dije que…! Es inútil, nunca haces caso a nadie.

√ *Tanto la* COMA, *el* PUNTO Y COMA *y los* DOS PUNTOS, *como los signos de* INTERROGACIÓN *y* EXCLAMACIÓN, *se escribirán inmediatamente, sin un espacio que los separe de los* PUNTOS SUSPENSIVOS, *tal como muestran los ejemplos anteriores.*

Ejercicios

- *Escriba tres ejemplos de este uso.*

13.3. Uso de los signos de interrogación y exclamación

Los signos de INTERROGACIÓN (¿ ?) y EXCLAMACIÓN (¡ !) encierran enunciados que, respectivamente, interrogan o exclaman. Los primeros se utilizan para delimitar enunciados interrogativos directos; los segundos demarcan enunciados exclamativos, también en estilo directo, e interjecciones.

Los signos de interrogación y de exclamación son dos en cada caso: los signos que indican apertura (¿, ¡) y los signos que indican cierre (?, !);

se colocan al principio y al final del enunciado interrogativo y exclamativo respectivamente.

> *En la lengua española es obligatorio poner siempre el signo de apertura, que no deberá suprimirse por imitación de lo que ocurre en ortografías de otras lenguas, en las que sólo se usa el signo final porque tienen otras marcas gramaticales "suplentes" primero.*

Después de los signos que indican cierre de interrogación o exclamación (?, !) nunca se escribe punto. Por ejemplo:

¿Comiste ayer en casa?
¿Dónde has comprado ese traje?
¡Eso es una injusticia!
¡Ay! ¡Eh! ¡Oh!

Está la posibilidad de que la "pregunta" o "admiración" ocupe sólo una parte de la proposición. Puede encontrarse al principio o al final. Por ejemplo:

Con respecto al impacto ambiental, ¿se ha previsto algún tipo de medida para que su efecto sea menor?
Martín, ¿en qué estás pensando?
¿No tengo talento?, me preguntó abatido.
Si consigues la plaza, ¡qué alegría se va a llevar tu padre!
Me dijo que vendría... ¡mañana!
¡Alto!, gritó desde la esquina.

En proposiciones condicionales, en caso de ser interrogativas, si la primera lleva la conjunción *si*, sólo la segunda llevaría signos de interrogación. Por otra parte, obsérvese nuevamente cómo los vocativos y las oraciones subordinadas, cuando ocupan el primer lugar en el enunciado, se escriben fuera de la pregunta o de la exclamación. Sin embargo, si están colocados al final, se consideran dentro de ellas.

Si no responde, ¿qué le vamos a decir? / ¿Qué le vamos a decir si no responde?
Susana, ¿has decidido qué vas a hacer? / ¿Has decidido qué vas a hacer, Susana?

Pepe, ¡cuánto me alegra que hayas venido! / ¡Cuánto me alegra que hayas venido, Pepe!

Cuando se escriben varias preguntas o exclamaciones seguidas y éstas son breves, podemos optar por considerarlas oraciones independientes (yuxtapuestas, con punto y seguido), con sus correspondientes signos de apertura y cierre, y con mayúscula al comienzo de cada una de ellas. Ejemplos:[23]

¿Dónde estás? ¿A qué hora piensas volver?
¡Quedan cinco minutos! ¡Llegamos tarde! ¡Date prisa!

Pero también es posible considerar el conjunto de las preguntas o exclamaciones como un único enunciado. En este caso hay que separarlas por comas o por puntos y comas, y sólo en la primera se escribirá la palabra inicial con mayúscula. Ejemplos:

¿Cómo te llamas?, ¿en qué trabajas?, ¿cuándo naciste?, ¿dónde?
¡Cómo ha nevado esta noche!; ¡qué blanco está todo!; ¡qué frío vamos a pasar hoy!

Existe la posibilidad de abrir con signo de interrogación y cerrar con signo de exclamación, o viceversa. Por ejemplo:

¿Qué persecución es ésta, Dios mío!

Este caso podría, en ocasiones, confundir en vez de esclarecer. Si así fuera, es mejor escribirlo así:

¿Qué persecución es ésta?, ¡Dios mío!

Muchos autores prefieren incluso usar dos aperturas y dos cierres:

¡¿Qué persecución es ésta, Dios mío?!

Esta puntuación queda a criterio del escritor.

Otros usos...

En ocasiones se utilizan los signos de final de interrogación (?) o de exclamación (!) entre paréntesis.

√ *El signo de final de interrogación entre paréntesis expresa duda o ironía. Ejemplos:*

Andrés Sánchez Rodríguez es el presidente (?) de la asociación.
Tendría mucha gracia (?) que llegara a la cita con un día de retraso.

√ *El signo de final de exclamación entre paréntesis expresa sorpresa o ironía. Ejemplos:*

Un joven de sesenta y dos años (!) fue el ganador del concurso de composición.
Está más gordo que nunca, pero dice que sólo pesa ochenta kilos (!) en la báscula de su casa.

Ejercicios

- *Escriba tres ejemplos de este uso.*

13.4. Uso de paréntesis

Los PARÉNTESIS **( )** son signos que encierran elementos incidentales o aclaratorios intercalados en un enunciado, y podemos usarlos en los siguientes casos:

√ Para indicar oraciones incidentales ("parentéticas"... es decir, para "hacer un paréntesis"):

María (que, por cierto, te envía saludos) nos atendió como reyes.
Se necesita (con más razón ahora) mucho apoyo de todos.

√ En ocasiones utilizamos los PARÉNTESIS para introducir una opción al texto. En estos casos podemos encerrar dentro del paréntesis una palabra completa o sólo uno de sus segmentos (en este uso puede alternar con la barra). Ejemplos:

En el documento se indicará el (los) día(s) en que haya tenido lugar la baja.
Se necesita chico(a) para repartir pedidos.

> ***Fuera de anuncios, circulares o algunos textos de tipo técnico, es recomendable evitar este uso, especialmente en documentos personalizados.***

√ Cuando se reproducen o transcriben textos, CÓDICES o inscripciones con abreviaturas,[24] podemos utilizar los PARÉNTESIS para reconstruir las palabras completas o los elementos que faltan en el original y que, así, se suplen. Por ejemplo:

Imp(eratori) Caes(ari).

En este caso, también es posible usar corchetes.

√ En la transcripción de textos podemos utilizar tres puntos entre PARÉNTESIS para dejar constancia de que se omite en la cita un fragmento del texto. Por ejemplo:

Hasta aquí (...) la obra visible de Menard, en su orden cronológico. Paso ahora a la otra: la subterránea, la interminablemente heroica, la impar. También, ¡ay de las posibilidades del hombre!, la inconclusa. Esa obra (...) consta de los capítulos noveno y trigésimo octavo de la primera parte del don Quijote y de un fragmento del capítulo veintidós.

√ Las letras o números que encabezan clasificaciones, enumeraciones, etc. pueden situarse entre PARÉNTESIS o seguidas del paréntesis de cierre. Ejemplos:

Estos libros podrán encontrarse en los lugares siguientes:
(a) En los estantes superiores de la sala de juntas
(b) En los armarios de la biblioteca principal

O bien:

Estos libros podrán encontrarse en los lugares siguientes:
a) En los estantes superiores de la sala de juntas
b) En los armarios de la biblioteca principal

√ Podemos utilizar el adverbio *sic* (que en latín significa "así"), entre PARÉNTESIS O CORCHETES, para indicar que la palabra o frase que lo precede es literal y tiene, al menos, indicios de incorrección.

En específico, podemos recurrir a esta herramienta cuando reproducimos errores, tipográficos o de otra clase, o inconveniencias al citar textos, para informar al lector que el uso indebido se encuentra en la fuente original y no es obra del que cita. Con frecuencia se trata de mostrar una debilidad, una falta ortográfica o un juicio descabellado en quien es citado. Ejemplos:

«*Me dijistes* [sic] *que era así...*»
«*Para combatir al ogro* (sic) *tuvimos que...*»

> *La regla dice que debe ir en cursiva; no obstante, en diversos documentos —de considerable prestigio— es posible encontrarla en redonda. Así pues, queda a su criterio.*

También podemos usar esta herramienta cuando aparecen palabras poco comunes cuya grafía es similar a la de otras muy conocidas, y se quiere evitar que el lector las interprete como errores. Por ejemplo:

«La venencia (sic) no es Venecia».
«La adsorción (sic) se realiza con carbón activo».

> *Combinación de los paréntesis con otros signos*
>
> √ *Los signos de puntuación correspondientes al período en el que va inserto el texto entre paréntesis, se colocan siempre después del de cierre. Ejemplos:*
>
> Tenía varios hermanos (era el primogénito de una numerosa familia), pero no los veía desde hacía años.
> ¿En qué año se creó la ONU (Organización de las Naciones Unidas)?

√ El texto recogido dentro de los paréntesis tiene una puntuación independiente. Por eso, si el enunciado entre paréntesis es interrogativo o exclamativo, los signos de interrogación y exclamación se colocan dentro de los paréntesis. Ejemplos:

La manía de Ernesto por el coleccionismo (lo colecciona todo: sellos, monedas, relojes, plumas, llaveros...) ha convertido su casa en un almacén.

Su facilidad para los idiomas (¡habla con fluidez siete lenguas!) le ha abierto muchas puertas.

Ejercicios

- *Escriba doce ejemplos de este uso.*

13.5. Uso de corchetes (o de llaves)

Los corchetes ([ ]) o llaves ({ }) se utilizan por regla general de forma parecida a los paréntesis, es decir, incorporan información complementaria o aclaratoria. La combinación de los corchetes con otros signos ortográficos es idéntica a la de los paréntesis... Los corchetes se utilizan en las ocasiones siguientes:

√ Cuando dentro de un enunciado o texto que va entre paréntesis es preciso introducir alguna nota aclaratoria o precisión. Es decir, como paréntesis dentro de otro. Ejemplos:

Había cinco que estaban de pie (yo no sabía dónde debía pararme [aunque ni lugares se asomaban]).

Una de las últimas novelas que publicó Benito Pérez Galdós (algunos estudiosos consideran su obra Fortunata y Jacinta *[1886-87] la mejor novela española del siglo XIX) fue* El caballero encantado *(1909).*

Este uso es frecuente, pero no es recomendable, a menos que sea inevitable, ya que quita claridad y fluidez.

√ También podemos utilizar los corchetes que encierran tres puntos suspensivos [...] cuando en un texto transcrito omitiremos una parte de él, ya sea una sola palabra o un fragmento (tal como con los paréntesis). Al omitir estas palabras no debemos desvirtuar el sentido de la proposición. Esta omisión es producto del criterio del escritor: porque piensa que "no viene al caso" o porque estorban gramaticalmente.

Este recurso sirve tanto en la prosa como en la poesía. Por ejemplo, en prosa:

Recapacité acerca de lo que usted me había aleccionado: que nunca hay que odiar a nadie. Le sonreí para exponérselo; pero después pensé que él no pudo ver mi sonrisa [...] por lo negra que estaba la noche.

En verso podríamos usarla así:

Vimos suelos de felpa, vimos vallas
donde señores relegaban el cielo.
Sagrados vergeles [...]
y oscuros prenderos se descubren.

√ Otro uso en poesía implica colocar un solo corchete de apertura delante de las últimas palabras de un verso para indicar que no caben en la línea anterior. Por ejemplo:

Soñaba en ese entonces en forjar un poema,
de arte nervioso y nueva oda audaz y suprema,
escogí entre un asunto grotesco y otro trágico,
llamé a todos los ritmos con un conjuro
[mágico
y los ritmos indóciles vinieron acercándose,
juntándose en las sombras, huyéndose y
[buscándose.

(José Asunción Silva: El libro de versos)

√ Cuando, en un texto transcrito, requerimos incorporar alguna parte que falta o una aclaración, una nota, el desarrollo de una abreviatura o cualquier interpolación ajena al texto original, podemos recurrir a los corchetes. Por ejemplo:

La nieve hermoseaba [texto tachado: los parques y edificios de] la ciudad aquella fría mañana de diciembre.

Ejercicios

- *Escriba ocho ejemplos de este uso.*

13.6. Uso de la raya

La RAYA O "GUION LARGO" (—)* puede ser utilizada aisladamente o, bien, como en el caso de otros signos, para servir de signo de apertura y cierre que aísle un elemento o enunciado. Este signo suele ser utilizado con los fines siguientes:

√ Para señalar cada una de las intervenciones de un diálogo sin mencionar el nombre de la persona o personaje al que corresponde. En este caso se escribe una raya delante de las palabras que constituyen la intervención. Por ejemplo:

—¿Qué has hecho esta tarde?
—Nada en especial. He estado viendo la televisión un rato.

√ Para introducir o encerrar los comentarios o precisiones del narrador a las intervenciones de los personajes. Se coloca una sola raya delante del comentario del narrador, sin necesidad de cerrarlo con otra, cuando las palabras del personaje no continúan inmediatamente después del comentario. Por ejemplo:

—Espero que todo salga bien —dijo Azucena con gesto ilusionado.

* Para algunos, no son lo mismo; tienen una leve diferencia. Pero para asuntos nuestros, especialmente agilidad, serán lo mismo.

Se escriben dos rayas, una de apertura y otra de cierre, cuando las palabras del narrador interrumpen la intervención del personaje y ésta continúa inmediatamente después. Por ejemplo:

—Lo principal es sentirse viva —añadió Pilar—. Afortunada o desafortunada, pero viva.

Tanto en un caso como en otro, si fuese necesario poner detrás de la intervención del narrador un signo de puntuación, una coma o un punto, por ejemplo, se colocará después de sus palabras y tras la raya de cierre (si la hubiese):

—¿Deberíamos hablar con él? —preguntó Juan—. Es el único que lo sabe.
—Sí —respondió la secretaria—, pero no podemos decirle la verdad.

√ En algunas listas, como índices alfabéticos de libros o bibliografías, la raya sirve para indicar que en ese renglón se omite una palabra, ya sea un concepto antes citado o el nombre de un autor que se repite. Ejemplos:

Verbos intransitivos
— transitivos
— regulares
— irregulares

Ortega y Gasset, J.: España invertebrada (1920-22).
— La rebelión de las masas (1930).
— La idea del teatro (1936).

Ejercicios

- *Escriba tres ejemplos de este uso.*

13.7. ¿Paréntesis, comas o rayas?

Hay tres maneras de introducir una frase incidental dentro de una oración:

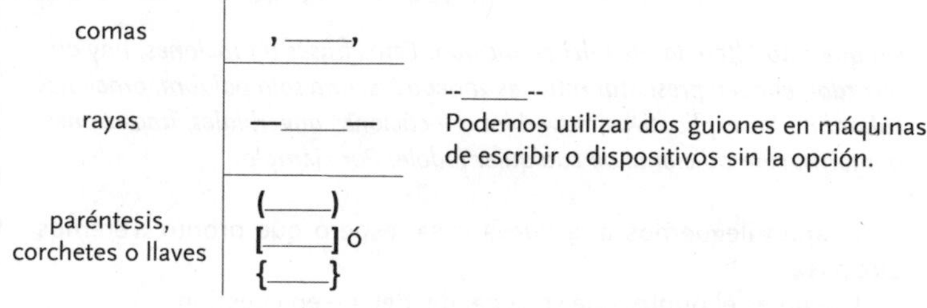

El uso de COMA *precisa dejar un espacio después de la primera. Con los otros signos, en cambio, no debe haber espacio alguno entre el contenido del "comentario" y el signo en sí, al comienzo y al final.*

¿Cuándo usar uno u otro? No es lo mismo aislar una frase incidental con COMAS, RAYAS O PARÉNTESIS. La diferencia entre una u otra opción depende de cómo perciba quien escribe el grado de conexión que la frase mantiene con el resto del enunciado; cada signo sugiere un grado distinto de "alejamiento".

Las frases incidentales que menos alejadas se encuentren del discurso de la oración, las que menos se aparten del flujo del pensamiento, deben ser aisladas con COMAS. Las que más se alejan del discurso de la oración, las que agregan información meramente técnica o bibliográfica, por ejemplo, o las que repiten alguna información que fue dada con anterioridad, deben ser aisladas entre PARÉNTESIS. Los casos intermedios de frases parentéticas pueden ser encerradas entre RAYAS. Estas últimas también pueden ser utilizadas cuando existe una proposición con muchas comas.

Lo importante es mantener, en el texto, un criterio estable en cuanto al uso de uno u otro signo en frases incidentales. De todos modos, ahora veremos algunas recomendaciones, como pauta; en muchas de ellas el uso de un signo u otro es optativo.

Recordando el uso de comas en incidentales

Anteriormente vimos el uso de las frases u oraciones incidentales (también llamadas parentéticas), que pueden ser excluidas del resto de la oración sin que esto altere la idea del enunciado. Estas frases u oraciones, hay que recordar, pueden presentar muchas variedades: una sola palabra, oraciones subordinadas explicativas, adverbios o locuciones adverbiales, aposiciones, o información adicional de cualquier índole. Por ejemplo:

Cuando lleguemos a la nueva casa, espero que pronto, veremos qué pasa.

Ése no es el punto, que yo sepa, del debate en cuestión.

• **¿CUÁNDO USAR PARÉNTESIS?**

√ Cuando lo aclaratorio o incidental es largo o de escasa relación con lo anterior o posterior. Ejemplos:

Sentado en aquel sillón, el abuelo de Alberto (en su juventud fue un brillante cirujano) parecía una estatua.

Las asambleas (la última duró cuatro horas, sin ningún descanso) se celebran en el salón de actos.

√ Cuando queramos intercalar algún dato o precisión: fechas, lugares, significado de siglas, el autor u obra citados... Ejemplos:

El año de su nacimiento (1952) es el mismo en que murió Guzmán.

Toda su familia nació en Valparaíso (Chile).

Una ONG (organización no gubernamental) ha de ser, por principio, una asociación sin ánimo de lucro.

• **¿CUÁNDO USAR RAYAS?**

Como todos los puntos anteriores, este signo puede ser usado cuando queramos encerrar aclaraciones o incisos que interrumpen el discurso. En este caso colocaremos siempre una RAYA de apertura antes de la aclaración y otra de cierre al final.* Por ejemplo:

* Es incorrecta la imitación de la puntuación inglesa, que permite sólo el uso de una sola raya... a menos que se trate del comentario “al final de la línea” en un diálogo, como se vio anteriormente.

Llevaba la fidelidad a su maestro —un buen profesor— hasta extremos insospechados.

Esperaba a Emilio —un gran amigo—. Lamentablemente, no vino.

Ejercicios

- *Escriba tres ejemplos de cada signo. Contraste su efecto.*

13.8. Uso de comillas

Hay diferentes tipos de comillas:

comillas angulares (también *latinas, españolas* o *francesas*)	« »
comillas inglesas	“ ”
comillas simples	‘ ’

Por lo general, es indistinto el uso de uno u otro tipo de comillas dobles, ya que cada una de ellas hace esencialmente lo mismo; pero suelen alternarse cuando hay que utilizar comillas dentro de un texto ya entrecomillado.

Al llegar el auto deportivo, Diana susurró: «Vaya "cachorro" que se ha comprado Tomás».

De acuerdo con la RAE...

*En impresos, es recomendable usar primero las angulares, reservando las inglesas y las simples, en este orden, para entrecomillar partes de un texto ya entrecomillado.**

* ¿Los motivos? Como sea, es solamente una recomendación, no una regla.

Se utilizan comillas en los siguientes casos:

√ Para reproducir citas textuales de cualquier extensión. Ejemplos:

Fue entonces cuando la novia dijo: «Sí».
Sus palabras fueron: «Por favor, el pasaporte».
Dice Miguel de Unamuno en La novela de don Sandalio:
«He querido sacudirme del atractivo del Casino, pero es imposible; la imagen de don Sandalio me seguía a todas partes. Ese hombre me atrae como el que más de los árboles del bosque; es otro árbol más, un árbol humano, silencioso, vegetativo. Porque juega el ajedrez como los árboles dan hoja».

√ En textos narrativos, a veces se utilizan las comillas para reproducir los pensamientos de los personajes, en contraste con el uso de la raya, que transcribe sus intervenciones propiamente dichas. Por ejemplo:

—Es una mujer hermosa, hermosísima; si ustedes quieren, de talento, digna de otro teatro de volar más alto..., si ustedes me apuran, diré que es una mujer superior —si hay mujeres así—, pero al fin es mujer, et nihil humani...
No sabía lo que significaba ese latín, ni adónde iba a parar, ni de quién era, pero lo usaba siempre que se trataba de debilidades posibles.
Los socios rieron a carcajadas.
«¡Hasta en latín sabía maldecir el pillastre!», pensó el padre, más satisfecho cada vez de los sacrificios que le costaba aquel enemigo.

(Clarín: La Regenta, *cap. IV)*

√ Para indicar que una palabra o expresión es impropia, vulgar o de otra lengua, o que se utiliza irónicamente o con sentido especial. Ejemplos:[25]

Dijo, cargado de razón, que el asunto tenía algunas «prorrogativas».
En el salón han puesto una «boiserie» que les ha costado un dineral.
Últimamente está muy ocupado con sus «negocios».

√ Para citar títulos de artículos, poemas, cuadros... Ejemplos:

El artículo de Roberto Diéguez titulado «Noción, conmoción y ensueños de los adjetivos» está recogido junto con otros en un volumen antológico: Estudios lingüísticos. Temas castellanos.

Nos leyó en voz alta el «Romance sonámbulo» del Romancero gitano.
En esta sala se puede ver «The Birds» de Hitchcock.

En los textos impresos, los títulos de los libros, sin embargo, suelen ir con letra cursiva; en los textos manuscritos o mecanografiados es frecuente que vayan subrayados.

√ Cuando en un texto comentamos o tratamos una palabra en particular, es decir, cuando recurrimos a una función metalingüística, ésta se demarca entre comillas. Por ejemplo:

Como modelo de la primera conjugación, se utiliza usualmente el verbo «amar».

También podemos distinguir la palabra escribiéndola subrayada o con un tipo de letra diferente (cursiva [itálica], esencialmente), si esto es posible. Por ejemplo:[26]

La palabra entre, *incluida tradicionalmente en la lista de preposiciones, no funciona a veces como tal.*

√ Cuando aclaramos el significado de una palabra, éste se encerrará entre comillas. En tal caso preferiremos utilizar comillas simples. Por ejemplo:

«Espiar» ('acechar') no significa los mismo que «expiar» las faltas.

Ejercicios

- *Escriba doce ejemplos del uso de comillas.*

• Combinación de comillas con otros signos

Los signos de puntuación correspondientes al período en el que va inserto el texto entre comillas, se colocan siempre después de las comillas de cierre. Ejemplos:

Su mensaje fue el siguiente: «No lo haré». Pero al final sí nos ayudó.
¿De verdad ha dicho: «Hasta luego»?
¡Menudo «collage»!

El texto recogido entre comillas tiene una puntuación independiente y lleva sus propios signos ortográficos. Por eso, si el enunciado entre comillas es interrogativo o exclamativo, los signos de interrogación o exclamación se colocan dentro de éstas. Ejemplos:

Se dirigió al dependiente: «Por favor, ¿dónde puedo encontrar cañas de pescar?».
«¡Qué ganas tengo de que lleguen las vacaciones!», exclamó.

Ejercicios

- *Dé cuatro ejemplos de la combinación de comillas con otros signos.*

II
PUNTUACIÓN EXTRAORACIONAL: LO QUE SUCEDE ENTRE ORACIONES

1. EL PUNTO Y SEGUIDO: UN MENSAJE TRAS OTRO

El PUNTO Y SEGUIDO (.) es de sencillísimo uso: señala el final de un enunciado.* Pero a la vez es sumamente incomprendido, tanto así que, irónicamente, suele ser el mayor ausente en un texto promedio.

Como ya mencionamos, su aplicación es imperiosa pues marca los términos de mensajes de mayor alcance dentro de un escrito. Sin estos cierres correctamente aplicados, resulta totalmente ilógico emplear otro signo "menor"; ya partió mal todo.

> *Después de* PUNTO *—salvo en el caso del utilizado en las abreviaturas— siempre se escribe con mayúscula. En la oralidad (la lectura) suele determinar una pausa y una entonación descendente en la última palabra pronunciada; no obstante, para efectos de redacción, de nada sirve hablar de pausas, como bien sabemos.*

El PUNTO Y SEGUIDO se emplea al final de una oración, para indicar que lo que precede forma un sentido completo (es decir, que precede un enunciado y que comienza otro); y, con esto, evita una AGLOMERACIÓN de ideas, confusas por supuesto, un verdadero barullo.† De este modo, separa enunciados de un mismo párrafo, es decir, desglosa ideas, mensajes, expresiones independientes que tienen una misma unidad temática, una SINGULARIDAD DE PROPÓSITO.

---

* Si bien hay diferencias, en este libro, para efectos prácticos, utilizaremos como sinónimos los conceptos de ORACIÓN, ENUNCIADO y PROPOSICIÓN.

† Por AGLOMERACIÓN —término acuñado por el autor, tanto para este libro como para *Redactario*— debe entenderse el empalme descuidado de una idea tras otra, como si fuera una sola. A veces este hacinamiento sucede con una sucesión de comas (como si se tratara de una enumeración de elementos en serie), pero en otras, incluso, no hay signo alguno entre enunciados.

No obstante, por razones "incomprensibles",* mucha gente suele colocar una coma tras otra, en una oración tras otra, sin indicar dónde termina una idea y en qué momento inicia la siguiente.

A pesar de que luego de un mensaje completo debe ir PUNTO, en la redacción descuidada o no enterada es muy común toparse con comas en lugar de puntos.† Y hay casos extremos, en los que el problema no es comas en lugar de punto, sino ausencia total de puntuación. Veamos:

Hoy me desperté temprano	,	*tenía un compromiso.* ⊗
Leo terminó su texto	,	*le quedó tiempo para descansar.* ⊗
Mañana tengo el día libre	,	*iré a caminar con mis perros.* ⊗
El día está soleado	,	*seguramente hará mucho calor.* ⊗
No recuerdo dónde está el teléfono	,	*le preguntaré a mi madre si lo ha visto.* ⊗

Es muy posible que muchos no vean error aquí. No obstante, ninguna COMA es correcta; en todos los casos debería ir, en su lugar, PUNTO Y SEGUIDO.

Es un error demasiado común; está ausente sólo en prácticamente textos literarios y académicos. Y en el resto...

Lo correcto, por defecto:

Hoy me desperté temprano	.	*Tenía un compromiso.*
Leo terminó su texto	.	*Le quedó tiempo para descansar.*
Mañana tengo el día libre	.	*Iré a caminar con mis perros.*
El día está soleado	.	*Seguramente hará mucho calor.*
No recuerdo dónde está el teléfono	.	*Le preguntaré a mi madre si lo ha visto.*

* Léase mi libro *Redactario*, donde asoman luces de posibles responsables. Invitación hecha.

† A partir de la experiencia del autor como corrector de estilo, desde comienzos del milenio, poner comas en lugar de puntos corresponde a un 90 por ciento de los errores en la redacción.

Otro caso:

Hoy me desperté temprano tenía un compromiso. ⊗
Leo terminó su texto le quedó tiempo para descansar. ⊗
Mañana tengo el día libre iré a caminar con mis perros. ⊗
El día está solead seguramente hará mucho calor. ⊗
No recuerdo dónde está el teléfono le preguntaré a mi madre si lo ha visto. ⊗

En casos extremos, las personas escriben un "párrafo" (a veces ni siquiera eso) sin puntuación o con escasa puntuación.

Lo correcto:

Hoy me desperté temprano	.	*Tenía un compromiso.*
Leo terminó su texto	.	*Le quedó tiempo para descansar.*
Mañana tengo el día libre	.	*Ir a caminar con mis perros.*
El día está soleado	.	*Seguramente hará mucho calor.*
No recuerdo dónde está el teléfono	.	*Le preguntaré a mi madre si lo ha visto.*

En todos los casos, la primera oración nos da un sentido completo, un mensaje completo. Después, por lo tanto, debe ir PUNTO.

A este procedimiento de linealidad y correlatividad, en particular, se le llama YUXTAPOSICIÓN. *En específico (porque hay variantes), se trata de yuxtaposición de oraciones independientes y de la misma jerarquía, aunque todas son parte de una misma unidad temática (un párrafo). Es uno de los mecanismos para "reunir dos oraciones simples"; y específicamente lo hace con puntuación, generalmente sin conector de por medio.*

Como observación, debemos saber que la YUXTAPOSICIÓN *implica otros signos, otras variantes; pero para efectos prácticos de este libro, nos referiremos como* YUXTAPOSICIÓN a la unión de dos oraciones independientes y de una misma jerarquía, *por medio de* PUNTO Y SEGUIDO.

Veamos más:*

a) [...] *M. de Rollebon me harta me levanto me muevo en esta luz pálida la veo cambiar sobre mis manos y sobre las mangas de mi chaqueta no puedo decir hasta qué punto me disgusta bostezo enciendo la lámpara sobre la mesa quizá su claridad pueda combatir la del día pero no: la lámpara forma alrededor de su pie un charco lastimoso apago me levanto en la pared hay un agujero blanco, el espejo es una trampa sé que voy a dejarme atrapar ya está la cosa gris acaba de aparecer en el espejo me acerco y la miro ya no puedo irme.* [...]	No hay puntuación alguna. ¿Se entiende algo? Aglomeración por ausencia de puntuación.
[...] *M. de Rollebon me harta, me levanto, me muevo en esta luz pálida, la veo cambiar sobre mis manos y sobre las mangas de mi chaqueta, no puedo decir hasta qué punto me disgusta, bostezo, enciendo la lámpara sobre la mesa, quizá su claridad pueda combatir la del día, pero no: la lámpara forma alrededor de su pie un charco lastimoso, apago, me levanto, en la pared hay un agujero blanco, el espejo, es una trampa, sé que voy a dejarme atrapar, ya está, la cosa gris acaba de aparecer en el espejo, me acerco y la miro, ya no puedo irme.* [...]	Únicamente hay comas. ¿Dónde comienza un enunciado y dónde termina otro? Aglomeración por uso inadecuado de comas.
[...] *M. de Rollebon me harta. Me levanto. Me muevo en esta luz pálida; la veo cambiar sobre mis manos y sobre las mangas de mi chaqueta; no puedo decir hasta qué punto me disgusta. Bostezo. Enciendo la lámpara sobre la mesa; quizá su claridad pueda combatir la del día. Pero no: la lámpara forma alrededor de su pie un charco lastimoso. Apago; me levanto. En la pared hay un agujero blanco, el espejo. Es una trampa. Sé que voy a dejarme atrapar. Ya está. La cosa gris acaba de aparecer en el espejo. Me acerco y la miro; ya no puedo irme.* [...]	El fragmento original. Como se ve, predominan el punto y seguido y el punto y coma. Ambos signos delimitan cada enunciado.

* Fragmentos tomados (¡y estropeados! en los primeros dos ejemplos) de:
a) SARTRE, Jean-Paul: *La náusea*, Losada, Buenos Aires, 2008.
b) TWAIN, Mark: *El príncipe y el mendigo*, Debolsillo, Madrid, 2005.

b) [...] *Juan Canty lanzó un furioso juramento y ordenó la retirada pero era demasiado tarde él y su tribu fueron devorados por aquella abigarrada colmena humana e irremediablemente separados unos de otros en un instante no estamos considerando al príncipe parte de la tribu Canty seguía reteniéndolo con el puño el corazón del príncipe latió acelerado por la esperanza de escaparse un fornido barquero bastante excitado por el licor fue empujado rudamente por Canty en su esfuerzo por abrirse paso a través de la multitud puso su enorme mano en el hombro de Canty y dijo* [...]

Aglomeración por ausencia de puntuación.

[...] *Juan Canty lanzó un furioso juramento y ordenó la retirada, pero era demasiado tarde, él y su tribu fueron devorados por aquella abigarrada colmena humana e irremediablemente separados unos de otros en un instante, no estamos considerando al príncipe parte de la tribu, Canty seguía reteniéndolo con el puño, el corazón del príncipe latió acelerado por la esperanza de escaparse, un fornido barquero, bastante excitado por el licor, fue empujado rudamente por Canty en su esfuerzo por abrirse paso a través de la multitud puso su enorme mano en el hombro de Canty y dijo* [...]

Aglomeración por uso inadecuado de comas.

[...] *Juan Canty lanzó un furioso juramento y ordenó la retirada, pero era demasiado tarde. Él y su tribu fueron devorados por aquella abigarrada colmena humana e irremediablemente separados unos de otros en un instante. No estamos considerando al príncipe parte de la tribu; Canty seguía reteniéndolo con el puño. El corazón del príncipe latió acelerado por la esperanza de escaparse. Un fornido barquero, bastante excitado por el licor, fue empujado rudamente por Canty en su esfuerzo por abrirse paso a través de la multitud; puso su enorme mano en el hombro de Canty y dijo* [...]

El fragmento original. También predominan el punto y seguido y el punto y coma. Cada enunciado está delimitado.

Las oraciones, como hemos visto, confieren ideas completas, no inconclusas o fragmentarias. Sin contar casos especiales,[27] las oraciones simples [casi siempre BIMEMBRES (SUJETO + PREDICADO)] constan de una asociación de *-sujeto + núcleo del predicado + posibles complementos-*, en cualquier orden.

Bien, para reforzar la aclaración de este asunto, es necesario retomar —o ver por primera vez— cómo suele funcionar una oración. Así pues, veamos las siguientes posibilidades:*

Sujeto	Predicado			
	Núcleo	Complemento directo (qué)	Complemento indirecto (a quién)	Complemento circunstancial (en qué circunstancias)
El profesor	*llegó.*			
	trajo	*un nuevo libro.*		
	(le) dio	*un recado*	*a su alumno.*	
	(le) compró	*flores*	*a su novia*	*esta semana.*

Cada vez que al menos se cumpla con dos elementos, SUJETO y NÚCLEO DEL PREDICADO, debemos colocar un PUNTO Y SEGUIDO, porque se trata de una proposición completa.[28] Si no fuera así, si no hubiera punto, se crean muchos embrollos: más de un sujeto, más de un núcleo de predicado, complementos que no se sabe a qué verbos pertenecen y verbos que podrían estar regidos quién sabe por qué sujeto. En otras palabras, si no hubiera punto, todo estaría mal. No hay otro diagnóstico.

> *En general, si hay* SUJETO *(que a veces puede estar implícito) y* PREDICADO*, debemos colocar* PUNTO*, no* COMA*.*

---

* Éstos son ejemplos de ORACIONES PREDICATIVAS. A grandes rasgos, se trata de oraciones con un verbo que no sea, además de otros, *ser, estar* o *parecer* como núcleo del predicado: *amar, correr, reír, soñar, leer, dormir, pensar, comer, vivir*... Se trata de la gran mayoría de los verbos de la lengua. Su significado denota una acción, concreta o abstracta, un proceso o un estado.

Ahora, también hay casos de ORACIONES PASIVAS, en las que el verbo es SER + participio: *fueron devorados, fue empujado.*

La oración puede tener también las siguientes posibilidades:[29]

SUJETO	PREDICADO	
	NÚCLEO (*ser, estar o parecer*)	ATRIBUTO (COMPLEMENTO / ARGUMENTO) (cualidad, propiedad, estado o circunstancia)
El profesor	*es*	*puntual.*
		la persona indicada.
	está	*triste.*
		en su casa.
	parece	*cansado*
		una buena persona.

> *Otra vez: en general, si hay* SUJETO *(que a veces puede estar implícito) y* PREDICADO*, debemos colocar* PUNTO*, no* COMA.

Veamos: si el diagrama previo se vuelve un poco laborioso, podemos sondear el asunto desde una perspectiva nada ortodoxa pero muy práctica, con lo cual nos quedaría algo así...*

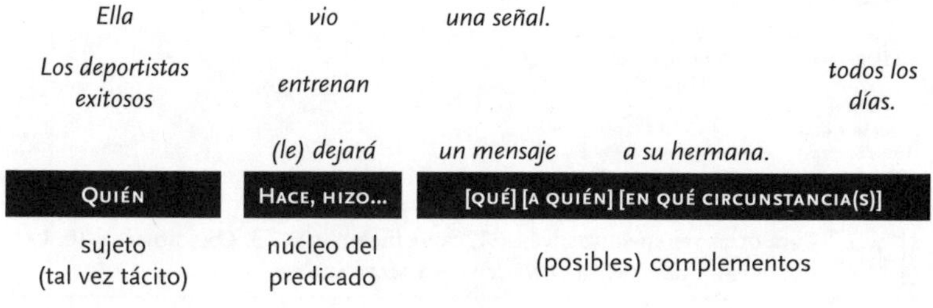

O así:

* Las fórmulas que vienen a continuación son las que al autor de este libro le han dado muy buenos resultados en la enseñanza de la redacción.

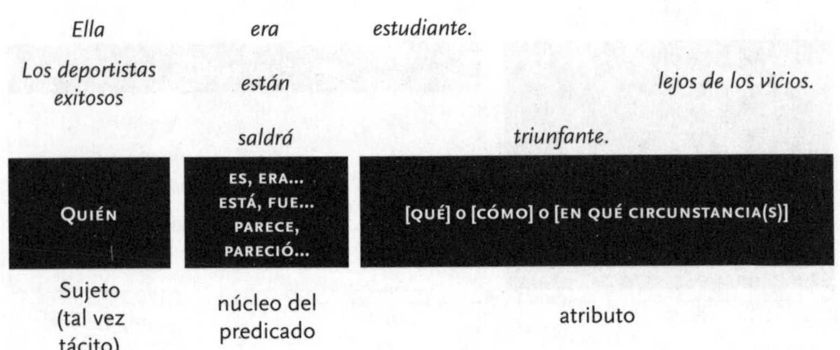

Los únicos indispensables son el "quién" (SUJETO) y el "hace/es-está-parece" (NÚCLEO DEL PREDICADO, un verbo conjugado). Pero el sujeto podría estar implícito, sobrentendido, tácito; así que sólo debemos fijarnos en el verbo conjugado. Después de esta secuencia debe ir PUNTO.

Un párrafo de 12 oraciones quedaría más o menos así.

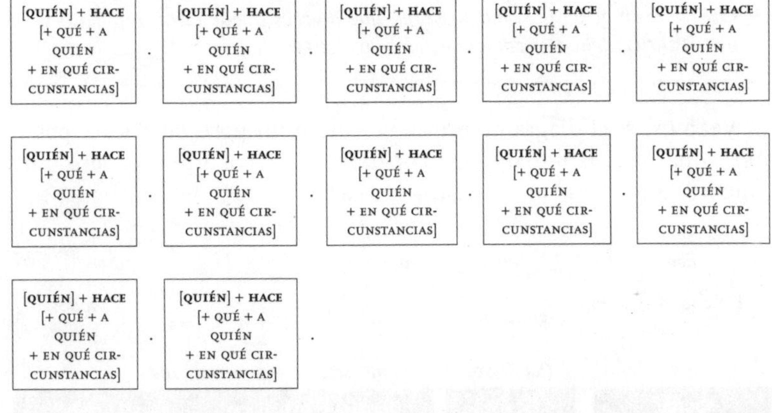

Para otras perspectivas, véase **I**, específicamente **7.3. ORACIONES** y **10. LA COMA PARA DEMARCAR CONECTORES Y MARCADORES**

Ejercicios

• *Redacte una pequeña y sencilla semblanza personal, de un único párrafo. Utilice únicamente puntos. No utilice comas ni conectores. Por ejemplo:*

Me llamo Eric. Nací en Chile. Desde hace un tiempo vivo en México. Me encanta la música. También me encantan el cine y la literatura. Soy un amante de los perros. Viviría comiendo pastas y comida italiana en general. No me gusta el calor. Detesto las moscas. Amo la lluvia. Amo escribir.

• *Redacte ahora todo lo realizado durante la mañana de hoy, en un único párrafo. Utilice únicamente puntos. No utilice comas ni conectores. Por ejemplo:*

Me desperté a las 6 de la mañana. Fui al baño a lavarme la cara y los dientes. También me peiné. Me vestí. Salí a caminar con mis perros. Caminé con ellos por casi 40 minutos. Desayuné huevos revueltos con jamón. Comencé a editar un libro. Después fui a comprar al supermercado.

Como vemos, el punto basta para realizar un texto. Aplicando bien solamente este signo, ya es posible redactar prácticamente sin errores. El problema es que dicho texto posiblemente se vería sumamente pobre, lacónico, frío, distante. Los otros signos dan mayor riqueza y expresividad, por lo cual es necesario aprenderlos.

Pero, para ser justos, la utilización de textos con oraciones cortas y utilizando solamente puntos es totalmente válida. Se le llama ESTILO SENTENCIOSO. Tal vez no sea atractivo en una carta o en un texto con pretensiones artísticas; pero puede ser sumamente ventajoso en otros contextos. Podemos recurrir a él bien por estado de ánimo, bien por economía de lenguaje (atribuible a cualquier porqué) o bien por cualquier otra motivación. Así pues, puede servir para un texto enérgico y frío o uno ceremonioso y sobrio o uno tenso y reservado. Textos administrativos o judiciales son más eficientes si se conciertan de esta manera; asimismo, en textos literarios, muchas veces este estilo connota un estado de ánimo alejado de lo positivo o lo óptimo: tristeza, enojo, inseguridad... Es más, suele aparecer en momentos de clímax.

Por lo demás, este estilo podría potenciar mensajes concluyentes o reveladores.

• El punto cercenador

El uso del PUNTO Y SEGUIDO no se traduce generalmente en errores que provengan de su aplicación en sí; el problema suele ser su exclusión: el insistente hábito de intercambiarlo por una coma, la recurrente AGLOMERACIÓN. Es decir, difícilmente el punto y seguido estará mal colocado. No obstante, no podemos descartar la posibilidad, de vez en cuando, de un punto mal puesto. Cuando así suceda, sabremos que hemos cercenado el mensaje: lo pusimos no al final del mensaje, sino en una zona anterior. Grave error.

Hoy me desperté	.	*Antes de las seis.* ⊗
Leo terminó	.	*Su texto.* ⊗
Mañana tengo	.	*El día libre.* ⊗
El día	.	*Estuvo muy soleado.* ⊗
No recuerdo dónde	.	*Está el teléfono.* ⊗

En todos los casos, el segundo fragmento es parte del enunciado. No debe haber un punto intermedio, ya que sesga.

Quien presente este problema —muy raro, aunque no improbable— deberá detenerse en las oraciones, y escribir aisladamente una oración tras otra, hasta asimilar que cada oración tiene un sentido completo, y que luego de ésta debe ir, por defecto, punto.

Ejercicios

• *Lea los siguientes párrafos —que, salvo el punto final, tienen únicamente comas— y trate de comprender qué quieren decir. Una vez comprendido, coloque puntos entre las proposiciones, y deje las comas que considere adecuadas.*

Debemos tener en cuenta que hay muchas posibilidades, es decir, pueden resultar muchos textos. Por consiguiente, intente buscar más de un sentido de puntuación.

1. Mario perdió mi bolígrafo adorado ayer, o tal vez antes cuando le pregunté por él me dijo que no podía devolvérmelo, porque me había enojado dejó de hablarme, como si nada no supe qué hacer desde que nos conocimos hace más de quince años nunca nos habíamos enojado por un bolígrafo no iba a terminar nuestra amistad.

2. Creo que ya es muy tarde, porque no se ve nadie alrededor tal vez debí levantarme más temprano o quizás debí haber dejado ese suculento sándwich para después si pierdo esta oportunidad no sé qué voy a hacer posiblemente no encuentre otra igual, aunque podría regresar mañana temprano y rogar para que me reciban así podría enmendar mi desliz.

3. Mi único amigo se fue a vivir a otra ciudad no sé qué haré desde hoy en adelante, ya que él era mi única compañía tal vez él regrese a finales de año, pero falta mucho para eso por lo pronto, intentaré mantenerme ocupado con mis quehaceres y estudios si me dedico a ellos no retendré la ausencia de mi amigo de todos modos, es mi deber dedicarme totalmente a esos quehaceres y hacerlo de la mejor manera.

- *Escriba cinco ejemplos de pequeños párrafos con oraciones relacionadas con punto y seguido. Luego, varíe la puntuación y fíjese cómo cambia el sentido del párrafo.*

1.1. El PUNTO Y SEGUIDO implica siempre un vínculo

Después de un PUNTO Y SEGUIDO siempre hay un vínculo. Muchas veces está implícito, por ser innecesario, ya que hay suma sencillez en la relación entre las oraciones correlativas: 1 y 2 y 3 y 4..., especialmente cuando narramos. Otras veces el redactor sí los incluye, para enfatizar o, debido a la complejidad del texto, para evitar alguna confusión.

¿Cuáles son estas relaciones, estos vínculos entre oraciones correlativas de un párrafo?

copulativo	*y (e), ni*	suma o acumulación
adversativo	*pero*	oposición
disyuntivo	*o (u)*	opción o elección
explicativo	*es decir*	aclaración o profundización
consecutivo	*así que*	consecuencia

Véase, en **I, 10. La coma para demarcar conectores y marcadores**

También hay DISTRIBUTIVOS, *que tienen conectores discontinuos:*

Ya... Ya...
Bien... Bien...
Unas veces... Otras veces...

Un ejemplo:

En la mañana iré al parque	.	***(Y)*** *En la tarde me quedaré en casa.*

La segunda oración marca adición, acumulación, pero el conector *y* no es necesario. Lo más común es omitirlo, a menos que el redactor busque marcar énfasis o, en otro caso —no aquí—, evitar una posible confusión.

Alguien podría decir que entre las dos oraciones "no debe ir punto y sí debe ir una y". Lo más recurrente en el redactor novel sería no poner puntuación y sí poner el conector. Es una posibilidad. De hecho, se trata de otro mecanismo escritural, otra opción:

En la mañana iré al parque y en la tarde me quedaré en casa.

Estaría correcto. Es una opción que se distancia del punto tratado aquí.

Ahora con *pero*:

Tengo muchas ganas de descansar	.	***(Pero)*** *Prefiero seguir hasta terminar.*	El conector *pero* tampoco es necesario; no obstante, aquí es más usual que los redactores sí lo pongan... aunque con otra puntuación.

Al igual que con el caso anterior, hay otras posibilidades. Un redactor novel seguramente recurrirá —pensando que es la única opción— a una coma antes de pero.

Para los otros vínculos, la relación entre las oraciones es más compleja; va más allá de sumar o acumular, de marcar opción o elección o de indicar oposición o aclarar. En estos casos los conectores son obligatorios.

Con *o*:

Mañana aprenderé esto	.	***O*** *puedo hacerlo ahora.*	En caso de no explicitar el vínculo, no sabremos a ciencia cierta el sentido: la alternativa entre dos cosas, por una de las cuales hay que optar.

Al igual que con los casos anteriores, hay otras posibilidades. Un redactor novel seguramente también —pensando que es la única opción— se inclinará por poner o *sin ningún tipo de puntuación. Es una alternativa, con otro matiz.*

Con *es decir* (u *o sea*), con coma pospuesta:

La felicidad ya no cabe en mí	.	***Es decir,*** *la dicha me invade.*	En algunos casos podría no quedar claro que lo que buscamos es aclarar o profundizar. El conector es recomendable, si no forzoso.

Existe la posibilidad de poner coma antepuesta, no punto. El asunto es que se trataría de otra situación, con un matiz distinto.

Por último, con *así que* (*por ende, por lo tanto...*):*

En la mañana iré al parque	.	***Por lo tanto**, en la tarde me quedaré en casa.*

El conector *por lo tanto* sí es necesario, ya que indica una relación compleja (que implicaría seguramente, en el lector, algunas relecturas para tener la comprensión de la progresión del discurso; y es posible que no tenga éxito).

Como ha sucedido en varias ocasiones, existe la posibilidad de otra puntuación, aunque con distintos alcances.

Ejercicios

- *Escriba cinco ejemplos de pequeños párrafos con oraciones relacionadas con punto y seguido. Luego, a partir de la segunda oración agregue conectores al comienzo, según corresponda.*

2. El PUNTO Y COMA: alternativa ocasional y adicional del punto

El PUNTO Y COMA (;) tiene un valor casi idéntico al del PUNTO Y SEGUIDO: marcar los términos de mensajes de mayor alcance dentro de un escrito. Se emplea al final de una oración; e implica que lo que precede forma un sentido completo (es decir, que precede un enunciado y que comienza otro). Hasta ahí, vemos que efectivamente es idéntico al del punto. Pero el PUNTO Y COMA tiene un valor agregado.

* Salvo *así que*, estos conectores tienen coma pospuesta.

¿Todo PUNTO Y SEGUIDO *puede ser reemplazado por* PUNTO Y COMA*? No. Debe haber ciertos requisitos... En el sentido inverso sí: todo* PUNTO Y COMA *puede ser cambiado por un* PUNTO Y SEGUIDO.

Antes que todo, debemos decir que este signo tiene un efecto inevitable. Su utilización en un párrafo resultará ineludiblemente en una demarcación contrastiva. De este modo, debemos tenerlo siempre en cuenta. El PUNTO Y COMA agrupa y genera contraste:

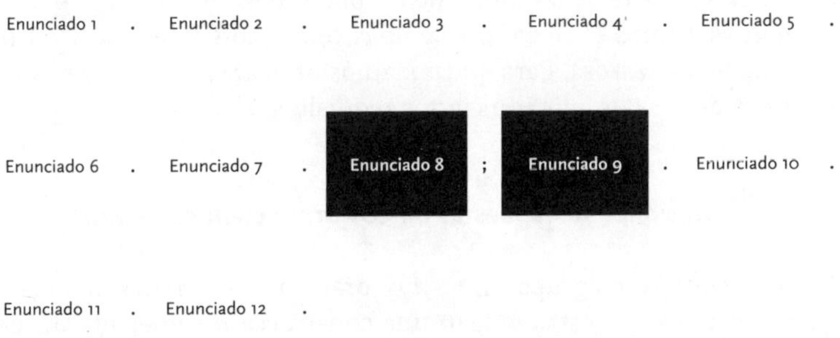

En este supuesto párrafo de 12 oraciones, los enunciados 8 y 9 tienen una relación muy estrecha, lo que difiere con la que tienen los enunciados 1 y 2, 2 y 3, 3 y 4... Esto implica que, como efecto, para empezar, el lector tendrá dos referencias segmentales: el fragmento de oraciones asociadas con PUNTO Y COMA, por una parte, y el resto de las oraciones (separadas, pero vinculadas con PUNTO Y SEGUIDO).

La elección del PUNTO Y SEGUIDO *o del* PUNTO Y COMA *depende, primero, del grado de vinculación que exista entre las proposiciones. Preferiremos el* PUNTO Y SEGUIDO *si el vínculo es débil o, también, si queremos darle fuerza a cada oración en sí. Por otro lado, preferiremos* PUNTO Y COMA *si la relación entre dos oraciones es más sólida, más estrecha.*

¿Podría ir un CONECTOR *después de un* PUNTO Y COMA*? Sí.*

Véase **1.1. El punto y seguido implica siempre un vínculo**

Como mencionamos anteriormente, el PUNTO Y COMA no es obligatorio. Si alguien no logra asimilar bien el uso de este signo, no tiene por qué preocuparse. Pero, por otra parte, su empleo genera muchos matices, sutilezas y pinceladas que brindan gran riqueza... cuyo alcance debería ser parte de las metas de un buen redactor.

Ahora, sabemos el efecto inicial de la colocación de PUNTO Y COMA; pero ésta no es azarosa. Para que podamos utilizar este signo, nuestras oraciones deben cumplir con ciertos requisitos...

2.1. Oraciones yuxtapuestas de CONSTRUCCIÓN SEMEJANTE

Un requisito para agrupar nuestras oraciones primarias mediante PUNTO COMA es que éstas tengan una construcción semejante. Es decir, deben tener las mismas características de las oraciones con COMA SERIAL.

Para COMA SERIAL, véase el capítulo **I, 7.**

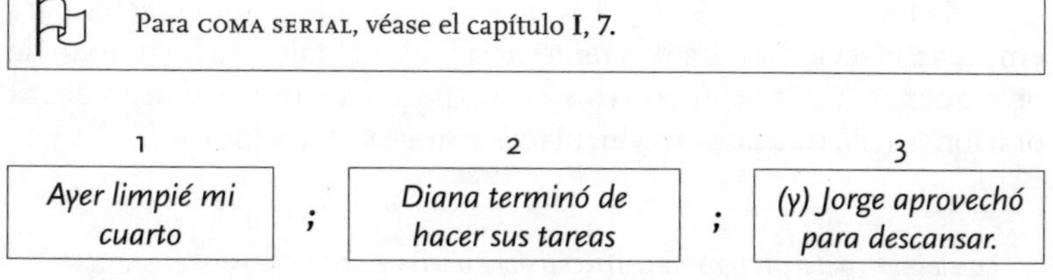

Todas las oraciones tienen un sujeto: 1) yo [tácito], 2) *Diana* y 3) *Jorge*; todas tienen una acción en pasado: 1) *limpié...*, 2) *terminó de hacer...* y 3) *aprovechó...* La conjunción *y* antes de la última oración es opcional.

1		2		3
Mamá se quedó sola en casa	;	*mi hermano tuvo que salir de manera urgente*	;	*yo seguía en mi trabajo.*

Todas las oraciones tienen un sujeto: 1) *Mamá,* 2) *mi hermano* y 3) *yo;* todas tienen una acción en pasado: 1) *se quedó...,* 2) *tuvo que...* y 3) *seguía...* La conjunción *y* antes de la última oración es opcional.

Como sabemos, si no quisiéramos agrupar estas oraciones (y a la vez darle mayor fuerza a cada una), podemos recurrir al signo por defecto: el PUNTO Y SEGUIDO.

Ayer limpié mi cuarto	.	Diana terminó de hacer sus tareas	.	Jorge aprovechó para descansar.
Mamá se quedó sola en casa	.	Mi hermano tuvo que salir de manera urgente	.	Yo seguía en mi trabajo.

Asimismo, como se trata de construcciones semejantes, podríamos pensar que existe la posibilidad —si el redactor así lo estimase— de enumerarlas, aunarlas mediante COMAS*, pese a que con este procedimiento cada oración pierde fuerza ya que se vuelve un eslabón de un todo.*

Ayer limpié mi cuarto	,	Diana terminó de hacer sus tareas	y	Jorge aprovechó para descansar.
Mamá se quedó sola en casa	,	mi hermano tuvo que salir de manera urgente	y	yo seguía en mi trabajo.

Sí, en algunos casos sí es posible, como podemos ver, y para tales casos se suele cambiar la última coma por la conjunción y*. De todos modos, se trata de otro asunto... Ahora, lo más importante es que a veces, por más que el redactor lo estimase, poner comas será imposible. Basta, por ejemplo, con que alguna oración o todas las oraciones tengan al menos una coma, como se verá a continuación.*

Ejercicios

- *Escriba cinco proposiciones, con más de dos oraciones, yuxtapuestas y de construcción semejante, que estén ligadas con punto y coma.*

2.2. Construcciones complejas: series y frases incidentales u oraciones subordinadas

La complejidad puede ser vista de manera muy mecánica, ya que su aplicación también lo es... Debe haber dos o más oraciones, y éstas deben incluir comas.[30] Éste es el caso en que se puede afirmar que la coma se vuelve insuficiente y debemos recurrir a una puntuación "mayor" que no sea punto.

Las proposiciones irán más o menos de la siguiente forma:

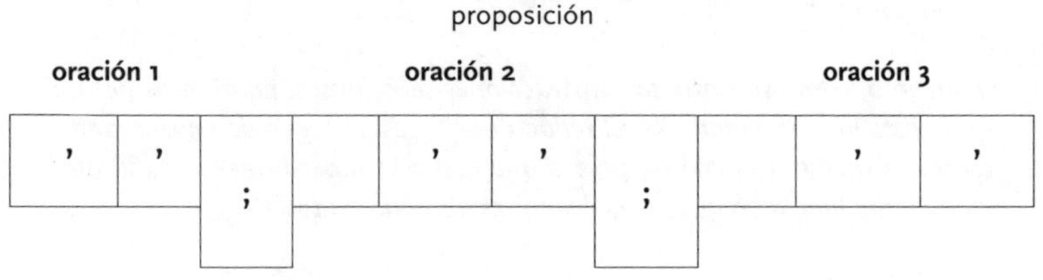

Si pusiéramos COMAS en las posiciones donde hay PUNTO Y COMA, no podríamos saber dónde están los límites entre 1, 2 y 3.

Veamos dos ejemplos:

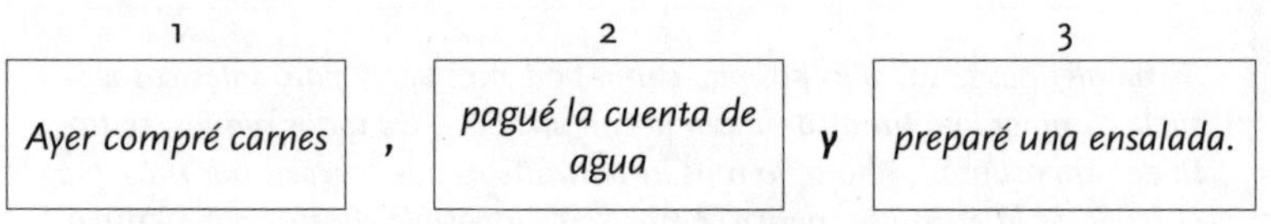

Tres oraciones o una serie de tres oraciones. Ahora, estas oraciones podrían ser más complejas, con comas incluidas.

1		2		3
Ayer compré carnes, ***pan y arroz***	;	*pagué las cuentas de agua,* ***teléfono y luz***	;	*preparé una ensalada,* ***un pavo al horno y un rico postre****.*

En estos casos sí podríamos recurrir al PUNTO Y SEGUIDO*; pero el matiz expresivo y de comprobación es distinto.*

Ayer compré carnes, pan y arroz	;	*pagué las cuentas de agua, teléfono y luz*	;	*preparé una ensalada, un pavo al horno y un rico postre.*
Ayer compré carnes, pan y arroz	.	*Pagué las cuentas de agua, teléfono y luz*	.	*Preparé una ensalada, un pavo al horno y un rico postre.*

Eso sí, no podemos recurrir a la COMA*. ¿Por qué? Ya hay comas; entonces, el* PUNTO Y COMA *cumple una función delimitadora. Si ponemos* COMA*, no sabremos si ésta delimita o si es parte de los asuntos internos previos de la oración. Así que, por más que el redactor lo estime, poner comas será imposible.*

Lo más común es que, en un párrafo, el redactor marque algunas oraciones con PUNTO Y SEGUIDO y agrupe otras con PUNTO Y COMA. O tal vez prescinda de este último.

Ayer compré carnes, pan y arroz; pagué las cuentas de agua, teléfono y luz. Preparé una ensalada, un pavo al horno y un rico postre.

Mamá se quedó sola en casa; mi hermano tuvo que salir de manera urgente. Yo seguía en mi trabajo.

En general, las oraciones aunadas con PUNTO Y COMA *proponen lo siguiente:*

✓ *Relación muy estrecha y grado de parentesco entre ellas. Forman una especie de subconjunto.*

✓ *Contraste con todo lo demás; quedan dos fracciones: la fracción con* PUNTO Y COMA *y "el resto".*

Las oraciones aunadas con PUNTO Y SEGUIDO, *en cambio —si es que también en el párrafo hay* PUNTO Y COMA—, *indican lo siguiente:*
✓ Mayor realce o fuerza; mayor grado de atención en el lector.

Veamos detalles:

Algunos lectores leen como si se fuera a acabar el mundo (,)	
otros tantos también se esmeran en escribir un texto decoroso (**y**)	Hay tres oraciones, todas tomadas como elementos: las dos primeras unidas con una coma, y las dos últimas, con la conjunción *y*.
el resto nunca se entera de que ambas actividades están relacionadas.	

Si a estas tres oraciones enlazadas con COMA e *y* quisiéramos agregarles una o más oraciones incidentales...

*Algunos lectores, **no muchos,** leen como si se fuera a acabar el mundo **(;)***	
*otros pocos también se esmeran, **y qué bien que así sea,** en escribir un texto decoroso **(;)** [y]*	Deberemos convertir la coma en PUNTO Y COMA.
*el resto, **que son muchos,** nunca se entera de que ambas actividades están relacionadas.*	

¿Por qué se hace esto? Porque es necesario establecer claramente cuál es la jerarquía de la proposición. Es decir, hay que poner PUNTO Y COMA entre las oraciones principales para denotar claramente cómo se subordinan frases y oraciones. Si no hiciéramos el cambio de COMA por PUNTO Y COMA entre la primera oración y la segunda, no se podría saber con exactitud dónde termina una y dónde comienza otra.

En información entregada por la RAE se indica que entre el penúltimo elemento y el último se podría poner coma. Basta ver el cuadro anterior para vislumbrar por qué el autor de este libro discrepa con aquella indicación. Desde la perspectiva lógica (y gramatical), ¿qué tiene más sentido?

Otro ejemplo más:

La literatura nos lleva a lugares insospechados, el cine nos enseña muchos mundos desconocidos, la pintura revela aquello que sólo intuíamos, la música nos transporta a otras épocas, la danza levanta el espíritu y nos hace caminar como Adán en el Paraíso.

Veamos:

La literatura nos lleva a lugares insospechados (,)
el cine nos enseña muchos mundos desconocidos (,)
la pintura revela aquello que sólo intuíamos (,)
la música nos transporta a otras épocas (,)
la danza levanta el espíritu y nos hace caminar como Adán en el Paraíso.

Si quisiéramos agregar frases u oraciones incidentales y subordinadas...

*La literatura, **sobre todo las novelas de aventura o espionaje,** nos lleva a lugares insospechados* (;)

*el cine, **con su gran capacidad de recreación,** nos enseña muchos mundos desconocidos* (;)

*la pintura, **aunque no goza de los grandes públicos del cine,** revela aquello que sólo intuíamos* (;)

*la música, **sobre sus delgadas hebras de sonido,** nos transporta a otras épocas* (;)

*la danza, **aunque algunos no lo crean,** levanta el espíritu y lo hace caminar como Adán en el Paraíso.*

La literatura, *sobre todo las novelas de aventura o espionaje,* nos lleva a lugares insospechados; el cine, *con su gran capacidad de recreación,* nos enseña muchos mundos desconocidos; la pintura, *aunque no goza de los grandes públicos del cine,* revela aquello que sólo intuíamos; la música, *sobre sus delgadas hebras de sonido,* nos transporta a otras épocas, y la danza, *aunque algunos no lo crean,* levanta el espíritu y lo hace caminar como Adán en el Paraíso.

Ejercicios

- *Reformule las siguientes oraciones; agregue punto y coma...*

1. Yo compré la carne, tú compraste el carbón, Aurelio compró las bebidas y Edmundo no compró nada.
2. El 2006 fuimos a la playa, el 2007 fuimos al bosque y este año fuimos al desierto.
3. Antonio es músico, Rodrigo es pintor, Diego es poeta y Fernando es escultor.

- *Reformule también las siguientes oraciones; agregue punto y coma...*

1. Odias las moscas, los mosquitos y los zancudos. Amas las plantas, el mar y la vida al aire libre. No te importan los chismes, las trivialidades ni el "qué dirán".
2. Mi fuerte son matemáticas y física. Mi punto débil son la química y la biología.
3. Cinco de ellos eran altos y robustos. Otros cuatro parecían alfeñiques. El resto estaba en un "término medio".

2.3. Algunas proposiciones yuxtapuestas NO SEMEJANTES

Las oraciones semejantes, como vimos, podrían estar aunadas con PUNTO Y COMA. Para que así sea, el redactor debe tener la intención patente de que estas oraciones estén vinculadas fuertemente entre sí, y contrastadas con el resto, consecuentemente. Ahora bien, las oraciones no semejantes también pueden estar aunadas con PUNTO Y COMA; y en esta elección persiste el contraste, pero surge una amplia requisitoria.

Pero partamos por saber qué son oraciones no semejantes.

En la cocina hay una cafetera de lujo. *El resto de la casa tiene apenas lo necesario.* *Su tiempo, sin contar el dedicado a tomar café, es mínimo.*	Las tres tienen estructuras distintas: 1. circunstancia + *haber* + objeto (unimembre; sin sujeto) 2. sujeto + núcleo del predicado + complemento verbal + complemento directo (bimembre; predicativa) 3. sujeto + aposición + atributo (bimembre; atributiva)
En la cocina hay una cafetera de lujo. El resto de la casa tiene apenas lo necesario. Su tiempo, sin contar el dedicado a tomar café, es mínimo.	Al menos por el criterio de construcciones semejantes no hay forma de poner PUNTO Y COMA. Queda el signo por defecto después de mensajes completos: PUNTO Y SEGUIDO.

Si las oraciones son de construcción NO SEMEJANTE,[31] es posible poner PUNTO Y COMA entre ellas, como dijimos. Pero se requiere de un requisito, uno muchas veces muy subjetivo. Veamos:

Ayer fuimos a la playa. Mi mamá era la más feliz de todos.	Aquí hay dos oraciones yuxtapuestas. PUNTO Y SEGUIDO.
Ayer fuimos a la playa; mi mamá era la más feliz de todos.	Sin embargo, tal vez consideremos necesario cambiar el PUNTO Y SEGUIDO por PUNTO Y COMA, para marcarle al lector la cercanía entre los dos periodos.

En los dos ejemplos decimos lo mismo. Y ya sabemos que podríamos optar por empalmar los períodos con PUNTO Y SEGUIDO en las oraciones con un bajo grado de vinculación. Pues bien, el pretexto para la elección del PUNTO Y COMA entre ORACIONES YUXTAPUESTAS de construcciones NO SEMEJANTES dependerá de si cumplen con algunas posibilidades, entre muchas, agrupadas en dos criterios generales:

• AFINIDAD DE INFORMACIÓN (ESTRECHA RELACIÓN DE SENTIDO):

o √ MISMO SUJETO/PERSONAJE. En el párrafo hay más de un sujeto o más de un personaje, y el redactor quiere indicar cuando se refiere por vez consecutiva a uno mismo, como medida de claridad.
o √ MISMO INSTANTE O INSTANTES CERCANOS. El párrafo se desarrolla en distintos momentos, y el redactor quiere empalmar dos oraciones que tienen cierta proximidad en comparación a las otras.
o √ MISMO LUGAR. El párrafo denota situaciones que suceden en distintos lugares, y el redactor quiere conectar dos que ocurren en el mismo lugar.
o √ OTROS (misma causa, mismo efecto, misma consecuencia, misma contrariedad, misma explicación, misma disyuntiva...).

• AFINIDAD LÓGICA:

√ CAUSA Y EFECTO O EFECTO Y CAUSA.
√ CONCLUSIÓN.
√ RESUMEN.
√ JUSTIFICACIÓN, EXPLICACIÓN O PROFUNDIZACIÓN.

• **SITUACIONES CON EL MISMO SUJETO O EL MISMO PERSONAJE**

A pesar de compartir el mismo sujeto, no se trata de frases de construcción semejante, sino de oraciones completas que podrían tener derivaciones muy diferentes en sus respectivos predicados.

El bandido intentaba sorprender a sus delatores mediante tretas un poco rebuscadas.	Estas dos primeras proposiciones comparten el mismo sujeto: *el bandido*; en la primera está explícito; en la segunda se encuentra tácito, sugerido por el núcleo del predicado *dejaba*...; en la tercera el sujeto es otro: *el policía*.
Dejaba arterías, encerronas y otros anzuelillos que jamás dieron resultados.	
El policía, por su parte, estaba lejos de entender lo que sucedía.	
El bandido intentaba sorprender a sus delatores mediante tretas un poco rebuscadas; dejaba arterías, encerronas y otros anzuelillos que jamás dieron resultados. *El policía, por su parte, estaba lejos de entender lo que sucedía.*	Es posible juntar estas dos proposiciones mediante PUNTO Y COMA... Y entre la segunda y la tercera oración hay PUNTO Y SEGUIDO.

Tal vez pretendamos emparentar las dos primeras oraciones más de lo que el PUNTO Y COMA *logra. Una* COMA *implicaría precisar cuál es la relación:*

El bandido intentaba sorprender a sus delatores mediante tretas un poco rebuscadas, **ya que** dejaba arterías, encerronas y otros anzuelillos que jamás dieron resultados. El policía, por su parte, estaba lejos de entender lo que sucedía.	*En ese caso se puede recurrir a la coma, con su conector; y si el conector* y *parece un tanto flemático, simplemente se cambia por otro (*ya que*, en este caso, o cualquiera que convenga).* *Es una opción.*

En I, véase **3. LA COMA PARA OPERACIONES LÓGICAS: LA CONSECUENCIA, LA CAUSA Y LA FINALIDAD**

Otro ejemplo:

La poesía es un arte maravilloso, moldeado con quimeras, alabanzas, pasiones y todo cuanto brota majestuoso del hombre. *Deja aflorar lo mejor y lo peor de quien la empuña, pero incluso lo malo es convertido en exquisitez si atraviesa aquel filtro retórico.* *Deberías leer un poco de poesía.*	***La poesía es un arte maravilloso, moldeado con quimeras, alabanzas, pasiones y todo cuanto brota majestuoso del hombre; deja aflorar lo mejor y lo peor de quien la empuña, pero incluso lo malo es convertido en exquisitez si atraviesa aquel filtro retórico.*** *Deberías leer un poco de poesía.*	La dos primeras oraciones comparten sujeto (*la poesía*); la tercera tiene un sujeto distinto.

Ejercicios

- *Escriba diez ejemplos de párrafos de mínimo tres oraciones; al menos debe haber un punto y coma por mismo sujeto o mismo personaje.*

• Situaciones que suceden en el mismo tiempo

No son oraciones de construcción semejante, pero sí comparten un tiempo relativamente cercano en comparación al resto de las oraciones:

Leí el primer capítulo del libro. *Un café me acompañó a leer el segundo.* *Al otro día no pude leer.*	Leer ambos capítulos sucedió, si no al mismo tiempo, durante una acción continua (o al menos en un mismo día). La tercera ocurrió, en contraste, un día después.
Leí el primer capítulo del libro; un café me acompañó a leer el segundo. *Al otro día no pude leer.*	Es posible, por tanto, juntar estas dos primeras proposiciones mediante PUNTO Y COMA.

Como en el caso anterior, quizás queramos acercar más las dos primeras oraciones:

Leí el primer capítulo del libro **y** un café me acompañó a leer el segundo. Al otro día no pude leer.	*En ese caso se puede recurrir a la coordinación con* y. *Es una opción.*

Ejercicios

- *Escriba diez ejemplos de párrafos de mínimo tres oraciones; al menos debe haber un punto y coma por situaciones que suceden en el mismo tiempo.*

• **Situaciones que suceden en el mismo lugar**

Tampoco son oraciones de construcción semejante, pero sí comparten el mismo escenario locativo:

Apenas pude dormir.	*No poder dormir*, la primera oración, sucedió en la casa.
En la oficina no podía más con el sueño.	*Estar sumamente cansado*, la segunda, y *tener la impresión de que el tiempo no avanza*, la tercera, sucedieron en la oficina.
El tiempo se me hizo eterno.	
Apenas pude dormir. ***En la oficina no podía más con el sueño; el tiempo se me hizo eterno.***	Es posible juntar las dos últimas proposiciones mediante PUNTO Y COMA.

Ejercicios

- *Escriba diez ejemplos de párrafos de mínimo tres oraciones; al menos debe haber un punto y coma por situaciones que suceden en el mismo lugar.*

• Cuando hay causalidad

Dos oraciones pueden estar relacionadas por la causalidad, es decir, una ser la causa de la otra (el efecto):

El profesor castigó a todo el grupo.	
Los alumnos habían cometido una grave falta.	La falta (segunda oración) fue la causa del castigo (primera oración).
Todos acataron en silencio la sanción.	
El profesor castigó a todo el grupo; los alumnos habían cometido una grave falta. *Todos acataron en silencio la sanción.*	Es posible juntar estas dos primeras proposiciones mediante PUNTO Y COMA.

Como siempre sucede en la redacción, hay muchas posibilidades. Quizás queramos acercar más las dos primeras oraciones:

El profesor castigó a todo el grupo **ya que** los alumnos habían cometido una grave falta. Todos acataron en silencio la sanción.	*En ese caso se puede recurrir a* ya que.

Ejercicios

- *Escriba diez ejemplos de párrafos de mínimo tres oraciones; al menos debe haber un punto y coma por causalidad.*

• Cuando hay conclusión

A veces sucede que una segunda oración marca la conclusión de lo dicho por la anterior:

Ramón no cumplió su parte del trato.	La segunda oración es una conclusión de la primera.
No es una persona confiable.	La tercera es simplemente una continuación de la declaración.*
Buscaré mejor para la siguiente ocasión.	
***Ramón no cumplió su parte del trato; no es una persona confiable.** Buscaré mejor para la siguiente ocasión.*	Es posible juntar estas dos primeras proposiciones mediante PUNTO Y COMA.

Ejercicios

- *Escriba diez ejemplos de párrafos de mínimo tres oraciones; al menos debe haber un punto y coma por conclusión.*

• **CUANDO HAY RESUMEN**

Cuando una oración resume lo dicho por su antecesora, puede ir PUNTO Y COMA:

Comencé a leer la novela el viernes pasado.	
En menos de cuatro días la terminé.	La tercera oración resume a la segunda.
Fue una lectura muy rápida, además de placentera.	
*Comencé a leer la novela el viernes pasado. **En menos de cuatro días la terminé; fue una lectura muy rápida, además de placentera**.*	Es posible juntar estas dos proposiciones mediante PUNTO Y COMA.

---

* Vemos que además se trata del mismo sujeto. Doble motivo para poner punto y coma, aunque esto no sea precisamente obligatorio.

Ejercicios

- *Escriba diez ejemplos de párrafos de mínimo tres oraciones; al menos debe haber un punto y coma por resumen.*

- **Cuando hay justificación, explicación o profundización**

Es posible utilizar PUNTO Y COMA en los siguientes casos:

- JUSTIFICACIÓN.

√ Cuando con la segunda oración probamos, con razones convincentes, lo dicho por la oración anterior.

√ Cuando con la segunda oración rectificamos lo dicho por la oración anterior.

- EXPLICACIÓN.

√ Cuando con la segunda oración mencionamos con palabras más claras o más elocuentes lo dicho por la oración anterior.

- PROFUNDIZACIÓN.

√ Cuando con la segunda oración examinamos con más profundidad lo dicho por la oración anterior.

2.4. Construcciones semejantes con elipsis de verbo

Como ya se vio en la parte de la puntuación intraoracional, es posible realizar una ELIPSIS VERBAL cuando el verbo se repite en oraciones semejantes y correlativas. En este caso, la COMA está reemplazando al verbo; así que donde iba la COMA, ahora debe ir PUNTO Y COMA. La conjunción *y* encabezando la última oración es opcional.

Ejemplo 1:

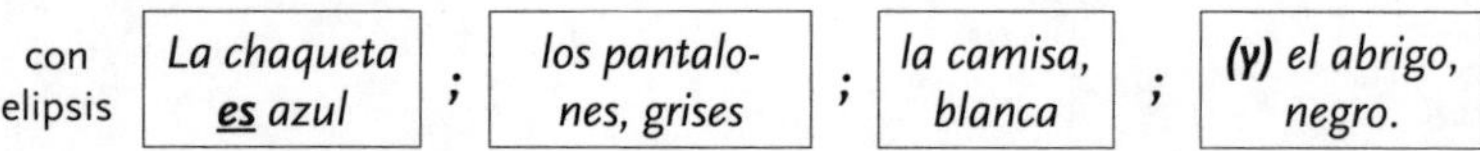

sin elipsis	*La chaqueta* ***es*** *azul*	,	*los pantalones* ***son*** *grises*	,	*la camisa* ***es*** *blanca*	**y**	*el abrigo* <u>*es*</u> *negro.*

Ejemplo 2:

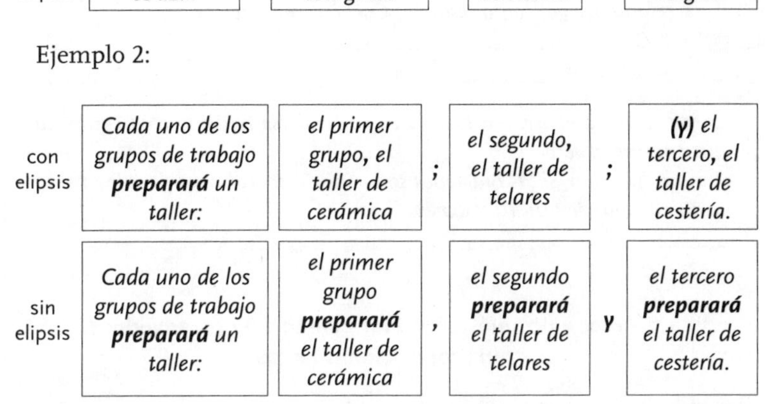

con elipsis	*Cada uno de los grupos de trabajo* ***preparará*** *un taller:*		*el primer grupo, el taller de cerámica*	;	*el segundo, el taller de telares*	;	***(y)*** *el tercero, el taller de cestería.*
sin elipsis	*Cada uno de los grupos de trabajo* ***preparará*** *un taller:*		*el primer grupo* ***preparará*** *el taller de cerámica*	,	*el segundo* ***preparará*** *el taller de telares*	**y**	*el tercero* ***preparará*** *el taller de cestería.*

En ambos ejemplos hay una supresión (elipsis): la primera proposición suprime *es* o *son* (verbo *ser*); y la segunda, *preparará* (verbo *preparar*). Estas elipsis dan paso a una COMA.

Al quitar la elipsis se acaba la "complejidad"; pero la oración tal vez se torne reiterativa y, por tanto, tediosa. Tal vez.

Noé ***estudia*** *abogacía.*	*David* ***estudia*** *lenguas clásicas.*

Noé ***estudia*** *abogacía. David* ***estudia*** *lenguas clásicas.*

Noé ***estudia*** *abogacía; David, lenguas clásicas.*	con elipsis

Un ejemplo con cuatro oraciones:

César ***está en esta asamblea*** *como presidente.*	*Jorge* ***está en esta asamblea*** *como secretario.*
Diego ***está en esta asamblea*** *como tesorero.*	*Óscar* ***está en esta asamblea*** *como director.*

César ***está en esta asamblea*** *como presidente. Jorge* ***está en esta asamblea*** *como secretario. Diego* ***está en esta asamblea*** *como tesorero. Óscar* ***está en esta asamblea*** *como director.*

César ***está en esta asamblea*** *como presidente; Jorge, como secretario; Diego, como tesorero; Óscar, como director.*	con elipsis

Como se ve, la elipsis también puede extenderse hasta la idea completa que encierra el verbo.

Por otro lado, si las oraciones son cortas o sencillas, es posible utilizar «, y» en lugar de PUNTO Y COMA.

2.5. Antes y después de ciertas conjunciones o adverbios, en proposiciones largas

Se trata casi del mismo uso visto en I, **10. LA COMA PARA DEMARCAR CONECTORES Y MARCADORES**. *Hay una sutil diferencia.*

En ocasiones podemos "elegir" entre COMA O PUNTO Y COMA. Cuando los períodos tienen cierta longitud y encabezan la proposición a la que afectan, es aconsejable colocar PUNTO Y COMA, en vez de COMA, delante de conjunciones y locuciones conjuntivas como *pero, mas* y *aunque*. En todos estos casos se coloca PUNTO Y COMA antes, y una COMA después, de *sin embargo, por tanto, por consiguiente, en fin,* etc. Ejemplos:

Su discurso estuvo muy bien construido y fundamentado sobre sólidos principios; pero no consiguió convencer a muchos de los participantes en el congreso.

Los jugadores se entrenaron intensamente durante todo el mes; sin embargo, los resultados no fueron los que el entrenador esperaba.

Los diccionarios siempre están a la zaga del idioma; no obstante, permiten que grandes grupos de hablantes sigan usando y comprendiendo el mismo idioma, aunque vivan en países distintos, con océanos de por medio.

Si los bloques son breves, se prefiere la coma. Ejemplos:

Vendrá, pero tarde.
Lo hizo, aunque de mala gana.

Para más antecedentes, véase, en **I, 10. La coma para demarcar conectores y marcadores**, específicamente • **Conectores en detalle**; o, en **II, 1.1. El punto y seguido implica siempre un vínculo**

Ejercicios

• *Con los siguientes pares de oraciones, conciba tres proposiciones de cada una; una con* COMA *y otra con* PUNTO Y COMA. *Utilice el conector que estime oportuno.*

1. Debo cuidar mi alimentación. No me he preocupado por mí.
2. Tal vez no sea necesario. Debo cerciorarme.
3. Hice todo lo que estuvo en mis manos. Logré mis metas.

• *Escriba cinco proposiciones largas, con punto y coma y conjunciones.*

3. COMA + *Y*

En la mente de muchos existe la creencia, errónea, de que jamás debemos colocar una COMA antes de *y*. Sí se puede. En algunos casos es por usos específicos; en otros, simple coincidencia.

Veamos cuándo sí podemos...

3.1. Para cercanía en conclusiones o en consecuencias

Podríamos colocar COMA delante de una conjunción si lo que sigue es consecutivo (marca consecuencia o conclusión) o una acción posterior, y el redactor decide estrechar su contenido. En estos casos se entiende la fórmula , y como , por lo tanto.* Por ejemplo:

* Para lo consecutivo: *así que, conque, luego*... Para lo conclusivo: *gracias a esto, con esto, de esta manera*...

La farmacia estaba cerrada	*, y* / *, por lo tanto,*	*tuve que caminar muy lejos.*	La segunda oración es una consecuencia de la primera.

• **La enumeración errónea**

La regla anterior sí es obligatoria cuando hay una enumeración… Se coloca coma delante de una conjunción (*o* [*u*], especialmente *y* [*e*], *ni*) cuando la secuencia que encabeza expresa un contenido distinto a los elementos anteriores.

En estos casos, no incluir puntuación —sea COMA, PUNTO Y COMA o PUNTO Y SEGUIDO— antes de la conjunción *y* representa una ENUMERACIÓN ENGAÑOSA.

Veamos:

Vimos una película, tomamos un café, paseamos por el parque, y regresamos felizmente a casa.

Esto es:

Vimos una película / *tomamos un café* / *paseamos por el parque*	Los tres primeros enunciados expresan, enumeran, cosas que se hicieron antes de dirigirse a la casa: hay un contenido similar… 1) nosotros (tácito) 2) hicimos 3) algo
regresamos felizmente a casa	El último enunciado, en cambio, expresa algo alcanzado tras las acciones anteriores: y (posterior a esto) regresamos felizmente a casa.

Si no ponemos coma antes de *y*, la nueva oración —la conclusión o consecuencia— podría entenderse como una última oración de la enumeración. Grave error, ya que la última oración es una oración ajena a la serie.

Cada «, y» podría ser cambiado por un PUNTO Y COMA (y ya sabemos que cada PUNTO Y COMA puede ser cambiado PUNTO Y SEGUIDO), y se podría mantener la conjunción y o suprimirla:

Vimos una película, tomamos un café, paseamos por el parque, y regresamos felizmente a casa.

Vimos una película; tomamos un café; paseamos por el parque; (y) regresamos felizmente a casa.

Vimos una película. Tomamos un café. Paseamos por el parque. (Y) Regresamos felizmente a casa.

Sabemos los alcances que cada opción tiene.

De acuerdo con la RAE...

• *Se escribe COMA delante de estas conjunciones cuando la secuencia que encabezan enlaza con todo el predicado anterior, y no con el último de sus miembros coordinados:*

Pagó el traje, el bolso y los zapatos, y salió de la tienda.

• *Cuando se enlazan miembros gramaticalmente equivalentes dentro de un mismo enunciado, si el último de ellos es semánticamente heterogéneo con respecto a los anteriores (es decir, no introduce un elemento perteneciente a la misma serie o enumeración), por indicar normalmente una conclusión o una consecuencia, se escribe coma delante de la conjunción:*

Pintaron las paredes de la habitación, cambiaron la disposición de los muebles, pusieron alfombras nuevas, y quedaron encantados con el resultado.

En esencia, lo mismo dicho en este punto.

Veamos el primer ejemplo de la RAE:

Pagó el traje	En los tres enunciados hay una estructura similar. Se trata de cosas que *pagó*, aunque en las dos últimas está implícito: *Pagó el traje, (pagó) el bolso y (pagó) los zapatos.*
(pagó) el bolso	
(pagó) los zapatos	
salió de la tienda	Este enunciado no es un elemento más que se pagó, sino una acción posterior a la compra.

De acuerdo a la intención del redactor, se podría escribir también (con conector optativo):

Pagó el traje, el bolso, los zapatos; (y) salió de la tienda.	con PUNTO Y COMA, O…
Pagó el traje, el bolso, los zapatos. (Y) Salió de la tienda.	con PUNTO Y SEGUIDO.

Veamos el segundo:

Pintaron las paredes de la habitación,	En los tres enunciados hay una estructura similar. Se trata de tres acciones realizadas (por "ellos").
cambiaron la disposición de los muebles,	
pusieron alfombras nuevas,	
y quedaron encantados con el resultado.	Este enunciado no es otra acción realizada, sino una conclusión, un resultado.

De acuerdo a la intención del redactor, se podría escribir también (con conector optativo):

Pintaron las paredes de la habitación, cambiaron la disposición de los muebles, pusieron alfombras nuevas; (y) quedaron encantados con el resultado.	con PUNTO Y COMA, O…

Pintaron las paredes de la habitación, cambiaron la disposición de los muebles, pusieron alfombras nuevas. (Y) Quedaron encantados con el resultado.

CON PUNTO Y SEGUIDO.

La puntuación en estos casos es absolutamente necesaria. Colocar una conjunción y entre la penúltima y la última oración enumeradas no soluciona la situación, ya que —en el lenguaje literario— existe una figura llamada POLISÍNDETON, *que consiste en sustituir las comas de la enumeración por precisamente una conjunción:*

Pintaron las paredes de la habitación y cambiaron la disposición de los muebles y pusieron alfombras nuevas y quedaron encantados con el resultado. ⊗

Sigue habiendo una falsa enumeración. Lo correcto sigue siendo poner coma antes de y, *con o sin* POLISÍNDETON *(repetición innecesaria pero expresiva de conjunciones, por ejemplo, __ y __ y):*

Pintaron las paredes de la habitación y cambiaron la disposición de los muebles y pusieron alfombras nuevas, y quedaron encantados con el resultado.

Hay una figura literaria de omisión, llamada ZEUGMA (CEUGMA) *o* ADJUNCIÓN, *que podría representar la omisión de esta coma (es decir, se contradice con este uso [!]). Específicamente, el* ZEUGMA COMPLEJO *(hay varios tipos) sucede cuando al final de una serie de elementos del mismo nivel sintáctico (una enumeración, por ejemplo) se introduce una función gramatical diferente, que actúa como factor sorpresivo y de ruptura. Ejemplo:*

(...) una apariencia afectuosa que conquiste, halague, arrulle y veinte pesos.

Nótese que se trata de una figura literaria, un acicalamiento estético. En la redacción cotidiana no será aconsejable.

Ejercicios

- *Escriba diez ejemplos de párrafos de mínimo tres oraciones; al menos debe haber un punto y coma para evitar la enumeración errónea.*

3.2. Entre ciertas oraciones de la misma jerarquía

Estos usos no son obligatorios; pero vale la pena tenerlos en consideración...

Que dos oraciones tengan la misma jerarquía significa que ninguna de ellas subordina a la otra; son COORDINADAS.

Para COORDINACIÓN, véase 4.

- **CUANDO LA PRIMERA ES MUY LARGA**[32]

Cuando existen dos oraciones que tienen un mismo nivel jerárquico (ninguna de ellas subordinada a la otra) y la primera de ellas es muy larga:

Los instrumentos de precisión comenzaron a perder su exactitud a causa de la tormenta, ***y*** *resultaron inútiles al poco tiempo.*	La primera oración es muy larga.

- **CUANDO TIENEN SUJETOS DISTINTOS**

Cuando existen dos oraciones que tienen un mismo nivel jerárquico (ninguna de ellas subordinada a la otra) y tienen sujetos distintos:

Carolina comenzó a trabajar con la tarea de las correcciones, ***y*** *Susana se incorporó tiempo después*	El sujeto de la primera es *Carolina*; el de la segunda, *Susana*.

Podemos unir ambos usos: cuando existen dos oraciones de la misma jerarquía, tienen sujetos distintos y la primera es muy larga. En este caso, la obligatoriedad de una COMA *antes de y asoma.*

De acuerdo con la **RAE*...***

Es frecuente, aunque no obligatorio, que entre oraciones coordinadas se ponga COMA *delante de la conjunción cuando la primera tiene cierta extensión y, especialmente, cuando tienen sujetos distintos:*

La mujer salía de casa a la misma hora todas las mañanas, y el agente seguía sus pasos sin levantar sospechas.

O vienes conmigo antes de que pierda la paciencia, o te quedas aquí para siempre.

4. EL BINOMIO: COORDINACIÓN

La COORDINACIÓN es otro procedimiento lingüístico, uno mediante el cual podemos agrupar dos oraciones de acuerdo a ciertas relaciones. Se trata de un DOS POR UNO, de la disposición de BINOMIOS.

y (e) *ni*	*o (u)*	*, pero*	*, es decir,* *, o sea,*	*, así que* *, por (lo) tanto,* *, por eso/esto,*
suma o acumula	marca opción o elección	marca oposición	aclara	marca consecuencia

No utilizamos PUNTO después de la primera oración; aquí va COMA o hay ausencia de puntuación.* Y el nexo indica exclusivamente la relación de la pareja de oraciones. En cuanto a lo que el lector percibe, hay, como ya mencionamos, una especie de DOS POR UNO:

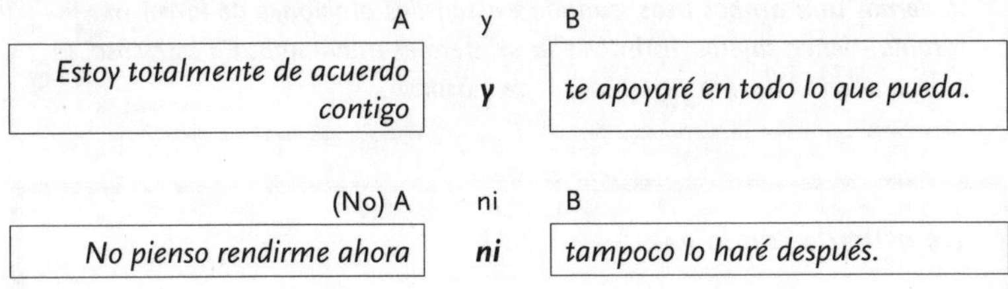

En algunos casos de ni, *con la intención de enfatizar en la negación, la primera oración va también encabezada con* ni:

Ni pienso rendirme ahora ni tampoco lo haré después.

Para que no nos confundamos, en el punto 3 fueron tratados asuntos sobre cuándo agregar coma antes de y.

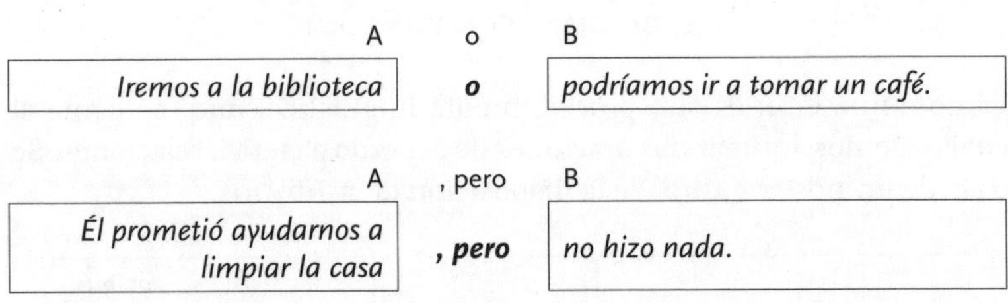

* Algunos —como *y, ni, o*— no llevan puntuación. Otros —como *pero, así que*— llevarán sólo una coma antepuesta. Y otros —como *es decir, o sea, por lo tanto*— llevan dos comas, una antes y otra después.

¿Alguna fórmula para saber esto? Memorizar o leer mucho (para apropiarse por inducción). No hay más.

> *En el caso del* pero, *algunos escritores suelen omitir la* COMA. *Es una licencia literaria.*
>
> *Podemos incluir el uso de* sino, *que sirve para "negar una negación":* no estaba mal, sino muy bien.

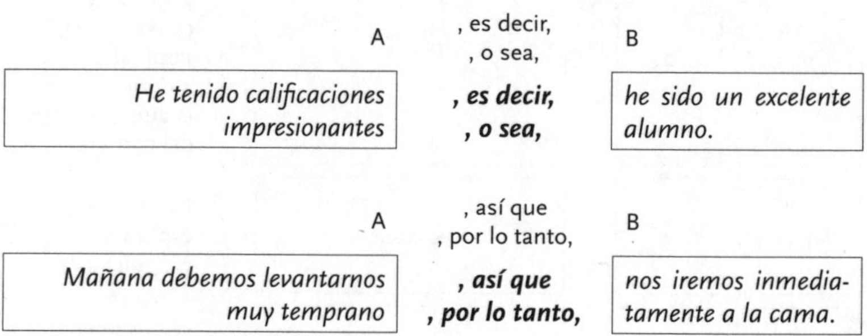

Dos por una. Así quedan las oraciones en un párrafo:

1 y 2	.	**3, pero 4**	.	**5, así que 6**	.
1 o 2	.	**3, es decir, 4**	.	**5 y 6**	.

• **PUNTUACIÓN ENTRE ORACIONES COORDINADAS**

Tenemos que remarcar que hablamos de binomios. Esto quiere decir que la segunda oración del par se relaciona particularmente con su pareja, no con las otras anteriores. Veamos el caso de *pero*.

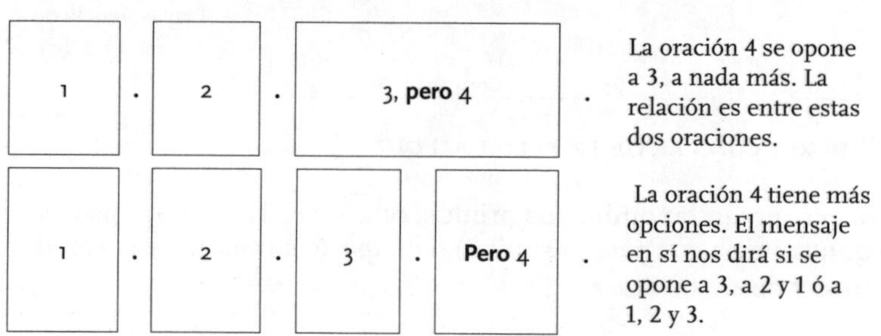

Veamos los otros casos:

1 . 2 . 3 **y** 4 .	La oración 4 se suma de manera particular a 3, no necesariamente a 1, 2 y 3.
1 . 2 . 3 . **Y** 4 .	Podemos quitar *y* (que en este caso enfatiza). Puntualmente, 4 es una de las cuatro oraciones del párrafo.
1 . 2 . 3**, es decir,** 4 .	La oración 4 explica a 3, a ninguna otra.
1 . 2 . 3 . **Es decir,** 4 .	La oración 4 tiene más opciones. El mensaje en sí nos dirá si explica a 3, a 2 ó 1 ó a 1, 2 y 3.
1 . 2 . 3**, así que** 4 .	La oración 4 es consecuencia de 3, de ninguna otra.
1 . 2 . 3 . **Así que** 4 .	La oración 4 tiene más opciones. El mensaje en sí nos dirá si es consecuencia de 3, de 2 ó 1 ó de 1, 2 y 3.

• Punto y coma antes de *pero* y *así que*

Cuando, en un binomio, una primera oración es larga o compleja y la segunda inicia con *pero* (o similar) o *así que* (o similar),* se suele usar PUNTO Y COMA, no COMA.

* Entiéndase, otra vez, como "compleja" una oración que tiene comas, comillas, paréntesis o signos de interrogación o exclamación.

Todos mis conocimientos de la Corte y ciudad han venido a informarse de mí; ***pero*** *no me era posible recibir [...]*	La primera es larga; el autor decide coordinar *pero* con PUNTO Y COMA.
[...] "Si hubiera dioses, ¿cómo podría yo consentir no ser dios?; ***por lo tanto,*** *no existen dioses". [...]*	La primera oración es compleja: condicional (con coma) e interrogación. La coordinación consecutiva es con PUNTO Y COMA.

SEGUNDA PARTE

Discurso y estilo

I
DE LA ORACIÓN AL DISCURSO

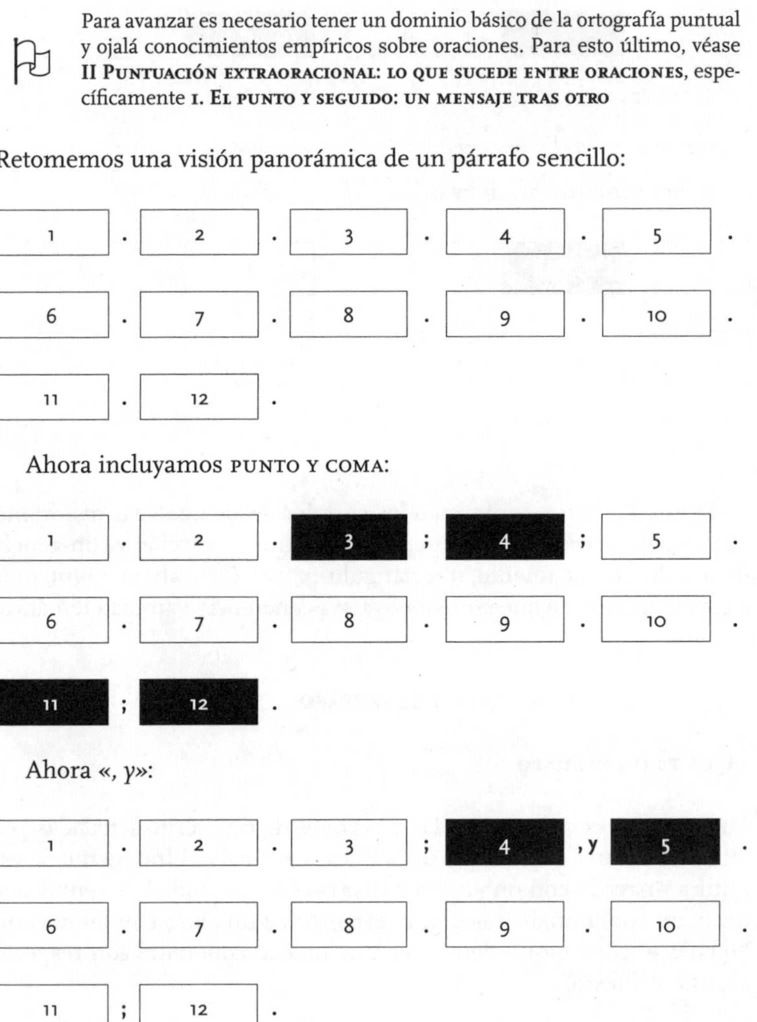

Para avanzar es necesario tener un dominio básico de la ortografía puntual y ojalá conocimientos empíricos sobre oraciones. Para esto último, véase **II Puntuación extraoracional: lo que sucede entre oraciones**, específicamente **i. El punto y seguido: un mensaje tras otro**

Retomemos una visión panorámica de un párrafo sencillo:

1 . 2 . 3 . 4 . 5 .

6 . 7 . 8 . 9 . 10 .

11 . 12 .

Ahora incluyamos punto y coma:

1 . 2 . 3 ; 4 ; 5 .

6 . 7 . 8 . 9 . 10 .

11 ; 12 .

Ahora «, *y*»:

1 . 2 . 3 ; 4 , y 5 .

6 . 7 . 8 . 9 . 10 .

11 ; 12 .

Ahora coordinaciones:

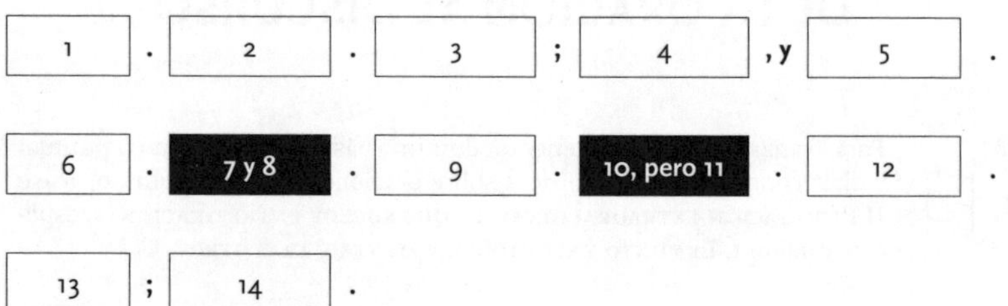

Ahora series de oraciones:

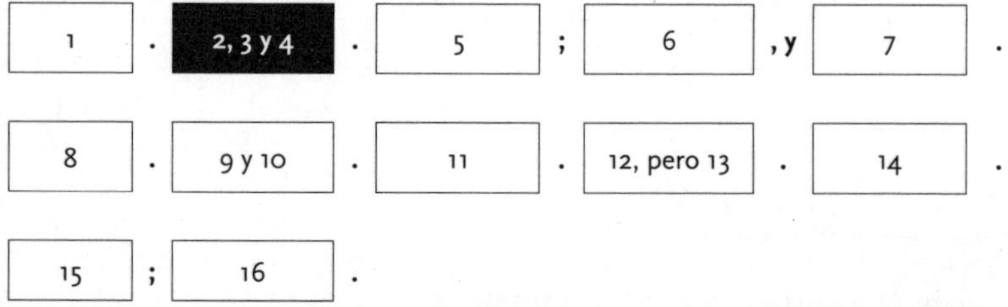

Pues bien, así se conforman los párrafos desde una vista panorámica y temática. Dicho esto, la meta no es lograr corrección y coherencia dentro de cada segmento, o rectángulo en este caso; ahora apuntamos a cohesionarlos y a que entre todos haya coherencia y unidad temática.

1. EL PÁRRAFO

• Qué es un párrafo

Un PÁRRAFO es cada una de las divisiones de un escrito señaladas por letra MAYÚSCULA al principio de la línea; y al final del fragmento de escritura marcado con un PUNTO Y APARTE. Es una unidad de sentido, es decir, un conjunto de frases que responden a una idea común (hay un "mensaje" concreto). Además, es una unidad coherente con respecto al resto del texto.

Un PÁRRAFO se compone de frases y oraciones. Todas éstas expresan una idea común. Por esto, es necesario constituir un párrafo desde el inicio, desde la concepción de frases y oraciones...

1.1. Singularidad de propósito

En todo párrafo —formado por una serie de frases encadenadas— debe haber cierta correspondencia entre la idea principal expresada y las ideas complementarias o secundarias; debe haber una intención y un mensaje claros. A esto se le llama SINGULARIDAD DE PROPÓSITO, UNIDAD DE PROPÓSITO o, simplemente, "coherencia entre la idea principal y las ideas secundarias".

¿Cómo logramos esto? Con sentido común y práctica. Y pese a que ambas cualidades, al fin, son cuestiones personales, en este apartado habrá una contribución...

Ejercicios

• *A continuación, hay varios párrafos en los que la idea principal va al principio, en la primera frase. Tras ellas se insertarán otras frases, de las cuales unas tienen concordancia directa con la idea principal, y otras no. Todas ellas irán especificadas con letras, de modo que se pueda indicar cuál o cuáles frases no tienen relación directa (o apenas tienen relación) con la idea principal. Por ejemplo:*

1.

a. ***Cada día es más dificultoso en el mundo el problema de la circulación.***

b. Las páginas de accidentes de los diarios son el fiel reflejo de la triste realidad.

c. Por cierto, estas páginas de accidentes son las que, generalmente, cuentan con mayor número de lectores.

d. Una prueba de ello es el éxito de periódicos como "El Sumario", por ejemplo.

e. Cada día hay más automóviles y cada día también más inconvenientes circulatorios.

f. Los peatones se lanzan campantemente a cruzar las calles sin precaución.

g. Los conductores nuevos son otra de las principales causas de accidentes.

h. Y no olvidemos las motocicletas, lanzadas agresivamente por las calles, eludiendo autos, realizando verdaderas piruetas de circo.

i. Pero, en realidad, la causa principal de tanto "acontecimiento" es que no se obedecen los preceptos de la Ley de Tránsito.

Las frases "sobrantes" son c y d

2

a. **Uno de los asuntos ineluctables del urbanismo moderno es el de los "espacios verdes" o "pulmones" de la ciudad.**

b. Estos "pulmones" disminuyen, en parte, el peligro que para nuestra ciudad representa el aire horrendo de las grandes urbes.

c. Villalma cuenta con tres "espacios verdes" principales: el Refugio, el Parque del Ocaso y la Morada del Prado.

d. Gracias a estos parques, los niños pueden respirar un aire menos perjudicial que el de las calles de gran circulación.

e. En la Morada del Prado está el Jardín Zoológico, en donde hay gran variedad de animales.

f. En el Parque del Ocaso apenas hay bancos para que descanse el paseante.

g. En las grandes urbes modernas se procura que cada barrio o sector nuevo tenga su "pulmón" propio, su pequeño "espacio verde".

3.

a. **Agustín eligió la carrera de Derecho, sin saber lo que hacía.**

b. En realidad, no todos los jóvenes saben cuál es su verdadera vocación.

c. A Agustín le dijeron que era una "carrera de muchos provechos".

d. Empezó sus estudios jurídicos sin deleite alguno.

e. Siempre había sido un muy buen estudiante; pero en aquel momento comenzaron sus resbalones.

f. Los textos de Derecho Romano y Economía Política le contrariaban.

g. Conoció a un compañero que le pasaba lo mismo.

h. Luego supo que su compañero se había dedicado a la escultura.

i. Si a Agustín le hubieran dejado elegir a su gusto, habría estudiado Medicina o Astronomía.

j. "Nunca me arrepentiré bastante —solía decir— de haber estudiado una carrera que me hastiaba".

4.

a. **El jefe más cordial que he tenido es don Carlos Donoso.**
b. Todo el mundo lo estimaba.
c. Siempre estaba dispuesto a escuchar nuestras molestias y a ayudarnos.
d. Era villalmino; pero parecía como si hubiera nacido en nuestra provincia, porque tenía afecto a todo lo nuestro.
e. Antes de ocupar la jefatura de nuestra empresa, había sido maestro de escuela en un pueblo cercano a Villalma, en San Miguel de La Ciénega.
f. La Ciénega es uno de los más famosos monumentos de Celtiba.
g. Lo mandó construir Fernando Ortiz, en memoria de la batalla de San Aurelio.
h. Nuestro jefe era un partidario de Fernando Ortiz, y hablaba de éste viniera o no al cuento.

1.2. Tipos de párrafos

Existe un sinfín de tipos de párrafos, pues la abundancia de pautas y esquemas de las tantas formas de expresión y géneros, sumadas al estilo, demandan que un párrafo no sea semejante a otro, ni que se encuentre un número limitado de éstos. Pero, de todos modos, a partir de la singularidad de propósito, es posible entregar algunas pautas generalizadas, que servirán para asemejar de mejor manera algunos patrones:*

• Párrafos de introducción

Centran, sitúan o crean expectativas en el lector. No es necesario que sean una sinopsis de todo el texto:

* El primer ejemplo de cada tipo de párrafo, de aquí en adelante, fue extraído de FROST, S. E.: *Enseñanzas básicas de los grandes filósofos*, Editorial Diana, México, 2005.

Cualquier persona, lo mismo el campesino que el banquero, el empleado que el patrón, el ciudadano que el gobernante, es, en un sentido muy real, un filósofo. Como ser humano que es, y al tener un cerebro altamente desarrollado y un sistema nervioso, debe pensar; y pensar es la senda que conduce a la filosofía.

En el ejemplo hay básicamente dos proposiciones:

1	2
Cualquier persona es un filósofo	*Como ser humano que es, debe pensar; y pensar es la senda que conduce a la filosofía*

También hay bastantes frases incidentales:

1	2
lo mismo el campesino que el banquero, el empleado que el patrón, el ciudadano que el gobernante	*y al tener un cerebro altamente desarrollado y un sistema nervioso*
en un sentido muy real	

A pesar de tener apenas dos proposiciones, la vehemencia recae en las frases incidentales, las cuales dan correlación, referencia y extensión al párrafo.

Hay un mensaje muy claro, básicamente: cualquier persona puede filosofar, porque cualquier persona puede pensar, y pensar traslada a la filosofía... O algo similar. Su singularidad de propósito es, pues, "*introducir* esta idea".

Otro ejemplo más sencillo:

Me gustaría agradecer todo lo que ustedes han hecho por mí, desde mi llegada hasta hoy. Son muchas las cortesías y los detalles que hicieron de mi estadía en este lugar un franco deleite. Y, a pesar de que tal vez no volvamos a vernos en mucho tempo, jamás olvidaré a ninguno de ustedes. Tampoco olvidaré que, aunque nací en otro lugar, y aunque suene a cliché, éste es mi segundo hogar; si bien, espero que pronto sea indiscutiblemente el definitivo.

El mensaje: estoy muy agradecido por todo lo que hicieron en toda mi estancia en este lugar; y la singularidad de propósito consiste en establecer este pensamiento.

> *Ejercicios*
>
> • *Replantee los párrafos anteriores, a partir de los mismos mensajes. Puede utilizar cualquier herramienta aprendida hasta ahora.*
>
> • *Luego, plantee otros dos párrafos tentativos para otros temas libres.*

• **PÁRRAFOS DE CONCLUSIÓN**

Cierran el acto informativo: se "resuelve" el problema, se condensa, se sintetiza. Pueden retomar sintácticamente la idea del texto; o pueden ser un esbozo de futuro. Por ejemplo:

Usted y yo nos encontramos al final de siglos enteros de batallar con los grandes problemas del género humano. Detrás de nosotros hay grandes mentes que nos ofrecen el servicio de su experiencia y pensamiento. La verdad es que deberíamos ser pensadores más grandes que cualquiera de los anteriores, puesto que contamos con todo ese pasado. Consideremos, pues, lo que estos hombres del pasado nos enseñan. Ponderemos con madurez su consejo. Y sigamos adelante desde el punto donde ellos tuvieron que detenerse. Éste es el camino hacia el progreso y hacia una filosofía más perfecta.

Este párrafo está organizado básicamente con siete proposiciones adyacentes. Todas éstas tienen una relación estrecha, por tanto, no es necesario incluir algún tipo de conjunción (así lo estima el escritor); todas son correlativas:

1	2
Usted y yo nos encontramos al final de siglos enteros de batallar con los grandes problemas del género humano.	*Detrás de nosotros hay grandes mentes que nos ofrecen el servicio de su experiencia y pensamiento.*

3	4
La verdad es que deberíamos ser pensadores más grandes que cualquiera de los anteriores, puesto que contamos con todo ese pasado.	*Consideremos, pues, lo que estos hombres del pasado nos enseñan.*

5	6
Ponderemos con madurez su consejo.	*Y sigamos adelante desde el punto donde ellos tuvieron que detenerse.*

7
Éste es el camino hacia el progreso y hacia una filosofía más perfecta.

El mensaje: tenemos todo para ser grandes pensadores, pues no partimos de cero: otros ya legaron un excelso cimiento. Su singularidad de propósito es "*sintetizar* o *concluir* la idea del mensaje".

Otro ejemplo:[1]

Hoy parto, pero mi corazón aquí se queda. Y como dije anteriormente, espero volver pronto. En realidad, no espero volver pronto... lo prometo. Más temprano que tarde volveré a transitar por estas calles, a rodearme de ustedes, gente linda, a vivir con una sonrisa en mi rostro en cada segundo del día.

Ejercicios

- *Al igual que en el ejercicio anterior, replantee los párrafos de los ejemplos. No olvide utilizar, de lo aprendido hasta ahora, todo lo que estime necesario. Asimismo, recuerde conservar el mensaje y la singularidad de propósito.*

- *Luego, plantee otros dos párrafos tentativos para otros tema libres.*

• Párrafo de enumeración

Es uno de los modos más habituales de organizar la información en un texto. Permite presentar un listado de revelaciones relacionadas entre sí. Está constituido por una lista de propiedades que describen un mismo objeto, hecho o idea, y por una frase organizadora, que indica al lector la estructura del párrafo (frase recuento, frase síntesis, frase encuadramiento). Un ejemplo:[2]

Este énfasis creciente en el hombre, y en su poder y dignidad, fue simbólico de una tendencia en el raciocinio humano. Fue el despertar de un gigante que había estado dormido y que durante su sueño había estado atado y encadenado al grado de no poder moverse más. Poco a poco, el gigante rompió sus ataduras, se irguió y proclamó al mundo su poder. El hombre se atrevió a afirmar su capacidad de controlar el mundo, de conocer sus más íntimos secretos y, con el poder de su intelecto, de dominar su acción y someterla a sus propios deseos. De estos pensadores surgió el Renacimiento del espíritu humano. Fue un énfasis de lo humano en el universo, y por ello se le ha llamado humanismo.

Hay seis proposiciones adyacentes (separadas todas con punto y seguido). La última frase es la *organizadora* y la penúltima es su *apresto*.

1-4
Este énfasis creciente en el hombre, y en su poder y dignidad, fue simbólico de una tendencia en el raciocinio humano. Fue el despertar de un gigante que había estado dormido y que durante su sueño había estado atado y encadenado al grado de no poder moverse más. Poco a poco, el gigante rompió sus ataduras, se irguió y proclamó al mundo su poder. El hombre se atrevió a afirmar su capacidad de controlar el mundo, de conocer sus más íntimos secretos y, con el poder de su intelecto, de dominar su acción y someterla a sus propios deseos.

5	6
De estos pensadores surgió el Renacimiento del espíritu humano.	*Fue un énfasis de lo humano en el universo, y por ello se le ha llamado* humanismo.

El mensaje: todas estas cualidades son particularidades del *humanismo*. La singularidad de propósito es "presentar una serie de propiedades del humanismo, detallarlo"... Otro ejemplo:

Cómo olvidar lo bien que lo pasamos. Esas tardes junto al mar, viendo el atardecer; eran maravillosas. Y los partidos de fútbol, magníficos. Recuerdo, también, cada cumpleaños celebrado: ¡cuánta algarabía, Dios! Atesoro con especial emoción el momento en que nos premiaron por nuestros logros como novatos.

Ejercicios

- *A partir de temas libres, redacte dos párrafos de enumeración, cada uno distinto del otro, con mensajes y singularidades de propósito diferentes.*

- *Luego, plantee otros dos párrafos tentativos para otros temas libres.*

• Párrafo de comparación / contraste

Es introducido por una frase que presenta los dos o más objetos que se someten a comparación. Existen dos tipos de esquemas generales: 1) desarrollo por descripciones contrapuestas y 2) desarrollo por descripciones separadas. Por ejemplo:

Aristóteles enseñó que la forma y la materia están siempre y eternamente juntas. Por tanto, el mundo que experimentamos por medio de nuestros sentidos no es —como pensaba Platón— una simple copia del mundo real, sino es el mundo real. En él forma y materia son uno, y ninguna de las dos puede experimentarse por separado. Sólo al pensarlas podemos separar una de otra; en realidad, las encontramos siempre unidas.

El párrafo anterior tiene un esquema de descripciones contrapuestas; pero podría haberse desarrollado con descripciones separadas; eso es a libre elección del escritor.*

* Un ejemplo de descripciones separadas podría ser...

Aristóteles enseñó que la forma y la materia están siempre y eternamente juntas. En él, forma y materia son uno, y ninguna de las dos puede experimentarse por separado.

Tres proposiciones hacen referencia al pensamiento de Aristóteles; y una, a Platón:

Aristóteles	**Platón**
Aristóteles enseñó que la forma y la materia están siempre y eternamente juntas.	*El mundo que experimentamos por medio de nuestros sentidos* **(no)** *es —como pensaba Platón— una simple copia del mundo real* **(, sino es el *mundo real*).**
En él forma y materia son uno, y ninguna de las dos puede experimentarse por separado.	
Sólo al pensarlas podemos separar una de la otra; en realidad, las encontramos siempre unidas.	

El mensaje es claro: Aristóteles dijo «esto»; y Platón, «aquello». Singularidad: "*contrastar* ambos pensamientos".

Otro ejemplo:

En esa ocasión tú fuiste el único que se quedó para ayudarme, a pesar de tener ya varias horas sin descansar. Te esforzaste como si el trabajo fuera tuyo; diste lo mejor de ti. En cambio, Eduardo ni siquiera miró hacia atrás, y al otro día tampoco preguntó cómo me fue.

Ejercicios

- *A partir de temas libres, redacte dos párrafos de comparación / contraste (uno y uno), con desarrollo de descripciones contrapuestas. Posteriormente, replantee estos mismos párrafos mediante desarrollo de descripciones separadas.*
- *Luego, plantee otros dos párrafos tentativos para otros temas libres.*

Sólo al pensarlas podemos separar una de la otra; en realidad, las encontramos siempre unidas. Por tanto, el mundo que experimentamos por medio de los sentidos no es una simple copia del mundo real —como pensaba Platón—, sino es el mundo real.

Obviamente, hay otras formas de estructurar este mismo párrafo.

• **Párrafo de desarrollo de un concepto**

En él está presente una idea principal que, por lo general, aparece al principio del párrafo. Los elementos que la desarrollan están constituidos por palabras aisladas, frases breves, períodos enteros o incluso párrafos complejos. Por ejemplo:[3]

Las formas que imprimió en la materia estaban en su mente desde el principio del tiempo, e incluso antes, porque Dios existía antes de que existiera el tiempo. Es más, Dios creó también el tiempo y el espacio. Así pues, todo lo que es y que alguna vez será, es creación de Dios y debe seguir sus leyes y su voluntad. Aquí volvemos a ver la influencia de los griegos en la convicción de que el universo es el resultado de la conjunción de la materia con la forma.

Este párrafo tiene un sujeto tácito (*las formas que imprimió...* ¿quién?). Esto quiere decir que en un párrafo anterior se hizo mención del sujeto; y justamente así fue: Dios *creó la materia a partir de la nada y luego creó todo en el universo* (última oración del párrafo anterior).

Hay cuatro proposiciones. De éstas, las dos primeras se enganchan del párrafo anterior para desarrollar o extender su idea:

Última oración del párrafo anterior

Dios creó la materia a partir de la nada y luego creó todo en el universo

1	2
Las formas que imprimió en la materia estaban en su mente desde el principio del tiempo, e incluso antes, porque Dios existía antes de que existiera el tiempo.	*Es más, Dios creó también el tiempo y el espacio.*

Una tercera proposición muestra una resolución de las dos proposiciones anteriores (que, a su vez, proviene de una resolución de un párrafo anterior). La cuarta proposición es una organizadora:

3	4
Así pues, *todo lo que es y que alguna vez será, es creación de Dios y debe seguir sus leyes y su voluntad.*	*Aquí volvemos a ver la influencia de los griegos en la convicción de que el universo es el resultado de la conjunción de la materia con la forma.*

El mensaje alude que, como se mencionó en el párrafo anterior, y como se puede ver ahora, Dios creó la materia a partir de la nada y luego creó todo en el universo. En el caso de un párrafo de desarrollo, su singularidad de propósito es "*desplegar* o *explicar* lo que se mencionó anteriormente". De esta misma manera pueden enlazarse párrafos sucesivos.

Otro ejemplo:

Me ayudaste con la búsqueda de información. Luego, seguiste buscando mientras yo transcribía lo encontrado. Después, te ofreciste a estructurar mejor el texto. Y, al final, revisaste una por una las hojas, para ver si había errores.

Ejercicios

- *A partir de temas libres, redacte dos párrafos de desarrollo de un concepto (uno y uno).*
- *Luego, plantee otros dos párrafos tentativos para otros temas libres.*

• Párrafo de enunciado de un problema / solución de un problema

Emplea la forma retórica de plantear y posteriormente resolver un problema para desarrollar un tema dado. Se utiliza bastante en escritos descriptivos y también en los de tipo científico. Por ejemplo:

No hay uno solo de nosotros que no se haya preguntado cómo llegó a existir el universo. Razonamos que todo este mundo, con sus flores, ríos, rocas, firmamento, estrellas, Sol y Luna, no apareció por pura casualidad. Todo lo que vemos en torno nuestro (sic), *y todo aquello de lo que sabemos algo, debe de haber llegado a ser lo que hoy es a través de algún proceso. Si pudiéramos entender ese proceso, entenderíamos la naturaleza del universo.*

En las primeras dos proposiciones se hace un preludio. La primera hace referencia a un cuestionamiento sobre el universo. La segunda es un desarrollo de la primera, ya que se nombran elementos del universo; pero, además, plantea una situación: "todo en el universo no apareció por casualidad", es decir, da cierta respuesta (¿cómo llegó a existir?... no por casualidad).

1	2
No hay uno solo de nosotros que no se haya preguntado cómo llegó a existir el universo.	*Razonamos que todo este mundo, con sus flores, ríos, rocas, firmamento, estrellas, Sol y Luna, no apareció por pura casualidad.*

La tercera proposición reafirma lo que se plantea en la segunda (y, por ende, en la primera). Y la cuarta da una solución: "entender aquel proceso nos llevaría a comprender la naturaleza del universo"; justamente esta solución es el mensaje. La singularidad de propósito es que el mensaje sea una "desenlace" (al menos provisional).

3	4
Todo lo que vemos en torno nuestro, y todo aquello de lo que sabemos algo, debe de haber llegado a ser lo que hoy es a través de algún proceso.	*Si pudiéramos entender ese proceso, entenderíamos la naturaleza del universo.*

Otro ejemplo:

A pesar de sentirme a gusto aquí, debo irme. Créanme que no es una decisión fácil, es todo lo contrario. Hay enormes razones, de fuerza mayor, que me obligan a marcharme. También créanme que lloraré, más de lo que he gimoteado hasta ahora, cuando me aleje, cuando ya no esté con ustedes. Pero, asimismo, prometo que pronto volveré; así que ningún sollozo será en vano.

Ejercicios

- *A partir de temas libres, redacte dos párrafos de enunciado / solución de un problema (uno y uno).*

- *Luego, plantee otros dos párrafos tentativos para otros temas libres.*

- **PÁRRAFO DE CAUSA / EFECTO**

Presenta un acontecimiento o una situación seguidos por las razones que lo han causado (a veces el orden es inverso). Se encuentra con frecuencia en textos argumentativos. Por ejemplo:[4]

Anaxímenes, otro residente de Mileto, no quedó satisfecho con las explicaciones que habían dado estos dos pensadores que lo habían precedido. Sugirió que era el aire la "pasta" original de la que todo lo demás en el universo estaba hecho. Se dio cuenta de que el hombre y los animales respiran aire y así pueden vivir, y razonó que el aire se convertía en carne, hueso y sangre. Por eso, siguió razonando que el aire podía convertirse en viento, nubes, agua, tierra y piedra.

La primera proposición muestra el motivo (causa) por la cual ocurre lo que se menciona en la siguiente proposición (efecto). De este modo, 1 origina a 2, ó 2 es consecuencia de 1:

1	2
Anaxímenes no quedó satisfecho con las explicaciones que habían dado estos dos pensadores que lo habían precedido.	*Sugirió que era el aire la "pasta" original de lo que todo lo demás en el universo estaba hecho.*

La tercera proposición es un desarrollo de la segunda;[5] y la cuarta, una conclusión o extensión de la tercera:

3	4
Se dio cuenta de que el hombre y los animales respiran aire y así pueden vivir, y razonó que el aire se convertía en carne, hueso y sangre.	*Por eso, siguió razonando que el aire podía convertirse en viento, nubes, agua, tierra y piedra.*

El mensaje: *Debido a «esto»* (la insatisfacción con las explicaciones), *ocurrió «aquello»* (Anaxímenes planteó su propia conjetura). Justamente, la singularidad de propósito es demostrar que *"a" originó a "b"*, o que *"b" es causa de "a"*.

Otro ejemplo:

Debo agradecerte todo lo que hiciste: cada socorro tendido, cada apoyo moral, etc.; en cambio, Segundo ni siquiera preguntó cómo me encontraba. Por eso, me di cuenta de que él no es mi amigo, sino es un aprovechado... Jamás volveré a confiar en él.

Ejercicios

- *A partir de temas libres, redacte dos párrafos de causa / efecto (uno y uno).*

Ejercicios generales

- *A partir de un tema libre, redacte un texto que incluya cada uno de los tipos de párrafos vistos.*

2. Cohesión

Al redactar un texto, además de la buena idea de darle un orden lógico a las oraciones, resulta inevitable repetir determinadas ideas o conceptos que son esenciales para el tema tratado. Con el objeto de producir un texto lingüísticamente atractivo, el redactor competente suele utilizar determinados procedimientos para conseguir que esas repeticiones no sean literales o innecesarias... La COHESIÓN designa el conjunto de relaciones o vínculos de significado que se establecen entre los elementos de un texto y que permiten al lector interpretar con eficacia el texto; establece cómo están relacionadas las ideas.

Hay básicamente cuatro clases...

2.1. Deixis o expresiones referenciales[6]

Deixis es la facultad que poseen las palabras —denominadas deícticas— para ser utilizadas haciendo alusión al sujeto de una oración referencial. Estas expresiones sirven para indicar personas, objetos, lugares o espacios temporales.

Las expresiones deícticas dependen, para su correcta interpretación, del contexto del redactor. Por ejemplo:

Tendrás que *llevarlo* allí mañana.

Si no conocemos el contexto, no será posible entender a qué se refiere la oración.

El enclítico lo *no deja en claro de quién o de qué se trata.*

Si esta palabra ha aparecido antes, se llama deixis anafórica, y si aparecerá después es llamada deixis catafórica.[7]

Ejemplo de deixis anafórica:

Ya lo conozco.

El sujeto dice que conoce algo o a alguien que fue nombrado anteriormente; ahora ese algo o alguien se sustituye por *lo*.

Ejemplo de deixis catafórica:

Le dijo algunas cosas a Mauricio.

Le (a Mauricio) dijo algunas cosas. El pronombre *le* se refiere al nombre *Mauricio*; pero aún no sabemos de quién se trata.

- **Algunas deixis**

Pronombres personales, sujeto[8]	ejemplos[9]
él	***Mi profesor*** *me calificó mal.* *Obviamente* ***él*** (mi profesor) *no sabe que cometió un error.*
ella	***Mi mamá*** *no quiso escucharme.* *Seguramente* ***ella*** (mi mamá) *tuvo buenas razones.*
nosotros	***Alexis y yo*** *fuimos los responsables.* *Pero* ***nosotros*** (Alexis y yo) *no sabíamos lo que hacíamos.*
ustedes	***Tú y tu hermano*** *están invitados.* *Así que* ***ustedes*** (tú y tu hermano) *pueden entrar.*
ellos	***Raúl y sus hijos*** *fueron los ganadores.* ***Ellos*** (Raúl y sus hijos) *siempre se esfuerzan mucho.*
ellas	***Raquel y Brenda*** *fueron las únicas que llegaron temprano.* ***Ellas*** (Raquel y Brenda) *son personas responsables.*

El uso de yo, como vimos, no constituye deixis; sin embargo, su aplicación u omisión dará ciertas gamas a un escrito. La aplicación correcta de yo, además del uso del particular uno *(*uno sabe que eso está correcto, *por ejemplo), será advertida más adelante.*

Ejercicios

- *En las siguientes proposiciones, utilice deixis si lo considera necesario (como en los ejemplos anteriores). Si se sobrentiende el sujeto, la deixis no es necesaria, por tanto, omita el sujeto.*

El leoncito estaba recién nacido. El leoncito era sumamente tierno.

Las hermanas Beltrán no invitaron a Marcelo. Las hermanas Beltrán son muy envidiosas.

Almendra es la que me ayudó. Almendra es quien merece todo mi respaldo ahora.

Tú y tus amigos se han comportado muy mal hoy. Tú y tus amigos tendrán que irse.

Usted es muy amable, gracias. Usted es la única persona que me ha recibido como corresponde.

	Pronombres demostrativos [10]			ejemplos
él	*éste*	*ése*	*aquél*	***Mi profesor*** *me calificó mal.* ***Éste*** (mi profesor) *no sabe que cometió un error.*
ella	*ésta*	*ésa*	*aquélla*	***Mi mamá*** *no quiso escucharme. Seguramente* ***ésta*** (mi mamá) *tuvo buenas razones.*
(neutro)	*esto*	*eso*	*aquello*	*El televisor se estropeó.* ***Esto*** (que se haya estropeado el televisor) *está muy mal.*
ellos	*éstos*	*ésos*	*aquéllos*	***Raúl y sus hijos*** *fueron los ganadores.* ***Éstos*** (Raúl y sus hijos) *siempre se esfuerzan mucho.*
ellas	*éstas*	*ésas*	*aquéllas*	***Raquel y Brenda*** *fueron las únicas que llegaron temprano.* ***Éstas*** (Raquel y Brenda) *son las únicas responsables.*

Como mencionamos, nos sumaremos a la válida potestad de utilizar tilde diacrítica.

Ejercicios

- *Utilice deixis con pronombres demostrativos si lo considera necesario.*

Angélica era la más bella de todas; era hermosa como la luna y las estrellas juntas. Angélica, sin exagerar, parecía un ángel.

La usura ya no puede seguir. La usura es una fechoría.

Arturo, Ivana y Carmen son los ganadores. Arturo, Ivana y Carmen obtuvieron todo esto gracias a su esfuerzo.

Tal vez el encargado está ocupado, por eso no aparece. El encargado siempre tiene mucho trabajo.

Las puritanas de la esquina creen que me paso todo el día haciendo nada. Las puritanas de la esquina deben saber que soy más productivo que ellas y toda su familia junta.

Es necesario recordar la diferencia entre un ADJETIVO *demostrativo y un* PRONOMBRE *demostrativo...*

Un ADJETIVO *siempre acompañará a un sustantivo; y un* PRONOMBRE*, en cambio, no necesita "compañero", en sí solo constituye sujeto...*

adjetivo (sin tilde)			**pronombre** (con tilde)		
adjetivo	sustantivo	...	pronombre	—	...
este	*volumen*	*es...*	*éste*	—	*es...*

	pronombres átonos, complemento directo		ejemplos
él	persona	**lo** (o **le**)	*He buscado a Luis y no* ***lo*** *he visto [a él, a Luis].* (con *leísmo: le*)
	cosa	**lo**	*Perdí el papel, pero ya* ***lo*** *he encontrado [el papel].*
ella	persona o cosa	**la**	*He buscado a Luisa pero no* ***la*** *he visto [a Luisa].*
ello	**lo**		*Vi eso y* ***lo*** *compré ["compré ello", aquello].*
ellos	personas	**los** (o **les**)	*He buscado a tus hermanos y no* ***los*** *he visto [a ellos]. (con leísmo: les)*
	cosas	**los**	*Perdí los papeles, pero ya* ***los*** *encontré [a ellos].*
ellas	personas o cosas	**las**	*Perdí las cartas, pero ya* ***las*** *encontré [a ellas].*

Es un vicio el uso de le *o* les *en lugar de* lo *o* los *en el complemento directo; a este se le llama* LEÍSMO.

Ejercicios

- *Utilice deixis con pronombres átonos.*

Ejemplo: Mi madre es lo más hermoso. Yo quiero *a mi madre* con todo mi corazón.
Mi madre es lo más hermoso. Yo *la* quiero con todo mi corazón.

1. Angélica era la más bella de todas; era hermosa como la luna y las estrellas juntas. Yo admiraba a Angélica como a nadie.

2. La usura ya no puede seguir. Yo repudio la usura.
3. Arturo, Ivana y Carmen son los ganadores. Iré a felicitar a Arturo, Ivana y Carmen.
4. Tal vez el encargado está ocupado, por eso no aparece. Vendré mañana a ver al encargado.
5. Las puritanas de la esquina creen que me paso todo el día haciendo nada. Ya pondré en su lugar a las puritanas.

	Pronombres átonos, complemento indirecto [12]		ejemplos
	sin preposición	con preposición	
él, ella, ello	**le**	*sí, él, ella*	*He visto a Cristina y* ***le*** *he dado la noticia [a ella].*
ellos, ellas	**les**	*sí, ellos, ellas*	*He visto tus documentos y* ***les*** *he encontrado un defecto [a ellos].*

Ejercicios

- *Utilice deixis con pronombres átonos.*

Ejemplo: Antonio está esperando. Daré <u>a Antonio</u> lo que quiere.
Antonio está esperando. <u>Le</u> daré lo que quiere.

1. Angélica dijo que podía ayudarme. Así, pediré a Angélica su colaboración.
2. La usura ya no puede seguir. Yo daré a Rodrigo mis sugerencias.
3. Arturo, Ivana y Carmen son los ganadores. Daremos a Arturo, Ivana y Carmen sus felicitaciones.
4. Tal vez el encargado está ocupado, por eso no aparece. Vendré mañana y diré al encargado que debe estar atento.
5. Las puritanas de la esquina creen que me paso todo el día haciendo nada. Todo parece mal a las puritanas.

2.2. Conexiones semánticas

Este punto será más extenso que los otros concernientes a cohesión, pues prácticamente sintetizaremos, ligeramente, toda una disciplina a favor de un provechoso resultado...

La SEMÁNTICA es el estudio del significado de los signos lingüísticos y de sus combinaciones, desde un punto de vista SINCRÓNICO O DIACRÓNICO.[13] Trata aspectos del significado o interpretación del significado de un determinado símbolo, palabra, lenguaje o representación formal. Por ende, la SEMÁNTICA estudia la relación entre el concepto y su expresión material. Esta asociación es un proceso que se lleva a cabo en la mente; en consecuencia, requerimos un conocimiento preciso de las palabras empleadas para la transmisión del mensaje.

	**automóvil**
contenido (significado)	expresión (significante)
Semántica	

Entonces, el SIGNO LINGÜÍSTICO es la representación del objeto, pero no el objeto mismo. La palabra «automóvil» permite conceptualizar y expresar el objeto «automóvil»; sin embargo, no es el automóvil.

Un CAMPO SEMÁNTICO es un conjunto de palabras o elementos significantes con significados relacionados, debido a que comparten un núcleo de significación o rasgo semántico y se diferencian por otra serie de rasgos semánticos distinguidores.

Las relaciones semánticas más comunes son:

Sinonimia	Antonimia

Hiperonimia	Hiponimia

Meronimia	Holonimia

Sinonimia

La sinonimia es una relación semántica de identidad o semejanza de significados entre determinadas palabras (llamadas SINÓNIMOS).

Los sinónimos son palabras que tienen distinto nivel de expresión pero que asumen el mismo significado. Dicho de otra manera, se trata de vocablos o de expresiones que tienen una misma o muy parecida significación entre sí.

palabras sinónimas

	**perro**
contenido	expresión

	**can**
contenido	expresión

Dentro de los sinónimos existen subdivisiones que podrían ser muy útiles al momento de redactar:

SINÓNIMOS TOTALES. Son aquéllos en que su misma significación es completa. Es decir, podríamos usar uno u otro, sin que se altere en nada lo escrito, ya que son enteramente iguales.* Esta sinonimia "estricta" es muy rara en las lenguas, y suele darse por la existencia de formas dialectales coexistentes, o en formas léxicas del mismo significado pero usadas en contextos diferentes.[14] Por ejemplo:

* Aunque en ocasiones el buen uso, y en otras el contexto, exigen el uso de una palabra específica en particular.

Micrón	*Micra*
Roznar	*Rebuznar*
Cliché	*Clisé*
Fresa	*Frutilla*
Maní	*Cacahuate*

Sinónimos parciales (graduales). Son aquéllos en que su misma significación no es completa, pues hay cierta graduación entre los términos. Es decir, "uno es lo mismo que el otro, pero con mayor o menor grado", y, en ese aspecto, pueden ser subjetivos.* Por ejemplo:

Alegría	*Felicidad*	*Regocijo*

Estas palabras podrían ser sinónimas en cierto contexto; pero vistas aisladamente tienen una progresión que las diferencia, o una situación puntual o un ribete especial que no las hace precisamente "iguales". Por ejemplo, podría considerarse a la *felicidad* como una "alegría constante o enorme", o de cualquier otra manera subjetiva.

Hay que destacar que casi la totalidad del léxico cabe dentro de esta categoría: sinónimos parciales.

¿Qué tipos de palabras pueden tener sinónimos?

		ejemplos de sinónimos
sustantivos	*furia*	ira, cólera, saña, coraje, enojo...
	placer	goce, gozo, molicie, deleite...
	tranquilidad	calma, serenidad, apacibilidad, mansedumbre...

Ejemplos aplicados:[15]

No sabes qué hermoso ***sofá*** *vi. Era un* ***sillón*** *maravilloso.*

Encontré cinco ***perlas*** *en el mar. Estos* ***aljófares*** *estaban, aunque no lo creas, entre unas rocas escabrosas.*

---

* Incluso uno puede ser una parte aislada o condicionada del otro.

*Me voy a mi **cama**, porque no hay nada mejor que el **lecho** cuando se está cansado.*

***Reposo** es todo lo que necesito... Una **siesta** me hará muy bien.*

También es posible la sinonimia en sustantivos por medio de *catacresis retórica.*[16]

*El **palmarés** lo tuvo siempre presente: la **lista de ganadores** fue siempre su fiel compañero.*

*Era un **imberbe**... un **joven lampiño**, además de enclenque.*

Es aconsejable no utilizar palabras que tengan acepciones muy disímiles.

Coraje	*1. Impetuosa decisión y esfuerzo del ánimo, valor.* *2. Irritación, ira.*
Pena	*1. Dolor, tormento o sentimiento corporal.* *2. Vergüenza (en Centroamérica, Caribe y México).*
Necio (U.t.c.s.)	*1. Ignorante y que no sabe lo que podía o debía saber.* *2. Terco y porfiado en lo que hace o dice.* *3. Imprudente o falto de razón.*

En muchas ocasiones el contexto evidencia qué acepción estamos utilizando. A pesar de esto, es recomendable evitar estas confusiones... recurriendo a la sinonimia.

Juan se llenó de **coraje.**	*¿De "valor" o de "ira"? Es mejor decir.* 1. Juan se llenó de <u>valor</u> (valentía, audacia, arrojo...). 2. Juan se llenó de <u>ira</u> (furia, enfado, rabia...).

Ejercicios

- *Utilice sinonimia en las siguientes oraciones yuxtapuestas; sustituya una de las dos palabras subrayadas. Puede usar diccionario. Tenga en cuenta que el género puede cambiar, por tanto, cambian también los adjuntos (artículos y adjetivos).*

1. Sí creo en fantasmas. Estos fantasmas me han hecho travesuras en más de una ocasión.
2. Prefiero los caramelos, porque puedo llevar los caramelos a cualquier lugar.
3. Hemos decidido unirnos en matrimonio, pues nos queremos y lo demostraremos con nuestro matrimonio.
4. ¡Quién te dijo que yo era daltónico! Te demostraré que no soy ningún daltónico.
5. Me mojé en un ruin charco... Con la lluvia, toda la ciudad quedó plagada de charcos.

- *Yuxtaponga una oración a las siguientes. Utilice sinonimia de sustantivos:*

1. Vi pasar un ave.
2. Debí esperar la mejor oportunidad.
3. El cántaro se quebró.
4. Los estudiantes eran muy aplicados.

		ejemplos de sinónimos
adjetivos	*simple*	sencillo, llano, fácil, natural...
	competente	apto, capaz, capacitado, solvente...
	nefasto	desfavorable, nocivo, pernicioso, adverso...

Ejemplos aplicados:

Sí, estaba ***fosco*** *como nunca; lo* ***tenebroso*** *se podía incluso exhalar.*

No creo que sea tan ***peliagudo*** *para ti, pues antes ya has sorteado vallas así de* ***arduas****.*

También es posible la sinonimia en adjetivos por medio de FRASES SUBORDINADAS O LOCUCIONES ADJETIVAS.[17]

Enrique es el CULPABLE; *él es* QUIEN TIENE LA CULPA.
Me pareció gracioso el señor REGORDETE; *aquél* DE CARNES GENEROSAS.[18]

Ejercicios

• *Utilice sinonimia en las siguientes oraciones. Reemplace una de las dos palabras subrayadas.*

1. ¿Acaso crees que es largo? Estás equivocado, porque no es largo.
2. Comimos un rico pavo. Realmente sabía rico.
3. Opto por el pasaje rápido. Un camino rápido es más provechoso para mí.
4. Éste es un propósito generoso. Tú sabes que siempre persigo fines generosos.
5. He descubierto un buen lugar para comer. Sin dudas es bueno, ya lo verás.[19]

• *Yuxtaponga una oración a las siguientes. Utilice sinonimia de adjetivos:*

1. Todo sucedió demasiado rápido.
2. Tú dices que no era suficiente.
3. Carolina era la aplicada, no yo.
4. ¿Es muy caro?

		ejemplos de sinónimos[20]
adverbios	*siempre*	constantemente, usualmente, asiduamente, tenazmente...
	muy	demasiado, en demasía, enormemente, hartamente...
	ocasionalmente	esporádicamente, a veces, en ocasiones, de vez en cuando...

Ejercicios

• *Utilice sinonimia en las siguientes oraciones. Reemplace una de las dos palabras subrayadas.*

1. <u>Nunca</u> iré a ese lugar. <u>Nunca</u> me verás sucumbir.
2. <u>Posiblemente</u> no alcance a llegar; tú tendrás que hacerte cargo. De todos modos, no te preocupes: eres suficiente.
3. Llegamos <u>bien</u> al último paraje. ¡Vaya que llegamos <u>bien</u>!
4. Aún no es <u>tarde</u>. No vamos <u>tarde</u>.
5. Vi que íbamos <u>lentamente</u>. No exagero, avanzábamos <u>lentamente</u>, como molusco contra la corriente.

• *Yuxtaponga una oración a las siguientes. Utilice sinonimia de adverbios:*

1. No estuvo nada mal.
2. A veces voy a ese lugar.
3. Era una ciudad que apresaba paulatinamente.
4. A menudo estoy con ellos.

Antonimia

Las palabras antónimas son las que tienen un significado opuesto o contrario. Deben pertenecer, al igual que los sinónimos, a la misma categoría gramatical; por ejemplo:

virtud	vicio	sustantivo
claro	oscuro	adjetivo

palabras antónimas

	blanco
contenido	expresión

	negro
contenido	expresión

Dentro de los antónimos también existen subdivisiones que podrían ser muy útiles al momento de redactar:

Antónimos graduales. Son aquéllos en que su antonimia se basa en una progresión o gama de un término a otro, es decir, donde hay por lo menos un "término medio". Por ejemplo:

Antónimos		Antónimos
blanco	(término medio)	*negro*
	gris	

Antónimos complementarios. Son aquéllos en que uno excluye al otro; es decir, no hay posibilidad, de cierto modo, de abarcar ambos (o, dicho de otra manera, de ser *gradual*). Por ejemplo:

Vivo	*Muerto*

Se está vivo o muerto. No hay, literalmente, un término medio entre ambos sustantivos.

Antónimos recíprocos. Son aquéllos en que uno requiere del otro, ya que su correspondencia da vida a la antonimia. Por ejemplo:

comprar	*vender*

Uno no puede existir sin el otro, y viceversa.

Ejercicios

- *Yuxtaponga una oración a las siguientes. Utilice antonimia:*

1. No tolero la indolencia.
2. Mi peor defecto es la imprudencia.
3. Una piedra rompió el cristal.
4. Debes ir cautelosamente.

Los distintos tipos de palabras vistas hasta ahora (sinónimos y antónimos) son los más comunes; no obstante, hay otras que no son de estudio frecuente, pero podrían ser de suma importancia al momento de redactar.

Hiperonimia / Hiponimia

Este par de palabras sirve para clasificar, pues el HIPERÓNIMO es el término "madre", y todas sus posibles ordenaciones o agrupaciones son sus HIPÓNIMOS. Por ejemplo:

palabras hiperónimas / hipónimas

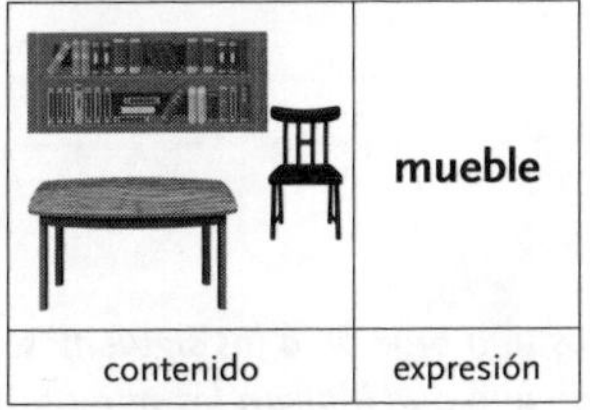

	silla		**mesa**		**gaveta**
contenido	expresión	contenido	expresión	contenido	expresión

Un HIPERÓNIMO es aquel término general que puede ser utilizado para referirse a la realidad nombrada por un término más particular. Semánticamente, un hiperónimo no posee ningún rasgo semántico —SEMA— que no comparta su hipónimo...

Un HIPÓNIMO es aquella palabra que posee todos los rasgos semánticos —SEMAS— de otra más general (su hiperónimo) pero que añade en su definición otros rasgos semánticos que la diferencian.

Otro ejemplo:

Hiperónimo	Hipónimo
automóvil	***descapotable*** (adjetivo sustantivado)

semas

vehículo	con motor	tamaño pequeño

semas

vehículo	con motor	tamaño pequeño	**sin capota**

Al redactar un texto conviene "jugar" con HIPERÓNIMOS *e* HIPÓNIMOS, *para evitar la repetición de palabras empleadas anteriormente. Ejemplo:*

De repente, un **descapotable** azul se detuvo frente al banco. Del **automóvil** salieron dos sujetos encapuchados, mientras otro esperaba en el **vehículo**.

Ejercicios

• *Yuxtaponga al menos una oración a las siguientes. Utilice hiperonimia / hiponimia, lo contrario a lo que indican los paréntesis:*

1. Era un futbolista (*hipónimo*) de excepción.
2. Las herramientas (*hiperónimo*) quedaron en el cuarto.
3. Química (*hipónimo*) se me hace muy difícil.
4. Los electrodomésticos (*hiperónimo*) están muy caros.

Meronimia / Holonimia

Este par de palabras sirve para determinación de pertenencia o constitución, física o abstracta. El holónimo es el término "madre"; y el merónimo, sus posibles constituyentes. Por ejemplo:

palabras merónimas / holónimas

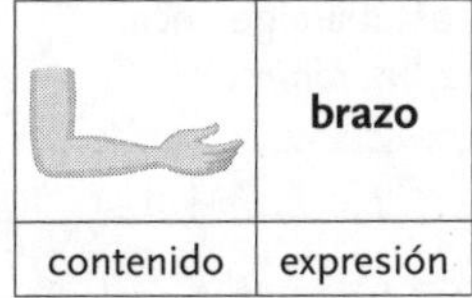

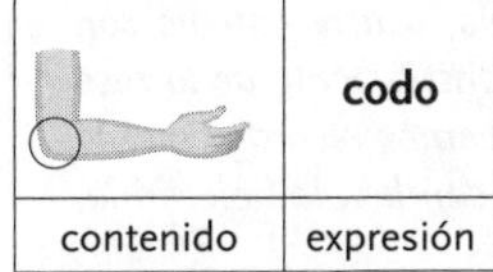

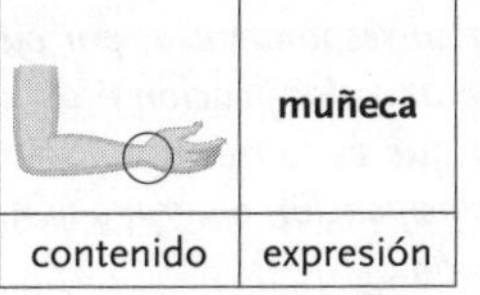

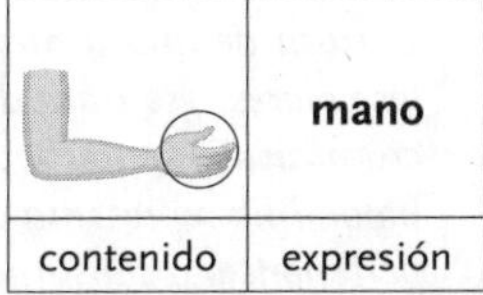

La MERONIMIA es una relación semántica (no simétrica) entre los significados de dos palabras dentro del mismo campo semántico. Así, el MERÓNIMO es la palabra cuyo significado constituye una parte del significado total de otra palabra (HOLÓNIMO).

La HOLONIMIA es una noción semántica que se opone a MERONIMIA, del mismo modo en que se oponen el todo y la parte.

Merónimo	Holónimo
dedo	***mano***
mano	***brazo***

Merónimo	Holónimo
sillín	
pedal	***bicicleta***
manubrio	

Ejercicios

• *Yuxtaponga una oración a las siguientes. Utilice meronimia / holonimia, lo contrario a lo que indican los paréntesis:*

1. Me duele tanto la cabeza (*holónimo*).

2. El automóvil (*merónimo*) está en perfectas condiciones.
3. La rama (*holónimo*) estaba algo seca.
4. Ya armamos la cama (*merónimo*).

La relación hiperonimia / hiponimia *suele confundirse con* meronimia / holonimia *(o viceversa). A veces no podemos concebir con claridad si se trata de una u otra correspondencia; por ejemplo, ocurre aquello con los colores: ¿se trata de una clasificación o de un constituyente de la rosa cromática?... pareciera que es lo mismo... Sólo debemos recordar que la hiponimia representa clasificación o agrupación; en cambio, la holonimia, pertenencia o constitución...*

De todos modos, en muchos casos diferenciar una de otra correspondencia no es substancial; aunque sí lo es su aplicación.

En cuanto a redacción, casi siempre conviene comenzar con hipónimos *u* holónimos, *para luego seguir con* hiperónimos *o* merónimos*:*

Iré a comprar pantalones. Hace mucho que no compro ropa.

En este contexto de las conexiones semánticas, también hay palabras que no representan un mecanismo de cohesión (porque no se trata de una relación semántica, sino léxica). A menos que se trate de un mensaje sofisticado, es recomendable tenerlas en cuenta, para no causar confusiones...

Homonimia

Las palabras homónimas se pronuncian de igual manera, o prácticamente igual, pero tienen significado distinto. Se dividen en:

Homófonas. Son palabras que tienen la misma pronunciación, aunque se escriben de manera distinta.

palabras homófonas

	haya			aya
contenido	expresión		contenido	expresión

Homógrafas. Son palabras que se escriben y se pronuncian igual.

palabras homógrafas

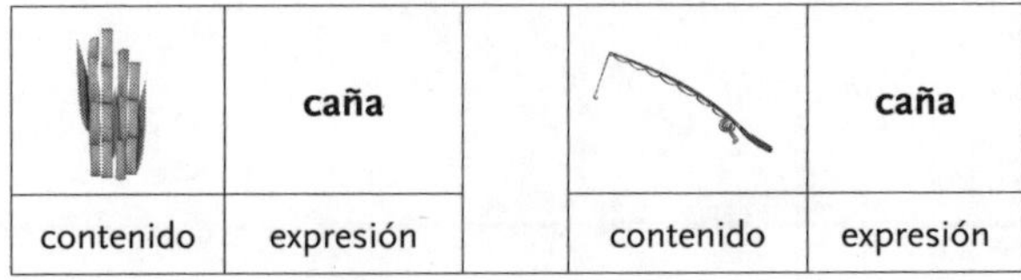

	caña			caña
contenido	expresión		contenido	expresión

Como ya mencionamos, estas palabras no representan un mecanismo de cohesión; pero es recomendable tenerlas en cuenta, para no causar confusiones.

El haya está velando por el niño.	*Aquí dice que un "árbol" está cuidando a un niño (?). Esto es incorrecto, a menos que queramos decir que este árbol cuida al niño de los rayos del sol, o algo similar.*
Compraremos cañas.	*Cuando se trate de homógrafos, es necesario contextualizar correctamente, pues, como vemos en el ejemplo, no es posible saber si vamos de pesca, haremos artesanía con cañas...*

2.2.1. Mecanismos de repetición

Las PROFORMAS, O MECANISMOS DE REPETICIÓN, son elementos léxicos de significado amplio, capaces de sustituir a otras unidades de sentido más concreto. Son conocidas también como PALABRAS BAÚL:

cosa	*Sí vi el **bulto**. Esa **cosa** era demasiado pesada...*
hacer	*No quiero **comer**. No quiero **hacer**lo.*[21]
fulano, tipo, persona	*No conozco ese **hombre**. Este **fulano (tipo, persona)** parece...*

Una variante de las proformas son aquellas palabras capaces de sustituir a enunciados o segmentos textuales:

lo dicho
la anterior circunstancia
lo cual

Debemos tener cuidado en la utilización abusiva de estas proformas. Este uso no es muy ventajoso o perspicaz y, además, podría ocasionar vicios. Más adelante veremos uno en particular: el "cosismo".

Ejercicios

• *Utilice proformas (cualquiera que le parezca adecuada, no sólo las pocas mencionadas) en las siguientes proposiciones. Modifique todo lo que considere necesario.*

1. Si no terminas ahora tu tarea, de todos modos tendrás que terminarla mañana.
2. El espectáculo fue todo un éxito, el espectáculo me dejó satisfecho.
3. Era un individuo alto y fornido, tal vez un atleta. El individuo parecía hostil.
4. No me culpes a mí, porque no tengo nada que ver. Reitero que no debes culparme.
5. Fue una desafortunada eventualidad que no se repetirá, se lo aseguro. La desafortunada eventualidad fue sólo un lance aislado.

2.3. Marcadores del discurso

Dentro de un escrito hay expresiones conectivas, es decir, palabras o locuciones que sirven para enlazar juicios. Éstas son llamadas MARCADORES DEL DISCURSO, SECUENCIAS CONECTIVAS, ENLACES EXTRAORACIONALES, CONECTORES ARGUMENTATIVOS, MARCADORES TEXTUALES... Son un conjunto heterogéneo de elementos —conjunciones y locuciones adverbiales, esencialmente— que actúan como engarces entre diferentes ideas de oraciones y párrafos, para demostrar las relaciones entre las diferentes partes del discurso. De este modo, conectan ideas y dan continuidad y sentido a la relación.

Es más común verlos al comienzo de cada frase, aunque en ocasiones aparecen en otra posición, lo cual depende del *orden de las ideas* o del grado de sorpresa que queramos dar. Independientemente de su ubicación, siempre será una especie de límite: algo ocurre entre lo que se dice antes y después de ellos (o de la frase a la que pertenece, en el caso que aparezca como inciso). Si surge al comienzo de un párrafo, marca una relación con el párrafo anterior o con la última idea de ese párrafo.

2.3.1. Tipos de marcadores

Estas unidades lingüísticas son inalterables, y no despliegan una función sintáctica en el marco de la predicación oracional; y, además, lo importante para nosotros: asumen el cometido de guiar.

• ESTRUCTURADORES DE LA ORACIÓN

Sirven para desarrollar la información contenida en un discurso. Hay tres tipos:

1. Los que presentan un nuevo comentario (**COMENTADORES**): *pues, pues bien, así las cosas, dicho esto/eso*, etc.[22]

Sí, ése. Pues debes sentarte.
Fue un error. Pues bien, esta vez debemos redimirnos.
Yo no supe nada de eso. Así las cosas, no creo ser responsable.
Y no me retractaré. Dicho esto, espero lo respeten.

Ejercicios

• *Yuxtaponga una oración por medio de un marcador comentador a cada una de las siguientes frases.*

1. No quería nada.
2. Tal vez, aunque no estoy seguro.
3. Te lo dejé muy claro.
4. Debes seguir así.

• *Escriba ocho ejemplos de oraciones ligadas con comentadores.*

2. Los que agrupan varios miembros como partes de un solo comentario (**Ordenadores**).[23] Son de uso más frecuente en el texto escrito que en el oral. Por lo general, se basan en la numeración (*primero... segundo*), en el espacio (*por un lado..., por otro lado; por una parte... por otra parte; de un lado... de otro lado*) o en el tiempo (*después, luego, en fin, finalmente...*). Algunos de ellos forman pares correlativos, incluso mixtos de espacio y número o tiempo.

Hay de tres tipos:

2.1. Los que sirven para abrir una serie (**Ordenadores que marcan apertura**): *en primer lugar, primeramente, por una parte, por un lado, de una parte, de un lado...* Ejemplos:

Hay cinco elementos que deben considerar. En primer lugar, la supresión de todo componente...

Debes aprender cohesión. Primeramente, es necesario que los ordenadores sean asimilados.

La situación es compleja. Por una parte, no se puede...

Ejercicios

• *Yuxtaponga una oración por medio de un ordenador que marca apertura a cada una de las siguientes frases.*

1. Te voy a explicar por qué.
2. Nadie conoce a ese señor.
3. Eran familias antagonistas.

• *Escriba seis ejemplos de oraciones ligadas con ordenadores que marcan apertura.*

2.2. Los que indican que el miembro al que acompañan forma parte de una serie de la que no es el principio (**Ordenadores que marcan continuidad**): *en segundo/tercer/cuarto... lugar, por otra (parte), por otro (lado), por su parte, de otra (parte), de otro (lado), asimismo, igualmente, de igual forma/modo/manera, luego, después...* Ejemplos:

Primero, debes hacerte respetar. En segundo lugar, ésta es tu vivienda.
Ya me aburrí. Por otra parte, ya no podemos seguir esperando.
Haz lo que te corresponde. Por su parte, Aldo sabrá qué hacer.
Eso es un ensueño constante de mi aliento. Asimismo, las quimeras nacen desde la yema de la ilusión.
No hay tiempo para temores. Igualmente, las premuras deben ser abatidas.
Puede señalar apertura. Luego, un ordenador también puede marcar continuidad.

Ejercicios

• *Yuxtaponga una oración por medio de un ordenador que marca continuidad a cada una de las siguientes frases.*

1. Primero, quiero que me escuches.
2. Nos divertiremos como nunca.
3. Los duraznos son dulcísimos.
4. Los inquilinos se llevaron todo.
5. Escribe seis oraciones yuxtapuestas.
6. Éstos eran los más estudiosos.

• *Escriba doce ejemplos de oraciones ligadas con ordenadores que marcan continuidad.*

2.3. Los que señalan el fin de una serie discursiva (**Ordenadores que marcan cierre**): *Por último, en último lugar, en último término, en fin, por fin, finalmente.*

También tierra de hoja. Por último, requerimos una maceta grande.
[...] y salir de aquí. En último lugar, habrá que buscar resguardo.
Y no iré a recibirla. En fin, eres tú quien merece esta condecoración.
No estás pidiendo nada que no valgas. Finalmente, no debes esperar tanto.

Ejercicios

• *Yuxtaponga una oración por medio de un ordenador que marca cierre a cada una de las siguientes frases.*

1. Necesitan un buen entrenador.
2. Si nos ayudan, el resultado será óptimo.
3. Mas no debes confiarte.
4. El que se tarda, no avanza.

• *Escriba ocho ejemplos de oraciones ligadas con ordenadores que marcan cierre.*

Se puede ver que estos tres ordenadores (2.1, 2.2, 2.3) tienen una disposición lógica dentro de un párrafo:

Ordenadores que marcan apertura	Ordenadores que marcan continuidad	Ordenadores que marcan cierre

Un ejemplo:

Es inconcebible que existan escritores que no sepan escribir (!).		
Primero, dicen "sí" cuando quieren decir "quizás"; y lo que es peor: a veces dicen "soy tonto", cuando en realidad querían conferir su tesis.	Asimismo, otros tienen muy buenas ideas; entonces deberían ser llamados, tal vez, "pensadores", pues piensan bien (y eso también debería ser comprobado), pero es un hecho que no saben plasmar sus ideas en el papel.	Por último, sean éstos al menos pensadores ágrafos o simplemente algún farsante de labia profusa, quitan oportunidades a otros con verdaderos méritos.

Los que marcan apertura y los que marcan cierre podrían, incluso, ser sucedidos por dos puntos, y no por coma. Eso dependerá de cuán sentenciosa o solemne sea la declaración.

Ejercicios

- *De la misma manera que fue hecho en el ejemplo anterior, redacte un texto que contenga estos tres tipos de ordenadores.*

3. Los que introducen un comentario lateral en relación con la temática principal del discurso (**Digresores**): *por cierto, a propósito, a todo esto.* Hay otros menos "gramaticalizados": *dicho sea de paso, dicho sea, entre paréntesis, otra cosa,* etc.[24]

Había muchas personas... Por cierto, estaba Sofía.
No pude imprimir. A todo esto, se acabó el papel.
Sí, comimos toda la tarde. Entre paréntesis, ¡qué buena estaba la carne!
...y la puerta central. Otra cosa, el piso debe quedar blanco.

Ejercicios

• *Yuxtaponga una oración por medio de un digresor a cada una de las siguientes frases.*

1. Fuimos con Gabriel.
2. Era mi escondite favorito.
3. Tu padre era graciosísimo.
4. Nunca regresé a Valdivia.

• *Escriba ocho ejemplos de oraciones ligadas con digresores.*

• CONECTORES

Son marcadores discursivos que vinculan semántica y pragmáticamente un miembro del discurso con otro anterior. A veces, el primer miembro puede ser situacional o contextual, o implícito.[25]

1. Los que unen a un miembro discursivo anterior con la misma orientación argumentativa, lo cual permite inferir conclusiones que de otro modo no lograríamos (**CONECTORES ADITIVOS**). Hay de dos tipos:

1.1. LOS QUE ORDENAN DOS MIEMBROS DISCURSIVOS EN LA MISMA ESCALA ARGUMENTATIVA: *incluso, es más.*[26] Ejemplos:

Fuimos todos. Incluso, no cabíamos en el auto.
Era muy chistoso. Es más, creo que nunca me había reído tanto.

Ejercicios

• *Yuxtaponga una oración por medio de un conector aditivo que ordene dos miembros discursivos en la misma escala argumentativa, a cada una de las siguientes frases.*

1. El piano sonó mejor que nunca.
2. Conté cada arroyo de la comarca.

3. Dimos con el observatorio.
4. Caminamos seis horas.

• *Escriba ocho ejemplos de oraciones ligadas con un conector aditivo de este tipo.*

1.2. **Los que no ordenan dos miembros...**: *además, encima, aparte, por añadidura.*[27] Ejemplos:

Es demasiado tarde. Además, no hay nada que decir.
Los canales estaban fallando. Encima, se cortó el agua.
Resultaron los menos batidos. Por añadidura, fueron los mejores.
No es necesario terminar ahora. Aparte, habrá más cabos que atar.

Ejercicios

• *Yuxtaponga una oración por medio de un conector aditivo que no ordene..., a cada una de las siguientes frases.*

1. Cabíamos todos.
2. Sí, es mejor que vayas tú.
3. No escatimamos en gastos.
4. Es preferible que lo revises.

• *Escriba ocho ejemplos de oraciones ligadas con un conector aditivo de este tipo.*

2. **Conectores consecutivos.** Presentan el miembro del discurso en el que se encuentran como una consecuencia de un miembro anterior: *pues, así pues, por tanto, por consiguiente, consiguientemente, consecuentemente, por ende, de ahí, en consecuencia, así, entonces...* Ejemplos:

[...] y el informe de psicología con todo el marco teórico. Pues, habrá mucho que hacer.

Una palabra sobresdrújula es casi similar a una esdrújula. Por consiguiente, toda sobresdrújula lleva tilde.

Es único e irrepetible; pero a la vez está ensamblado en un sistema. Así, es individuo y sujeto.

Ejercicios

- *Yuxtaponga una oración por medio de un conector consecutivo a cada una de las siguientes frases.*

1. El frontis está feo.
2. Caminaremos quince kilómetros.
3. Siempre desayunamos a las 8.
4. Los anteojos se quebraron.

- *Escriba ocho ejemplos de oraciones ligadas con un conector consecutivo de este tipo.*

3. Los que vinculan dos miembros del discurso de tal modo que el segundo es presentado como supresor o atenuador de alguna conclusión que pudiéramos obtener del primero (**Conectores contraargumentativos**): *en cambio, por el contrario, antes bien, sin embargo, no obstante, con todo, empero, ahora bien, ahora, eso sí...*[28] Ejemplos:

Hemos reconocido ya dos. Quedan, sin embargo, muchos marcadores por ver.

Necesitamos cuatro. Ahora bien, quedan sólo tres. ¿Qué hacemos?

Éste es un cuchitril aún. En cambio, el otro ya está terminado.

Ejercicios

- *Yuxtaponga una oración por medio de un conector contraargumentativo a cada una de las siguientes frases.*

1. Éste quedó tal como queríamos.
2. Llegamos, ¡al fin!
3. La ventana es blanca.
4. No hay espacio.

- *Escriba ocho ejemplos de oraciones ligadas con un conector contraargumentativo.*

• REFORMULADORES

Son marcadores que presentan el miembro del discurso que introducen como una nueva formulación de un miembro anterior.

1. **REFORMULADORES EXPLICATIVOS**: *o sea, es decir, esto es, a saber, en otras palabras, en otros términos, dicho con/en otros términos, (dicho) con otras palabras, dicho de otra manera/modo/forma*, etc. Por ejemplo:

> *Habla dos idiomas; es decir, es bilingüe.*
> *Es un diptongo. En otras palabras, se trata de dos vocales en una misma sílaba.*
> *Me preguntó qué hora era. Con otras palabras, me anunció su partida.*
> *Aquí se juntan dos palabras. Esto es, se forma una contracción.*

Ejercicios

• *Yuxtaponga una oración por medio de un reformulador explicativo a cada una de las siguientes frases.*

1. No distingues los colores.
2. Cuida cada aspecto de ese informe.
3. No te fíes de los dogmas.
4. El resultado debe cuadrar, obviamente.

• *Escriba ocho ejemplos de oraciones ligadas con un reformulador explicativo.*

2. Los que sustituyen un primer miembro, que presentan como una formulación incorrecta, por otra que la corrige, o al menos la mejora (**REFORMULADORES RECTIFICATIVOS**): *mejor dicho, mejor aún, más bien* y *digo*.[29] Ejemplos:

Era una muchedumbre. Más bien, parecía una turba bravía.

Esta parte no me gusta, es una línea rugosa. Mejor dicho, es un verso arrítmico.

Algunos deben atender la seguridad. Mejor aún, debemos buscar cinco o seis guardias.

No creo que seamos bien recibidos. Digo, prefiero no ir.

Ejercicios

• *Yuxtaponga una oración por medio de un reformulador rectificativo a cada una de las siguientes frases.*

1. No es como tú piensas.
2. Encontramos algo.
3. Quiero aquel plato.
4. Ana cocinó una ambrosía.

• *Escriba ocho ejemplos de oraciones ligadas con un reformulador rectificativo.*

3. **Reformuladores de distanciamiento.** Presentan como no relevante un miembro del discurso anterior a aquél que los acoge. Con ellos no pretendemos reformular lo antes dicho, sino dar consecución al discurso, al tiempo que restamos pertinencia al miembro discursivo que le precede: *en cualquier caso, en todo caso, de todos modos/maneras/formas, de cualquier modo/manera/forma*... Ejemplos:

Nos costará llegar, seguramente. De todos modos, estaremos ahí a la hora acordada.
Sé que es complicado. En todo caso, no hay excusa que sirva.
Siempre se complica esto. De cualquier modo, ya tenemos al indicado.

Ejercicios

• *Yuxtaponga una oración por medio de un reformulador de distanciamiento a cada una de las siguientes frases.*

1. Disculpe el atraso.
2. Sólo cinco serán necesarios.
3. No lo sé.
4. Está bien.

- *Escriba ocho ejemplos de oraciones ligadas con un reformulador de distanciamiento.*

4. **Reformuladores recapitulativos.** Presentan su miembro del discurso como una conclusión o recapitulación a partir de un miembro anterior o de una serie de ellos: *en suma, en conclusión, en resumen, en síntesis, en resolución, en una palabra, en otras palabras, en pocas palabras, en resumidas cuentas, en definitiva, a fin de cuentas, en fin, al fin y al cabo, después de todo.*[30] Ejemplos:

Dimos cada paso correspondiente. En suma, hicimos las cosas mejor que nadie.

Cada una debe confluir. En conclusión, habrá sólo una vertiente.

Tú te quedas aquí, esperándome, sentado en el auto. En pocas palabras, sólo iré yo.

No; por ningún motivo. Hazlo tú. A fin de cuentas, eres tú el interesado.

Ejercicios

- *Yuxtaponga una oración por medio de un reformulador recapitulativo a cada una de las siguientes frases.*

1. Cinco irán de pie.
2. Tu mamá lo dijo muy claro: "Sube las calificaciones, Pedro".
3. No sabes las peripecias que hicimos.
4. Sí.

- *Escriba ocho ejemplos de oraciones ligadas con un reformulador recapitulativo.*

• Operadores argumentativos

Los operadores argumentativos son aquellos marcadores que condicionan las posibilidades argumentativas del miembro del discurso en que se incluyen, aunque no tenga relación con el miembro anterior.

1. **Operadores de refuerzo argumentativo.** Su sentido consiste esencialmente en reforzar el argumento del discurso en el que se encuentran. De este modo, y al tiempo que reforzamos su argumento, limitamos los otros como desencadenantes de posibles conclusiones: *en realidad, en el fondo, de hecho,* etc.[31]

No había nadie en la sala. En realidad, no había nadie en la escuela.
No viniste, ni llamaste. En el fondo, no querías venir.
Estaba demasiado simple. De hecho, todos aprobaron.

Ejercicios

• *Yuxtaponga una oración por medio de un operador de refuerzo argumentativo a cada una de las siguientes frases.*

1. Aurora hizo todas sus tareas.
2. Así es esta gente.
3. Quince pesos quedaron en la gaveta.

• *Escriba seis ejemplos de oraciones ligadas con un operador de refuerzo argumentativo.*

2. **Operadores de concreción.** Otorgan al discurso que los incluye una concreción o ejemplo de una expresión más general: *por ejemplo, verbigracia, en concreto, en particular, por caso.*

Así es esto. Por ejemplo, Raúl tuvo que sacrificarse dos años.
Un notario debe ser honorable; verbigracia, el señor Cevallos.
El material llegó a salvó. En concreto, libros, cuadernos y discos ya están a disposición.

Ejercicios

• *Yuxtaponga una oración por medio de un operador de concreción a cada una de las siguientes frases.*

1. El ángulo debe ser de 90 grados.

2. Éstos son la mejor opción.
3. Debe elegir un espacio menor.

• *Escriba ocho ejemplos de oraciones ligadas con un operador de concreción.*

• MARCADORES CONVERSACIONALES

Éstos se distinguen de los de la lengua escrita en que a su función "informativa" suman otra función "interactiva" orientada hacia el interlocutor. Dos grandes tipos de modalidad pueden ser establecidos:

1. LA MODALIDAD EPISTÉMICA. Podemos usarlos en enunciados declarativos. Se refieren a nociones que guardan relación: a) con la posibilidad o con la necesidad, b) con la evidencia, sobre todo a través de los sentidos; c) con lo oído decir o expresado por otros, etc. Sus marcadores son del tipo de *en efecto, claro, por lo visto...*

1.1. MARCADORES DE EVIDENCIA:[32] *claro, desde luego, por supuesto, naturalmente* y *sin duda.*[33]

Dolores fue una gran persona. Desde luego, todos la extrañan.
Aquel arbusto tapaba toda la entrada. Por supuesto, teníamos que moverlo.
Era una maravilla. Naturalmente, nadie se la perdió.

Ejercicios

• *Yuxtaponga una oración por medio de un marcador de evidencia a cada una de las siguientes frases.*

1. Hay algunos sectores sucios.
2. No todos van con el mismo rumbo.
3. Faltan recursos.

• *Escriba seis ejemplos de oraciones ligadas con un marcador de evidencia.*

1.2. Marcadores orientativos sobre la fuente del mensaje:[34] *por lo visto, al parecer...*[35]

Van invictos. Por lo visto, serán campeones.
Ése tiene cara de instruido. Al parecer, es el aplicado del curso.

Ejercicios

- *Yuxtaponga una oración por medio de un marcador orientativo a cada una de las siguientes frases.*

1. No llegarán a tiempo.
2. ¿Acaso no está completo?

- *Escriba cuatro ejemplos de oraciones ligadas con un marcador orientativo.*

2. La modalidad deóntica. Incluye actitudes que tienen que ver con la voluntad o con lo afectivo.

Dan cuenta de una postura subjetiva del hablante, ya sea volitiva o afectiva, respecto al contenido del enunciado. Estos marcadores indican si aceptamos, admitimos, consentimos o no lo que se infiere del fragmento de discurso al que se remite. En la oralidad, van separados por una pausa más marcada y pueden alternar con otros procedimientos expresivos: los verbos *acepto, consiento, admito*; construcciones verbales como *bien está, está bien, bueno está*, etc.

Ejemplos: *bueno, bien; vale, de acuerdo, conforme, perfectamente, cabalmente...*[36]

2.1. Enfocadores de alteridad. Apuntan al oyente o menos frecuentemente a ambos interlocutores; sirven para comentar el fragmento del discurso al que remiten[37] pero, sobre todo, para señalar el enfoque de las relaciones que mantiene el hablante con el oyente: amistosas, corteses, etc.

Está bien. Vamos, tranquilízate.
No es tan complicado. Fíjate, sólo debes preocuparte por este fragmento.
Así debe ser. Por favor, sigue esto al pie de la letra.

Ejercicios

- *Yuxtaponga una oración por medio de un enfocador de alteridad a cada una de las siguientes frases.*

1. Cada cosa en su lugar.
2. "No hay peor ciego que el que no quiere ver".
3. Ya acabó.

- *Escriba seis ejemplos de oraciones ligadas con un enfocador de alteridad.*

2.2. **Metadiscursivos conversacionales.** Trazan el esfuerzo que realizamos para formular e ir organizando el discurso, como signos de puntuación para el descanso: *ya, sí, bueno, bien, eh, este.*[38]

Quiero... eh... ¡éste!
Eso dicen las instrucciones. Bien, espero haya quedado claro.
Sí, aunque... Este, no sé.

Ejercicios

- *Yuxtaponga una oración por medio de un metadircursivo conversacional a cada una de las siguientes frases.*

1. No vayas a ese lugar.
2. El perro es el mejor amigo del hombre.
3. Todos están aquí.

- *Escriba seis ejemplos de oraciones ligadas con un metadiscursivo conversacional.*

3. Correcta conexión entre las frases que forman un párrafo (un breve preámbulo)[39]

En cada párrafo debe haber concordancia sintáctica y, además, buen gusto y sentido literario. Esto implica que muchas ocasiones un texto debe reelaborarse, o al menos debemos reemplazar palabras o frases, como en el siguiente ejemplo:

La gente no suele darse cuenta de lo ocupado que está siempre un corresponsal activo. Hay que perseguir y acorralar a la noticia, dondequiera que ésta se encuentre, sea la hora que sea. Además, cuando llega un día festivo y las demás personas descansan, usted tiene que ir a terreno, a buscar información para el día siguiente. Buscar y escribir una buena información nos suele llevar varias horas de preparación. Si usted además trabaja en alguna oficina, esto lo tendrá prácticamente ocupado todo el día.	Este párrafo puede ser corregido cambiando algunas palabras: "Hay"– √ *el cual tiene* [40] "usted"– √ *el periodista* "suele llevar"– √ *requiere* "usted" – √ *el corresponsal*

De este modo, las frases están mejor conectadas unas con otras:[41]

La gente no suele darse cuenta de lo ocupado que está siempre un corresponsal activo, el cual tiene que perseguir y acorralar a la noticia, dondequiera que ésta se encuentre, sea la hora que sea. Además, cuando llega un día festivo y las demás personas descansan, el periodista tiene que ir a terreno, a buscar información para el día siguiente. Buscar y escribir una buena información requiere varias horas de preparación. Si el corresponsal además trabaja en alguna oficina, esto lo tendrá prácticamente ocupado todo el día.

Ejercicios

• *Tache en los párrafos siguientes las palabras que no resulten coherentes y, en su lugar, escriba las palabras que "enlacen" mejor las distintas frases.*

1. Shakespeare ha pintado un retrato atroz de Ricardo III de Inglaterra: un jorobeta inhumano, valeroso y brillante. A pesar de que algunos historiadores tratan de rehabilitar a Ricardo III, debe usted creer a Shakespeare. Ricardo, duque de Gloucester, cometió los más detestables crímenes para conseguir la corona. Mandó asesinar a su hermano para que no le entorpezca en sus planes. Después, hizo

asesinar a sus dos sobrinos, hijos de Enrique IV, y posibles herederos de la corona, tras el fallecimiento de Enrique IV. En suma, la figura de Ricardo III es un agravio cruento en la historia de inglesa.

2. Si usted está aprendiendo a pintar, es preciso que conozca previamente el dibujo y la perspectiva. No debemos lanzarnos sobre los colores sin haber estudiado antes los problemas de la composición. Después, cuando ya domine el dibujo, aprenda a manejar los colores. Pero no empecemos por el retrato. Elija usted paisajes sencillos o, mejor, comience por reproducir objetos simples, sin grandes complicaciones.

3. Nuestra biblioteca debe ser una vislumbre de nuestra personalidad. Uno debe seleccionar los libros y no comprarlos alborotadamente. Los jóvenes suelen comprar libros poco instructivos. Solemos preferir las novelas policíacas a las obras de los grandes escritores. Y hay quien centra toda su atención literaria en los relatos del F.B.I. Si comprásemos los libros pensando en nuestra educación espiritual, nuestra biblioteca sería un buen ejemplo de gusto depurado.

II
FORMAS DISCURSIVAS

El texto

Un texto *es cualquier manifestación verbal que se produzca en un intercambio comunicativo. Es una unidad total de comunicación, oral o escrita (obviamente la escrita es la que importa en este libro), con una determinada intención y que, además, está bien estructurada sintáctica y semánticamente.*

Una de las definiciones más conocidas dice que texto *es «aquella unidad lingüística comunicativa cuya interpretación y producción dependen del contexto sociocultural y situacional». La RAE dice «enunciado o conjunto coherente de enunciados orales o escritos» y «todo lo que se dice en el cuerpo de la obra manuscrita o impresa, a diferencia de lo que en ella va por separado; como las portadas, las notas, los índices, etc.».*

Un texto no es una unidad indivisible, ya que puede ser descompuesto en las distintas partes que lo constituyen: CAPÍTULOS, PÁRRAFOS, ENUNCIADOS, PROPOSICIONES, ORACIONES, etc.

Desde la perspectiva más básica, la comunicación tiene dos aspectos: 1) el contenido, que es el mensaje en sí; y 2) la forma que adopta este mensaje, es decir, las distintas MODALIDADES TEXTUALES, O SECUENCIAS TEXTUALES, O MODOS DE ELOCUCIÓN:[42]

Modos del discurso

- *Descripción*
- *Narración*
- *Argumentación*
- *Exposición*

1. LA DESCRIPCIÓN

Toda persona que escriba se enfrenta alguna vez con el problema de la descripción; incluso un simple informe podría llevar implícita una somera descripción...

DESCRIBIR es conseguir que el lector vea algo, sea esto un objeto material o un proceso mental. Se trata, pues, de "pintar un cuadro a través de las palabras". El texto descriptivo consiste en la representación verbal real de un objeto, persona, paisaje, animal, emoción, y prácticamente todo lo que pueda ser puesto en palabras. Este tipo de texto pretende que el lector obtenga una imagen exacta de la realidad que se está transmitiendo en palabras.

• CLASES DE DESCRIPCIÓN

Considerando la intención comunicativa, el punto de vista y la actitud del emisor, habitualmente se distinguen dos tipos de descripciones:

1. **LA DESCRIPCIÓN CIENTÍFICA O TÉCNICA (O INSTRUCTIVA).** Su finalidad es eminentemente práctica. En ella se ofrecen objetivamente los elementos que caracterizan un objeto o un proceso. Este tipo de descripciones suele informar sobre *qué es, cómo es* y *cómo actúa* algo. Las características de la descripción técnica son la tendencia a la objetividad (léxico denotativo, adjetivación especificativa, o a veces nula), precisión en la información (abundancia y minuciosidad en la presentación de datos, uso de tecnicismos) y claridad (estructuración lógica de las observaciones). Este tipo de descripción aparece habitualmente en textos expositivos de carácter técnico, científico, histórico, etc.

2. **LA DESCRIPCIÓN LITERARIA.** Intenta plasmar de forma subjetiva la visión de una persona, de un paisaje o de un objeto, y todo ello está animado por una determinada función estética. Se caracteriza por la subjetividad y la expresividad. Predomina en ella la función poética del lenguaje.[43]

*Una característica esencial, que puede aplicarse en ambos tipos de descripciones, es que puede tratarse de textos atemporales. Esto significa que lo que se describe, al momento de hacerlo, no se mueve en el tiempo, sino que se detiene unos instantes para hablar de ello como un todo estático.**

En el proceso descriptivo podemos advertir:

Punto de vista	Cada quien tiene su "trozo de realidad". Describir algo no es agotar todas las facetas del objeto en cuestión, pues nadie es omnisciente.
La observación previa	Es una condición anterior a la descripción. Comprende el ejercicio de los cinco sentidos.[44]
La reflexión	Es preciso profundizar, calar hasta el fondo de las cosas, analizar y valorar, pues la "observación física" no basta.
El plan	Significa trazar un método de trabajo, es decir, ordenar los materiales de tal manera que haya un orden lógico y se distingan las ideas.

Observar, mirar con atención, es el primer paso para una buena descripción. Después pasamos a una reflexión, a considerar los datos recibidos y valorarlos, entresacar lo esencial y rechazar los detalles intrascendentes.

Puesto que la descripción no es una fotografía, debemos hacer una selección, evitando ser prolijos. Después ordenamos los datos seleccionados. La última fase es la búsqueda de una expresión lingüística adecuada, para lo que es recomendable hacer un plan de trabajo, mediante

* Un poco más adelante (I.I. Tipos de descripción) se plantea *la forma en que se describe* (*descripción estática* y *descripción dinámica*).

el cual organicemos el material, recogido en las etapas anteriores, antes de dar la forma definitiva al texto.

1.1. Tipos de descripción

> *Para clasificar los tipos de descripción, deben considerarse dos puntos de vista fundamentales:*
>
> **1)** el objeto de la descripción: *aspectos físicos de una persona, aspectos psicológicos, paisaje, ambiente...*
> **2)** la forma en que se describe: *estática, dinámica.*

• **El objeto de la descripción**

El retrato o la descripción de una persona, si sólo se dan los aspectos físicos, se denomina PROSOPOGRAFÍA. Si hacemos referencia a las cualidades morales, entonces tenemos una ETOPEYA. Además, existen descripciones de paisaje y ambiente.

Prosopografía	Descripción referida a rasgos físicos
Etopeya	Descripción referida a rasgos morales

Un ejemplo de prosopografía:*

Un hombre de carnes flojas y esqueleto grande y derrumbado camina por la avenida Mixcoac con un perrito blanco en los brazos. El perrito luce un traje de listones amarillos y azules con cascabeles alrededor del cuello y en las cuatro patas. Detrás del hombre, camina otro, moreno y cerrado, más viejo que el hombre grande; carga un cilindro de cartón, una trompeta raspada y una escalerilla. Los dos hombres usan sombreros de fieltro desteñido, camisas sin corbata, pantalón y saco de distinto color y viejísimo uso, y los dos caminan sin ritmo, como si las calles mismas los fueran arrastrando. Pero el hombre grande, aun en su

* FUENTES, Carlos: *La región más transparente,* Tercera Edición, Cátedra, México, 1986.

perplejidad, luce cierta seguridad teatral en sus ademanes, en tanto que el más pequeño (...)

Otro ejemplo de prosopografía:*

Su nombre es Dulcinea; (...) su hermosura, sobrehumana, pues en ella se vienen a hacer verdaderos todos los imposibles y quiméricos atributos de la belleza que los poetas dan a sus damas: que sus cabellos son oro, su frente campos elíseos, sus cejas arcos del cielo, sus ojos soles, sus mejillas rosas, sus labios corales, perlas sus dientes, alabastro su cuello, mármol su pecho, marfil sus manos, su blancura nieve, y las partes que a la vista humana encubrió la honestidad son tales, según yo pienso y entiendo, que sólo la consideración puede encarecerlas y no compararlas.

Ejercicios

- *Haga prosopografías "técnicas" (y sencillas) de:*

1. Usted mismo.
2. Su madre.
3. Su cantante favorito.

- *OPTATIVO: haga una prosopografía literaria de esos mismos elementos.*

Un ejemplo de etopeya:†

Sin confesárselo, sentía a veces desmayos de la voluntad y de la fe en sí mismo que le daban escalofríos; pensaba en tales momentos que acaso él no sería jamás nada de aquello a que había aspirado, que tal vez el límite de su carrera sería el estado actual o un mal obispado en la vejez, todo un sarcasmo. Cuando estas ideas le sobrecogían, para vencerlas y olvidarlas se entregaba con furor al goce de lo presente, del poderío que tenía en la mano; devoraba su presa, la Vetusta levítica, como el león enjaulado los pedazos ruines de carne que el domador le arroja.

---

* Descripción de *Dulcinea*: CERVANTES, Miguel de: *El ingenioso hidalgo don Quijote de la Mancha*, Segunda Edición, Planeta, Barcelona, 1981.

† ALAS, Leopoldo: *La regenta*, Edaf, Madrid, 2000.

Otro ejemplo de etopeya:*

Y todo por esa mocosa de enfermera [...] No hay más que mirarla para darse cuenta de quién es, con esos aires de vampiresa y ese delantal ajustado, una chiquilina de porquería que se cree que es la directora de la clínica.

Ejercicios

- *Haga etopeyas "técnicas" (sencillas) de:*

1. Lo que siente en este momento (mientras lee este manual).
2. Usted, cada noche, al acostarse.
3. Rasgos psicológicos de su madre.

- *OPTATIVO: haga una etopeya literaria de esos mismos elementos.*

Lo más frecuente es encontrar el retrato de una persona donde se aluda tanto a los rasgos físicos como a los psicológicos. A esta "unión" entre prosopografía y etopeya se le llama retrato. *Si el retrato es "exagerado", se le llama* caricatura.

Un ejemplo de caricatura:†

Era una mujer más envejecida que vieja, y bien se conocía que nunca había sido hermosa. Debió de tener en otro tiempo buenas carnes; pero ya su cuerpo estaba lleno de pliegues y abolladuras como un zurrón vacío. Allí, valga la verdad, no se sabía lo que era pecho, ni lo que era barriga. La cara era hocicuda y desagradable. Si algo expresaba era un genio muy malo y un carácter de vinagre; pero en esto engañaba aquel rostro como otros muchos que hacen creer lo que no es. Era Nicanora una infeliz mujer, de más bondad que entendimiento, probada en las luchas de la vida, que había sido para ella una batalla sin victorias ni respiro alguno. Ya no se defendía más que con la paciencia, y de tanto mirarle la cara a la adversidad debía de provenirle aquel alargamiento de morros que le afeaba considerablemente.

---

* *La Señorita Cora*, extraído de CORTÁZAR, Julio: *Todos los fuegos, el fuego*, Punto de Lectura, Madrid, 2007.

† PÉREZ GALDÓS, Benito: *Fortunata y Jacinta*, Espasa Calpe, Madrid, 2008.

Ejercicios

- *Haga una caricatura de usted mismo, en tercera persona.*

Descripción de un paisaje. Se trata de captar el color, la luz, la disposición de las masas, etc., detallando los innumerables objetos que se tiene ante sí, organizándolos según se estime conveniente.[45]

Un ejemplo:*

En la puerta de uno de los camerinos una cartulina prendida con cuatro chinches anunciaba con letras de imprenta el nombre de su actual ocupante: Señorita Lilí Villalba. Prullás tocó con los nudillos y entró sin esperar respuesta. En el camerino no había nadie; estaban apagadas las bombillas que contorneaban el espejo y por toda iluminación oscilaba un globo amarillento suspendido del techo. Allí se respiraba un aire viciado, impregnado de olor a ropa sucia; de un clavo colgaban un turbante mugriento y una capa apolillada y desteñida, y una caja cilíndrica repleta de pelucas cochambrosas sugería macabras escenas de guillotina.

Ejercicios

- *Haga descripciones de paisaje "técnicas" (sencillas), sobre:*

1. El lugar donde se encuentra ahora.
2. El lugar donde trabaja o estudia (casa, oficina, escuela, universidad...).
3. Su lugar preferido (o soñado) para vacacionar.

- *OPTATIVO: haga una descripción literaria de paisaje de esos mismos elementos.*

Descripción del ambiente . Con ésta se pretende captar un ambiente variado y en movimiento. Se ofrece imágenes simultáneas, integrantes de una totalidad, como si se utilizara una cámara cinematográfica. Un ejemplo:†

* MENDOZA, Eduardo: *Una comedia ligera*, Seix Barral, Barcelona, 2002.
† PAZ, Octavio: *El mono gramático*, Seix Barral, Barcelona, 2001.

Tras mi ventana, a unos trescientos metros, la mole verdinegra de la arboleda, montaña de hojas y ramas que se bambolea y amenaza con desplomarse. Un pueblo de hayas, abedules, álamos y fresnos congregados sobre una ligerísima eminencia del terreno, todas sus copas volcadas y vueltas una sola masa líquida, lomo de mar convulso. El viento los sacude y los golpea hasta hacerlos aullar. Los árboles se retuercen, se doblan, se yerguen de nuevo con gran estruendo y se estiran como si quisiesen desarraigarse y huir. No, no ceden. Dolor de raíces y de follajes rotos, feroz tenacidad vegetal no menos poderosa que la de los animales y los hombres [...]

Ejercicios

• *Haga descripciones de ambiente "técnicas" (sencillas), sobre:*

1. El lugar donde se encuentra ahora.
2. El lugar donde trabaja o estudia (casa, oficina, escuela, universidad...).
3. Su lugar preferido (o soñado) para vacacionar.

• *OPTATIVO: haga una descripción literaria de ambiente de esos mismos elementos.*

• La forma en que se describe

Descripción estática. La realidad se describe inmovilizada, como si permaneciera fuera del paso del tiempo. El autor describe lo que ve desde un sitio, y se ofrece el aspecto de las cosas, su apariencia, de manera estática, como inmovilizadas fuera del tiempo.

Un ejemplo:*

Cruza la vega un río: sus aguas son rojizas, lentas; ya sesga en suaves meandros, ya se embarranca en hondas hoces. Crecen los árboles tupidos en el llano. La arboleda se ensancha y asciende por las alturas inmediatas. Una ancha vereda parda entre la verdura parte de la ciudad y sube por la empinada montaña de allá lejos.

* AZORÍN: *Castilla*, Edaf, Madrid, 1996.

Ejercicios

- *Haga descripciones estáticas "técnicas" (y sencillas) de:*

1. Su ciudad.
2. Su país.
3. Su lugar preferido (o soñado) para vacacionar.

- *OPTATIVO: haga una descripción estática literaria de esos mismos elementos.*

Descripción dinámica.[46] Se describe una realidad en movimiento, sujeta al transcurso temporal: los rasgos descritos son cambiantes, se mueven y se transforman.

Ejemplo:*

Entonces, empujando una gruesa línea de nubes plomizas que negreaba en el horizonte, un viento frío y húmedo empezó a soplar desde el este, abriendo brechas en la humareda de pólvora e incendios que cubría el valle.

Ejercicios

- *Haga descripciones dinámicas "técnicas" (y sencillas) de:*

1. Su ciudad.
2. Su país.
3. Su lugar preferido (o soñado) para vacacionar.

- *OPTATIVO: haga una descripción dinámica literaria de esos mismos elementos.*

* PÉREZ-REVERTE, Arturo: *La sombra del águila*, Punto de Lectura, Madrid, 2007.

Es importante considerar la ACTITUD DESCRIPTIVA, *la cual permite distinguir entre descripciones objetivas y subjetivas. Las objetivas tienen una finalidad meramente informativa, y en ellas el emisor trata de ocultar su punto de vista, personal, o de que éste no influya en la imagen que el receptor se forme del objeto descrito. Por el contrario, en las descripciones subjetivas el emisor pretende transmitir su propia visión del objeto.*

Ejercicios (¡más!)

- *Haga descripciones, en la forma que guste, de:*

1. El comedor de su casa, a la hora del desayuno.
2. Un pueblo cualquiera de su país.
3. Un día cualquiera de su vida.

1.2. Procedimientos empleados en la descripción

- **REGLAS DE ESTILO DESCRIPTIVO**

Quien escribe debe procurar que su estilo:

Sea vivo, rápido, preciso y claro. El párrafo, en lo posible, debe ser corto; nada de períodos largos, amplios, de complicada construcción.

Responda a la época en que se vive. Las descripciones lentas, morosas, cansan, aburren.

Dé una impresión directa, escueta. Debe evitarse el estilo oratorio, ya que no se busca desmigajar algo con facundia.

Capte la atención (convenientemente) del lector desde la primera línea. Por consiguiente, las frases débiles, explicativas, deben ser evitadas.

No emplee varias palabras cuando con una basta. Los circunloquios no son prósperos.

• **Tiempos verbales**

Las formas verbales más utilizadas en los textos descriptivos suelen ser:[47]

presente intemporal	*Dios es amor.* *La Tierra gira alrededor del Sol.* *Quien mal anda, mal acaba.*	Con el presente se comunica el *carácter intemporal* de la materia descrita.
pretérito imperfecto de indicativo	*Dios daba amor todos.* *La Tierra giraba alrededor del Sol.* *Quien mal andaba, mal acababa.*	Con el pasado la descripción se circunscribe a un *determinado período temporal.*

En ambos casos se destaca la intención de no mencionar el final. Es constante, por lo tanto, el empleo de formas verbales tiene aspecto imperfectivo.[48] *También es usual la combinación del presente y del pretérito imperfecto.*

En cuanto al tipo de verbos, predominan en la descripción estática los verbos atributivos (o copulativos: *ser, estar, parecer...*) *y los* predicativos *que pudieren connotar, de algún modo, un estado. En la descripción dinámica, al expresarse movimiento y la transformación del objeto descrito, aparecen los verbos que significan acción o proceso.*

Ejercicios

• *A partir de la siguiente minuta, redacte una descripción con presente intemporal o pretérito imperfecto de indicativo, según considere adecuado (puede mezclar). Puede agregar otros elementos si así lo quisiere, o emplear inversiones sintácticas.*

- Haber / una lámpara / sobre el escritorio.
- Estar / todo / ordenado.
- Parecer que se detiene / el tiempo.
- (No) percatarse / María / de lo extraño del ambiente.
- Seguir / María / sus quehaceres.
- Escribe / María / una carta a su novio.

• *A partir de la descripción realizada, realice otra con variantes en sus tiempos (manteniendo siempre el presente intemporal o el pretérito imperfecto de indicativo).*

Describa:

1. El proceso de comerse una fruta cualquiera.
2. Un gran espectáculo natural.
3. El movimiento humano en una gran ciudad.

• *Redacte una descripción, "libre".*

• El sustantivo y el adjetivo

En los textos descriptivos suelen predominar sustantivos y adjetivos, porque la referencia a objetos es superior a la de las acciones. Los sustantivos abundan porque nombran la realidad, clasifican estados y seres a los que de otro modo no se les podría precisar.

Tan importante como el sustantivo es el adjetivo, ya que aporta la información auténticamente descriptiva, puede matizar el sentido y dotar de una mayor expresividad al sustantivo.

El adjetivo puede aparecer pospuesto y antepuesto, destacando las características más relevantes de los objetos. También es frecuente el empleo de ESTRUCTURAS ATRIBUTIVAS para expresar cualidades (*sus aguas son rojizas, lentas*).[49]

Ejercicios

• *En la siguiente descripción, agregue adjetivos a todos los sustantivos. Una vez realizada la descripción, borre los adjetivos que resulten "falsos" o forzados.*

En el mostrador, las mercancías están agolpadas como si tuvieran jerarquía. Carla dispone todo, según ella, en equilibrio: los productos más grandes, jarrones, torsos y ánforas, están siempre en posición inmejorable; el resto se queda rezagado. Así, a pesar de lo que la lógica prescribe, los pequeños quedan atrás, recónditos. En el resto de la tienda no hay diferencia con otro puesto.

Desde la entrada se puede ver casi toda la tienda, pero desde el fondo no es posible ver nada.

• *Haga al menos dos nuevas versiones de la descripción anterior.*

• Las estructuras sintácticas

Predomina la coordinación, con nexo y sin nexo. La utilización de la yuxtaposición (coordinación sin nexo) permite describir el objeto como un todo, logrando así la simultaneidad de las impresiones recibidas. El empleo de la coordinación implica un cierto dinamismo, porque introduce la sucesión de los distintos componentes de la descripción.

Ejercicios

• *Modifique la siguiente descripción. En la medida que sea posible, deje sólo oraciones yuxtapuestas.*

Daniela es la más simpática y bella de todas (aunque, obviamente, bellas hay muchas; pero estoy hablando de un superlativo). Sus ojos color miel fascinan ya desde lejos, y en la proximidad es imposible no vencerse ante ellos; pero es su cabellera larga y alborozada la soberana, la terrateniente de muchos desvaríos, por parte de quien osare a cruzarse en su camino. Su sonrisa conmueve, aparte de sus hombros frescos y coquetos que provocan y aguijonean al más álgido humano. Además, tiene un carisma único, y su simpatía deslumbra a cualquiera.

- *Realice una descripción con sólo oraciones yuxtapuestas.*

Los procedimientos o recursos estilísticos

En la descripción subjetiva y literaria se utilizan con frecuencia recursos estilísticos, porque con determinadas figuras literarias el escritor trata de comunicar una visión personal de la realidad que se pretende describir.

Quizás las figuras (o también tropos) que con más frecuencia aparecen en textos descriptivos sean la comparación *y la* metáfora, *junto a la* sinestesia, *la* personificación, *la* aliteración, *la* metonimia, *etc.*[50]

Con la comparación *se ayuda a comprender mejor lo que se describe, sobre todo si se trata de un objeto poco conocido o de cualquier noción abstracta. Con la* metáfora, *a la vez que se ayuda a la comprensión de lo descrito, se enriquece formalmente la descripción con imágenes que suscitan distintas sensaciones en el lector.*

Ejercicios

- *Modifique nuevamente la anterior descripción. Intente utilizar las figuras mencionadas (sólo de manera dúctil, ya que estas figuras se tratarán más adelante):*

Daniela es la más simpática y bella de todas (...)

2. LA NARRACIÓN

Narrar es contar o referir hechos que les suceden a personajes, en un lugar y un tiempo determinados.

Los hechos relatados pueden ser reales (noticias de prensa, una anécdota, etc., para efectos de redacción) o imaginarios, como los relatos literarios (una novela, un cuento, etc., para efectos de composición).

Tipos de narración

Atendiendo a su contenido, la narración puede ser:

1. Subjetiva *(el narrador es uno de los personajes)*
2. Objetiva *(el narrador es un observador)*
3. Histórica *(se refiere a un hecho pasado)*
4. Realista *(está referida a los hechos tal como se presentan en la realidad)*
5. Fantástica *(se refiere a hechos inverosímiles, que no suceden en realidad)*
6. De ciencia ficción *(se refiere a hechos futuros)*

Los distintos tipos de narraciones pueden combinarse de manera que sean: histórico-realistas, subjetivo-históricos...[51]

Ejemplo de una narración subjetiva:*

...Doblé el papel, lo metí en la cartera... Estaba libre. Lo que pasó por mí en aquel momento ni lo sabría explicar. Don Conrado se puso grave; me soltó un sermón sobre la honradez y las buenas costumbres [...] Monté en mi departamento y después de andar dando tumbos de un lado para otro durante día y medio, di alcance a la estación del pueblo [...]

Ejemplo de narración objetiva:†

Úrsula preguntó por dónde se habían ido los gitanos. Siguió preguntando en el camino que le indicaron, y creyendo que todavía tenía tiempo de alcanzarlos, siguió alejándose de la aldea, hasta que tuvo conciencia de estar tan lejos que ya no pensó en regresar.

Ejemplo de narración histórica:‡

Seguramente ahora sí van a dar con nuestro rastro los federales, y se nos vienen encima como perros. La fortuna es que no saben veredas, entradas ni

---

* CELA, Camilo José: *La familia de Pascual Duarte*, Debolsillo, Barcelona, 2003.
† GARCÍA MÁRQUEZ, Gabriel: *Cien años de soledad*, Cuarta Edición, Cátedra, Madrid, 1987.
‡ AZUELA, Mariano: *Los de abajo*, Decimosexta Edición, Cátedra, Madrid, 2005.

salidas. Sólo que alguno de Moyahua anduviera con ellos de guía, porque los de Limón, Santa Rosa y demás ranchitos de la tierra son gente segura y nunca nos entregarían (...)

Ejemplo de narración realista:*

Cuando volvieron los obregonistas se me presentó doña Adelina de la Parra y me dio de alta. Le devolví la casa, me hizo cuentas y no faltaba nada; sus muebles intactos. Le dije lo que ganaban ahora las criadas, la lavandera, las muchachas y la cocinera porque a todas les subí el sueldo (...)

Ejemplo de narración fantástica:†

(...) Después de los caballos llegaron Muriel, la cabra blanca, y Benjamín, el burro. Benjamín era el animal más viejo y de peor genio de la granja. Raramente hablaba, y cuando lo hacía, generalmente era para hacer alguna observación cínica; diría, por ejemplo, que «Dios le había dado una cola para espantar las moscas, pero que él hubiera preferido no tener ni cola ni moscas». Era el único de los animales de la granja que jamás reía. Si se le preguntaba por qué, contestaba que no tenía motivos para hacerlo. Sin embargo, sin admitirlo abiertamente, sentía afecto por Boxer; los dos pasaban, generalmente, el domingo en el pequeño prado detrás de la huerta, pastando juntos, sin hablarse.

Ejemplo de narración de ciencia ficción:‡

(...) les enseñó en la práctica cómo se retiraba aquel licor de los tubos de ensayo; cómo se vertía, gota a gota, sobre placas de microscopio especialmente caldeadas (...) y cómo, al cabo de diez minutos, el recipiente era extraído del caldo y su contenido volvía a ser examinado; cómo, si algunos de los óvulos seguían sin fertilizar, era sumergido de nuevo, y, en caso necesario, una tercera vez; cómo los óvulos fecundados volvían a las incubadoras, donde los Alfas y los Betas permanecían hasta que eran definitivamente embotellados, en tanto que los Gammas, Deltas y Epsilones eran retirados al cabo de sólo treinta y seis horas, para ser sometidos al método de Bokanovsky.

---

* PONIATOWSKA, Elena: *Hasta no verte, Jesús mío*, Alianza, Madrid, 1984.
† ORWELL, George: *Rebelión en la granja*, Destino, Barcelona, 2000.
‡ HUXLEY, Aldous: *Un mundo feliz*, Porrúa, Ciudad de México, 1990.

Ejercicios optativos

- *Redacte (o componga) al menos un párrafo con cada tipo de narración.*

• El narrador y el punto de vista

El narrador es el que cuenta la historia; es quien da vida al relato y conduce la acción de la historia. Las palabras del narrador se denominan DISCURSO DEL NARRADOR.

Tipos de narrador

El narrador puede ser externo *o* interno. *El primero está fuera de la historia y narra los hechos en tercera persona; es el más frecuente. Puede ser* omnisciente *(de conocimiento total) o* no omnisciente *(de conocimiento relativo).*

El narrador interno es un personaje que participa de alguna manera en la historia y narra los hechos en primera persona. Sólo puede situarse en un punto de vista: el suyo, el propio. Puede ser un narrador–testigo *(narra hechos que ha presenciado, pero en los que no ha intervenido directamente) o un* narrador–protagonista *(narra en primera persona hechos que le han sucedido).*[52]

Un ejemplo de narrador omnisciente:*

La mañana del 4 de octubre, Gregorio Olías se levantó más temprano de lo habitual. Había pasado una noche confusa, y hacia el amanecer creyó soñar que un mensajero con antorcha se asomaba a la puerta para anunciarle que el día de la desgracia había llegado al fin.

Ejercicios optativos

- *Narre cómo comenzó su día. Utilice tercera persona, narrador omnisciente.*

---

* LANDERO, Luis: *Juegos de la edad tardía*, Tercera Edición, Tusquets, Barcelona, 1990.

Un ejemplo de narrador testigo:*

Luego se habían metido poco a poco las dos y se iban riendo, conforme el agua les subía por las piernas y el vientre y la cintura.[53] *Se detenían, mirándose, y las risas les crecían y se les contagiaban como un cosquilleo nervioso. Se salpicaron y se agarraron dando gritos, hasta que ambas estuvieron del todo mojadas, jadeantes de risa.*

> *Ejercicios optativos*
>
> • *Narre cómo comenzó su día. Utilice narrador testigo, pero aparente que quien escribe es otra persona (su padre, madre, esposo, esposa...).*

Un ejemplo de narrador protagonista:†

Me niego a corresponder, a representar el papel de esposa de alto status, que esconde su cansancio tras una sonrisa, lleva la batuta en conversaciones sin fuste, pasa bandejitas y se siente pagada de su trabajera con la típica frase: Has estado maravillosa, querida.

> *Ejercicios optativos*
>
> • *Narre cómo comenzó su día. Utilice narrador protagonista (primera persona).*

> **El punto de vista**
>
> *La historia puede ser "vista por los ojos de"...*
>
> **1.** *Alguien que forma parte de ella (personaje protagonista o secundario). Sólo sabe una parte de la historia, la que él mismo ve, aunque puede completarla con lo que otros personajes le cuentan:* punto de vista interno.

* SÁNCHEZ FERLOSIO, Rafael: *El Jarama*, Espasa Calpe, Madrid, 2006.
† MARTÍN GAITE, Carmen: *Nubosidad variable*, Anagrama, Barcelona, 2000.

2. *Alguien que no forma parte de la historia:* punto de vista externo.

Así, considerando el punto de vista y el narrador, se puede tener variadas combinaciones.[54]

2.1. Los acontecimientos

Son los hechos que tienen lugar; constituyen un proceso que recibe el nombre de ACCIÓN. En el género narrativo, generalmente los acontecimientos se estructuran en el relato en tres fases: PLANTEAMIENTO, NUDO O DESARROLLO Y DESENLACE.

Un ejemplo:*

planteamiento	*A un señor se le caen al suelo los anteojos, que hacen un ruido terrible al chocar con las baldosas. El señor se agacha afligidísimo porque los cristales de anteojos cuestan muy caro, pero descubre con asombro que por milagro no se le han roto.* *Ahora este señor se siente profundamente agradecido, y comprende que lo ocurrido vale por una advertencia amistosa, de modo que se encamina a una casa de óptica y adquiere en seguida un estuche de cuero almohadillado doble protección, a fin de curarse en salud.*
nudo	*Una hora más tarde se le cae el estuche, y al agacharse sin mayor inquietud descubre que los anteojos se han hecho polvo.*
desenlace	*A este señor le lleva un rato comprender que los designios de la Providencia son inescrutables, y que en realidad el milagro ha ocurrido ahora.*

En el planteamiento se exponen los personajes, el escenario, y demás elementos que conforman la normalidad de la narración.

* "Historia verídica", extraído de CORTÁZAR, Julio: *Historias de cronopios y de famas*, Edhasa, Barcelona, 1998.

El nudo inicia cuando aparece un elemento de tensión que rompe con la normalidad planteada en la introducción. La ruptura genera consecuencias que, a su vez, generan otros puntos de tensión y de ruptura, con sus respectivas consecuencias...

Llegado un punto de tensión determinado, ocurre algún hecho que reordena estos elementos y establece una nueva normalidad: el desenlace. Esta nueva normalidad puede ser similar a la previa al conflicto; o puede ser mejor, peor o completamente diferente. Lo importante es que el desenlace deja planteado cómo serán las cosas a partir de ese momento.[55]

¿Cuento o relato?

El termino relato *es, en general, poco preciso, y la mayoría de los analistas y escritores no hacen ninguna diferencia entre éste y el cuento. Sin embargo, como reseña general: un* relato *es resultado de la inspiración inmediata, a diferencia del* cuento, *en donde todos los indicios deben llevar indefectiblemente al* nudo *y luego al* desenlace.

Ejercicios

- *Haga un pequeño relato, sencillo, donde se proyecte planteamiento, nudo y desenlace.*

2.2. Los personajes

Los personajes son los que causan o sufren los acontecimientos.[56] El personaje es el elemento central de la acción narrativa y no se puede separar del mundo que lo rodea ni de los otros personajes con los que entra en relación e interactúa.

El personaje puede caracterizarse de dos maneras:
– por la caracterización directa,
– por la caracterización indirecta.

La caracterización directa *es cuando el narrador a través de distintos «retratos» dice cuáles son las cualidades del personaje (bueno, generoso, codicioso, ingenuo...).*

La caracterización indirecta *es cuando el lector debe deducir el carácter del personaje partiendo de las acciones (de lo que hace), del juicio que de él dan otros personajes o de su modo de ver la vida... A veces se dan detalles de algún objeto del personaje, que ayudan a hacerse una idea sobre él.*

2.3. El espacio

Los acontecimientos suceden en uno o varios lugares.*

Ejemplo de un solo lugar:†

Nos gustaba la casa porque aparte de espaciosa y antigua (hoy que las casas antiguas sucumben a la más ventajosa liquidación de sus materiales) guardaba los recuerdos de nuestros bisabuelos, el abuelo paterno, nuestros padres y toda la infancia.

Nos habituamos Irene y yo a persistir solos en ella, lo que era una locura pues en esa casa podían vivir ocho personas sin estorbarse. Hacíamos la limpieza por la mañana, levantándonos a las siete, y a eso de las once yo le dejaba a Irene las últimas habitaciones por repasar y me iba a la cocina (...)

Un ejemplo de varios lugares:‡

Que un hombre del suburbio de Buenos Aires, que un triste compadrito sin más virtud que la infatuación del coraje, se interne en los desiertos ecuestres de la frontera del Brasil y llegue a capitán de contrabandistas (...)

---

* A veces, el espacio puede tener rango de PROTAGONISTA, como ocurre en *La colmena* (CELA, Camilo José).

† «La casa tomada», extraído de CORTÁZAR, Julio: *Bestiario*, Alfaguara / Punto de Lectura, Madrid, 2007.

‡ «El muerto», extraído de BORGES, Jorge Luis: *El Aleph*, Alianza, Madrid, 2003.

(...) El caudillo de la parroquia le da una carta para un tal Azevedo Bandeira, del Uruguay. Otálora se embarca, la travesía es tormentosa y crujiente; al otro día, vaga por las calles de Montevideo (...)

(...) Bandeira lo pondera, le ofrece una copa de caña, le repite que le está pareciendo un hombre animoso, le propone ir al Norte con los demás a traer una tropa. Otálora acepta; hacia la madrugada están en camino, rumbo a Tacuarembó (...)

Ejercicios

- *Narre un acontecimiento sucedido en un solo lugar.*
- *Narre un acontecimiento ocurrido en al menos dos lugares.*

2.4. El tiempo

Los hechos narrados ocurren en una sucesión temporal. Se puede distinguir dos tipos de tiempo narrativo: el tiempo externo y el tiempo interno.

El TIEMPO EXTERNO es la época en la que se desarrolla la acción, es decir: la época en la que sucede lo narrado.

Un ejemplo:*

Y abandonó a Macondo en el tren de regreso, el miércoles veintisiete de julio de mil novecientos seis, a las dos y dieciocho minutos de la tarde.

El TIEMPO INTERNO es la forma en la que se ordenan cronológicamente los acontecimientos que aparecen en el relato. Lo más frecuente es el orden lineal, pero no siempre es así. En la narrativa actual muchas veces la acción empieza en un momento determinado de la historia y después se cuentan hechos que han sucedido con anterioridad (técnica del FLASHBACK).[57] A veces, incluso, los acontecimientos se disponen de una manera "desordenada".[58]

* GARCÍA MÁRQUEZ, Gabriel: *El coronel no tiene quien le escriba*, Anagrama, Barcelona, 2002.

Ejercicios optativos

- *Redacte (o componga) cuatro párrafos narrativos, empleando los tiempos, internos y externos.*

• El lenguaje de los textos narrativos

Respecto a las formas verbales, ya que narrar es contar hechos ocurridos a lo largo del tiempo, en los textos narrativos predominan los verbos que expresan acciones, sobre cualquier otro tipo de palabras. El pretérito simple (*llegó, salió...*) es el tiempo más usado, ya que expresa los hechos como sucedidos; su empleo da vivacidad y rapidez al texto. El pretérito imperfecto de indicativo (*llegaba, salía...*) aporta información complementaria y se emplea también, como ya se vio, en las descripciones.

El presente de indicativo se utiliza para aproximar los hechos al lector, aunque con un enfoque especial: PRESENTE HISTÓRICO.[59]

pretérito simple	*Ella <u>supo</u> qué hacer en aquel momento.* *<u>Fuimos</u> a la puerta.* *<u>Llegó</u> a su destino.*
pretérito imperfecto	*Ella <u>sabía</u> qué hacer en aquel momento.* *<u>Íbamos</u> a la puerta.* *<u>Llegaba</u> a su destino.*
presente histórico	*Ella <u>sabe</u> qué hacer en aquel momento.* *<u>Vamos</u> a la puerta.* *<u>Llega</u> a su destino.*

Ejercicios

Narre un acontecimiento. Utilice los tres tiempos vistos.

• Algunos consejos prácticos

Antes de escribir un relato, es recomendable —dicen muchos autores— trazar un esquema del mismo, repartiendo la acción en dos o tres escenas fundamentales que habrá que ordenar y graduar, según su importancia. Este plan debe ser...

Claro	Las diversas partes del relato deben distinguirse perfectamente. Estas partes habrán de distribuirse en párrafos determinados, cada uno con su unidad.
Lógico	Las partes se dispondrán según la progresión de los acontecimientos y según su importancia, de modo que el interés sea siempre creciente.
Completo	Para cada párrafo, conviene indicar las ideas que será necesario desarrollar, las descripciones que habrá que hacer; los retratos precisos, las comparaciones...
Preciso	Conviene evitar digresiones, es decir, debe rechazarse todo lo que aparte la atención de la idea principal.

• Las estructuras sintácticas

La progresión de la acción en el relato exige el uso de estructuras PREDICATIVAS frente a las ATRIBUTIVAS,[60] propias del carácter estático de la descripción. El empleo de una sintaxis con predominio de estructuras subordinadas produce un ritmo lento en el relato; por el contrario, el uso de una sintaxis sencilla, con abundancia de elementos nucleares (sustantivos y verbos) y proposiciones coordinadas crea un ritmo más dinámico.

estructura predicativa	*Ella tenía gran simpatía.* *Brindábamos una apariencia asceta.* *Conservabas la calma.*

estructura atributiva	*Ella era simpática.* *Parecíamos ascetas.* *Estabas tranquilo.*

Ejercicios

- *En el siguiente texto, cambie todas las estructuras atributivas por predicativas:*

En vista de que estábamos aparentemente frente a una excelente oportunidad, no titubeé en decidir autoritariamente; y no estaba preocupado por lo que opinara Ernesto acerca de mi decisión. Además, estábamos a tan sólo una cuadra del dichoso hotel elegido por él, en el caso que los departamentos no fueran de nuestro agrado. Aunque creo que también Ernesto estuvo convencido con la idea de las cabañas, ya sea por la rotundidad del testimonio del chofer anfitrión o simplemente porque, al igual que yo, no estaba dispuesto a seguir así un minuto más... Parecía tan dócil. Aunque, pensándolo bien, fue sensato por una vez en su vida, ya que cualquier cosa era mejor que yacer inerte en ese lugar.

3. LA ARGUMENTACIÓN

• ¿Qué es argumentar?

Se entiende por argumentación el procedimiento DIALÉCTICO por el cual un autor mantiene determinados principios o ideas basándose en el razonamiento.[61] Argumentar es, por tanto, aportar razones para defender una opinión; conseguir la adhesión a las tesis que presenta o, bien, llevar al interlocutor a cierta conducta.

La argumentación se utiliza normalmente para desarrollar temas que se prestan a cierta controversia. Todos, de modo respetuoso y pacífico, deben ser capaces de articular con coherencia sus ideas y sus sistemas de valores, con el objetivo de exponer razonadamente su punto de vista o modificar la conducta o creencias del interlocutor.

De este modo, la palabra podrá sustituir a las situaciones de fuerza y violencia.

Son textos argumentativos aquéllos en los que se defienden principios o ideas con predominio de técnicas argumentativas, es decir, mediante la comparación y contraposición de razonamientos de base LÓGICA.[62] La argumentación, por importante que sea en un texto, suele combinarse con otras técnicas, como la exposición o la descripción, en aras de la eficacia, brillantez y dinamismo del discurso. Así ocurre en el ensayo, en el que predomina el procedimiento argumentativo en combinación con la exposición. Otros textos en los que se emplea con profusión la argumentación son los científicos, los jurídicos y en algunas modalidades de textos técnicos.

Un ejemplo de texto argumentativo:*

¿Hay un lenguaje literario hispanoamericano distinto al de los españoles? Lo dudo. Por encima de las fronteras y del océano se comunican los estilos, las tendencias y las personalidades. Hay familias de escritores, pero esas familias no están unidas ni por la sangre ni por la geografía, sino por los gustos, las preferencias, las obsesiones. Más de un escritor hispanoamericano desciende de Valle Inclán, que a su vez desciende de Darío y que aprendió mucho en Lugones. ¿Entonces? Debemos distinguir entre las influencias literarias, los parecidos involuntarios y las diferencias irreductibles. Las primeras han sido recíprocas y profundas. Los estilos, las maneras y las tendencias literarias nunca son nacionales (...)

Ejercicios

- *Escriba un texto argumentativo sobre su posición frente a la redacción como "fórmula de expresión".*

La argumentación se compone de dos partes:

Tesis	Es la conclusión del razonamiento.
Datos	Son las premisas del razonamiento.

* PAZ, Octavio: *In-mediaciones*, Tercera Edición, Seix Barral, Barcelona, 1990.

Un ejemplo de esto:

Datos	*Denegado por grupos de estudiantes y trabajadores que cerraron el paso al auditorio de la Facultad de Ingeniería, el rector Gustavo Zamora tuvo que tomar posesión de su puesto en uno de los estacionamientos de la Universidad Estatal.*
Tesis	*El trato que recibió el nuevo rector universitario es censurable por impropio e injusto, y menoscaba más la imagen pública de quienes insisten en cerrar el paso a la avenencia.*

• **Características de la argumentación**

Las características más importantes de este modo de discurso son las siguientes:

1. Su finalidad es influir en el interlocutor–destinatario.

2. Toda argumentación tiene un carácter de diálogo con el pensamiento del otro, para transformar su opinión. De aquí se deduce la precisión de atender al destinatario para elegir los argumentos más adecuados y eficaces, para CONTRAARGUMENTAR.[63]

3. Los textos argumentativos adoptan, también, una estructura lógica, en la que se confrontan varios elementos racionales (argumentos) para llegar a una conclusión. Como mínimo debe aparecer:
– El objeto o tema sobre el que se argumenta.
– La tesis que se defiende o la postura que el emisor adopta ante el tema.
– Los argumentos o razones en que se basa el emisor (derivados de los datos).

4. Al defender una opinión se suele adoptar una de estas tres posturas argumentativas:
– Postura positiva: el emisor-argumentador aporta argumentos que apoyan su tesis.
– Postura negativa: se ofrecen razones que refutan o rechazan argumentos contrarios al propio punto de vista.

– Postura ecléctica: se aceptan algunas razones ajenas (concesiones) y se aportan argumentos propios.

5. En textos argumentativos aparece la FUNCIÓN REFERENCIAL del lenguaje, pero predomina, sobre todo, la FUNCIÓN CONATIVA.[64]

6. Las situaciones más comunes en que se emplea la argumentación son:

– Las de carácter interpersonal: vida cotidiana (pedir permiso a los padres, solicitar un aumento de sueldo...). Utilizan un discurso con lenguaje informal.

– Las de carácter social: cartas al director, artículos de opinión, manifiestos, anuncios publicitarios, debates, mesas redondas... Emplean un discurso más pensado y estructurado, con un lenguaje más elaborado y preciso.

– Situaciones técnicas: ámbito científico, jurídico y administrativo... (tratados, instancias, alegatos, sentencias, demandas...). Usan estructuras muy formalizadas, con un lenguaje técnico.

7. Casi siempre se produce una mezcla de la exposición y de la argumentación. De hecho, como se verá más adelante, uno de los componentes de la estructura argumentativa es la exposición de la tesis, de los datos.

Ejercicios

• *Escriba una argumentación, con la postura que más le acomode (positiva, negativa o ecléctica), basada en lo siguiente:*

– Objeto: El calentamiento global.
– Tesis: Simplemente la propia, la real.
– Argumentos: Los propios.

(Recuerde expresar la argumentación mediante funciones referencial y conativa.)

• *Haga una segunda versión de la argumentación. Varíe tesis y argumentos.*

3.1. Estructura de los textos argumentativos

Los textos argumentativos, como los expositivos, basan una parte importante de su efectividad en la buena organización de las ideas, con las que se pretende convencer o persuadir.

Entre las variadas estructuras que puede mostrar este modo del discurso, es preciso analizar la organización más habitual, establecida ya en la antigüedad por la retórica clásica.[65] *Todo texto argumentativo se articula en torno a cuatro partes fundamentales que se analizarán a continuación:*

1. Presentación o introducción.
2. Exposición de la tesis.
3. Cuerpo argumentativo.
4. Conclusión.

3.1.1. Presentación o introducción

Tiene como finalidad presentar el tema sobre el que se argumenta, captar la atención del destinatario y despertar en él interés y actitud favorable. Esta parte se omite frecuentemente.

3.1.2. Exposición de la tesis

De modo claro y breve, para informar al destinatario, se expone la tesis central o los hechos que constituyen el tema de la argumentación. La tesis es la idea fundamental en torno a la que se reflexiona. Puede aparecer al principio o al final del texto. En este caso se omite la conclusión por ser innecesaria.

El núcleo de la argumentación lo constituye la tesis, y ésta ha de presentarse de forma clara para no crear confusión en el receptor.

Un ejemplo:

La Revolución Industrial es considerada, a partir del Neolítico, el hecho más importante en la historia de la humanidad. Se trató de una serie de transformaciones que afectaron no solamente a la Industria sino a la actividad y la organización económica y social. A partir de ésta, se acrecentó la producción de todo tipo de bienes y, además, cambió la forma de producirlos.

3.1.3. Cuerpo de la argumentación

Una vez expuesta la tesis, empieza la argumentación propiamente dicha. Se trata de justificar la tesis con la presentación de pruebas y argumentos variados (argumentación positiva), o de refutar la tesis contraria o admitir algún argumento contrario (concesión) para contraargumentar.

Ejemplo:

Antes, la familia y el taller eran las unidades básicas de producción de bienes. Con el arribo de la Revolución Industrial, estas entidades fueron desbancadas por la fábrica, que se caracterizaba por la congregación de obreros y el mayor volumen de producción, debido al manejo de máquinas.

Los historiadores no logran ponerse de acuerdo en un asunto que es causa de discusión desde hace muchos años: cómo repercutió la Revolución Industrial a corto plazo en los niveles de vida de la clase trabajadora.

Existe una opinión pesimista, la cual arguye que la Revolución Industrial fue un verdadero desastre social, que descompuso formas de vida tradicionales y ancestrales, y forzó a grandes masas de población a trasladarse a las ciudades y a tolerar condiciones de trabajo mucho peores que las que existían antes.

Los optimistas, en contraste, opinan que la Revolución Industrial fue favorable, y no sólo a largo plazo, sino también para las personas que protagonizaron sus inicios. Afirman que las condiciones de vida en las comunidades rurales tradicionales no deben ser idealizadas, pues ya eran precarias, y que, a pesar de la dureza de la sociedad industrial, ésta dispuso trabajo y medios de promoción profesional a todo el mundo y, así, aumentaron los salarios y los niveles de consumo de los trabajadores.

El CUERPO DE LA ARGUMENTACIÓN es el centro del discurso persuasivo y se articula en torno al uso de los variados tipos de argumentos que serán vistos más adelante. En las argumentaciones escritas (textos científicos y técnicos, humanísticos, ensayos...), los esquemas más utilizados son:

***Esquema* DEDUCTIVO O ANALIZANTE**	Presenta una orientación demostrativa: se parte de una o varias ideas generales para llegar a una conclusión mediante la presentación de variados hechos, pruebas y argumentos.
***Esquema* INDUCTIVO O SINTETIZANTE**	Se parte de la presentación de unos hechos concretos y, tras análisis y razonamientos variados, se llega a una ley general.
***Esquema* ENCUADRADO O MIXTO**	Contiene elementos del esquema deductivo y del inductivo. Se formula al principio la tesis; se muestran hechos, casos o razonamientos que la confirmen y, al final, se repite la tesis, casi siempre con alguna variante.

3.1.4. Epílogo o conclusión

Se recuerda la tesis, las partes más relevantes de lo expuesto, y se insiste en la posición argumentativa adoptada:

La polémica sigue hoy viva porque en ella se mezclan no sólo datos cuantitativos sobre niveles de salarios y de consumo, sino también puntos de vista y valoraciones diferentes sobre la forma de vida y trabajo en la sociedad industrial y capitalista.

El ejemplo completo

exposición	*La Revolución Industrial es considerada, a partir del Neolítico, el hecho más importante en la historia de la humanidad. Se trató de una serie de transformaciones que afectaron no solamente a la Industria sino a la actividad y la organización económica y social. A partir de ésta, se acrecentó la producción de todo tipo de bienes y, además, cambió la forma de producirlos.*

Antes, la familia y el taller eran las unidades básicas de producción de bienes. Con el arribo de la Revolución Industrial, estas entidades fueron desbancadas por la fábrica, que se caracterizaba por la congregación de obreros y el mayor volumen de producción, debido al manejo de máquinas.

cuerpo

Los historiadores no logran ponerse de acuerdo en un asunto que es causa de discusión desde hace muchos años: cómo repercutió la Revolución Industrial a corto plazo en los niveles de vida de la clase trabajadora.

Existe una opinión pesimista, la cual arguye que la Revolución Industrial fue un verdadero desastre social, que descompuso formas de vida tradicionales y ancestrales, y forzó a grandes masas de población a trasladarse a las ciudades y a tolerar condiciones de trabajo mucho peores que las que existían antes.

Los optimistas, en contraste, opinan que la Revolución Industrial fue favorable, y no sólo a largo plazo, sino también para las personas que protagonizaron sus inicios. Afirman que las condiciones de vida en las comunidades rurales tradicionales no deben ser idealizadas, pues ya eran precarias, y que, a pesar de la dureza de la sociedad industrial, ésta dispuso trabajo y medios de promoción profesional a todo el mundo y, así, aumentaron los salarios y los niveles de consumo de los trabajadores.

epílogo

La polémica sigue viva hoy porque en ella se mezclan no sólo datos cuantitativos sobre niveles de salarios y de consumo, sino también puntos de vista y valoraciones diferentes sobre la forma de vida y trabajo en la sociedad industrial y capitalista.

Ejercicio

- *Redacte un texto argumentativo, con* El calentamiento global *como objeto, y con tesis y argumentos propios. Estructúrelo con* exposición, cuerpo y epílogo.

3.2. Tipos de argumentos

• Tipos generales

1. La argumentación subjetiva

La defensa de la propia opinión se hace desde el particular sistema de pensamiento y valores del argumentador. Se utilizan argumentos más informales, ironías, apreciaciones personales y procedimientos retóricos.

Las situaciones en que se emplea más a menudo este tipo de argumentación son variadas: cartas personales, algunos escritos editoriales, artículos de opinión y columnas.

2. La argumentación científica

Los argumentos se basan en hechos bien establecidos y que obedecen a determinadas leyes. Utilizando esquemas deductivos, inductivos o mixtos, el argumentador habla con objetividad, basándose en datos, pruebas o hechos que le proporciona la investigación (evidencias que él ha averiguado, estudios de campo, análisis) o la documentación (soluciones aportadas por otros autores, citas, bibliografía...). Se aprecian recursos lingüísticos que marcan la impersonalidad (tercera persona gramatical, oraciones impersonales...) y la precisión terminológica (tecnicismos...).

Uso de 3ra persona

3ra persona	Pasiva refleja
Ella hizo una demostración.	*Se hizo una demostración.*

La forma *se* precede a un verbo en forma activa en tercera persona (singular o plural). Este recurso, en estos casos, se usa para evitar mencionar que fui YO o fuimos NOSOTROS los sujetos (1ª. persona).

Impersonales

Verbos impersonales propios (meteorológicos)	Verbos impersonales impropios (*hacer calor, ser de día...*)	*Haber* impersonal
Llueve mucho.	*Hace bastante frío.*	*Hay un automóvil ahí.*
Truena a lo lejos.	*Hacía mucho calor.*	*Hubo 5 asistentes.*
Amaneció lloviendo.	*Era de noche.*	*Habrá movilizaciones.*
	El verbo *hacer* puede combinarse con otros elementos, para dar significado de tiempo atmosférico o cronológico	Este verbo tiene los valores (latinos) de *tener* y *existir*; se utiliza como auxiliar (*hemos llegado*) o en un sentido de lugar y de existencia.

Ejercicio optativo

- *Redacte una argumentación de tipo científica. Considere los recursos mencionados.*

La aceptabilidad o inaceptabilidad de los argumentos depende del sistema de creencias, valores, gustos e intereses del receptor. Hay casos en los que surgen conflictos de valores. Pero está generalmente aceptado que:

- *El argumento moral tiene más peso que el de utilidad.*
- *El argumento de utilidad se prefiere al del placer.*
- *El de utilidad se acepta antes que el estético.*
- *El argumento en torno al ser humano prevalece sobre el del mundo animal.*

Los argumentos no válidos se llaman falacias *(por ejemplo, las falsas causas, el argumento contra la persona...). En la argumentación hay que descubrir las falacias o "razonamientos falsos" que, con intención o sin ella, inducen a error.*[66]

—o—

Como adjunto, Aristóteles planteó tres métodos de persuasión (aplicados de mejor manera a la oratoria):

Argumentos ligados al ethos: Son de orden afectivo y moral; atañen al emisor del discurso. Son, en suma, las actitudes que debemos tomar para inspirar confianza: sensible y seguro (capaz de dar consejos razonables y pertinentes), sincero (no debe disimular lo que piensa o lo que sabe) y simpático (debe mostrar que está preparado ara ayudar).

Argumentos ligados al pathos: Son de orden puramente afectivo y ligados fundamentalmente al receptor. Se basan en suscitar ira, calma, odio, amistad, miedo, confianza, vergüenza, indignación, agradecimiento, compasión y envidia.

Argumentos ligados al logos: Están ceñidos al tema y al mensaje mismo; con ellos se entra en el dominio de la Dialéctica y se utilizan, sobre todo, deductivos y analógicos. Éstos son los que interesan en la argumentación.

Ejercicios

- *Robustezca el texto argumentativo estructurado en el ejercicio anterior (*El calentamiento global *como objeto, y con tesis y argumentos propios, dispuesto con* exposición, cuerpo y epílogo*) con los argumentos adecuados, de los recientemente vistos, según su criterio.*

- *Tome 5 tipos de argumentos y dé un ejemplo de cada uno. A partir de cada uno de ellos haga pequeñas argumentaciones (sin estructura).*

4. LA EXPOSICIÓN

Un examen, un trabajo escolar, un libro de texto, una conferencia, un anuncio, el prospecto de un medicamento, son textos expositivos perfectamente conocidos por cualquiera... La exposición es un tipo de texto cuyo objetivo es ofrecer un tema cualquiera al receptor, de forma clara y ordenada.

La finalidad de los textos expositivos es la transmisión de información al receptor; por eso también se les denomina en ocasiones TEXTOS INFORMATIVOS.

Aunque este tipo de texto puede aparecer de forma independiente, es normal que se combine con otros tipos; por ejemplo, frecuentemente se insertan textos o fragmentos expositivos en textos argumentativos.

Ahora bien, según el público al que va dirigido un texto expositivo (es decir, el "grado de cultura") y de la intención del autor (didáctica o no), hay dos modalidades de textos expositivos: la *modalidad divulgativa* y la *modalidad especializada*; obviamente, debido a la particularización y especificación que ésta implica, la especializada no se atiende en este libro.

De manera más concreta, la exposición tiene varias formas específicas:[67]

Descripción técnica	Su finalidad es dar a conocer un objeto, las partes que lo integran y, en algunos casos, también incluye la referencia al funcionamiento de esas partes.[68]
Definición	Es explicar el significado de las palabras... definirlas, para comprender un concepto. La definición puede ser denotativa o connotativa.
Análisis	Es descomponer el todo en sus partes. El análisis se basa en la clasificación y la división.
Resumen	Es "reducir un texto".[69]
Reseña	Es una narración sucinta, tomada para la identificación de una persona, animal o cosa.
Informe	Es una forma expositiva que pretende comunicar información precisa.

Estas formas son temas muy amplios, por lo cual sólo serán tratados de manera un tanto sucinta... Aunque la intención de este libro fuera cubrir cabalmente estos temas, no sería posible abarcar todo.

Un ejemplo de descripción técnica:

Una catacresis es un tropo; es decir, el empleo de palabras en sentido distinto del que propiamente les corresponde, pero que tiene alguna conexión, correspondencia o semejanza con dicho sentido. Específicamente, este tropo consiste en dar a una palabra sentido traslaticio *para designar algo que carece de nombre especial.*[1]

Etimológicamente significa "abuso del lenguaje" (nótese que la locución "abuso del lenguaje" constituye también catacresis). Sirve para cubrir los "huecos léxicos" de una lengua ("huecos léxicos" también representa una catacresis). Es muy útil en la neología,[2] *dando sentido a muchos elementos expósitos, y podría ser considerada, como ya fue expresado, como una especie de metáfora mediante la cual se expande el significado de una palabra, con nuevos alcances que se despliegan por otros dominios. Ejemplos podrían ser "el blanco del ojo", "el negro de una uña", "los dientes de una sierra", "la raíz de un problema", "el ojo de la cerradura", "el cuello de la botella", etc. La mayoría de éstas se promueven, gramaticalmente, como* complementos del nombre *y envuelven un artilugio para enseñar algo carente de denominación específica,*[3] *volviéndose inmediatamente, en muchos casos, "metafórico". En el ejemplo de "el ojo de la cerradura", realmente la cerradura no tiene un "ojo", sino un "abertura" determinada, y tampoco se trata de un agujero común y corriente, sino de uno muy concreto* [...]

[1] *Traslaticio: se dice del sentido en que se usa un vocablo para que signifique o denote algo distinto de lo que con él se expresa cuando se emplea en su acepción primitiva o más propia y corriente.*

[2] *Neología: proceso de creación de vocablos, acepciones o giros nuevos en una lengua:* neologismos

[3] *Complementos del nombre (o complemento preposicional del nombre): es un sintagma preposicional [conjunto de palabras, en este caso, que se encabeza por una preposición] que completa el significado del núcleo de un sintagma nominal [que está construido en torno a un nombre o sustantivo]: "Pato a la naranja", "libro de física, "carne con patatas", etc.*

Ejercicios

- *Haga una descripción técnica de su trabajo o la carrera que estudia.*

Ejemplo de definición (que, como se mencionó, puede ser DENOTATIVA O CONNOTATIVA):[70]

La intención o connotación de la palabra vanguardismo *consiste en las propiedades comunes y peculiares de todo movimiento artístico que emerge en contraposición al* modernismo. *Su extensión está constituida por expresionismo, fauvismo, cubismo, futurismo [...]*

> *Ejercicios*
>
> • *Haga una definición de* redacción.

Un ejemplo de análisis:

Los perros actúan siempre como perros; y cuando los humanos olvidan eso, las cosas suelen complicarse.

Hay un tipo de dueño "soñador", el cual cree que los perros vienen programados para vivir con los humanos. No obstante, este dueño fantasioso piensa que un perro reconoce automáticamente la orden de "sentado" y que sabe que no debe despedazar sus revistas recién compradas ni robar cualquier cosa comestible de la cocina.

Al igual que los bebés, los perros no saben qué expectativas tiene el mundo sobre ellos hasta que se les demuestran.

Soluciones: aceptar que los perros necesitan una manera de canalizar ciertos comportamientos caninos, como masticar cosas o hacer hoyos en la tierra.

Lo mejor es conseguirles algunos juguetes para morder y encontrar un lugar en el que puedan escarbar libremente. Las órdenes deben ser señaladas en etapas. Enseñar comandos vocales como "sentado" siempre debe ser precedido por órdenes emitidas con señales manuales, que son mejor entendidas por los perros.

> *El análisis se basa en* clasificación y división.
>
> **Clasificación**. *Es la distribución de objetos según sus similitudes y diferencias, conforme con un común denominador. Se descompone en grupos con arreglo a un criterio que ha de estar cuidadosamente determinado. El total de los grupos suma el total del conjunto clasificado. Los miembros de los grupos formados se excluyen. El que pertenece a un grupo no puede pertenecer a otro. Por ejemplo:*
>
> Clasificación de los hombres según su estado civil:
> Solteros Casados
> Divorciados Viudos

División. *Es el "rompimiento progresivo" de un todo en sus partes. Consiste en distinguir los componentes de una totalidad. Puede ser:*
1. Estructural: *se basa en la organización externa o interna. Cada componente se sitúa en relación a los demás.*
2. Funcional: *atiende a las necesidades que cubre en el conjunto, su aprovechamiento y utilidad.*
3. Cronológica: *observa la sucesión en el tiempo.*
Por ejemplo:
Un siglo es 10 décadas; una década, 5 años; un año, 12 meses...

Ejercicios

- *Haga un análisis de su situación laboral o académica.*

Un ejemplo de resumen:*

Original	**Resumen**
El catorce de enero de 1922, Emma Zunz, al volver de la fábrica de tejidos Tarbuch y Loewenthal, halló en el fondo del zaguán una carta, fechada en el Brasil, por la que supo que su padre había muerto. La engañaron, a primera vista, el sello y el sobre; luego, la inquietó la letra desconocida. Nueve o diez líneas borroneadas querían colmar la hoja; Emma leyó que el señor Maier había ingerido por error una fuerte dosis de veronal y había fallecido el tres del corriente en el hospital de Bagé. Un compañero de pensión de su padre firmaba la noticia, un tal Fein o Fain, de Río Grande, que no podía saber que se dirigía a la hija del muerto. *Emma dejó caer el papel. Su primera impresión fue de malestar en el vientre y en las rodillas; luego de ciega*	*Emma recibe una carta desde el Brasil, que anuncia el fallecimiento de su padre. Inicia inmediatamente los preparativos de su venganza, por el oprobio vivido: su padre había sido acusado de desfalco en la firma que trabajaba, pero el culpable era otro, su padre se lo había dicho: Aarón Loewenthal.* *A fin de evitar sospechas, Emma no varía su forma de vida; realiza las mismas actividades de siempre: sale con su amiga Elsa, va a trabajar, prepara sus alimentos...* *Ella es obrera en la firma Loewenthal. El personal de dicha empresa gesta una huelga; Emma, con la excusa de tener información acerca de este hecho, llama por teléfono a su jefe y concierta un encuentro, al oscurecer.*

* De "Emma Zunz", extraído de BORGES, Jorge Luis: *El Aleph*, Alianza, Madrid, 2003.

Original	Resumen
culpa, de irrealidad, de frío, de temor; luego, quiso ya estar en el día siguiente. Acto continuo comprendió que esa voluntad era inútil porque la muerte de su padre era lo único que había sucedido en el mundo, y seguiría sucediendo sin fin. Recogió el papel y se fue a su cuarto. Furtivamente lo guardó en un cajón, como si de algún modo ya conociera los hechos ulteriores. Ya había empezado a vislumbrarlos, tal vez; ya era la que sería. *En la creciente oscuridad, Emma lloró hasta el fin de aquel día el suicidio de Manuel Maier, que en los antiguos días felices fue Emanuel Zunz. Recordó veraneos en una chacra* [...]	*Siguiendo el plan de venganza, tiene un encuentro amoroso con un marino extranjero. Este desconocido será la herramienta de justicia que empleará.* *Concurre a la cita con Loewenthal. Con palabras entrecortadas hace que el hombre vaya en busca de un vaso de agua, mientras ella saca del escritorio el revólver. Le dispara tres veces, pronunciando la frase: "He vengado a mi padre y no me podrán castigar...". Posteriormente, desordena el diván, le saca los lentes al muerto y llama por teléfono a la policía, y acusa al difunto de abuso hacia su persona.*

El resumen *es una "exposición sumaria" de lo sustancial de un texto. Su función es dar a conocer, en una extensión reducida, el pensamiento vertido en el texto.*

Los pasos para la elaboración de un resumen son los siguientes:

1. *Leer en forma minuciosa el escrito y comprenderlo cabalmente.*
2. *Escribir los conceptos fundamentales; separar lo principal de lo secundario.*
3. *Buscar "palabras claves": ideas (sustantivos y verbos) que se repiten a lo largo del texto, con un mismo léxico o con leves cambios.*
4. *Utilizar un esquema o plan de las ideas principales recogidas.*
5. *Escribir el resumen de la obra leída, ordenando los datos y expresándolos con propias palabras.*
6. *Comparar el nuevo texto con el original. Debe haber la misma esencia y el nuevo texto no debe tener ninguna idea ajena.*

No existe una técnica específica en la elaboración de resúmenes; pero esta pauta, sin duda, ayudará.

Ejercicios

- *Haga un resumen de un relato corto que tenga a mano.*

Un ejemplo de reseña:*

Original	**Reseña**
Urania. No le habían hecho un favor sus padres; su nombre daba la idea de un planeta, de un mineral, de todo, salvo de la mujer espigada y de rasgos finos, tez bruñida y grandes ojos oscuros, algo tristes, que le devolvía el espejo. ¡Urania! Vaya ocurrencia. Felizmente ya nadie la llamaba así, sino Uri, Miss Cabral, Mrs. Cabral o Doctor Cabral. Que ella recordara, desde que salió de Santo Domingo («Mejor dicho, de Ciudad Trujillo», cuando partió aún no habían devuelto su nombre a la ciudad capital), ni en Adrian, ni en Boston, ni en Washington D.C., ni en New York, nadie había vuelto a llamarla Urania, como antes en su casa y en el Colegio Santo Domingo, donde las sisters y sus compañeras pronunciaban correctísimamente el disparatado nombre que le infligieron al nacer. ¿Se le ocurriría a él, a ella? Tarde para averiguarlo, muchacha; tu madre estaba en el cielo y tu padre muerto en vida. Nunca lo sabrás. ¡Urania! Tan absurdo como afrentar a la antigua Santo Domingo de Guzmán llamándola Ciudad Trujillo. ¿Sería también su padre el de la idea? Está esperando que asome el mar por la ventana de su cuarto (...)	*Vargas Llosa narra los últimos días del dictador Rafael Leonidas Trujillo; da una visión general de su dictadura, a través de tres perspectivas diferentes: La primera de éstas la da una mujer —Urania Cabral, hija de Agustín "Cerebrito" Cabral, presidente del Senado durante la dictadura; colaborador y cortesano del dictador— que arrastra un terrible dolor. A través de ella se conoce un grupo de personas, del que su padre es el prototipo, muy importante en la dictadura: los burócratas civiles. En este grupo, descrito como: "preparados, cabezas del país..., sensibles, cultos" (p. 75), sus miembros eran escogidos y utilizados por el dictador para diversos fines, tales como administrar sus bienes (p. 151) o legitimar las necesidades del régimen (p. 150). Ellos tenían una lealtad y una devoción por Trujillo, que llegaban a extremos absurdos. Competían y conspiraban entre sí (p. 232) para estar más cerca de él; lo veían como el amo de sus vidas, un rey divino que les hacía un gran favor al permitirles estar a su lado. Por él eran capaces de cualquier sacrificio, incluso ofrecerle lo más querido como ofrenda: sus esposas (p. 74). El ejemplo más extremo (...)*

* VARGAS LLOSA, Mario: *La fiesta del chivo*, Alfaguara, Ciudad de México, 2006.

La reseña *es un escrito breve que intenta dar una visión panorámica y a la vez crítica sobre algo. Es frecuente que en revistas y periódicos aparezcan reseñas de libros, películas, exposiciones y otros eventos que aproximan a los lectores hacia el objeto descrito. Así, las reseñas sirven para motivar el interés de las personas o persuadirlas. Una buena reseña necesariamente debe reflejar la interpretación y evaluación crítica de quien la realiza.*

Sus partes son:

1. Título*: Es el nombre dado a la reseña. Puede ser, simplemente, el nombre del objeto reseñado o una frase atractiva.*
2. Referentes*: Son los datos o la información con la que se reconoce el objeto reseñado: título o nombre, autor o director, actores, casa editorial, fecha de publicación, año, cantidad de páginas (en el caso de un libro), lugar, casa disquera, etc. Encabezan el texto.*
3. Entrada*: Por lo general una buena reseña engancha al lector con la primera frase. Debe ser sugestiva, significativa, interesante. Su propósito, además de lo ya dicho, es ambientar el tema, resaltar su importancia, plantear una aclaración o una especie de tesis.*
4. Descripción*: Se desarrolla en partes. Debe dar una visión panorámica del asunto sin profundizar demasiado en detalles o pormenores. Identifica cualidades, aciertos, logros y también defectos, carencias, desaciertos.*
5. Conclusión*: Puede darse a manera de juicio valorativo, crítico. Retoma el aspecto más importante del objeto reseñado.*

Un ejemplo de informe es difícil de seleccionar, debido a la gran variedad de tipos que existen. De este modo, sólo se entregará una pauta para su óptimo desarrollo, que consiste en preguntas:

¿Cuál es el propósito del informe?

¿A quién va dirigido?

¿Qué interesa señalar en él?

¿Requiere de algunos antecedentes?, ¿cuáles?

¿En dónde se puede obtener la información necesaria?

¿Qué método de trabajo conviene adoptar para sacarle mejor provecho?

¿Cuál será, posiblemente, el resultado de la indagación?

¿Cuál es la mejor forma de orden y presentación de los datos para que la información resulte clara?

El objetivo del informe es comunicar un hecho o pensamiento, sea científico, literario, técnico, administrativo, comercial o de un suceso relevante.

Tipos de informes

1. Informe científico: *Está basado en la observación directa; se trabaja con la realidad inmediata. Un ejemplo es el trabajo de laboratorio, cuyo objetivo es verificar un principio o proceso.*
Consiste esencialmente en la descripción de los fenómenos observados y en una interpretación de ellos, en términos del conocimiento teórico con que se cuenta. Se ciñe a los pasos del método experimental: observación de un fenómeno, formulación de una hipótesis, realización experimental y conclusión del hecho; con todo esto se comprueba o se refuta la hipótesis planteada.
2. Informe de investigación: *Consiste en reproducir en forma objetiva el pensamiento vertido en una obra, ensayo, artículo, etc. Consta de una breve introducción, en la cual se indica el tema y el objetivo que tiene el trabajo; de un cuerpo, donde se expone la materia; y una conclusión, que es una síntesis de los elementos rescatados. Objetividad y claridad son primordiales.*
3. Informe de un suceso: *El método de trabajo es el mismo de los anteriores; varía solamente en la materia.*

Estructura del informe

La estructura más característica del informe comprende cinco elementos fundamentales:

1. El propósito: *Se trata de un enunciado en el que se declara la finalidad del escrito y que, por lo tanto, responde al* para qué.

2. El procedimiento: *Este enunciado explica la modalidad que se empleó en la recolección de los datos y responde al* cómo.
3. Los hechos: *Por medio de un enunciado narrativo o descriptivo se hace una presentación clara y objetiva, el* qué.
4. El análisis y discusión: *Consiste en la emisión de juicios, con el objetivo de generar en el destinatario una valoración. Esta etapa del informe se puede expresar a través de un* por qué.
5. Conclusiones, recomendaciones o solicitud: *Se termina con una opinión, con una recomendación o con una petición, y por ello, responde al* "qué debemos hacer".

• **Características de los textos expositivos**

1. Su finalidad es la transmisión de información. El texto expositivo se centra en el contenido, el cual debe ser claramente percibido por el lector. La forma de expresión debe garantizar, por tanto, la recepción de ese contenido.

2. Con la información que se transmite se quiere facilitar el conocimiento del texto o materia.

3. Particularidades lingüísticas:

3.1. Sintaxis: Tienen estructuras oracionales que no dificulten la comprensión, por eso es frecuente la presencia de oraciones de carácter explicativo. También es común la aparición de aclaraciones que se presentan como aposiciones o como incisos (informaciones que se intercalan entre comas, rayas o paréntesis, como ya es sabido). Aparecen con frecuencia proposiciones subordinadas de relativo (*que, el cual*), tanto explicativas como especificativas.[71]

3.2. Léxico: Se utiliza un léxico específico; los términos no tienen ambigüedad y están usados según su valor denotativo, por lo tanto, la función lingüística predominantes es la referencial.[72]

3.2.1. Se utilizan sustantivos con un criterio de precisión (terminología específica del ámbito al que se refiere el texto: TECNICISMOS).

3.2.2. Adjetivos y adverbios: Los adjetivos suelen ser pocos y especificativos, y aparecen poco o no aparecen los valorativos, que son superfluos o llevan una carga afectiva que no es propia de la neutralidad de este tipo de textos.

3.3. El verbo: El tiempo verbal propio de este tipo de texto es el presente de indicativo (presente atemporal), aunque pueden aparecer tiempos del pasado. Si el contenido son instrucciones, suele usarse el imperativo o el presente de subjuntivo. Es frecuente la aparición de estructuras pasivas, puras (con sujeto agente) o reflejas.[73]

3.4. Coherencia y cohesión textuales: El contenido aparece estructurado de manera que las diferentes secuencias se relacionan entre sí mediante elementos ordenadores del discurso.

4. Lenguaje no verbal: A veces aparecen elementos icónicos (gráficos, diagramas, esquemas, etc.) para facilitar la comprensión de la información.

5. Empleo de la descripción: En textos donde se enumera la naturaleza, partes y finalidad de un objeto, de un fenómeno o de determinados aparatos, aparecen fragmentos descriptivos.

Otro ejemplo:

Se sabe que los movimientos corporales de un hombre son tan personales como su firma. Las indagaciones acerca de la comunicación humana frecuentemente han descuidado al individuo en sí. Sin embargo, es innegable que cualquiera de nosotros es capaz de hacer una distinción aproximada del carácter de un individuo, apoyándose en su modo de manejarse (tenaz, sereno, enérgico...), y el modo en que lo realice representa una peculiaridad bastante estable de su personalidad.

Tomemos por ejemplo la simple acción de caminar: levantar en forma alterna los pies, llevarlos hacia delante y colocarlos sobre el piso. Esta sola acción nos puede indicar muchas cosas. El hombre que habitualmente taconea enérgicamente al caminar nos dará la impresión de ser un individuo determinado. Si camina ligero, podrá parecer impaciente u ofuscado; aunque si con el mismo impulso lo hace más lentamente, de manera más homogénea, nos hará pensar que se trata de una persona paciente y perseverante. Otra lo hará con muy poco impulso, como si cruzando un trozo de césped tratara de no arruinar la hierba y nos dará una idea de falta de seguridad. Como el movimiento de la pierna comienza a la altura de la cadera, hay otras variaciones. El hecho de levantar las caderas exageradamente da la impresión de confianza en sí mismo; si al mismo tiempo se produce una leve rotación, estamos ante alguien desenvuelto y atrevido. Si a esto se le agrega un poco de ritmo, más énfasis, y una figura en forma de guitarra, tendremos la forma de caminar que, en una mujer, hará volverse a los hombres por la calle.

Esto representa el "cómo" del movimiento corporal, en contraste con el "qué": la forma de hacerlo, no el acto.

Ejercicios

- *Realice un texto expositivo, integrando las cinco características señaladas.*

4.1. Estructuras expositivas

Para comprender un texto expositivo es necesario entender las ideas centrales y la relación que se establece entre ellas. Dicha relación se manifiesta en diferentes estructuras, adecuadas en cada caso al contenido del texto.

1. **Estructura descriptivo-enumerativa.** Se utiliza para presentar un tema mediante una serie de hechos o de datos de la misma importancia. En esta estructura aparecen enlaces ordenadores del discurso como: *en primer lugar, además, por último*. Un ejemplo de esta estructura:

La capa de ozono se encuentra en la estratosfera, entre 15 y 35 kilómetros por encima de la superficie terrestre. Los rayos ultravioletas del sol transforman las moléculas del oxígeno: en lugar de dos átomos de oxígeno (simbolizados por O_2*), contendrían tres, y ese "isótopo" del oxígeno se llama ozono (*O_3*).*

2. **Estructura comparativa.** Es la adecuada para señalar semejanzas y diferencias entre objetos o ideas. Propios de esta estructura son enlaces como *por el contrario, frente a*, así como estructuras comparativas del tipo *es como, es igual que*. Por ejemplo:

Las zonas templadas parecen favorecer la calidad de vida. En ellas el desarrollo de formas grupales públicas es más fácil que en las zonas de frío extremo; y la actividad individual, más sencilla que en las regiones de calor.

3. Estructura de secuencia y de causa–efecto. Para exponer en orden los hechos se recurre a la secuencia; pero si interesa mostrar que unas ideas (o hechos) derivan de otras, se emplea la estructura de *causa–efecto.*

Elementos ordenadores del discurso propios de la secuencia son palabras como *primero, después, a continuación.*

Primero quitamos la piel a la pescadilla y la cortamos en rodajas. Después la salpimentamos y enharinamos. La doramos en aceite caliente. Y, finalmente, la servimos acompañada de una salsa de puerros y manzana.

4. Estructura deductiva o analizante. La idea principal se expone al comienzo del texto y, a continuación, se demuestra con datos particulares.

El dueño despistante cree que el perro tiene inteligencia integrada para diferenciar cuando algo está bien y cuando no. Se da palmadas en el pecho para que el perro le dé un "abrazo" y luego se enoja cuando el can intenta "abrazar" a la abuela [...]

5. Estructura inductiva o sintetizante. Parte de la exposición de datos o ejemplos particulares para llegar a la idea general.

Muchos dueños se dan palmadas en el pecho para que el perro le dé un "abrazo" y luego se enojan cuando el can intenta "abrazar" a la abuela [...] Este es el caso del dueño despistante, que cree que el perro tiene inteligencia integrada para diferenciar cuando algo está bien y cuando no.

Ejercicios

- *Realice un texto expositivo con cada una de las cinco estructuras presentadas (puede ser el mismo texto, modificado cinco veces).*

4.2. La técnica informativa (una pincelada)

La noticia debe ser entendida como todo aquello que al lector le interesa saber. Debe ser redactada de manera breve y completa. Esta brevedad no debe ser entendida como laconismo, sino como concisión —cada línea, cada frase o palabra están cargadas de sentido—;* esto es, debemos utilizar sólo aquellas palabras que sean vitales para expresar con claridad el pensamiento en cuestión.

• LA PIRÁMIDE INVERTIDA

Debemos tener en cuenta que toda información, para ser completa, debe responder seis preguntas,: las *6 w*.[74]

Quién	El sujeto de la información.
Qué	El hecho, lo que ha sucedido.
Cómo	El método, la manera de producirse el hecho.
Dónde	El sitio, el lugar en que se produjo el acontecimiento.
Cuándo	El factor tiempo (año, día, hora, minuto. La precisión de la fecha depende del hecho).
Por qué	La causa, el elemento fundamental que da la razón de lo que ha pasado.

La noticia debe responder a estas seis cuestiones. No obstante, pueden ser añadidas otras más, según los casos: el instrumento con que se hizo algo (CON QUÉ), la finalidad (PARA QUÉ)...

Ahora bien, no se debe responder a las *6 w* de una manera caprichosa; es necesario seguir un orden determinado, que depende del factor "interés": debemos empezar siempre por lo más interesante; es decir, debemos comenzar con el DESENLACE, para acabar por el DESPLIEGUE.

* Lo contrario a esto sería la vaguedad, la imprecisión, la hojarasca.

	Pirámide invertida
Lid o entrada da la idea básica del informe	Primer párrafo. Contiene las *6 w*, el *encabezamiento del informe.*
Cuerpo contiene el resto de la información	Segundo párrafo. *Apoyo* y *desarrollo del encabezamiento.* Tiene como función completar la idea presentada en la entrada y ampliar algunos aspectos de ésta. En cuanto a su desarrollo, se desgranan los datos en orden decreciente respecto a su importancia. Tercer párrafo. Suele llamarse *remate*, y es el último párrafo, donde va una idea secundaria pero que, al mismo tiempo, da la idea de que no hay nada más que decir.

Un ejemplo "repetido" (como ejemplo, propiamente tal, y como suceso):

Entrada	*Dos muertos fue el saldo de un accidente vial* (qué) *ocurrido al mediodía* (cuándo), *donde una motocicleta colisionó contra un taxi* (quiénes). *El suceso sobrevino en la avenida Quito* (dónde), *cuando, según testigos, debido a que un autobús estacionado obstaculizaba la visión* (por qué), *el conductor de la motocicleta se precipitó contra el automóvil al tomar la curva* (cómo).
Cuerpo	*Pasado el mediodía de hoy...*

Condiciones de la noticia

1. ***Veracidad***. *Quien redacta debe decir, sinceramente, la verdad del hecho: su verdad, tal como él la ve y la concibe...*
2. ***Exactitud***. *Debemos responder lo más fielmente posible a la realidad.*
3. ***Interés***. *No debe perderse en lo accesorio, en lo contingente. Ha de buscar siempre lo fundamental, lo que constituye la esencia y sustancia de lo que acontece.*
4. ***Cabalidad***. *Debe responder, al menos, a las 6 w, precisas e imprescindibles.*
5. ***Claridad***. *Esto debe estar fundado en la exposición y en la concepción. Es decir, la expresión debe estar al alcance una persona de cultura media, concebida a partir de pensamientos diáfanos, con conceptos bien asimilados y exposición limpia.*
6. ***Brevedad***. *Debe garantizar un texto conciso, sin elementos sobrantes.*

Ejercicios

- *Redacte una noticia, sencilla, contemplando las 6 w, entrada y cuerpo, además de las seis condiciones mencionadas (veracidad, exactitud...).*

4.3. El comentario (otra pincelada)

Un comentario interpreta un hecho dado, da dimensión de profundidad. Un comentario, incluso, podría prever lo que no ha sucedido, pero que puede ocurrir. Es decir, existe un DIAGNÓSTICO, un PRONÓSTICO y un TRATAMIENTO, tal cual lo hace un médico.

En el comentario no hay reglas específicas, pues no hay un orden determinado en la redacción, es decir, se goza de más libertad. Sin embargo, es favorable aceptar el siguiente orden, al menos como iniciación:[75]

1. Plantear el tema.

2. Manipularlo, desmontarlo en piezas.

3. Emitir un juicio crítico del tema.

4. Formular una solución.

A pesar de la holgura, en todo comentario son muy importantes el principio y el final: el hecho y su última consecuencia. Por ende, empezar y terminar bien un comentario garantiza su efectividad...

El primer párrafo debe captar la atención del lector, arrastrarlo a la lectura. El último párrafo, por su trascendencia, debe quedar grabado en quien lo lee. Ahora bien, todo ello debe obrar sin vapuleos anodinos y, por ende, falsamente oratorios y estériles: frases hechas, lugares comunes, etc. Debemos convencer con razonamientos, con hechos, con juicios lógicos.

Un ejemplo de comentario:

De una manera u otra, el deporte también invade la historia universal. La actitud deportiva podrá parecer relativamente minúscula y liviana; sin embargo, hay que considerarla profundamente para apreciar que no es tan así, ni mucho menos. Por otra parte, ¿no creen ustedes, señoras y señores, que la historia universal, a partir de la conferencia de Ginebra, carece básicamente de frivolidad? El episodio olímpico nos reintegra a un mundo elemental, heroico, brioso y saludable, a la estatuaria griega, al saber ganar y al saber perder con la sonrisa en los labios, a la ascesis atlética...

En detalle:

diagnóstico	*De una manera u otra, el deporte también invade la historia universal. La actitud deportiva podrá parecer relativamente minúscula y liviana; sin embargo, hay que considerarla profundamente para apreciar que no es tan así, ni mucho menos.*
pronóstico	*Por otra parte, ¿no creen ustedes, señoras y señores, que la historia universal, a partir de la conferencia de Ginebra, carece básicamente de frivolidad?*

tratamiento	*El episodio olímpico nos reintegra a un mundo elemental, heroico, brioso y saludable, a la estatuaria griega, al saber ganar y al saber perder con la sonrisa en los labios, a la ascesis atlética...*

Ejercicios

- *Redacte un comentario, contemplando diagnóstico, pronóstico y tratamiento.*

Condiciones del comentarista

1. ***Agudeza crítica***. *Capacidad de distinguir lo pasajero de lo valioso. Sólo los hechos de especial alcance precisan un comentario adecuado... Debemos ostentar una capacidad deductiva, es decir, saber pasar de los síntomas a lo sustancial.*

Además, debe haber una capacidad observadora: percibir irregularidades donde todo parece bien. Apreciar virtudes que otras personas no ven y que sean dignas de ser tomadas en cuenta. Debemos ver más allá del hecho presente: prever.

2. ***Personalidad***. *Determinación y convicción de juicio. Debemos orientar de buena fe, opinar de manera sincera, con libertad.*

Además, debe haber ponderación de criterio: circunspección moral y valentía, al censurar y al defender.

Esto implica que no debe haber ofuscación; un error común al juzgar un hecho es desear que éste signifique lo que el comentarista busca y no lo que objetivamente significa.

Por último, independencia de juicio: una objetividad dominante. Debemos evitar la lisonja o el eslogan.

3. ***Cultura***. *Amplios conocimientos generales. Esto no implica una erudición incuestionable, basada en citas enciclopédicas, ya que estas referencias ilustran, no forjan opinión...*

Dotes de maestro; crear magisterio; forjar opinión.

Un poco de filosofía: un reflexionar constante y ecuánime, para fundamentar sólidamente la posición tomada.

Sentido histórico: Entendimiento del pasado, para abarcar las perspectivas futuras de lo que acontece en la actualidad.

4. *Astucia y "empatía acomodadiza"*. *Romper con la inercia, que es un lastre de la inactividad y del conformismo.*

Conocer las necesidades del sector en que se mueve, para fundamentar debidamente el comentario.

Otro ejemplo:

Adolfo Mancera, un joven de Mérida, fornido como un caldo de municiones, ha levantado un pedrusco de un quintal, ochenta y ocho veces, en siete minutos, en un concurso de alzamiento de piedras para novicios.

No es frecuente leer noticias hazañosas de este tipo en la columna campestre de Ribasa. Pero yo me pregunto:

¿No sería preferible preparar a estos muchachos para que participasen en deportes olímpicos?

La bagatela de tanto y tanto esfuerzo estéril, incompatible a cualquier homologación, me duele como síntoma de contumacia en el error.

Ejercicios

- *Redacte un comentario, contemplando, además, las "condiciones del comentarista".*

Tipos de comentarios

1. *Informativo.* *Lo esencial son los hechos escuetos y precisos, razonadamente expuestos. Su forma debe ser narrativo-expositiva.*
2. *Interpretativo*. *Además de los hechos, se agregan otros factores —causa o efecto— relacionados con esos hechos para valorarlos a la luz de la razón. Debe haber una orientación hacia la comprensión del lector.*
3. *Inductivo*. *Es el más difícil de los comentarios, pero también el más eficaz. Es la yema de la noticia; y lo que de ello se derive, el provecho.*

Ejercicios

- *Redacte tres comentarios: informativo, interpretativo e inductivo.*

5. DOS PEQUEÑOS ADJUNTOS

• Desarrollo de una idea

Desarrollar una idea no es más que investigar el tema de la manera más completa posible, para que el lector no tenga dudas acerca del sentido y de la propuesta. Así, son necesarias dos condiciones: imaginación y cultura (no fantasía y erudición).

Es recomendable ser franco en la exposición, esto es, decir lo que realmente se considere preciso para el correcto desarrollo de una idea. Debemos huir del ZIGZAG de exposición, tan intrascendente, y procurar brevedad y consistencia, además de sencillez y claridad. Todo obedece a los propios conocimientos, al enfoque y concepción del tema. Así, es erróneo pensar que quien da mayor extensión a una materia es quien propone mejores cosas; debemos evitar la hojarasca.

• Titulación

Un título es lo último que debe ser concebido. Como consejo, debemos dejar un lapso prudencial entre el fin del proceso de escritura y la titulación... al menos de diez minutos. Posteriormente, es idóneo releer el escrito y escribir varios títulos tentativos, para elegir el definitivo.

Sobre titulación no hay reglas rígidas, pues no es igual, por ejemplo, titular un texto noticioso que un comentario. Un texto informativo, por ejemplo, debe tener un título —valga la redundancia— "informativo". En pocas líneas —doce palabras, como máximo— debemos sintetizar la idea principal de la información. Estos títulos deben ser llamativos: lo mejor es colocar el hecho fundamental a la cabeza del escrito; y el resto, en orden decreciente. Para hacer de un título algo llamativo, debemos recurrir al ORDEN DE LAS IDEAS. Una manera de "acortar" un título es con elipsis de verbos:

Los aviones Flyash *no son aptos para volar a más de seis mil metros.*	Este título es demasiado largo.
Los aviones Flyash *no son aptos para volar a gran altura.*	Ya es más corto; pero...
Los aviones Flyash, *no aptos para vuelos de gran altura.*	Así está mejor: elipsis de verbo (*ser*) y cambio de *volar* por *vuelos.*

Apéndice: *Secciones accesorias de una carta*

Datos previos: *En algunos escritos como las cartas, los informes, los memorandos, los certificados, las declaraciones y otros, suelen consignarse algunos o todos estos datos:*

1. Nombre del lugar desde donde se escribe

Debe ponerse con mayor o menor precisión en relación con el pueblo, ciudad, distrito, zona o estado o región y nación, según el destino próximo o lejano que tendrá el escrito. Es decir, a mayor correlación entre destino y remitente, menor será el nombre del lugar. Por ejemplo:

Victoria de Durango, Durango, México.

Si hay correspondencia de estados, de ciudad... se omitirá aquel dato.

2. Fecha

Debe asentarse, según el uso del español, en este orden: día, mes y año; aunque también es aceptado mes, día y año. Es recomendable su escritura íntegra con las preposiciones y minúsculas correspondientes, por razones de claridad y correlación. Por ejemplo:

23 de septiembre de 2008.

Debe desecharse el uso redundante y anticuado que aún perdura en algunos sectores: <u>a</u> 23 de septiembre de 2008.

3. Nombre y referencia del destinatario

Se consignará no sólo el nombre completo de la persona o personas a quienes se dirige el escrito, sino también sus títulos y los cargos que desempeñan. Debe evitarse el excesivo formulismo:

Señor Doctor Don... ⊗	*Debe reducirse a* Doctor.
Señor Licenciado y Maestro... ⊗	*Debemos elegir el título que se juzgue más representativo, y se escribe sin el innecesario "señor".*

Conviene colocar el cargo antes que el nombre —y que el título, si así lo estimase necesario... pero sin abreviar, ya que no hay justificación para eso—, en esta forma:

Jefe de _______, Ingeniero N. N.

Cuando el destinatario es una entidad corporativa, se pone el nombre de la entidad en forma impersonal (sin señores, *que es muy común), o bien la forma* señores miembros de... *(o socios, integrantes, directivos, etc.).*

Hay una costumbre que, en vez de facilitar, suele complicar la estructura de la redacción: dirigir el escrito a un destinatario (generalmente alguien de alta jerarquía, o una institución o casa de comercio) y colocar esta inscripción:

Atención del Sr. N. N. ⊗	*Así se entiende (?) que esa persona será el primer receptor de la comunicación. Esto plantea un inconveniente para establecer la tónica psicológica en el escrito: ¿a qué lector debe adaptarse el redactor, previo conocimiento de su idiosincrasia, para hacer eficaz su escrito?*

En este caso, se aconseja elegir cualquiera de estos dos caminos:

a) prescindir de este intermediario circunstancial, si no tiene autoridad de decisión o selección sobre el contenido del escrito.

b) dirigirle el escrito a él, si no tiene autoridad suficiente, y pedirle que lo eleve al verdadero destinatario.

En ambas situaciones queda unificado el destinatario, y los elementos expresivos del escrito pueden tener la necesaria adaptabilidad.

4. Destino del escrito

Se consignarán datos completos del domicilio del destinatario (calle, número, localidad, estado y país, con las mismas limitaciones que se indicaron para el lugar de origen) cuando el escrito se envía por correo o por medios indirectos. En caso de ser entregado directamente, basta con indicar el nombre del lugar mínimo en que se encuentra el receptor (institución, dependencia, hotel, negocio, etc.).

5. Forma de entrega

En algunos casos, debemos indicar la manera como se hace llegar el escrito al destinatario.

Presente Su despacho *o expresiones similares*	*en forma directa*
Atención del Sr...	*a través de intermediarios*

6. Encabezamiento

Es el conjunto de palabras introductorias o vocativos con que, según el formulismo establecido, se empiezan ciertos documentos oficiales, testamentos, memoriales, ejecutorias, declaratorias y otros. En las cartas suele tomar el nombre de tratamiento, principalmente cuando es fórmula de cortesía o distinción dedicada al destinatario...

En la correspondencia moderna ha perdido todo aviso de ampulosidad:

De mi mayor consideración y respeto	*Estas grandilocuencias han sido olvidadas, para apegarse a expresiones más llanas y realistas:* Distinguido doctor o Estimado señor.
Con la más alta y distinguida estimación	

En el caso de comunicaciones formales o poco personales, es recomendable la supresión del tratamiento, ya que puede estar contenido en el párrafo inicial del escrito. Esta recomendación va especialmente para quienes aún siguen empleando el híbrido idiotismo gramatical y lógico:[76]

Muy señor mío

Esto fue creado por antepasados precisamente para un lector desdibujado al que le resulta temerario llamar "muy señor" y más aún "mío"...

7. Epígrafe

Es una inscripción colocada fuera del escrito en sí, como encabezamiento. Contiene una síntesis, comentario o explicación sobre el tema tratado; a veces es una cita o sentencia inspiradora del autor o que promueve la reflexión del autor. Sus cualidades características son: brevedad, adecuación y profundidad.

Algunos tipos de redacción —especialmente cartas y notas administrativas o formales— concluyen con un párrafo de despedida o saludo, como si se tratara de un encuentro personal. A veces se incluye agradecimiento, esperanza, recomendaciones de celeridad o algún pedido adicional:

Agradeciendo... *Esperando...* *Recomendándole...* *Rogándole...* *Suplicándole...*

Hay que tener cuidado en estos casos con el generalmente impropio uso del gerundio. Todos éstos son sustituibles en todos los casos por los verbos personales:

Agradezco... Agradecemos... *Espero... Esperamos...* *Le recomiendo... Les recomendamos...* *Le ruego... Le rogamos...* *Le pido... Le pedimos...*

8. Despedida

Muchas personas, con el propósito de no despedirse "a secas", añaden un párrafo que resulta absolutamente ocioso o redundante:

Sin otro particular
Sin más por el momento
Sin otras noticias a que hacer referencia

Además, debemos reiterar el llamado de atención sobre el uso rutinario de fórmulas o frases hechas que carecen de vigencia y hasta de sentido:

Su seguro servidor
Me reitero de usted
Quedo siempre suyo
Su afectísimo

Hoy, por extremoso afán de síntesis y llaneza, a menudo se condensa el saludo en un solo adverbio:

Atentamente
Cordialmente
Afectuosamente

Es conveniente, como en tantos productos humanos, fomentar un criterio selectivo tan amplio y dúctil que permita escoger las formas más adecuadas en cada oportunidad, para lograr que la comunicación resulte grata y funcional. Algunos emplean la fórmula de mi distinguida consideración, *sin pensar en el "autoelogio" que implica: el destinatario debe ser el distinguido, no quien remite...*

9. *Antefirma*

En algunos casos, se conserva una costumbre que parece jerarquizar más a quien firma el escrito: anteponer un párrafo que indica el cargo del firmante. Por ejemplo:

El gerente de Producción
La encargada de asuntos culturales

El uso moderno quita ampulosidad a la expresión y simplemente menciona el cargo después de la aclaración de firma:

N. N., Gerente de Producción.

10. *Firma*

Es imprescindible en la correspondencia y en ciertos documentos. Por un principio de validez, debe estar manuscrita y completa en los originales.

La firma impresa sólo se justifica en algún tipo de correspondencia o escrito colectivo (circulares, anuncios o notificaciones generales que se distribuyen en forma personal entre muchos receptores). En los casos en que una persona firme por otra, debe aclararse de la siguiente manera: colocar debajo de la firma el nombre de la persona a la que reemplaza, precedido de las iniciales convencionales:

p.	*por*
p.a.	*por autorización*
p.p.	*por poder*

11. Aclaración de firma

La aclaración del nombre de quien firma —a veces con su título profesional— es requisito ineludible en la mayoría de los escritos firmados. Sólo casos de correspondencia muy personal, o cuando los datos del firmante figuran en alguna parte del escrito, se prescinde de esta aclaración.

12. Posdata

*Con esta palabra de origen latino —*post datam*: "después de la fecha", porque antes se ponía la fecha al final del escrito— se designa lo que se añade a una carta ya concluida y firmada.*

Se justifica sólo en caso de omisiones, aclaraciones secundarias o datos de último momento. La costumbre hace emplear —de manera inútil— la abreviatura P.D. *antes de esas anotaciones; también se usa* P.S. *(de* post scriptum*: "después de lo escrito"), con el mismo significado. El sentido funcional desecha este tipo de antigualla, este resabio de cultismos que resultan incomunicantes.*

Hay quienes reservan algún dato importante para esas líneas adicionales, lo que no tiene razón de ser. Sólo se justifica algo secundario, o sucedido después de lo referido.

13. Vale

Fórmula anticuada, de origen latino, equivalente a un saludo y buen deseo como ¡Adiós! *(significa exactamente "consérvate sano").*

Muchos, equivocadamente, utilizan el término al final de una nota adicional, con el significado de "Es válido" (lo que implica un absurdo, pues no sería lógico escribir algo nulo).

14. Notas aclaratorias

Sirven para agregar o esclarecer datos que figuran en el escrito. Como en la posdata de las cartas, es preciso que esas notas fuera de texto estén plenamente justificadas por el contenido, para que resulten naturales y no caprichosas.

15. *Adjuntos o anexos*

Son anotaciones que se usan en determinados escritos para indicar detalles referentes a los elementos anexados (documentos, cheques, folletos, muestras, etc.). Se indican mediante las abreviaturas Adj. *o* Ane. *y resultan de innegable utilidad como testimonio y control de lo enviado.*

16. *Inscripciones*

Son notas adicionales, por lo común impresas, que cumplen funciones de información o publicidad. Entre ellas caben los membretes cuando van impresos en la parte superior del papel.

17. *Membrete*

Palabra derivada de membrar *("recordar"), que en español significa "anotación provisional en que se pone sólo lo sustancial y preciso". Además, indica el "nombre o título de una persona o corporación puesto al final del escrito que se le dirige" y también "este mismo nombre o título puesto a la cabeza de la primera plana" (lo que en el uso común moderno se llama* datos del destinatario*).*

Se utiliza el término para designar el "nombre o título de una persona, industria o corporación impreso en la parte superior del papel de escribir", al que se le agregan generalmente otros datos como domicilio, teléfono, etc.

Se ha generalizado mucho su uso por razones estéticas y prácticas.

18. *Referencia o asunto*

Especialmente en los escritos administrativos y comerciales se suele consignar en la parte superior derecha, en forma sintética, el contenido general o motivo del escrito, así como datos relativos a números, fechas y otras anotaciones de identificación. Es una anotación muy útil para el manejo y archivo de esos escritos. Su condición fundamental es la exactitud.

19. *Iniciales identificatorias*

En ocasiones, fuera del texto y al final del escrito se colocan unas letras cuyo objeto es la identificación de quien dictó, ordenó o realizó el escrito. Son anotaciones convencionales, de innegable valor práctico.

Gráfica de las partes de una carta[77]

1 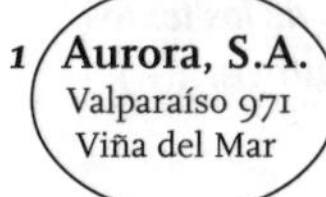

2a Quillota, Región de Valparaíso, 2 de octubre de 2008.

11 Ref: Solución desperfectos máquina cargadora

2b Señor
Rubén Valdivia
2c Avenida Zaragoza 750
Concepción

3 Estimado señor Valdivia:
A Gracias por hacernos saber de los problemas surgidos como consecuencia de una falla en el arranque de la máquina cargadora. Sentimos mucho los perjuicios causados a usted y su prestigiosa empresa.

B Evidentemente, nos encargaremos de solucionar esta condición con la mayor premura posible. Pero, penosamente, el técnico de nuestra fábrica no podrá estar allí antes del martes de la semana próxima, para determinar las causas del conflicto. Por eso le enviamos un manual ilustrado, en el cual encontrará claras instrucciones sobre la estructura de la máquina, su manejo y la reposición de refacciones.

C De esta suerte, nuestro técnico hará el estudio completo e indicará la solución definitiva. No dudamos de que todo quedará satisfactoriamente muy pronto.

4 Muy atentos saludos,

5 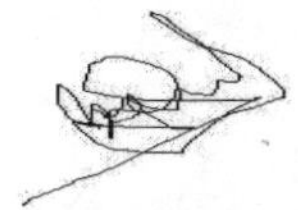

6 Víctor Rojas Cancino
Gerente de Producción

7 Conviene que pida comunicarse telefónicamente, mediante la extensión 188, con el Jefe de Servicios, Javier Alfaro.
8 Adj: Un manual ilustrado
9 VRC/cc

10 MÁQUINAS Y MOTORES AURORA: 30 AÑOS AL SERVICIO DE LA PRODUCTIVIDAD

A:	*PRINCIPIO (Exposición)*	
B:	*MEDIO (Cuerpo)*	***(Estructura de los textos argumentativos, 3.1.)***
C:	*FIN (Epílogo)*	

1. Membrete. 2. Datos previos: a) fecha y lugar, b) destinatario, c) destino. 3. Tratamiento. 4. Despedida. 5 Firma. 6. Aclaración de firma y cargo. 7. Nota ampliatoria. 8. Adjunto. 9. Iniciales identificatorias. 10. Inscripción. 11. Referencia.

III
EL ESTILO

La ESTILÍSTICA, definida como «ciencia y teoría de los estilos», es una disciplina que estudia los procedimientos expresivos del habla. Hoy contempla un carácter preponderantemente analítico, en contraste con sus inicios normativos y preceptivos.

Actualmente ESTILO, según la RAE, en cuanto a lo que aquí interesa, significa:

1. Manera de escribir o de hablar (no en cuanto a las cualidades esenciales y permanentes del lenguaje, sino a lo accidental, variable y característico del modo de formar, combinar y enlazar las frases, las oraciones y los períodos para expresar los conceptos).

2. Conjunto de procedimientos con que un escritor se apropia de los recursos que le ofrece la lengua, con fines expresivos; es un acto selectivo sobre el material lingüístico, a fin de obtener determinados efectos.

3. Conjunto de rasgos comunes, o "espíritu colectivo", de la literatura de cada época, al mismo tiempo que su pensamiento, arte, política, economía y ciencia.

De acuerdo con diversos puntos de vista, existen numerosas clasificaciones en relación con el estilo de las letras. Por ejemplo, antiguamente se distinguía las variedades de sublime, bajo *y* mediano, *dependiendo de la calidad de los elementos. Asimismo, considerando sus particularidades sobresalientes, un estilo delicado y sencillo era apreciado como* ático; *uno difuso y adornado,* asiático; *uno abundante,* rodio; *y uno conciso,* lacónico.

Igualmente, hubo quienes sólo hicieron una distinción entre natural *y* artístico; *o en* espontáneo *y* culto. *Conforme a la época, se encasillaron en* antiguo *o* clásico, medieval, moderno *y* contemporáneo; *de acuerdo a la escuela,* neoclásico, barroco, romántico, realista, simbolista, modernista, surrealista; *ajustado al género,* poético, novelesco, científico, periodístico, didáctico, narrativo, descriptivo. *Entretanto, acorde al uso profesional, se distinguieron estilos como* médico, jurídico, magistral, diplomático, clerical, comercial; *según el tono intencional,* amable, irónico, cortante, servil, protocolar, laudatorio, coloquial, intimista, jocoso, quejumbroso; *o de acuerdo a ciertas apreciaciones subjetivas,* pesado, difícil, ligero, meloso, ameno, seco, sencillo, enredado *o* tortuoso, cristalino, brillante.

Además, se puede distinguir, en la redacción común, un estilo periódico *o* amplio, *otro* cortado *o* sentencioso *y uno mixto, aunque de igual forma se puede agregar un estilo* ASMÁTICO. *El estilo* periódico *contempla párrafos largos, encadenados; el* sentencioso *dispone de oraciones breves, simples y ágiles; mientras que el* mixto *presenta una alternación de oraciones de diversa extensión. Por último, el estilo* asmático, *dictado por algunos, asume un ritmo exhausto, jadeante, a la expresión, suscitado por la economía de palabras y la frecuencia de puntuación.*

Un ejemplo, de redacción común:*

Texto original (estilo periódico)	*El hombre que conduce la camioneta se llama Cipriano Algor, es alfarero de profesión y tiene sesenta y cuatro años, aunque a simple vista aparenta menos edad. El hombre que está sentado a su lado es el yerno, se llama Marcial Gacho, y todavía no ha llegado a los treinta. De todos modos, con la cara que tiene, nadie le echaría tantos. Como ya se habrá reparado, tanto uno como otro llevan pegados al nombre propio unos apellidos insólitos cuyo origen, significado y motivo desconocen. Lo más probable es que se sintieran a disgusto si alguna vez llegaran a saber que "algor" significa frío intenso del cuerpo, preanuncio de fiebre, y que "gacho" es la parte del cuello del buey en que se asienta el yugo (...)*
Estilo sentencioso	*El hombre que conduce la camioneta se llama Cipriano Algor. Es alfarero de profesión y tiene sesenta y cuatro años. A simple vista aparenta menos edad. El hombre sentado a su lado es el yerno; se llama Marcial Gacho; todavía no ha llegado a los treinta. Con la cara que tiene, nadie le echaría tantos. Ambos tienen unos apellidos insólitos. Desconocen el origen, significado y motivo de éstos. Probablemente se sientan contrariados si supieran que "algor" significa frío intenso del cuerpo, preanuncio de fiebre; y que "gacho", parte del cuello del buey en que se asienta el yugo (...)*

* SARAMAGO, José: *La caverna*, Punto de Lectura, Madrid, 2006.

Estilo mixto (entre periódico y sentencioso)

El hombre que conduce la camioneta se llama Cipriano Algor, es alfarero de profesión y tiene sesenta y cuatro años. A simple vista aparenta menos edad. El hombre sentado a su lado es el yerno, se llama Marcial Gacho, y todavía no ha llegado a los treinta. De todos modos, con la cara que tiene, nadie le echaría tantos. Ambos tienen unos apellidos insólitos cuyo origen, significado y motivo desconocen. Probablemente se sientan contrariados si supieran que "algor" significa frío intenso del cuerpo, preanuncio de fiebre, y que "gacho" es la parte del cuello del buey en que se asienta el yugo (...)

Estilo asmático

El conductor es Cipriano Algor; es alfarero, tiene sesenta y cuatro años, aunque aparenta menos. El que está sentado a su lado es el yerno, se llama Marcial Gacho, y todavía no ha llegado a los treinta. No obstante, con la cara que tiene, nadie le echaría tantos. Ambos tienen apellidos insólitos, de origen, significado y motivo que desconocen. Probablemente, se sentirían contrariados al saber que "algor" significa frío intenso del cuerpo; y "gacho", parte del cuello del buey (...)

1. EL ESTILO Y SU OBTENCIÓN

Casi por consenso, el talento, la sensibilidad, la fluidez y el buen gusto son considerados como cualidades innatas. Pero a veces se encuentran aletargadas en la abulia o en la indolencia. No obstante, estas esencias pueden ser animadas con el estudio y la imitación, con el perfeccionamiento constante; es decir, la adecuación y la pulcritud pueden ser alcanzadas a través del aprendizaje, el razonamiento y la práctica. Así, el talento podría ser calificado como una "aptitud desarrollada"; y el genio, como una "larga paciencia".

Ejercicios

- *Como ejercicios preliminares, rehaga los siguientes pasajes en 1) estilo periódico, 2) estilo sentencioso, 3) estilo mixto y 4) estilo asmático.**

* MAQUIAVELO, Nicolás: *El Príncipe*, Edición anotada, Época, Ciudad de México, 2001.

(a)
El rey perdió, pues, la Lombardía por no haber hecho nada de lo que hicieron cuantos tomaron provincias y quisieron conservarlas. No hay en ello milagro, sino una cosa razonable y ordinaria. Hablé en Nantes de esto con el cardenal Ruán, cuando el duque de Valetinois, al que llamaban vulgarmente César Borgia, hijo de Alejandro, ocupaba la Romaña; y habiéndome dicho el cardenal que los italianos no entendían nada de la guerra, le respondí que los franceses no entendían nada de las cosas del Estado, porque si ellos hubieran tenido inteligencia en ellas no hubiesen dejado tomar al Papa un tan grande incremento de denominación temporal.

(b)
El poder analítico no debe confundirse con el simple ingenio, porque mientras el analista es necesariamente ingenioso, el hombre ingenioso está con frecuencia notablemente incapacitado para el análisis. La facultad constructiva o de combinación con que, por lo general, se manifiesta el ingenio; y a la que los frenólogos, equivocadamente, a mi parecer, asignan un órgano aparte, suponiendo que se trata de una facultad primordial, se ha visto tan a menudo en individuos cuya inteligencia bordeaba, por otra parte, la idiotez, que ha atraído la atención general de los escritores de temas morales. Entre el ingenio y la aptitud analítica hay una diferencia mucho mayor, en efecto, que entre la fantasía y la imaginación, aunque de un carácter rigurosamente análogo.

(c)
La vanidad se encuentra en los lugares más inesperados: al lado de la bondad, de la abnegación, de la generosidad. Cuando yo era chico y me desesperaba ante la idea de que mi madre debía morirse un día (con los años se llega a saber que la muerte no sólo es soportable sino hasta reconfortante), no imaginaba que mi madre pudiese tener defectos. Ahora que no existe, debo decir que fue tan buena como puede llegar a serlo un ser humano. Pero recuerdo, en sus últimos años, cuando yo era un hombre, cómo al comienzo me dolía descubrir debajo de sus mejores acciones un sutilísimo ingrediente de vanidad o de orgullo. Algo mucho más demostrativo me sucedió a mí mismo cuando la operaron de cáncer. Para llegar a tiempo tuve que viajar dos días enteros sin dormir.

- *Rehaga estos párrafos; pero esta vez con variaciones de género (didáctico, descriptivo...), de intención (amable, irónico...), de apreciaciones subjetivas (meloso, ameno...)...*

Algunas pautas para cultivar el estilo

Es posible, sin duda alguna, pulir el estilo. Para tal propósito se pueden seguir los siguientes barruntos:

*1. **Establecer una disciplina de trabajo**. Debemos comenzar con la formación —la obtención consciente y libre— de la voluntad, para luego seguir con un régimen metódico e inflexible.*
*2. **Cultivo gradual**. Practicar de manera continua y progresiva, comenzando con redacciones básicas, para luego ejercitar su desarrollo. De este modo, se podrá pensar de forma ordenada, minuciosa, precisa, profunda.*
*3. **Ejercitación**. Consiste en un adiestramiento tendiente a entrenar la pericia imaginativa; se toman escritos determinados, y se hacen variaciones de estilo en ellos: comparación, exageración, inserción de diálogos, etc., dando máxima exigencia al uso de elementos originales.*
*4. **Recurrir a la facultad de razonamiento**. Tomar fragmentos literarios para desarrollar diversos ejercicios con éstos, como síntesis, amplificación, comentario, prosificación, versificación, sustitución de formas, limpieza de expresiones, etc., poniendo especial atención sobre la propiedad idiomática.*
*5. **Aumento constante de vocabulario**. Consultar frecuentemente diccionarios y obras de temática lingüística o comunicacional. Es necesario ampliar el lenguaje para desarrollar el panorama del pensante.*
*6. **Actualización idiomática**. Conocer las innovaciones y prescripciones actuales de la lengua en general y del uso particular que interese al redactor.*
*7. **Cuidado con la claridad**. Mantener la precisión en la escritura, ya que en ésta radica una fortaleza superlativa en la redacción eficiente. Debemos tantear y evaluar cada palabra, para que ésta sea fiel reflejo de lo que se quiere decir. También debemos evitar las expresiones que puedan mostrar cierta oscuridad o ambigüedad, circunlocuciones infundadas o expresiones ligeras o antojadizas, a menos que éstas pretendan un fin artístico.*
*8. **Supresión de redundancias**. Eliminar pleonasmos o repeticiones inútiles de ideas. En el caso del pleonasmo retórico, debemos utilizarlo sólo cuando tenga justificación como soporte expresivo.*
*9. **Evitar resabios**. Eludir todo tipo de vicio lingüístico, como* GERUNDISMO, MISMISMO, COSISMO, QUEÍSMO...
*10. **Procurar un caudal verbal adecuado**. Mantener un equilibrio, evitando anomalías como la* VERBORRAGIA, *que caracteriza al lenguaje hablado, y la* VERBOSIDAD, *consistente en expresiones excesivas e insustanciales, a menos que tenga una intención artística.*

11. *Utilización de nexos*. *Emplear enlaces como* luego, pues, por otro lado, ahora bien, *etc., con una corrección discurrida. Es fundamental diferenciar una causa de un efecto, para emplear conformemente el tipo de nexo.*
12. *Preocupación por pronombres*. *Hacer restricción de éstos cuando los verbos evidencien al sujeto, especialmente el* yo. *Además, cerciorarse de que no se produzca oscuridad o anfibología.*[78]
13. *Buena puntuación y uso de signos auxiliares*. *Respetar cada cariz de la buena puntuación, como también los signos auxiliares, puesto que ellos son de sumo valor en la claridad y la disposición estilística.*
14. *Apartarse de fórmulas innecesarias*. *Rehuir a enunciados anticuados o carentes de información, así como idiotismos no sólo gramaticales, sino significativos también.*
15. *Practicar el uso de figuras*. *Adiestrar la exornación original, de uso moderno. Aprender a distinguir entre un escrito congestionado y uno abundante, entre uno vulgar y otro sencillo.*
16. *Tachar y rehacer*. *No vacilar en borrar para volver a construir.*

• Voces y personas

La voz gramatical es el accidente gramatical (modificación flexiva que experimentan las palabras para expresar valores) asociada al verbo que indica su papel temático dentro de la oración. Es decir, la relación semántica existente entre el sujeto, el verbo y el complemento directo, para saber si el sujeto es un agente o un paciente; esto es, si designa a la persona, animal o cosa que realiza la acción del verbo (agente) o si recibe la acción del verbo (paciente).

Activas. El sujeto ejecuta la acción que indica el verbo.

La radio	*transmitió*	*el discurso*
sujeto agente	verbo activo	complemento directo

Pasivas. El sujeto recibe la acción que indica el verbo, efectuada por el ejecutor o agente (generalmente sobrentendido).

El discurso	*fue transmitido*	*por la radio*
sujeto paciente	verbo pasivo	ejecutor o agente

También se puede expresar lo mismo mediante la llamada PASIVA CON *SE* O PASIVA REFLEJA.

Se	*transmitió*	*el discurso*	*por la radio*
signo de pasiva	verbo activo	sujeto paciente	ejecutor o agente

Ejercicios

• *En el siguiente texto, cambie todas las voces activas por pasivas (no olvide que la voz pasiva se da sólo con complemento directo):**

Llenó su vaso, lo vació y quedó en una actitud soñadora. En efecto, briznas de heno se veían aquí y allá, sobre sus ropas y hasta en sus cabellos. A juzgar por las apariencias, no se había desnudado ni lavado desde hacía cinco días. Sus manos, gruesas, rojas, de uñas negras, estaban cargadas de suciedad. Todos los presentes le escuchaban, aunque con bastante indiferencia. Los chicos se reían detrás del mostrador. El tabernero había bajado expresamente para oír a aquel tipo. Se sentó un poco aparte, bostezando con indolencia, pero con aire de persona importante. Al parecer, Marmeladof era muy conocido en la casa [...]

• *Modifique el mismo texto, cambiando a voz pasiva refleja.*

En español hay tres personas en singular y tres en plural. En muchas ocasiones es necesario redactar en tercera persona, por precisión de formalidad o por imposición. No obstante, a veces las personas se hunden en un caos cuando requieren usar estrictamente tercera persona, pero están ellas implicadas. La solución es fácil: pasiva refleja.

* DOSTOYEVSKI, Fiódor: *Crimen y castigo*, Grupo Anaya, Madrid, 1991.

1.1. El estilo y las palabras

De manera preliminar:

Los sustantivos...	Son los factores trascendentes sobre los cuales descansa el tema de cualquier escrito, pues denominan a todo lo que integra el mundo real o imaginario. Así, adquieren un valor esencial en descripciones, como ocurre en informes, retratos, crónicas, cartas, memorandos, memorias o notas de cualquier naturaleza, donde el enfoque sea estático. En consecuencia, es preciso atenderlos concienzudamente, como también a las funciones que los ayudan (especialmente la propiedad, la fuerza, la originalidad o sugerencia, según los casos).
Los verbos...	En contraste con los sustantivos, son fundamentales en narraciones y cuentos, donde la acción es fundamental, por lo que merecen extrema consideración, como también los adverbios, que son los que los complementan.
Los adverbios...	También son primordiales en narraciones y cuentos, pues complementan a los verbos, a otros adverbios o a toda la oración.
Los adjetivos...	Acostumbran ser lo que conduce a la generosidad del estilo, al igual que su par, la *exornación* (acción y efecto de amenizar o embellecer el lenguaje escrito a través de galas retóricas). Son determinantes de las características de época, grupales o individuales de quien escribe.
Los pronombres...	Deben ser cuidadosamente empleados, ya que pueden esclarecer la expresión, como oscurecerla, haciéndola vanamente iterativa.

> *Debido a que no son propiamente representativos, artículos, preposiciones y conjunciones no determinan superlativamente sobre las características del estilo, salvo que estén erradas, repetidas o sean malsonantes.*

Las interjecciones...	Pueden ir en cualquier lugar y no se ligan a nada. Tienen tanta fuerza expresiva que requieren una sabia administración; es decir, no deben prodigarse, y su ordenación debe ser minuciosamente pensada, para que resulte lógica.

• **Adjetivos y adverbios**

Los adjetivos, como es bien sabido, son palabras que modifican a los sustantivos; los determinan o los califican:

Nuevos implementos
Cielo nublado
Esta pausa

El sustantivo tiene una significación muy extensa:

hombre	Este sustantivo tiene una significación muy extensa; abarca a todos los *hombres.*
hombre simpático	Con un adjetivo, este sustantivo puede ser calificado...
este hombre	o puede ser determinado.

La función del adjetivo es acompañar y modificar al sustantivo; y a veces no sólo a uno, sino a varios sustantivos... La adjetivación debe seguir una concordancia en plural cuando acompaña a más de un sustantivo.

Geografía e Historia europeas	Si *europeo* califica a *Geografía* y a *Historia* (a dos, plural), entonces el adjetivo debe ir en plural. Sólo si todos los sustantivos son femeninos, el adjetivo también lo será... como ocurre en este caso.
Geografía e Historia europea	Si *europea* está en singular, sólo califica a *Historia;* es decir, *Geografía* no necesariamente es, en este caso, *europea.*

Geografía y anales europeos	Si el adjetivo califica a todos los sustantivos, basta que uno de éstos sea masculino para que el adjetivo también lo sea.
Anales y Geografía europea	En este caso, el adjetivo sólo califica a *Geografía*; por eso está en singular y femenino.

Ejercicios

- *Disponga ejemplos similares a los anteriores, al menos dos de cada uno.*

Un adjetivo calificativo puede ir delante o detrás del sustantivo al cual se refiere... Hay cuatro criterios para la posición del adjetivo:

Criterio	Ejemplo	Explicación
Criterio lógico	*tiza blanca* *mesa verde*	Si el adjetivo es especificativo se coloca después del núcleo; este adjetivo dice cómo es el objeto, para distinguirlo de otros.
	blanca tiza *verde mesa*	Si el adjetivo está antepuesto, es sólo para atraer la atención sobre la cualidad a que dicho objeto se refiere.
	mal estado *buena jugada*	Si el adjetivo es explicativo se coloca antes del núcleo.
Criterio rítmico	*chico asustadizo* *casa deshabitada*	Si el adjetivo tiene una longitud superior al núcleo, se escribe después de éste.

Criterio distribucional	*buen golpe* *calor solar*	Si el adjetivo tiene escaso contenido informativo, se escribe antes que el núcleo. Si el adjetivo tiene mayor grado de información, se pospone.
Criterio significativo	*pobre hombre* *hombre pobre*	El significado cambia si el adjetivo cambia su posición.

Ejercicios

- *Idee ejemplos similares a los anteriores, al menos dos de cada uno.*

Respecto al adverbio, la norma general dice que debe ir lo más cerca posible de la palabra a la que modifica:

Fuimos rápidamente al cine.	En este caso, *rápidamente* modifica a *fuimos.*
Fuimos al cine y regresamos rápidamente.	Aquí, en cambio, el adverbio modifica a *regresamos.*
Rápidamente, fuimos al cine y regresamos.	En contraste, aquí *rápidamente* modifica a toda la oración.

Otro ejemplo:

Hizo lo que le enseñé correctamente.	Está correcto lo que se enseñó.
Hizo correctamente lo que le enseñé.	Está correcto lo que se hizo.

Ejercicios

- *Conciba ejemplos similares a los anteriores, al menos dos de cada uno.*

Por otra parte, los adverbios terminados en *-mente*, al ir en serie para modificar a un verbo, podrían provocar cacofonía; así, sólo llevará *-mente* el último adverbio:

Ejemplo	Comentario
⊗ Vivíamos tranquilamente y holgadamente.	Esto no es correcto.
Vivíamos tranquila y holgadamente.	Sólo lleva *-mente* el último adverbio: esto es correcto.

Si los adverbios son más de dos, con más razón deberemos agregar el sufijo *-mente* sólo al último adverbio, para evitar cacofonía: *Vivíamos tranquila, holgada y felizmente*.

Ejercicios

- *Conciba cinco ejemplos similares a los anteriores.*

- **Pronombres: *yo* y *uno***

Siempre que sea posible, al principio de un escrito es conveniente eliminar el *yo*, porque es enfático, incluso suena engreído. Omitir este pronombre, con cualquier verbo, no causará anfibología alguna:

Ejemplo	Comentario
Yo creo que esta situación...	Por motivos de sencillez, de familiaridad con el lector, es preciso no comenzar con el presuntuoso y contraproducente *yo*.
Creo que esta situación...	Es mejor iniciar sin este pronombre, ya que, además, su omisión no encarga anfibología (*creo* es la conjugación única de *yo*... sería incorrecto escribir *tú creo* ⊗, *él creo* ⊗, *nosotros creo* ⊗...).

Creo yo que esta situación...

Incluso, se podría posponer el *yo*, y así la oración resultaría menos ampulosa.

Esta recomendación es sólo eso. No hay norma que prohíba usar yo.

De todos modos, cuando en un escrito se quiera hacer énfasis en la propia perspectiva, contrastar dos enfoques o ser tajante, podremos —más bien deberemos— usar yo:

> Manuel dijo que era inconcebible... Yo creo, en cambio, que esta situación no encarna mayor desenlace...
> Manuel no es a quien debes culpar. Yo soy el responsable.

Ejercicios

- *Conciba ejemplos similares a los anteriores.*

Por otra parte, existe un PRONOMBRE DE IDENTIDAD que se aplica a la persona que escribe, de manera indirecta, o a una indeterminada: *uno*.

Cuando uno confiesa y llora su culpa, merece compasión.

Sin tratar de ser oráculo, uno cree que es mejor...

Éste es un método para hacer copartícipe al lector de la opinión del redactor. También tiene un "aire más modesto", por lo cual tampoco hay que abusar de él.

Ejercicios

- *Rehaga los siguientes pasajes en los estilos, voces y personas que considere más propios, al menos dos por cada extracto. Considere el correcto uso de adjetivos y adverbios.**

(a)
Por otra parte, a todos los suicidas les es familiar la lucha con la tentación del suicidio. Todos saben muy bien, en alguno de los rincones de su alma, que el suicidio es, en efecto, una salida, pero muy vergonzante e ilegal, que, en el fondo, es más noble y más bello dejarse vencer y sucumbir por la vida misma que por la propia mano. Esta conciencia, esta mala conciencia, cuyo origen es el mismo que el de la mala conciencia de los llamados autosatisfechos, obliga a los suicidas a una lucha constante contra su tentación. Estos luchan, como lucha el cleptómano contra su vicio. También al lobo estepario le era perfectamente conocida esta lucha; con toda clase de armas la había sostenido. Finalmente, llegó, a la edad de unos cuarenta y siete años, a una ocurrencia feliz y no exenta de humorismo, que le producía gran alegría.

(b)
Estaba vivo, y temblaba ligeramente de gozo, orgulloso de que su miedo estuviera bajo control. Entonces, sin ceremonias, encogió sus antealas, extendió los cortos y angulosos extremos, y se precipitó directamente hacia el mar. Al pasar los dos mil metros, logró la velocidad máxima, el viento era una sólida y palpitante pared sonora contra la cual no podía avanzar con más rapidez. Ahora volaba recto hacia abajo a trescientos veinte kilómetros por hora. Tragó saliva, comprendiendo que se haría trizas si sus alas llegaban a desdoblarse a esa velocidad, y se despedazaría en un millón de partículas de gaviota. Pero la velocidad era poder, y la velocidad era gozo, y la velocidad era pura belleza.

(c)
Érase una vez —concretamente en los días mejores del año, la víspera de Navidad, el día de Nochebuena— en que el viejo Scrooge estaba

* (a) HESSE, Hermann: *El lobo estepario*, Porrúa, Ciudad de México, 1999.
(b) BACH, Richard: *Juan Salvador Gaviota*, B, Barcelona, 2003.
(c) DICKENS, Charles: *Cuento de Navidad*, Omega, Barcelona, 1999.
(d) VERNE, Julio: *La vuelta al mundo en 80 días*, Grupo Anaya, Madrid, 2005.
(e) WILDE, Oscar: *El gigante egoísta*, Gaviota, Madrid, 2002.

muy atareado sentado en su despacho. El tiempo era frío, desapacible y cortante; además, con niebla. Se podía oír el ruido de la gente en el patio de fuera, caminando de un lado a otro con jadeos, palmeándose el pecho y pateando el suelo para entrar en calor. Los relojes de la ciudad acababan de dar las tres, pero ya casi había oscurecido; no había habido luz en todo el día y las velas brillaban en las ventanas de las oficinas cercanas como manchas rojizas en la espesa atmósfera parda. Bajó la niebla y fluyó por todas las junturas, resquicios, ojos de cerradura, y en el exterior era tan densa que, aunque el patio era de los más estrechos, las casas de enfrente no eran más que sombras.

(d)

Picaporte era un guapo chico de amable fisonomía y labios salientes, dispuesto siempre a saborear o a acariciar; un ser apacible y servicial, con una de esas cabezas redondas y bonachonas que siempre gusta encontrar en los hombros de un amigo. Tenía azules los ojos, animado el color, la cara suficientemente gruesa para que pudieran verse sus mismos pómulos, ancho el pecho, fuertes las caderas, vigorosa la musculatura, y con una fuerza hercúlea que los ejercicios de su juventud habían desarrollado admirablemente. Sus cabellos castaños estaban algo enredados. Si los antiguos escultores conocían dieciocho modos distintos de arreglar la cabeza de Minerva, Picaporte, para componer la suya, sólo conocía uno: con tres pases de batidor estaba peinado.

(e)

Vio un espectáculo maravilloso. Por una brecha de la tapia, los niños habían entrado arrastrándose, y estaban sentados en las ramas de los árboles. En cada árbol de los que podía ver había un niño pequeño. Y los árboles estaban tan contentos de tener otra vez a los niños, que se habían cubierto de flores y mecían las ramas suavemente sobre las cabezas infantiles. Los pájaros revoloteaban y gorjeaban de gozo, y las flores se asomaban entre la hierba verde y reían. Era una bella escena. Sólo en un rincón seguía siendo invierno. Era el rincón más apartado del jardín, y había en él un niño pequeño; era tan pequeño, que no podía llegar a las ramas del árbol, y daba vueltas a su alrededor, llorando amargamente. El pobre árbol estaba todavía enteramente cubierto de escarcha y de nieve, y el viento del Norte soplaba y bramaba sobre su copa.

1.2. Algunas figuras de construcción

Las figuras literarias son formas de emplear las palabras en un sentido que, aunque son aplicadas con sus acepciones habituales, son acompañadas de algunas particularidades fónicas, gramaticales o semánticas, que las alejan de su uso normal; y esto hace que resulten especialmente expresivas. Debido a esto, su uso es característico de las obras literarias.

Para asuntos de redacción, conviene utilizar las FIGURAS DE CONSTRUCCIÓN: cada uno de los varios modos de construcción gramatical con que, siguiendo la SINTAXIS FIGURADA, se quebrantan las leyes de la considerada regular o normal. Así, también se le llama FIGURA GRAMATICAL. Ellas son: HIPÉRBATON, ELIPSIS, PLEONASMO, SILEPSIS, TRASLACIÓN.

• **HIPÉRBATON**

Es una trasposición, una inversión de las palabras, sin que se pierda la claridad y el sentido de la comunicación:

Cada nueve años entran en la casa nueve hombres para que yo los libere de todo mal.

Se podría hacer inversiones como las siguientes:

Para que yo los libere de todo mal, cada nueve años entran en la casa nueve hombres.

Para que yo, de todo mal los libre, entran en la casa, cada nueve años, nueve hombres.

Nueve hombres, para que yo los libere de todo mal, entran en la casa, cada nueve años.

Pero:

Cada nueve hombres, para que yo los libere, entran en la casa de todo mal.

Esta oración no representa un hipérbaton, puesto que se pierde el sentido y la claridad con respecto a la comunicación original.

Para la inversión de las palabras, sin que se pierda la claridad, es conveniente recordar que los artículos, las preposiciones y las conjunciones nunca pueden separarse de las palabras a las cuales acompañan en el enunciado.

La casa de mi tío, que está a la izquierda de la carretera, es muy pintoresca.

Casa la de mi tío, está que a izquierda la, es muy pintoresca, de carretera la. (!)

Ejercicios

- *Aplique hipérbaton (al menos dos variantes) en el siguiente fragmento:**

Se interrogó minuciosamente al bombero, se le hizo hablar otra vez al jefe de maquinistas, y aquellas señoritas sacaron en limpio que el Fantasma tenía varias cabezas y se las cambiaba a voluntad. Naturalmente que enseguida se imaginaron que corrían los más graves peligros. Puesto que un teniente de bomberos vacilaba en desmayarse, bien podía disculpárseles a las figurantas y partiquinas que viviesen aterrorizadas y apelasen a toda la celeridad de sus patitas cuando tenían que pasar por delante de algún rincón oscuro o por un pasadizo mal iluminado.

- **Elipsis**

Es la omisión de palabras sintácticamente correcta pero que no entorpece la fluidez del enunciado. Ejemplo:

Joaquín estudia redacción; Vicente, comunicación.

* LEROUX, Gaston: *El Fantasma de la Ópera*, Espasa Calpe, 2004, Madrid.

En la segunda preposición se omitió la palabra *estudia*; sin embargo, no se perdió el sentido del enunciado.

> *Ejercicios*
>
> - *Conciba ejemplos similares a los anteriores, al menos cinco.*

- **Pleonasmo**

Es el empleo de palabras no necesarias, desde el punto de vista sintáctico, pero que sirven para dar mayor fuerza y colorido al enunciado. Ejemplos:[79]

Lo hice con mis propias manos.
Debo subir allá arriba.

> *Ejercicios*
>
> - *Idee ejemplos similares a los anteriores, al menos tres.*

- **Silepsis**

Es la falta de concordancia sintáctica que no altera el sentido del mensaje, ya que sí hay concordancia semántica. Ejemplo:

Su Santidad	*está*	*enfermo.*
femenino		masculino

La gente	*se fue*	*,*	*pero*	*volvieron*	*el día después.*
singular				plural	

El segundo ejemplo estrictamente es incorrecto (véase *2.1.5*). Sólo tendría valor como recurso literario.

• **TRASLACIÓN**[80]

Es el empleo de un tiempo verbal distinto al que corresponde en el enunciado. Ejemplo:

El doctor viene a revisarnos la semana próxima.
(vendrá)

Aunque el sentido del enunciado está referido a una acción futura, *viene*, en presente, indica un tiempo futuro.

En síntesis:

Hipérbaton	*Se usan para darle mayor elegancia al estilo.*
Elipsis	
Pleonasmo	*Se usa para dar fuerza y aclarar la expresión.*
Silepsis	*Se usan como recursos estilísticos para mejorar la expresión.*
Traslación	

El abuso o empleo inadecuado de las figuras de construcción, en vez de auxiliar al estilo, oscurece la expresión.

Ejercicios

• *Rehaga los siguientes pasajes;* intente utilizar sintaxis figurada.*

* (a) COLLODI, Carlo: *Pinocho*, La Galera, Barcelona, 1995.
(b) KAFKA, Franz: *La metamorfosis*, Akal, Madrid, 2005.
(c) HOMERO: *Odisea*, Alianza, Madrid, 2005.
(d) DEFOE, Daniel: *Robinson Crusoe*, Grupo Anaya, Madrid, 1999.
(e) BRADBURY, RAY: *Crónicas marcianas*, Minotauro, Barcelona, 2008.

(a)
Entonces empezó a recorrer la habitación buscando por todos los cajones y por todos los escondrijos un poco de pan, aunque fuera muy duro y muy seco; una corteza, un hueso que se hubiera dejado para los perros, una raspa de pescado: cualquier cosa, en fin, que se pudiera llevar a la boca; pero no encontró nada, ¡nada!, ¡¡absolutamente nada!! Y mientras tanto el hambre crecía y crecía. El pobre Pinocho no tenía más consuelo ni más alivio que bostezar; y eran tan grandes los bostezos, que algunas veces abría la boca hasta las orejas. Pero a pesar de los bostezos, el estómago seguía dando tirones.

(b)
Eran las seis y media y las manecillas seguían tranquilamente hacia delante, ya había pasado incluso la media, eran ya casi las menos cuarto. «¿Es que no habría sonado el despertador?» Desde la cama se veía que estaba correctamente puesto a las cuatro, seguro que también había sonado. Sí, pero... ¿era posible seguir durmiendo tan tranquilo con ese ruido que hacía temblar los muebles? Bueno, tampoco había dormido tranquilo, pero quizá tanto más profundamente.

¿Qué iba a hacer ahora? El siguiente tren salía a las siete, para cogerlo tendría que haberse dado una prisa loca, el muestrario todavía no estaba empaquetado, y él mismo no se encontraba especialmente espabilado y ágil; [...]

(c)
Y encontró a los pretendientes. Éstos complacían su ánimo con los dados delante de las puertas y se sentaban en pieles de bueyes que ellos mismos habían sacrificado. Sus heraldos y solícitos sirvientes se afanaban, unos en mezclar vino con agua en las cráteras, y los otros en limpiar las mesas con agujereadas esponjas; se las ponían delante y ellos se distribuían carne en abundancia. El primero en ver a Atenea fue Telémaco, semejante a un dios; estaba sentado entre los pretendientes con corazón acongojado y pensaba en su noble padre: ¡ojalá viniera e hiciera dispersarse a los pretendientes por el palacio!, ¡ojalá tuviera él sus honores y reinara sobre sus posesiones!

(d)
Mi padre, un hombre prudente y discreto, me dio sabios y excelentes consejos para disuadirme de llevar a cabo lo que, adivinaba, era mi proyecto. Una mañana me llamó a su recámara, donde le confinaba la

gota, y me instó amorosamente, aunque con vehemencia, a abandonar esta idea. Me preguntó qué razones podía tener, aparte de una mera vocación de vagabundo, para abandonar la casa paterna y mi país natal, donde sería bien acogido y podría, con dedicación e industria, hacerme con una buena fortuna y vivir una vida cómoda y placentera. Me dijo que sólo los hombres desesperados, por un lado, o extremadamente ambiciosos, por otro, se iban al extranjero en busca de aventuras [...]

(e)
El cohete se posó en un prado verde. Afuera, en el prado, había un ciervo de hierro. Más allá, se alzaba una alta casa victoriana, silenciosa a la luz del sol, toda cubierta de volutas y molduras rococó, con ventanas de vidrios coloreados: azules y rosas y verdes y amarillos. En el porche crecían unos geranios, y una vieja hamaca colgaba del techo y se balanceaba, hacia atrás, hacia delante, hacia atrás, hacia delante, mecida por la brisa. La casa estaba coronada por una cúpula, con ventanas de vidrios rectangulares y un techo de caperuza. Por la ventana se podía ver una pieza de música titulada "Hermoso Ohio", en un atril.

1.2.1. Otra pincelada de retórica (apéndice para literatos)

Las figuras literarias, como se dijo, son formas muy particulares de emplear las palabras. Los TROPOS, por su parte, que ahora serán vistos parcialmente, son el empleo de las palabras en sentido distinto del que propiamente les corresponde pero que tienen con éste alguna conexión, correspondencia o semejanza. El tropo comprende la SINÉCDOQUE, la METONIMIA y la METÁFORA en todas sus variedades.

• COMPARACIÓN (SÍMIL)

Es una comparación —valga la redundancia— de dos cosas semejantes, marcada típicamente por medio de la articulación de los adverbios *tan* y *como*, el pronombre *cual*, o la frase *se asemeja a*:

La nieve era tan gruesa como un edredón.
Ella era tan elegante como un águila.

Se mostró presuroso, cual gacela urgida.
Esto se asemeja a un sobresalto.

También se suele usar símiles con la articulación de un adjetivo comparativo (que a veces se trata simplemente de *más* antepuesto a un adjetivo) y el relativo *que*:

Más blanca que la harina.
Más rápido que una hiena.

> *Ejercicios*
>
> • *Conciba ejemplos similares a los anteriores, al menos cinco.*

• Metáfora

Consiste en identificar dos términos entre los cuales existe alguna semejanza; uno de los términos es el literal y el otro se usa en sentido figurado (donde se denota una idea diversa de la que recta y literalmente significa). Es "algo expresado en términos de otra cosa".

Tiene tres niveles; por ejemplo:[81]

Los ojos de Alexis son el mar.

tenor	*los ojos*	Es aquello a lo que la metáfora se refiere, el término literal.
vehículo	*el mar*	Lo que se dice, el término figurado.
fundamento	el color azul de los ojos	Relación existente entre el tenor y el vehículo (el discurso).

La gran fuerza poética de la metáfora reside en su capacidad de multiplicar de forma ilimitada el significado "normal" de las palabras, de modo que puedan llegar a describir lo desconocido (muerte, felicidad, miedo, etc.).

Ejercicios

- *Idee tres ejemplos de metáfora.*

• Sinestesia

Se refiere a una sensación subjetiva propia de un sentido, determinada por otra sensación que afecta a un sentido diferente. Se puede, por ejemplo, oír colores, ver sonidos, y percibir sensaciones gustativas al tocar un objeto con una textura determinada:

Caricia rosa
Amarillo chillón

Ejercicios

- *Forje cinco ejemplos de sinestesia.*

• Polisíndeton

Es una repetición innecesaria de conjunciones, con el fin de dar más expresividad a la frase:

Soy esposo y padre e hijo y nieto y compañero.
Oigo son de armas y de carros y de voces y timbales.

El efecto que se consigue con este recurso es sorprender, pues como el uso normativo de la conjunción es cerrar una relación, el lector cada vez que aparece la conjunción cree que la relación ha terminado; sin embargo, no es así y, por lo tanto, crece su expectación.

Ejercicios

- *Escriba tres ejemplos de polisíndeton.*

1.3. Matices en tiempos verbales (traslación)

La expresión del tiempo en todas las acciones verbales se encuentra situada mentalmente en tres zonas esenciales: el período más o menos amplio relacionado con el momento en que se habla (presente: un ahora), el período que hace referencia a los hechos ocurridos con anterioridad (pretérito o pasado: un antes) y el período que alude a las acciones aún no realizadas (futuro: un después):

Presente	Necesito ayuda.
Pasado	Necesité ayuda.
Futuro	Necesitaré ayuda.

Pero estos tiempos, que expresan aquí una significación general, se emplean también de muy diversas maneras, porque no siempre indican una referencia concreta y precisa sobre el discurso.

1.3.1. Presente

El español es prolífico en matices temporales. En presente, por ejemplo, la enunciación de un hecho no necesariamente se refiere en forma estricta y simultánea al momento en que se habla.

• Presente histórico

El PRESENTE HISTÓRICO se utiliza cuando se emplea el presente para expresar hechos ocurridos en el pasado, pero que se actualizan en la mente del redactor y en la del lector; por ejemplo: *Presley muere en 1977, John nace en 1940.*

Suena el timbre.	El *sonar* (el timbre) es inmediatamente anterior al acto de habla (y de la escritura).	Se puede ver que el presente es un tiempo fundamental que puede expresar una realidad anterior, simultánea o posterior.
Voy en este instante.	El *ir* (en este instante) es inmediatamente posterior.	

En una retransmisión deportiva, por ejemplo, se oye:

El lanzador toma la pelota entre sus manos, la seca con el pañuelo y la lanza con fuerza...

• Presente habitual

A veces hay un PRESENTE HABITUAL, cuando se alude a hechos discontinuos, que se han realizado antes y se realizarán después, aunque no coincidan con el momento en que se habla, es decir, habitualmente:

Juan trabaja en el banco.	Aunque *en este momento* esté haciendo otra cosa.

Otros ejemplos:

El Sol sale en el Este.[82]
El avión de Iberia llega a las 9:00.
Los alimentos pasan por el esófago.

• **Presente de anticipación**[83]

Otras veces el presente es de anticipación, cuando denota también hechos aún no ocurridos, pero que se esperan con seguridad en el futuro; por ejemplo:

En diciembre se casa Almendra.
Este año, Semana Santa es en marzo.
El próximo mes me voy de vacaciones.
Esta tarde vamos al concierto.

• **Presente durativo**

Con frecuencia se recurre al presente para expresar una acción que dura en el tiempo; por ejemplo:

Estudiamos en un colegio religioso.
Trabaja en la biblioteca de la ciudad.
Vive en otro pueblo.

• **Presente de obligación (o de mandato)**

A veces el presente encierra un sentido de mandato:

Mañana te levantas muy temprano y te vas al colegio.
Cuando termines de estudiar, ordenas la habitación.
Usted se calla y obedece a mamá.

Como se ha visto, el presente hace referencia a cualquier época, pues el contexto y la situación determinan y precisan el lugar y el momento en que ocurren los acontecimientos.

Ejercicios

- *Escriba cinco ejemplos de cada tiempo.*

1.3.2. Pretérito

• **Pretérito de eventualidad**

El pretérito también alude a hechos o nociones que denotan porvenir. Ejemplos:

Llegaba mañana, pero no compró boleto.
Se casaban el mes que viene, pero se oponen las familias.
Esta tarde había concierto, pero el pianista está enfermo.

• **Pretérito de cortesía**

Se prefiere el pasado para manifestar cortesía o modestia (*quería, deseaba*, por ejemplo), en vez del presente (*quiero, deseo*, por ejemplo). Así:

Quería pedirle un favor.
Deseaba hablar con usted.

Estos enunciados se sienten más amables que *quiero pedirle un favor* y *deseo hablar con usted.*

• **Pretérito imperfecto de conato**[84]

Es usual para expresar acciones que no llegan a consumarse; por ejemplo:

Me encontró de suerte, compadre, porque ya me iba.
Se me descompuso la impresora cuando ya terminaba de imprimir.

Ejercicios

• *Redacte un texto que contenga las tres formas de pretérito vistas.*

1.3.3. Futuro

Con el futuro, se expresa una acción objetiva, de tiempo próximo. Sin embargo, en muchos casos adquiere otros valores. Ejemplos:

Devolverás lo prestado y darás las gracias.	futuro de mandato
Serán las 11:00 de la noche.	futuro de probabilidad
Se alegrará de estar entre esta gente.	futuro de cortesía

1.3.4. Condicional

El condicional también puede tener matices:

Querría ayudarme a secar, por favor.	condicional de cortesía
Me dijo que se graduaría pronto.	condicional de probabilidad

La práctica demuestra que no sólo el aprendizaje propiamente gramatical contribuye al desarrollo del lenguaje, porque quien escribe no piensa en las formas gramaticales, sino en el contenido de lo que desea comunicar.

Ejercicios

- *Redacte un texto que contenga las formas de futuro y condicional vistas.*

Como remate...

Otro ejemplo:

...Le fue muy bien. Todos aplaudieron durante varios minutos. Pero de repente se queda *callada en media actuación.*

Estos matices también pueden combinarse con los usos "tradicionales":

...Le fue muy bien. Todos aplaudieron durante varios minutos. Pero de repente se queda callada en media actuación,

*Regularmente se emplean verbos en pasado (*fue, aplaudieron*) para referirse a hechos ocurridos; pero inmediatamente se recurre a formas verbales en presente (*[se] queda*) para actualizar los acontecimientos.*

Un dato: *El futuro del subjuntivo actualmente está en desuso, desafortunadamente. Se insta a los lectores a utilizarlo, a expresar de manera exacta lo que se quiere decir; así, si se quiere mencionar una posibilidad futura, debería escribirse, por ejemplo:* si yo fuere a ese lugar *[no* si yo fuera *o* fuese*], ya que se trata de algo futuro... Más ejemplos:* no importa donde estuvieres, aunque no pudieres, *etc.*

1.4. El lenguaje neutral

He aquí, esperemos, una guía conciliadora para un tema que se ha tomado la palestra desde el último tiempo. Hay, en general, dos bandos discrepantes, y para ambos habrá una conciliación salomónica.* Por un lado, no infringiremos ninguna norma, sino que incursionaremos en las diversas posibilidades lingüísticas, expresivas y estilísticas que la lengua española y el lenguaje escrito admiten para este cometido, lo cual debería significar un deleite para los amantes de los recovecos

* Para no trascender en vías sectarias y sus extremos infructuosos, debemos apelar a la PRAGMÁTICA CONVERSACIONAL, especialmente al *principio de cooperación*, aquella premisa de la intención comunicativa que explica la predisposición que dos hablantes tendrán hacia la cooperación mutua para, a la vez, darse a entender y ser entendidos.

escriturales; y en los planos público e identitario, por otro lado, tendremos la posibilidad de evitar el masculino genérico, el centro de la discordia, por cualesquiera sean los motivos por los que recurramos a esta práctica: por la certeza íntima de que su aplicación es indefectible, por las dudas sobre la posibilidad de estar cometiendo algún tipo de descrédito al no emplearlo (el humilde "por si las moscas"), por la exigencia del entorno (político, burocrático), por la afiliación indeliberada de quienes no cuestionan sino que se aborregan (*Simón dice*) o por otro motivo entre los muchos que pueden existir.

Lo llamaremos así, NEUTRAL,[85] porque, desde el punto de vista lingüístico, discursivo y estilístico, el meollo de su configuración está hincado precisamente en la neutralidad, en el distintivo de no concurrir con ninguna de las [según algunos] opciones en pugna, en este caso los géneros gramaticales. Las otras denominaciones que circulan —asuntos más, asuntos menos—, especialmente en la red, acertadas o no, tienen un carácter político y social, carácter ajeno a la concepción de este libro, por lo cual obviamente no serán parte del contenido en este prontuario. El objetivo final, aquí, es saber cómo evitar el masculino genérico, y hacerlo de verdad bien, con seriedad y corrección, mediante un buen abanico de herramientas. En nuestro cometido jamás debemos olvidar una expresión esmerada.

En cualquier caso, como advertencia, debemos decir que intentar implementar para sí tal sistema, a partir de las demandas del fuero interno, es sumamente ensortijado, representa un gigantesco desafío personal. Incluso para el autor de esta obra fue sumamente difícil elaborar esta guía. Salvo escasísimas excepciones, quien desee implementar este estilo tendrá que estudiar mucho o, en su defecto, vivir con una guía en la mano, y estar siempre alerta para que la espontaneidad o la distracción no le juegue en contra, ya que es en esas instancias cuando el masculino genérico asoma inopinadamente.

Pues bien, al final de un largo camino de praxis y escrutinio, posiblemente asomarán algunos considerandos ausentes en este apartado; pero sería lo normal. A fin de cuentas, el presente es un borrador, una guía piloto. Lo es porque, en términos comunicacionales, el cometido en cuestión es sumamente extenso, además de nuevo, e involucra muchas miradas y otras tantas percepciones. De este modo, y como podemos al menos sospechar, en el fondo implica una constante búsqueda dentro de un complejo sistema de comunicación. Por lo demás, la comunicación siempre buscará la forma de desbordarnos. De ahí, en este contexto de búsqueda y escenarios nuevos, sirvan como referencia adicional las secciones posteriores a esta guía.

> *Si bien es una perogrullada, vale precisar que los objetivos trazados en la ejecución de este lenguaje, en el eje social, podrían estar alejados de los resultados esperados o, de plano, fracasar.*[86] *En tal caso, ni este libro ni otro será parte del problema. En tal caso, este escenario adverso deberá ser resuelto por el arbitrio pertinente, sea cual fuere éste.*

> *Como síntesis, para evitar el masculino genérico debemos saber cuál es el campo de acción. Primero, es obvio que debemos abarcar el género, pero será exclusivamente en el plural. Y debemos enfocarnos en el 1) sustantivo, 2) sus acompañantes [actualizadores y adjetivos] y 3) sus reemplazantes [pronombres o frases pronominales].*

• Referencias preliminares: el género

Hasta donde los alcances indican, el problema está en el género gramatical. Todo apunta al género. Así pues, ¿qué sabemos sobre éste? Debemos centrarnos en el SUSTANTIVO, que es la piedra angular sobre la cual se va conformando el encadenamiento de palabras y sus géneros.

En cuanto a género en sustantivos, lo que más o menos todos conocemos es lo siguiente:

Sustantivos femeninos	**Sustantivos masculinos**
• La mayoría de las palabras que terminan en *-a*: *mesa, silla, ventana, casa, palabra, guitarra...* • Otras palabras que terminan en otras letras, como *-o, -e*: *noche, leche, calle, mano, radio...*	• La mayoría de las palabras que terminan en *-o*: *ojo, momento, gobierno, sombrero, libro...* • Otras palabras que terminan en otras letras, como *-a, -e*: *problema, clima, dogma, tema, trauma, jefe, coche, puente, mente, horizonte...*

Sustantivos femeninos

- Palabras terminadas en *-dad*: *verdad, ciudad, realidad, oscuridad, voluntad, necesidad...*
- Palabras terminadas en *-tad*: *voluntad, libertad, dificultad, majestad, lealtad, tempestad...*
- Palabras terminadas en *-ción*: *conversación, dirección, relación, situación, sensación...*
- Los aumentativos son excepciones.
- Palabras terminadas en *-sión*: *ocasión, expresión, impresión, decisión, visión, pasión...*
- Las letras: *hache, o, pe, te.*

Sustantivos masculinos

- Ríos, montes, volcanes, istmos, canales: *Nilo, Amazonas, Himalaya, Aneto, Etna.*
- Meses y días de la semana: *agosto, mayo, febrero.*
- Salvo *brisa* y *tramontana*, los vientos: *levante, siroco, ostro, lebeche...*
- Aumentativos terminados en *-on* aplicados a cosas, incluso si derivan de una palabra femenina: *señorón, problemón, mesón, notición...*
- Los puntos cardinales: *norte, sur, este, oeste.*
- Notas musicales: *la, fa, re...*
- Los números: *tres, cinco, noventa y cuatro...*

Ahora, conocer estos distintivos es solamente un punto de partida, un umbral. Necesitamos más; hay otros asuntos sobre géneros que también deberían ser conocidos:

Sustantivos con marca de género

Son los sustantivos "convencionales", los que tienen una terminación específica para el masculino y una para el femenino. Por ejemplo, *escritor, escritora; amigo, amiga; alumno, alumna...*

¿Cómo reconocerlos?

Opción 1. Hacer una prueba sencilla. Si el sustantivo cambia de morfema para femenino, entonces tiene marca de género: *el bailarín, la bailarina; el niño, la niña; el profesor, la profesora...*

Opción 2. Buscar en el diccionario. Si es señalizado con la añadidura *ja, na, ña, ra,* etc., tiene marca de género:

arquitecto, ta
ingeniero, ra

primo, ma
vendedor, ra
porteño, ña
danés, sa

Opción 3. Apoyarse en los cuadros de la guía.

> *Hay otras terminaciones para el femenino:* -esa, -isa, -triz. *Por ejemplo,* abad<u>esa</u>, alcald<u>esa</u>, tigr<u>esa</u>; sacerdot<u>isa</u>, pap<u>isa</u>, poet<u>isa</u>, emperatriz, actriz... *Podemos también ver otras variantes:* heroína, gallina, reina...

Sustantivos comunes de dos (de género común)
Son los que tienen la misma forma para los dos géneros gramaticales. *Dentista*, por ejemplo, puede ser masculino o femenino: *el dentista, la dentista; joven: el joven, la joven; cónyuge: el cónyuge, la cónyuge...* El vocablo en sí no cambia en nada; son sus "acompañantes" los que establecen el género: *el/la pianista; ese/esa psiquiatra.*

¿Cómo reconocerlos?

Opción 1. Hacer una sencilla prueba. Si el sustantivo tolera a la vez un artículo masculino y uno femenino, es de género común: *el/la adolescente, el/la pediatra, el/la bachiller...*

Opción 2. Buscar en el diccionario. Si aparece señalado como *m. y f.*, es de género común:

terapeuta
1. m. y f. Persona que se dedica a la terapéutica.

chofer
1. m. y f. Persona que, por oficio, conduce un automóvil.

Opción 3. Apoyarse en los cuadros de la guía.

Sustantivos heterónimos
Son los sustantivos en los que hay equivalencia entre género y sexo. De este modo, se trata de seres animados. Hay una diferenciación

mediante la oposición de palabras, y no con terminaciones. Por ejemplo, *padre/madre, hombre/mujer, varón/hembra, carnero/oveja, caballo/yegua, toro/vaca, caballero/dama, yerno/nuera, padrino/madrina...*

• REFERENCIAS PRELIMINARES: EL NÚMERO Y LOS ACTUALIZADORES

Más allá del género —que es la llamada prevista—, incursionar correctamente en el LENGUAJE NEUTRAL implica dominar un eje en concreto: el SUSTANTIVO... en plural. Lo singular no genera problemas, ya que, por definición y lógica, está aislado, es único, exclusivo.

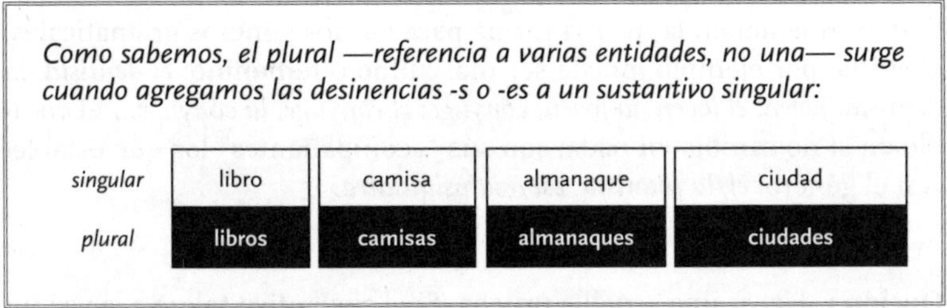

Como sabemos, el plural —referencia a varias entidades, no una— surge cuando agregamos las desinencias -s o -es a un sustantivo singular:

singular	libro	camisa	almanaque	ciudad
plural	libros	camisas	almanaques	ciudades

Asimismo, debemos fijarnos en, por decirlo de la manera sencilla, sus "acompañantes".

Los acompañantes son, primero, los DETERMINANTES ACTUALIZADORES (ARTÍCULOS Y DEMOSTRATIVOS, en este caso, que son los que tienen género). Su función es, a grandes rasgos, hacer que los elementos lingüísticos abstractos o virtuales se conviertan en concretos e individuales. Ahora, por razones obvias, por lo de su fisonomía genérica, y como ya fue aludido, solamente nos interesan los plurales, especialmente los masculinos.

artículos

	determinados masculino	determinados femenino	indeterminados masculino	indeterminados femenino
singular	*el*	*la*	*un*	*una*
	lo			
plural	***los***	***las***	***unos***	***unas***

demostrativos

	1	**2**	**3**
singular	*este*	*ese*	*aquel*
plural	***estos***	***esos***	***aquellos***
singular	*esta*	*esa*	*aquella*
plural	***estas***	***esas***	***aquellas***

Siempre van antepuestos. Los artículos señalan si el sustantivo es conocido o si no ha sido mencionado anteriormente en el discurso; los demostrativos señalan la distancia (física, temporal, emocional...) del sustantivo:

	los / unos	estos esos aquellos	las / unas	estas esas aquellas	los / unos	estos esos aquellos	las / unas	estas esas aquellas
plural	libros		camisas		almanaques		ciudades	

Los actualizadores deben concordar en número (y en género) con el sustantivo actualizado; de este modo, como todos los sustantivos de los ejemplos son plurales, también los actualizadores lo son.

Por ser innecesarios para el cometido, posesivos, numerales (cardinales y ordinales), además de interrogativos y exclamativos, no son pertinentes en este recuento.

Sumemos los extensivos:

intensivos

plural	
masculino	**femenino**
pocos	***pocas***
muchos	***muchas***
tantos	***tantas***
varios	***varias***
demasiados	***demasiadas***
todos los	***todas las***

distributivos

plural	
masculino	**femenino**
ambos	***ambas***
los demás	***las demás***
todos los	***todas las***

existenciales

plural	
masculino	**femenino**
semejantes	
ciertos	***ciertas***
tales	
algunos	***algunas***
otros	***otras***
los únicos	***las únicas***
los mismos	***las mismas***

Veamos ahora los otros acompañantes son los ADJETIVOS.

Pueden ir antepuestos o pospuestos al sustantivo al que califican o precisan. Concuerdan en número (y género, en su caso) con el sustantivo en cuestión.

Si van antepuestos, algo poco usual, aunque correcto, siempre deben estar después de los actualizadores:

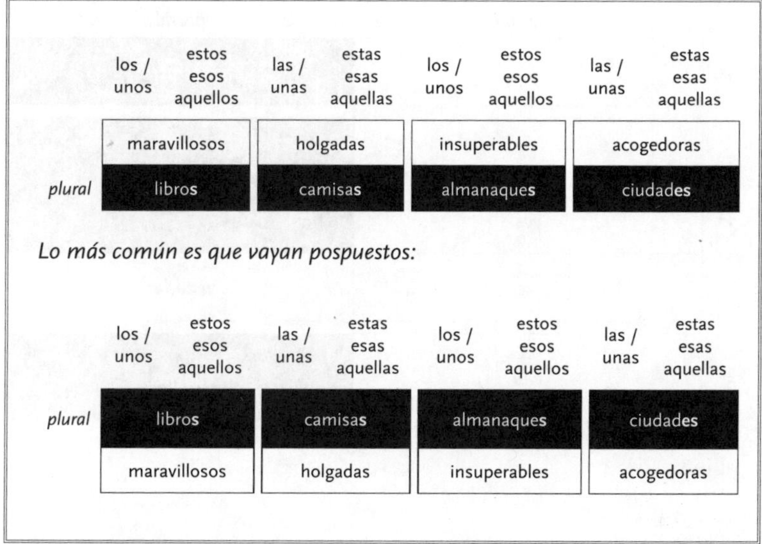

• **Referencias preliminares: los pronombres**

Además de los "acompañantes", debemos considerar los "reemplazantes", es decir, los PRONOMBRES. Debemos saber cuáles tienen género en plural, además de algunos otros detalles.

Pronombres personales TÓNICOS*

Son los "convencionales", los conocidos por todos, los pronombres por antonomasia. En plural, además de la variante *vosotros(as)*, solamente primera y tercera personas tienen género.

* Son independientes para lo NOMINATIVO (que indica generalmente el sujeto o el atributo, es decir, modificadores del sustantivo) y lo VOCATIVO (que tiene función apelativa). En el primer cuadro hablamos de lo NO preposicional (de manera sencilla: que no viene introducido por una preposición: *a, ante, bajo, con, contra, de, desde...*); y en el segundo, por el contrario, de lo PREPOSICIONAL (de manera sencilla: que viene introducido por una preposición: *a, ante, bajo, con, contra, de, desde...*).

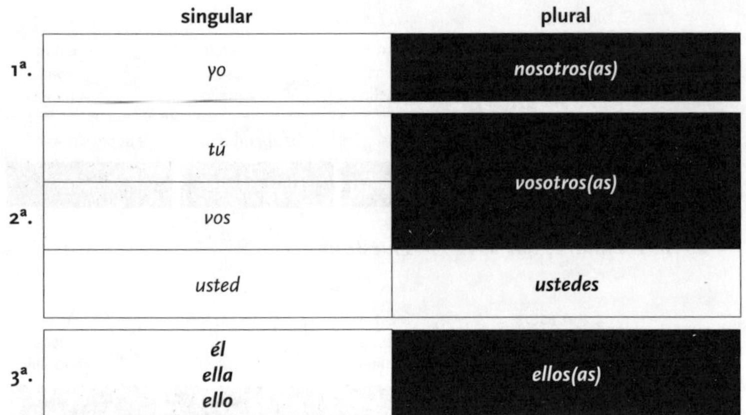

	singular	plural
1ª.	*yo*	*nosotros(as)*
2ª.	*tú*	*vosotros(as)*
	vos	
	usted	***ustedes***
3ª.	***él*** ***ella*** ***ello***	*ellos(as)*

Ejemplos:

Nosotros / *Nosotras* *sabemos perfectamente lo que estamos haciendo.*

Vosotros / *Vosotras* *estabais ahí cuando él dio el discurso.*

Ellos / *Ellas* *dijeron que todo estaba muy bien.*

Tenemos otra opción de pronombres personales tónicos, una *preposicional* (utilizada después de una preposición). En plural, además de *vosotros(as)*, primera y tercera personas también tienen género. Ahora, en cuanto a la tercera, *sí* y *consigo* no son parte del inconveniente. Es decir, afortunadamente para todos, no hay cambio respecto a la no preposicional.

	singular	plural
1ª.	*mí* *conmigo*	*nosotros(as)*

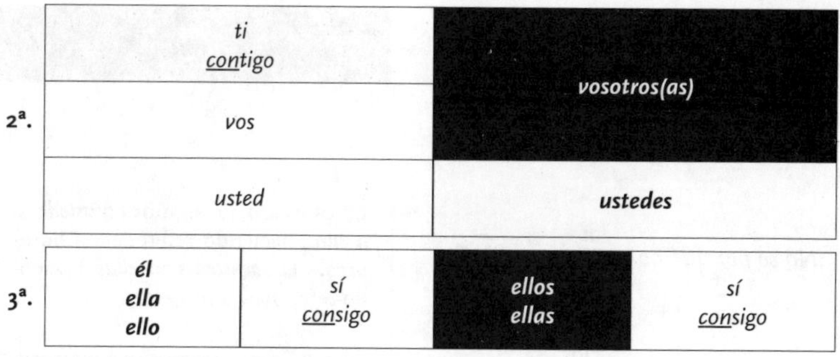

2ª.	*ti* *contigo*		*vosotros(as)*	
	vos			
	usted		**ustedes**	
3ª.	**él** **ella** **ello**	*sí* *consigo*	**ellos** **ellas**	*sí* *consigo*

Ejemplos:

Fue lo mejor que pudo encontrar para *nosotros.* / *nosotras.*

Tenía muchas ganas de estar con *vosotros.* / *vosotras.*

Sentía que no era lo mismo sin *ellos.* / *ellas.*

Pronombres personales ÁTONOS

La gran mayoría de las personas no los conciben como pronombres. Pero lo son, y es lo que importa. Tenemos los de OBJETO DIRECTO y los de OBJETO INDIRECTO, para empezar.

En OBJETO DIRECTO, solamente segunda y tercera personas tienen género.*

objeto o complemento directo

	singular		**plural**	
1ª.	*me*		*nos*	
2ª.	*te*	***lo*** ***la***	***os***	***los*** ***las***

* Las formas *lo* y *la* (segunda y tercera singular), si bien no son plurales, podrían causar algún tipo de conflicto en cuanto a corrección.

3ª.	*lo* *la*	*los* *las*

Ejemplos:

No sé por qué no *los*/*las* *reconocí.*	En este caso, *los* significa *a ustedes* o *a ellos*, haciendo referencia a hombres, y *las*, *a ustedes* o *a ellas*, haciendo referencia a mujeres.
Siempre *los*/*las* *recordaré.*	En este caso, *los* significa *a ustedes* o *a ellos*, y *las*, *a ustedes* o *a ellas*.

En OBJETO INDIRECTO, ningún pronombre tiene género.[*]

	singular	plural	
1ª.	*me*	***nos***	
2ª.	*te*	***os***	***les*** *[se]*
3ª.	*le [se]*	***les*** *[se]*	

> *Es por este motivo —la ausencia de género— que actualmente muchos, en la "solución" más ligera, se decantan automática e irreflexivamente por* le o les *cuando tendrían que hacerlo por* lo, la o los, las. *¿El motivo? Evitar el género del complemento directo. Como sea, más allá de las "buenas intenciones", es incorrecto.*[†]

En cuanto a PRONOMBRES REFLEXIVOS, ningún pronombre tiene género. Lo mismo en cuanto a PRONOMBRES RECÍPROCOS.

---

* Tanto *le* como *les* cambian a *se* cuando participan junto a los pronombres directos *lo, la, los, las*. Por ejemplo, no se dice *le lo dije*, sino *se lo dije*.

† Soslayaremos el fenómeno del *leísmo*, rasgo particular del centro de la península ibérica.

Los PRONOMBRES RELATIVOS, por otro lado, indican persona, cosa, posesión o cuantía. Obviamente, nos interesan solamente los que indican personas, que son los siguientes:

	singular		plural	
persona o cosa	*el que*	*la que*	*los que*	*las que*
persona	*quien*		***quienes***	

La clave es evitar *los que* para personas, y cambiarlo por *quienes*, que no tiene género.

Los PRONOMBRES DEMOSTRATIVOS permiten distinguir y nombrar elementos que ya fueron mencionados previamente, según el grado de distancia que tienen con el objeto señalado:

demostrativos

		1	2	3
masculino	**singular**	*éste / este*	*ése /ese*	*aquél /aquel*
	plural	*éstos / estos*	*ésos / esos*	*aquéllos / aquellos*
neutro		*esto*	*eso*	*aquello*
femenino	**singular**	*ésta / esta*	*ésa / esa*	*aquélla / aquella*
	plural	***éstas / estas***	***ésas / esas***	***aquéllas / aquellas***

Hay aún controversia sobre si tildar o no tildar los pronombres demostrativos. Por eso en el cuadro aparecen ambas maneras. Quienes apuntan a que sí —incluyendo al autor de este libro— arguyen sobre el carácter potestativo de esta tilde, especialmente tomando en consideración que su utilización es una excelente estrategia didáctica (permite distinguir categorías gramaticales y, principalmente, establecer relaciones entre palabras en un enunciado).

Eso sí, quien decida tildar deberá hacerlo de forma sistemática; siempre o nunca. No hay puntos medios, al menos no en la redacción (no así en las oraciones sueltas).

Tenemos, por último, los INDEFINIDOS, un tipo de pronombre que no tiene término definido; son los que, de manera vaga o indeterminada, expresan nociones de cantidad, identidad o de otro tipo. Sustituyen a una persona o cosa no concreta o cuya determinación no interesa a los interlocutores.

indefinidos

plural		plural		plural	
masculino	**femenino**	**masculino**	**femenino**	**masculino**	**femenino**
unos	*unas*	*demasiados*	*demasiadas*	*tantos*	*tantas*
algunos	*algunas*	*todos*	*todas*	*cualesquiera*	
pocos	*pocas*	*varios*	*varias*	*quienesquiera*	
muchos	*muchas*	*otros*	*otras*	*(los) demás*	*(las) demás*
		(los) mismos	*(las) mismas*		

Ejemplos:

Unos
Unas *llegan siempre a la hora.*

Algunos
Algunas *prefieren ser solamente oyentes.*

Pocos / *Pocas* ____________ *decimos lo que pensamos.*

Muchos / *Muchas* ____________ *sabemos perfectamente lo que estamos haciendo.*

Demasiados / *Demasiadas* ____________ *sabemos perfectamente lo que estamos haciendo.*

Todos / *Todas* ____________ *están felices con los resultados.*

Varios / *Varias* ____________ *decidieron comenzar otra vez.*

Otros / *Otras* ____________ *ni siquiera vieron aquella parte.*

Los mismos / *Las mismas* ____________ *llegaron a mejorar aquella sección.*

Tantos / *Tantas* ____________ *sabían la verdad.*

Los demás / *Las demás* ____________ *lograron hacer su parte.*

• Referencias preliminares: la concordancia

En líneas generales, la oración tiene dos aspectos básicos: el SUJETO y el PREDICADO. Este último tiene un verbo como núcleo, y este núcleo concuerda con el núcleo de su contraparte, el sustantivo; es decir, el sustantivo núcleo del sujeto concuerda con el verbo núcleo del predicado. Es por eso que debemos considerar el verbo:

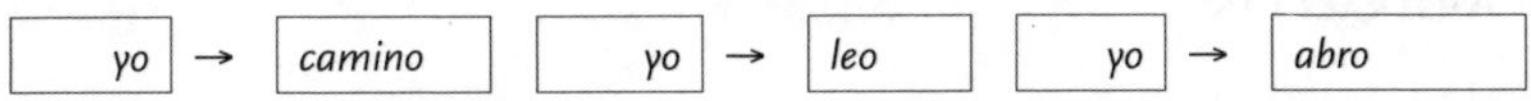

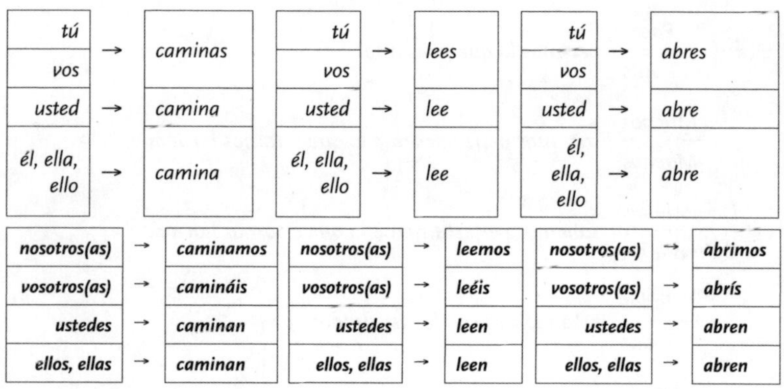

tú / *vos*	→	*caminas*	*tú* / *vos*	→	*lees*	*tú* / *vos*	→	*abres*
usted	→	*camina*	*usted*	→	*lee*	*usted*	→	*abre*
él, ella, ello	→	*camina*	*él, ella, ello*	→	*lee*	*él, ella, ello*	→	*abre*

nosotros(as)	→	***caminamos***	***nosotros(as)***	→	***leemos***	***nosotros(as)***	→	***abrimos***
vosotros(as)	→	***camináis***	***vosotros(as)***	→	***leéis***	***vosotros(as)***	→	***abrís***
ustedes	→	***caminan***	***ustedes***	→	***leen***	***ustedes***	→	***abren***
ellos, ellas	→	***caminan***	***ellos, ellas***	→	***leen***	***ellos, ellas***	→	***abren***

Por medio de la forma verbal podemos saber de quién se habla.

1.4.1. Guía preliminar de LENGUAJE NEUTRAL

Un punto de partida: están incorrectas construcciones como las siguientes:

⊗ las y los niños, ⊗ las y los alumnos… / ⊗ los y las niñas,
⊗ los y las alumnas…

⊗ todas y todos los niños, ⊗ todas y todos los alumnos… /
⊗ todos y todas las niñas, ⊗ todos y todas las alumnas…

⊗ muchas y muchos niños, ⊗ muchas y muchos alumnos… /
⊗ muchos y muchas niñas, ⊗ muchos y muchas alumnas…

Si bien su uso está bastante extendido, incurre en un descarrío rústico, simplón. En resumidas cuentas, es un yerro coordinar dos actualizadores antes de un sustantivo.

• **ABSTRACCIÓN**

Cuando se trata de un sustantivo, ésta es una de las mejores opciones, siempre. A menos que la palabra en cuestión esté muy forzada (generalmente por sugerir más acción y efecto que colectividad), será siempre muy buena opción.

Podemos lograrlo mediante un proceso llamado DERIVACIÓN. En este caso en particular, tomamos la palabra origen (con masculino genérico) y le extraemos una raíz; luego, para obtener una derivada (una abstracción, en este caso), a esa raíz le agregamos un sufijo.

abstracción

los ciudadanos	→	*la ciudadanía*	*(ciudadan + ía)*
los clientes	→	*la clientela*	*(client + ela)*
los administrativos	→	*la administración*	*(administra + ción)*

Este procedimiento no es restrictivo para quien no sea académico o experto en lenguaje. La creación de palabras es una facultad de cualquier persona; cualquiera puede ser un hacedor de NEOLOGISMOS. No hay que esperar que otros lo hagan.*

Es válido que, luego de cerciorarse de que lo que desea denominar no está en el diccionario, una persona decida concebir su propia palabra. Si no hay antecedentes del concepto pretendido y si el proceso de formación es correcto (una raíz más un sufijo de conjunto o colectividad), la palabra derivada debería estar correcta.†

En algunos casos, la derivación es irregular.‡

los amigos	→	*las amistades*

Considerando terminaciones y géneros, lo más común es que nos encontremos con dos tipos de sustantivos:

* Un NEOLOGISMO es un vocablo, una acepción o un giro nuevo en una lengua.

† Hemos escuchado y leído, por ejemplo, *tobillera* y *rodillera*, *hombrera* y *codera*. Las palabras surgen por la aparición de un concepto o una noción en la vida de las personas y por la obvia necesidad de nombrar aquello aún sin nombre. El tiempo y el uso extendido (es decir, si la gente comienza a hacerlo parte de sí) se encargarán de verificar si el neologismo se asienta en los diccionarios.

‡ Se trata de METAPLASMOS, alteraciones de una palabra, por adición, supresión o cambio de lugar de un sonido.

Terminaciones de sustantivos plurales con MASCULINO GENÉRICO*

-aco -aca	-ador -adora	-álido -álida	-án -ana	-áneo -ánea
| chamaco | *| chamaca |*	*| trabajador |* *| trabajadora |*	*| minusválido |* *| minusválida |*	*| capitán |* *| capitana |*	*| foráneo |* *| foránea |*
chamacos	*trabajadores*	*minusválidos*	*capitanes*	*foráneos*
-ano -ana	-año -aña	-ario -aria	-ático -ática	-ejo -eja
| ciudadano | *| ciudadana |*	*| ermitaño |* *| ermitaña |*	*| empresario |* *| empresaria |*	*| diplomático |* *| diplomática |*	*| viejo |* *| vieja |*
ciudadanos	*ermitaños*	*empresarios*	*diplomáticos*	*viejos*
-ego -ega	-elo -ela	-eno -ena	-eño -eña	-érito -érita
| ciego | *| ciega |*	*| abuelo |* *| abuela |*	*| chileno |* *| chilena |*	*| lugareño |* *| lugareña |*	*| emérito |* *| emérita |*
ciegos	*abuelos*	*chilenos*	*lugareños*	*eméritos*
-ero -era	-és -esa	-ín -ina	-ino	-istro
| compañero | *| compañera |*	*| marqués |* *| marquesa |*	*| bailarín |* *| bailarina |*	*| vecino |* *| vecina |*	*| ministro |* *| ministra |*
compañeros	*marqueses*	*bailarines*	*vecinos*	*ministros*
-ivo -iva	-ón -ona	-or -ora	-oso -osa	-udo -uda
| fugitivo | *| fugitiva |*	*| anfitrión |* *| anfitriona |*	*| editor |* *| editora |*	*| esposo |* *| esposa |*	*| testarudo |* *| testaruda |*
fugitivos	*anfitriones*	*editores*	*esposos*	*testarudos*

* He aquí las opciones preliminares. Están apostadas sin respetar la forma de sufijo, sino más bien con la terminación más corta, por necesidad práctica para quien utilice esta guía como referencia. Lo gris es el masculino genérico.

Por otro lado, algunos, como *minusválido/a* o *foráneo/a*, son en esencia adjetivos, adjetivos que suelen ser sustantivados.

Ahora, están contemplados solamente sustantivos colectivos que implican personas. Otras opciones no quedaron en el listado por tener opciones muy rebuscadas; por ejemplo, los sufijos *-al, -ambre, -ar, -edo, -ed, -era, -ez, -ío, -esca.*

-umno -umna	-ulto -ulta	-undo -unda
/ alumno / */ alumna /*	*/ adulto /* */ adulta /*	*/ vagabundo /* */ vagabunda /*
alumnos	*adultos*	*vagabundos*

Pues bien, ¿cómo podemos "crear" abstracciones a partir de este tipo de sustantivos? Podemos recurrir a sufijos: *-ada, -ado, -aje, -aje, -ción, -ería, -orio, -ez, -ía, -ismo, -iza, -atura*... Veamos:

masculino genérico	**raíz**	**+**	**sufijo**		**género**	**representación colectiva**	**también...**
chiquillos	*chi-quill-*		*-ada*	(significan conjunto)	*f.*	*chiquillada*	*bancada, embajada, bandada.**
alumnos	*alumn-*		*-ado*	(designan un conjunto)	*m.*	*alumnado*	*juzgado, profesorado...*
pupilos	*pupil-*		*-aje*	(a veces indican conjunto)	*m.*	*pupilaje*	*corretaje, criollaje, inquilinaje...*
árbitros	*arbitr-*		*-aje*	(expresan acción.)	*m.*	*arbitraje* †	‡
administrativos	*administra-*		*-ción*	(expresan acción y efecto.)	*f.*	*administración*	*dirección, misión, construcción, inquisición, oposición...*
enfermeros	*en-ferm-*		*-ería*	(expresan oficio o local donde se ejerce.)	*f.*	*enfermería*	*conserjería, consejería, cancillería, portería, carnicería, peluquería, asesoría, minería.*

* *Brigada*, si bien es colectivo, proviene del francés *brigade*.

† *Arbitraje* por *los árbitros*.

‡ Si el sentido y el buen gusto lo permiten: *peregrinaje* (por *los peregrinos*), *compadraje* (por *los compadres*), *patrullaje* (por los *patrulleros*).

masculino genérico	raíz	+	sufijo		género	representación colectiva	también...
ministros	*minist-*		*-erio* *	(indica lugar) †	*m.*	*ministerio*	*magisterio, presbiterio, asceterio, beaterio...*
niños	*niñ-*		*-ez*	(cualidad expresada por el adjetivo del que deriva).	*f.*	*niñez* ‡	§
ciudadanos	*ciudadan-*		*-ía*	(expresan, en general, dignidad, jurisdicción, oficio o lugar donde se ejerce.)	*f.*	*ciudadanía*	*capitanía, auditoría, artillería, infantería, masonería, vicaría, agregaduría, senaduría, procuraduría, vocería*
conservadores	*consevadur-*		*-ismo*	(actividad, doctrina, sistema)	*m.*	*conservadurismo*	*romanticismo, escepticismo, cristianismo, cinismo, humanismo...*
chavos	*chav-*		*-iza*	(indican relación, pertenencia, materia, conjunto.)	*f.*	*chaviza* ¶	
*jefes***	*jef*		*-atura*	(resultado de la acción; cargo, función)	*f.*	*jefatura*	*dictadura, censura, catadura, candidatura, magistratura, licenciatura*

* Provienen del latín *-ium*. Como podemos ver, cambió a *-erio*, como a veces sucede.

† Se entiende que es el lugar donde están reunidos los ministros; pero, por alcance, se refiere a los ministros.

‡ *Niño* es un adjetivo, uno que es "usado también como sustantivo". Ahora, en el caso puntual, si la derivación tiene un resultado favorable para el propósito, será siempre con casos de adjetivos sustantivados (*pequeño, honrado, sensato, brillante...*).

Por otro lado, al tratarse de sustantivos abstractos, no siempre hay una correlación alcanzada con lo que pretendería reemplazar. Así, *debemos cuidar a los niños* no tiene equivalencia perfecta con *debemos cuidar la niñez* (la etapa).

§ Pese a lo dicho en la apostilla anterior, podríamos contemplar *vejez, madurez, delgadez, calidez...*

¶ Mexicanismo.

** Originalmente, de género común (*m.* y *f.*), es decir, *el jefe* o *la jefe*.

Terminaciones de sustantivos plurales* SIN MARCAS DE GÉNERO

terminación				ejemplos
-ista	*-s*	→	los, las	*periodistas, pianistas, especialistas, bañistas, dentistas, coleccionistas...*
-a †	*-s*	→	los, las	*atletas, cineastas, guías, logopedas, terapeutas, pediatras...*
-e	*-s*	→	los, las	*conserjes, amanuenses, cicerones, orfebres...*
-ante ‡	*-s*	→	los, las	*conferenciantes, dibujantes, estudiantes...*
-ente §	*-s*	→	los, las	*agentes, adolescentes, pacientes, docentes, oyentes, gerentes...*
-ar	*-es*	→	los, las	*auxiliares, militares, escolares...*
-er ¶	*-es*	→	los, las	*líderes, choferes (chóferes), ujieres, sumilleres, bachilleres, mercaderes...*
-l	*-es*	→	los, las	*cónsules, corresponsales, timoneles...*
-z **	*-es*	→	los, las	*capataces, jueces, portavoces...*
-d, -f, -m, -t ††	*-(e)s*	→	los, las	*huéspedes, chefs, médiums, pívots...*

* En estos casos en particular, es el artículo el que indica el género en singular: *el/la gigante, el/la ayudante, el/la comerciante, el/la visitante...* También en plural: *los/las gigantes, los/las ayudantes, los/las comerciantes, los/las visitantes...*; pero se utiliza el masculino para generalizar en plural: *los gigantes, los ayudantes, los comerciantes, los visitantes...* Para efectos prácticos, fueron tomados con terminaciones, no necesariamente como sufijos.

Por otro lado, por su poca frecuencia y cantidad, no fueron incluidos algunos sustantivos; por ejemplo, *-í* (*maniquí*), *-u* (*gurú*), *-y* (*yóquey*), *-ir* (*faquir*), *-ur* (*augur*).

† En ciertos casos, por razones etimológicas, el femenino puede emplear la terminación culta *-isa*: *profetisa, papi*sa.

‡ Proceden en gran parte de participios de presente latinos.

§ Ibidem. De hecho, son dos variantes. No obstante, últimamente se ha extendido el uso de *-en*ta para algunos casos de femenino.

¶ En algunos casos se ha preferido *-esa* para femenino: *lideresa, chofer*esa. Es poco común.

** Últimamente, en algunos casos, se ha optado por la feminización -a: *jueza, capataza. Portavoz*, no obstante, no lo permite por ser una palabra compuesta (*portar* + *voz*).

Asimismo, no debemos olvidar que, en la pluralización, la *z* cambia a *c*.

†† En general, las palabras terminadas en consonantes distintas de las señaladas en los puntos anteriores. Excepción: *abad*, cuyo femenino es *abadesa*.

otros				ejemplos
grado militar	-*(e)s*	→	los, las	*tenientes, coroneles, brigadieres...*
instrumentista	-*s*	→	los, las	*pianista, guitarrista, bajista...*
sustantivos compuestos	-*s*	→	los, las	*buscapleitos, cazafantasmas, guardaespaldas...*

Y aquí, ¿cómo podemos "crear" un sustantivo de representación colectiva? De la misma manera que con los sustantivos del caso anterior, con sufijos: *-ancia, -ejo, -ela, -encia, -ería, -ía, -ío, -ión, -tud, -ado...*

masculino genérico*	**raíz**	**+**	**sufijo**		**género**	**representación colectiva**	**también...**
militantes	*milit*		-ancia	(significados muy variados. Toma esta forma [y no *-encia*] cuando la base derivativa termina en *ante*.)	*f.*	*militancia*	*infancia, comandancia, infancia, lactancia...*
concejales	*conc*		-ejo	†	*m.*	*concejo*	
clientes	*client-*		-ela	(diminutivo; no obstante, ha tomado el valor colectivo)	*f.*	*clientela*	*parentela...*

* En algunos casos hablamos adjetivos sustantivados, es decir, adjetivos que funcionan como sustantivos. En específico, se trata de ADJETIVOS DEVERBALES ('participios activos', 'participios de presente', que funcionan como adjetivo y que ejecutan la acción expresada por la base verbal). Toman la forma *-ante* cuando el verbo base es de la primera conjugación (*-ar*), *-ente* o *-iente* si es de la segunda o tercera (*-er, -ir*, respectivamente).

Algunos se han lexicalizado como sustantivos y han generado, a veces, una forma femenina en -n*ta*.

† Aquí, el proceso, en realidad, es a la inversa. *Concejal* proviene de *conce*jo. No obstante, el paradigma es válido.

dirigentes	*dirig-*	-encia	(significados muy variados. Toma esta forma [y no *-ancia*] cuando la base derivativa termina en *ente* o *-iente*.)	*f.*	***dirigencia***	*conferencia, agencia, dependencia, docencia, gerencia, audiencia, competencia...*
gendarmes	*gendarm-*	-ería	(expresan oficio o local donde se ejerce.)	*f.*	***gendarmería****	*conserjería, consejería, cancillería, portería, carnicería, peluquería, asesoría, minería.*
cofrades	*cofrad-*	-ía	(expresan, en general, dignidad, jurisdicción, oficio o lugar donde se ejerce.)	*f.*	***cofradía***	*capitanía, auditoría, artillería, infantería, masonería, vicaría, agregaduría, senaduría, procuraduría, vocería*
señores	*señor*	-ío	(suelen tener valor colectivo o intensivo)	*m.*	***señorío***	
rebeldes	*rebel*	-ión	(elemento compositivo que expresa acción y efecto)	*f.*	***rebelión***	*construcción, manifestación, ocupación, organización, inquisición, excursión, comisión...*
jóvenes	*juven-* †	-tud	(cualidad)	*f.*	***juventud***	
electores	*elector-*	-ado	(designan un conjunto)	*m.*	***electorado***	*profesorado, apostolado, secretariados, noviciado, voluntariado,*

* También *agencia, audiencia, competencia, dependencia, vigilancia...*

† Metaplasmo. Como sabemos, alteración de una palabra, por adición, supresión o cambio de lugar de un sonido.

• **Abstracción oblicua**

Tal vez no encontremos una abstracción válida para una palabra determinada; pero podríamos tener éxito si, antes de elaborar la derivación, recurrimos a una relación semántica, especialmente sinonimia.* Se trata de encontrar el resultado en segunda instancia.

		sinónimo		abstracción	
los docentes	→	*los profesores*	→	*el profesorado*	*(profesor + ado)*
los insurgentes	→	*los insurrectos*	→	*la insurrección*	*(insurrec + ción)*
los votantes	→	*los electores*	→	*el electorado*	*(elector + ado)*

• **Paráfrasis sustantiva**†

Es posible llamar de otra manera a un grupo determinado; el resultado será una nueva denominación, que constará de más de una palabra.

		denominación
los trabajadores	→	*la planta laboral*
los docentes	→	*el cuerpo docente*
los profesores	→	*el magisterio* ‡
los administrativos	→	*el personal administrativo*
los trabajadores	→	*la clase trabajadora*

* En su caso, si la situación puntual lo permite, podríamos recurrir a otras relaciones semánticas, que funcionan en pares: HIPERÓNIMO - HIPÓNIMO. El primero es un término general que puede servir para nombrar a un término más específico, denominado HIPÓNIMO. Se trata de inclusión conceptual.

Difícilmente sirva otra relación, especialmente si radica en la inclusión material o física. Se trata del HOLÓNIMO, que indica un todo y que tiene una parte (de varias) llamada MERÓNIMO.

† Es en general un proceso antonomástico. La ANTONOMASIA consiste en poner el nombre apelativo por el propio o viceversa.

‡ Si bien aquí hay un asunto etimológico (derivación), es a partir de un término en latín o que en español tiene otro significado (grado académico).

Mucho cuenta la cultura general y la creatividad. Es decir, tener muchas referencias (cómo otros llaman a ese grupo determinado de personas) ayudará inmensamente; lo mismo con una acertada forma de denominar a cierto grupo. Sí, es válido proponer las propias opciones.

• Metonimia

Se trata, en líneas generales, de designar algo con el nombre de otra cosa. Entre todas las posibilidades, nos interesa especialmente la que indica el símbolo por la cosa simbolizada o, bien, la que menciona el instrumento por el instrumentista:

		metonimia
los escritores	→	*las plumas*
los guitarristas	→	*las guitarras*

• Epicenos*

Se trata de palabras que sirven para hombres y para mujeres. Si encajan con el texto, adelante. Algunos ejemplos:

autoridad	*criatura*	*gente*	*persona*	*personaje*
señoría	*retoño*	*ser*	*vástago*	*víctima*

Autoridad, por ejemplo, es femenino, pero puede ser empleado para hombre o mujer.

Si en un texto surge la posibilidad de utilizarlos, no hay que dudar.

* Muchos han desaparecido y otros van a desaparecer. En general, la idea de que algunos epicenos pudieran parecer masculinos ha llevado a la tendencia de buscarles un femenino, con lo cual el original ha quedado como masculino. Por ejemplo, *el capitán, la capitana.*

En otros casos, pasa de epiceno a género común. Por ejemplo: *el agente, la agente.*

• La fórmula 'la persona' + adjetivo [en reemplazo del adjetivo sustantivado]

Hay adjetivos que pueden ser utilizados como sustantivos. Por ejemplo, *rebelde* es un adjetivo, califica a un sustantivo: *el hombre rebelde* (*el rebelde hombre*), *la mujer rebelde* (*la rebelde mujer*), *la comunidad rebelde* (*la rebelde comunidad*), etc. Pero también puede funcionar como sustantivo: *el rebelde, la rebelde...* En estos casos, los adjetivos en cuestión aparecen en los diccionarios señalados como *U.t.c.s.*

Pues bien, estos adjetivos sustantivados en plural tienen masculino genérico. La fórmula de este punto reemplaza bien a sustantivos que suelen ser sustantivados con frecuencia y naturalidad y, en general, que no tienen una connotación negativa:

adjetivo sustantivado		'la persona' + adjetivo
los interesados	→	*las personas interesadas*
		la persona interesada
los jóvenes	→	*las personas jóvenes*
los inteligentes	→	*las personas inteligentes*
		la persona inteligente

En algunos casos es posible utilizar el singular: *la persona interesada debe llenar el formulario.** Sucede cuando no tenemos certeza de si será una persona o serán más, y también cuando la cantidad no es relevante.

> *El buen gusto y el contexto le dirán si puede usar palabras como* ser, criatura *o* alma. *Pero sí se puede.*

* Cuando así sucede, se trata de una de las posibilidades de una SINÉCDOQUE (singular por plural), entre tantas otras (todo por la parte, parte por el todo, especie por el género, género por la especie, etc.).

• El relativo 'quien(es)' en lugar de 'los que'*

Sucede especialmente con sujetos y con complementos.

sujeto

'los que'		'quien(es)'
los que *quieran pueden quedarse*	→	***quien*** *quiera puede quedarse*
		quienes *quieran pueden quedarse*
los que *vengan dormirán en el sillón*	→	***quien*** *venga dormirá en el sillón*
		quienes *vengan dormirán en el sillón*

complementos

'los que'		'quien(es)'
ayudaremos a ***los que*** *podamos*	→	*ayudaremos a* ***quien*** *podamos*
		ayudaremos a ***quienes*** *podamos*
vimos a ***los que*** *llegaron primero*	→	*vimos a* ***quien*** *llegó primero*
		vimos a ***quienes*** *llegaron primero*

El cambio puede quedar en plural (*quienes*) o singular (*quien*). No obstante, sabemos que nos interesa el plural.

• Cambiar actualizadores o indefinidos por opciones sin género†

Si el sentido del mensaje lo permite, es una buena opción.

---

* En ambas fórmulas (*los que* y *quienes* más el verbo) se trata de oraciones adjetivas sustantivadas.

† Los INDETERMINADOS indican que la cantidad del sustantivo o su identidad es imprecisa, vaga o aproximada. Suelen ser cualitativos, cuantitativos, peculiares y distributivos.

El caso de *ningún* es especial; se trata en singular.

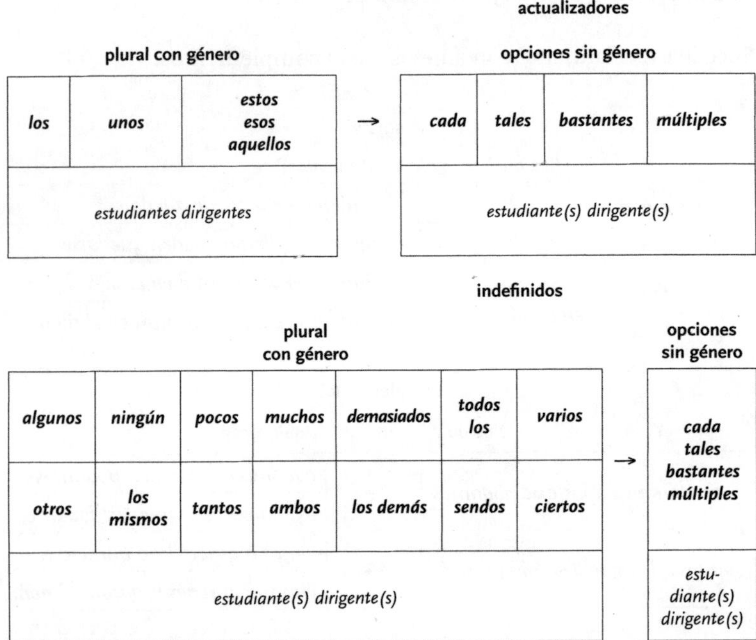

actualizadores

plural con género

los	*unos*	*estos esos aquellos*
estudiantes dirigentes		

→

opciones sin género

cada	*tales*	*bastantes*	*múltiples*
estudiante(s) dirigente(s)			

indefinidos

plural con género

algunos	*ningún*	*pocos*	*muchos*	*demasiados*	*todos los*	*varios*
otros	*los mismos*	*tantos*	*ambos*	*los demás*	*sendos*	*ciertos*
estudiante(s) dirigente(s)						

→

opciones sin género

cada tales bastantes múltiples
estudiante(s) dirigente(s)

Sólo funciona, como vemos, con sustantivos de género común. Y si bien las posibilidades de certeza son pocas, la opción no debe ser descartada.

• Evitar el sustantivo ‘hombre’

Siempre es posible evitar el sustantivo genérico ‘hombre’* —singular o plural—† cuando pretendemos hablar de la humanidad.

* En sus orígenes, y así lo indica la etimología, *hombre* proviene del latín *homine* (luego *homo, -inis*), que proviene de *humus* (tierra). Es decir, se trata de lo opuesto a lo celestial o lo divino, sea hombre o mujer. Luego, como ya sabemos, tomó la evocación masculina.

† Si está en singular, estamos frente a una SINÉCDOQUE: designación de una cosa con el nombre de otra, aplicando a un todo el nombre de una de sus partes, o viceversa, a un género el de una especie, o, al contrario, a una cosa el de la materia de que está formada, entre otras tantas opciones. En este caso en particular, se aplica el singular

	El hombre ***Los hombres***	*descubrió* *descubrieron*	*el fuego alrededor de cuatrocientos mil años atrás.*	Tanto *hombre* como *hombres* son hoy asociados a varones.
	El ser humano ***La humanidad***	*descubrió*	*el fuego alrededor de cuatrocientos mil años atrás.*	El singular *humano* es tomado como masculino genérico, lo que queremos evitar. Si se trata de la especie *Homo sapiens,* puede tomar las formas *ser humano* y *humanidad...* Cuando se trata de especie, *personas* no queda bien, pese a que no está incorrecto.
Neutral	***Las personas***	*descubrieron*		

Lo más usual es recurrir a un sinónimo.

Para cuando hablemos de grupos de personas en particular, lo aconsejable será utilizar las personas y la gente *(sustantivo colectivo). Si el contexto, el sentido (la semántica) y el buen gusto lo permiten, podemos utilizar* la muchedumbre, la concurrencia, la multitud, el gentío, la caterva, la masa, la afluencia, el sinnúmero, el tropel *u otro sustantivo colectivo...*

(*el chileno, el peruano, el ecuatoriano...*) por el plural (*los chilenos, los peruanos, los ecuatorianos...*): *el mexicano es muy alegre* por *los mexicanos son muy alegres.*

• Agregar 'personas' a indefinidos plurales con género*

Ya que *personas* es femenino, el indefinido deberá cambiar a ese género:

indefinidos		indefinidos (femenino) más 'persona'
algunos	→	*algunas personas*
ninguno †	→	*ninguna persona*
pocos	→	*pocas personas*
muchos	→	*muchas personas*
demasiados	→	*demasiadas personas*
todos los	→	*todas las personas*
varios	→	*varias personas*
otros	→	*otras personas*
los mismos	→	*las mismas personas*
tantos	→	*tantas personas*
ambos	→	*ambas personas*
los demás	→	*las demás personas*
sendos	→	*sendas personas*
ciertos	→	*ciertas personas*

• Forma verbal pronominal en lugar de estructura atributiva

Las estructuras atributivas tienen el verbo *estar* y un adjetivo.‡ Este último en muchas ocasiones tiene género. Podemos utilizar el verbo equivalente, pero en pronominal (conjugado, en este caso, con *nos, os* o *les*), los que en diccionario aparecen señalados como *prnl.*, y que no tienen género.

Como se trata de plural con género, tenemos el *nosotros*, conjugado con *nos*:

* Con esto, el resultado ya no se trata de PRONOMBRE, sino de ADJETIVO INDEFINIDO.
† El caso de *ningún* es especial; se trata en singular.
‡ Hay más fórmulas. No obstante, a la fórmula en cuestión le sirve el verbo *ser*.

***Estamos interesados** en saber*		→	***Nos interesa** saber*	
Hay que	***estar convencidos***	→	*Hay que*	***convencernos***
Debemos			*Debemos*	
*No creo que **estemos confundidos***		→	*No creo que **nos confundamos***	

También tenemos el *vosotros*, conjugado con *os*:

***Estáis interesados** en saber*	→	***Os interesa** saber*
*Debéis **estar convencidos***	→	*Debéis **convenceros***
*No creo que **estéis confundidos***	→	*No creo que **os confundáis***

• EVITAR 'NOSOTROS' Y 'ELLOS'

Especialmente cuando el sujeto o el ente en cuestión ya haya sido nombrado y se trate de un plural con masculino genérico, es posible omitirlo:*

plural con masculino genérico

nosotros	***vosotros***	***ellos***
		éstos ***ésos*** ***aquéllos***

Por ejemplo:

antecedente	**oración con sujeto tácito**	
***Ella y yo** llevamos un año juntos.*	***~~[Nosotros]~~ Hemos sido** muy felices.*	Omitimos *nosotros*.
***Tú y tu hermana** sabíais qué había pasado.*	***~~[Vosotros]~~ Teníais** la certeza [...]*	Omitimos *vosotros*.

* Como ya fue anticipado, tildaremos los pronombres demostrativos. Los motivos ya se han expuesto.

Se trata de un simple SUJETO TÁCITO.

***Manifestantes** llegaron al lugar.*	*[~~Ellos~~] **Solicitaban** [...]*	Omitimos *ellos* o *éstos/ésos/aquéllos.*

Así, evitamos el masculino genérico y, si así lo deseamos, evitamos repetir el antecedente. Por otro lado, el lector podrá asumir de quién hablamos gracias a la forma verbal y a la referencia contextual:

yo	*he sido*
tú	*has sido*
vos	
usted	*ha sido*
él, ella, ello	*ha sido*
nosotros(as)	***hemos sido***
vosotros(as)	*habéis sido*
ustedes	*han sido*
ellos, ellas	*han sido*

yo	*estaba*
tú	*estabas*
vos	
usted	*estaba*
él, ella, ello	*estaba*
nosotros(as)	*estábamos*
vosotros(as)	***estabais***
ustedes	*estaban*
ellos, ellas	*estaban*

yo	*solicitaba*
tú	*solicitabas*
vos	
usted	*solicitaba*
él, ella, ello	*solicitaba*
nosotros(as)	*solicitábamos*
vosotros(as)	*solicitabais*
ustedes	*solicitaban*
ellos, ellas	***solicitaban***

• **Omitir 'algunos' o 'unos'**

Cuando la cantidad personas designadas por el sustantivo al que modifica no sea elevada o no sea relevante y el contexto mismo nos aluda que el número es indefinido, podremos hacer la omisión.

adjetivo sustantivado		**'la persona' + adjetivo**
***(Alg)unos manifestantes** llegaron al lugar*	→	***Manifestantes** llegaron al lugar*
***(Alg)unos estudiantes** manifestaron sus diferencias*	→	***Estudiantes** manifestaron sus diferencias*

> *No hay una fórmula exacta para saber cuándo es posible realizar este procedimiento. Como generalidad, es posible únicamente en el sujeto. Como recomendación, cada vez que tengamos un sujeto que comience con* algunos *o* unos, *es oportunidad de ver si funciona.*

• OMITIR ARTÍCULOS DETERMINADOS [*]

En ciertas ocasiones es posible omitir los artículos determinados: *los*, *las*. En general, puede suceder cuando se trata de un sustantivo en plural que no admite excepciones, *per se* o en un contexto determinado. De este modo, si nos referimos a todos y absolutamente todos, no sólo es una posibilidad omitir el artículo, sino aconsejable. Ahora, como medida adicional para que esto resulte, este sustantivo deberá ser común de dos (de género común).[†]

Aquella zona está reservada para ~~los~~ estudiantes de segundo.	Ninguno de esos estudiantes está excluido.
Toda la ayuda para ~~los~~ jóvenes con necesidades especiales	Ninguno de esos jóvenes está excluido.

Más allá de las generalidades brindadas, hay que sondear. Eso sí, para evitar un sondeo exhaustivo, en función de complemento —¡y no de sujeto!— la medida tiene tendencia al éxito; y en función de sujeto, el sentido del mensaje tiende a algunos o unos, *es decir, lo indicado en el punto anterior.*

Para otra perspectiva, véase en este mismo apartado, en • **DESDOBLAMIENTO DE PALABRAS**

• EVITAR ALUSIONES INNECESARIAS AL GÉNERO

En muchas ocasiones, es innecesario hacer alusiones al género. No obstante, se hace (mediante un pronombre) y se cubre con un doblete. Sucede especialmente 'a todos' y todo determinante.

---

* Hay ciertas similitudes con la omisión de *the* en inglés; no obstante, el alcance no es total y no nos interesan singulares ni plurales que no representen a personas.

† Estos sustantivos indican su género por medio del actualizador, en este caso el artículo. Así que, si el sustantivo no tiene género en sí y le quitamos el artículo, quedará en modo neutro: *dentista: el dentista, la dentista; joven: el joven, la joven; cónyuge: el cónyuge, la cónyuge...*

Alusión innecesaria	Doblete innecesario [a veces incorrectos]		Lo sensato
Buenos días ***a todos.***	*Buenos días* ***a todos y*** *(a)* ***todas.***	→	*Buenos días.*
Buenos días, ***amigos.***	*Buenos días,* ***amigos y amigas.***	→	*Buenos días.*

> *Sucede cuando buscamos sentidos de destinatarios o beneficiarios (a..., para...), por tanto, especialmente con* VOCATIVOS *en los saludos y despedidas; es una medida expresiva, por ende, evitable. En función fática (no así apelativa), el vocativo es totalmente innecesario.**

• **Desdoblamiento de frases**

Implica coordinar (unir) dos frases sustantivas,† una con sustantivo masculino y otra con sustantivo femenino. Lo importante es que cada sustantivo debe tener su actualizador.

Doblete (desdoblamiento)			
los trabajadores	→	*los trabajadores y las trabajadoras / las trabajadoras y los trabajadores*	En cuanto a corrección, el orden no es de importancia.
los niños	→	*los niños y las niñas / las niñas y los niños*	
los diputados	→	*los diputados y las diputadas / las diputadas y los diputados*	

Es la medida más utilizada, lamentablemente, y no debería serlo. Lamentablemente también, es la más errada. El error habitual consiste

* El VOCATIVO es una palabra o expresión que se usa para dirigirse directamente a una persona o un grupo de personas. Sirve para que esa persona o ese grupo sepa que le estamos hablando.

La FUNCIÓN APELATIVA O CONATIVA se usa para dirigirse directamente a alguien, captar su atención y, muchas veces, influir en su comportamiento o solicitar su participación en una interacción.

La FUNCIÓN FÁTICA es el uso del lenguaje para iniciar, continuar o finalizar una conversación.

† Sintagmas nominales, es decir, grupos de palabras que forman un constituyente sintáctico, cuyos núcleos están constituidos por un nombre o un pronombre.

en asignar un único actualizador para los dos sustantivos, o, desde otro punto de vista, coordinar los artículos o los actualizadores en general.

El artículo es un ACTUALIZADOR, *es decir, una palabra que precede y determina a un sustantivo; no lo reemplaza (no goza de características de pronombre); en palabras sencillas, no puede ir solo.*

	Lo correcto*	
⊗ la búsqueda de **los** y **las jóvenes** ⊗ la búsqueda de **las** y **los jóvenes**	la búsqueda de **los jóvenes** y **las jóvenes** la búsqueda de **las jóvenes** y **los jóvenes**	*Lo correcto es poner un artículo para cada sustantivo coordinado.*† *Asimismo, desde el punto de vista lingüístico, no importa el orden de los sustantivos.*
⊗ era para **los** o **las docentes** ⊗ era para **las** o **los docentes**	era para **los docentes** o **las docentes** era para **las docentes** o **los docentes**	
⊗ no vimos a **las** y **los doctores**	no vimos a **los doctores** y **las doctoras** no vimos a **las doctoras** y **los doctores**	*En el cuadro de lo incorrecto, viene una única opción. Sucede que para los plurales de género común se suele hacer así. Como sea, está incorrecto.*
⊗ con permiso de **las** y **los ciudadanos**	con permiso de **los ciudadanos** y **las ciudadanas** con permiso de **las ciudadanas** y **los ciudadanos**	

¿Por qué está incorrecta la columna izquierda?
Porque el primer artículo no articula nada, está solo: **las [...]** y los jóvenes.

* Algunos podrían pensar que esa unicidad de artículo responde a la economía del lenguaje; no obstante, el desdoblamiento es precisamente una herramienta contraria a la economía del lenguaje. Contravenir la economía del lenguaje es una opción no recomendable, pero no deja de ser válida, especialmente desde el aspecto expresivo. No obstante, añadirle un solecismo (error de sintaxis), como a todo, es indecoroso.

† El asunto no se queda en el género; en el número también surge el error del artículo coordinado:

	Lo correcto	
⊗ *la elección de* ***la*** *o las canciones*	*la elección de* ***la canción*** *o* ***las canciones***	Las opciones correctas incluyen agregar el sustantivo actualizado (repetirlo) o dejar solamente el plural.
	la elección de ***las canciones***	
⊗ *la búsqueda* ***del*** *o los representantes*	*la búsqueda* ***del representante*** *o* ***los representantes***	
	la búsqueda de ***los representantes***	

Eso conlleva a que los dos artículos estén coordinados: **las y los***; y los artículos no se coordinan.*[*]

Es válida la premisa no sólo para el artículo sino para todos los actualizadores:[†]

⊗ *estos y estas*	⊗ pocos y pocas	⊗ ambos y ambas	⊗ muchos y muchas	⊗ los demás y las demás
⊗ *ciertos y ciertas*	⊗ tantos y tantas	⊗ todos y todas las	⊗ varios y varias	⊗ algunos y algunas
⊗ *demasiados y demasiadas*	⊗ otros y otras	⊗ los únicos y las únicas	⊗ los mismos y las mismas	

• Desdoblamiento de palabras

En específico, aquí hablamos de sustantivos coordinados o pronombres coordinados; es decir, el sustantivo o pronombre solo, sin acompañante. Aquí sí estaría correcto, aunque sería la última opción.

Si es posible, omitir el actualizador, para que queden los sustantivos solos.

---

* ¿Qué palabras son coordinables en el lenguaje escrito correcto?

• Sustantivos, sujetos con coordinación. *María y Juan; perros y gatos.*

• Sustantivos, complementos directos e indirectos. *Compré manzanas y naranjas para la fiesta.*

• Adjetivos. *Una casa grande y moderna.*

• Verbos. *Caminé y corrí por el parque.*

• Adverbios. *Trabaja rápida y eficientemente.*

Además...

• Frases nominales. *El libro de historia y el de matemáticas.*

• Oraciones con mismo sujeto. *Estudio en la biblioteca y trabajo en la oficina.*

• Oraciones con distinto sujeto. *Voy al cine y él se queda en casa.*

• Frases preposicionales. *En la mañana y durante la tarde.*

• Cláusulas. *No me gusta el café, pero me encanta el té.*

† Cabe destacar que como pronombres —sin que la forma sea el actualizador de un sustantivo— está correcto: *éstos y éstas, pocos y pocas, muchos y muchas...*

El artículo es un ACTUALIZADOR, *es decir, una palabra que precede y determina a un sustantivo; no lo reemplaza (no goza de características de pronombre); en palabras sencillas, no puede ir solo.*

Lo correcto*

	Lo correcto*	
⊗ la búsqueda de **las** y **los niños**	la búsqueda de **los niños** y **las niñas** la búsqueda de **niños** y **niñas**	*Un artículo para dos sustantivos es incorrecto. Pero si quitamos el artículo, la frase está correcta.*
⊗ era para **los** o **las docentes**	era para **docentes**	*Aquí la situación es distinta y mejor: omitir el artículo obliga a no desdoblar.*
⊗ no vimos a **las** y **los doctores**	no vimos **doctores** y **doctoras** no vimos **doctoras** y **doctores**	*Aparte de que puede ser o en lugar de y, el doblete de sustantivos está correcto.*

Como podemos ver, con sustantivos con marca de género, si el sentido lo permite, podemos omitir el actualizador, y con esto dobletear sin culpas. Con sustantivos comunes de dos, es decir, de género común, incluso el doblete es innecesario si quitamos el actualizador.

***

Obviamente, en ediciones futuras podríamos ir desarrollando este compendio.

2. CORRECCIÓN

Cuando el escrito esté aparentemente terminado, interviene una labor final de crítica formalista. Con ésta, llamada usualmente CORRECCIÓN

* Algunos podrían pensar que esa unicidad de artículo responde a la economía del lenguaje; no obstante, el desdoblamiento es precisamente una herramienta contraria a la economía del lenguaje. Contravenir la economía del lenguaje es una opción no recomendable, pero no deja de ser válida, especialmente desde el aspecto expresivo. No obstante, añadirle un solecismo (error de sintaxis), como a todo, es indecoroso.

DE ESTILO (y otras veces CORRECCIÓN DE ORIGINAL O CORRECCIÓN FORMAL), se conseguirá un mejoramiento de la expresión. Con la corrección de estilo se busca aclarar, optimizar y unificar las formas expresivas, con consideración total por los conceptos originales.

En esta corrección se demanda el empleo de formas óptimas para expresar el contenido. Sus recursos habituales son: limpieza de expresiones, cambios en el orden de las palabras, amplificación, síntesis, sustitución de formas, supresión o aumento de signos de puntuación y auxiliares, separación y agrupamiento de frases, colocación de notas o aclaraciones, etc. Por ejemplo:

	corrección
Para hacer posible todo lo que se ha prometido.	*Para posibilitar lo prometido*
Al profesor lo iremos a ver.	*Iremos a ver al profesor*
Es por eso por lo que yo pienso.	*Por eso, pienso*
Cree que tiene que volver.	*Cree que debe volver*
En el momento en que llegó.	*Cuando llegó*
El lugar de su nacimiento.	*Su lugar de nacimiento*
Sólo sobre la base de...	*A base de tan sólo...* o *Sólo con base en...*

2.1. Directrices básicas para corrección

Sea cual fuere el estilo que se deseemos explotar, hay premisas que rigen todo orden estilístico.

2.1.1. Elementos conectores

Debemos evitar el exceso de elementos conectores (conjunciones, relativos y marcadores discursivos).

Sobre la construcción de la obra, el profesional tendrá que respetar la normativa que está vigente desde los 90, que limita a un tercio la superficie que puede rellenarse con cemento modificado.	El abuso de *que* (una vez conjunción y tres veces relativo) vuelve confuso el texto.
Deberemos rellenar con cemento modificado sólo un tercio de la obra por construir.	Esto sí está correcto.

Si no se puede reformular de manera sencilla, deberemos redactar oraciones cortas separadas por puntos.

El profesional deberá rellenar sólo un tercio de la superficie con cemento modificado. Así lo establece una normativa vigente desde los 90.

¿Qué nexo usar en subordinadas?

Cuando 2 oraciones conforman una cláusula restrictiva (separada por coma), como regla general los pronombres relativos (el) que, quien, (el) cual *reemplazan al antecedente dentro de la cláusula de relativo, respetando ciertas pautas:*

1. Sólo si el antecedente es claramente humano, se usa quien (quienes), el (la) que, los (las) que, el (la) cual, los (las) cuales.

Era un hombre robusto, de brazos fornidos, quien nos prestó ayuda desinteresadamente.

2. Si el antecedente no es humano, se usa el que, el cual *(con sus respectivos femeninos y plurales).*

En cambio, éste era parecía inhóspito y desolado, pero mucho mejor, el cual me daría mucho espacio.

*3. Si el antecedente es un sustantivo indefinido neutro (*algo, nada*) o un demostrativo neutro (*esto, eso, aquello*), se usa* lo que, lo cual.

En ese lugar había algo raro, lo que (lo cual) me dejó intranquilo.

4. *Cuando el antecedente expresa lugar, se puede usar* donde *en lugar de* el que, el cual; *cuando expresa tiempo,* cuando; *cuando expresa modo,* como. *Pero si el antecedente es la razón, no se puede usar* porque; *solamente se puede usar* por la que, por la cual.

5. *Cuando haya duda sobre usar* que o el/la cual, *la decisión recae en dos criterios:*

Nuestro equipo ganó el torneo, **que** era lo que siempre había querido.	*Hay mayor fluidez; se hace hincapié en el verbo, en el hecho de ser algo que siempre había querido. ¿Qué podemos decir sobre ese torneo? Que era lo que siempre había querido.*
Nuestro equipo ganó el torneo, **el cual** era lo que siempre había querido.	*Se busca individualización, es decir, se sugiere que hay más situaciones idénticas o equiparables: aquel torneo en particular era lo que siempre había querido.*

2.1.2. Pronombres, adjetivos y adverbios

No debemos usar el pronombre personal quien para referirnos a un SUSTANTIVO COLECTIVO.[87] Por ejemplo, es incorrecto lo siguiente:

Nuestro batallón, quien desfiló muchas veces, necesita un entrenador. ⊗	*batallón* quiere decir, en palabras sencillas, "conjunto de soldados"; es un sustantivo colectivo: una palabra singular que entraña pluralidad.
Nuestro batallón, el cual desfiló muchas veces, necesita un entrenador.	*quien* puede ser reemplazado por *que* o *el cual.*

Como recordatorio: cuando un adjetivo precede a dos sustantivos, modifica sólo al primero y, por tanto, sólo debe concordar con él; asimismo, cuando un adverbio precede a dos adjetivos, modifica sólo al primero y sólo debe concordar con él.

He sido muy soberbio y desconsiderado.	*muy* es un adverbio, y sólo define a *soberbio*, no a *desconsiderado*: *he sido muy soberbio y además ha sido desconsiderado*. Si se quisiera que el adverbio abarque a los dos sustantivos: *He sido muy soberbio y muy desconsiderado.*
Vistamos hermosas ciudades y aldeas.	*hermosas* es un adjetivo que sólo determina a *ciudades*, no a *aldeas*.

2.1.3. Información pobre o imprecisa

No debemos utilizar jergas ni extranjerismos.

Si esto ocurre, es necesario que «reseteees» la computadora. Así se acaba el problema. ⊗	*Reset* en inglés significa "restaurar, "volver a cero".
Si esto ocurre, es necesario que restaures (reinicies, restablezcas...) la computadora. Así se acaba el problema.	Esto sí está correcto.

Incluso, es posible decir *si esto ocurre, es necesario que «oprimas 'reset'»...*

Esto también se aplica para los *coloquialismos*. Por ejemplo:

Fue un verdadero desmadre.	*Desmadre* es un coloquialismo, que puede ser reemplazado por múltiples vocablos...
Fue un verdadero barullo (alboroto, barahúnda, embrollo, desastre, caos, escándalo...).	Esto sí está correcto.

No debemos repetir una misma palabra o aquéllas que pertenezcan a la misma familia:

El producto es óptimo. Basta que usted pruebe el producto y podrá corroborarlo. No hay como nuestro producto.	Repetir *producto* genera desazón y, además, evidencia torpeza.
El producto es óptimo. Basta que usted lo pruebe y podrá corroborarlo. No hay como nuestros motores.	Deixis, conexiones semánticas... son aptos.

También es impropio decir *hemos producido un producto notable en apenas un año de producción: somos un buen productor.* ⊗

2.1.4. Siglas y lugares[88]

No debemos usar abreviaturas sin explicar qué significan, porque el lector no sabrá de quién o de qué se habla. Para esto, la primera vez que aparezca un nombre o un término específico, éste debe ser escrito completo, seguido de su abreviatura entre paréntesis; y a partir de la segunda aparición irá sólo la sigla:

Nuestra empresa, Phelps, Keane & Rooth (PKR), se especializa en diseño web. *Pero PKR también sobresale en logística y comercio.*	Ésta es la forma correcta. Sólo se podrá usar las siglas sin explicar su significado cuando sean ampliamente conocidas, como ONU, UNESCO, OEA, etc.

Por otra parte, debemos ubicar geográficamente los lugares distantes o poco conocidos:

El proyecto se hará en Ceará (noreste de Brasil).

2.1.5. Sujeto y sustantivos

Debemos tener mucho esmero en respetar la concordancia entre sujeto y el verbo que lo rige, sea frase independiente o subordinada:

Queremos armar un grupo de trabajo que <u>den</u> charlas especializadas. ⊗

Queremos armar un grupo de trabajo que <u>dé</u> charlas especializadas.

grupo es un sustantivo colectivo, denota pluralidad; pero gramaticalmente es singular: es *él*, no *ellos*.

Como recordatorio: cuando hay dos sustantivos de distinto género, el adjetivo que los modifica debe ser masculino:

La funcionaria y su vocero deben ser <u>entrevistados</u> por un periodista económico.

funcionaria es femenino; y *vocero*, masculino. Ambos forman el sujeto (*ellos*). Si al menos uno es masculino, como en este caso, el adjetivo que los acompaña debe ser masculino (*entrevistados*).

2.1.5.1. Problemas de género

El género es la categoría gramatical que expresa el "sexo" de las palabras, masculino o femenino. Pero las cosas (objetos, formas, materias, estados, etc.) son asexuadas; por eso se les dio una determinación convencional. En la fijación del género de las palabras se ha apelado a una relación de convencionalismos, revelado por diccionarios, y no caben especulaciones ni decisiones personales. No obstante, hay sustantivos de género dudoso o ambiguo; por ejemplo: *mar... el mar, la mar...* Precisamente, este fragmento intentará ayudar o reforzar en estas realidades, que ya fueron tratadas en la guía de lenguaje neutral.

• Caso especial: femeninos con artículo masculino

Hay un caso especial, donde suelen presentarse complicaciones que luego se convierten en falsas concordancias: el uso obligado de artículos masculinos ante determinados artículos femeninos...*

Este caso especial recae en los sustantivos que comienzan con *a* acentuada, aunque tengan una *h* precediéndola. Esto se fijó por razones histórico-fonéticas, para evitar el encuentro entre las *aes*. De este modo, debemos escribir, por ejemplo, *un agua* y no *una agua* ⊗. Cada vez que esto ocurre, el sustantivo no pierde su condición de femenino, y exige ese género en los adjetivos y otras palabras que concuerden con ellos; por consiguiente, *agua pura*, *mucha hambre* son correctas.

Singular			Plural			Con adjetivo		
Artículo		Sustantivo	Artículo		Sustantivo	Artículo		Sustantivo + adjetivo
(masculino)		(femenino)	(femenino)		(femenino)	(masculino)		(femenino)
el	un	águila	las	unas	águilas	el	un	águila excelsa
el	un	alma	las	unas	almas	el	un	alma eterna
el	un	ama	las	unas	amas	el	un	ama afectiva
el	un	ánfora	las	unas	ánforas	el	un	ánfora rota
el	un	aura	las	unas	auras	el	un	aura nueva
el	un	Ave	las	unas	aves	el	un	ave blanca

Ocurre lo mismo con haba, habla, hambre, hampa, hacha *y* haya.

Como se ve, estas palabras especiales que comienzan con *a* acentuada pueden causar muchos inconvenientes. Todas son femeninas; pero sólo hay que saber que, a pesar de ello, a veces se acompañan de artículos masculinos. ¿Cuándo? Cuando —en singular, siempre en singular— el artículo va inmediatamente anterior al sustantivo:

* O al menos así parece a simple vista. La justificación es que se trata, en estos casos, de una variante formal del artículo femenino. El artículo femenino *la* deriva del demostrativo latino *illa*, que, en un primer estadio de su evolución, dio *ela*, forma que, ante consonante, tendía a perder la *e* inicial. Y, por el contrario, ante vocal, incluso ante vocal átona, la forma *ela* tendía a perder la *a* final. Como sea, lo cierto es que pareciera responder a asuntos de eufonía.

Un	*área*
Artículo masculino	Sustantivo que comienza con *a* acentuada

Un —también podría ser *el*— reemplaza a *una* —o a *la*— sólo para que se evite juntar la *a* final del artículo (*una* o *la*) con la a inicial del sustantivo (*área*).

Una área ⊗ es incorrecto/ *Un área* es correcto

La área ⊗ es incorrecto/ *El área* es correcto

Si este cambio se realizara, los adjetivos pospuestos al sustantivo estarán en femenino, aunque el artículo indique masculino:

Un	*área*	*extensa*
Artículo masculino	Sustantivo que comienza con *a* acentuada	Adjetivo femenino

Ante todo, estos sustantivos son femeninos. Por tanto, debe haber concordancia de género: sus adjetivos deberán ser también femeninos, a pesar de tener artículo masculino.

> *Hay que recalcar: este fenómeno se da sólo en singular, y es sólo para evitar juntar la* a *final del artículo (*la o una*) con la* a *inicial y acentuada —no necesariamente tildada— del sustantivo.*
>
> *Así, en plural no habrá cambio alguno:*
>
> unas áreas extensas / unas extensas áreas.
>
> *Tampoco habrá cambio si se interpone a al menos un adjetivo entre artículo y sustantivo (ya no se juntarías las* aes *en cuestión… aunque sí otras* aes*):*
>
> Una extensa área.
>
> *Es incorrecto utilizar la forma* el *del artículo ante los derivados de sustantivos femeninos que comienzan por* a *tónica, cuando esa forma derivada ya no lleva el acento en esa* a *inicial; así, debe decirse, por ejemplo:* la agüita, *y no* el agüita ⊗.

En este uso hay algunas excepciones. Por ejemplo:

- ◇ Nombres de letras: *a, hache, alfa.*
- ◇ Nombres propios de mujeres: *Ana, Ángela, Álvarez* (si fueren articulados, contrariamente a la norma culta).

◇ Nombres propios de lugar: *La Haya, La Ávila de Santa Teresa.*

> *Cabe recalcar que esta regla sólo rige para sustantivos; en consecuencia, cuando un artículo preceda a un adjetivo femenino que comience con a acentuada, deberá ir en femenino. Por ejemplo:* la ancha senda, una árida provincia, *etc.*

Ambiguos, COMUNES DE DOS y BIGÉNERES

Existen sustantivos que pueden usarse como masculinos o femeninos, y en los diccionarios se distinguen con la indicación *amb*:

aneurisma	*tilde*	*piyama*
mar	*tizne*	*hojaldre*
eczema	*calor*	*apóstrofe* [89]

El aneurisma es una dilatación anormal de un sector del sistema vascular.
La aneurisma es una dilatación anormal de un sector del sistema vascular.

El tilde no puede ser soslayado.
La tilde no puede ser soslayada.

> *Los sustantivos ambiguos se utilizan en ciertas ocasiones indistintamente como masculinos o femeninos, mientras que en otras oportunidades el uso dispone preferencia por un género, o se emplea una forma para el singular y otra para el singular, o distingue matices significativos en cada género.*

Los sustantivos ambiguos no deben confundirse con los COMUNES DE DOS, que son los sustantivos referidos a personas, de una sola terminación, en los que el género se distingue por el artículo, y en el diccionario llevan la indicación *m. y f.* Por ejemplo:

el espía / la espía
un cónyuge / una cónyuge

El espía esperaba en su guarida.
La espía esperaba en su guarida.

También existen los BIGÉNERES, que cambian de significado según sean masculinos o femeninos, y llevan la indicación *m.* en su significado masculino y *f.* en el femenino. Por ejemplo:

el capital / la capital
el corte / la corte
el cólera / la cólera

El capital no es suficiente.	*capital* es masculino: hacienda, caudal, patrimonio.
La capital de las pastas es Italia.	*capital* es femenino: población que destaca en algún aspecto o actividad.

Como resumen:

ambiguos	Se pueden usar como masculinos o femeninos, y en los diccionarios se distinguen con la indicación *amb.*	*mar* *tilde* *piyama*
COMUNES DE DOS	Referidos a personas, de una sola terminación, en los que el género se distingue por el artículo, y en el diccionario llevan la indicación *m. y f.*	*el espía / la espía* *un cónyuge / una cónyuge* *un cantante / una cantante*
BIGÉNERES	Cambian de significado según sean masculinos o femeninos, y llevan la indicación *m.* en su significado masculino y *f.* en el femenino.	*el capital / la capital* *el corte / la corte* *el cólera / la cólera*

Femeninos irregulares

> *La mayoría de los nombres femeninos se forman a partir de una plantilla masculina, agregando una* a *o reemplazando parte de la palabra por* a*:*
>
> profesor / profesora
> niño / niña
> perro / perra

Hay algunos nombres femeninos que escapan a la norma general; por ejemplo:

poeta / poetisa[90]
abad / abadesa
zar / zarina
carnero / oveja
yerno / nuera
caballero / dama
actor / actriz
profeta / profetisa

conde / condesa
rey / reina
gallo / gallina
compadre / comadre
varón / mujer
emperador / emperatriz
caballo / yegua

príncipe / princesa
héroe / heroína
padre / madre
toro / vaca
macho / hembra
institutor / institutriz
sacerdote / sacerdotisa

2.1.5.2. Problemas de número

Existen reglas generales y particulares para la formación del plural. Los problemas más frecuentes al momento de escribir una palabra en plural son saber qué términos escapan a las normas generales, cuáles cambian su acentuación en el plural, cómo se pluralizan las voces extranjeras, cuántos tipos de palabras compuestas hay para los efectos de la pluralización, cuáles son las formas invariables y los plurales únicos, entre otros.

Plurales incorrectos	**Plurales correctos**
las mamases ⊗	*las mamás* [91]
los bisteces ⊗	*los bistecs*
los carneces ⊗	*los carnés*

los sís ⊗	*los síes* [92]
las os ⊗	*las oes* [93]
los álbums ⊗	*los álbumes* [94]
los alférez ⊗	*los alféreces* [95]
los carácteres ⊗	*los caracteres*
los régimenes ⊗	*los regímenes*
los diez ⊗	*los dieces*
los clubs ⊗*	*los clubes*
los lápiz ⊗	*los lápices*
los fénixes ⊗	*los fénix*
los vaivén ⊗	*los vaivenes*

Formas indistintas

Existe un caso especial en el que los nombres de objetos "formados por dos partes iguales" se pueden emplear en singular o plural. Actualmente predomina el uso en singular, principalmente en América. Por ejemplo:

alicate / alicates
calzoncillo / calzoncillos
pantalón / pantalones
bombacha / bombachas
nariz / narices
pinza / pinzas
calzón / calzones
pantaleta /pantaletas
tenaza / tenazas

Plurales abusivos

En ocasiones, por una aspiración de ponderación o de énfasis significativo, se usan formas plurales en lugar de los correspondientes singulares; por ejemplo: *escaleras*. Este aumento cuantitativo es especialmente habitual para referirse a facultades anímicas; pero potencias psíquicas, como inteligencia, imaginación, talento, voluntad, energía, talento,

* Pese a que las formas *clubes* y *clubs* son aceptados hoy para formar el plural del término *club*, es recomendable evitar la forma *clubs*.

etc., empleadas en su sentido individual, deben expresarse en singular, ya que cada persona posee y ejerce sólo una de cada clase.

No nos mostró sus talentos.	Emplea un plural abusivo, ya que *talentos* carece de significación real, a menos que se quiera demostrar que eran realmente plurales, en varias ramas (arte, ciencia y deporte, por ejemplo).

En el uso común se emplean ciertos plurales abstractos, admitidos por la usanza, en fórmulas que indican pasiones, estados, trabajos o condiciones éticas especiales. Por ejemplo:

Sus gustos son muy refinados.	Algunos de estos plurales son aceptados y en ocasiones otros refuerzan los conceptos; sin embargo, es conveniente usar con precaución esos plurales inciertos. Muchas veces, en su uso indiscriminado, se incurre en una ampulosidad inservible o grotesca.
Los agobios no lo dejaban seguir.	
Marchaba sin prisas.	
Se encontró con horrores en aquel lugar.	
Sus esfuerzos no fueron en vano.	

2.1.6. Verbos

Como recomendación general, es preferible no sustituir un verbo pleno por una construcción más larga y difusa compuesta por un verbo vacío y un sustantivo abstracto, ya que esto, torpeza con afán de distinción, debilita el estilo y resta precisión al enunciado.

Daremos comienzo a la ceremonia...	*dar comienzo* y *poner de manifiesto* deben ser reemplazados por *comenzar* y *manifestar*: *Comenzaremos la ceremonia...*, *Es necesario manifestar nuestro pensamiento...*
Es necesario poner de manifiesto nuestro pensamiento...	

2.2. Algunas faltas que evitar

2.2.1. Abuso de posesivo *su* (una breve incursión)

Este posesivo suele causar anfibología:

	posesivo [96]	ejemplo
yo	*mi*	*Mi casa es hermosa.*
tú	*tu*	*Tu casa es hermosa*
usted	***su***	*Su casa es hermosa.* (*)
él, ella, ello	***su***	*Su casa es hermosa.* (*)
nosotros, nosotras	*nuestro, nuestra*	*Nuestra casa es hermosa.*
vosotros, vosotras	*vuestro, vuestra*	*Vuestra casa es hermosa.*
ustedes	***su***	*Su casa es hermosa.* (*)
ellos, ellas	***su***	*Su casa es hermosa.* (*)

(*) Son cuatro los pronombres (o personas) que pueden utilizar *su*: *usted, él* (*ella* o *ello*), *ustedes* y *ellos* (*ellas*). Así, en esas cuatro oraciones, a menos que el contexto lo diga, no es posible saber de quién es esa "casa hermosa".[97]

El panorama se complica aún más cuando están implicados dos entes, porque ni siquiera el contexto puede ayudar:

El Inter *ganó en su casa a* Parma.	¿En la casa de quién? Si se jugó en la casa del *Inter*, habría que escribir *El* Inter, *en su casa, ganó al* Parma. Y si fue en campo del *Parma*, sería mejor: *El* Parma, *en su campo, perdió contra el* Inter.

Recomendaciones:

1. *Colocar* su *de tal manera que se refiera al nombre anterior más cercano.*
2. *Hacer construcciones indirectas pronominales:*

Se le subieron los colores al rostro.	*Antes que* los colores se subieron a su rostro, *pues causa anfibología.*
Se le llenaron los ojos de lágrimas.	*Antes que* se le llenaron sus ojos de lágrimas, *pues causa anfibología.*

Cuando la vaguedad sea persistente, es aconsejable hacer cambios como los siguientes:

La casa de Mauricio *La casa de usted* (o su casa, de usted)	*Antes que* su casa.

2.2.2. Verbosidad

En la redacción es frecuente encontrarse con textos que inciden en una exuberancia estéril, por medio de lo siguiente:

• Circunlocuciones innecesarias

	forma concisa
Si usted me otorga la debida autorización, en la presente oportunidad que se me ha ofrecido para procurar, en la medida que esté dentro de mi capacidad, llevar a cabo una audiencia.[98]	*Le pido permiso para realizar una audiencia.*

• Abuso de formulismo

	forma lógica
Sin otro fin que proponer a su pundonorosa consideración, me permito manifestarle mi más vasto agradecimiento por cuanto se sirva hacer a favor de mi solicitud, y le reafirmo la seguridad de contar en mí con un esmerado y fiel servidor.[99]	*Muy agradecido, estoy a su disposición.*

• Uso de redundancias

	forma apropiada
Yo creo en mi interior que, si no estoy equivocado, es usted la única persona pertinente para solicitar que se reinicie de nuevo la inscripción de las inscripciones en que figuran los lapsos de tiempo.[100]	*Creo que usted es el único indicado para pedir reinscripción de lapsos...*

• Exagerado afán explicativo

	forma directa
Los alumnos, esto es, los holgazanes ésos, miraron donde se trazaban los ejercicios, o lo que es lo mismo, el pizarrón.[101]	*Los alumnos miraron hacia el pizarrón.*

2.2.3. Cosismo

Hay un abuso patente de la palabra *cosa,* debido a su característica de PALABRA BAÚL. Por consiguiente, con ella se suele designar todo: lo material y lo inmaterial, lo simple y lo complejo, lo exacto y lo inexacto, lo animado y lo inanimado:

Es una cosa indigna.	actitud
Esto no es cosa tuya.	asunto
Dígame una cosa.	esto, lo siguiente
La cosa es atinar.	lo difícil
Recuerda las cosas que te dije.	palabras
Hizo muchas cosas malas en su vida.	acciones
Llevará sus cosas a la estación.	equipaje

Este vicio, en términos generales, resta calidad a lo redactado. Sólo se justifica cuando es necesario hacer concesiones de naturalidad.

2.2.4. Mismismo

Es común encontrar errores en torno a la palabra *mismo* (adjetivo que significa *idéntico, no otro*). El abuso de esta palabra se ha vuelto una falsa galanura. Ejemplos:

Ayer llegó el pianista ruso, (el) mismo que fue recibido... ⊗	Es necesario recurrir a los pronombres personales (*él, los, las...*), demostrativos (*éste, ése, aquél...*) o relativos (*que, quien, el cual...*); por ejemplo: *Ayer llegó el pianista ruso,* quien *fue recibido...*
Hicieron muchos portentos, mismos que donaron... ⊗	*Hicieron muchos portentos, los cuales* donaron...
Crearán muchas ternas, mismas que serán dispuestas... ⊗	*Crearán muchas listas.* Éstas *serán dispuestas...*

Sólo se podrá utilizar mismo, *antecedido siempre por un artículo determinado, cuando el antecedente sea precisamente "idéntico" o "no otro":* el mismo, la misma, los mismos, las mismas.

2.2.5. Aísmo

También es posible encontrarse con un uso desmedido de la preposición *a*. Esto ocurre esencialmente por "sustitución" (empleo de *a* cuando se requiere de otra preposición):

Forma incorrecta	Forma apropiada
A base de ⊗	*Sobre la base de*
A breve plazo ⊗	*En breve plazo*
A lo que vemos ⊗	*Por lo que vemos*
Acto a realizarse ⊗	*Acto por realizarse*
A nivel de (con verbo estático) ⊗	*En nivel de* [102]
En concordancia a ⊗	*En concordancia con*
En relación a ⊗	*En relación con*

Escapar al peligro ⊗	*Escapar del peligro*
Distinto a ⊗	*Distinto de*
Vender a litros ⊗	*Vender por litros*

2.2.6. Vicios de dicción

Los vicios de dicción resultan de...

imprecisión	construcción inadecuada	falta de concordancia	morfemas malsonantes	falta de claridad	repeticiones frecuentes e inadecuadas

Barbarismo. Consiste en el empleo de vocablos ajenos a la lengua. Según de donde provengan, se llaman galicismos, latinismos, germanismos, anglicismos..., o, bien, de la precisión en el significado de las palabras. Ejemplos:

Anoche vimos un show estupendo. ⊗	Anglicismo: *espectáculo.*
Sus palabras fueron trasquiversadas. ⊗	*tergiversadas*
El accidente lo dejó mallugado. ⊗	*magullado*

Solecismo. Es un vicio que resulta de una mala construcción sintáctica, o de una concordancia inadecuada. Ejemplos:

Les llevé a pasear. ⊗	Leísmo de *Los llevé a pasear.*
No me recuerdo. ⊗	*No me acuerdo.*
En la piscina había cinco niños cristalina. ⊗	*En la piscina cristalina había cinco niños.*

Cacofonía. Es la repetición de morfemas que resulta desagradable al oído. Ejemplo:

Con la explosión no hubo más que confusión en el camión que se dirigía al galpón.

Anfibología. Es la falta de claridad en los enunciados. Ejemplos:[103]

Enunciado	
Mi padre fue a la casa de José en su auto. ⊗	¿En el auto de quién?
Te dejamos un recado para que nos alcanzaras allá. ⊗	¿Dónde?

Monotonía y pobreza. Es la repetición de palabras por carencia y desconocimiento de vocabulario. Ejemplo:

Ya te dije que no puedo hacer *nada porque ayer* hice *todo lo que* podía hacer *para que tú* pudieras *ir de vacaciones.*

En síntesis:

Barbarismo	Imprecisión en el sonido de las palabras Uso de vocablos extranjeros
Solecismo	Mala articulación sintáctica Falta de concordancia
Cacofonía	Repetición desagradable
Anfibología	Falta de claridad
Monotonía y pobreza	Falta de vocabulario

Ejercicios

- *Rehaga los siguientes pasajes en los estilos que considere más propios (al menos 2 por cada extracto), considerando, además, las pautas mencionadas.**

(a)
No comprendía por qué, por ejemplo, cuando volaba sobre el agua a alturas inferiores a la mitad de la envergadura de sus alas, podía quedarse en el aire más tiempo, con menos esfuerzo; y sus planeos no terminaban con el normal chapuzón al tocar sus patas en el mar, sino que dejaba tras de sí una estela plana y larga al rozar la superficie con sus patas plegadas en aerodinámico gesto contra su cuerpo. Pero fue al empezar sus aterrizajes de patas recogidas —que luego revisaba paso a paso sobre la playa— que sus padres se desanimaron aún más.

(b)
Por supuesto que compuse versos muy malos, y casi cada poema adolecía de torpezas expresivas. Sin embargo, este primer período me es mucho más querido que el segundo, al que más tarde me referiré. Sobre todo, fue siempre mi intención escribir un pequeño libro para leerlo inmediatamente después. Todavía poseo esa pequeña vanidad; pero entonces todo se quedaba en planes y muy rara vez comenzaba algo. Como apenas si dominaba la rima ni la versificación y avanzaba lentamente buscando la palabra adecuada, componía versos libres.

(c)
Era la señora Parsons, esposa de un vecino del mismo piso (señora era una palabra desterrada por el Partido, ya que había que llamar a todos camaradas, pero con algunas mujeres se usaba todavía instintivamente). Era una mujer de unos treinta años, pero aparentaba mucha más edad. Se tenía la impresión de que había polvo reseco en las arrugas de su cara. Winston la siguió por el pasillo. Estas reparaciones de aficionado constituían un fastidio casi diario. Las *Casas de la Victoria* eran unos antiguos pisos construidos hacia 1930 aproximadamente y se hallaban en estado ruinoso.

---

* (a) BACH, Richard: *Juan Salvador Gaviota*, Ediciones B, Barcelona, 2003.
(b) NIETZSCHE, Friedrich: *De mi vida, Escritos autobiográficos de juventud (1856-1869)*, Valdemar, Madrid, 1996.
(c) ORWELL, George: *1984*, Espasa Calpe, Madrid, 2007.

3. PRÁCTICA Y MÉTODOS (CORRECCIÓN Y PARÁFRASIS)

"Sintetización"

Básicamente, existen tres métodos para sintetizar un texto: ACORTAMIENTO DE PALABRAS, ACORTAMIENTO DE IDEAS Y EXPRESIÓN TELEGRÁFICA.

Acortamiento de palabras	modo extenso	*Esperamos que tenga a bien perdonarnos si nos permitimos dirigirnos a usted para llamarle la atención acerca de...*
	modo sintético	*Perdone que le advirtamos sobre...*
Acortamiento de ideas	modo extenso	*En alguna manera, ya sea por correo ordinario o mediante un medio especial, haremos llegar a usted tan pronto como lo recibamos de nuestro proveedor que está en Santiago, el pedido de mercaderías...*
	modo sintético	*Le enviaremos el pedido de mercaderías tan pronto como nos llegue de nuestro proveedor de Santiago.*
Expresión telegráfica	modo extenso	*Nos complace mucho poder comunicarle que, de acuerdo con la decisión del jurado que calificó los trabajos del Concurso Científico Nacional, su obra se ha hecho merecedora del primer premio.*
	modo sintético	*Complácenos comunicarle obtención primer premio Concurso Científico Nacional.*

Ejercicios

- *Redacte un texto de manera rápida, sin mayores contemplaciones. Luego ponga en práctica las tres formas de "sintetización" (síntesis).*

Limpieza de expresiones

Básicamente, existen cuatro métodos para limpiar expresiones: PÁRRAFOS SIN NEXO, SUPRESIÓN DE TÉRMINOS INNECESARIOS, SUPRESIÓN DE IDEAS ACCESORIAS, SUPRESIÓN DE REPETICIONES LÉXICAS.

párrafos sin nexos

con nexos	*En conclusión, es lamentable lo sucedido. Como consecuencia de ello, nuestra institución, consciente de su intervención y, por tanto, de la responsabilidad que percibe, se ocupará del cumplimiento de una justa conciliación, pues ésta corresponde para que nuestras relaciones no se perturben, lo que sería penoso, ya que han sido tan complacientes durante diez años.*
sin nexos	*Es lamentable lo sucedido. Nuestra institución, consciente de su intervención y responsabilidad, se ocupará del cumplimiento de una justa conciliación. Así nuestras relaciones no sufrirán una penosa perturbación en su complacencia de diez años.*

supresión de términos innecesarios	frondosos	*El mentado negocio, que era interesante para los que son aficionados a las especulaciones del azar, no resultaba así de interesante para los que eran más prudentes en sus reflexiones y más previsores en los posibles resultados.*
	limpios	*El negocio, interesante para los aficionados a las especulaciones del azar, no resultaba así para los más prudentes y previsores.*
supresión de ideas accesorias	profusos	*Nunca creímos que fuera, por ninguna razón, conveniente vender ese vino especial, tan celosamente elaborado en la región llamada "Tierra del sol y del buen vino", en condiciones que indiscutiblemente son, según opinión de los entendidos, tan desventajosas, sólo por el hecho de abrir nuevos mercados extranjeros, de los que está tan necesitado el comercio local.*
	precisos	*Nunca creímos conveniente vender ese vino especial en condiciones tan desventajosas, sólo por el hecho de abrir nuevos mercados extranjeros.*
supresión de repeticiones léxicas (pobreza)	léxicamente pobres	*Grandes obras como las que comenzarán varias de nuestras organizaciones privadas, llevarán a grandes avances y grandes satisfacciones en varios aspectos del porvenir de nuestra ciudad, lo que hará más grande el porvenir de nuestro país.*
	normales	*Trascendentes obras como las que emprenderán algunas organizaciones privadas de nuestro medio, llevarán al avance y la satisfacción no sólo de esta ciudad, sino del país.*

Ejercicios

- *Redacte un texto de manera rápida, sin mayores contemplaciones. Luego ponga en práctica las cuatro formas de limpieza de expresiones.*

Amplificación

Se puede amplificar un texto con los siguientes procedimientos:

aumento de palabras, pero no de ideas

original	*"La vida es demasiado corta para hacerla pequeña", expresó Disraeli.*
amplificado	*El correr de la existencia se presenta de muy escasa duración para dejarlo transcurrir dentro de la pequeñez, según ha expresado Benjamín Disraeli.*

aumento de ideas accesorias

original	*"La vida es demasiado corta para hacerla pequeña", expresó Disrali.*
amplificado	*En cierta ocasión, Benjamín Disraeli —el famoso estadista, escritor y primer ministro inglés, del siglo pasado— expresó con todo acierto un concepto que debe hacernos reflexionar: dijo que la brevedad de la vida es motivo suficiente para alentarnos a agrandarla con nuestras obras*

amplificación libre	original	*"La vida es demasiado corta para hacerla pequeña", expresó Disraeli.*
	amplificado	*El conocido escritor, estadista y primer ministro inglés Benjamín Disraeli, conde de Beaconsfield, obtuvo sonados triunfos políticos. Su máxima popularidad la alcanzó en 1874, cuando...*

Ejercicios

- *Redacte un texto de manera rápida, sin mayores contemplaciones. Luego ponga en práctica las tres formas de amplificación.*

Variaciones textuales

Original		Variación
Platón dijo que el hablar de una manera impropia es una especie de daño que se causa a las almas.	***síntesis***	*La impropiedad idiomática es dañosa para las almas, según Platón.*
Platón dijo que el hablar de una manera impropia es una especie de daño que se causa a las almas.	***amplificación***	*Cuando en la expresión oral no se cuida la propiedad de los términos, se produce un tipo de lesión en el espíritu de los interlocutores, según expresó el filósofo griego Platón. La referencia pertenece a su diálogo doctrinal Fedón. Allí, cariñosamente, el maestro observa a su discípulo Critón que "el hablar de una manera impropia es no sólo cometer una falta en lo que se dice, sino que es una especia de daño que se causa a las almas".*

Platón dijo que el hablar de una manera impropia es una especie de daño que se causa a las almas.	***comparación***	*Así como los movimientos falsos o desordenados molestan a la gente que nos rodea, las palabras impropias no sólo perturban, sino que dañan gravemente el espíritu de los oyentes. Esto lo dijo Platón a un discípulo, en uno de sus famosos Diálogos.*
Platón dijo que el hablar de una manera impropia es una especie de daño que se causa a las almas.	***comentario***	*Platón —que vivió entre los años 428 y 347 a. C.— fue maestro de un idealismo filosófico, cuyas derivaciones llegan hasta nuestros días. En el método y la doctrina de sus ideas hay un intento de reglamentación del lenguaje, con atención preferente a los "significados" que son cubiertos por los símbolos lingüísticos. Para él, saber equivale a "recorrer con la mirada del alma" los objetos o ideas que deben constituir la norma de todo discurso verdadero.* *En el diálogo Fedón, expresa a uno de sus discípulos este concepto famoso por su profundidad y delicadeza moral, como principio de la propiedad idiomática: "Ten por sabido, mi querido Critón, que el hablar de una manera impropia es no sólo cometer una falta en lo que se dice, sino una especie de daño que se causa a las almas".*

Ejercicios

- *A partir del siguiente texto, redacte cinco variaciones textuales, una de cada una.*

Gandhi dijo que debido a que él era imperfecto y necesitaba de la tolerancia y la bondad de los demás, también debía tolerar los defectos del mundo hasta que pudiese encontrar el secreto que le permitiese ponerles remedio.

TERCERA PARTE

Apéndices

I
ORIENTACIONES IDIOMÁTICAS

1. LAS PALABRAS

Las palabras son las piezas mínimas del lenguaje, y usualmente se considera, de acuerdo a su significación, que asumen distintas formas en las oraciones: *sustantivos, pronombres, verbos, adjetivos, artículos, preposiciones* y *conjunciones*.*

1.1. Sustantivos[1]

Son palabras que designan seres u objetos materiales o inmateriales; es decir, nombres de cualquier cosa, persona, animal o concepto abstracto. Desempeñan la tarea más importante dentro del idioma, al denominar a todos los seres que constituyen el universo, sean éstos animados o inanimados, de existencia real o imaginaria. Pueden representar a un solo ser u objeto (singular) o a varios (plural), y pueden denominar a un ser u objeto masculino o femenino.

Se clasifican básicamente en:

◇ ***Comunes***: Comienzan con minúscula, y representan básicamente a cosas inanimadas, así como seres vivos y fenómenos naturales: *edificio, libro, mesa, universidad, gato, león, territorio, energía, belleza, candor, ánimo, suerte.*

◇ ***Propios***: Comienzan siempre con mayúscula, y denominan básicamente nombres propios de personas y lugares: *Juan, Verónica, Tobías, España, América, El Salvador.*

---

* Las tendencias gramaticales actuales simplifican las funciones sintácticas a seis categorías principales. Este enfoque agrupa a los artículos con los adjetivos, a los pronombres con los sustantivos, y excluye a las interjecciones, por considerarlas enunciados sintéticos que no forman parte de una estructura sintáctica convencional.

El afán de este libro no es polemizar, sino encontrar la manera más sencilla de entregar conocimiento; de este modo, estas palabras se verán de manera tradicional.

Los sustantivos pueden variar en género (en los diccionarios: m. *para masculinos, y* f. *para femeninos) y número...**

En los ejemplos anteriores pudimos ver que todas las palabras son singulares. Pero los sustantivos comunes también podrían ser plurales:

edificios, libros, mesas, universidades, gatos, leones, territorios, energías...

Algunos sustantivos son masculinos: *Juan, Tobías, El Salvador, edificio, libro, gato...* Éstos podrían ser reemplazados por *él* (singular) o *ellos* (plural):

gato = él *territorio* = él
gatos = ellos *territorios* = ellos

Otros sustantivos son femeninos: *Karla, mesa, universidad, energía, belleza, suerte...* Éstos podrían ser reemplazados por *ella* (singular) o *ellas* (plural):

mesa = ella *universidad* = ella
mesas = ellas *universidades* = ellas

1.1.1. Algunas clasificaciones útiles

Hay otras variedades clasificatorias, especificaciones:

1. Según su forma: INDIVIDUALES (en singular nombran un solo elemento, pero admiten pluralizar con un morfema: *rosa-s, libreta-s, bolígrafo-s, reloj-es*) y COLECTIVOS (tienen estructura de singular, pero representan pluralidad: *gentío, rosaleda, jauría*).

---

* El GÉNERO es asignado arbitrariamente cuando se trata se objetos inanimados (la mano, el avión, la taza... ¿por qué no ⊗ el mano, ⊗ la avión, ⊗ el taza?). Esta arbitrariedad es heredada etimológicamente.

El NÚMERO es una *modificación flexiva* (alteración que pueden presentar las voces...) que expresa, por medio de cierta diferencia en la terminación de las palabras, si éstas se refieren a una sola persona o cosa o a más de una. Para pluralizar, a grandes rasgos, simplemente se necesita agregar *-s* o *-es* al final del sustantivo.

2. Según su composición: SIMPLES (*ojo, rayo, nuez, agua*) y COMPUESTOS (formados por dos palabras: *anteojos, pararrayos, cascanueces, aguardiente*).

3. Según su origen: PRIMITIVOS (*pan, amor, joya*) y DERIVADOS (nacen de los primitivos: *panadero, desamor, joyería*); AUMENTATIVOS (designan gran tamaño o gran intensidad, agregando *-ote, -ota, -ón, -ona, -azo, -aza, -aco, -aca*, esencialmente: *autote, relojón, partidazo, libraco*, etc.), DIMINUTIVOS (caracterizan pequeñez, poquedad o menor intensidad, agregando *-e-c-ito, -e-c-ita, -ico, -ica, -illo, -illa, -ín, -ina*, esencialmente: *niñito, avecita, lucecita, momentico, osillo, chiquitín*) y DESPECTIVOS (designan desprecio, desdén, poquedad o sarcasmo, agregando *-aco, -aca, -ucho, -ucha, -z-uelo, -z-uela*, esencialmente: *pajarraco, plantucha, muchachuelo, mujerzuela*); GENTILICIOS (derivan del lugar de nacimiento, sea éste continente, país, región o estado: *español, americano, salvadoreño, viñamarino, catalán, australiano, yucateco, pascuense, chalaco*), PATRONÍMICOS (apellidos derivados de un nombre propio, terminados en *-ez*: *González, Martínez, Rodríguez, Sánchez, Domínguez*) e HIPOCORÍSTICOS (usados como designación cariñosa, familiar o eufemística, en forma diminutiva, abreviada o infantil: *Paco o Pancho, Pepe, Charo, Lupe*, etc.).

4. Según la contabilidad: CONTABLES (*tres piedras, cinco plantas, ocho sillas*) e INCONTABLES (*bastante humor, abundante humo, poca basura, leche*).

1.2. Adjetivos

Son palabras que califican o determinan al sustantivo al cual acompañan; es decir, establecen particularidades o, bien, designan cualidades, propiedades o defectos.

Señalan una cualidad: *chica, bonita, aburrida, distinguido, fácil, largo*, etc.* Pueden ir ubicados antes o después del sustantivo. Ejemplos:

mesa chica, niña bonita, reunión aburrida, personaje distinguido, angustiante jornada, ardua labor, etc.

* Los calificativos a su vez se dividen en EXPLICATIVOS, conocidos como epítetos (expresan una cualidad abstracta o concreta que el sustantivo ya informa: *blanca nieve, dulce azúcar*, etc.), y ESPECIFICATIVOS (añaden una información que el sustantivo por sí solo no comunica: *nieve abundante, azúcar morena*).

Concuerdan en número y género con el sustantivo al que acompañan. Por ejemplo:

sustantivo	adjetivo
singular	
mujer	*bonita*

sustantivo	adjetivo
plural	
mujeres	*bonitas*

sustantivo	adjetivo
singular	
hombre	*serio*

sustantivo	adjetivo
plural	
hombres	*serios*

Por otro lado, en los calificativos, existen adjetivos que se enuncian con apócopes, cuando van precedentes a un sustantivo:

bueno	Es un buen chico.	Se apocopa únicamente cuando va delante de sustantivos masculinos en singular.
	Eva es una buena amiga.	
grande	Fue un gran partido.	Se apocopa en *gran* si precede a sustantivos masculinos y femeninos en singular.
	Hubo una gran fiesta de despedida.	
NOTA	La más grande historia.	Si *grande* va detrás del adverbio comparativo más, no se apocopa (como se verá a continuación).
	La más gran historia. ⊗	
malo	Ayer fue un mal día.	Se apocopa sólo cuando precede a un sustantivo masculino en singular.
	Tuvo una mala semana.	
primero	El primer día siempre es difícil.	Al igual que *bueno* y *malo*, se apocopa sólo si va delante de un sustantivo masculino en singular.
	El primero día es siempre difícil. ⊗	

santo	Hoy celebraremos a San Isidro.	Se apocopa delante de nombres propios masculinos, pero no delante de nombres comunes ni de nombres propios femeninos; tampoco si precede a nombres propios que comienzan por *to-* y *do-*.
	Es Santa Teresa.	
	... para Santo Tomás de Aquino.	

Los adjetivos calificativos no sólo se pronuncian de la "forma tradicional" (sentido positivo). Existen otras dos formas:

Positivo	**Comparativo**	**Superlativo**	
		Relativo (*el más...*)	**Absoluto** (*muy...*)
Bueno	*Mejor*	*Óptimo*	*Buenísimo*
Malo	*Peor*	*Pésimo*	*Malísimo*
Grande	*Mayor*	*Máximo*	*Grandísimo*
Pequeño	*Menor*	*Mínimo*	*Pequeñísimo*
Alto	*Superior*	*Supremo*	*Altísimo*

Los comparativos suelen acoplarse con *que*:

Era mayor que tú.

A veces, un positivo no tiene comparativo específico. Cuando esto sucede, los positivos pueden usarse como comparativos y se les debe agregar *tan, más, menos* (además de *que*):

Era más grande que tú.

Un superlativo connota preeminencia; es decir, algo "muy grande o excelente en su línea"; sería como anteponer *el más...* o *muy...* al positivo...

Óptimo	*El más bueno*	Bellísimo	*El más bello*	Paupérrimo	*El más pobre*
Buenísimo	*Muy bueno*		*Muy bello*		*Muy pobre*

Muchos adjetivos tienen la particularidad de poder "convertirse" en pronombre.

1.3. Determinativos

Los determinativos son palabras que se utilizan para señalar o especificar el sustantivo al que acompañan. Estos términos permiten delimitar o precisar el significado del sustantivo en una oración, con lo cual proporcionan información sobre la cantidad, la identidad o la relación del sustantivo con el hablante.

Establecen diversos tipos de precisiones o distintivos (*aquel, este, mi, nuestro, tres, sexto, quinceavo,* etc.). Deben ubicarse siempre antes del sustantivo (aunque retóricamente algunos numerales podrían ir ubicados después del sustantivo) y también concuerdan en número y género con el sustantivo al que acompañan.

• **Artículos**

Son un tipo de palabras ("determinante", específicamente) cuya función es la de acompañar al sustantivo, actualizándolo y precisándolo, esto es, lo transforman de desconocido y abstracto a conocido y concreto. Van siempre antepuestos al sustantivo.

Se dividen en:

◇ ***Definidos*** (o ***determinados***): *el, la* (con sus plurales: *los, las*) y el neutro *lo* (singular que sirve para sustantivar adjetivos y participios). Se anteponen a sustantivos de los cuales ya se tiene conocimiento. Por ejemplo:

el texto completo, la escopeta vieja, los caracoles de aquí, las cinco niñas, lo ridículo.

◇ ***Indefinidos*** (o ***indeterminados***): *un, una* (con sus plurales: *unos, unas*). Se anteponen a sustantivos de los cuales no se tenían noticias anteriormente o que no son específicos. Por ejemplo:

quiero un vaso, había una mujer, eran unos tronos de oro, dame unas naranjas.

• **Demostrativos**

Indican la proximidad o lejanía del sustantivo en relación con el hablante. Incluyen palabras como *este, esa, aquel*, etc.: *aquel sillón, ese hombre, este camión.**

	singular		plural	
	masculino	femenino	masculino	femenino
1	*este*	*esta*	*estos*	*estas*
2	*ese*	*esa*	*esos*	*esas*
3	*aquel*	*aquella*	*aquellos*	*aquellas*

• **Posesivos**

Expresan pertenencia o posesión y se basan en la relación del sustantivo con el hablante. Ejemplos incluyen *mi, tu, su, nuestro*, etc.: *mi perro, nuestro hogar.*

	singular		plural	
	uno	dos o más	uno	dos o más
1.ª	*mi*	*mis*	*nuestro(a)*	*nuestros(as)*
2.ª	*tu, vuestro(a), su*	*tus, vuestros(as), sus*	*vuestro(a), su*	*vuestros(as), sus*
3.ª	*su*	*sus*	*su*	*sus*

* La alineación mostrada (1, 2, 3) corresponde a una graduación física, afectiva de otra índole, que presentan estos adjetivos. Por ejemplo:

Quiero este libro.	(el que tengo en mis manos)
Quiero ese libro.	(el que tú tienes en tus manos)
Quiero aquel libro.	(el que está en la vitrina)

Nótese cómo se repite el posesivo su(s), *en 6 ocasiones: en segunda y tercera personas en singular y plural, para uno o más elementos ostentados. Esto causa anfibología (doble sentido, vicio de la palabra, cláusula o manera de hablar a que puede darse más de una interpretación). Debemos tener cuidado con esto.*

• **Numerales**

Indican cantidad exacta y se dividen en cardinales, ordinales y partitivos.

Numeral cardinal. *tres árboles, ocho vestidos, doce canciones.*
Numeral ordinal. *sexto premio, vigésimo lugar, trigésimo asistente.*
Numeral partitivo. *quinceavo trozo, veinteavo segmento, cuarentavo gajo.*

Muchas veces se confunden partitivos con ordinales, lo cual genera un yerro. Por ejemplo: *veinteavo aniversario* ⊗, por *vigésimo aniversario*; *onceavo piso* ⊗, por *undécimo piso*... Si a los ordinales se les tuviera que agregar *-avo*, como se suele creer, el ordinal referencial *enésimo* (*enésimo punto, enésimo encuentro, enésima vez, enésima prueba*) sería *eneavo* ⊗, un yerro garrafal.

Los numerales son variados:

numerales			
cardinales	**ordinales**	**partitivos**	**múltiplos**
un	*primero*		
dos	*segundo*	*medio*	*doble (duplo)*
tres	*tercero*	*tercio*	*triple(o)*
cuatro	*cuarto*	*cuarto*	*cuádruple(o)*
cinco	*quinto*	*quinto*	*quíntuple(o)*
seis	*sexto*	*sexto*	*séxtuple(o)*
siete	*séptimo*	*séptimo*	*séptuple(o)*
ocho	*octavo*	*octavo*	*óctuple(o)*
nueve	*noveno*	*noveno*	*nónuplo*

diez	*décimo*	*décimo*	*décuplo*
once	*undécimo*	*onceavo*	*undécuplo*
doce	*duodécimo*	*doceavo*	*duodécuplo*
trece	*decimotercero*	*treceavo*	*terciodécuplo*
...	...	...	...

Cardinales

A los números expuestos en el cuadro les siguen *veinte, veintiuno... treinta, treinta y uno... cuarenta... cincuenta... sesenta... setenta... ochenta... noventa... cien... doscientos... trescientos... cuatrocientos... quinientos... seiscientos... setecientos... ochocientos... novecientos... mil...*

Además, debemos saber que...

a. Desde 1 a 30, se escriben con "una sola palabra": ... *dieciséis, diecisiete, dieciocho, diecinueve, veinte, veintiuno, veintidós, veintitrés, veinticuatro, veinticinco, veintiséis, veintisiete, veintiocho, veintinueve, treinta.* Desde 31 en adelante (a excepción de *cuarenta, cincuenta, sesenta...*), se escriben de la siguiente manera: *treinta y uno, treinta y dos, treinta y tres, treinta y cuatro...*

b. *Un* (masculino) es la única forma posible ante mil (masculino): *cincuenta y un mil personas,* no *cincuenta y una mil personas* ⊗.

c. *Uno,* delante de un sustantivo masculino, toma la forma un (artículo indefinido): *un libro, un árbol, veintiún alumnos.*

d. Ante sustantivos femeninos *uno* también cambia: *veintiuna alumnas,* no *veintiún alumnas* ⊗; a menos que el sustantivo femenino comience por *a* tónica: *veintiún amas de casa, veintiún águilas.*

e. No es aconsejable comenzar un párrafo con un cardinal escrito en cifras.

Ordinales

A los números expuestos en el cuadro, les siguen: *vigésimo, vigésimo primero... trigésimo, trigésimo primero... cuadragésimo... quincuagésimo... sexagésimo... septuagésimo... octogésimo... nonagésimo... centésimo... ducentésimo... tricentésimo... cuadringentésimo... quingentésimo... sexcentésimo... septingentésimo... octingentésimo... noningentésimo... milésimo...*

Además, debemos saber que:

a. Los ordinales *primero, tercero* pierden la última letra cuando preceden al sustantivo masculino, aunque se intercale otro adjetivo: *el primer síntoma, el primer claro síntoma.* Esto no ocurre si los adjetivos se unen con *y*: *mi primero y único deseo.* Ante sustantivos femeninos, no pierden la *-a*; así, son incorrectas *la primer ministra* ⊗, *la tercer candidata* ⊗.

b. Los ordinales del 13 al 19 tienen dos formas femeninas: *decimocuarta* o *decimacuarta.*

Partitivos

A los números expuestos en el cuadro les siguen *veinteavo, veintiunavo... treintavo, treintaiunavo... cuarentavo... cincuentavo... sesentavo... setentavo... ochentavo... noventavo...* A partir de *cuarto,* hasta *décimo,* los partitivos coinciden con los ordinales. A partir de *once,* se forman con el cardinal más el sufijo *–avo.*

Además, debemos saber que:

a. A partir de *veinteavo,* un ordinal puede adoptarse también como partitivo para la función de adjetivo. Pero éste debe estar acompañado del sustantivo "parte" (o un equivalente): un *veinteavo* o una *vigésima parte.*

b. A partir de *mil,* es más frecuente el uso del ordinal *milésima*: *diezmilésima, cienmilésima, millonésima.*

• **Extensivos**

Indican cantidad o identidad imprecisa:

Intensivos	Indican el grado o la cantidad con que se percibe lo expresado por el nombre: <u>mucha</u> *hambre,* <u>poca</u> *gente.*
Distributivos	Expresan de una manera vaga distribución de los elementos indicados por el sustantivo: <u>ambos</u> *hermanos,* <u>sendos</u> *artistas.*
Existenciales	Pueden referirse al número o cantidad y también a la identidad imprecisa de lo designado por nombre: <u>cierta</u> *persona,* <u>tal</u> *persona.*

Ejemplos de intensivos:

Pocos *árboles*
Muchas *manzanas*
Demasiadas *rémoras*
Varias *virtudes*

En detalle:

singular		**plural**	
masculino	femenino	masculino	femenino
poco	*poca*	*pocos*	*pocas*
mucho	*mucha*	*muchos*	*muchas*
tanto	*tanta*	*tantos*	*tantas*
		varios	*varias*
demasiado	*demasiada*	*demasiados*	*demasiadas*
suficiente		*suficientes*	
todo [el]	*toda [la]*	*todos [los]*	*todas [las]*

• **Distributivos**

Indican la distribución de un conjunto en partes

Ejemplos de distributivos:

Ambos *hermanos*
Los ***demás*** *pacientes*
Cada *jugador*

En detalle:

singular		plural	
masculino	femenino	masculino	femenino
		ambos	*ambas*
[los] demás			
cada			
		sendos	*sendas*

• **Existenciales**

Expresan la existencia o ausencia de los sustantivos a los que acompañan.

Ejemplos de existenciales:

Cualquier *profesor*
Semejante *valor*
Algún *muro*
Cierto *arquitecto*

En detalle:

singular		plural	
masculino	femenino	masculino	femenino
cualquier			
semejante		*semejantes*	
cierto	*cierta*	*ciertos*	*ciertas*
tal		*tales*	
algún	*alguna*	*algunos*	*algunas*
ningún	*ninguna*	*ningunos*	*ningunas*
otro	*otra*	*otros*	*otras*
[el] único	*[la] única*	*[los] únicos*	*[las] únicas*
[el] mismo	*[la] misma*	*[los] mismos*	*[las] mismas*

1.4. Verbos

Son palabras que significan comportamiento presente, pasado o futuro; y pueden indicar una acción física o anímica (pueden ser acciones interiores o imperceptibles), o un estado (incluidos sentimientos, sensaciones, etc.) de los sustantivos, con cierta ubicación dentro del tiempo.

Ejemplos de verbos de acción o movimiento: *correr, abrir, brincar, comer, escribir, jugar, reír.*

Ejemplos de verbos de acción o movimiento imperceptibles: *pensar, decir, odiar, poder, creer, suponer.*

El verbo ser *sólo indica estado. Salvo puntuales excepciones, todos los demás indican acción o movimiento, perceptibles o imperceptibles.*

Básicamente, los verbos se clasifican en:

◇ ***Transitivos***: Exigen la presencia de un *complemento directo*, para tener un significado completo; por ejemplo:

Compré <u>*dos entradas para el concierto*</u>.

Compré solo no entrega un comunicado cabal (¿ qué compré?), por lo cual es necesario un complemento... *dos entradas para el concierto.*

En el diccionario aparecen señalados como *tr.*

◇ ***Intransitivos***: No necesitan la presencia de un complemento directo; por ejemplo:

Francisco delinque.

No es necesario decir *Francisco delinque un delito* o algo parecido. El comunicado sí es cabal, sin necesidad de un complemento.

En el diccionario aparecen señalados como *intr.*

Un verbo podría ser transitivo en algunas acepciones e intransitivo en otras.

La particularidad de los verbos es que pueden ser conjugados.* En infinitivo, antes de ser conjugados, terminan en *-ar*, *-er* o *-ir*. En la mayoría de los casos (verbos regulares), es justamente esta terminación la que "cambia" al conjugar un verbo; por ejemplo:†

verbo regular

camin-	*-ar*
lexema	*desinencia*

verbo irregular

dec-	*-ir*

lexema	*morfema*		
camin-	*-o*		***digo***
	-as		***dices***
	-a		***dice***
	-amos		***decimos***
	-áis		***decís***
	-an		***dicen***

---

* La CONJUGACIÓN es una serie ordenada de las distintas formas de un mismo verbo o comunes a un grupo de verbos de igual flexión (alteraciones que presentan las voces...), con las cuales se denotan sus diferentes modos, tiempos, números y personas...

El MODO es la "manifestación de la actitud del hablante —redactor— hacia lo enunciado"; TIEMPO, el "instante o período en que se ejecuta o sucede lo significado por el verbo"; NÚMERO, la "expresión, por medio de cierta diferencia en la terminación de las palabras, de si se trata de una sola persona o cosa o a más de una"; y PERSONA, la "determinación sobre los distintos participantes implicados...".

† Los verbos tienen un lexema (raíz) y un morfema (desinencia). Para conjugar, casi siempre se mantiene la raíz y varía la desinencia.

El verbo regular *caminar* tiene el lexema *camin-*, y se le agrega un morfema para cada persona: *yo camin-o, tú camin-as...*; esto es conjugar un verbo regular. En cambio, como se ve en el verbo irregular *decir*, salvo en el infinitivo (*decir*), no hay raíz ni lexemas. De este modo, la conjugación es irregular.

El ejemplo está basado en un tiempo y modo determinado, pero hay muchas posibilidades. Se pueden apreciar 3 modos: *indicativo*, *subjuntivo* e *imperativo*, con sus respectivos tiempos, simples y compuestos.

1.4.1. Modos y tiempos

A continuación serán detallados los modos, con sus respectivos tiempos (la definición principal corresponde a la terminología académica, y la segunda (si la hubiera), a la establecida por Andrés Bello, destinada al uso del español americano):

INDICATIVO

Tiempos simples

Presente	Pretérito imperfecto - Copretérito	Pretérito perfecto simple - Pretérito	Futuro simple - Futuro	Condicional simple - Pospretérito

Tiempos compuestos

Pretérito perfecto compuesto - Antepresente	Pretérito pluscuamperfecto - Antecopretérito	Pretérito anterior - Antepretérito	Futuro compuesto - Antefuturo	Condicional compuesto - Antepospretérito

SUBJUNTIVO

Tiempos simples

Presente	Pretérito imperfecto - Pretérito	Futuro Simple - Futuro

Tiempos compuestos

Pretérito perfecto compuesto - Antepresente	Pretérito pluscuamperfecto - Antepretérito	Futuro compuesto - Antefuturo

IMPERATIVO

Presente

El **modo indicativo** simple es el que enuncia como real lo expresado por el verbo. Contempla 5 tiempos:

Presente: Se emplea sobre todo para acciones habituales realizadas en el momento presente, o para referirse a un estado de ser; asimismo, una ocurrencia en un futuro cercano, o una acción que ocurrió en el pasado y continúa hasta el presente. Detalladamente, *1*] enuncia acciones que tienen lugar en el momento en que se habla (*Diego analiza sus textos*); y *2*] emite acciones que ocurren frecuentemente (*Francisco nunca lee en las tardes*).

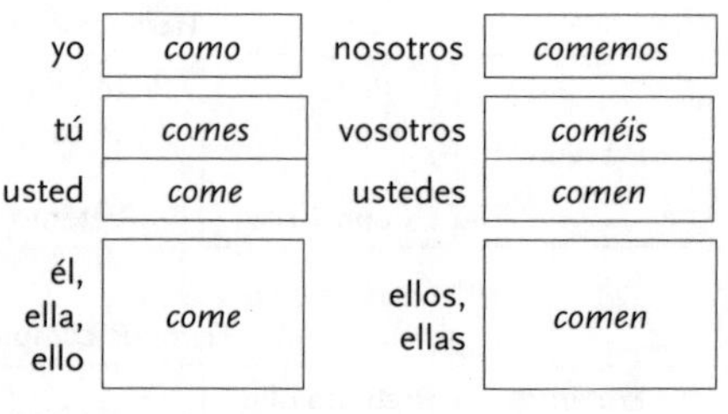

yo	*como*	nosotros	*comemos*
tú	*comes*	vosotros	*coméis*
usted	*come*	ustedes	*comen*
él, ella, ello	*come*	ellos, ellas	*comen*

Este tiempo tiene otros matices. Puede expresar acciones futuras *(mañana mis amigos se van...)* o podría ser utilizado para expresar órdenes *(te vas a tu casa ya)*...

Pretérito imperfecto: Es de aspecto imperfectivo (expresa acción durativa o, en todo caso, no acabada), ya que es usado para expresar un proceso verbal pasado pero visto en su duración, es decir, en una unidad de tiempo no terminada, sin importar cuándo comenzó ni cuándo acabó. Entre sus valores se puede apreciar *1]* la narración de una acción paralela a otra pasada (*Cecilia planchaba..., Cristián tenía los ojos verdes*); *2]* acciones repetitivas en el pasado (*Marcela iba a la playa*).

yo	*comía*	nosotros	*comíamos*
tú	*comías*	vosotros	*comíais*
usted	*comía*	ustedes	*comían*
él, ella, ello	*comía*	ellos, ellas	*comían*

Pretérito perfecto simple: Es también de aspecto perfectivo, ya que la acción enunciada se considera terminada o de modo global... *1]* manifiesta acciones únicas ocurridas y contempladas como acabadas en el pasado (*Ana vino ayer*); *2]* denota acciones en las que se conoce su duración (*la reunión duró toda la mañana*).

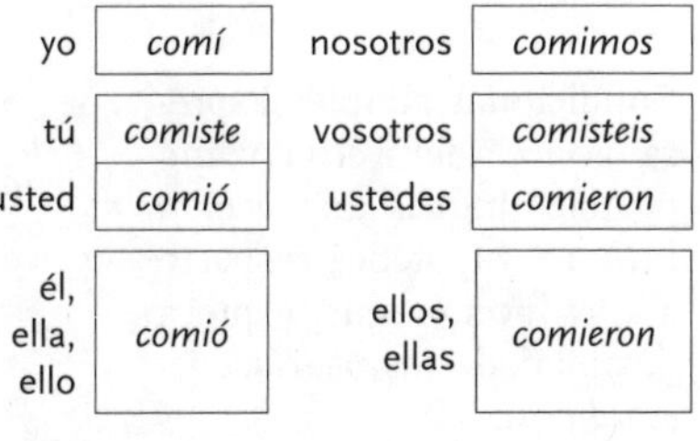

yo	*comí*	nosotros	*comimos*
tú	*comiste*	vosotros	*comisteis*
usted	*comió*	ustedes	*comieron*
él, ella, ello	*comió*	ellos, ellas	*comieron*

El pretérito perfecto simple no tiene mucha diferencia del pretérito perfecto compuesto (*yo he mirado, tú has mirado, él ha mirado...);* se aplica a acciones completadas en el pasado que no necesariamente están relacionadas con el estado de hechos de la situación presente. El uso del pretérito perfecto simple se circunscribe a acciones de un pasado indefinido o concluido y no ligado al presente. En cambio, el pretérito perfecto compuesto indica necesariamente que existe una relación o conexión entre dicha acción pasada y la situación presente.

Futuro simple: Se trata de acciones, procesos o estados de cosas posteriores al momento en que se habla... *1*] para describir acciones futuras (*la carta llegará mañana*); *2*] para preguntas retóricas y respuestas de probabilidad en el presente (*¿Dónde estará mi cuaderno?*); y *3*] para afirmar que la acción se llevará a cabo (*iré mañana a las nueve*).

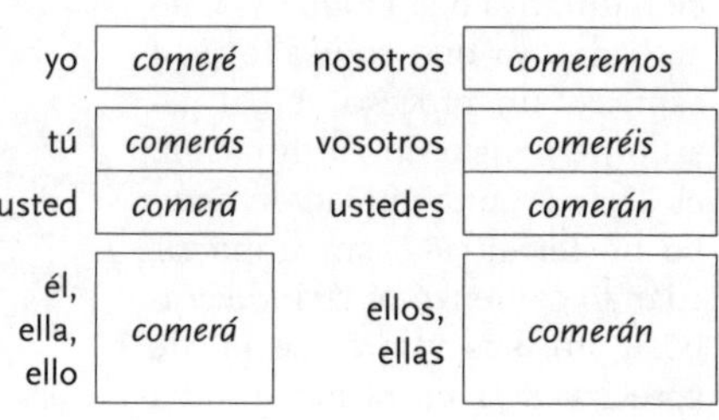

yo	*comeré*	nosotros	*comeremos*
tú	*comerás*	vosotros	*comeréis*
usted	*comerá*	ustedes	*comerán*
él, ella, ello	*comerá*	ellos, ellas	*comerán*

Como se ve, este tiempo (*iré mañana a las nueve*) muestra seguridad de acción, en cambio, el futuro perifrástico (unidad verbal constituida por un verbo en forma personal y otro en forma no personal: voy a ir mañana a las nueve) no determina seguridad.

Condicional simple: Expresa acción del verbo como posible; indica una acción futura e hipotética respecto a otra acción que expresa posibilidad (*aprobaría... si estudiara*).

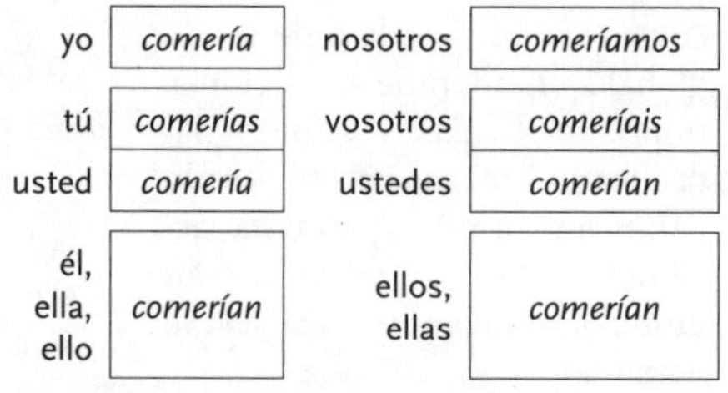

yo	*comería*	nosotros	*comeríamos*
tú	*comerías*	vosotros	*comeríais*
usted	*comería*	ustedes	*comerían*
él, ella, ello	*comerían*	ellos, ellas	*comerían*

Los tiempos compuestos del **modo indicativo** son de tipo perfectivo, es decir, presentan una acción acabada. Tienen una forma verbal auxiliar, haber, seguida de un participio.

Pretérito perfecto compuesto: Expresa acciones realizadas en el pasado y que perduran en el presente. Es frecuente el acompañamiento de los adverbios aún y todavía (*no ha terminado todavía*). Específicamente, *1*] indica que una acción, comenzada en el pasado, dura hasta el presente o tiene efectos todavía (*he decidido participar*); y *2*] señala que la acción sucedió inmediatamente antes del momento presente (*he dicho que te sientes*).

yo	*he comido*	nosotros	*hemos comido*
tú	*has comido*	vosotros	*habéis comido*
usted	*ha comido*	ustedes	*han comido*
él, ella, ello	*ha comido*	ellos, ellas	*han comido*

Pretérito pluscuamperfecto: Expresa una acción terminada y anterior a otra acción pasada (*Carlos ya había visto la película*).

yo	*había comido*	nosotros	*habíamos comido*
tú	*habías comido*	vosotros	*habíais comido*
usted	*había comido*	ustedes	*habían comido*
él, ella, ello	*había comido*	ellos, ellas	*habían comido*

Pretérito anterior: Denota una acción pasada, anterior pero inmediata en el tiempo a otra también pasada (*cuando hubo terminado de hablar, se fue*).

yo	*hube comido*	nosotros	*hubimos comido*
tú	*hubiste comido*	vosotros	*hubisteis comido*
usted	*hubo comido*	ustedes	*hubieron comido*
él, ella, ello	*hubo comido*	ellos, ellas	*hubieron comido*

Desafortunadamente, el pretérito anterior ha caído en desuso, y ha sido reemplazado —salvo en el lenguaje culto— por otra forma verbal... como el pretérito pluscuamperfecto (*cuando había terminado de hablar, se fue*) o el pretérito perfecto simple (*en cuanto terminó de hablar, se fue*).

Es aquí donde reside la conjugación *hubieron*, y no la errónea utilización como forma impersonal para dos o más elementos: *hubo un asistente... hubieron cinco asistentes* ⊗ (!), en lugar de *hubo cinco asistentes.*

Futuro compuesto: *1*] Expresa futuro en relación a cómo se encuentra quien pronuncia, además de anterioridad (*cuando tú llegues yo ya habré terminado*); y *2*] al igual que el futuro simple (*si la casa estuviere* *desordenada es porque no terminé*), implica potencialidad (*si la casa estuviere desordenada es porque no habré terminado*).

yo	*habré comido*	nosotros	*habremos comido*
tú	*habrás comido*	vosotros	*habréis comido*
usted	*habrá comido*	ustedes	*habrán comido*
él, ella, ello	*habrá comido*	ellos, ellas	*habrán comido*

Condicional compuesto: *1*] Indica que la acción sucede después de otra pasada y antes de una que, para el pasado, sería futura: (*dijo que cuando yo llegara, ella ya lo habría arreglado*); *2*] expresa que la acción puede haber sucedido en el pasado, o la suposición de que hubiera sucedido, aunque después se compruebe que no fue así (*en aquel entonces, habría cumplido cuarenta años; o se anunció que los rescatistas habrían llegado al poblado*); *3*] también manifiesta la opinión o la duda que se tiene acerca de una acción presente o futura (¿habría sido útil el esfuerzo?; o ¿habríamos creído que fueran capaces de lograrlo?); y *4*] se puede usar en la consecuencia de oraciones condicionales (*si hubiera podido, te habría avisado*).

yo	*habría comido*	nosotros	*habríamos comido*
tú	*habrías comido*	vosotros	*habríais comido*
usted	*habría comido*	ustedes	*habrían comido*
él, ella, ello	*habría comido*	ellos, ellas	*habrían comido*

El **modo subjuntivo simple** es el que manifiesta lo expresado por el verbo con marcas que indican la subjetividad; se usa para hechos no reales, hipotéticos, o deseados pero inciertos. Contempla tres tiempos:

Presente: Se utiliza para expresar probabilidad, deseo o exhortación. Específicamente, el presente de subjuntivo se emplea *1*] después de los verbos *creer*, *pensar* y *parecer* como subordinación (relación de dependencia entre dos elementos de categoría gramatical diferente), si la oración es negativa (*no creo que veas...*); *2*] en oraciones que expresen un juicio de valor u obligación personal (*es importante que lo veas...*); *3*] en subordinadas (relación de dependencia entre dos elementos...) cuando el verbo principal influye sobre el verbo subordinado, emitiendo deseos, dudas, órdenes, consejos y reacciones emotivas (*quiero que veas...*); *4*] en verbos precedidos de las locuciones *antes de que*, *para que* y *sin que* (*... antes de que veas...*); *5*] cuando el verbo de la oración subordinada expresa una acción no realizada, declamado junto a conjunciones y locuciones como *cuando*, *apenas*, *después de que*, *en cuanto*, *hasta que*, *mientras*, *tan pronto como...* (*estaré ahí cuando veas...*); *6*] en oraciones concesivas (subordinadas que indican la razón que se opone a la principal, pero que no excluye su cumplimiento), con las conjunciones y locuciones *aunque*, *a pesar de que*, *por más que...* (*irá aunque vea...*); y *7*] en oraciones modales (que comprenden o incluyen modo o determinación particular), con conjunciones y locuciones como *como*, *cuanto*, *de modo que...*

yo	*coma*
tú	*comas*
usted	*coma*
él, ella, ello	*coma*
nosotros	*comamos*
vosotros	*comáis*
ustedes	*coman*
ellos, ellas	*coman*

Pretérito imperfecto: Es utilizado para representar situaciones poco factibles: *1*] en oraciones condicionales que expresan circunstancias poco probables o, a veces, prácticamente imposibles (*si pudiera, iría,* frente a *si puedo, voy*...), por lo que, como cláusula, se acompaña del tiempo condicional simple; *2*] con *ojalá* (*ojalá viniera*... poco probable; frente a *ojalá venga,* más factible); *3*] en estilo indirecto (*me dijo que me fuera;* frente a *me dijo "vete"*); y *4*] con la frase *me gustaría* (*me gustaría que te quedaras*)...

yo	*comiera / comiese*
tú	*comieras / comieses*
usted	*comiera / comiese*
él, ella, ello	*comiera / comiese*
nosotros	*comiéramos / comiésemos*
vosotros	*comiereis / comieseis*
ustedes	*comieran /comieses*
ellos, ellas	*comieran / comiesen*

En muchos de los usos, las dos formas (*comiera / comiese*) se pueden intercambiar, pero no en todos; cuando no es posible la utilización indistinta de una u otra, se utilizará la primera forma (la que tiene una *r*, y no una s, en su escritura: *comiera*).

Futuro simple: Es un tiempo que, lamentablemente, se encuentra en desuso. Actualmente es frecuente verlo reemplazado por otros tiempos del subjuntivo, especialmente presente y pretérito imperfecto (*quien quiera hablar...*, frente a *quien quisiere hablar...*; o *sea lo que sea*, frente a *sea lo que fuere*). En detalle, indica una acción futura hipotética o una acción futura respecto de otra acción futura (*si pudieres ir, hazlo*).

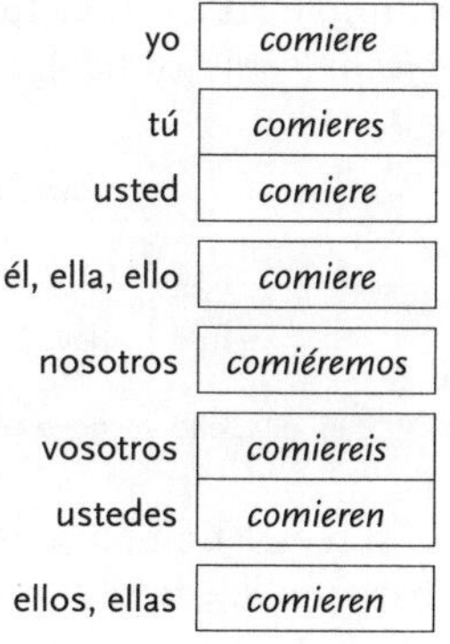

yo	*comiere*
tú	*comieres*
usted	*comiere*
él, ella, ello	*comiere*
nosotros	*comiéremos*
vosotros	*comiereis*
ustedes	*comieren*
ellos, ellas	*comieren*

Su uso se restringe generalmente a frases hechas o aplicaciones literarias, legales o cultas. La tendencia a la simplificación que manifiestan los hablantes y la economía de lenguaje, ha sido el enemigo de este tiempo, ya que en muchas ocasiones se puede expresar lo mismo con otros tiempos existentes y de uso más extendido; sin embargo, el futuro del subjuntivo denota un grado de incertidumbre e improbabilidad que sólo él expresa, una posibilidad remota, no forzosa. Con otros tiempos tal vez se estaría dando por hecho algo; es decir, se estaría expresando algo muy distinto a lo que se quiere, o por lo menos distanciado de la intención original.

El antefuturo (futuro compuesto) en muchas ocasiones tiene el mismo valor (*si para mañana no hubieres terminado, reprobarás*, frente a *si para mañana no terminares, reprobarás*).

Ahora bien... A quien *pudiere* utilizar este tiempo correctamente, para, así, evitar que en futuro cercano *desapareciere* totalmente del español, se insta a hacerlo. Si así se *hiciere*, no sólo se estará utilizando correctamente la gramática, sino, además, se estará salvando parte de la lengua española...

Si alguien puede ya o *pudiere* en algún momento dar oxígeno a este tiempo, hará de este desahuciado un aliado, un cómplice en la obtención de una escritura fiel, y culta.

Los tiempos compuestos del **modo subjuntivo** son también de tipo perfectivo, es decir, presentan una acción acabada. Tienen una forma verbal auxiliar, haber, seguida de un participio.

También manifiestan lo expresado por el verbo con marcas que indican la subjetividad; se usa para hechos no reales, hipotéticos, o deseados pero inciertos. Contempla tres tiempos:

Pretérito perfecto compuesto: Es un tiempo que expresa una acción pasada en un período de tiempo anterior (*espero que haya asistido*). Cumple las mismas funciones que el condicional compuesto (*yo sabía que hubieras asistido*).

yo	*haya comido*	nosotros	*hayamos comido*
tú	*hayas comido*	vosotros	*hayáis comido*
usted	*haya comido*	ustedes	*hayan comido*
él, ella, ello	*haya comido*	ellos, ellas	*hayan comido*

En este tiempo se presenta la conjugación *haya*, que provoca el barbarismo *haiga* ⊗.

Pretérito pluscuamperfecto: Es utilizado *1*] cuando ya se está hablando en el pasado, para referirse a algo también pasado, pero con una anterioridad de la acción, en los mismos casos que los otros tiempos del subjuntivo (*deseaba que hubieras venido a mi cumpleaños*); *2*] muchas veces corresponde a acciones hipotéticas o no realizadas, situadas en el pasado (*ojalá lo hubiera arreglado a tiempo*); y *3*] para indicar una acción anterior de la que no se estaba al tanto (*no sabía que ya hubieras ido*)...

yo	*hubiera/hubiese comido*	nosotros	*hubiéramos/hubiésemos comido*
tú	*hubieras/hubieses comido*	vosotros	*hubierais/hubiesen comido*
usted	*hubiera/hubiese comido*	ustedes	*hubieran/hubiesen comido*
él, ella, ello	*haya comido*	ellos, ellas	*hubieran/hubiesen comido*

Futuro compuesto: Es un tiempo que, dentro de la apariencia del subjuntivo, enuncia un hecho futuro como acabado, con relación a otro futuro (*si para mañana no hubieres ayudado, no te llamarán*). Sólo se usa en las oraciones de tipo condicional contingente y de manera reducida, pues se sustituye casi siempre por el pretérito perfecto de indicativo (*si para mañana no has ayudado, no te llamarán*).

yo	*hubiere comido*	nosotros	*hubiéremos comido*
tú	*hubieres comido*	vosotros	*hubiereis comido*
usted	*hubiere comido*	ustedes	*hubieren comido*
él, ella, ello	*hubiere comido*	ellos, ellas	*hubieren comido*

El **modo imperativo** es el que manifiesta desinencias exclusivas para denotar mandato, exhortación, ruego o disuasión. Tiene un solo tiempo, sólo simple:

Presente: Es el único tiempo de este modo. No es posible conjugar *yo*, ni *él*, *ella* o *ello*.

camina	(tú)
caminemos	(nosotros)
caminen	(ustedes
caminad	(vosotros)

En ocasiones, con verbos pronominales, se les puede agregar enclíticos (partículas que se ligan con el vocablo precedente, formando una sola palabra): *cállate, callémonos, cállense*...

Ahora bien, dentro de la conjugación regular puede considerarse también una conjugación extendida por medio de perífrasis verbales que señalan distintos tipos de aspecto y modo verbal.*

* Una PERÍFRASIS VERBAL es una construcción compuesta de al menos dos formas verbales; una funciona como auxiliar y la otra, que es siempre una forma no personal (infinitivo, gerundio o participio), actúa como núcleo o palabra de más jerarquía. La mayor parte de las perífrasis unen ambos verbos con un nexo (que suele ser preposición o conjunción).

Ejemplos de perífrasis sin nexo: *vengo estudiando, sigo estudiando, tengo estudiado*, etc.

Ejemplos de perífrasis con nexo: *tengo que estudiar, he de estudiar, debo estar estudiando, voy a estudiar, puede que estudie*, etc.

1.4.2. Antecedentes útiles

Los verbos pueden ser también clasificados de siguiente manera:

1. Personales e impersonales
Los verbos impersonales son aquéllos que no son compatibles con la idea de un sujeto. Por este motivo, no son concomitantes con una persona. Éstos se pueden subdividir en propios (o unipersonales) e impropios.

Los **impersonales propios** se conjugan sólo en la tercera persona del singular, pero con un sujeto tácito (implícito); y están compuestos por los llamados verbos meteorológicos o climáticos: *llueve, nieva, atardeció, relampagueaba...* A menos que sea en un sentido figurado o con otra acepción no impersonal, es imposible decir ⊗ *yo lluevo* o ⊗ *tú llueves,* ⊗ *nosotros nevamos* o ⊗ *ustedes nievan.* Además, éstos son intransitivos, porque no es necesario recurrir a pleonasmos como ⊗ *llueve lluvia* o ⊗ *nieva nieve.*

Por el contrario, los **impersonales impropios** son verbos que, a pesar de no ser impersonales propiamente, pueden ser usados como impersonales; por ejemplo: *hace calor, es de noche* (hacer y ser no son impropios en sí).

Mención especial demanda el verbo *haber*, en su forma impersonal. Éste sólo se conjuga con *hay, había, hubo, habrá, habría, haya...* Los personales, sencillamente, son todo el resto, la gran mayoría.

Impersonal:

INDICATIVO

Presente	Pretérito imperfecto	Pretérito perfecto simple	Futuro	Condicional
hay	*había*	*hubo*	*habrá*	*habría*

En contraste a lo que muchos creen, cada forma se usa indistintamente cuando se refiere a uno o a más elementos, es decir:

Hay un árbol...	*Hay dos árboles...*	*Hay tres árboles...*	*Hay...*
Había un árbol...	*Había dos árboles...*	*Había tres árboles...*	*Había...*
Hubo un árbol...	*Hubo dos árboles...*	*Hubo tres árboles...*	*Hubo...*
Habrá un árbol...	*Habrá dos árboles...*	*Habrá tres árboles...*	*Habrá...*
Habría un árbol...	*Habría dos árboles...*	*Habría tres árboles...*	*Habría...*

Es incorrecto decir *habían dos personas* ⊗, *hubieron muchas personas* ⊗, *habrán dos personas* ⊗ o *habrían muchas personas* ⊗, tal cual sería incorrecto *hays muchas personas* ⊗, o algo similar.

Este verbo también tiene una forma personal, como vimos en los tiempos compuestos: *yo he salido, tú has entrado...*

Por otra parte, una aclaración: la palabra *he* (por ejemplo: *he aquí la respuesta*), tiene un origen no verbal: una antigua interjección árabe. Por eso causa tantas confusiones. Es un verbo defectivo e impersonal a la vez, porque:

1) Sólo se presenta en oraciones unimembres (un solo miembro), careciendo siempre, por tanto, de sujeto.

2) Expresa la mera existencia de algo en un lugar, en lo que coincide con *haber* impersonal: *hay*, *hubo*, etc.; pero se diferencia de éste en que presenta siempre esa existencia "ante los ojos" del lector.

3) Es invariable, no sólo en persona y número, sino en modo y tiempo.

2. Terciopersonales

Son un número reducido de verbos que se conjugan exclusivamente en la tercera persona, sea singular o plural. A diferencia de los impersonales, éstos sí cuentan con un sujeto y concuerdan con él. Ejemplos: *aconteció algo increíble, el contratiempo sucedió ayer, ocurrió un milagro*, etc.

3. Defectivos*

Son aquéllos en los que no se cumple el paradigma de conjugación completo; es decir, no presentan conjugaciones en algunos tiempos y personas, principalmente debido a razones de eufonía o de uso.† Ejemplos son *abolir* (en presente del indicativo sólo tiene conjugación para primera y segunda personas en plural) y *soler* (sólo se conjuga en presente y pretérito imperfecto del indicativo).

Son también verbos defectivos, al menos en una de sus conjugaciones: *arrecir, aterir, balbucir, colorir, compungir, concernir, desabrir, empecer, empedernir, manir, obstar, podrir, preterir, raspahilar, usucapir.*

4. *Copulativos*

Son verbos que no aportan un significado pleno, ya que no suelen expresar de por sí una acción o condición. Sirven para igualar o asociar el sujeto con el predicado. En vez de seleccionar objetos directos afectados por el verbo, rigen un tipo de complemento diferente que es mutable o sustituible por el pronombre átono *lo* (complemento atributivo). Son verbos copulativos: *ser, estar, parecer, resultar, yacer, semejar, asemejar, permanecer.* Ejemplos: *soy simpático (lo soy), estás cansada (lo estás), parecemos aburridos (lo parecemos),* etc.

• **Las formas no personales**

Las formas no personales del verbo son las que no expresan a la persona gramatical que realiza la acción (el sujeto).

1. Infinitivo

Está formado por una raíz y las desinencias *-ar, -er, -ir.*

raíz	desinencia
entreg	*-ar*
comet	*-er*
sucumb	*-ir*

* Tanto los verbos impersonales propios como los terciopersonales son considerados defectivos.

† La EUFONÍA es la sonoridad agradable que resulta de la acertada combinación de los elementos acústicos de las palabras.

En las oraciones, el infinitivo unas veces tiene carácter de sustantivo y otras veces su función es necesariamente verbal. Cuando el infinitivo cumple una función sustantiva tiene todos los comportamientos propios del sustantivo. Ejemplos:

Sujeto	*El andar silencioso de esa dama me gustó.*
Predicado	*Tu responsabilidad por el momento es estudiar.*
Complemento de un nombre	*La máquina de escribir está descompuesta.*
Complemento de un adjetivo	*Esto es para mí difícil de decir.*
Complemento de un verbo	*Dile a tu hermano que puede pasar.*

Cuando el infinitivo cumple la función complemento de un verbo, lo hace sin expresar el modo, el tiempo ni la persona gramatical. Ejemplos:

Luis pidió hablar en tu nombre.
Quiero comer contigo mañana.
Cuando llegaste hiciste reír a todos.
Nunca imaginó tocar el piano tan bien.

2. **Participio** (relacionado con los adjetivos)
Está formado por la raíz del verbo y las terminaciones *-ado* o *-ido*, que adoptan variación de género y número (*-ada*, *-idos*, *-idas*) cuando el participio funciona como adjetivo. En la oración, puede cumplir funciones de verbo (en tiempos compuestos), de adjetivo (cuando califica a un sustantivo) o de participio absoluto.

Como forma verbal, el participio se une al verbo *haber* para formar los tiempos compuestos, y al verbo *ser* para formar la voz pasiva (forma de conjugación útil para significar que el sujeto es paciente, es decir, que no realiza la acción, sino que la recibe). Ejemplos:

Joaquín ha estudiado toda la noche.	tiempo compuesto
Esa película será premiada por el jurado.	forma pasiva

Cuando el participio cumple funciones adjetivas, adopta el género masculino o femenino, y el número singular o plural, según sea el género y el número del sustantivo al cual acompaña. Ejemplos:

Estudien sólo las hojas señaladas.
No quisiera hablar del niño perdido.

Además de las funciones verbal y adjetiva, cuando el participio cumple una función adjetiva pero tiene un sujeto expreso distinto al de la oración en la cual se encuentra, se dice que cumple la función de *participio absoluto*. En este caso, la oración en la que está el participio es subordinada (depende de una principal). Ejemplo:

Salida la mercancía, no se acepta reclamación.

¿Dobles participios?
Se habla mucho de numerosos verbos con doble participio. Pero en realidad, los únicos verbos que en la lengua actual presentan dos participios, uno regular y otro irregular, con sus respectivos derivados, son los siguientes:

imprimir	*freír*	*proveer*
imprimido	*freído*	*proveído*
impreso	*frito*	*provisto*

Ambos participios pueden utilizarse indistintamente en la formación de los tiempos compuestos (*haber* conjugado + participio):

Hemos imprimido veinte ejemplares / Habían impreso las copias en papel fotográfico.
Nos hemos proveído de todo lo necesario / Se había provisto de víveres abundantes.
Las empanadillas han de ser freídas dos horas antes / Nunca había frito un huevo.

De todos modos, es preferible usar la primera forma (*imprimido*, *freído* y *proveído*) como participio, y la segunda como adjetivo.

No debe asimilarse el caso de estos participios verbales irregulares con el del nutrido grupo de adjetivos procedentes de participios latinos, como *abstracto* (del latín *abstractus,* participio de *abstrahere*), *atento* (del latín *attentus,* participio de *attendere*), *confuso* (de *confusus,* participio de *confundere*), *correcto* (de *correctus,* participio de *corrigere*), *contracto* (de *contractus,* participio de *contrahere*), *tinto* (de *tinctus,* participio de *tingere*), etc.

Algunas de estas formas pueden haber funcionado como participios verbales en épocas pasadas del idioma; pero hoy funcionan solamente como adjetivos y, por lo tanto, no se usan en la formación de los tiempos compuestos ni de la voz pasiva de los verbos correspondientes (no se dice ⊗*Han contracto matrimonio* o ⊗*Son correctos por el profesor,* sino *Han contraído matrimonio* y *Son corregidos por el profesor*). Por lo tanto, la consideración de estos verbos como «verbos con doble participio» carece de justificación gramatical.

Algunos ejemplos de verbos que se suele pensar tienen doble participio son:

Verbo (Infinitivo)	Participio	*Adjetivo (No participio)*
Absorber	*Absorbido*	Absorto
Abstraer	*Abstraído*	Abstracto
Afligir	*Afligido*	Aflicto
Atender	*Atendido*	Atento
Bendecir	*Bendecido*	Bendito
Comprimir	*Comprimido*	Compreso
Concluir	*Concluido*	Concluso
Confesar	*Confesado*	Confeso
Confundir	*Confundido*	Confuso
Contundir	*Contundido*	Contuso
Convertir	*Convertido*	Converso
Corregir	*Corregido*	Correcto
Corromper	*Corrompido*	Corrupto
Cultivar	*Cultivado*	Culto

Despertar	*Despertado*	Despierto
Elegir	*Elegido*	Electo

3. Gerundio (relacionado con el adverbio)
Es la forma verbal que resulta de añadir al radical del verbo las terminaciones *-ando* o *-iendo*. Su función consiste en señalar una acción secundaria con respecto a la del verbo principal, a la cual modifica o describe. De este modo, la función del gerundio es señalar una cualidad del verbo, o señalar otra acción del sujeto o del complemento directo de la oración principal (función verbal).

Cuando el gerundio cumple una función adverbial, se encuentra en una oración subordinada que puede ser: temporal (denota la idea de tiempo: *leyendo*, por *cuando lees*), modal (expresa la noción de modo, manera: *leyendo*, por *al leer*), causal (expresa la causa de lo dicho o del hecho de que se diga: *leyendo*, por *debido a que lees*), condicional (denota condición o necesidad de que se verifique alguna circunstancia: *leyendo*, por *si lees*), concesiva (indica la razón que se opone a la principal pero que no excluye su cumplimiento: *leyendo* por *aunque leyó*). Ejemplos:

Salió corriendo de su casa.
Caminó alzando el puño para que lo vieran.
Saludaba a sus parientes siempre sonriendo.
Lo vimos nadando con tus hermanos.

El gerundio también podría estar referido al sujeto, y en este caso tiene carácter explicativo. Ejemplos:

Viajando por Europa, sentí el deseo de volver.
Caminó deprisa, queriendo llegar primero.

También puede cumplir, además de estas funciones, la de complemento directo del verbo principal. Ejemplo:

Cuando llegué, tu madre ya estaba preparando la comida.

Desde el punto de vista de la redacción, de las formas no personales del verbo, sólo el gerundio requiere de cuidado para su empleo. Con frecuencia se utiliza como adjetivo, y en este caso la expresión resulta incorrecta. Por ejemplo: no se puede decir ⊗ *te mando una carta informando lo sucedido*; lo correcto sería: *Te mando una carta en la cual te informo lo sucedido.*

1.4.3. Errores diversos

• **Errores de forma**

Forma incorrecta	Forma correcta
ellos soldan ⊗	*ellos sueldan*
no nos ha contradecido ⊗	*no nos ha contradicho*
fui a vertir el agua ⊗	*fui a verter el agua* [2]
él lo inducíó ⊗	*él lo indujo*
no prevee aquello ⊗	*no prevé aquello* [3]
vayámosnos de aquí ⊗	*vayámonos de aquí* [4]
veniste con él ⊗	*viniste con él* [5]

La mejor forma de conjugar verbos "complicados" es basarse en un modelo: soldar = acordar, acostar, aprobar, demostrar, colgar... (ellos sueldan, ellos acuerdan, ellos acuestan...). *Así, las conjugaciones son similares, varían sólo en letras, pero el modelo es el mismo.*

• **Errores de acentuación**

licúa toda esa fruta ⊗ *	*licua toda esa fruta* [6]
huíste ⊗	*huiste* [7]
dénos eso ⊗	*denos eso* [8]
alíneo los baúles ⊗	*alineo los baúles* [9]

* Pese a que la usanza ha dado validez al error, obviamente es recomendable utilizar el modo incuestionable.

• Errores provocados por el *cambio de tiempos y modos*

si tendría información, le diría ⊗	*si tuviera información, le diría* [10]
como si fuere poco, no quiso ⊗	*como si fuera poco, no quiso* [11]
mañana voy a tu casa ⊗	*mañana iré a tu casa*
no creo que vendrá el viernes ⊗	*no creo que venga el viernes* [12]

• Errores provocados por el *mal empleo de gerundios* [13]

hubo una charla informando... ⊗	*hubo una charla que informaba...*
recibió el golpe, muriendo al otro día ⊗	*recibió el golpe y murió al otro día*
sacar el libro, abriéndolo en la página... ⊗	*sacar el libro y abrirlo en la página...*
se promulgó una ley disponiendo ⊗	*se promulgó una ley que dispone...*

• Otros verbos que causan problemas

A continuación, una nómina con verbos que, por diferentes causas, provocan habitualmente errores o dudas:

Ser* y *estar (uso diferenciado)	***ser***	***estar***
	Ser lindo	Estar lindo

Haber	**vulgarismos**	**uso impersonal**
	Haiga ⊗ (haya)	Hubieron ⊗ (hubo) muchas personas

***Hacer* y sus compuestos** (*satisfacer*, *rehacer*, etc.)	**uso impersonal**	**compuestos**
	Hace muchos años	*Satisfago, satisfizo, rehago, rehízo...* [14]

Financiar*, *vaciar* y otros verbos terminados en *-iar [15]	*Financio, vacío...* No financío ⊗, vacio ⊗...

***Apretar* y similares, que diptonguen la *e* en *ie*[16]**	*Aprieto*, no apreto ⊗
***Forzar* y similares, que diptonguen la *o* en *ue*[17]**	*Fuerzo*, no forzo ⊗
***Conducir* y otros verbos terminados en *-ducir*[18]**	*Condujo*, no condució ⊗
***Caber*, *errar* y otros irregulares generalmente mal usados**	*Cupo*, *yerra*... No cabió ⊗, erra ⊗...
***Golpear*, *marear*, *chapotear* y otros verbos terminados en *-ear*, que se diptongan impropiamente**	*Golpeé*, *mareé*, *chapoteé*, *vitoreé*... No golpié ⊗, marié ⊗, chapotié ⊗, vitorié ⊗...

1.4.4. Algunos verbos nebulosos

Deber / deber de

La construcción perifrástica *debe* + infinitivo indica obligación:

Debo trabajar para mantener a mi familia
Si quiero triunfar, debo estudiar todos los días.

En cambio, las construcciones perifrásticas *debe* + *de* + infinitivo indican probabilidad, nunca obligación:

Mi hermano debe de venir cerca.	El hermano *probablemente venga cerca.*
Mi cartera debe de estar en mi escritorio.	La cartera *está probablemente en el escritorio.*

Había(n), hubo (hubieron), habrá(n)

Cuando la palabra *había* se emplea como el imperfecto de *hay* (impersonal), no se pluraliza, es decir, se utiliza la misma forma para singular y para plural:

	singular		plural
hay ***hubo*** ***había*** ***habrá***	*una persona en el parque.*	***hay*** ***hubo*** ***había*** ***habrá***	*cinco personas en el parque.*

A *hubo* no hay que agregarle nada cuando se trata de plural; así, *hubieron* es incorrecto: *Hubo uno, hubo mil* (no *hubieron* ⊗)...[19] Del mismo modo, no debemos agregar *-n* o *-s* a supuestos plurales de *había* y *habrá*, respectivamente: *había uno, había mil* (no *habían* ⊗)...; *habrá uno, habrá mil* (no *habrán* ⊗)...

No debemos olvidar que *haber*, en el sentido de *existir*, es verbo impersonal y defectivo (porque no se conjuga de manera completa), que no acepta plural.

Habían, hubieron y *habrán* se usan de forma personal, seguidos de un participio:

Habían visto, hubieron visto, habrán visto

Del mismo modo, *habemos* ⊗ es un yerro imperdonable: ¿por qué se insiste en personalizar haber? (*habemos* ⊗... nosotros). No hay fórmula alguna que lo acepte.

1.5. Pronombres[20]

Son palabras que se emplean para designar una cosa sin emplear su nombre, sea éste común o propio. Tienen un significado ocasional dentro de la oración, debido a que sustituyen el significado del sustantivo, adjetivo o adverbio al cual se refieren. Varían en género y número.

Son pronombres las palabras que sustituyen a las personas, por ejemplo:

Pronombres personales (de sujeto)

	singular	plural
1.ª	*yo*	*nosotros*
2.ª	*tú, usted, vos*	*ustedes, vosotros*
3.ª	*él, ella*	*ellos, ellas*

Ejemplos:

	singular	plural
1.ª	*Yo soy quien lo guardó.*	*Matilde y yo no iremos a la excursión.* *Ella y yo no iremos a la excursión.* *Nosotros no iremos a la excursión.*
2.ª	*Tú eres el indicado.*	*Tú y tu padre serán los primeros en entrar.* *Ustedes serán los primeros en entrar.*
3.ª	*Matías supo que yo estaba por llegar.* *Él supo que yo estaba por llegar.*	*Alexis y su hermana supieron todo desde el principio.* *Alexis y Cristina supieron todo desde el principio.* *Él y su hermana supieron todo desde el principio.* *Él y Cristina supieron todo desde el principio.* *Él y ella supieron todo desde el principio.* *Ellos supieron todo desde el principio.*

Dentro de los pronombres personales:

a. Usted *es segunda persona, usada por* tú *como tratamiento de cortesía, respeto o distanciamiento. Debe conjugarse como tercera persona de singular:* usted es *(no "usted eres"),* usted quiere *(no "usted quieres"),* usted viene *(no "usted vienes"),* usted camina *(no "usted caminas"), etc.*
b. Vos *es segunda persona singular o plural (pero más usado como singular), masculino o femenino. Es empleada como tratamiento en países como Argentina, Bolivia, Costa Rica, El Salvador... Cumple la función de sujeto, vocativo y término de complemento. Su paradigma verbal difiere según las distintas áreas de empleo (a esto se le conoce como "voseo").*
c. Ustedes *debe conjugarse igual que la tercera persona de plural:* ustedes son *(igual que "ellos son"),* ustedes quieren *(ellos quieren),* ustedes vienen *(ellos vienen),* ustedes caminan *(ellos caminan), etc. Estrictamente, es el plural de* usted.
d. Vosotros *es plural de la segunda persona en España, y con sentido arcaico o retórico en América (estrictamente, de* tú *o* vos*).*

También son pronombres las palabras que indican propiedad, semánticamente, y, al mismo tiempo, persona gramatical; van siempre —tal vez implícitamente— acompañados por un artículo (*el mío, el tuyo*...). Por ejemplo:

Pronombres posesivos

	singular		plural	
	masculino	femenino	masculino	femenino
1.ª	*mío*	*mía*	*míos*	*mías*
2.ª	*tuyo*	*tuya*	*tuyos*	*tuyas*
3.ª	*suyo*	*suya*	*suyos*	*suyas*

Ejemplos:

Tu chaqueta está sobre el sofá. La mía (mi chaqueta) *está junto a ella.*
El rojo es de Maximiliano, y el tuyo es ése.
Éste es (el) mío, y el que luce mejor es (el) suyo.

Estas mismas formas podrían ser usadas como adjetivos, pero pospuestas al sustantivo:

el amigo mío
las visiones tuyas
los recuerdos suyos

Al igual que el posesivo su(s) *—visto en* adjetivos—, suyo, suya, suyos *y* suyas *podrían causar anfibología.*

Son pronombres las palabras que sirven para señalar:

Pronombres demostrativos

éste	*ése*	*aquél*
esto	*eso*	*aquello*
ésta	*ésa*	*aquélla*

Miembros de la RAE *dicen que nunca debe ir tilde para un pronombre demostrativo; otros mencionan que a veces se podría presentar algún tipo de ambigüedad, por lo tanto, la tilde sería necesaria; y otros más señalan que, por diversos motivos, la diferenciación mediante tilde es necesaria siempre. Como vemos, el tema no está zanjado. Y en este contexto, la recomendación de esta obra es tildar siempre.*

También son pronombres...

las palabras indefinidas	*alguien, nadie, cualquiera*, etc.
las palabras relativas	*que, cual, quien, cuyo, cuando*
las palabras interrogativas	*¿quién?, ¿cuál?, ¿cuánto?* (con sus plurales)
las palabras exclamativas	*¡quién!, ¡cuál!, ¡cuánto!* (con sus plurales)

Para más antecedentes, véase, en la segunda parte, **III El estilo**, específicamente **1.4 El lenguaje neutral**

1.5.1. Un uso nebuloso de pronombres

Se (infinitivo + se)

Hay mayor fluidez y elegancia en la escritura si se coloca el pronombre reflexivo *se* después del infinitivo. Ejemplos:

Puede mejorarse el flujo de la escritura si se coloca el pronombre reflexivo se *después del infinitivo.*	En lugar de: *se puede mejorar el flujo de la escritura si se coloca el pronombre reflexivo* se *después del infinitivo.*

No es de ninguna manera censurable colocar el pronombre antes del verbo conjugado; pero es recomendado el uso mencionado.

1.5.2. Uso de clíticos

Un clítico es un elemento gramatical átono que se liga morfológicamente a una forma anterior o posterior.

Cuando éstos anteceden al verbo se llaman proclíticos*:*

<u>Me</u> encanta
<u>Lo</u> dijo
<u>Se</u> fue

Cuando son posteriores al verbo se llaman enclíticos*:*

Ayúda<u>me</u>
Ve<u>te</u>.

• **Formas verbales con clíticos**

Cuando van antepuestos (proclíticos), se escriben como palabras independientes: *te <u>lo</u> dije*. Cuando van pospuestos (enclíticos), se escriben necesariamente enlazados: *dímelo*. En este último caso, se producen en determinadas situaciones ciertas alteraciones fónicas que tienen reflejo en la escritura:

1. Delante del enclítico *-nos* se pierde obligatoriamente la *-s* de la primera persona del plural del subjuntivo usado con valor de imperativo (subjuntivo exhortativo):[21]

dejemos + nos = dejémonos	*Dejémonos de chismes.*	*dejémosnos* ⊗ está incorrecto.

2. Si se añade el pronombre *-se* a una forma verbal terminada en *-s* (lo que sucede cuando la primera persona del plural del subjuntivo exhortativo lleva un segundo enclítico), las dos *eses* resultantes se reducen a una sola:

pongamos + se + lo = pongámoselo	*Pongámoselo ahí.*	*pongámosselo* ⊗ está incorrecto.

Pero no se produce reducción si se añade *-nos* a una forma verbal terminada en *-n*:

digan + nos = díganNos	*Díga**nn**os la verdad.*
pon + nos = ponnos	*Po**nn**os una buena canción.*
mantén + nos = mantennos	*Mante**nn**os entretenidos.*

Además, la -nn- *permite distinguir la persona del plural de la del singular:*

Díga**nn**os [ustedes] la verdad.

Díga**n**os [usted] la verdad.

3. Cuando se añade *-se* a una forma verbal terminada en *-n*, no debe trasladarse ni repetirse esta letra al final del conjunto formado por el verbo y el enclítico:

sienten + se = siéntense	*Siéntense, por favor.*	*siéntesen* ⊗ y *siéntensen* ⊗ están incorrectos.

4. La segunda persona del plural del imperativo *vosotros* pierde la *-d* final cuando se le añade el enclítico *os*:

estad + os = estaos	*Estaos serenos.*	*estados* ⊗ está incorrecto.

> *La forma* idos *(imperativo, poco usado, de* irse*) es una excepción:*
>
> ¡Idos Francisco, Raúl, Augusto...!, ¡idos todos!

5. Se pierde la *-s* final del verbo en los casos —hoy raros y propios únicamente de la lengua escrita— en que una forma verbal de primera persona del plural va seguida del pronombre *-os*:

suplicamos + os = suplicámoos	*Suplicamoos su atención*	*suplicamosos* ⊗ está incorrecto.

• **Colocación de los clíticos con respecto al verbo**

La colocación del pronombre átono delante o detrás del verbo no es libre, sino que está sometida a ciertas reglas, que han ido variando con el tiempo. Éstas son las normas por las que se rige hoy la colocación de los clíticos en el español general culto:

1. Los clíticos se anteponen, en el uso corriente, a las formas simples de indicativo:

Te lo dije: me voy.

En la lengua escrita, generalmente a principio de oración, aparecen a veces pospuestos:

Díjome que la verdad es tersa.

En el último ejemplo, la expresión adquiere un tono arcaizante, que sólo está justificado si la intención es recrear el lenguaje de épocas pasadas. El uso pospuesto es asimismo un rasgo dialectal propio de determinadas zonas del noroeste de España:

Voyme pronto.
Marchose sin despedirse.

2. Los clíticos se anteponen también a las formas simples del subjuntivo:

Ojalá le otorguen el estímulo.	Independientes.
Quizás lo obtenga.	
Espero que lo consideres.	Las que dependen de otro verbo (explícito o implícito).
Que te vaya bien.	

3. Los clíticos se posponen a las formas de imperativo y a las del subjuntivo exhortativo afirmativo:

Ábralo.
Dígannoslo.
Hágase la luz.

Es vulgar anteponer los clíticos al subjuntivo exhortativo cuando éste no depende de otro verbo:

¡Se sientan!, ya es hora de descansar.	*Estrictamente, deberíamos decir* siéntense.
No lo hagan.	*Sin embargo, la anteposición es obligada cuando el subjuntivo va en forma negativa o depende de otro verbo (explícito o implícito).*
Les ordeno que se callen.	
Que se vayan ahora mismo.	

4. Los clíticos se posponen a las formas simples de infinitivo y de gerundio:

Al divisarlo, estalló.
Estuvo reprendiéndome.

Si el infinitivo o el gerundio forman parte de una perífrasis verbal,[22] *en la mayor parte de los casos los clíticos pueden colocarse también delante del verbo auxiliar de la perífrasis (como se mencionó), que es el que aparece en forma personal:*

Debo hacerlo / Lo debo hacer
Tienes que llevárselo / Se lo tienes que llevar
Vais a arrepentiros / Os vais a arrepentir
Siempre está quejándose / Siempre se está quejando
Siguió explicándomelo / Me lo siguió explicando

La anteposición de los clíticos no es posible cuando:

el verbo auxiliar de la perífrasis es impersonal	Hay que pedírselo *(no se lo hay que pedir ⊗).*
el verbo en forma no personal es el sujeto oracional pospuesto de verbos como parecer, importar, convenir, *etc.*	Parecía entenderlo *(no Lo parecía entender ⊗).*
	Conviene intentarlo *(no Lo conviene intentar ⊗).*
	Importa denunciarlo *(no Lo importa denunciar ⊗).*

Tampoco es normal la anteposición de clíticos con verbos que expresan creencia, temor, deseo, preferencia o conocimiento, como creer, temer, desear, preferir, negar, afirmar, *entre otros:*

Cree haberlo guardado *(más normal que* Lo cree haber guardado *⊗).*
Prefiero ignorarte *(más normal que* Te prefiero ignorar *⊗).*
Deseo irme *(más normal que* Me deseo ir *⊗).*

5. Lo dicho para las formas simples es válido también para las compuestas, teniendo en cuenta que la posposición o anteposición de los pronombres átonos se da siempre con respecto al auxiliar *haber*, dado que el participio, como norma general, no admite enclíticos:

Me lo he imaginado.
¿Se habrá terminado la película?
Ojalá se lo hayan concedido.[23]

Los pronombres átonos se anteponen al auxiliar en las formas compuestas de indicativo y de subjuntivo...

... y se posponen en los infinitivos y gerundios compuestos:

Por haberlo terminado, recibirás un premio / Se fue habiéndonos dicho lo que quería.

Cuando el infinitivo compuesto forma parte de una perífrasis o depende de otro verbo con su mismo sujeto, los pronombres pueden posponerse al auxiliar haber *o anteponerse al verbo conjugado, salvo en los mismos casos señalados para las formas simples:*

Tenías que habérmelo dicho / Me lo tenías que haber dicho

Había que haberlo *previsto (pero no* Lo había que haber previsto ⊗*)*

Convenía habérselo dicho *(pero no* Se lo convenía haber dicho ⊗*)*

6. En el español actual, el participio no admite con normalidad la incorporación de pronombres enclíticos; por ello, actualmente deben evitarse usos como:

Había prometídole su apoyo ⊗ (en lugar del normal *Le había prometido su apoyo*).

> *Más forzado aún resulta el uso de enclíticos con participios en función adjetiva que sustituyen a oraciones de relativo:*
>
> *El accidente ocurrídole ayer (en lugar de* El accidente que le ocurrió ayer).[24]

7. En perífrasis verbales en las cuales aparecen dos verboides juntos, mientras uno no sea participio, la norma culta dice que debe colocarse enclítico en el verbo no auxiliar:

infinitivo	+	infinitivo (proclítico)
infinitivo	+	gerundio (proclítico)
gerundio	+	infinitivo (proclítico)

Ejemplos:

Querer decirte...	no *Quererte decir* ⊗
Pretender verte...	no *Pretenderte ver* ⊗
Estar vigilándolo...	no *Estarlo vigilando* ⊗
Estar cuidándolos...	no *Estarlos cuidando* ⊗
Queriendo decirte...	no *Queriéndote decir* ⊗

• Orden de las secuencias de clíticos

Un mismo verbo puede llevar dos y hasta tres pronombres clíticos, que se anteponen o posponen al verbo siempre en bloque, y no pueden anteponerse unos y posponerse otros. El orden no es libre y se somete, básicamente, a la regla que establece que los pronombres de segunda persona preceden a los de primera y éstos a los de tercera, salvo a la forma *se*, que precede a todas las demás...

se	+	*1.ª persona*	+	*2.ª persona*	+	*3.ª persona*

Te me lo cargaste cuando más cansado estaba.
Cualquiera se te la cargará.

No son correctas, en cambio, secuencias como *se me* o *se te*, por dativo ético (pronombre que expresa afecto, interés o implicación personal y no función de complemento real), propias del habla popular:

No se me haga el ganso, señorito. ⊗

• Duplicación de complementos: "coaparición" del clítico y el complemento

En español, los pronombres átonos aparecen a menudo dentro de la misma oración junto con el complemento (tónico) al que se refieren:

Me dijo a mí que me callara.
Lo sabe todo.

> *La duplicación del complemento indirecto a través del pronombre átono es siempre posible y, en algunos casos, obligatoria.*

En el español general culto, la "coaparición" del pronombre átono y el complemento tónico se da:

1. Si el complemento tónico es también un pronombre personal, la "coaparición" del pronombre átono es obligatoria, tanto si el complemento es directo como indirecto:

Me castigaron a mí.	no *Castigaron a mí* ⊗

A ti te dieron el premio.	no *A ti dieron el premio* ⊗

En estos casos, son posibles oraciones idénticas sin el complemento tónico (*Me castigaron; Te dieron el premio*); pero existen diferencias expresivas de importancia entre ambas posibilidades: la presencia del complemento tónico denota un propósito de contraste o discriminación, ausente de la oración en la que sólo aparece el pronombre átono...

Así, en *Me castigaron a mí*, frente a *Me castigaron*, se subraya el hecho de que ha sido sólo a mí, y no a otros igualmente merecedores de ello o más culpables que yo.

2. Si el complemento tónico no es un pronombre personal y aparece antepuesto al verbo, también es obligatoria la coaparición del pronombre átono, tanto si el complemento es directo como indirecto:

A tu hermano lo vi en el cine.	no *A tu hermano vi en el cine.* ⊗
La tarta la llevo yo.	no *La tarta llevo yo.* ⊗
A mi madre le he dicho la verdad.	no *A mi madre he dicho la verdad.* ⊗
A Juan le han denegado la beca.	no *A Juan han denegado la beca.* ⊗

Deben diferenciarse estas construcciones, con el complemento tónico antepuesto y "coaparición" del pronombre átono, de aquéllas en que la anteposición del complemento es enfática, contrastiva, en las que no "coaparece" el pronombre átono:

Un libro te daré, y no dos (*no* Un libro te lo daré, y no dos ⊗).

Pero si el complemento tónico aparece pospuesto al verbo, las condiciones para la "coaparición" del pronombre átono son diferentes según el complemento sea directo o indirecto:

a. *En el caso del complemento indirecto, la "coaparición" del pronombre átono es normalmente opcional y suele ser lo más frecuente, especialmente en la lengua oral:*

No (les) da importancia a los problemas.
(Les) he contado nuestro secreto a unos amigos.

Incluso hay verbos, como gustar, encantar, *y sinónimos, que exigen pronombre átono junto con el complemento tónico:*

¿Le gustan a tu hermana los bombones? (no *¿Gustan a tu hermana los bombones?* ⊗)

En general, suele ser necesaria la duplicación en los verbos cuyo complemento indirecto designa, no al destinatario de la acción, sino al que la experimenta, como ocurre con los llamados verbos de "afección" (psíquica o física), como molestar, divertir, interesar, cansar, *etc., y con muchos otros, como* parecer, resultar, convenir, *etc.:*

Le molestó a tu padre que no vinieras.
Le ha cansado a la abuela el paseo.

No obstante, cuando la función de complemento indirecto es desempeñada por los cuantificadores universales todo, nadie *o similares, la presencia del pronombre átono no resulta siempre necesaria:*

Su decisión no (le) gustó a todo el mundo.
(Les) cansó a todos con su discurso.

b. *El complemento directo tónico pospuesto al verbo no suele admitir la "coaparición" del pronombre átono, salvo que se trate también de un pronombre personal, caso en el que es obligatoria. Sólo es normal la duplicación en todo el ámbito hispánico cuando:*[25]

el complemento directo tónico es el pronombre todo.	Lo sé todo.
con referente animado, el complemento directo es un numeral precedido de artículo.	(Los) invité a los cuatro.
se trata del indefinido uno *y su referente es la persona que habla.*	Si la ven a una vacilar, enseguida se aprovechan.

• **Discordancias en el uso de los clíticos**

Son dos las discordancias frecuentes en el uso de los clíticos:

1. A menudo, cuando el pronombre átono de complemento indirecto concurre en la oración con el complemento indirecto preposicional, se utiliza el singular *le*, aunque el referente sea plural. Esta discordancia (extendida tanto en España como en América, incluso entre hablantes cultos), es muy frecuente, aunque es normativamente desaconsejable:

Poncho le propuso a Juan y Ricardo un acuerdo.

En el uso esmerado se recomienda mantener la concordancia de número entre el pronombre átono y el sustantivo al que se refiere:

Los mismos recursos de expansión que les proveía a sus feligreses.

2. En el español de muchos países de América es frecuente, especialmente en registros populares o coloquiales, trasladar a la forma singular del pronombre átono de complemento directo en función de complemento directo el rasgo de plural correspondiente al complemento indirecto, cuando éste va representado por la forma invariable *se*:[26]

⊗ *¡Cuántas veces necesitan que se los diga!*

En algunos países esta transferencia indebida —"*losismo*"— se ha extendido incluso entre hablantes cultos. Sin embargo, se recomienda evitarla.

versus

¡Cuántas veces necesitan que se lo diga!

• **Otras consideraciones sobre el uso de los clíticos**

1. Ciertos adjetivos que denotan facilidad, dificultad, probabilidad, merecimiento, relevancia o frecuencia, como *fácil, difícil, cómodo, rápido, costoso, raro*, etc., o que denotan sensaciones o efectos producidos por una acción, como *aburrido, divertido, penoso, gratificante*, etc., admiten como complemento un infinitivo transitivo introducido por la preposición *de*:

Me siento atrapado en una alternativa imposible de resolver.
Me demostró que la paz era un hueso duro de roer.

En estas construcciones, el infinitivo transitivo tiene sentido pasivo (problema fácil de resolver = problema que puede ser resuelto fácilmente) *y el sustantivo al que se refiere el adjetivo es el sujeto paciente tácito de dicho infinitivo. Así, es incorrecto añadir al infinitivo transitivo el pronombre átono de complemento directo, cuyo antecedente es el sustantivo al que se refiere el adjetivo:*

Planteó cuestiones difíciles de resolverlas ⊗ *(en lugar de* Planteó cuestiones difíciles de resolver*)*.

2. No puede haber "correferencia" parcial entre el clítico y el sujeto del verbo; por ello no es posible una oración como:

Nos hice una cena riquísima. ⊗	El referente *yo* del sujeto es sólo una parte del referente *nosotros* del complemento indirecto

Los referentes deben ser o bien totalmente distintos, o bien totalmente coincidentes:

Os hice una cena riquísima.	*El sujeto* yo *y complemento indirecto* vosotros.
Nos hicimos una cena riquísima.	*El referente del sujeto y del complemento indirecto es* nosotros.

3. Los clíticos no pueden coordinarse entre sí:

Los y te escuché. ⊗

Tampoco pueden coordinarse dos verbos y asociarles conjuntamente un solo clítico:

La compré y coloqué en mi casa ⊗ *(debemos decir* La compré y la coloqué en mi casa*).*

Sólo es lícito coordinar las bases verbales si el pronombre va en posición preverbal y si de la suma de los dos verbos resulta una acción unitaria y, normalmente, repetida:

Un cabo de savia le transitaba al menor por los ojos sin mirada: los abría y cerraba sucesivamente, buscando el colofón de su vida.

• Vista panorámica de los pronombres átonos

También existen los pronombres átonos (inacentuados), que sirven generalmente para sustituir a un complemento, directo o indirecto, para nombrar a alguien o algo que no es sujeto.

complemento directo	**complemento indirecto**	
	sin preposición	**con preposición**
me	*me*	*mí*
te	*te*	*ti*
lo, la	*le*	*sí, él, ella*
nos	*nos*	*nosotros*

Ejemplos de pronombres átonos de complemento directo:

Me han tratado bien.
Nos han derrotado.
Te han recibido cordialmente.
Lo acompañaré a la puerta. [a usted] (Con leísmo —uso de le *en lugar de* lo*)*
La aprecian mucho en esta casa. [a usted... mujer]
Os vi el otro día.
Los esperaba con impaciencia. [a ustedes]
Las invitarán. [a ustedes]
He buscado a Luis y no lo he visto. (Con leísmo: no le he visto.)
Perdí el papel, pero ya lo he encontrado.
He buscado a Luisa, pero no la he visto.
He visto esto y lo he comprado.
He buscado a tus hermanos y no los he visto.
Perdí los papeles, pero ya los he encontrado.
Perdí las cartas, pero ya las he encontrado.

Ejemplos de pronombre átonos de complemento indirecto:

Me enviaron una encomienda. [a mí]
Nos han quitado el ocio. [a nosotros]
Te doy lo tuyo. [a ti]

Le prometo una compensación. [a usted]
Os reservaremos el sitio. [a vosotros]
Allí les darán un resguardo. [a ustedes]
He visto a Cristina y le he dado la noticia. [a ella]
He visto tus documentos y les he encontrado un defecto. [a ellos]

El pronombre átono *se*, que además de servir para representar al complemento indirecto en la doble sustitución (por ejemplo: comprárselo...) y para simbolizar la voz pasiva refleja (por ejemplo: se vio que...), se esgrime para:

1) Verbos pronominales reflexivos (de uso REFLEJO: *sí mismo, a sí mismo*). Por ejemplo:

sentarse, mirarse, complacerse.

Estos verbos, señalizados en el diccionario como *prnl.*, se ven así al conjugarse:

yo me siento, tú te sientas, él se sienta... nosotros nos miramos, ustedes se miran, ellos se miran... yo me complazco, usted se complace, vosotros os complacéis...

Pronombres reflexivos

	singular	plural
1.ª	*me*	*nos*
2.ª	*te, se*	*se, os*
3.ª	*se*	*se*

2) Verbos pronominales recíprocos (uno a otro, y viceversa). Por ejemplo:

abrazarse, golpearse, besarse.

También son señalados con *prnl.*, y se conjugan siempre en plural, a menos que tengan un sentido reflejo:

nosotros nos abrazamos, ustedes se abrazan, ellos se abrazan... nosotros nos golpeamos, ustedes se golpean, ellos se golpean... nosotros nos besamos, vosotros os besáis, ellos se besan...

Pronombres recíprocos

1.ª	*nos*
2.ª	*se, os*
3.ª	*se*

3) Uso expresivo (más enfático, sentencioso) o expletivo. Por ejemplo:

comer un pastel / comerse un pastel
pasarlo bien / pasárselo bien.

Al conjugar éstos:

yo me como, tú te comiste, él se comerá, nosotros nos comeríamos, ustedes se comían, ellos se comiesen, vosotros os comeréis...

Pronombres expresivos

	singular	plural
1.ª	*me*	*nos*
2.ª	*te, se*	*se, os*
3.ª	*se*	*se*

1.6. Preposiciones

Son enlaces con función subordinante, es decir, palabras que indican que existe relación entre dos términos. La significación que dan las preposiciones responde a circunstancias de movimiento, lugar, tiempo, modo, causa, posesión, pertenencia, materia y procedencia.

Son preposiciones: *a, ante, bajo, cabe,** *con, contra, de, desde, en, entre, hacia, hasta, para, por, pro, según, sin, so, sobre* y *tras*. Ejemplos:

Nos dirigimos a tu casa.
El gigante estaba ante ti.
Había un cilindro cabe la escotilla.
Fue hecho con mucha dedicación.
Nos revelamos contra todo.
Preferimos estar de lado contrario.
Lo supimos desde el principio.
Tal vez no está en aquel lugar.
Había muchas rosas entre los arbustos.
Hoy sí iremos hacia la honra.
Optaría por no empezar hasta que llegues.
Ése no era para mí.
Lo restauramos por encargo de tu tía.
Era una fundación pro ancianos desamparados.
Fue manufacturado según las normas.
Nos quedamos sin argumentos.
Admitió su error, so castigo de ayuno.
El libro está sobre el escritorio.
El defensor fue tras él.

1.6.1. Uso de preposiciones†

Las preposiciones son, tal vez, las palabras que más complicaciones traen al escritor. De este modo, se ha compilado un compendio sobre el uso correcto de las preposiciones. Así, ¿cuándo o para qué se usa cada preposición? He aquí la respuesta.

---

* Esta preposición, *cabe*, significa «cerca de» o «junto a», pero actualmente está en desuso, debido a que resulta anticuada para algunos. Hoy sólo es usada en lenguaje poético. No está prohibida.

† Este epítome (con algunas modificaciones en los ejemplos) fue extraído de REAL ACADEMIA DE LA LENGUA ESPAÑOLA: *Diccionario de la Lengua Española*, Vigésima Edición, Espasa Calpe, Madrid, 1984.

• *A*

1. Preceder a determinados complementos verbales (como el complemento indirecto y el complemento directo) cuando éste es de persona determinada o está de algún modo personificado. Ejemplos:

Dejó su fortuna a sus hijos.
Respeta a los animales.
El gato persigue a un ratón.

2. Preceder al infinitivo regido por un verbo que indica el comienzo, aprendizaje, intento, logro, mantenimiento o finalidad de la acción. Ejemplos:

Empezar a correr.
Enseñar a escribir.
Disponerse a huir.

3. Preceder al complemento de nombres y verbos de percepción y sensación, para precisar la sensación correspondiente:

Sabor a miel.
Huele a trifulca.

4. Preceder al complemento nominal o verbal que es régimen de ciertos verbos.[27] Por ejemplo:

Condenar a muerte.
Jugar a las cartas.

5. Preceder al complemento de algunos adjetivos. Ejemplos:

Suave al tacto.
Propenso a las enfermedades.

6. Indicar la dirección que lleva o el término a que se encamina alguien o algo. Por ejemplo:

Voy a Roma, a palacio.
Estos libros van dirigidos a tu padre.

También es usado en frases elípticas imperativas:[28]

¡A la cárcel!
¡A comer!

7. Precisar el lugar o tiempo en que sucede algo:

Lo atraparon a la entrada.
Firmaré a la noche.

8. Indicar la situación de alguien o algo:

A la derecha del director.
A espaldas del edificio.
A occidente.

9. Designar el intervalo de lugar o de tiempo que media entre una cosa y otra:

De calle a calle.
De once a doce del día.

10. Denotar el modo de la acción:

A pie, a caballo, a mano, a golpes.

11. Preceder a la designación del precio de las cosas:

A veinte reales la vara.
A cincuenta la fanega.

12. Indicar distribución o cuenta proporcional:

Dos a dos.
A tres por ciento.

13. Ante infinitivo, en expresiones de sentido condicional (equivalente a la conjunción *si* con indicativo o subjuntivo):

A decir verdad (si decimos la verdad, si dijéramos la verdad...).
A saber yo que había de venir.

14. Equivalente a «ante»:

A la vista.

15. Equivalente a «con»:

Quien a hierro mata, a hierro muere.

16. Equivalente a «hacia»:

Se fue a ellos como un león.

17. Equivalente a «hasta»:

Pasó el río con el agua a la cintura.

18. Equivalente a «junto a»:

A la orilla del mar.

19. Equivalente a «para»:

A beneficio del público.

20. Equivalente a «por»:

A instancias mías.

21. Equivalente a «según»:

A fuero de Aragón.
A lo que parece.
A la moda.

22. Dar principio a muchas locuciones adverbiales. Por ejemplo:

A oscuras.
A tientas.
A regañadientes.
A todo correr.

23. Preceder a la conjunción que en fórmulas interrogativas con una idea implícita de apuesta o desafío:

¡A que no te atreves!
¿A que no lo sabes?

• ***ANTE***

1. Equivalente a «frente a» (o «enfrente de»). Por ejemplo:

Estamos ante el edificio.

2. Equivalente a «en presencia de»:

Estuvimos ante el magistrado.

3. Equivalente a «en comparación», «respecto de»:

El Atlántico es pequeño ante el Pacífico.
Ante la situación...

• ***CABE***

1. Equivalente de «cerca de», «junto a». Por ejemplo:

Estabas cabe el océano.

• ***CON***

1. Denotar el medio, modo o instrumento que sirve para hacer algo:

Lo hizo con sus manos

Fue cortada con tijeras.

2. Antepuesta al infinitivo, equivale a gerundio:[29]

Con declarar, se eximió del tormento.

3. Expresar las circunstancias con que se ejecuta o sucede algo:

Come con ansia.

4. Equivalente a "a pesar de":

Con ser tan antiguo, le han postergado.

5. Contraponer lo que se dice en una exclamación con una realidad expresa o implícita:

¡Con lo hermosa que era esta calle y ahora la han estropeado!

6. Equivalente a "juntamente" o "en compañía":

Me quedo con ellos.

Locuciones:

«Con que» es una locución conjuntiva condicional equivalente a «con tal de que»:

Procuraré complacerte, con que no me pidas cosas imposibles...

• ***CONTRA***

1. Denotar oposición y contrariedad de una cosa con otra:

Sus palabras eran contra mí.

En voces compuestas es usada como prefijo: contrabando, contraponer, contraveneno.

2. Equivalente a «enfrente»:

Se puso un cipo contra el sector oriente.

3. Equivalente a «hacia» («en dirección a»):

Caminó contra su casa.

4. Equivalente a «a cambio de»:

Entrega de un objeto contra recibo.

Locuciones:

A la contra es una locución adverbial que demuestra estar en actitud contraria a una opinión, un criterio o un orden imperante: *Utilizó sus palabras* a la contra.

Es usado también como locución adjetiva: Sus palabras fueron a la contra.

-*A la contra* también es usado como locución adverbial usada en el ambiente deportivo; expresa «al contraataque».
-*En contra* es una locución adverbial usada como «en oposición de algo»: Fuimos *en contra* todo.
-*Engañar la contra* es una locución verbal usado en la esgrima, y significa «engañar dicha parada siguiendo el mismo movimiento de la espada y concluyendo con un pase».
-*Hacer a alguien la contra* es una locución verbal coloquial que significa «oponerse a lo que quiere o le importa».
-*Hacer la contra o ir a la contra* son locuciones verbales que en ciertos juegos, como el tresillo, expresa «ser principal contrario del hombre».

• ***DE***

1. Denotar posesión o pertenencia:

La casa de mi padre.
La paciencia de Rodrigo.

2. Crear diversas locuciones adverbiales de modo:

Almorzó de pie.
Le dieron de puñaladas.
Lo conozco de vista.

3. Denotar de dónde es, viene o sale alguien o algo:

La canción es de Osorno.
Vengo de Arauco.
No sale de casa.

4. Denotar la materia de que está hecho algo:

El vaso de plata.
El vestido de seda.

5. Denotar asunto o materia:

Este libro trata de la última guerra.
Una clase de física.
Hablaban de la boda.

6. Denotar la causa u origen de algo:

Murió de viruelas.
Fiebre del heno.

7. Expresar la naturaleza, condición o cualidad de alguien o algo:

Hombre de valor.
Entrañas de fiera.

8. Determinar o fijar con mayor viveza la aplicación de un nombre apelativo:[30]

El mes de noviembre.
La ciudad de Sevilla.

9. Equivalente a «desde» (con idea de punto en el espacio o en el tiempo):

De Madrid a Toledo.
Abierto de nueve a una.

10. Precedida de sustantivo, adjetivo o adverbio, y seguida de infinitivo:

Es hora de caminar.
Harto de trabajar.
Lejos de pensar.

11. Seguida de infinitivo con valor condicional:[31]

De saberlo antes, habría venido.

12. Precedida de un verbo para formar perífrasis verbales:

Dejó de estudiar.
Acaba de llegar.

13. Con ciertos nombres para determinar el tiempo en que sucede algo:

De madrugada.
De mañana.
De noche.
De viejo.
De niño.

14. Para reforzar un calificativo:

El bueno de Pedro.
El pícaro del mozo.
La taimada de la patrona.

15. Como nota de ilación:

De esto se sigue, de aquello se infiere.

16. Con valor partitivo:

Dame un poco de agua.

17. Denotar la rápida ejecución de algo:

De un trago se bebió la tisana.
De un salto se puso en la calle.
Acabemos de una vez.

18. Entre distintas partes de la oración con expresiones de lástima, queja o amenaza:

¡Pobre de mi hermano!
¡Ay de los vencidos!

19. Para la creación de locuciones prepositivas a partir de adverbios, nombres, etc.:[32]

Antes de...
Respecto de...
Alrededor de...
A diferencia de...

20. Combinada con otras preposiciones:

De a tres.
De a bordo.
De por sí.
Por de pronto.
Tras de sí.

21. En ciertas construcciones con el agente de la pasiva:

Acompañado de sus amigos.
Dejado de la mano de Dios.
Está abrumado de deudas.

22. Para introducir el término de la comparación:

He comido más de lo debido.
Es peor de lo que pensaba.
Ahora escribe más de veinte artículos al año.

23. Equivalente a «con» (con idea de medio, modo o instrumento para hacer algo):

Lo hizo de buen grado.

24. Equivalente a «para»:

Gorro de dormir.
Ropa de deporte.

25. Equivalente a «por»:

Lo hice de miedo.

26. Como oposición a «a»:

De lunes a viernes.

Locuciones:
-*De ti a mí, de usted a mí,* etc., son locuciones adverbiales coloquiales equivalentes a «entre los dos» o «para entre los dos».

• ***DESDE***

1. Denotar el punto, en tiempo o lugar, de que procede, se origina o ha de empezar a contarse una cosa, un hecho o una distancia:

Desde la Creación.
Desde Madrid.
Desde que nací.
Desde mi casa.

Se usa también en locuciones adverbiales: desde entonces, desde ahora, desde aquí, desde allí.

2. Equivalente a «después de», «a partir de»:

Todo cambió desde el domingo.

3. Para introducir la perspectiva, el enfoque, el aspecto o la opinión que se expresan:

Desde la perspectiva histórica.
Desde mi punto de vista.

4. Equivalente a «comenzando en», «comenzando con», «a partir de»:

Desde el kilómetro cinco.

5. Como antónimo de «hasta»:

Desde aquí hasta allá.

Locuciones:

-*Desde ya* es una locución adverbial equivalente a «ahora mismo», «inmediatamente»:

Comenzaré a esforzarme más desde ya.

• ***EN***

1. Denotar en qué lugar, tiempo o modo se realiza lo expresado por el verbo a que se refiere:

Pedro está en Madrid.
Esto sucedió en Pascua.
Tener en depósito.

2. Equivalente a «sobre»:

El rey le ha dado una pensión en la renta del tabaco.

3. Denotar aquello en que se ocupa o sobresale alguien:

Trabajar en bioquímica.

4. Denotar situación de tránsito:

En prensa, en proyecto.

5. Equivalente a «por»:

Lo conocí en la voz.

6. Equivalente a «luego que», «después que»:

En poniendo el general los pies en la playa, dispara la artillería.

7. Denotar el término de algunos verbos de movimiento:

Caer en un pozo, entrar en casa.

8. Se usa como sinónimo de «con»:

Alegrarse en una nueva.

• ***ENTRE***

1. Denotar la situación o estado en medio de dos o más cosas:

Era difícil la situación entre ellos.

2. Equivalente a «dentro de», «en lo interior»:

Tal pensaba yo entre mí.

3. Denotar estado intermedio:

Entre dulce y agrio.

4. Equivalente a «como uno de»:

Lo cuento entre mis amigos.

5. Denotar cooperación de dos o más personas o cosas:

Entre cuatro estudiantes se comieron un cabrito.
Entre seis de ellos traían unas andas.

6. Equivalente a «según costumbre de»:

Entre sastres.

7. Expresar idea de reciprocidad:

Hablaron entre ellos.

Locuciones:

-*Entre que* es una locución conjuntiva vulgar equivalente de «mientras»; por tanto, es inapropiada.

• ***HACIA***

1. Denotar dirección del movimiento con respecto al punto de su término:

Fueron hacia el sur.

2. Equivalente a «alrededor de», «cerca de»:

Hacia las tres de la tarde.
Ese pueblo está hacia Tordesillas.

> *Se usa también en sentido figurado:* fueron hacia su prosperidad.

• ***HASTA***

1. Denotar el término de tiempo, lugares, acciones o cantidades:

Te espero hasta mañana.
Fue hasta tu casa.
Comenzó corriendo hasta los brincos.
Hasta mil veces.

2. Se usa como conjunción copulativa, con valor inclusivo, combinada con *cuando* o con un gerundio:[33]

Canta hasta cuando come / canta hasta comiendo.

3. Se usa como conjunción copulativa, con valor excluyente, seguida de *que*:

Canta hasta que come.

4. Se usa como antónimo de «desde»:

Desde *mi casa* hasta *la tuya.*

Locuciones:

-*Hasta ahora, hasta después, hasta la vista, hasta luego* o *hasta más ver* son expresiones usadas para despedirse de alguien a quien se espera volver a ver pronto o en el mismo día.
-*Hasta no más* es una locución adverbial que denota gran exceso o demasía de algo: *Hasta no más poder.*
-*Hasta nunca* es una expresión que enuncia enfado de quien se despide de alguien a quien no quiere volver a ver.

-*Hasta que* o *hasta tanto que* son expresiones usadas para indicar el límite o término de la acción expresada por el verbo principal: *Correré hasta que me canse.*

• ***PARA***

1. Denotar el fin o término a que se encamina una acción:

Hizo todo para cambiarlo.

2. Equivalente a «hacia» («en dirección a»):

Caminó para tu casa.

3. Se usa para indicar el lugar o tiempo a que se difiere o determina el ejecutar algo o finalizarlo:

Pagará para San Juan.

4. Se usa para determinar el uso que conviene o puede darse a algo:

Esto es bueno para las mangas del vestido.

5. Se usa como partícula adversativa,[34] significando el estado en que se halla actualmente algo, contraponiéndolo a lo que se quiere aplicar o se dice de ello:

Con buena calma te vienes para la prisa que yo tengo.

6. Denotar la relación de una cosa con otra, o lo que es propio o le toca respecto de sí misma:

Poco le alaban para lo que merece.

7. Significa el motivo o causa de algo... *por qué,* o *por lo que*:

¿Para qué madrugas tanto?

8. Equivalente a «por», «a fin de»:

Para acabar la pendencia, me llevé a uno de los que reñían.

9. Denotar la aptitud y capacidad de una persona:

Antonio es para todo, para mucho, para nada.

10. Junto con verbo, significa la resolución, disposición o aptitud de hacer lo que el verbo denota, o la proximidad o inmediación a hacerlo, y en este último sentido se une al verbo estar:

Estoy para marchar de un momento a otro.
Estuve presto para responderle una fresca.

11. Con los pronombres personales *mí, sí,* etc., y con algunos verbos, denota la particularidad de la persona, o que la acción de lo expresado por el verbo es interior, secreta y no se comunica a otro:

Para sí hace...
Leer para sí.
Para mí tengo.

12. Junto con algunos nombres, se usa supliendo el verbo comprar o con el sentido de «entregar a», «obsequiar a», etc.:

Dar para fruta.
Estos libros son para los amigos.

13. Se usa con la partícula *con,* y explica la comparación de una cosa con otra:

¿Cuáles son sus intenciones para conmigo?

Locuciones:

-*Para que* es una locución conjuntiva usada en sentido interrogativo y afirmativo, que significa «para cuál fin u objeto»,[35] «para el fin u objeto de que»: *Vine para que conversáramos.*

En sentido interrogativo, que *se escribe con tilde: ¿Para qué sirve ese instrumento?*

-*Para con* es una locución prepositiva equivalente a «respecto de»:
Había mucho que hacer para con esa situación.

-*Para eso* es una locución adverbial usada para despreciar algo por fácil o por inútil:
Para eso no me hubiera molestado en venir.

• ***POR***

1. Indicar el agente en las oraciones en pasiva:

Fue hecho por mí.
Fue fracturado por su contrincante.

2. Ante topónimos, denota tránsito por el lugar indicado:

Ir a Toledo por Illescas.

3. Ante topónimos, indica localización aproximada:

Ese pueblo está por Toledo.

4. Denotar parte o lugar concretos:

Agarré a Juan por el brazo.

5. Se junta con los nombres de tiempo, determinándolo:

Por Navidad.
Por agosto.

6. Equivalente a «en clase o calidad de»:

Recibir por esposa.

7. Denotar causa:

Por una delación la detuvieron.
Cerrado por vacaciones.

8. Denotar el medio de ejecutar algo:

Por señas.
Por teléfono.

9. Denotar el modo de ejecutar algo:

Por fuerza.
Por todo lo alto.
Por las buenas.

10. Denotar precio o cuantía:

Por cien duros lo compré.
Por la casa me ofrece la huerta.

11. Equivalente a «a favor o en defensa de alguien o de algo»:

Por él daré la vida.

12. En sustitución de alguien o de algo:

Tiene a sus abuelos por padres.

13. En juicio u opinión de...:

Tener por santo.
Dar por buen soldado.

14. Junto con algunos nombres, denota que se da o reparte con igualdad algo:

A pichón por barba.
A peseta por persona.

15. Denotar multiplicación de números:

Tres por cuatro, doce.

16. Denotar proporción:

A tanto por ciento.

17. Se usa para comparar entre sí dos o más cosas:

Villa por villa, Valladolid en Castilla.

18. Denotar idea de compensación o equivalencia:

Lo uno por lo otro.
Comido por servido.

19. Equivalente a «en orden a», "acerca de":

Se alegaron varias razones por una y otra sentencia.

20. Equivalente a «a través de» («pasando de un lado al otro»):

Por el ojo de una aguja.
Por un colador.

21. Equivalente a «sin» (con idea de carencia o falta):

Esto está por pulir.
Quedan plazas por cubrir.

22. Se usa en lugar de la preposición *a* y el verbo *traer* u otro.

Ir por leña, por vino, por pan.

23. Con ciertos infinitivos, es equivalente de «para»:

Por no incurrir en la censura.

24. Con ciertos infinitivos, denota la acción futura de estos verbos:

Está por venir, por llegar.
La sala está por abarrotarse.

25. Detrás de un verbo, y delante del infinitivo de ese mismo verbo, denota falta de utilidad:

Comer por comer.
Barrió por barrer.
Lo está planchando por planchar.

26. Precedida de *no*, o seguida de un adjetivo o un adverbio y de *que*, tiene valor concesivo:

No por mucho pintarte estarás más guapa.
Por atrevido que sea no lo hará.

27. Coloquialmente se usa con equivalencia de «¿por qué?»:[36]

—No quise ir.
—¿Por...?

Locuciones:

-*Por que* es una locución conjuntiva final equivalente a «porque», «para que»: *Hice cuanto pude por que no llegara este caso.*
-*Por qué* es una locución adverbial equivalente a «por cuál razón, causa o motivo»:
¿Por qué te agrada la compañía de un hombre como ése?
No acierto a explicarme por qué le tengo tanto cariño.
-*Por si* es una locución adverbial equivalente a «por si acaso»: *No lo compramos por si fallaba.*

• ***PRO***

1. Equivalente a «en favor de» («en beneficio de alguien o algo»):

Fundación pro Niño Lisiado.

Locuciones y expresiones:

-*Buena pro* era una expresión usada para saludar a quien estaba comiendo o bebiendo.

-*Buena pro,* asimismo, se usaba en los contratos y remates para demostrar que se habían perfeccionado o eran ya obligatorios.

-*De pro* es una locución adjetiva en donde, dicho de una persona, se cumple cabalmente con sus obligaciones («hombre de pro»).

-*De pro,* asimismo, es una locución adjetiva que expresa que algo se distingue por sus buenas cualidades o es profesional («guitarra pro»).

-*El pro y el contra* es una locución sustantivada que se usa para denotar la confrontación de lo favorable y lo adverso.

-*En pro de...* es una locución prepositiva equivalente a «a favor de» («en beneficio de alguien o de algo»): *En pro de la educación.*

• ***SEGÚN***

1. Equivalente a «conforme», «con arreglo», «a»:

Según la ley.
Según el arte.
Según eso.

2. Equivalente a «con arreglo», o «en conformidad», «a lo que», o a «como»:

Según veamos.
Según se encuentre mañana el enfermo.

3. Equivalente a «en proporción o correspondencia a»:

Se te pagará según lo que trabajes.

4. Equivalente a «de la misma suerte o manera que»:

Todo queda según estaba.

5. Equivalente a «por el modo en que»:

La cabeza sin toca, ni con otra cosa adornada que con sus mismos cabellos, que eran sortijas de oro, según eran rubios y enrizados.

6. Ante nombres o pronombres personales, con arreglo o conformemente a lo que opinan o dicen las personas de que se trate:

Según él.
Según ellos.
Según Aristóteles.
Según San Pablo.

7. Se usa con la conjunción *que*:

Según que lo prueba la experiencia.

8. Con carácter adverbial y en frases elípticas, indica eventualidad o contingencia:

Iré o me quedaré, según.

Locuciones :

-*Según y como* es una locución conjuntiva equivalente a «de igual suerte o manera que»:
Se lo diré según y como tú me lo dices.
Todo te lo devuelvo según y como lo recibí.
-*Según y como,* además, es una locución conjuntiva equivalente a «según» («con idea de contingencia»):
—*¿Vendrás mañana?*
—*Según y como...*
-*Según y conforme* es una locución conjuntiva equivalente a «según y como» (punto anterior).

• ***SIN***

1. Denotar carencia o falta de algo:

La casa sin jardín.

2. Equivalente a «aparte»:

Llevó tanto en dinero, sin las alhajas.

3. Ante un verbo en infinitivo, equivale a *no* con su participio o gerundio:[37]

Me fui sin comer.

• ***SO***

1. Equivalente a «bajo», «debajo de»:

So capa de.
So color de.
So pena de.
So pretexto.

• ***SOBRE***

1. Equivalente a «encima de»:

La cartera está sobre la mesa.

2. Equivalente a «acerca de»:

Quiero hablarte sobre la fiesta.

3. Equivalente a «además de»:

Sobre habitaciones, hay patios.

4. Se usa para indicar aproximación en una cantidad o un número:

Tengo sobre mil pesetas.
Vendré sobre las once.

5. Expresa «con dominio y superioridad»:

Nosotros estuvimos sobre el equipo contrario.

6. Expresa «en prenda de algo»:

Sobre esta alhaja préstame veinte duros.

7. En el comercio, denota la persona contra quien se gira una cantidad, o la plaza donde ha de hacerse efectiva.

Giró una letra de cambio sobre su cliente.

8. Se usa precediendo al nombre de la finca o fundo que tiene afecta una carga o gravamen:

Un censo sobre tal casa.

9. Equivalente a «a», «hacia»:

Volamos sobre Madrid.

10. Equivalente a «después de»:

Sobre comida.
Sobre siesta.
Sobre tarde.

11. Precedida y seguida de un mismo sustantivo, denota idea de reiteración o acumulación:

Crueldades sobre crueldades.
Robos sobre robos.

12. En una gradación numérica, indica una posición superior a la que se toma como referencia:

Estamos a dos grados sobre cero.

• ***TRAS***

1. Equivalente a «después de», «a continuación de», aplicado al espacio o al tiempo:

Tras este tiempo vendrá otro mejor.

2. Equivalente a «en busca o seguimiento de»:

Se fue deslumbrado tras los honores.

> *En voces compuestas, se usa como prefijo:* trastienda, trascoro.

3. Equivalente a «detrás de, en situación posterior»:

Tras una puerta.

4. Equivalente a «fuera de esto», «además»:

Tras de venir tarde, regaña.

1.6.2. Usos errados

Sustitución[38]

Formas erradas	Formas adecuadas	Formas erradas	Formas adecuadas
De acuerdo a	*De acuerdo con*	De verano ocurre	*En verano ocurre*
Acto a realizarse	*Acto por realizarse*	Está de venta	*Está en venta*
A base de	*Sobre la base de*	Gusto de conocerlo	*Gusto en conocerlo*
A nivel de	*En el nivel de*	Lo dice de verdad	*Lo dice en verdad*
En relación a	*En relación con*	Protestan de todo	*Protestan contra todo*
Mirarse al espejo	*Mirarse en el espejo*	Bajo el punto de vista	*Desde el punto de vista*
A cuenta de	*Por cuenta de*	Bajo esa base	*Sobre esa base*
Al instante de salir	*En el instante de salir*	Bajo el aspecto	*En el aspecto*
Es distinto a esto	*Es distinto de esto*	Bajo el gobierno	*Durante el gobierno*
Máquina a vapor	*Máquina de vapor*	Contar por los dedos	*Contar con los dedos*
Escapó al peligro	*Escapó del peligro*	Disentir con algo	*Disentir de algo*
En honor al maestro	*En honor del maestro*	Vino con el tren	*Vino en el tren*
En base a	*Con base en*	Cumplo en decírselo	*Cumplo con decírselo*
A pretexto de	*Con el pretexto de*	Chocó en un árbol	*Chocó contra un árbol*
A lo que vemos	*Por lo que vemos*	Entre más caro	*Cuanto más caro*
Vino de casualidad	*Vino por casualidad*	Quedó de venir	*Quedó en venir*

Aumento

Formas erradas	Formas adecuadas	Formas erradas	Formas adecuadas
Santiago, a 24 de junio	*Santiago, 24 de junio*	Con tal de que salga	*Con tal que salga*
De arriba a abajo	*De arriba abajo*	Hagamos de cuenta	*Hagamos cuenta*
Visité a Lima	*Visité Lima*	Basta con verlo	*Basta verlo*

El primero de entre ellos	El primero entre ellos
Se vende al por mayor	Se vende por mayor
En el año de 1977	En el año 1977 En 1977

Viajan de a miles	Viajan a miles Viajan por miles
Anda de a pie	Anda a pie
Estoy al pendiente	Estoy pendiente

Hasta

En México y partes de Centroamérica se usa para sugerir «no antes de», «apenas» o «a partir de» («desde»); es decir, todo lo contrario a su real significado. Debido a eso, este uso adverbial es inadecuado, ya que produce anfibología. Por ejemplo:

Cierran hasta las nueve. ⊗

Esto realmente dice que el local estará cerrado desde un momento determinado hasta llegar a las nueve (entonces abrirán), y no que en ese horario se cerrará.

Si se quiere decir que las nueve es la hora de cierre, lo correcto es cambiar *hasta* por *a*: *Cierran a las nueve...*

También es correcto agregar negación y mantener *hasta*: *No cierran hasta las nueve.*

Si el verbo, en vez de *cierran* (un acto breve), fuese uno que implique cierto transcurso, se podría, incluso, decir *Cocinan a partir de las nueve.*

Nos vemos hasta el lunes. ⊗

Esto realmente dice que «estarán viéndose todos los días, desde hoy hasta llegar al lunes... y el martes no se verán», y no que será el lunes cuando vuelvan a verse.

Lo correcto es suprimir *hasta*: *Nos vemos el lunes.* Si se quiere sugerir que la fecha en que se verán está muy lejana es posible usar *apenas*: *Nos vemos apenas el lunes.*

También es correcto agregar negación y mantener *hasta*: *No nos vemos hasta el lunes.*

La inclusión de la negación para corregir la expresión se produce porque en este uso la preposición tiene circunscrito el significado negativo (*no antes de...*).

Otros ejemplos:

El autobús da vuelta hasta la esquina. ⊗	Lo correcto sería decir: *El autobús no da vuelta hasta la esquina, o El autobús da vuelta (apenas) en la esquina.*
Pedro nos acompaña hasta el viernes. ⊗	Lo correcto sería decir: *Pedro no nos acompaña(rá) hasta el viernes, o Pedro nos acompaña(rá) desde (o a partir de) el viernes.*

En algunas zonas de Sudamérica se comete este mismo error, pero no con hasta, *sino con* recién.

Pedro nos acompaña recién el viernes.

Supresión[39]

Formas erradas	Formas adecuadas	Formas erradas	Formas adecuadas
Estoy seguro que triunfará	*Estoy seguro de que triunfará*	Quizás deberá estar cansado	*Quizás deberá de estar cansado*
Pintura color rosa	*Pintura de color de rosa*	Debajo la puerta	*Debajo de la puerta*
Respecto este tema	*Respecto de este tema*	Antes que lo hiciera	*Antes de que lo hiciera*
Busco tus padres	*Busco a tus padres*	Busco los responsables	*Busco a los responsables*
Se quedó el importe	*Se quedó con el importe*	Quedó que así lo haría	*Quedó en que así lo haría*

Cambio de significado

No es lo mismo...	**que...**	**No es lo mismo...**	**que...**
Perder a un amigo	*Perder un amigo*	Busco a una persona	*Busco una persona*
"arruinarlo moralmente"	*"quedarse sin él"*	(determinada)	*(cualquiera)*
Lo mandó a castigar	*Lo mandó castigar*	Debe de venir	*Debe venir*
(que él castigue)	*(que lo castiguen)*	"supongo que vendrá"	*"tiene obligación de venir"*
Mirar de cerca	*Mirar cerca*	Salió de presidente	*Salió presidente*
(desde corta distancia)	*(a corta distancia)*	(cesó la función)	*(fue electo)*
Pinta en la casa	*Pinta la casa*	Se sentó a la mesa	*Se sentó en la mesa*
(dentro de ella)	*(a ella)*	(junto a ella)	*(encima de ella)*
Lo hizo de pie	*Lo hizo a pie*	Lo dijo de propósito	*Lo dijo a propósito de*
(parado)	*(con los pies)*	"con intención"	*"refiriéndose a"*

Dislocación[40]

Formas dislocadas	**Formas rectas**	**Formas dislocadas**	**Formas rectas**
Descubre contra el enemigo que lucha	*Descubre el enemigo contra el que lucha*	Nos dijo sobre el tema que hablará	*Nos dijo el tema sobre el que hablará*
No sabe en el error que está	*No sabe el error en que está*	Sé al blanco que tiras	*Sé el blanco al que tiras*
Valora entre las cosas que andas	*Valora las cosas entre las que andas*	Fijó en el tiempo que lo haría	*Fijó el tiempo en que lo haría*
Ése es desde el punto de que lo verá	*Ése es el punto desde el que lo verá*	Conocemos tras el fin que va	*Conocemos el fin tras el que va*

Elipsis permisible[41]

Se puede usar	En lugar de	Se puede usar	En lugar de
Al tiempo que salía	Al tiempo en que salía	*En el lugar que estaba*	En el lugar en que estaba
En el lugar que estaba	En el lugar en que estaba	*A la medida que lo hace*	A la medida en que lo hace
En la condición que está	En la condición en que está	*El día que lo vieron*	El día en que lo vieron

1.7. Adverbios

Son palabras que califican, determinan o complementan al verbo, al adjetivo o a otro adverbio. Son palabras invariables, es decir, no concuerdan ni en número ni en género.

Significan una cualidad de la palabra a la que acompañan, o una determinación de lugar, tiempo, modo, cantidad, afirmación, negación o duda: *dentro, fuera, temprano, tarde, lentamente, rápidamente, pocos, muchos, nunca, siempre*, etc.

Lugar	*aquí, acá, allá, allí, allende, aquende, lejos, arriba, abajo, fuera, dentro, adentro, atrás, adelante...*
Tiempo	*mañana, recién, aún, después, luego, ahora, entonces, antes, hoy...*
Modo	*rápidamente, cómodamente, furtivamente, locamente, bien, mal, así...*
Cantidad	*mucho, más, poco, bastante, demasiado, tanto, menos, nada, muy...*
Afirmación	*sí, además, también, ciertamente...*
Negación	*no, nunca, jamás, tampoco...*
Duda	*acaso, tal vez, quizás...*

Ejemplo de calificación de verbos: *estudiamos responsablemente, mira cautelosamente*.

Ejemplos de calificación de adjetivos: *una postura innegablemente noble, un día bastante frío.*

Ejemplos de calificación de adverbios: *estuvo* *muy* *bien, se fue* *tan* *silenciadamente.*

Algunos «admiten» *sufijos,** especialmente diminutivos: *cerquita, lejitos, lejísimos.*

1.7.1. Algunos adverbios nebulosos

√ adelante, delante

Adelante es un adverbio de lugar, que significa «más allá» o «hacia delante, hacia enfrente»:

El enemigo nos cierra el paso; no podemos ir adelante. (hacia adelante)
Dio un paso adelante. (hacia adelante)
Venía un hombre adelante. (más allá)

Delante, en cambio, es sinónimo del adverbio de lugar *enfrente,* y se usa antecedido de la preposición *de* (como locución preposicional) para «a la vista, en presencia de» o «frente a»:

Estuvo delante de muchas personas.

√ afuera, fuera

Afuera es un adverbio de lugar que significa «fuera del sitio en que se está».

Debes ir afuera.

Fuera es un adverbio de lugar que significa «a la parte o en la parte exterior de algo».

* Un SUFIJO es un afijo, es decir, una partícula que se adjunta a una palabra o raíz modificando su sentido o valor gramatical, para formar otras derivadas o compuestas. El sufijo, en particular, se adjunta pospuesto; por ejemplo: *morirse, dímelo,* etc.

Esta práctica, puntualmente la de agregar sufijos a adverbios, no es recomendable.

Me voy fuera.
Está fuera.

Seguida de *de* (locución preposicional), *fuera* significa «en lugar distinto a»:

Comer fuera de casa.

√ asimismo

Es es un adverbio de modo equivalente a «también». Cuando se escribe como una sola palabra, no requiere acento por ser grave terminada en vocal.

No debe confundirse con la frase *a sí mismo*, como se emplea en esta oración: «Se dio el premio a sí mismo».

√ atrás, detrás, tras

Atrás y *detrás* son adverbios de lugar; *tras*, una preposición:

Se fue <u>para atrás</u>.	*<u>Hacia</u> la parte que está o queda a las espaldas de uno* o *En la parte <u>hacia</u> donde se tiene vuelta la espalda, a las espaldas...* hay movimiento intrínseco.
No lo vi, pasó <u>por</u> <u>detrás</u>.	<u>En</u> la parte posterior, o con posterioridad de lugar, o en el sitio delante del cual está alguien o algo. Sugiere preposición *de* (aunque a veces tácita).

√ donde, a donde, adonde

Cada vez que se utilice *donde* sin una preposición, significará que lo que se describe es estático. Si se agrega *a* (u otra preposición), significa que hay movimiento. Por ejemplo:

Ojalá esté donde Pedro dijo.	estar (*esté*) no representa movimiento; por eso, debe ir sin preposición.
Se fue a donde nos dijiste.	ir (*se fue*) representa movimiento; por eso debe ir con preposición.

Ahora bien, ¿cuándo debemos escribir *adonde* (junto) o *a donde* (separado)?

La casa adonde vamos está lejos.	Hay un antecedente: se conoce la casa. Entonces se escribe adonde.
Iremos a donde quieras.	No hay un antecedente: todavía no se conoce el lugar. Entonces debe escribirse a donde (separado) o sólo donde.

√ no

Es preciso tener cuidado al colocar este adverbio de negación. Para evitar confusiones, debe colocarse antes de aquello que debemos negar. Por ejemplo:

Desafortunadamente, todo el mundo no posee los conocimientos necesarios.	Aquí dice que “nadie posee esos conocimientos”; pero el redactor quiso dar a entender otra cosa: “desafortunadamente, no todo el mundo posee los conocimientos necesarios”. Este error, que se origina en el lenguaje hablado, también ocurre con mucha frecuencia en el escrito.

√ ya

Debemos estar alerta para no caer en la tentación del YAÍSMO, como en este caso exagerado:

Dijo que ya tenía la respuesta, pero ya no sé qué pensar porque ya van a dar las tres y el maestro seguramente ya se dio cuenta de que ya estamos tramando algo entre nosotros. ⊗

Si se elimina el *ya* en cada instancia, no se altera el sentido de la oración:

Dijo que tenía la respuesta, pero no sé qué pensar porque van a dar las tres y el maestro seguramente se dio cuenta de que estamos tramando algo entre nosotros.

1.8. Conjunciones

Son palabras que enlazan dos frases y oraciones, es decir, enlaces con función coordinante ("combinación" de dos o más oraciones) y a veces subordinante ("sumisión" de una oración ante otra).

Hay distintos tipos de conjunciones, no obstante, las más frecuentes son:

copulativas	*y, e, ni...*
disyuntivas	*o, ya, bien, sea...*
adversativas	*pero, mas, sino, empero...*
consecutivas	*luego, pues, conque, así que...*
causales	*porque, puesto que, ya que, pues...*
condicionales	*si, con tal que, siempre que...*

Ejemplos:

Eran cinco apoderados y cinco alumnos.
Créeme que lo intentamos, pero nos fue imposible.
Eres el más apto, así que debes aceptar.
Es tu deber, porque ya lo prometiste.
Está bien, siempre que cada uno haga su parte.

1.8.1. Algunas conjunciones nebulosas

√ con que, conque

La frase *con que*, escrita separadamente, equivale a *con el cual, con el que, con la cual, con la que*, en oraciones como:

El equipo con que llegó será suficiente.

También puede usarse interrogativamente:

¿Con qué equipo piensas escalar la montaña?

La palabra *conque*, sin embargo, es una conjunción ilativa que expresa una consecuencia natural de lo que acaba de decirse; significa, en otras palabras, *de modo que*, como en este ejemplo:

Se le terminó el dinero, conque tendrá que permanecer en Bogotá hasta que podamos enviarle más.

Asimismo, se emplea como parte de una exclamación: *¡Conque ya te has casado!*

√ porque, por que, porqué, por qué

La manera más fácil de explicar estos usos es por medio de ejemplos claros:

No llegó porque su avión tuvo problemas en Madrid.	Es una conjunción casual. Nunca debe escribirse separadamente o con acento diacrítico cuando se trata de una simple conjunción que indica causa.

Sólo tú sabes la razón por que escribiste esa carta.

Es una locución conjuntiva causal, equivalente a *por la /lo cual.* Muchas veces, efectivamente, se prefiere *por lo cual*, o *por la cual*; pero *por que* es perfectamente aceptable.

El porqué de su comportamiento es obvio.

Es un sustantivo masculino que significa causa o razón. Como sustantivo, siempre se escribe en una sola palabra y con acento en la *e*. Además, es igual para singular y plural.

a: ¿Por qué no me dijiste todo?
b: No sé por qué no me dijiste todo.

Es una locución adverbial interrogativa. Se puede emplear en una pregunta directa, como en el caso *a*, o en forma indirecta, como en el caso *b*. En ambos, es necesario escribirlo en dos palabras y con acento en la *e*.

√ si no, sino

Cuando el redactor quiere contraponer una idea positiva a otra planteada negativamente, debe usar la palabra *sino*, escrita en cuatro letras juntas:

No vamos al cine, sino al teatro.
No sólo es inteligente, sino también sensible.

Esta palabra no tiene nada que ver con la construcción *si no*, que es condicional:

Si no vienes hoy, no podré prestarte el dinero.
Nada podemos hacer si no sale electo.

√ tal como

Se trata de una locución adverbial que se emplea como *tal cual*:

María lo escribió tal como había previsto.
María lo escribió tal cual lo había previsto.

No hay que escribir *tal <u>cual</u> como*, pues *cual* sobra.

√ y/o

Ésta es una doble conjunción innecesaria en virtud de que separadas pueden dar a entender simultáneamente opción e inclusión, según el contexto. En receta médica, por ejemplo, podría leerse:

Para aplicarse en las manos o antebrazos.

Evidentemente, no significa que, si se aplica en las manos, no debería aplicarse en los antebrazos o en ambos lugares.

Si el doctor hubiera querido dar a entender una situación exclusiva, habría escrito:

Para aplicarse o en las manos o en los antebrazos.

El médico también pudo haber escrito:

Para aplicarse en las manos y los antebrazos.

para dar a entender que se puede aplicar en las manos, en los antebrazos, o en los dos lugares al mismo tiempo.

II
VICIOS

1. GERUNDISMO

Muchas veces el gerundio se emplea de mala manera, frecuentemente usado como adjetivo. A este vicio se le llama GERUNDISMO.

Es necesario saber que el gerundio constituye una FRASE SUBORDINADA DE CARÁCTER ADVERBIAL:[42]

Luisa llegó protestando.	Se indica el modo como llegó Luisa. *Protestando* es la frase subordinada que completa la idea principal *Luisa llegó.* ¿Como llegó? *Haciendo protestas.*

Para evitar confusiones, el gerundio debe ir lo más cerca posible del sujeto al cual se refiere. De este modo...

Vi a José deambulando.	*Estas oraciones no significan lo mismo: En el primer ejemplo, es* José *quien deambula; en el segundo,* soy yo *quien, mientras paseaba, vi a José.*
Deambulando, vi a José.	

Los usos correctos del gerundio son:

1. Como adverbio (uso modal). Ejemplo:[43]

Salió gritando.	No salió "así nomás", sino de una manera determinada: *gritando.*
Llegó protestando.	Se expresa de qué modo *llegó*: protestando (ofuscado, alborotado...)

2. Con indicación temporal. Ejemplos:

Estando en el aula, nos llegó la disposición.	Se indica simultaneidad entre la acción expresada por el verbo principal y el gerundio: la disposición llegó en el preciso momento de estar en el aula; mientras, a la par que se ensaya se adquiere destreza.
Ensayando se adquiere destreza.	

3. Con indicación de acción durativa o matiz de continuidad. Ejemplos:

Está leyendo.	Es una acción duradera: se está leyendo (no *se lee* nada más).
Sigo trazando.	No se trazó o se trazará algo, se sigue ejecutando.

4. Con acción inmediatamente anterior a la del verbo principal. Ejemplos:

El niño, gritando con fuerza, corrió hacia el jardín.	Gritó con fuerza, e inmediatamente corrió hacia el jardín.
Alzando la mano, la dejó caer a la mesa con toda fuerza.	Alzó la mano, e inmediatamente la dejó caer a la mesa.
El alumno, reconociendo su error, pidió disculpas.	Es una acción inmediatamente anterior al verbo principal.

5. En aplicación condicional. Ejemplo:[44]

Habiéndolo ordenado la dirección, hay que acatar.	Es decir, *si lo ordenó la dirección, hay que acatar*: una condición.

6. Uso causal. Ejemplos:[45]

Conociéndolo, no creo que venga.	Es decir, *porque lo conozco, no creo que venga.*

Los casos 5 y 6 están en tela de juicio, por lo cual es preferible evitarlos. De este modo, sería aconsejable decir, por ejemplo: debido a que lo ha ordenado la dirección, debido a que lo conozco.

7. Sin modificar al objeto directo y en representación de una acción pasajera. Ejemplo:

Vimos al niño jugando a la pelota.	El *niño* (objeto directo) no es modificado con el gerundio. Además, el hecho de *jugar* fue una acción pasajera.

Y los usos incorrectos del gerundio son:

1. Cuando la acción del gerundio es posterior a la del verbo principal; es decir, ambas acciones no son simultáneas. Ejemplos:

Los alumnos entraron al salón, sentándose luego. ⊗	*Entrar* y *sentarse* no pueden ser simultáneas: es imposible llegar de ese modo a un lugar. Lo correcto es decir *Los alumnos entraron al salón, y se sentaron luego* (entre otras opciones).

Violeta nació en San Carlos, en 1917, siendo hija de Nicanor Parra... ⊗	¿Nació ya siendo hija de Nicanor Parra? Como se ve, esto está incorrecto.

2. Cuando indica cualidades del sujeto. Ejemplo:

La mujer, cosiendo la prenda, se sentó a la máquina. ⊗	*Cosiendo* indica peculiaridad, lo cual es incorrecto... *La mujer se sentó a la máquina a coser una prenda.*

3. Cuando expresa una acción duradera. Ejemplo:

Tu esposa, siendo muy elegante, hoy tiene mal aspecto. ⊗	*Siendo* indica una acción duradera, lo cual es incorrecto... *Tu esposa, que es muy elegante, hoy tiene mal aspecto.*
Un cofre conteniendo joyas. ⊗	*Conteniendo* manifiesta un hecho continuo... *Un cofre que contiene joyas.*

4. Cuando está referido a una circunstancia. Ejemplo:

El coche se volteó, rodando por el barranco.	*Rodando* es una circunstancia. La acción no puede ser posterior a la acción del verbo principal. *El coche se volteó, y rodó por el barranco.*

2. LEÍSMO, LAÍSMO Y LOÍSMO

Se le llama LEÍSMO, LAÍSMO o LOÍSMO al mal empleo de los pronombres personales átonos: *le, la* y *lo*.

Este resabio se produce porque se atiende a la terminación en -o *o en* -a *(del género masculino o femenino), en vez de atender el caso gramatical.*

Loísmo. *Error consistente en emplear las formas* lo *y* los *de los pronombres* él *y* ellos *en función de complemento indirecto.*
Laísmo. *Empleo irregular de las formas* la *y* las *de los pronombres* ella *y* ellas *para el complemento indirecto.*
Leísmo. *Empleo de la forma* le *y, con menos frecuencia* les, *de* él *en el complemento directo masculino singular o plural, cuando el pronombre representa a personas (a veces cuando el pronombre no se refiere a personas, o para complemento directo femenino singular o plural).*

Como se ve, estos vicios consisten en equivocar complementos, específicamente su pronombre átono.

Ahora, es necesario conocer el complemento directo...

3. QUEÍSMO

El queísmo es la supresión indebida de una preposición (generalmente *de*) delante de la conjunción *que*, cuando la preposición viene exigida por alguna palabra del enunciado.

No debe suprimirse la preposición en los casos siguientes:

1. Con verbos pronominales que se construyen con un complemento de régimen:[46]

Me alegro de que hayas venido.	no *Me alegro que hayas venido.* ⊗
Me olvidé de que tenía que nombrarte.	no *Me olvidé que tenía que nombrarte.* ⊗

Te preocupaste de (o por) que no pasáramos infortunios.	no *Te preocupaste que no pasáramos infortunios.* ⊗
Se acordaba de que en esa casa vivió algunos años.	no *Se acordaba que en esa casa vivió algunos años.* ⊗
Me fijé en que había manchas en la habitación.	no *Me fijé que había manchas en la habitación.* ⊗
No me acordé de que era festivo.	*No me acordé que era festivo.* ⊗

Algunos de estos verbos, cuando se usan en forma no pronominal (no reflexiva o no recíproca), se construyen sin preposición, pues, en ese caso, la oración subordinada ejerce de sujeto o de complemento directo:

Me alegró que vinieras (*no* Me alegró de que vinieras. ⊗)
Olvidé que tenía que ir al dentista (*no* Olvidé de que tenía que ir al dentista. ⊗)

Utilizar de que *en estos casos es incurrir en* dequeísmo.

2. Con verbos no pronominales que se construyen con un COMPLEMENTO DE RÉGIMEN:[47]

Lo convencí de que escribiera la nota.	no *Lo convencí que escribiera la nota.* ⊗
Insistió en que nos quedáramos a comer.	no *Insistió que nos quedáramos a comer.* ⊗
Trato de que estés a gusto.	no *Trato que estés a gusto.* ⊗

3. Con sustantivos que llevan complementos preposicionales:[48]

Iré con la condición de que vaya a buscarme.	no *Iré con la condición que vaya a buscarme.* ⊗
Tengo ganas de que nieve.	no *Tengo ganas que nieve.* ⊗

Ardo en deseos <u>*de que*</u> *salgamos.*	no *Ardo en deseos* <u>*que*</u> *salgamos.* ⊗

4. Con adjetivos que llevan complementos preposicionales:[49]

Estamos seguros <u>*de que*</u> *acertaremos.*	no *Estamos seguros* <u>*que*</u> *acertaremos.* ⊗
Estoy convencido <u>*de que*</u> *llegarás lejos.*	no *Estoy convencido* <u>*que*</u> *llegarás lejos.* ⊗

5. En locuciones como:[50]

a pesar de que (no *a pesar que* ⊗)
a fin de que (no *a fin que* ⊗)
a condición de que (no *a condición que* ⊗)
en caso de que (no *en caso que* ⊗)

6. En la construcción *hasta el punto de que* (no *hasta el punto que* ⊗).

7. En las locuciones verbales: *caber* (o *haber*) *duda de algo, caer en la cuenta de algo, darse cuenta de algo.*

Por ejemplo:

Estoy convencido <u>*de que*</u> *podrás.*	no *Estoy convencido* <u>*que*</u> *podrás.* ⊗
No cabe duda <u>*de que*</u> *es una gran persona.*	no *No cabe duda* <u>*que*</u> *es una gran persona.* ⊗
Pronto cayó en la cuenta <u>*de que*</u> *estaba aislado.*	no *Pronto cayó en la cuenta* <u>*que*</u> *estaba aislado.* ⊗
Nos dimos cuenta <u>*de que*</u> *era simpática.*	no *Nos dimos cuenta* <u>*que*</u> *era simpática.* ⊗

No deben confundirse las locuciones caer en la cuenta, darse cuenta, *que exigen* de, *con* tener en cuenta, *que no exige la preposición:*

No tiene en cuenta que nos esforzamos *(no* No tiene en cuenta de que nos esforzamos ⊗*)*.

Además, los verbos advertir, avisar, cuidar, dudar *e* informar, *en sus acepciones más comunes, pueden construirse de dos formas:*

advertir [algo] a alguien y advertir DE algo [a alguien]
avisar [algo] a alguien y avisar DE algo [a alguien]
cuidar [algo o a alguien] y cuidar DE algo o alguien
dudar [algo] y dudar DE algo
informar [algo] a alguien[51]

Por tanto, con estos verbos, la presencia de la preposición de *delante de la conjunción no es obligatoria [*advertir, avisar, cuidar(se), dudar, informar(se)*]*.

4. DEQUEÍSMO

Dequeísmo es el uso indebido de la preposición *de* delante de la conjunción *que* cuando la preposición no viene exigida por ninguna palabra del enunciado.

Se incurre en dequeísmo en los siguientes casos:

1. Cuando se antepone la preposición *de* a una oración subordinada sustantiva de sujeto.[52] El sujeto de una oración nunca va precedido de preposición:

Es seguro que nos invitó.	no *Es seguro de que nos invitó.* ⊗
Le preocupa que aún no hayas llamado.	no *Le preocupa de que aún no hayas llamado.* ⊗
Es posible que nieve el jueves.	no *Es posible de que nieve el jueves.* ⊗

2. Cuando se antepone la preposición *de* a una oración subordinada sustantiva de complemento directo.[53] El complemento directo nunca va precedido de la preposición *de*:

Pienso que conseguiremos ganar el certamen.	No *Pienso de que conseguiremos ganar el certamen.* ⊗
Me dijeron que se iban a mudar.	No *Me dijeron de que se iban a mudar.* ⊗
Temo que no llegues a tiempo.	No *Temo de que no llegues a tiempo.* ⊗
He oído que te retiras.	No *He oído de que te retiras.* ⊗

3. Cuando se antepone la preposición *de* a una oración subordinada que ejerce funciones de atributo en oraciones copulativas con el verbo *ser*. Este complemento, por lo general, no va precedido de preposición:

Mi intención es que participemos todos (no *Mi intención es de que participemos todos.* ⊗)

4. Cuando se inserta la preposición *de* en locuciones conjuntivas que no la llevan:

A no ser que (no *a no ser de que* ⊗)
A medida que (no *a medida de que* ⊗)
Una vez que (no *una vez de que* ⊗)

5. Cuando se usa la preposición *de* en lugar de la que realmente exige el verbo:

Insistieron en que fuéramos a ese lugar (no *Insistieron de que fuéramos a ese lugar.* ⊗)
Me fijé en que llevaba chalina (no *Me fijé de que llevaba chalina.* ⊗)

Además, hay un procedimiento que puede ser de mucha utilidad en muchos de estos casos, para determinar si debemos emplear la secuencia de *preposición + que*, *o simplemente* que: *transformar el enunciado dudoso en interrogativo. Si la pregunta debe ir encabezada por la preposición, ésta ha de mantenerse en la modalidad enunciativa. Si la pregunta no lleva preposición, tampoco ha de usarse ésta en la modalidad enunciativa:*

¿De qué se preocupa? (Se preocupa de que...)
¿Qué le preocupa? (Le preocupa que...)
¿De qué está seguro? (Está seguro de que...)
¿Qué opina? (Opina que...)
¿En qué insistió el instructor? (Insistió en que...)
¿Qué dudó *o* de qué dudó el testigo? (Dudó que... *o* dudó de que...)
¿Qué informó el comité? (Informó que...)[54]

También, existen los usos antes (de) que, después (de) que, con tal (de) que.

5. QUESUISMO

En palabras sencillas, consiste en sustituir el relativo *cuyo* (*cuya, cuyos, cuyas*) por la secuencia «que su».

Él es un alumno ***que su*** *gran mérito es el esfuerzo.* ⊗	Por *Él es un alumno* **cuyo** *gran mérito es el esfuerzo.*
Vimos un perro ***que su*** *cola era como un plumero.* ⊗	Por *Vimos un perro* **cuya cola** *era como un plumero.*

Existen variantes, QUEELISMO O QUELAÍSMO,* es decir, la sustitución de *cuyo* (*cuya, cuyos, cuyas*) por las secuencias «que el» o «que la».

Éste es el chico ***que el*** *hermano nos invitó.* ⊗	Por *Éste es el chico* **cuyo** *hermano nos invitó.*

* En esencia, se le quita lo posesivo a *su*, y queda solamente lo determinante.

Era una amiga ***que la*** *madre nos quería como a otros hijos.* ⊗	Por *Era una amiga* ***cuya*** *madre nos quería como a otros hijos.*

6. TARZANISMO

El INFINITIVO INTRODUCTOR —conocido como TARZANISMO O INFINITIVISMO—*, error sobresaliente en medios de comunicación asentados en la oralidad, aunque también ha asomado su descarrío en lo escrito, consiste en la utilización de un infinitivo (*-ar, -er, -ir*) como verbo principal de una oración, sin que se apoye en ningún otro verbo conjugado.

Decir*les que aún queda mucho tiempo.* ⊗	No hay sujeto y no hay núcleo del predicado (verbo conjugado). Sí tenemos dos infinitivos introductorios: *decir, saludar*.
Saludar *a todos quienes hoy nos visitan.* ⊗	

¿Cómo arreglamos el desaguisado? Conjugando o, de plano, buscando formas oracionales. Algunas opciones...

	QUIERO decir*les que aún queda mucho tiempo.*
	VOY A decir*les que aún queda mucho tiempo.*
	ME GUSTARÍA decir*les que aún queda mucho tiempo.*
Decir*les que aún queda mucho tiempo.* ⊗	***HAY QUE decir****les que aún queda mucho tiempo.*
	SERÍA BUENO decir*les que aún queda mucho tiempo.*
	NO PUEDO DEJAR DE decir*les que aún queda mucho tiempo.*
	ES MI OBLIGACIÓN decir*les que aún queda mucho tiempo.*

* Este último, "acuñado" y desarrollado con mayor detalle en mi obra *Redactario*.

	Quiero saludar *a todos quienes hoy nos visitan.*
	Voy a saludar *a todos quienes hoy nos visitan.*
	Me gustaría saludar *a todos quienes hoy nos visitan.*
Saludar *a todos quienes hoy nos visitan.* ⊗	***Hay que saludar*** *a todos quienes hoy nos visitan.*
	Sería bueno saludar *a todos quienes hoy nos visitan.*
	No puedo dejar de saludar *a todos quienes hoy nos visitan.*
	Es mi obligación saludar *a todos quienes hoy nos visitan.*

III
ALGUNOS PRONTUARIOS

1. LAS LETRAS

1.1. El alfabeto español[55]

El abecedario es la serie ordenada de letras —o GRAFEMAS— de un idioma, que tiene como propósito establecer una representación gráfica de los sonidos y articulaciones que, de modo sentencioso y deliberado, utilizan los hablantes, y por ende, los redactores... los fonemas. A partir de estos fonemas se crean palabras, y a partir de esas palabras se ha procurado encontrar correspondencias alfabéticas.

En 1803 el alfabeto español quedó fijado de 29 letras, cada una de las cuales puede adoptar la figura y tamaño de mayúscula o minúscula. He aquí sus formas y nombres:[56]

A	a	*a*	B	b	*be, be alta o be larga*	C	c	*ce*
Ch	ch	*che*	D	d	*de*	E	e	*e*
F	f	*efe*	G	g	*ge*	H	h	*hache*
I	i	*I*	J	j	*jota*	K	k	*ka*
L	l	*ele*	Ll	ll	*elle, doble ele*	M	m	*eme*
N	n	*ene*	Ñ	ñ	*eñe*	O	o	*o*
P	p	*pe*	Q	q	*cu*	R	r	*erre o ere*
S	s	*ese*	T	t	*te*	U	u	*u*

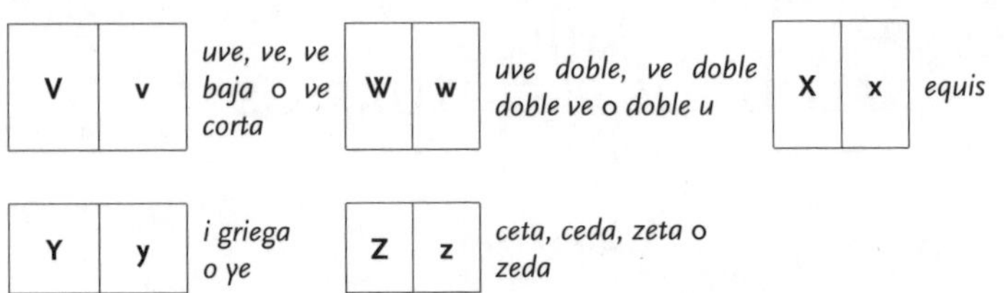

1.2. Fonemas, letras y dígrafos

Existen fonemas representados con un dígrafo: *ch, ll, rr, qu* y *gu*. Por ejemplo: *chapa, llanto,*[57] *perro, queso* y *guiso.**

También existen letras que pueden representar fonemas diferentes: *c*, que ante *a, o, u* representa el fonema de *cama, codo* y *cuna*; ante *e, i*, como en *cepa* o *cine*, representa, especialmente en Hispanoamérica, otro fonema, incluso con *seseo.*[58]

La *z* representa el fonema de *zapato* o *azul*. En zonas de seseo representa también el fonema equivalente a la letra *s*.

La *ll* representa el fonema de *lleno* o *rollo*. En zonas *yeístas* corresponde también al fonema representado en otros lugares mediante la letra *y*.

La *g*, tanto ante *a, o, u* y agrupada con otra consonante como en el grupo *gu* ante *e, i*, representa el fonema de *gato, gorra, grande, glucosa, Gutiérrez, guiso*; mientras que ante *e, i* representa el fonema de *gemelos* y *gitano*.

La *r* sencilla, tanto inicial de palabra como antecedida por una consonante que no pertenece a la misma sílaba, representa el fonema de *ratón* y *alrededor*; mientras que en posición intervocálica y final de sílaba, así como en los grupos consonánticos *br, cr, dr, fr, gr, kr, pr, tr*, representa el fonema de *caro* y *brisa*.

La *y* puede tener un valor consonántico al representar el fonema de *yema*, y un valor vocálico equivalente al representado por la letra *i* en palabras como *y, rey, hoy*.

La *w* representa un fonema en palabras de origen visigodo —parte del poblado godo; antiguo pueblo germánico, fundador de reinos en España e Italia— o alemán, como *Wamba, Witiza* o *wagneriano*, y un fonema vocálico equivalente al representado por la letra *u* en palabras de origen inglés, como *whisky* y *Washington*.

* Los últimos dos grupos (*qu* y *gu*) deben escribirse delante de las vocales *e, i*.

Fonemas representados por varias letras

Un fonema también puede ser representado por letras diferentes. Por ejemplo, puede ser representado por las letras b, v *y* w, *como en* barco, vela *y* wolframio.

Otro fonema puede ser transcrito por c, k *y con el grupo* qu-, *como en* casa, kilómetro *y* quien.

Hay uno que se puede representar por la letra j, *o con la letra* g *ante* e, i, *como en* jardín, jota, judía, gente *y* girar.

También hay uno que puede ser representado con z *ante* a, o, u, *con la misma letra en posición final de sílaba y con* c *ante* e, i, *como en* zapato, zorro, paz, diezmo, cena *y* cigarro. *En excepciones, que después se verán, también puede ser representado con* z *ante* e, i.

Otro fonema vocálico puede ser representado por las letras i *e* y, *como en* iglesia, cantáis, hay, rey.

Asimismo, hay un fonema representado por la letra u, *como en* guardar, útil, *y en algunas palabras de origen inglés o derivadas de esta lengua, con la letra* w, *como en* washingtoniano *y* whisky.

1.3. Uso de letras *

• **Letra *b***

Las reglas generales dicen que deben escribirse con *b*:

* Este compendio, como los siguientes, fue elaborado a partir de:

ANDINO, María Elena: *Ortografía aplicada*, Sexta Edición, Guaymuras, Tegucigalpa, 2004.

GÓMEZ TORREGO, Leonardo: *El léxico en el español*, Arco libros, Madrid, 1995.

MARTÍNEZ DE SOUSA, José: *Diccionario de usos y dudas del español actual*, Cuarta Edición, Trea, Asturias, 2008.

MARTÍNEZ, José A.: *Escribir sin faltas, Manual básico de ortografía*. Nobel, Asturias, 2004.

MORENO DE ALBA, José G.: *El lenguaje en México*, Siglo Veintiuno, Ciudad de México, 1999.

REAL ACADEMIA ESPAÑOLA: *Ortografía de la Lengua Española*, Calpe, Madrid, 1999.

TÉLLEZ, Roberto: *Conformación etimológica del español*, Cengage Learning, Ciudad de México, 2004.

◇ Los infinitivos terminados en *-bir* y *-buir*. Ejemplos: *escribir, recibir, sucumbir, subir, percibir, concebir, contribuir, atribuir, retribuir*.*
◇ Los verbos *deber, beber, caber, saber* y *haber*.
◇ Las terminaciones *-aba, -abas, -ábamos*... del pretérito imperfecto de los verbos de la primera conjugación.[59] Ejemplos: *coreaba, bailabas, caminábamos, adoraban*.
◇ El pretérito imperfecto del modo indicativo de *ir*: *iba, ibas*, etc.
◇ Las palabras que empiecen por *biblio-* y *bibl-* («libro»). Ejemplos: *biblioteca, bíblico*.
◇ Las palabras que empiecen por *bu-, bur-* y *bus-*. Ejemplos: *bulla, bufete, bufón, bujía, burla, buró, burocracia, buscar*.†
◇ Las que empiecen por *bi-, bis-, biz-* («dos» o «dos veces»). Ejemplos: *bipolar, bípedo, bisnieto, bizcocho*.
◇ Las palabras que contengan *bio-, -bio* («vida»). Ejemplos: *biografía, biología, biosfera, anaerobio, microbio*.
◇ Las palabras compuestas cuyo primer elemento sea *bien* o su forma latina *bene*. Ejemplos: *bienaventurado, bienquisto, beneficio, beneplácito*.
◇ Toda palabra en que este sonido preceda a otra consonante de una sílaba posterior, o en los grupos *–bl-,-br-*. Ejemplos: *abdicación, abnegación, obtener, obvio*; *brasas, contable*.‡
◇ Las palabras terminadas en *-bilidad*. Ejemplos: *amabilidad, contabilidad, culpabilidad, habilidad, posibilidad*.§
◇ Las palabras acabadas en *-bundo* y *-bunda*. Ejemplos: *furibundo, nauseabundo, sitibundo, vagabundo, errabunda, meditabunda, pudibunda*.
◇ Los infinitivos y todas las voces de los verbos *deber, caber, haber, beber* y *saber*.
◇ Toda palabra que termine con este sonido. Ejemplo: *Jacob, Job*.
◇ Las palabras que tengan este sonido después de *m* (*mb*): *ambos, combate, embajada, embolia, embutir*, etc.

---

* Hay excepciones en voces de uso actual: *hervir, servir, vivir* y sus compuestos.

† Hay excepciones: *vudú* y sus derivados, además de otras voces caídas en desuso.

‡ Excepciones: *ovni* y algunos términos en desuso.

En las palabras *obscuro, subscribir, substancia, substitución, substraer* y sus compuestos y derivados, el grupo *-bs-* se simplifica en *s*. Ejemplos: *sustancia, sustantivo, oscuro*.

§ Excepciones: *movilidad, civilidad* y sus compuestos.

• Letra *v*

Las pautas generales sobre cuándo usar *v* son:

- ◇ Las palabras en que las sílabas *ad-*, *sub-*, *ob-* procedan al fonema de *v*. Ejemplos: *adverbio, advenedizo, adversario, adviento, subvención, subvierto, obvio.*
- ◇ Las palabras que empiecen por *eva-*, *eve-*, *evi-* y *-evo*. Ejemplos: *evangelio, evaporación, evasión, eventual, evidente, evitar, evocar, evolución.*[*]
- ◇ Las que empiecen por *vice-*, *viz-*, o *vi-* («en lugar de»). Ejemplos: *vicealmirante, vicerrector, vizconde, virrey.*
- ◇ Los adjetivos graves terminados en *-avo, -ava, -evo, -eva, -eve, -ivo, -iva*. Ejemplos: *escandinavo, esclavo, pava, octava, longevo, primevo, cueva, nueva, leve, relieve, activo, agresivo, alternativa, decisiva.*[†]
- ◇ Las palabras graves terminadas en *-viro, -vira*, como *decenviro, duunviro, triunviro, Elvira, viravira*; y las esdrújulas terminadas en *-ívoro, -ívora*, como *carnívoro, herbívoro, insectívora, omnívora.*[‡]
- ◇ Los verbos acabados en *-olver*. Ejemplos: *absolver, disolver, volver.*
- ◇ Los presentes de los modos indicativo, imperativo y subjuntivo del verbo *ir*; ejemplos:[60] *vas, ve, vayas.*
- ◇ El pretérito del indicativo; pretérito imperfecto y el futuro, de subjuntivo, de los verbos *estar, andar, tener* y sus compuestos.[61] Ejemplos: *estuvo, estuviere; desanduvo, desanduviere...*

• Letra *w*

La letra *w* puede representar dos fonemas diferentes, uno como en *wagneriano* y otro correspondiente a *u* en palabras como *washingtoniano.*

La letra *w* sólo se usa en palabras de origen germánico como las siguientes:

- ◇ Determinados nombres propios de origen visigodo. Ejemplos: *Wamba, Witiza.*

---

* Excepciones: ébano y sus derivados, *ebionita, ebonita* y *eborario.*

† Excepciones: *suabo* y *mancebo.*

‡ Excepción: *víbora.*

◇ Algunos derivados de nombres propios alemanes. Ejemplos: *wagneriano, weimarés.*

◇ Algunas palabras de origen inglés. Ejemplos: *watt, washingtoniano, whisky.**

• Confusión entre letras *b* y *v*

A veces *b* y *v* representan aparentemente el mismo fonema. Esto sucede en la mayor parte de España y en la totalidad de Hispanoamérica, con lo cual se originan numerosas dudas sobre su escritura. Cuando se trata de palabras homófonas, estas dudas de incrementan, porque en ellas el empleo de una u otra letra indica la diferencia de significados.

En el caso de los nombres propios, el uso de *b* o *v* a veces se vuelve arbitrario. De este modo, se dan casos como *Balbuena* o *Valbuena, Tobar* o *Tovar, Rivera* o *Ribera.*

• Letra *s*

Se usa *s* en los siguientes casos:

◇ Adjetivos terminados en *-oso* y *-osa*. Ejemplos: *afanoso / afanosa, ansioso / ansiosa, chistoso /chistosa.*

◇ Nombres terminados en *-ismo* (no importa si lleva tilde dierético o no lleva): *abismo, cinismo, egoísmo.*

◇ Casi todo plural de un nombre.[62] Por ejemplo: *casa / casas, edificio / edificios, lápiz / lápices.*

◇ El enclítico *–se* (partícula que se liga con un verbo precedente), que forma profusión de dicciones compuestas. Por ejemplo: *mostrarse, irse, sentirse, hízose, comiose, viose.*

◇ La terminación *-sivo*: *alusivo, comprensivo, emulsivo, inclusivo.*

◇ Toda palabra terminada en *-sis*: *dosis, crisis, tesis*, etc.

---

* En las palabras de procedencia inglesa, la pronunciación corresponde a la de *u*. En los dos primeros casos, en cambio, la *w* presenta otro fonema...

En palabras totalmente incorporadas al idioma, la grafía *w* ha sido reemplazada por *v* simple: *vagón, vals, vatio*; o por *b*: *bismuto*. En palabras de uso menos frecuente alternan las dos grafías, como sucede en *wolframio / volframio*; o existen dos variantes, una más próxima a la palabra de origen y otra adaptada como *wellingtonia / velintonia.*

◇ Toda palabra terminada en *-ista*: *artista*, *conquista*, *lista*, *pista*, *realista*.
◇ Voces terminadas en *-sion* y que tengan palabras de la familia léxica terminadas en *-so*, *-sor*, *-sivo*. Por ejemplo: *adhesión* (por relación con *adhesivo*), *compresión* (con *compresor*), *confesión* (con *confeso*).
◇ Palabras terminadas en *-sion*, cuando a esta sílaba preceden *l* o *r*; por ejemplo: *convulsión*, *conversión*.
◇ Palabras terminadas *-esión* o *-misión*; como *concesión*, *dimisión*, etc.
◇ Los superlativos terminados en *-ísimo*, *-ísima*. Por ejemplo: *bellísimo* / *bellísima*, *gratísimo* / *gratísima*, *guapísimo* / *guapísima*.
◇ Las palabras terminadas en *-ersa*, *-erso*; como *adverso* / *adversa*, *disperso* / *dispersa*, *terso* / *tersa*.
◇ Palabras terminadas en *-esta*, *-esto*. Por ejemplo: *honesto*, *fiesta*, *presupuesto*, *encuesta*, etc.

• Letra c

La letra *c* puede representar dos fonemas: uno ante las vocales *a*, *o*, *u*, ante consonante y en posición final de sílaba o de palabra, como sucede en *carta*, *clima*, *acné*, *vivac*; y otro fonema ante las vocales *e*, *i*, como en *cebo*, *cifra*.

Se escriben con *c*:

◇ Las voces procedentes de otras que terminen en *-z*. Por ejemplo: *capaz* / *capaces*, *juez* / *jueces*, *feliz* / *felices*, etc.
◇ Toda palabra terminada en *-ación* que sea afín a un participio terminado en *-ado*. Por ejemplo: *abjuración* (por su relación con el participio *abjurado*), abreviación (con *abreviado*), *aceleración* (*acelerado*), *acentuación* (*acentuado*), *aceptación* (*aceptado*), etc.
◇ Toda palabra terminada en *-icion* que sea afín a un participio terminado en *-ido*. Por ejemplo: *abolición* (por su relación con el participio *abolido*), *adquisición* (con *adquirido*), *definición* (con *definido*), *demolición* (con *demolido*), etc.
◇ Las voces terminadas en *-ancia*; como *abundancia*, *arrogancia*, *circunstancia*, *discrepancia*, *distancia*, *infancia*, *jactancia*, *sustancia*, etc.*

* Excepción: *ansia*.

◇ Algunas palabras terminadas en *-ancio;* como *cansancio, Constancio, rancio,* etc.
◇ En las terminaciones *-icia, -icie, -icio.* Ejemplos: *codicia, franquicia, pericia, caricia, molicie, planicie, propicie, superficie, bullicio, artificio, desperdicio, maleficio,* etc.*
◇ Las terminaciones *-acia, -acio.* Por ejemplo: *aristocracia, audacia, desgracia, diplomacia, espacio, prefacio, topacio, reacio,* etc.
◇ Las palabras terminadas en *-ucia.* Ejemplos: *argucia, astucia, casquilucia, minucia, sucia,* etc.†
◇ Todos los verbos terminados en *-ecer.* Por ejemplo: *amanecer, atardecer, anochecer, adormecer, embellecer, endurecer, enmudecer, enriquecer, entorpecer, establecer, favorecer, obedecer, padecer,* etc.
◇ Todas las palabras terminadas en *-encia.* Por ejemplo: *ausencia, beneficencia, presencia, sentencia,* etc.
◇ *El grupo* -cc-.‡
◇ Las palabras que tienen el sonido *k* al final de palabra. Ejemplos: *frac, vivac, zinc.*§

• Letra *k*

Se escriben con *k* palabras procedentes de otras lenguas en las que se ha intentado respetar la ortografía originaria. Ejemplos: *káiser, kiwi, kantiano, kéfir, kiosco, kermés, kurdo.* Muchas de ellas pueden también escribirse con *qu* o *c,* como *quermés, quiosco* o *curdo.*

---

* Excepciones: *potasio, antonomasia, paranomasia, gimnasia, Asia, Atanasia* y algunos otros nombres de personas.

† Excepciones: *Rusia, Prusia.*

‡ Por regla general, se escribirá *-cc-* cuando en alguna palabra de la familia léxica aparezca el grupo *-ct-.* Ejemplos: *adicción* (por relación con *adicto*), *reducción* (con *reducto*), *dirección* (con *director*).

Hay palabras, sin embargo, que se escriben con *-cc- a* pesar de no tener ninguna palabra de su familia léxica con el grupo *-ct-.* Ejemplos: *succión, confección, fricción,* etc.

Otras muchas palabras de este grupo, que no tienen *-ct-* sino *-t-* en su familia léxica, se escriben con una sola *c.* Ejemplos: *discreción* (por relación con *discreto*), *secreción* (con *secreto*), *relación* (con *relato*), etc.

§ Excepciones: *amok, anorak, bock, yak, cok, cuark* o *quark* y *volapuk.*

• Letra *q*

La letra *q* aparece agrupada siempre con la letra *u*, que no suena ante *e, i*.

Se escriben con *q*:

- ◇ Las palabras con los grupos *que, qui*. Ejemplos: *esquela, aquí, quiste.*[*]
- ◇ Algunas voces científicas y palabras y locuciones latinas en que este grupo de letras introduce un sonido *oclusivo velar sordo* ante las vocales *a* y *o*.[63] En estos casos la *u* sí se pronuncia. Ejemplos: *quark, quáter, a quo, quórum.*

• Letra *z*

La letra *z* representa un determinado fonema ante las vocales *a, o, u* y en posición final de sílaba o de palabra, como sucede en *zanahoria, rezo, zumo, hazmerreír, paz*. Además, en algunas palabras precede, representando el mismo fonema, a las vocales *e, i*, como el caso de *zéjel, zinc*.

El uso de *z* reside en lo siguiente:

- ◇ Se escriben con *-zc-* la primera persona del singular del presente del modo indicativo y todo el presente del modo subjuntivo de los verbos irregulares terminados en *-acer, -ecer, -ocer* y *-ucir*. Ejemplos: *nazco, nazca, nazcas...; abastezco, abastezca, abastezcas...; reconozco, reconozca, reconozcas...; produzco, produzca, produzcas...*[†]
- ◇ Se escriben con *-z* final las palabras cuyo plural termina en *-ces*. Ejemplo: *vejez / vejeces, luz / luces, lombriz / lombrices.*

•Dígrafo *ch*

El dígrafo *ch* representa un fonema (llamado *africado palatal sordo*)[64] presente en *achaque, noche, choza, chuzo.*

---

* De ahí que las formas de un amplio grupo de verbos cuyos infinitivos terminan en *-car* cambien la *c* por *qu* en el pretérito perfecto simple y en el presente del subjuntivo. Ejemplos: *remolqué* (de *remolcar*), *ataquemos* (de *atacar*).

† Excepción *-acer*: *hacer* y sus derivados.

• **Confusión entre las letras c, k, q y z**

El fonema correspondiente a palabras como *casa, queso, kárate* se realiza en la escritura con las siguientes letras:

- ◇ Con *c* ante *a, o, u,* ante consonante y en posición final de sílaba y de palabra, como sucede en *carta, colegio, cubierto, clima, actor, vivac.*
- ◇ Con *k* ante cualquier vocal, ante consonante y en posición final de palabra, como sucede en *kárate, kilo, Kremlin, anorak.*
- ◇ Con el dígrafo *qu* ante las vocales *e, i,* como sucede en *queso, quitar.*

El fonema de *zapato, cebra, cielo* (*fricativa interdental*),[65] se realiza en la escritura con las letras siguientes:

- ◇ Con *z* ante *a, o, u,* en posición final de sílaba y de palabra, como sucede en *zarpa, zoquete, zueco, diezmo, pez.*
- ◇ Con *c* ante las vocales *e, i,* como sucede en *cero, cima.*[*]

• **Letra g**

La *g* representa dos fonemas: uno ante las vocales *a, o, u,* como en *gamo, gloria, magno*; y otro ante las vocales *e, i,* como en *gerundio, gimnasia.* Se usa g en los siguientes casos:

- ◇ Las palabras en que el *fonema velar* sonoro precede a cualquier consonante,[66] pertenezca o no a la misma sílaba. Ejemplos: *glacial, grito, dogmático, impregnar, maligno, repugnancia.*
- ◇ Las palabras que empiezan por *-gest.* Ejemplos: *gesta, gestación, gestor.*

---

* Sin embargo, hay muchas excepciones a la norma que establece el uso de *c* ante las vocales *e, i,* por ejemplo: *azerbaiyano, azerí, chalazión, elzevir, elzeviriano, elzevirio, enzima* ("fermento"), *enzimático, enzimología, nazi, nazismo, razia, zéjel, zen, zendal, zendo, zepelín, zigurat, zigzag, zigzaguear, zinguizarra, zipizape, ziranda...*

Además, algunas palabras pueden escribirse indistintamente con *c* o *z*; pero se prefiere la variante escrita con *c*. Este es el caso, por ejemplo, de *bencina / benzina, cebra / zebra, cenit / zenit, eccema / eczema.*

- ◇ Las que empiezan por el elemento compositivo *-geo* («tierra»). Ejemplos: *geógrafo, geometría, geodesia.*
- ◇ Las que terminan en *-gelico, -genario, -géneo, -génico, -genio, -génito, -gesimal, -gésimo* y *-gético.* Ejemplos: *angélico, sexagenario, homogéneo, fotogénico, ingenio, primogénito, cuadragesimal, vigésimo, apologético.*
- ◇ Las que terminan en *-giénico, -ginal, -gíneo, -ginoso.* Ejemplos: *higiénico, original, virgíneo, ferruginoso.*
- ◇ Las que terminan en *-gia, -gio, -gión, -gional, -gionario, -gioso* y *-gírico.* Ejemplos: *hemorragia, disfagia, magia, liturgia, litigio, manutigio, prodigio, vestigio, legión, región, religión, regional, legionario, prodigioso, panegírico.**
- ◇ Las que terminan en *-gente* y *-gencia.* Ejemplos: *difrangente, vigente, exigente, agencia, astringencia, regencia.*
- ◇ Las que terminan en *-ígeno, -ígena, -ígero, -ígera.* Ejemplos: *oxígeno, indígena, belígero, alígera.*
- ◇ Las que terminan en *-logía, -gogia* o *-gogía.* Ejemplos: *sociología, teología, demagogia, logia, pedagogía.*
- ◇ Las que terminan en el elemento compositivo *-algia* ("dolor"). Ejemplos: *neuralgia, gastralgia, cefalalgia.*
- ◇ Los verbos terminados en *-igerar, -ger* y *-gir* (*morigerar, proteger, fingir*) y las correspondientes formas de su conjugación (*morigero, morigeras, morigera...; proteges, protege, protegemos...; finges, finge, fingimos...*), excepto en el caso de los sonidos *ja, jo* (*protejo, finjo...*), que nunca se pueden representar con g.†

• Letra *j*

La *j* representa, ante cualquier vocal o en final de palabra, el fonema de *jamón, jirafa, joven, junio, reloj, boj, carcaj.*

Se usa *j* en los siguientes casos:

- ◇ Las palabras derivadas de voces que tienen *j* ante las vocales *a, o, u.* Así, *cajero, cajita* (de *caja*); *lisonjear* (de *lisonja*); *cojear* (de *cojo*); *ojear* (de *ojo*); *rojear, rojizo* (de *rojo*).

---

* Excepciones: las voces que terminan en *-plejía* o *-plejia* (*apoplejía, paraplejia...*).

† Existen algunas excepciones, como *tejer, crujir* y sus derivados.

◇ Las voces que terminan en *-aje*, *-eje*. Ejemplos: *abordaje*, *bagaje*, *coraje*, *garaje*, *esqueje*, *fleje*, *hereje*, *semieje*.*
◇ Las que acaban en *-jería*. Ejemplos: *cerrajería*, *consejería*, *extranjería*.
◇ Las formas verbales de los infinitivos que terminan en *-jar*. Ejemplos: *trabaje*, *trabajemos* (de *trabajar*); *empuje* (de *empujar*).
◇ Las formas verbales de los pocos verbos terminados en *-jer* y en *-jir*, como *cruje* (crujir); *teje* (tejer).
◇ Los verbos terminados en *-jear*, así como sus correspondientes formas verbales. Ejemplos: *canjear* (*canjeo*, *canjeas*...), *homenajear* (*homenajeo*, *homenajeas*...), *cojear* (*cojeo*, *cojeas*...).†
◇ El pretérito perfecto simple y el pretérito imperfecto y futuro del modo subjuntivo de los verbos *traer*, *decir* y sus derivados, y de los verbos terminados en *-ducir*. Ejemplos: *traje* (de *traer*); *dije*, *dijera* (de *decir*); *predijéramos* (de *predecir*); *adujera*, *adujeren* (de *aducir*).

• Confusión entre las letras *g* y *j*

La letra g ante las vocales *a*, *o*, *u*, representa un fonema encontrado en palabras como *gamo*, *gasolina* o *guasa*; en posición final de sílaba, como en *digno*; y agrupado con otra consonante, como en *gritar*, *glacial* o *gnomo*.

El dígrafo *gu* representa el mismo fonema ante *e*, *i*, como en *guerra*, *guitarra*. Cundo la g y la *u* han de tener sonido independiente ante *e*, *i*, es forzoso que la *u* lleve diéresis. Ejemplos: *antigüedad*, *desagüe*, *lingüístico*.

Otro fonema se representa por *j* ante cualquier vocal, como *jarra*, *jirón*, *joya*, y por g ante *e*, *i*, como en *gente*, *girar*.

• Letra *h*

Esta letra, que puede preceder a todas las vocales, no representa hoy sonido alguno en nuestro idioma. Esto origina problemas ortográficos

* Excepciones: *ambages*, *enálage*, *hipálage*.
† Excepción: *aspergear*.

para distinguir qué palabras han de llevar *h* y cuáles no; los problemas son mayores cuando la grafía sirve para distinguir significados, como en los homófonos *hojear* / *ojear*, *honda* / *onda*, *hecho* / *echo*.

Se escriben con *h*:

- ◇ Las formas de los verbos *haber, hacer, hallar, hablar, habitar*. Ejemplos: *haga, hallemos, hablará*.
- ◇ Como ya se advirtió, los compuestos y derivados de los vocablos que tengan esta letra. Ejemplos: *gentilhombre*, compuesto de *hombre*; *herbáceo*, derivado de *hierba*.*
- ◇ Las palabras que empiezan por los diptongos *ia, ie, ue* y *ui*. Ejemplos: *hiato, hiena, huele, huidizo*.†
- ◇ Las palabras que empiezan por los elementos compositivos *hecto-* («cien») —distinto de *ecto-* («por fuera»)—, *helio-* («sol»), *hema-*, *hemato-*, *hemo-* («sangre»), *hemi-* («medio», «mitad»), *hepta-* («siete»), *hetero-* («otro»), *hidra-*, *hidro-* («agua»), *higro-* («humedad»), *hiper-* («superioridad» o «exceso»), *hipo-* («debajo de» o «escasez de»), *holo-* («todo»), *homeo-* («semejante» o «parecido»), *homo-* («igual»). Ejemplos: *hectómetro, heliocéntrico, hematoma, hemiciclo, hemoglobina, heptaedro, heterosexual, hidráulico, hidrógeno, higrómetro, hipérbole, hipócrita, holografía, homeopatía, homógrafo*.
- ◇ Algunas interjecciones. Ejemplos: *bah, eh, ah, oh*.
- ◇ Por regla general, las palabras que empiezan por *histo-*, *hosp-*, *hum-*, *horm-*, *herm-*, *hern-*, *holg-* y *hog-*. Ejemplos: *histología, hospital, humedad, hormiga, hermano, hernia, holgado, hogar*.

* *Acción* e *ilación* se escriben sin *h* porque ni la primera viene de *hacer* ni la segunda de *hilo* o *hilar*.

Las palabras *oquedad, orfandad, orfanato, osamenta, osario, óseo, oval, óvalo, ovario, oscense, oler*, etc. se escriben sin *h* porque no la tienen en su origen; *hueco, huérfano, hueso, huevo, Huesca, huelo* la llevan por comenzar con el diptongo *ue*, según la regla ortográfica siguiente.

† Excepción: *iatrogénico*.

Se escribe *h* intercalada en palabras que llevan el diptongo *ue* precedido de vocal. Ejemplos: *cacahuate, vihuela, aldehuela*. Excepción: *grauero*.

Algunas palabras que empiezan por *hue-* o por *hui-* pueden escribirse también con *güe-* y *güi-* respectivamente. Es el caso de *huemul, huero, huillín, huipil, huiro, huisquil* y *huisquilar*, escritas también *güemul, güero, güillín, güipil, güiro, güisquil* y *güisquilar*.

• Letra *i*

La letra *i* representa siempre el mismo fonema, cualquiera sea la posición que tenga en la palabra (inicial, medial o final), ya formando sílaba por sí misma, ya acompañada de consonante o formando parte de un diptongo. Ejemplos: *ibero, infame, rico, marroquí, viaje, bien.*

• Dígrafo *ll*

El dígrafo *ll* representa el fonema de *valla, calle, allí, caballos, Illescas.* Se escriben con *ll*:

- ◇ Las palabras de uso general terminadas en *-illa* e *-illo*. Ejemplos: *mesilla, cigarrillo, costilla, caudillo.*
- ◇ La mayor parte de los verbos terminados *-illar, -ullar, -ullir*. Ejemplos: *abarquillar, apabullar, bullir.*

• Letra *y*

La letra *y* puede representar dos fonemas distintos: uno equivalente al representado por la letra *i* en palabras como *muy, estoy* e *y*; otro consonántico en palabras como *reyes, cayado* y *hoyo*.

Se escriben con *y*:

- ◇ Las palabras que terminan con el sonido correspondiente a *i* precedido a una vocal con la que forma diptongo, o la de dos con la que forma triptongo. Ejemplos: *ay, estoy, verdegay, Bombay, buey, ley, rey, convoy, soy, Godoy, muy, Uruguay, Garay*, etc.[*]
- ◇ La conjunción copulativa *y*. Ejemplos: *Juan y María; mar y tierra; éstos y aquéllos.*[†]
- ◇ Las palabras que tienen un sonido de *ye* (*palatal sonoro*)... especialmente:

---

* Hay algunas excepciones, como *saharaui* o *bonsái*.

† Esta conjunción toma la forma de *e* ante una palabra que empiece por el fonema vocálico correspondiente a *i* (*ciencia* e *historia*; *catedrales* e *iglesias*), salvo si esa *i* forma diptongo (*cobre* y *hierro*; *estratosfera* y *ionosfera*).

1. Cuando sigue a los prefijos *ad-*, *dis-*, *sub-*.[67] Ejemplos: *adyacente*, *disyuntivo*, *subyacer*.
2. Algunas formas de los verbos *caer*, *raer*, *creer*, *leer*, *poseer*, *proveer*, *sobreseer*, y de los verbos acabados en *-oír* y *-uir*. Ejemplos: *cayeran*, *leyendo*, *oyó*, *concluyó*, *atribuyera*.
3. Las palabras que contienen la sílaba *-yec-*. Ejemplos: *abyecto*, *proyección*, *inyectar*.
4. Los plurales de los nombres que terminan en *y* en singular (*rey* / *reyes*).
5. El gerundio del verbo *ir*: *yendo*.

• Confusión entre letras *y*, *i*, y el dígrafo *ll*

El fonema vocálico de *i* puede ser representado por las letras *i* e *y*. A diferencia de *i*, que sólo representa el fonema vocálico de *idea* y el de *cielo* o *caiga*, la letra *y* representa también el fonema de *yema*.

En la pronunciación yeísta, la letra *ll*, que representa el fonema de *llave*, se articula con la misma pronunciación que la letra *y*, es decir, como el fonema de *yunque*. De manera que las personas yeístas pronuncian igual *haya* y *halla*. Esto explica las dificultades que ofrece la escritura de las palabras que contienen algunas de estas letras.

• Letra *m*

La letra *m* representa el fonema de *maleta* o *ambiguo*.

Se escribe con *m*:

- Antes de *b* y *p*. Ejemplos: *ambiguo*, *imperio*, *campo*.[68]
- A principio de palabra, cuando precede inmediatamente a la *n*. Ejemplos: *mnemotecnia*, *mnemónica*, *mnemotécnico*.*
- A final de palabra, en algunos extranjerismo y latinismos. Ejemplos: *zum*, *álbum*, *currículum*, *auditórium*.

---

* En tales palabras puede simplificarse la grafía y escribirse *nemotécnica*, *nemónica*, *nemotécnico*.

• Letra *n*

Se usa *n* en los siguientes casos:

- ◇ Antes de la *v*; como *convento, enviar, invisible, tranvía*, etc.[69]
- ◇ Siempre precediendo a la *f*. Por ejemplo: *anfibio, infecundo, inferior, enfrente*, etc.[70]
- ◇ *El grupo* -nn-. Por ejemplo: *connotar, innato, innegable, innoble, innumerable, perenne*, etc.

> *La* RAE *faculta no escribir* n *en la sílaba* trans- *en las siguientes palabras:* trasatlántico, trascender, trascripción, trasfiguración, trasformación, trasfusión, trasgresión, traslación, traslúcido, trasmigración, trasmisión, trasmutación, traspiración, trasplantar, trasposición, trasverberación.

• Letra ñ

La letra ñ representa el fonema (*nasal palatal*)[71] de *año, España* o *ñandú*.

• Letra *p*

La letra *p* representa el fonema de *pulso.*

En posición inicial de palabra, conforme al uso de la norma culta, es recomendable la conservación del grupo *ps-*. Ejemplos: *psicología, psitacismo, psicosis.**

• Letra *r*

La letra *r* puede representar dos fonemas distintos, dependiendo de la posición en donde aparezca: el fonema (*vibrante simple*)[72] de *aro, cercar* y *traje* en posición intervocálica, en final de sílaba y en grupos consonánticos *br, cr, dr, fr, gr, kr, pr* y *tr*; y el fonema de *rosa* y *honra* en

* Excepciones: las palabras que contienen el elemento compositivo *seudo-*, preferido a *pseudo-*. Ejemplos: *seudónimos, seudópodo.*

posición inicial de palabra y después de una consonante que no pertenezca a la misma sílaba.

La *r* detrás de los prefijos *ab-*, *sub-*, *post-* pertenece a una sílaba distinta, y el sonido que representa es múltiple. Ejemplos: *abrogar*, *subrogar*, *subrayar*, *postromántico*. Se escriben con *r*:

- ◇ Todas las palabras que tienen el sonido *vibrante simple* en posición intervocálica o después de *b, c, d, f, g, k, p* y *t*. Ejemplos: *cara, pereza, brazo, cromo, drama, fresa, grande, krausismo, prado, tramo.*
- ◇ Las palabras que tienen el sonido *vibrante múltiple* en posición inicial de palabra. Ejemplos: *razón, regla, risco, rosa.*
- ◇ Las palabras que tienen el sonido *vibrante múltiple* detrás de cualquier otra consonante que pertenezca a sílaba distinta. Ejemplos: *alrededor, malrotar, honra, rumrum, israelita.*
- ◇ Las palabras que tienen el sonido *vibrante simple* en final de sílaba. Ejemplos: *arpegio, perla, olivar, amor.*

• Dígrafo *rr*

El dígrafo *rr* sólo aparece escrito entre vocales y siempre representa el fonema de *carro* o *perro*. Se escriben con *rr*:

- ◇ Las palabras que tienen el sonido *vibrante múltiple* en posición intervocálica. Ejemplos: *parra, cerro, barra, cerrojo.*
- ◇ Las palabras compuestas cuyo segundo formante comienza por *r*, de manera que el sonido *vibrante múltiple* queda en posición intervocálica. Ejemplos: *andarríos, contrarréplica, hazmerreír, prorrata, vicerrector.*

• Confusión entre la letra *r* y el dígrafo *rr*

La letra *r* puede representar, según la posición en que aparezca, el fonema de *donaire* y el de *rosa*. El dígrafo *rr*, escrito siempre entre vocales, sólo representa el fonema de *corro* (*vibrante múltiple*).

• Letra *t*

La letra *t* representa el fonema de *tomate*. La *t* del prefijo de origen latino *post-* se conserva en voces como *postdata* y *postoperatorio*. Pero, ateniéndose al criterio de uso más frecuente, es preferible emplear la forma *pos-*, que da lugar a palabras como *posdata* o *posoperatorio*.

• Letra *x*

> *La letra* x *representa sonidos diferentes según la posición que tenga en la palabra. En posición intervocálica o en final de palabra, representa el grupo consonántico* ks *(o* gs *en pronunciación relajada). Ejemplos:* examen, exhibir, relax. *La pronunciación de la* x *en estas palabras nunca es de* s *sola; de este modo,* extraño *y* axioma *sonarán como* "ekstraño" *y* "aksioma".
>
> *En cambio, en posición inicial de palabra la pronunciación más frecuente es la de* s, *y en posición final de sílaba puede ser, en distintas regiones y según las consonantes que sigan,* s *o* ks *(o* gs*). Ejemplos:* xilófono, excelente, excavar, exportar, exterior, exfoliante. *La reducción a* s *de la pronunciación de* x *suele originar dudas ortográficas.*[73]

Se escriben con *x*:

- ◇ Las palabras que empiezan por los elementos compositivos *xeno-* («extranjero»), *xero-* («seco», «árido») y *xilo-* («madera»). Ejemplos: *xenofobia, xerocopia, xilófono.*
- ◇ Las palabras que empiezan por la sílaba *ex-* seguida del grupo *-pr-*. Ejemplos: *expresar, exprimir.*
- ◇ Muchas palabras que empiezan por la sílaba *ex-* seguida del grupo *-pl-*. Ejemplos: *explanada, explicar, explotar.**
- ◇ Las palabras que empiezan por los prefijos *ex-* («fuera», «más allá» o «privación») y *extra-* («fuera de»). Ejemplos: *excarcelar, exánime, extramuros, extracorpóreo.*

* No se ajustan a esta tendencia *esplendor* y sus derivados, así como *espliego, esplín, esplenio, esplénico* y otras voces.

• **Voces de otras lenguas y de los nombres propios**

Las voces de otros idiomas no adaptadas al español y utilizadas en nuestra lengua deben respetar su ortografía original.

> *Como se sabe, en la escritura, es conveniente distinguirlas mediante el uso de procedimientos gráficos como las comillas, la letra cursiva, etc. Ejemplos:* affaire, lady, whisky.

Los nombres propios de otras lenguas no hispanizados se escriben como en la lengua originaria —no es necesario distinguirlos gráficamente—, y tampoco están sujetos a las reglas de la ortografía española. Ejemplos: *Washington, Perth, Botticelli,* etc.

Las palabras de origen extranjero adaptadas a la pronunciación y a la grafía española desde fecha más o menos antigua deben seguir todas las reglas ortográficas. Ejemplos: *Basilea, brandi, Burdeos, chalé, Londres.*

Por otra parte, en ciertos nombres propios españoles, el influjo de tradiciones particulares, la propia evolución fonético-histórica o el trueque de letras en siglos pasados (como *b* /*v*, *j* /*g* /*x*, *i* /*y* o *c* /*z*) mantiene a veces grafías peculiares. Ejemplos: *Balbuena, Rivera, Mexía, Ximénez, Ybarra, Zelaya,* etc. (junto a los más habituales *Valbuena, Ribera, Mejía, Jiménez, Ibarra* o *Celaya*).

2. ORTOGRAFÍA ACENTUAL

Escribir es un medio de expresión humana, uno que se realiza por medio de un manojo de signos definidos y determinados que se relacionan entre sí convencionalmente; es la representación del idioma a través de letras y otros signos gráficos. La Real Academia Española (RAE) define *ortografía* como «conjunto de normas que regulan la escritura de una lengua». Y se trata sólo de eso: un acervo de sencillas pautas tendientes a disciplinar lo que se escribe. No hay grandes escollos en dichas normas, a diferencia de lo que muchos piensan, ya que se trata de principios totalmente inteligibles.

Ortografía, según su etimología, significa "recta escritura" o "escritura recta"; por ilación... una "escritura correcta". Tradicionalmente se considera que la ortografía es parte de la gramática, aunque la lingüística moderna la califica como un estudio auxiliar y complementario de las lenguas; y le da, incluso, nuevas denominaciones. Pero, independientemente de cómo se le considere, es importante una total o al menos aceptable desenvoltura cuando se le utilice. Por lo demás, no hay que olvidar que la ortografía también es un hábito y, como tal, requiere de constancia.

2.1. Acentuación

> *Omitir una tilde en ciertas oraciones no sólo demuestra impericia, sino que puede acarrear embrollos mayores... No es lo mismo, por ejemplo, decir* El público *que* Él publicó.

• **Referencias**

Antes de adentrarse en la acentuación misma, es aconsejable recordar (o saber) que:

1. Las palabras se dividen en sílabas (una reunión de sonidos articulados que se pronuncian en una sola emisión de voz).

2. En toda palabra existe un *acento prosódico*, es decir, una mayor intensidad con que se pronuncia una sílaba dentro de una palabra; por ello se le llama también —redundantemente— *acento de intensidad*. Suele producirse, además, una elevación del tono de la voz o una mayor duración en la emisión de esa sílaba.

El acento prosódico puede tener valor distintivo, según la sílaba sobre la que recae. Por eso, no hay que tomarlo "a la ligera". Por ejemplo:

hábito	*habito*	*habitó*

3. Dentro de una palabra, la sílaba sobre la que recae el acento prosódico o de intensidad es llamada *sílaba tónica*; y la sílaba o las sílabas pronunciadas con menor intensidad, *sílabas átonas*. Por ejemplo:

cuaderno *panorama*
pesebre *fugaz*
cristal *cuéntame*

En estos casos, *der, ra, se, gaz, tal* y *cuén* son sílabas tónicas. Las sílabas restantes son átonas.

4. Para señalar la sílaba tónica de una palabra, el español emplea en ciertos casos el ACENTO GRÁFICO U ORTOGRÁFICO, llamado también tilde (´), que es un signo colocado sobre la vocal de la sílaba tónica de la palabra, según reglas bien establecidas. Existen, igualmente, los acentos DIERÉTICO y DIACRÍTICO...

2.2. Acento prosódico

Es simplemente la mayor magnitud con que se pronuncia una sílaba con respecto a las demás que la acompañan. Por ejemplo, en la palabra «barco», el acento prosódico recae sobre la penúltima sílaba, *bar* (se debe contar de derecha a izquierda, de última a antepenúltima sílaba, respectivamente).

El acento prosódico, vale recordar, puede tener valor distintivo según la sílaba sobre la que recae. Por ejemplo:

partícipe	*participe*	*participé*
público	*publico*	*publicó*

Silabeo

Saber dividir las palabras en sílabas se llama silabeo, *un paso inevitable para la acentuación correcta. ¿Por qué? Porque con él se puede saber cuántas sílabas tiene una palabra, cuál es la sílaba tónica y reconocer si esa palabra requiere tilde.*

> *Silabear una palabra es ir pronunciando separadamente cada una de las sílabas que la constituyen. Y hay reglas esenciales para esto; unas conciernen a vocales y otras a consonantes...*[*] *Las vocales son imprescindibles en las sílabas, y constituyen su centro. No existe ninguna sílaba formada sólo por consonantes, mientras sí las hay integradas únicamente por vocales.*

• Separación de vocales

Las vocales integran dos grupos diferentes: ***fuertes*** (o ***abiertas***) y ***débiles*** (o ***cerradas***).

vocales fuertes	vocales débiles
a	*i*
e	
o	*u*

Para un correcto silabeo es necesario considerar las siguientes reglas concernientes a vocales:

1. Vocales débiles seguidas forman parte de la misma sílaba. Por ejemplo:

   des/trui/do   hui/da
   je/sui/ta   cui/ta

2. Una vocal débil y una fuerte seguidas integran una misma sílaba:

   a/nes/te/sia   pro/fe/sio/nal
   au/men/to   an/ti/guo

* Las VOCALES son letras en cuya articulación el aire espirado no encuentra obstáculo alguno en su paso por la cavidad bucal. En las CONSONANTES, los órganos de articulación forman en algún punto del canal vocal un contacto que interrumpe el paso del aire espirado.

3. Vocales abiertas seguidas forman parte de diferentes sílabas:

a/é/re/o li/ce/o
ó/se/o sa/e/ta
pe/or me/an/dro
ple/a/mar za/na/ho/ria*

De los tres puntos anteriores se puede compilar que:
A dos vocales dentro de una misma sílaba se le llama diptongo. *Para que esto suceda, al menos una vocal debe ser débil.*†

a/gua mio/pe e/bu/lli/ción cui/da/do

Si son tres las vocales dentro de una misma sílaba, se le llama triptongo. *En este caso, dos vocales siempre serán débiles.*

a/mor/ti/guáis buey Pa/ra/guay Ca/ma/güey

En cambio, si dos vocales se encuentran en sílabas separadas, se llama hiato. *Esto puede suceder por dos razones: 1) dos vocales fuertes, 2) acento dierético: vocal débil con tilde ("se convierte" en fuerte) junto a una vocal fuerte [como ocurre en* majadería*].*

de/se/o fa/e/na o/ír ma/ja/de/rí/a

4. Vocal abierta y vocal cerrada, esta última con tilde, van a sílabas distintas:‡

bam/bú/es gen/tí/o

* La *h* (hache) intercalada no afecta la separación.

† La *y* al final de la palabra tiene un valor vocálico, pues suena como la *i*, así que puede formar diptongos e incluso triptongos. Sin embargo, la y al principio de la palabra, o en medio, mantiene su carácter de consonante; por lo tanto, no forma agrupaciones vocálicas.

‡ Como ya fue mencionado, éste es un caso especial, y corresponde a un ACENTO DIERÉTICO, el cual será visto poco más adelante.

5. Las palabras compuestas —formadas por distintos componentes— pueden ajustarse a las reglas anteriores o pueden separarse teniendo en cuenta los elementos que las forman:

de/sa/ten/ción (según reglas anteriores)
des/a/ten/ción (con el prefijo *des-* y el sustantivo *atención*)

• Separación de consonantes

Hay dos tipos de consonantes: líquidas y licuantes. Las líquidas son *l* y *r*; y las licuantes, *b, c, d, f, g, p* y *t*.

Consonantes líquidas	Consonantes licuantes
	b
l	*c*
	d
	f
	g
r	*p*
	t

1. Las consonantes solas no forman sílabas.

2. Las consonantes líquidas son aptas para fusionarse con otras y formar *grupos consonánticos inseparables* en las sílabas: *bl, br, cl, cr, dr, fl, fr, gl, gr, pl, pr* y *tr*. Los *grupos consonánticos inseparables* se unen a la vocal que los sigue. Por ejemplo:

tro/po	fre/sa
tru/co	cla/se
in/flar	pla/to

3. Una única consonante, sea líquida o licuante, se une siempre a la vocal que la sigue. Por ejemplo:

se/co te/lé/fo/no
ma/sa co/ci/na

4. Los grupos consonánticos *bs, ds, ns,* cuando les suceda otra consonante, irán a la misma sílaba:

abs/trac/ción ads/cri/to trans/por/te

5. Cualquier otro grupo de consonantes se separará:

es/cul/tu/ra al/re/de/dor
ár/bol in/va/dir
es/cri/to/rio a/pós/tol

6. Los dígrafos que representan un solo sonido (*ll, ch, rr*) son inseparables:

llu/via ha/llar
cho/que ca/cho
a/rre/me/ter pe/rro

• Clasificación de palabras según el acento

Una vez que la palabra ha sido correctamente separada en sílabas, se puede advertir cuál es la sílaba tónica. De acuerdo a las sílabas acentuadas, las palabras se clasifican en:

Agudas. Palabras que se acentúan en la última sílaba. Por ejemplo:

re-**loj** a-con-te-**cer**
ma-za-**pán** ca-**mión**

Graves (o ***llanas***). Palabras que se acentúan en la penúltima sílaba:

sim-**ple**-za **ma**-no
ár-bol di-**fí**-cil

Esdrújulas. Palabras que se acentúan en la antepenúltima sílaba:

há-bi-tat **cón**-ca-vo
brú-ju-la **fí**-si-ca

Sobresdrújulas. Palabras que se acentúan en la anterior a la antepenúltima sílaba:

pí-de-me-la **cuén**-ta-se-lo

En síntesis:

Se acentúan en la...

	antepenúltima	*penúltima*	*última*
Agudas	*sin*	*di*	**có**
Graves	*sin*	**di**	*co*
Esdrújulas	**sín**	*di*	*co*

2.3. Acento (orto)gráfico

La Gramática Normativa,* basándose en normas de corrección, establece la forma de poner tilde correctamente. Cuando el acento fónico se representa por medio de una tilde sobre una vocal, se llama acento *gráfico* u *ortográfico.*

¿Cuándo se utiliza este acento ortográfico?

• Acentuación de palabras agudas

Las palabras agudas, *vale recordar, son aquéllas que tienen su última sílaba tónica.*

* La gramática normativa es la que define los usos correctos de una lengua mediante preceptos.

¿Cuándo debe tildarse una palabra aguda?

√ Sólo cuando una palabra aguda termine en *-n*, *-s* o vocal, se tildará. Por ejemplo:

a-de-má**n**	vai-vé**n**	car-mí**n**
ca-mió**n**	man-co-mú**n**	a-de-más
re-vé**s**	a-ní**s**	a-dió**s**
Je-sú**s**	pa-p**á**	a-be-c**é**
co-li-br**í**	bu-r**ó**	cham-p**ú**
Cor-té**s**	Cor-tez	co-ñac
ciu-dad	re-loj	pe-re-jil

√ Sólo se tildarán las palabras cuando tengan más de una sílaba; es decir, las palabras monosílabas no se tildarán. Por ejemplo, no llevan tilde las siguientes palabras:

pie, gas, ras, res, tras, fe, tren, fin, fui, fue, vi, vio, ni, son, di, ti, dio, bien, sin, etc.

> *Una palabra monosílaba sólo podría ser tildada cuando haya* doble función gramatical.*

√ Como excepción, cuando la palabra aguda termine en *-s* y esté precedida por otra consonante, no llevará acento gráfico. Por ejemplo, las siguientes pluralizaciones:†

ro/bo<u>ts</u>   tic/ta<u>cs</u>   biste<u>cs</u>

* Esa doble función se da en el ACENTO DIACRÍTICO. Más adelante se verá esa "ley especial".

† Éste es un caso especial de pluralización que conlleva a una excepción en la colocación de tilde. A las palabras agudas terminadas en *c, g, p, t,* al ser pluralizadas se les agregará sólo *-s* (no *-es*). En el caso particular de bistec, por ejemplo, un supuesto plural ⊗ *bisteces* (como es común oír) provendría de un singular ⊗ *bistez* (!).

• **Acentuación de palabras graves**

> *Las palabras* graves *son aquéllas que tienen su penúltima sílaba tónica.*

√ Sólo cuando una palabra grave termine en cualquier consonante que no sea *-n* o *-s*, o en vocal, se tildará.* Por ejemplo:

cés-pe**d**	hués-pe**d**	ár-bo**l**
tú-ne**l**	ál-bu**m**	al-cá-za**r**
cán-ce**r**	cóc-ci**x**	ó-ni**x**
lá-pi**z**	Ro-drí-gue**z**	li-bra
ro-so-li	e-ven-to	ca-non

√ Como excepción, en ciertos casos especiales de pluralización, cuando la palabra grave termine en *-s* porque está pluralizada, y además esté precedida de consonante que no es *-n* o *-s*... sí llevará tilde. En otras palabras, la *-s* no se valora. Ejemplos:

bí-ce**p**s	fór-ce**p**s	có-mi**c**s

√ Las palabras graves terminadas en *-y* deberán llevar tilde. Ejemplos:

pó-ne**y** (poni) yó-que**y** (yoqui)

• **Acentuación de palabras esdrújulas y sobresdrújulas**

> *Las palabras* esdrújulas *son aquéllas que tienen su antepenúltima sílaba tónica; las* sobresdrújulas, *aquéllas en que la sílaba tónica es la anterior a la antepenúltima.*

---

* Como dato adicional: al convertirse en esdrújula, una palabra grave tildada continuará con tilde. Ejemplos:
cráter / cráteres
árbol / árboles
lápiz / lápices

√ Todas las palabras esdrújulas y sobresdrújulas se tildan sin excepción. Por ejemplo:

Á-fri-ca	**ó**-pe-ra	in-**dí**-ge-na
sín-dro-me	e-**pí**-to-me	si-**néc**-do-que
sín-te-sis	a-**ná**-li-sis	pa-**lín**-dro-mo
te-**lé**-fo-no	es-**pí**-ri-tu	**Ál**-va-rez
a-**rré**-gla-me-lo	**có**-me-te-la	**dí**-ga-me-lo

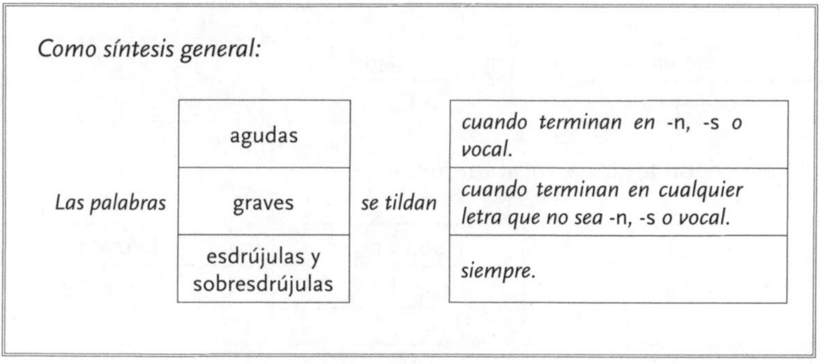

Como síntesis general:

Las palabras	agudas	*se tildan*	*cuando terminan en -n, -s o vocal.*
	graves		*cuando terminan en cualquier letra que no sea -n, -s o vocal.*
	esdrújulas y sobresdrújulas		*siempre.*

2.4. Acento dierético

El acento dierético se usa cuando hay secuencias vocálicas que forman cierto tipo de *hiato*.* Cuando así sucede, las reglas de acento ortográfico deben ser soslayadas. Por ejemplo:

Ma-**rí**-a	(grave terminada en vocal)
a-ta-**úd**	(aguda terminada en *d*)
ba-**úl**	(aguda terminada en *l*)
i-ra-**quí**-es	(grave terminada en *s*)
bam-**bú**-es	(grave terminada en *s*)
ma-**íz**	(aguda terminada en *z*)

* Como recordatorio: un HIATO es el encuentro de dos vocales que se pronuncian en sílabas distintas. Es opuesto a un DIPTONGO o a un TRIPTONGO, donde dos o tres vocales, respectivamente, se unen en una misma sílaba. Puntualmente, el HIATO que da paso a un acento dierético es el que involucra a una vocal débil. Esta contingencia provoca que se soslayen las reglas del acento ortográfico.

• Reconocimiento de un acento dierético

La silabación dice que cuando aparezca una vocal débil junto a una fuerte, o una fuerte junto a una débil, éstas se unirán en la misma sílaba. Sólo se separarán en distintas sílabas las vocales fuertes.

El acento dierético es distinto; se usa cuando se presentan las siguientes combinaciones:

√ Vocal fuerte + vocal débil tónica:

cafeína	Caín	oír
ca-fe-í-na	Ca-ín	o-ír

√ Vocal débil tónica + vocal fuerte:

púa	sombrío	hematíe
pú-a	som-brí-o	he-ma-tí-e

De manera resumida, cada vez que se "cargue la voz" sobre una vocal débil que esté junto a una fuerte (sin importar el orden de estas vocales), habrá acento dierético. Ejemplos:

ganzúa	*La voz se carga sobre la vocal débil* u, *la cual se encuentra al lado de la fuerte* a; *por lo tanto, hay un hiato y debe colocarse este acento.*
Aída	*La voz se carga sobre la vocal débil* i, *la cual se encuentra al lado de la fuerte* a; *por lo tanto, hay un hiato.*

Otros ejemplos de este hiato y la formación de acento dierético son:

R**a**-**ú**l	ro-c**í**-**o**	p**a**-**í**s
a-t**a**-**ú**d	c**a**-**í**-da	S**a**-**ú**l
po-e-s**í**-**a**	d**ú**-**o**	b**ú**-**ho***

* La *h* (hache) intercalada no impide un hiato.

2.5. Acento diacrítico

Como recordatorio: son monosílabas las palabras formadas por solamente una sílaba. Desde cierta perspectiva las siguientes palabras monosilábicas podrían ser consideradas agudas, no se tildan:

pan, ven, faz, pues, bien, no, ti, Juan, fe, di, ni, fui, vio, sol, mar, fue, *etc.*

Cuando existen dos o más monosílabos que tienen igual forma, es decir, que se escriben y pronuncian igual, pero cumplen distinta función gramatical, se recurre a una "ley especial" para usar acento gráfico con la finalidad de diferenciarlos. Este acento recibe el nombre de *diacrítico*.*

Por consiguiente, el acento diacrítico es aquél que se dispone sobre la vocal de algunas palabras para diferenciarlas de otras que se escriben igual, pero que cumplen distinta función gramatical.

• Ley especial

Como fue aludido, la ordenanza del acento diacrítico ofrece una diferencia entre dos palabras "iguales". No obstante, no es severa, ya que no incluye la totalidad de los casos. Estas parejas (a veces tríos, o cuartetos) son...

el / él

el: artículo masculino.

Ejemplos:
El conductor paró el autobús.
Había pocos aviones en el aeropuerto.

él: pronombre personal.

Ejemplos:
Me lo dijo él.
Él asistió.

---

* *Diacrítico* es un adjetivo que etimológicamente significa "que distingue"; y se refiere a un signo que sirve para dar a una letra o a alguna palabra algún valor distintivo.

tu / tú

tu: posesivo.

Ejemplos:
¿Dónde dejaste tu abrigo?
Tu ciudad tuvo una gran celebración.

tú: pronombre personal.

Ejemplos:
Tú siempre dices la verdad.
Así eras tú.

mi / mí

mi: posesivo.

Ejemplos:
Te invito a cenar en mi casa.
Mi perro es grande.

mí: pronombre personal.

Ejemplos:
¿Es para mí?
Sin mí no lo hubieses logrado.

mi: sustantivo (nota musical).
El mi está desafinado.
Mi mayor era la nota del comienzo.

> *Como conclusión, se puede advertir que* él, tú *y* mí *se tildan cuando cumplen la función de* pronombres personales.*

de / dé

de: preposición.

Ejemplos:
Un vestido de seda.
De ocho a diez.

dé: forma del verbo «dar».

Ejemplos:
Dé lo que más pueda.
Espero que dé resultado.

de: letra.

Ejemplo:
El niño aprendió a escribir la "de" (d).

* Un PRONOMBRE PERSONAL, hay que recordar, es el que designa personas, animales o cosas mediante cualquiera de las tres personas gramaticales (primera, segunda o tercera: *yo, tú, él*...). Generalmente, desempeña las mismas funciones del sujeto.

se / sé

se: pronombre personal.

Ejemplos:
Se comió todo el pastel.
Vino y se fue.

sé: forma del verbo «saber».

Ejemplos:
Yo no sé nada.
Sé que está correcto.

sé: forma del verbo «ser».

Ejemplos:
Sé una buena persona.
Vete y sé feliz.

Como conclusión: sé *y* dé *se tildan cuando cumplen la función de formas verbales.*

te / té

te: pronombre personal ("a ti").

Ejemplos:
Te he comprado una camisa.
Fue y te encaró.

te: letra.

Ejemplos:
El niño aprendió a escribir la "te" (t).

té: sustantivo (bebida, planta u hoja).

Ejemplos:
Una taza de té.
Té es una infusión de Camellia sinensis...

mas / más

mas: conjunción adversativa.

Ejemplos:
Lo intentó, mas no pudo.
*Mas si osare un extraño enemigo...**

más: adverbio.

Ejemplos:
Habla más alto.
Dos más dos son cuatro.

---

* Éste es un perfecto ejemplo de *mas*: un fragmento del Himno Nacional Mexicano, el cual causa muchas confusiones, incluso ciertas ocurrencias. *Mas* es una conjunción que se puede reemplazar por *pero*: *Pero si osare un extraño enemigo.*

si / sí

si: conjunción (condición o suposición).

Ejemplos:
Si llueve, no saldré.
Todavía no sé si iré.

sí: adverbio de afirmación.

Ejemplos:
Esta vez sí la invitaron.

—¿Aceptas?...
—Sí.

si: sustantivo (nota musical).

Ejemplos:
Una canción en si bemol.
Si menor suena mejor.

sí: pronombre personal.

Ejemplos:
Sólo habla de sí misma.
Era para sí; era autobiográfica.

> *Hay un caso especial, donde se utiliza tilde sólo para evitar cierta confusión óptica. Este es el caso de la* o *(vocal), que representa una letra o una* conjunción disyuntiva...*

o / ó

o: conjunción que normalmente no lleva tilde.

Ejemplos:
Blanco o negro.
El jefe, o "el negrero", como quieras llamarle...

ó: conjunción que sólo lleva tilde cuando aparece escrita entre cifras (números), para evitar que se confunda con el cero.

Ejemplos:
3 ó 4 («tres o cuatro» no podrá tomarse por 304).
2 ó 19 («dos o diecinueve» no podrá confundirse con 2019).

> *Al igual que con los demostrativos, voces de la* RAE *dicen que nunca debe ir tilde en estos casos. Es obvio que, ortográficamente hablando, no hay motivo para colocar tilde; pero es un hecho que hay tipografías en las que son muy parecidos la vocal* o *con el número* 0. *¿Qué hacemos entonces?*

* Una CONJUNCIÓN DISYUNTIVA es una palabra que denota exclusión, alternancia o contraposición entre dos o más personas, cosas o ideas.

> *¿No es posible siquiera considerar la posibilidad de darle un signo diacrítico visual a la conjunción cuando sea necesario? La recomendación de esta obra es tildar siempre.*

Otros casos de tilde diacrítico, aunque no de monosílabos, son...

solo / sólo

solo: adjetivo («en soledad», «sin compañía»).

Ejemplos:
Me quedaré solo esta noche.
Él vive solo.

sólo: adverbio («solamente», «únicamente»).

Ejemplos:
Sólo quiero descansar.
Ella sólo sonrió.

> *Aquí sucede lo mismo con las voces de la RAE. La recomendación de esta obra, no obstante, es tildar siempre; y la justificación abunda en páginas informativas y de divulgación.*[74]

aun / aún

aun: adverbio («hasta», «también», «incluso»; «siquiera» con la negación ni).

Ejemplos:
Aprobaron todos, aun ellos.
Ni aun de lejos se parece.

aún: adverbio («todavía», con significado temporal o con valor ponderativo o intensivo).

Ejemplos:
Aún no la veo.
Él aún está ahí.

• **Tilde en palabras interrogativas y exclamativas**

Existe toda una serie de palabras (*pronombres relativos, conjunciones* y *adverbios*)* que pueden ser usadas tanto en función de elementos de

* El PRONOMBRE RELATIVO desempeña una función especial en la oración a la que pertenece, pues se inserta en una unidad superior y hay un antecedente al cual hace referencia (es "relativo a"), expreso o implícito. Son pronombres relativos: *(el, la, los, las) que, quien(es), el/la cual, los/las cuales, cuanto/a, cuantos/as.*

enlace de oraciones, o como *interrogativos* o *exclamativos.** Estas funciones se diferencian entre sí por el uso de tilde:

que / qué	*quien(es) / quién(es)*
como / cómo	*cuando / cuándo*
(a)donde / (a)dónde	*cuanto / cuánto*
cual / cuál	*cuan / cuán*

I.

qué	que (pronombre relativo y conjunción)
¿Qué es eso? (o *¡Qué es eso!*)† *Qué es eso.* *No sé qué es eso.* *¡Qué alegría!* *Qué alegría.* *No sabes qué alegría siento.*	*Te dije que fueras.* *No querías que yo saliera.*

A veces, reconocer si debe usarse tilde —si es interrogativo o exclamativo— causa muchos problemas. Para solucionar esto, existen ciertas prácticas o ejercicios mentales:

Una CONJUNCIÓN, hay que recordar, es una palabra invariable que encabeza diversos tipos de oraciones "que dependen de una oración principal" o que une vocablos o secuencias sintácticamente equivalentes: *y, e, ni, o, ya, bien, sea, pero, mas, sino, empero, luego, pues, conque, así que, porque...*

* Los interrogativos y los exclamativos siempre llevan tilde. Además, pueden llevar el signo correspondiente ("¿ ?" o "¡ !") o no llevarlo; eso dependerá del estilo y de la vehemencia que se quiera lograr. Asimismo, existen las llamadas oraciones interrogativas o exclamativas indirectas.

En los ejemplos de los siguientes cuadros, aparecerán en orden: *1.1.*) una pregunta directa, *1.2.*) una pregunta directa sin signos y *1.3.*) una pregunta indirecta; *2.1.*) una exclamación directa, *2.2.*) una exclamación directa sin signo y *2.3.*) una exclamación indirecta.

† En ocasiones como ésta, también es posible preguntar con una exclamación, pero se corre el riesgo de demostrar algún tipo de exigencia, crítica, reproche o desaprobación.

¿Cómo saber si lleva tilde?

√ Interrogación:

• En algunas ocasiones podría agregarse mentalmente la palabra «cosa», o «cosas»; es decir, quedaría la pregunta «qué cosa...»; luego, si la pregunta resultante es coherente (aunque tal vez un poco forzada), el uso es innegablemente interrogativo (con tilde). Por ejemplo:

Qué estás comiendo / Qué cosa estás comiendo
Adivinen qué dice / Adivinen qué cosa dice
Qué quieres que haga / Qué cosa quieres que haga

• En otras ocasiones no es posible la inclusión de «cosa», porque ya tiene una «cosa» incluida (cualquier sustantivo sirve): hora, calle, palabra, diario, etc. Por ejemplo:

Qué hora es
Qué calle es ésta
Dime qué palabra falta
Debes contestar qué diario prefieres

√ Exclamación:

• A veces podría cambiarse mentalmente la palabra «qué» por «cuánta». Por ejemplo:

Qué pena me da / Cuánta pena me da
Si supieras qué alegría siento / Si supieras cuánta alegría siento

• También podría cambiarse «qué» por la expresión «vaya». Por ejemplo:

Qué hermosura / Vaya hermosura
Qué jugador / Vaya jugador

• Igualmente, podría cambiarse «qué» por «es muy» o «está muy». Por ejemplo:

Qué rico / Está muy rico
Qué linda / Está muy linda

2.

quién, quiénes	*quien, quienes* (pronombres relativos)
¿Quién es él?	
Quién es él.	
Quiero saber quién es él.	*Esto es para quien lo quiera.*
¡Quién fuera sagaz!	*Quien desee imaginarlo...*
Quién fuera sagaz.	
Ni te imaginas quién.	

¿Cómo saber si lleva tilde?

√ Interrogación:

• Podría cambiarse la palabra «quién» por «qué persona». Por ejemplo:

Quién hizo eso / Qué persona hizo eso
No pudimos averiguar quién fue / No pudimos averiguar qué persona fue

√ Exclamación:

• También sirve la sustitución de «quién» por «qué persona».

• Si la exclamación es *subjuntiva*,* podría cambiarse «quién» por «qué (no) daría por» y luego el verbo en subjuntivo por su correspondiente en infinitivo (terminado en *-ar*, *-er*, *-ir*). Por ejemplo:

Quién fuera rico / Qué (no) daría por ser rico
Quién pudiese regresar / Qué (no) daría por regresar

* El MODO SUBJUNTIVO, como recordatorio, es el que manifiesta lo expresado por el verbo con marcas que indican la subjetividad: *fuera* o *fuese*, *fuere*; *pudiera* o *pudiese*, *pudiere*...

3.

cómo	*como* (adverbio o conjunción)
¿Cómo se hace? *Cómo se hace.* *Si supiera cómo se hace...* *¡Cómo quisiera ser prudente!* *Cómo quisiera ser prudente.* *No sabes cómo es.*	*Es moreno como hulla.* *Como dice él, esto es...*

¿Cómo saber si lleva tilde?

√ Interrogación:

• Podría cambiarse la palabra «cómo» por «de qué manera», «de qué modo», «con qué medios», «en qué circunstancia», etc. Por ejemplo:

Cómo lo hiciste / De qué manera lo hiciste
Por favor, dime cómo llegaste / Por favor, dime de qué manera llegaste

• De manera informal, podría cambiarse la palabra "cómo" por "qué tal". Por ejemplo:

Cómo te fue / Qué tal te fue

√ Exclamación:

• También puede cambiarse «cómo» por «de qué manera»...

• En ocasiones podría sustituirse «cómo» por «por qué», además de otros pequeños cambios. Por ejemplo:

Cómo pudiste hacerlo / Por qué lo hiciste

• A veces es posible sustituir «cómo» por «vaya que». Por ejemplo:

Cómo has crecido / Vaya que has crecido

• También, a veces, puede agregarse «es posible que...», además de otros cambios. Por ejemplo:

Cómo se te ocurre / Cómo es posible que se te ocurra

4.

cuándo	*cuando* (conjunción o adverbio)
¿Cuándo es tu cumpleaños?	
Cuándo es tu cumpleaños.	
Dime cuándo es tu cumpleaños.	*Vendrás cuando te cuente...*
¡Cuándo será el día...!	*Cuando es difícil, más razones hay...*
Cuándo será el día.	
Me cuestiono cuándo...	

¿Cómo saber si lleva tilde?

√ Interrogación:

- Podría cambiarse la palabra «cuándo» por «en qué momento», «en qué ocasión». Por ejemplo:

Cuándo iremos al cine / En qué ocasión iremos al cine
No me dijo cuándo debía volver / No me dijo en qué momento debía volver

√ Exclamación:

- También puede cambiarse «cuándo» por «en qué momento», «en qué ocasión».

5.

dónde, adónde, a dónde	*donde* (adverbio)
¿Dónde estabas?	
Dónde estabas.	
Debes decirme dónde estabas.	*La calle donde nací.*
¡Dónde podrías estar!	*Donde no hay nada.*
Dónde podrías estar.	
Si tan sólo supiera dónde...	

¿Cómo saber si lleva tilde?

√ Interrogación:

• Podría cambiarse la palabra «dónde» por «en qué lugar». Por ejemplo:

Dónde dejaste mi pluma / En qué lugar dejaste mi pluma
No te diré dónde está / No te diré en qué lugar está

√ Exclamación:

• También podría cambiarse la palabra «dónde» por «en qué lugar».

6.

cuánto, cuánta, cuántos, cuántas	*cuanto, cuanta, cuantos, cuantas* (pronombre relativo y adverbio)
¿Cuánto cuesta?	
Cuánto cuesta.	
A ver cuánto.	*Mejor a cuanto pensé.*
¡Cuánto he esperado!	*Cuantos iban se impresionaban.*
Cuánto he esperado.	
Ya no recuerdo cuánto te esperé.	

¿Cómo saber si lleva tilde?

√ Interrogación:

• Podría incluirse una «cosa» (cualquier sustantivo sirve): dinero, persona, tiempo, etc. Por ejemplo:

Cuánto cuesta / Cuánto dinero cuesta
Cuántas son / Cuántas personas son
No me digas cuánto falta / No me digas cuánto tiempo falta

√ Exclamación:

• También podría «incluirse una cosa».

• Podría cambiarse «cuánto» por «lo mucho que».

No sabes cuánto te extrañé / No sabes lo mucho que te extrañé

7.

cuál	*cual* (pronombre relativo)
¿Cuál es tuya?	
Cuál es tuya.	
Necesito saber cuál es tuya.	*Cual te ofenden, tal te ofuscas.*
¡Cuál fue mi asombro!	*...la invitación, la cual...*
Cuál fue mi asombro.	
Es increíble cuál fue mi asombro.	

¿Cómo saber si lleva tilde?

√ Interrogación:

- Podría incluirse «de ésos», «de éstos» (o «entre ésos», «entre éstos»)... Por ejemplo:

Cuál es tu hermano / Cuál de ésos es tu hermano
Todavía no decido cuál comprar / Todavía no decido cuál de éstas comprar

√ Exclamación:

- También podría incluirse «de ésos»...

8.

cuán *	*cuan* (adverbio)
¿Cuán alto es? *Cuán alto es.* *Me comentarás cuán alto es.* *¡Cuán corta es la vida!* *Cuán corta es la vida.* *No sabía cuán corta es la vida.*	*Será tan grande, cuan empeño colme.* *Era galán, cuan donjuán principiante.*

¿Cómo saber si lleva tilde?

√ Interrogación:

• Podría sustituirse por «qué tan». Por ejemplo:

Cuán buena estuvo / Qué tan buena estuvo
Ella no sabe cuán difícil fue / Ella no sabe qué tan difícil fue

√ Exclamación:

• También podría sustituirse por «qué tan», o «lo».

• **Tilde en demostrativos**

> *Ya sabemos cómo está la situación; fue mencionada algunas páginas atrás. La recomendación de esta obra, por tanto, es tildar siempre cuando se trata de pronombres.*

Existe también la opción de tildar los demostrativos, es decir, *este*, *ese* y *aquel*, con sus femeninos y plurales. Estas palabras pueden ser adjetivos (cuando modifican al sustantivo, cuando lo acompañan); o pueden

* *Cuán* no es de mucho uso. En su lugar se emplea generalmente *qué tan*. Salvo excepciones, no estaría mal utilizar la forma culta *cuán*.

ser pronombres (cuando ejercen funciones propias del sustantivo), y en este caso pueden llevar tilde. Por ejemplo:

Este libro es mío.	*Este* modifica a *libro*: es adjetivo, no lleva tilde.
Éste es mío.	*Éste* ejerce función propia de sustantivo: es pronombre, lleva tilde.

Ese libro es mío.	*Ese* es adjetivo.
Ése es mío.	*Ése* es pronombre.

Aquel libro es mío.	*Aquel* es adjetivo.
Aquél es mío.	*Aquél* es pronombre.

Los pronombres podrían llevar tilde. Y la posibilidad recae en una decisión personal. El asunto es saber qué hacer cuando la decisión es a favor. ¿Cómo poder distinguir, sin duda alguna, un adjetivo de un pronombre?

Los adjetivos acompañan a un *sustantivo*:*	*este volumen, esta casa, estos vasos, estas señoras, ese regalo, esa lámpara, esos lápices, esas plantas, aquel rincón, aquella situación, aquellos niños, aquellas ventanas.*
En cambio, un pronombre "no lleva acompañante" (sustantivo), y en este caso podría llevar tilde:	*éste, ésta, éstos, éstas, ése, ésa, ésos, ésas, aquél, aquélla, aquéllos, aquéllas.*

De este modo, si al preguntarse «este qué», «esta qué»... no se consigue una respuesta explícita, es *pronombre.*

* Un sustantivo, como mero recordatorio, es un tipo de palabras que designa seres u objetos materiales o inmateriales; es decir, es un nombre de cualquier cosa, persona, animal o concepto abstracto.

Adjetivo (sin tilde)			Pronombre (con tilde)		
este	*volumen*	*es...*	*éste*	—	*es...*
esta	*casa*	*acogía...*	*ésta*	—	*acogía...*
estos	*vasos*	*parecen...*	*éstos*	—	*parecen...*
estas	*señoras*	*quieren...*	*éstas*	—	*quieren...*
ese	*regalo*	*fue...*	*ése*	—	*fue...*
esa	*lámpara*	*tiene...*	*ésa*	—	*tiene...*
esos	*lápices*	*rayan...*	*ésos*	—	*rayan...*
esas	*plantas*	*refrescan...*	*ésas*	—	*refrescan...*
aquel	*rincón*	*suele...*	*aquél*	—	*suele...*
aquella	*situación*	*carecía...*	*aquélla*	—	*carecía...*
aquellos	*niños*	*aprenden...*	*aquéllos*	—	*aprenden...*
aquellas	*ventanas*	*aparentan...*	*aquéllas*	—	*aparentan...*

• Los adverbios terminados en *-mente*

Todos los adverbios terminados en *-mente* provienen de un adjetivo: *simplemente* de *simple, eficazmente* de *eficaz, arduamente* de *arduo*. Ahora, si el adjetivo del cual proviene el adverbio terminado en *-mente* tiene tilde, el adverbio mantiene la tilde:

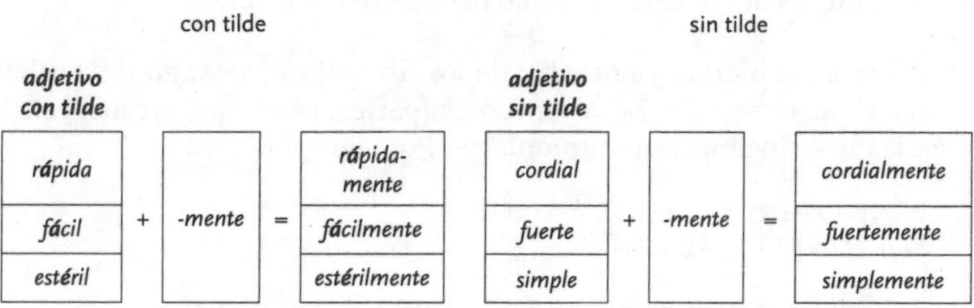

3. USO DE MAYÚSCULAS

Letra mayúscula es aquélla que se escribe con mayor tamaño y, por regla general, con forma distinta de la minúscula. Cada vez que se escriba con mayúscula habrá que tener en cuenta las consideraciones siguientes:

1. *Deberá escribirse con mayúscula la primera palabra de un escrito y la que vaya después de punto y seguido o punto final.*

2. *La utilización de la mayúscula no absuelve el poner tilde cuando así lo demanden las normas de acentuación. Ejemplos:*

Álvaro, Óscar, SÁNCHEZ, CURRÍCULO.

3. *En las palabras que empiezan con un dígrafo, como en el caso de* ll, ch *o* gu *y* qu *ante* e, i, *sólo se escribirá con mayúscula la letra inicial. Ejemplos:*

Chillán, Llorente, Guerrero, Quevedo.

4. La i *y la* j *mayúsculas se escribirán sin punto. Ejemplos:*

Inés, JAVIER, Juvenal.

3.1. Mayúsculas en palabras o frases enteras

En ocasiones se emplean letras mayúsculas para destacar palabras o frases enteras de un escrito. Suele hacerse así:*

1. En las cubiertas y portadas de los libros impresos, en los títulos de cada una de sus divisiones internas (partes, capítulos, escenas, etc.) y en las inscripciones monumentales. Por ejemplo:

BENITO PÉREZ GALDÓS
FORTUNATA Y JACINTA

2. En las SIGLAS y ACRÓNIMOS.[75] Ejemplos:

ISBN, UNESCO, OTI, OMS.

* En muchas ocasiones, especialmente gráficas y editoriales, hoy son reemplazadas por las VERSALITAS.

3. En las cabeceras de diarios y revistas. Ejemplos:

HERALDO DE ARAGÓN, EL TIEMPO, LA VANGUARDIA, LA NACIÓN.

4. En la pronunciación romana. Se utiliza ésta para significar el número ordinal con que se distinguen personas del mismo nombre (especialmente papas y reyes), como *Pío V, Felipe II, Fernando III*; el número de cada SIGLO, como siglo *XVI*; el de un tomo, libro, parte, canto, capítulo, título, ley, clase y otras divisiones, y en el de las páginas que así vayan numeradas en los prólogos y principios de un volumen.

5. En textos jurídicos y administrativos —decretos, sentencias, bandos, edictos, certificados o instancias—, el verbo o verbos que presentan el objetivo fundamental del documento. Ejemplos:

CERTIFICA, EXPONE, SOLICITA.

3.2. Mayúsculas iniciales

El uso de la mayúscula inicial se rige por la posición que ocupa la palabra (y, en consecuencia por la puntuación exigida en cada caso), por su condición o categoría de nombre propio y por otras circunstancias.

• **EN FUNCIÓN DE PUNTUACIÓN**

Se escribirán con letra inicial mayúscula:

1. La primera palabra de un escrito y la que vaya después de punto. Por ejemplo:

Hoy no iré. Mañana puede que sí.

2. La palabra que sigue a los puntos suspensivos, cuando éstos encierran un enunciado. Por ejemplo:

No sé si... Sí, iré.

3. La que sigue a un signo de cierre de interrogación (?) o de exclamación (!), si no se interpone coma, punto y coma o dos puntos. Por ejemplo:

¿Dónde? En la estantería.

4. La que va después de dos puntos, siempre que siga a la fórmula de encabezamiento de una carta o documento jurídico-administrativo o reproduzca palabras textuales. Ejemplos:

encabezamiento de una carta o documento jurídico-administrativo	*Estimado señor mío: Le agradeceré...*
reproducción de palabras textuales	Pedro dijo: «*No volveré hasta las nueve*».

• **En función de la condición o categoría**

Se escribirá con letra inicial mayúscula todo nombre propio:

1. Nombres de persona, animal o cosa singularizada. Ejemplos:

Pedro, Alberto, Beatriz, María, Platón, Caupolicán, Rocinante, Platero, Colada, Olifante.

2. Nombres geográficos. Ejemplos:

América, España, Jaén, Honduras, Salta, Cáucaso, Himalaya, Adriático, Pilcomayo.

Cuando el artículo forme parte oficialmente del nombre propio, ambas palabras comenzarán con mayúscula. Ejemplos:

El Salvador, La Serena, La Habana, *etc.*

Se escribe con mayúscula el nombre que acompaña a los nombres propios del lugar, cuando forma parte del topónimo. Ejemplos:

Ciudad de México, Sierra Nevada, Puerto de la Cruz.

Se utilizará la minúscula en los demás casos. Ejemplos:

la ciudad de Santa Fe, la sierra de Madrid, el puerto de Cartagena.

3. Apellidos. Ejemplos:

Álvarez, Contreras, Martínez, Jiménez.

En el caso de que un apellido comience por preposición, por artículo o por ambos, éstos se escribirán con mayúscula sólo cuando encabecen la denominación. Por ejemplo:

señor De Felipe frente a Diego de Felipe.

Se escribirán también con mayúscula los nombres de las dinastías derivados de un apellido. Ejemplos:

Borbones, Austrias, Capetos.

4. Nombres de constelaciones, estrellas, planetas o astros, estrictamente considerados como tales. Ejemplos:

La Osa Mayor está formada por siete estrellas.
El Sol es el astro central de nuestro sistema planetario.
En el último eclipse, la Tierra oscureció totalmente a la Luna.

Por el contrario, si el nombre se refiere, en el caso del Sol y la Luna, a los fenómenos sensibles de ellos derivados, se escribirá con minúscula:

Tomar el sol.
Noches de luna llena.

En el caso de la Tierra, todos los usos no referidos a ella en cuanto planeta aludido en su totalidad se escribirán también con minúscula.

El avión tomó tierra.
Esta tierra es muy fértil.
La tierra de mis padres.

5. Nombres de los signos del Zodiaco. Ejemplo:

Aries, Tauro, Géminis.

De igual modo, los nombres que aluden a la característica principal de estos signos, como Balanza *(por* Libra*),* Toro *(por* Tauro*),* Carnero *(por* Aries*),* Gemelos *(por* Géminis*),* Cangrejo *(por* Cáncer*),* Pez *(por* Piscis*),* Escorpión *(por* Escorpio*),* León *(por* Leo*),* Virgen *(por* Virgo*).*

6. Cuando el nombre propio deja de serlo porque designa a las personas nacidas bajo este signo, se escribirá con minúscula. Ejemplo:

Juan es tauro.

7. Nombres de los puntos cardinales, cuando se refiere a ellos explícitamente. Por ejemplo:

La brújula señala el Norte.

> *Cuando el nombre se refiere a la orientación o dirección correspondientes a estos puntos, se escribirá con minúscula. Ejemplos:*
>
> El norte de la ciudad.
> Viajamos por el sur de España.
> El viento norte.

8. Nombres de festividades religiosas o civiles. Ejemplos:

Pentecostés, Epifanía, Navidad, Día de la Independencia, Corpus.

9. Nombres de divinidades. Ejemplos:

Dios, Jehová, Alá, Apolo, Amón.

10. Libros sagrados. Ejemplos:

Biblia, Corán, Avesta, Talmud.

11. Atributos divinos o apelativos referidos a *Dios, Jesucristo* o a la *Virgen María*. Ejemplos:

Todopoderoso, Cristo, Mesías, Inmaculada, Purísima.

12. Nombres de las órdenes religiosas. Ejemplos:

Cartuja, Merced, Temple, Carmelo.

13. Marcas comerciales:

Coca-Cola, Seat.

En los casos anteriores, cuando el nombre propio se use como común, es decir, cuando pase a designar un género o una clase de objetos o de personas, deberá escribirse con minúscula. Ejemplos:

un herodes, una venus.

Lo mismo sucede cuando se designa algo con el nombre del lugar del que procede, o con el de su inventor, fabricante, marca o persona que lo popularizó. Ejemplos:

un jerez, un oporto, una aspirina, un quinqué, unos quevedos.

En este último caso, cuando se requiere mantener viva la referencia al autor, creador o fabricante de la obra, se utilizará la mayúscula inicial. Ejemplos:

un Casares, dos Picassos, un Seat.

• **En función de otras circunstancias**

Se escriben con letra inicial mayúscula:

1. Los sobrenombres y apodos con que se designa a determinadas personas. Ejemplos:

el Libertador, el Sabio, el Bosco, Clarín, el Inca Gracilaso.

2. En general, cuando por antonomasia se emplean apelativos usados en lugar del nombre propio,[76] como *el Mantuano* (por *Virgilio*), *el Sabio* (por *Salomón*), *el Magnánimo* (por *el rey Alfonso V*), o se designan conceptos o hechos religiosos (*la Anunciación, la Revelación, la Reforma*).

3. Las advocaciones de la Virgen. Ejemplos:

Guadalupe, Rocío.

También las celebraciones a Ellas dedicadas. Ejemplos:

el Pilar, *el* Rocío.

4. Los tratamientos, especialmente si están en abreviatura. Ejemplo:

V.S. (*Usía*). *Fray Luis* (referido, por ejemplo, a *Fray Luis de León*), *Sor Juana* (referido a *Sor Juana Inés de la Cruz*), *San Antonio*, etc.

5. Los sustantivos y adjetivos que componen el nombre de instituciones, entidades, organismos, partidos políticos, etc.:

la Biblioteca Nacional, la Inquisición, el Tribunal Supremo, el Museo de Bellas Artes, el Colegio Naval, la Real Academia de la Historia, la Universidad Nacional Autónoma de México, el Partido Demócrata.

6. Los nombres, cuando significan entidad o colectividad como organismo determinado. Ejemplos:

la Universidad, el Estado, el Reino, la Marina, la Justicia, el Gobierno, la Judicatura, la Administración, la Magistratura, la Iglesia.

Pero se utilizará la minúscula inicial en casos como:

Ejerció su magistratura con brillantez.
Visitó la iglesia del pueblo.

7. La primera palabra del título de cualquier obra. Ejemplos:

El rayo que no cesa
El mundo es ancho y ajeno

En las publicaciones periódicas y colecciones, en cambio, se escriben con mayúscula los sustantivos y adjetivos que forman el título. Ejemplos:

Nueva Revista de Filología Hispánica
El Urogallo
Biblioteca de Autores Sudamericanos

8. Los nombres de las disciplinas científicas en cuanto tales. Ejemplos:

Soy licenciado en Biología.
Ha estudiado Filosofía.
La Psicología ha vivido un resurgimiento en los últimos tiempos.

Pero se escribirá con minúscula:

Me gustan las matemáticas de este curso.
Llaman filosofía de la vida a lo que es pura vulgaridad.
La psicología de los niños es complicada.

9. El primero de los nombres latinos que designan especies de animales y plantas. Ejemplos:[77]

Pimpinella anisum, Felis leo.

10. Los nombres, latinos o no, de los grupos taxonómicos zoológicos y botánicos superiores al género.[78] Ejemplos:

orden Roedores, familia Leguminosas.

Se escribirán con minúscula, en cambio, cuando sean adjetivos (por ejemplo: animal roedor*) o sustantivos que no signifiquen orden (por ejemplo:* una buena cosecha de leguminosas*).*

11. Suelen escribirse con mayúscula los nombres de determinadas entidades cuando se consideran conceptos absolutos. Ejemplos:

la Libertad, la Ley, la Paz, la Justicia.

Pero:

- La libertad de expresión.
- La ley de la gravedad.

12. Los nombres de fechas o cómputos cronológicos, épocas, acontecimientos históricos, movimientos religiosos, políticos o culturales. Ejemplos:

la Antigüedad, la Hégira, la Escolástica, el Renacimiento.

13. Los pronombres *Tú, Ti, Vos, Él, Ella,* en las alusiones a la Divinidad o a la Virgen María.

14. Conceptos religiosos como *el Paraíso, el Infierno,* etc., siempre que se designen directamente tales conceptos, y no en casos como *Su casa era un paraíso* o *El infierno en que vivía.*

• **Empleos expresivos**

En ocasiones, el uso de la mayúscula se debe a propósitos expresivos, como sucede en los casos siguientes:

1. En títulos, cargos y nombres de dignidad, como *Rey, Papa, Duque, Presidente, Ministro,* etc.

Estas palabras se escribirán siempre con minúscula cuando...

1. *Acompañen al nombre propio de la persona o del lugar al que corresponden. Ejemplos:*

el rey Felipe IV, el papa Juan Pablo II, el presidente de Chile, el ministro de Educación.

2. *Estén usados en sentido genérico. Por ejemplo:*

El papa, el rey y el duque están sujetos a morir, como lo está cualquier otro hombre.

Sin embargo, pueden escribirse con mayúscula cuando no aparece expreso el nombre propio de la persona o del lugar y, por el contexto, se les considera referidos al alguien a quien pretendemos destacar. Ejemplos:

El Papa visitará tres países en su próximo viaje.

También es costumbre particular de las leyes, decretos y documentos oficiales escribir con mayúscula las palabras de este tipo. Ejemplos:

el Rey de España, el Presidente del Gobierno, el Secretario de Estado de Comercio.

2. En algunas palabras de escritos publicitarios, propagandísticos o de textos afines. Este uso, destinado a destacar arbitrariamente determinadas palabras, es idéntico al recurso opuesto, consistente en emplear las minúsculas en lugares donde la norma exige el uso de mayúsculas.

En ningún caso deben extenderse estos empleos de intención expresiva de mayúsculas o minúsculas a otros tipos de escritos.

3.3. Minúscula inicial

Se recomienda, en cambio, escribir con minúscula inicial los nombres de los días de la semana, de los meses y las estaciones del año.

El lunes es su día de descanso.
Yo nací en junio.
La primavera empieza el 21 de marzo.

IV
GRAMÁTICA AUXILIAR

• ALGUNAS DEFINICIONES PRELIMINARES

√ **Frase**. Es un conjunto de palabras que tiene sentido fragmentario. Se trata, pues, de una expresión acuñada, constituida generalmente por dos o más palabras cuyo significado conjunto no se deduce de los elementos que la componen. Por ejemplo:

Con mi amigo	Con mi amigo... ¿qué?
El hermano de tu novia	El hermano de tu novia... ¿qué?
El de la derecha	El de la derecha... ¿qué?
El otro día	El otro día... ¿qué?

Asimismo, hay enunciados que a pesar de tener verbo son considerados frases (a diferencia de lo que se piensa comúnmente). En este caso se trata de verbos transitivos,[79] es decir, de enunciados que necesitan de una "añadidura" para conceder un sentido completo. Por ejemplo:

Mi perro tiene.	Mi perro tiene... ¿qué?
Ayer freímos.	Ayer freímos... ¿qué?
Tú necesitas.	Tú necesitas... ¿qué?
Mis primos querían.	Mis primos querían... ¿qué?

√ **Oración**.* Es una palabra o conjunto de palabras con que se expresa un pensamiento completo; esto es, un sentido gramatical completo.

---

* La oración puede ser definida desde tres puntos de vista: psicológico, lógico y gramatical.

Definición psicológica: La unidad de sentido y de intención expresiva con que nos hemos pronunciado.

Definición lógica. La expresión verbal de un juicio (la relación entre el sujeto y el predicado).

Definición gramatical. Un verbo en forma personal y los elementos mediata o inmediatamente relacionados con él.

La oración suele estar compuesta de sujeto y predicado, y es más completa que la frase:

Claudia ya no vive aquí.
Domínguez ha muerto.
No toda ciudad es grande.
Pablo y su madre compraron flores.

Generalmente, la oración es un enunciado BIMEMBRE —de "dos miembros": sujeto y predicado— con significado completo, que tiene un verbo en forma personal, un verbo conjugado.*

Por ejemplo:

Luis, mi vecino,	*corre*	*todas las mañanas en el parque.*

sujeto predicado

verbo en forma personal

Entre estas ORACIONES BIMEMBRES es posible distinguir dos tipos:

√ **ORACIÓN SIMPLE.** Es una oración en que no existen SUBORDINACIONES O COORDINACIONES,[80] que tiene un solo predicado.

Por ejemplo:

Las telecomunicaciones son hoy un medio trascendental para el mundo.
La institución afianzó la adquisición de cereales.

---

* Un verbo en forma personal, en este caso, podría ser *corre, corrió, corría*... Jamás podrá ser un verboide: *correr, corriendo* o *corrido*.

Como dato extra, ilustrativo, dentro de las oraciones podría haber una forma averbal (que utiliza una elipsis de verbo, *estar*):

La selección de fútbol está muy cerca del triunfo.	verbal
La selección de fútbol, muy cerca del triunfo.	averbal

Activas. El sujeto ejecuta la acción que indica el verbo:

La radio	*transmitió*	*el discurso*
sujeto agente	verbo activo	complemento directo

Pasivas. El sujeto recibe la acción que indica el verbo, la cual es efectuada por el ejecutor o agente (generalmente sobrentendido):

El discurso	*fue transmitido*	*por la radio*
sujeto paciente	verbo pasivo	ejecutor o agente

También se puede expresar lo mismo mediante la llamada PASIVA CON "SE" O PASIVA REFLEJA.

Se	*transmitió*	*el discurso*	*por la radio*
signo de pasiva	verbo activo	sujeto paciente	ejecutor o agente

√ **ORACIÓN COMPUESTA**. Es una oración que se forma mediante la subordinación o la coordinación; es decir, la que está formada por dos o más oraciones simples enlazadas gramaticalmente. Por ejemplo.

Subordinación. Procedimiento mediante el cual una posee mayor jerarquía que otra ("subordinada").

Las corporaciones anhelan que la gente se les una.
Es posible que la encomienda llegue mañana.

Coordinación. Procedimiento para unir dos oraciones mediante nexos coordinantes.

El director dictaminó, pero nadie acató.
Él cayó al piso y ahí se quedó un rato.

La coordinación o la subordinación suceden cuando en una misma PROPOSICIÓN hay dos o más oraciones,[81] cada una de las cuales posee un verbo conjugado.

También hay oraciones UNIMEMBRES, que son tal debido a su CONNOTACIÓN.[82] Pueden ser frases exclamativas, interjecciones, vocativos o condensaciones. Por ejemplo:

¡Qué disparate!	*(Esto es un disparate... Has cometido un disparate...)*
¡Qué majadería!	*(Esto es una majadería... Cometiste una majadería...)*
¡Recórcholis!	*(No me lo esperaba... Qué es esto...)*
¡Ups!	*(Lo siento... No fue mi intención...)*
Oye	*(A ti te hablo...)*
Señor	*(A usted le hablo...)*
Para bien o para mal.	*(No sé si sea bueno... El resultado es incierto...)*
Pastelero a tus pasteles.	*(No es tu asunto... Las personas deben dedicarse a sus cosas...)*

1. SUJETO Y PREDICADO

Las oraciones suelen profesar cierto orden, aunque constantemente, por razones de variedad, claridad o EUFONÍA, esta orientación puede cambiar.[83] Por tanto, no existe una disposición precisamente correcta o incorrecta para las palabras; pero sí hay formas de organizar frases que alcanzan más naturalidad que otras.

Repetir siempre las mismas estructuras en los escritos conseguirá el fastidio en el lector. Otras veces pueden suscitarse confusiones por causa de juntar ciertos vocablos, aunque estén dentro de un orden natural. Cuando esto ocurra, es necesario replantear las oraciones. También cabe la posibilidad de que algunas palabras disuenen, produciendo cacofonías. Muchas veces esto puede evitarse cambiando el orden de las palabras...

Para evadir problemas con las oraciones, es necesario saber cómo suelen construirse. Para tal motivo, primero hay que estar al tanto —y asimilar, y no olvidar— de qué se entiende como oración: "la unidad más pequeña de sentido completo en sí misma en que se divide el habla real".

En consecuencia, una oración consiste en una o más palabras que expresan una idea completa. Cuando se presenta una oración sin la unión de sujeto y predicado, se trata de casos excepcionales y sencillos, aunque ocasione confusiones en los redactores.

¡Qué maravilla!	Aquí no hay sujeto ni predicado como tales; aunque sí se advierte una "fracción" de predicado, que "sugiere" quién es el sujeto y cuál es el verbo sustancial...

Por su parte:

¡Qué maravilla que hayas venido!	La oración anterior podría ser pronunciada de esta forma si se construyese con un sujeto y un predicado habituales.
¡Esto es una maravilla!	También se podría escribir de esta manera.

Comparando los tres planteamientos, podemos ver que tienen estimaciones distintas. La primera oración no deja de serlo (connota una idea acabada), ni las dos últimas sugieren cierta preeminencia. Ahora bien, además de las exclamaciones, interjecciones, condensaciones..., hay otras palabras solas que pueden formar oraciones; por ejemplo: las muy comunes UNIMEMBRES.

Nieva		
Truena	¿Quién nieva?, ¿qué nieva? ¿Quién llueve?, ¿qué llueve?	Nadie, nada.
Llueve		

Éstas, asimismo, pueden disponerse con dos o más palabras, y, aunque carecen absolutamente de sujeto, siguen siendo unimembres; por ejemplo:

Nevó ayer.	
En aquella ciudad truena siempre.	(*aquella ciudad* no es el sujeto)
Llovía mucho.	

Recordemos: las oraciones que sostienen sujeto y predicado se llaman BIMEMBRES.

Cualquier otro tipo de oración que no presente sujeto (por connotación o por poseer verbos meteorológicos) es una oración UNIMEMBRE.

En cuanto al orden de los elementos, el más común —no necesariamente el "correcto"— es:[84]

1) sujeto (con su núcleo)
2) núcleo del predicado
3) complementos del predicado.

Por ejemplo:

sujeto (con su núcleo)	núcleo del predicado	complemento del predicado
El obrero	*derramó*	*el tarro de pintura.*
El hermano de tu amigo	*cantó*	*una canción.*

El español ofrece una enorme gama de posibilidades expresivas; hay muchas posibilidades de orden. También sería correcto escribir de las siguientes maneras:

1)

complemento del predicado	sujeto (con su núcleo)	núcleo del predicado
El tarro de pintura	*el obrero*	*derramó.*
Una canción	*el hermano de tu amigo*	*cantó.*

2)

complemento del predicado	núcleo del predicado	sujeto (con su núcleo)
El tarro de pintura	*derramó*	*el obrero.*
Una canción	*cantó*	*el hermano de tu amigo.*

3)[85]

núcleo del predicado	sujeto (con su núcleo)	complemento del predicado
Derramó	*el obrero*	*el tarro de pintura.*
Cantó	*el hermano de tu amigo*	*una canción.*

1.1. El sujeto

Para escribir un enunciado, y posteriormente redactar correctamente un escrito, es necesario no enmarañarse entre sujetos y predicados. Es necesario comenzar de manera sencilla, es decir, señalando que el núcleo del predicado (verbo) expresa «lo que le pasa al sujeto». Así, será fácil comprender cuál es el sujeto, porque bastará preguntar quién o qué COSA realiza la acción.

1.1.1. Características del sujeto

• El sustantivo, núcleo del sujeto

El núcleo del sujeto es una palabra que se caracteriza por imponer su concordancia con el núcleo del predicado, o viceversa. Por lo tanto, si el núcleo del sujeto está en singular, el del predicado tendrá que aparecer en singular también. Si se habla de un sujeto en primera persona, el predicado indicará primera persona.

sujeto	núcleo del predicado	
Los excursionistas	*llegaron*	*a la cumbre.*
(ellos)		

Yo llegué
Tú llegaste
Él llegó
Nosotros llegamos
Vosotros llegasteis
Ellos llegaron

La función del núcleo está casi siempre desempeñada por una palabra que pertenece a la categoría de los sustantivos. Pero hay que distinguir entre aquellas palabras que son sustantivos por naturaleza y aquéllas que lo son funcionalmente, es decir, que están habilitadas para desempeñar funciones propias de los verdaderos sustantivos.[86] Por ejemplo:

Los inteligentes no quieren hacerlo.

El saber es imperioso.

Un sí fue pronunciado.

inteligentes es un adjetivo, *saber* es un verbo y *sí* es un adverbio; pero todos están siendo usados como sustantivos.
En un diccionario figurarían, específicamente los adjetivos, como *U.t.c.s.* (*usado también como sustantivo*) o, a veces, como *U.m.c.s.* (*usado más...*).

• El sustantivo: nombre y pronombre

En muchas ocasiones el núcleo del sujeto es un nombre, es decir, un tipo de sustantivo que actúa como un "rótulo" proporcionado a un ser, para clasificarlo entre la masa de todos los seres vivos. Por ejemplo:

El guardia no nos dejó entrar.

No todos los insectos tienen alas.

La ocurrencia de Andrés nos hizo reír todos.

El régimen fue inexorable con la gente.

guardia, insectos, ocurrencia y *régimen* proveen una clasificación

En ciertas ocasiones, el nombre no clasifica, sino "individualiza": tiene como finalidad señalar un determinado ser entre los demás de su clase. Por ejemplo:

Alberto	(clase: persona)
Astorga	(clase: apellido o patronímico)
Himalaya	(clase: montaña)
Saturno	(clase: planeta)

Entonces, los nombres clasificadores se llaman COMUNES; y los individualizadores, PROPIOS.

NOMBRES		
	comunes	Significan un conjunto de caracteres que no sólo se atribuyen al ser nombrado, sino que se pueden atribuir a un grupo numeroso de seres semejantes a él. Por ejemplo, a un objeto cualquiera se le llama de determinada manera —*mesa*, por ejemplo— porque se trata de algo en el que se encuentra una serie de caracteres que se ha visto reunidos en "otros algo" —otras *mesas*— que han sido llamados con ese nombre
	propios	No significan nada; simplemente designan un determinado ser "porque sí", del mismo modo como podrían designar otro muy diferente (*Venus*, por ejemplo, que puede ser una diosa mitológica, una niña recién nacida, un huracán, etc.).

Nombres comunes y nombres propios coinciden en que están fijados a los seres designados por ellos, de tal modo que, normalmente, mientras esos seres sigan existiendo, conservarán siempre el mismo nombre. Pero también pueden ser designados por medio de otras palabras que no están fijadas a ellos, sino que se aplican temporalmente, pues no los "nombran", sino que los "señalan"; éstas son los pronombres. Por ejemplo:

	con pronombre
El escenario está mal.	*Esto está mal.*

Pero entre los pronombres, los PERSONALES (además de los DEMOSTRATIVOS)[87] tienen una importancia especial... Uno de ellos es *yo*, el cual es utilizado por la persona que escribe para referirse a sí misma. Esa misma persona, para designar a la persona a la que se dirige, utiliza el pronombre *tú* (cuando hay entre ellas confianza o camaradería) o *usted* (si se tratan a cierta "distancia"). Otros pronombres personales son *él, ella, ello, ellos* y *ellas,* que emplea la persona que escribe para referirse a personas, animales o cosas ajenos al propio escritor y a su lector. Cuando el *yo* que escribe se asocia a otra u otras personas, dice *nosotros* (o *nosotras*). Además, en estricto rigor, si al lector le llama *tú* y le asocia con otra u otras personas, dice *vosotros* (o *vosotras*); si le llama *usted,* dice *ustedes.*

	singular	plural
1.ª	*yo*	*nosotros*
2.ª	*tú* *usted*	*vosotros, vosotras* *ustedes*
3.ª	*él, ella, ello*	*ellos, ellas*

• **MODIFICADORES DIRECTOS: ARTÍCULO Y ADJETIVO**

Entre los sustantivos, el nombre común va habitualmente acompañado, cuando funciona como núcleo del sujeto, por un tipo de palabras cuya misión principal es "trasladar a la realidad el concepto representado por el nombre". Estas palabras poseen una característica "actualizadora".

Uno de estos acompañantes va siempre delante del nombre: los ARTÍCULOS. Por ejemplo:

El guardia no nos dejó entrar.
La puerta trasera está abierta.
Unas personas vinieron a descansar.
Un varón debe ser galante.

En detalle:

El maestro de física.

núcleo del sujeto

La palabra *maestro* es un sustantivo que subordina a los demás elementos del sujeto:

el	artículo definido[88]

No podría ser *la maestro* ⊗, *los maestro* ⊗ o *las maestro* ⊗. Tampoco es *un maestro*, ya que se trata de un maestro determinado, uno concreto al cual se refiere el redactor.

No hay preposición que intervenga entre el *y* maestro*; entonces se afirma que* el *es un* modificador directo.[89]

El papel actualizador del artículo puede ser desempeñado por otras palabras que, al acompañar al nombre común, precisan su significación, agregándole diversas circunstancias o matices: los ADJETIVOS. Éstos desempeñan un papel semejante al del artículo, pero no todos son actualizadores; muchos de ellos se unen a un nombre que ya está actualizado, para completar la imagen del ser presentado, expresando alguna particularidad.

La ropa negra no le favorece.
La ciudad remota está sobre un cerro.
El único impedimento que veo es la distancia.

Tal como se ve, muchos adjetivos (calificativos) pueden ir colocados delante o detrás del nombre, a diferencia de los artículos que sólo deben ir delante. Los adjetivos determinativos, en cambio, sólo pueden ir antepuestos.

Otros ejemplos de modificadores directos:

Un león.

Cuatro flamantes paladines.

Aunque *cuatro* esté "alejado" de *paladines,* sigue siendo un modificador directo, porque no interviene ninguna preposición.[90] *Cuatro* y *flamantes* siguen siendo adjetivos (modificadores directos).

Los buenos bríos.

Los y *buenos* son modificadores directos: *los* como artículo definido y *buenos* como adjetivo. Es posible también escribir *los bríos buenos...* pero cambiaría la connotación.

Luego, los artículos y los adjetivos son adjuntos naturales del nombre: su misión es acompañarlo, actualizando, apuntalando y precisando su significación. Pero esta función no sólo es de los adjuntos... Hay palabras y grupos de palabras que, al igual que los adjuntos, desempeñan una función actualizadora: los COMPLEMENTOS.

Los adjuntos del nombre adaptan su forma a determinadas condiciones del nombre al que acompañan; es decir, los adjuntos presentan concordancia con el nombre. Por ejemplo:

La ciudad hermosa está cerca.

Las ciudad<u>es</u> hermosa<u>s</u> está<u>n</u> cerca.

Al sustituir la palabra *ciudad* por su plural *ciudades,* se determinará inmediatamente un cambio no sólo en el verbo —que ahora es *están*—, sino en el artículo y en el adjetivo, que tendrán que ser *las* y *hermosas,* respectivamente.
Del mismo modo, si se trata de un *pueblo hermoso* —y no *hermosa ciudad*—, lo acompañarían *el* y *hermoso.*

De aquí se puede concluir que los adjuntos toman una u otra forma, de acuerdo a si el nombre es masculino o femenino, y a si está en singular o plural.

Cabe destacar que, así como los artículos disponen de formas aptas para todas las posibilidades, no todos los adjetivos tienen tantas variaciones. Por ejemplo: *fácil*.

singular		**plural**	
masculino	femenino	masculino	femenino
fácil	*fácil*	*fáciles*	*fáciles*
Un trabajo fácil.	*Una tarea fácil.*	*Unos trabajos fáciles.*	*Unas tareas fáciles.*

• Los sustantivos complementos (modificadores indirectos)

Dentro del sujeto, al núcleo —sustantivo— no sólo se le pueden agregar los adjuntos, sino sustantivos (o pronombres) que no funcionan como núcleo, sino que son habilitados para actuar con un papel semejante al de los adjetivos.

El procedimiento más frecuente por el que un sustantivo, en el sujeto, pasa a funcionar como complemento, consiste en colocarlo detrás del núcleo, uniéndolo a él por medio de una palabra especial: la PREPOSICIÓN.[91]

El guardia de la tienda no nos dejó entrar.

La camisa de Jorge era muy fea.

En ambas oraciones hay sustantivos que fungen como complementos. En la primera, al núcleo del sujeto (*guardia*) se une el sustantivo *tienda*; en la segunda, el sustantivo complemento es *Jorge*, unido al núcleo (*camisa*).

Ambos complementos van precedidos por una misma preposición: *de*.

En detalle:

El maestro de física.

núcleo del sujeto

La frase *de física* también modifica a *maestro*, porque indica que se trata de un maestro específico. Hay un sustantivo (*física*) precedido de una preposición (*de*); y estas dos palabras juntas forman un complemento adnominal.

	núcleo del sujeto	preposición	sustantivo
El	*maestro*	*de*	*física*

Otros ejemplos, con otras preposiciones:

Las familias sin hogar son cada vez más numerosas.

La desobediencia a la autoridad será castigada.

No me interesa nada un viaje con ellos.

La consideración hacia los demás es algo que no debes olvidar.

La lucha por la vida fue muy dura.

Las preposiciones que enlazan estos complementos con los núcleos son variadas: *sin, a, con, hacia, por*.

Su elección, naturalmente, depende de la relación que se quiera expresar entre el sentido de los complementos y el de los núcleos.

Puede que no haya preposición: que el sustantivo complemento vaya inmediatamente ligado al núcleo. Este procedimiento se llama yuxtaposición…[92]

El estilo Renacimiento corresponde al siglo XVI.

La operación retorno fue todo un éxito.

El premio Nobel ha sido obtenido por un inglés.

En estos casos no sería difícil, aunque no es usual, anteponer al complemento la preposición *de*.

Otras veces ocurre que coexisten las dos formas: *Instituto San Isidro* / *Instituto de San Isidro*.

En las yuxtaposiciones existe una relación entre lo designado por el sustantivo y lo designado por lo otro:

El premio Nobel es... el premio instituido por Nobel.

El estilo Renacimiento es... el estilo propio de la época del Renacimiento (o *el estilo renacentista*).

En otras ocasiones, la unión inmediata del sustantivo complemento al núcleo no significa que haya una relación entre lo designado por un sustantivo y lo designado por otro, sino que el ser designado por el segundo es "el mismo" designado por el primero.

El rey Felipe murió en 1598.

El río Duero viene crecido.

Un médico pintor va a exponer sus cuadros.

El rey se llama Felipe; y Felipe es un rey...

El río es llamado Duero; y Duero es un río...

El médico es pintor; y el pintor además es médico.

Cuando esto ocurre, se habla de *aposición*.[93]

• **Complementos de complementos**[94]

Obviando los adjuntos, el sujeto suele considerar una constelación de palabras en torno al núcleo. Cada uno de los complementos adosados a ese núcleo está con frecuencia constituido por más de una palabra (además de la preposición, un simple elemento de enlace, que va delante del sustantivo complemento). De este modo, el complemento está formado, a su vez, por un núcleo —que será llamado *centro* del complemento, para evitar la confusión con el núcleo del sujeto— y uno o más complementos de ese centro.

Los	***constructores***	*del*		*nuevo*	*bloque*
Complemento I	Núcleo del sujeto (nombre)	palabra de enlace (prep.)	complemento 1.ª (art.)	complemento 2.ª (adj.)	centro (nombre)
		Complemento II (nombre con preposición)			

SUJETO

Otros ejemplos:

Los espectadores de la última función
Los organizadores del gran espectáculo
Las vecinas de la población oriente

Hay otros casos en que el complemento puede ser otro nombre, con o sin preposición:

El hijo	*del*		*vendedor*	*de*	*periódicos*
	palabra de enlace (preposición)	complemento 1.ª (artículo)	centro (nombre)	palabra de enlace (preposición)	nombre
				Complemento 2.°	
	Complemento II (nombre con preposición)				

Otros ejemplos:

El automóvil del profesor de Historia
La condición del jugador de fútbol
Los caprichos del cantante de ópera

Si el centro del complemento es un adjetivo, uno de sus complementos puede ser un nombre con preposición, como ocurre en la siguiente oración:

<table>
<tr><td>Un hombre</td><td>amante</td><td>de la música</td></tr>
<tr><td></td><td>centro (adjetivo)</td><td>complemento (nombre con preposición)</td></tr>
<tr><td></td><td colspan="2">Complemento II (adjetivo)</td></tr>
</table>

Otros ejemplos:

Una persona colmada de poesía
Un perro buscador de objetos
Un personaje harto de la hipocresía

En raras ocasiones, puede ser complemento del centro adjetivo otro adjetivo:

<table>
<tr><td>El vestido</td><td>gris</td><td>oscuro</td></tr>
<tr><td></td><td>complemento (adjetivo)</td><td>centro (adjetivo)</td></tr>
<tr><td></td><td colspan="2">Complemento II (adjetivo)</td></tr>
</table>

Otro ejemplo:

Un mar azul intenso

Otro complemento del adjetivo es el adverbio, que, a diferencia de los casos anteriores, su función es ser complemento del adjetivo:

Una señora	*muy*	*elegante*
	complemen-to (adverbio)	**centro (adjetivo)**
	Complemento II (adjetivo)	

El hombre	*más*	*sabio*
	complemento (adverbio)	**centro (adjetivo)**
	Complemento II (adjetivo)	

Otros ejemplos:

Un edificio demasiado grande
Un método poco agradable

• La traslación (o transposición)

No es raro que una palabra de determinada clase sea usada interinamente para desempeñar una función propia de otra clase.

Los astutos no siempre ganan.	*astuto* es un adjetivo.
El cenar poco es muy sano.	*cenar* es un verbo.
Un no oportuno puede liberarte.	*no* es un adverbio.

Las tres palabras están usadas como sustantivos: *U.t.c.s* suelen incluir los diccionarios para los adjetivos.

Otra forma de traslación consiste en usar como sustantivo, adjetivo o adverbio no una palabra de otra clase, sino todo un grupo de palabras o, incluso, una oración entera. Por ejemplo:

Me molesta mucho que se retrasen tanto.	*que se retrasen tanto* funciona como sustantivo (*su retraso*).
El perro que ladra mucho a veces no muerde.	*que ladra mucho* funciona como adjetivo (*ladrador*).
Vino a verme una señora tonta a más no poder.	*a más no poder* funcionar como adverbio (*absurdamente, irracionalmente, demasiado...*).

• **Sujeto simple, sujeto complejo y sujeto tácito**

Sujeto simple y sujeto complejo

Generalmente el sujeto de una oración es un sustantivo; aunque otras veces, como se vio, se trata de un grupo de palabras, el cual rige al verbo principal, es decir, al núcleo del predicado. Por ejemplo:

Una sola palabra	Más de una palabra
Patricia	*La arquitectura romana*
Ellas	*El maestro de física*
Tú	*Lo malo de los animales*
Carlos	*Los cadetes valerosos del pelotón*

Una sola palabra	Más de una palabra
Nosotros	*La felicidad*
Pepe	*Nada de que lo escuchaste hasta ayer*
Ellos	*Los Artistas Unidos*
Sol	*El aprendizaje necesario de cualquier individuo*

Hay casos en que el sujeto es COMPLEJO; y en esos eventos se le llama SUJETO DE NÚCLEO COMPLEJO. Éste consta de más de una persona, concepto, cosa o conjunto de conceptos o cosas; por ejemplo:

Patricia y el maestro de física

La felicidad y la arquitectura romana

Usted y los Artistas Unidos

Los Artistas Unidos y los cadetes valerosos del pelotón

En estos últimos casos hay un solo núcleo, que consta de más de una palabra. Estos sujetos complejos son siempre plurales y exigen que el núcleo del predicado también lo sea.

> *Los sujetos simples pueden requerir un verbo singular o plural, según se trate de uno o más elementos. De este modo,* Los Artistas Unidos *solicita un verbo en plural, entre tanto* El maestro de física *precisa un verbo en singular.*
>
> *Los dos ejemplos examinados disponen de un sujeto simple, a pesar de contar con más de una palabra, pues no tienen la estructura «a y b», correspondiente a sujetos complejos... En los sujetos complejos, el núcleo del sujeto poseerá dos o más palabras.*

• **UN SUJETO QUE NO SE VE**

Hay casos en que el sujeto no aparece, pues se encuentra implícito en la conjugación del verbo principal:

Construyo motocicletas aerodinámicas.	En esta oración se sabe que *Yo construyo motocicletas aerodinámicas.* Se ve claramente que se trata de primera persona singular (*yo*), porque lo demuestra *construyo* (es imposible decir *nosotros construyo* ⊗, *tú construyo* ⊗, etc.).

Del mismo modo:

Deberías construir una.	Aquí se sugiere que *Tú deberías construir una.*

> *Éstos son los "sujetos que no se ven pero se sobrentienden": los* sujetos tácitos.

A veces existe un problema con estos casos: la conjugación del verbo no aclara del todo cuál es el sujeto. Esto ocurre principalmente en la tercera persona. Por ejemplo:

Quería un triciclo.	¿Quién? ¿Él?, ¿ella?, ¿usted? No se sabría exactamente quién quería un triciclo, a menos que el contexto lo aclare.

En el lenguaje oral esto casi nunca establece un inconveniente, porque basta preguntar "quién quería ese triciclo". Sin embargo, un escrito, aunque sea informal, puede causar problemas si no indica claramente quién quiere un triciclo. Por consiguiente, es forzoso que el redactor se percate si su sujeto tácito no causa *anfibología;*[95] y para solucionar esto, en caso que suceda, se puede indicar claramente el sujeto en el contexto o, en su defecto, indicar explícitamente si es *él, ella* o *usted.*

Existen sujetos simples, complejos y tácitos. Cada una de estas funciones tiene, según su clase, un solo núcleo de una o más palabras...

• **Cuando hay problemas con el sujeto... ¿Cómo reconocerlo?**

Todo lo referente al sujeto aprendido hasta ahora podría no ser suficiente para reconocerlo, debido a que hay ocasiones en que francamente dicha misión se torna compleja. Más allá de las tradicionales y sencillas definiciones de SUJETO *que prevalecen, las cuales señalan que se trata de "aquello de que se habla en la oración", a veces estas enunciaciones no son suficientes y es muy probable que en más de una oportunidad la confusión arribe a un escrito; si así fuere, hay que buscar otras opciones para salir del paso...*

Hay confusión respecto al sujeto cuando pueden, de cierto modo, barajarse en las oraciones más de dos cosas "de las que se dice algo". Por ejemplo:

Después del accidente en el norte, el dispensario enjuició la dirección del actual mando.

¿el accidente en el norte es el sujeto?... No

Esta confusión proviene de la idea de que el sujeto es sólo «la persona o la cosa de la cual se dice algo», lo cual es correcto, pero no absoluto. Si en la oración intervienen personas, las cosas se complican más. Por ejemplo:

A Juan dos amigos entrañables le enviaron una postal de la ciudad donde viven.

¿Cuál es la persona, personas, cosa o cosas de las cuales se dice algo? *¿Juan?*, *¿dos amigos entrañables?*, *¿una postal de la ciudad donde viven?*

Por esto, es conveniente agregar a la definición conocida «palabra o grupo de palabras que en NÚMERO y PERSONA concuerdan con el NÚCLEO DEL PREDICADO». Conformemente, para encontrar correctamente el sujeto, debemos hallar primero el núcleo del predicado.

Si el hallazgo del sujeto se torna difícil, es aconsejable seguir los siguientes pasos:

Paso 1: Ubicar el núcleo del predicado

Para comenzar esta sencilla búsqueda, debemos entender que el núcleo del predicado es un verbo conjugado, es decir, un verbo en el cual puede advertirse la persona o las personas que ejecutan su acción; además, se puede saber en qué tiempo y en qué modo se ejecuta esa acción. Por ejemplo:

El cartero viene todos los días.
Tú sabes todo aquello.
En el cajón cabían muchos papeles.

> *Hay oraciones que tienen más de un verbo conjugado:* las oraciones compuestas. *Éstas pueden causar confusión porque se complica la búsqueda del núcleo. Pero para aliviar provisionalmente dicha duda, se esbozará una explicación...*

Una PROPOSICIÓN es una «unidad lingüística de estructura oracional, esto es, constituida por sujeto y predicado, que se une mediante coordinación o subordinación a otra u otras proposiciones para formar una oración compuesta». Es decir, las proposiciones pueden contener una, dos o más oraciones, cada una con verbos conjugados. De estas proposiciones, la más compleja y causante de muchos desconciertos puede ser la SUBORDINADA, la "dependiente". Este tipo de oraciones consiste en un grupo de palabras que poseen sentido completo pero que se sujetan de otra construcción gramatical.

El núcleo del predicado sólo puede estar dentro de una oración INDEPENDIENTE, es decir, obviamente, en una "no dependiente". Entonces, para encontrar el núcleo del predicado, deben ser desechadas las oraciones subordinadas:

Los estudiantes nuevos quieren obtener mejores beneficios de parte de los delegados,	Independiente

los cuales no aceptan responsabilizarse de esas demandas.	Subordinada

¿Cuáles son verbos conjugados? Son *quieren* y *aceptan* (implican un número: plural; y una persona: tercera). Pero *aceptan* forma parte de una oración dependiente que comienza con *los cuales*. Es decir, a partir de *los cuales* en adelante se trata de una oración subordinada, y ésta podría ser eliminada y no se perdería el sentido:

> *Los estudiantes nuevos quieren obtener mejores beneficios de parte de los delegados.*

En cambio, la segunda oración no podría "independizarse":

> *los cuales no aceptan responsabilizarse de estas demandas.*

verbo subordinado por *los cuales*

Esta última oración sólo entrega información adicional, tal vez valiosa, pero no esencial; es subordinada.

Paso 2: Identificación del sujeto

Una vez ubicado el núcleo del predicado, ya se puede reconocer al sujeto gramatical. Por ejemplo:

> *Después del accidente en el norte, el dispensario enjuició la dirección del actual mando.*

Hay sólo un verbo y no hay oraciones subordinadas. El verbo es *enjuició*; por ende, es el núcleo del predicado. Sabido esto, *¿quién enjuició?*: con qué concuerda ese verbo. La respuesta a esto es sencilla: *el dispensario* enjuició la dirección del mando. Así, es posible decir que *enjuició* es el núcleo del predicado: concuerda en número y persona con el *dispensario*, el sujeto de la oración.

Dispensario es singular y de la tercera persona, como también lo es *enjuició*. Sería incorrecto decir *el dispensario enjuiciaron* ⊗ o *el dispensario enjuiciaste* ⊗. Enseguida, la frase *el dispensario* "rige" al verbo porque determina su número y persona: el verbo principal "coincide" con el sujeto.[96] Si el sujeto es singular, debería serlo también el núcleo del predicado; si el sujeto es primera persona, el núcleo del predicado se conjugará en primera persona... Otro ejemplo:

Los estudiantes nuevos quieren obtener mejores beneficios de parte de los delegados.

Está más claro aún, porque el núcleo del predicado es *quieren*, y quienes quieren son *los estudiantes*, el sujeto de la oración.

1.2. El predicado

El predicado es el conjunto de palabras que se agrupan en torno a uno de los dos núcleos de la oración, el verbo:

*El vigilante de la obra no nos **dejó** pasar.*

*No todos los insectos **tienen** alas.*

*La ocurrencia de Juan nos **hizo** reír a todos.*

*Unos hombres **vinieron** a descansar.*

*Una chica no **puede** ir sola por estos sitios.*

*Ciertas personas lo **ponen** en duda.*

*Dos testigos **son** suficientes.*

*Este hombre quizás **tenga** dinero.*

El predicado está subrayado. El núcleo del predicado está marcado con negrita: Se puede ver que, de cierto modo, es "fácil" distinguir el predicado, pues es todo lo que no sea sujeto. Su núcleo es necesariamente un verbo, lo cual no significa que todos los verbos sean núcleos de predicado...

Todo verbo puede ser reconocido por su capacidad de funcionar en combinación con los pronombres *yo, tú, él, nosotros, vosotros* (*ustedes*), *ellos*, cada uno de los cuales se asocia a formas del verbo especialmente dispuestas para él: *yo dejo, dejaba, dejé, dejaré, dejaría, deje...*; *tú dejas, dejabas, dejaste, dejarás, dejarías, dejes*; etc.

El verbo que actúa como núcleo del predicado no es cualquiera; se distingue por su concordancia con el núcleo del sujeto: *el vigilante dejó, los insectos tienen, la ocurrencia hizo*, etc.

La concordancia del núcleo del predicado con el núcleo del sujeto no es únicamente en la variación singular/plural,[97] ya que cuando el núcleo del sujeto es un nombre, la forma del núcleo del sujeto del predicado es siempre la correspondiente a los pronombres *él, ella, ello* (singular) o *ellos, ellas* (plural):

el vigilante dejó	*él dejó*
los insectos tienen	*ellos tienen*
la ocurrencia hizo	*ella hizo*

Cuando el núcleo del sujeto es un pronombre personal, la forma del núcleo verbo tendrá que ser la adecuada para ese pronombre. Es decir, junto a la concordancia de número, existe concordancia en cuanto a la variación de *yo / tú / él*.[98] Una y otra concordancia desaparecen cuando el núcleo del sujeto está implícito, ya que entonces ese núcleo está en el propio indicador de persona en el que habría de manifestarse la concordancia. Por ejemplo:

sujeto implícito (Nosotros)	*Llegaremos*	*mañana a las siete de la tarde.*
sujeto implícito (Él, ella o usted)	*Tiene*	*mucho trabajo.*

Según se afirmó de manera leve anteriormente, el predicado corresponde a la *tesis* de la oración, como el sujeto corresponde al *tema*... Esta tesis no consiste siempre en hacer constar un hecho acerca de un ser; puede exponer el deseo de saberlo, la petición al lector de que lo haga constar. Por ejemplo:

¿Esa mujer alimenta esperanzas?	Éstas son oraciones interrogativas.
Esa mujer ¿alimenta esperanzas?	

Otras veces se pide al lector que haga algo. Por ejemplo:

Dígame qué hora es.	Éstas son oraciones de mandato.
Tráigame la correspondencia.	

O bien se expresa, sin pedirlo directamente a nadie, un acontecimiento deseado. Por ejemplo:

Dios te lo pague.	Éstas son oraciones de deseo.
Ojalá pudiera concedértelo.	

1.2.1. El núcleo del predicado

Anteriormente se tuvo que encontrar el núcleo del predicado para dar con el sujeto. Se trataba siempre de un verbo conjugado; jamás de un verboide. Pero, para contextualizar, ¿en qué consiste ese núcleo, en la práctica?

En cuanto al sentido, el verbo es una palabra cuyo papel fundamental es "situar en el tiempo" el TEMA de la oración; es decir, insertarlo en la secuencia de las cosas que ocurren, atribuirle una realidad. Sin embargo, hay distintos grados en esa realidad atribuida. Por ejemplo:

El vigilante de la obra no nos dejó pasar.	Puede darse esa realidad como cierta o segura.
Llegaremos mañana a las siete.	

Este hombre tendrá dinero (supongo que tiene).	Se puede dar esa realidad como incierta o insegura.
Este hombre quizás tenga dinero.	

Tráigame la correspondencia.	Se puede presentar como algo mandado o deseado.
¿Tiene dinero ese hombre?	Se puede exponer como una hipótesis que interesa confirmar o desechar.

A todos estos enfoques es sensible la forma del verbo, que varía según el sistema de los TIEMPOS y los MODOS.[99] Pero, como ya fue dicho, no cualquier verbo es núcleo de predicado. Para serlo debe *1*) estar conjugado y *2*) estar en una ORACIÓN INDEPENDIENTE.[100]

¿Por qué es una oración independiente?, ¿cuáles son las dependientes?

Una oración independiente "no depende" —valga la redundancia— de nada ni se subordina a ninguna otra oración. Por ejemplo:

Necesito una casaca.
Esa revista es un bodrio.
Ellas no se esfuerzan.

Estas oraciones se captan perfectamente sin que se les agregue nada. En cambio, una subordinada requiere de otra para "engancharse". Por ejemplo:

que no sea tan cara.
aunque no quieras aceptarlo.
en lograr su misión.

Todas estas frases son subordinadas: sólo tienen sentido cuando se someten a otras oraciones.

Y...

Necesito una casaca	*que no sea tan cara.*
Esa revista es un bodrio,	*aunque no quieras aceptarlo.*
Ellas no se esfuerzan	*en lograr su misión.*

Así, asociadas a independientes, las subordinadas "cobran vida".

Entonces, el núcleo del predicado es un verbo, el verbo principal, y...

1. *Debe estar conjugado.*
2. *Debe pertenecer a una oración independiente.*

Por oposición:

1. *El núcleo del predicado no puede ser un verboide.*
2. *Tampoco puede pertenecer a una oración subordinada.*

1.2.2. El complemento directo

Es muy común confundir los complementos directos e indirectos con el sujeto. Esto se debe principalmente a que todavía no se sabe localizar el núcleo del predicado, para luego ver qué o quién lo rige.

Patricio dibuja.	En esta oración sólo se especifica lo que hace *Patricio.* No se indica qué dibuja.

Si la acción del verbo recae en algún objeto o persona, se dice que ese objeto o persona es el *complemento directo*:[101]

Patricio dibuja un caballo.	En esta oración se ve claramente qué dibuja Patricio, o en qué recae el núcleo del predicado: *dibuja un caballo.*

Como insistencia (necesaria): Cuando los verbos tienen complemento directo, son verbos transitivos, *ya que la acción afecta directamente a una persona, una cosa o un concepto. En cambio, los que no tienen complemento directo se llaman* intransitivos.

Ejemplos:

Transitivos (llevan complemento directo)	**Intransitivos** (no llevan complemento directo)
Los alumnos desobedecieron la orden.	*Casi no leo.*
Ana reemplazó su artículo.	*Todo el día caminamos de aquí para allá.*
Mi ayudante me entregó el antecedente.	*Viajamos mañana.*
En este lugar nadie reconoce mis avances.	*Llegamos dentro de dos horas.*

Es muy frecuente que los verbos tengan naturaleza transitiva e intransitiva, pero no al mismo tiempo:

soñar

Intransitivo	*Ayer soñé.* *Ayer soñé con grandezas.*[102]	Transitivo	*Ayer soñé algo.* *Ayer soñé que era un niño.*

> *En estos casos es necesario distinguir entre un verbo* transitivo *y uno* intransitivo, *para manejar adecuadamente los complementos. En los diccionarios, debido a la polisemia, muchos verbos aparecen con acepciones enumeradas:* tr. *e* intr.

Como síntesis, no todos los verbos pueden tener complemento directo. Por ejemplo, nunca tienen complemento directo *ir, nacer, ser, quedar, florecer*... Pero hay muchos verbos que podrían llevar complementos directos algunas veces:

Con complemento directo	**Sin complemento directo**
La secretaria escribe el informe.	*La secretaria escribe a máquina.*
Trabajo la tierra.	*Trabajo todos los días.*
El niño ha subido sus juguetes a la casa.	*El niño ha subido a casa.*
La compañía ha aumentado sus ingresos.	*Los ingresos de la compañía han aumentado.*
El pintor vive una experiencia miserable.	*El pintor vive miserablemente.*

Igualmente, los verbos pueden cambiar mucho al pasar de transitivo a intransitivo, o viceversa. Por ejemplo:

volver

Intransitivo	*Volví a mi casa.*
Transitivo	*Volví mi cabeza.*

En el ejemplo intransitivo se toma *volver* en su acepción de *regresar;* y en el transitivo, como *dar vuelta, girar, voltear.*

correr

Intransitivo	*Corrí hacia la puerta.*
Transitivo	*Corrí la cortina...*

En el ejemplo intransitivo se toma *correr* en su acepción de *ir deprisa;* y en el transitivo, como *cambiar de sitio.*

> *Debemos procurar no asignar complementos a verbos que están en un contexto intransitivo. Así, para no incurrir en errores totalmente eludibles, cada vez que haya una duda, como insistencia, se podría recurrir a un diccionario y ver si el verbo es* tr. *o* intr.

• **Complemento directo con *a***

Hay casos en que los complementos directos aparecen con una preposición *a*:

No quería a sus hermanos.

No he visto todavía a Andrés.

Visitaron al gobernador.

Si en lugar de esos nombres (*hermanos, Andrés, gobernador*) se hubiese escrito otros complementos directos, desaparecería la preposición: *No he visto todavía los muebles, Visitaron Honduras,* etc.

¿Por qué en unos casos hay preposición y en otros no? Una respuesta sencilla: cuando el nombre del complemento directo designa a un ser *animado*, lleva la preposición *a*; y cuando designa a un ser *inanimado*, no la lleva...

Como escrupulosidad...

Hemos recorrido Panamá.

Costa Rica venció a Panamá.

Panamá es la misma; pero en la primera oración es *el territorio panameño* (ser inanimado); en la segunda, se trata del *equipo panameño* (ser animado).

Cuando se habla de animales, aunque éstos son animados, hay ocasiones que el redactor los ve como "cosas":

Vio un gato.

Vio a un gato.

En la primera oración se ve al gato como una cosa: *vio algo.* En la segunda, en tanto, se le considera un ser animado. Ambos casos son correctos; todo depende del punto de vista del redactor.

En ciertos casos ocurre algo parecido al tratarse de humanos:

Busco un chico.	La primera oración significa "quiero encontrar a un chico (indeterminado, todavía desconocido)"; la segunda, "estoy buscando a un chico determinado, que se me ha perdido".
Busco a un chico.	

Por otra parte...

Esta maniobra sirve a vuestros intereses.	Hay verbos que habitualmente piden complemento directo con *a*, tanto si éste es nombre de cosa o de persona.
La calma sigue a la tormenta.	
El adjetivo acompaña al nombre.	

Van a servir una copa.	Pero la norma deja de regir con otros sentidos de estos mismos verbos.
Seguiremos el plan previsto.	
El que haga la presentación acompañará los documentos justificativos.	

• **Palabras que pueden funcionar como complemento directo**

La función del complemento directo está desempeñada por cualquier nombre, como se ha visto en los ejemplos anteriores. Pero, además, cualquier otra palabra sustantiva también puede serlo:

Veré mañana a todos.	pronombre
El presidente saludó a los vencedores.	adjetivo (sustantivado)
Necesitamos respirar.	verbo (infinitivo)

• **El pronombre personal de complemento directo**

Cuando el complemento directo es un pronombre personal, la manera de presentarse en esta frase es distinta a la de los otros sustantivos:

√ Toma una forma especial, *átona*: no acentuada: *lo, la, los, las.*

√ A pesar de designar normalmente a personas, no lleva preposición (salvo los casos señalados).

√ Su colocación respecto al verbo es habitualmente distinta de la de los demás sustantivos complementos directos, ya que, mientras éstos suelen ir después del verbo, el pronombre suele ir delante.[103]

Ejemplos:

El presidente saludó a los vencedores.	En la primera oración, el complemento directo (*los vencedores*) es un adjetivo sustantivado y sigue al verbo.
El presidente los saludó.	En la segunda, el complemento directo (*los*) es un pronombre personal y se adelanta al verbo.

Una particularidad del pronombre átono complemento directo, cuando designa persona, es la de que puede ser reiterado por medio de la forma tónica del mismo pronombre de la preposición *a*. De este modo:

El presidente los saludó a ellos.	Y esta oración podría invertirse, como se ve en la segunda oración.
A ellos los saludó el presidente.	Esta reiteración agrega un valor enfático que sirve para destacar a la persona designada en el complemento directo.

A veces, por razones de expresividad, por convertirse en TEMA del enunciado, el nombre complemento directo va al comienzo de la frase (empujando en ocasiones al sujeto al final de la misma). Por ejemplo:

El rey no había visto a sus hermanos aquella mañana.	El complemento directo *sus hermanos* se adelanta.
A sus hermanos no los había visto el rey aquella mañana.	

• Cómo localizar el complemento directo

A veces las personas se complican con los complementos, lo cual generalmente origina vicios. Por eso, a continuación serán vistas tres formas sencillas de localizar el complemento directo. Éstas van escalonadas de menor a mayor complejidad.

¿Qué hizo el sujeto?
Ésta es una manera muy sencilla: simplemente preguntar qué hace, hacía, hizo, hará o haría el sujeto. Si su acción no trasciende —si no se revela en objetos o conceptos reales fuera de sí mismo—, no hay complemento directo:

Volví a casa.	No hay complemento directo. ¿Qué volví? Nada.
El niño corre.	¿Qué corrió el niño? Nada.
Los profesores descansan de 10 a 11.	¿Qué descansan los profesores?, ¿descansan algo? No descansan nada...

En cambio:

Volví la cabeza.	Sí hay complemento directo: ¿qué volví?... la cabeza.
El niño corre carreras.	¿qué corre el niño?... carreras.
Los profesores toman un descanso de 10 a 11.	¿qué toman los profesores de 10 a 11?... un descanso.

Sustituir el presunto complemento por un pronombre
Otra manera útil consiste en ver si se puede sustituir los complementos directos por pronombres propios de estos complementos.[104] Por ejemplo:

Patricio dibuja un caballo.
Patricio lo dibuja.

Patricio escribe poemas.
Patricio los escribe.

Patricio dibuja una casa.
Patricio la dibuja.

En el siguiente ejemplo no hay complemento directo:

Patricio escribe a su tía.

Se puede sustituir *a su tía* por *la*, pero no tiene el mismo sentido: *Patricio la escribe ≠ Patricio escribe a su tía.* ¿Por qué? Porque Patricio *no escribe su tía*, sino *escribe a su tía.*

> *En resumen, si se puede sustituir lo que se cree es un complemento directo por el pronombre que concuerda con él en número y género, se trata en efecto de un complemento directo. En caso contrario, no hay complemento directo.*

- **La voz pasiva**

Como medida extrema, cuando las dos anteriores fallan, se puede pasar la oración de voz ACTIVA a voz PASIVA...[105] En la voz activa, el sujeto ejerce acción sobre algo o alguien "activamente", valga la redundancia. En cambio, en la voz pasiva el complemento directo pasa a ocupar el primer plano. Por ejemplo:

activa	*Los agentes rechazaron el contrato.*
pasiva	*El contrato fue rechazado por los agentes.*

activa	*El amigo de tu hermana hizo quinientas flexiones de piernas.*
pasiva	*Quinientas flexiones de piernas fueron hechas por el amigo de tu hermana.*

Entonces, sí hay complemento directo.[106] Si no hubiera complemento directo, la proposición no podría plantearse en voz pasiva. Por ejemplo:

Quiero ir a la montaña este año.	Es imposible cambiar esta oración a una supuesta pasiva *La montaña es querida ir este año* ⊗. Entonces, no hay complemento directo.

La voz pasiva suele ser utilizada para connotar que el sujeto "no es lo más importante", o para dar un tono más amable a la oración. Por ejemplo:

Los agentes rechazaron el contrato.	En la oración *El contrato fue rechazado por los agentes*, es decir, con la voz pasiva, se implica la idea de que *los agentes* no es lo más importante, sino *el contrato.*
El contrato fue rechazado por los agentes.	

> *Si la voz pasiva se emplea bien, puede lograr mucha efectividad: un sujeto pasivo que originalmente era complemento directo puede conseguir gran expresividad.*

1.2.3. El complemento indirecto

Aparte del complemento directo, hay otros dos.[107] Uno de ellos es el COMPLEMENTO INDIRECTO. Éste es habitualmente confundido con el directo; pero ahora, con la comparación de las siguientes dos oraciones, se podrá ver que esas desorientaciones son infundadas.

He visto a mi padre.	Las dos oraciones están constituidas de idéntica manera, casi con las mismas palabras: hay un sujeto implícito (*yo*), el núcleo del predicado está en la misma forma (*he* + participio) y le sigue un complemento de igual aspecto en los dos casos, precedido de la preposición *a*. Sin embargo, no se trata del mismo complemento en una y otra oración:

He escrito a mi padre.	En la primera es posible la transformación pasiva, en la que el complemento pasa a ser sujeto: *Mi padre ha sido visto por mí.* En la segunda no es posible la transformación, ya que resultaría la frase *Mi padre ha sido escrito por mí*, que no corresponde al sentido que se quiso expresar.

En el primer ejemplo, *a mi padre* es complemento directo; en el segundo es un COMPLEMENTO INDIRECTO.

> *Entonces, un complemento directo se diferencia de un complemento indirecto en que el primero sí puede ser sujeto si se transforma la oración en pasiva; el segundo no. Pero ésa no es la única diferencia...*

Se sabe que el complemento directo lleva la preposición *a* cuando es un sustantivo que designa persona, y no lleva cuando designa cosa:

He visto <u>a tu padre</u>.	Complemento directo con preposición *a*: *He visto <u>a alguien</u>.*
He visto <u>una buena película</u>.	Complemento directo sin preposición *a*... *He visto <u>algo</u>.*

En cambio, el complemento indirecto lleva siempre la preposición *a*, tanto si designa persona o cosa:[108]

Dio un puñetazo al <u>ladrón</u>.	Complemento indirecto con nombre de ser animado.
Dio un puñetazo al <u>cristal</u>.	Complemento indirecto con nombre de ser inanimado.

Ahora bien, el núcleo del predicado expresa la acción ejercida por el sujeto, y es el complemento directo QUIEN recibe esa acción:

Patricio dibujó un caballo.	Patricio dibujó algo: *un caballo* (complemento directo). Pero ¿a quién o para quién lo dibujó? Es decir, no se sabe a qué o a quién va destinada la acción del verbo principal regido por *Patricio*.

Si se agrega información adicional, la oración podría quedar así:

Patricio	*dibujó*	*un caballo*	*a*	*su hija.*
sujeto	núcleo del predicado	complemento directo		complemento indirecto

Con el complemento indirecto se sabe a quién o a qué va dirigida la acción del verbo principal. Generalmente se trata de una persona, como en el ejemplo anterior; pero hay casos en que se trata de objetos o conceptos abstractos:

El mecenas entregó 50 millones a la asociación.	*la asociación* constituye el complemento indirecto, y no es una persona y tampoco una cosa: es un concepto, una figura intangible.
El filósofo ofreció sus mejores momentos al pensamiento.	*al pensamiento* es el complemento indirecto de la oración, y también es algo abstracto (incluida la preposición *a*, como parte de la contracción *a + el*).
Deberías cederle más dedicación a ese papel.	el complemento indirecto es una cosa: *ese papel.*

• **El pronombre de complemento indirecto**

Como ya se sabe, los complementos directos pueden sustituirse por los pronombres *lo, la, los, las*. Asimismo, los complementos indirectos pueden ser sustituidos: por *le* y *les*. Por ejemplo:[109]

Javiera compró un chocolate a su hermano.
Javiera le compró un chocolate.

El importador entregó un estudio a su mejor cliente.
El importador le entregó un estudio.

El doctor dio los resultados a la paciente.
El doctor le dio los resultados.

La tormenta alborotó la existencia a los aldeanos.
La tormenta les alborotó la existencia.

Pablo solicitó una prórroga a los personeros.
Pablo les solicitó una prórroga.

Como se ve, estas formas se caracterizan por no ir precedidas nunca de preposición y por colocarse en la frase normalmente delante del verbo, salvo cuando éste es imperativo, infinitivo o gerundio. Por ejemplo:

Escríbele.	*Debo escribirle.*	*Estaba escribiéndole.*
imperativo	infinitivo	gerundio

El pronombre átono complemento indirecto puede estar amplificado en cuanto a su sentido por un nombre que va después del verbo:

Le he dado a Francisco las buenas tardes.
Le compraré unas flores a mi madre.
Les escribo todas las semanas a mis primos.

El complemento indirecto se "duplica", y así se da fuerza a la oración.

He dado a Francisco las buenas tardes, *Compraré unas flores a mi madre* y *Escribo todas las semanas a mis primos* son correctas, pero tienen menos fuerza.

1.2.4. Laísmo, leísmo y loísmo

El uso coloquial, además de aspectos geográficos, provoca empleos de pronombres personales átonos que no coinciden con los normales. De acuerdo con estas divergencias del uso normal, la distinción entre funciones (complemento directo / complemento indirecto) se borra, cediendo su lugar a las distinciones erradas.

Según el caso, estas licencias pueden ser llamadas laísmo, loísmo *o* leísmo.

1.2.5. La doble sustitución

Ocasionalmente, es necesario sustituir por un pronombre tanto el complemento directo como el complemento indirecto dentro de una misma oración. Esto podría ocasionar hipotéticamente la siguiente errada sustitución:

Javiera compró un chocolate a su hermano.

Javiera le lo compró. ⊗

le reemplazaría a *a su hermano* (a quién: complemento indirecto) y *lo* sustituye a *un chocolate* (qué: complemento directo).

La combinación *-le – lo-* es rechazada en el español. De este modo, lo correcto sería usar *-se – lo-*. El problema está en mezclar terceras personas, ya que con el resto de los pronombres no hay problema (*me, nos te, os...*). Así, *se* sigue siendo complemento indirecto, y puede sustituir a *le* o a *les*. Por ejemplo:

Javiera se lo compró. *Carla se lo ordenó.* *La tormenta se lo evocó.* *El príncipe se lo dirá.* *Leopoldo se la cuidaba.* *Sabes que se la entregó a tiempo.* *Se los comunicó a todos.* *Se lo previno.*	*se* sustituye a *le* (*a quién* o a *qué* se le compró, ordenó, evocó, dirá, cuidaba, entregó, comunicó o previno algo; es decir, el complemento indirecto). *Lo* se mantiene (*qué* fue, era, sería o será comprado, ordenado, evocado, dicho, cuidado, entregado, comunicado o prevenido; es decir, el complemento directo).

Es muy común confundir el pronombre indirecto *se* cuando se encierra un significado plural, con el pronombre del complemento directo. Por ejemplo:

Carla se los ordenó.	*lo* es sustituido por *los*, porque se pidió más de una cosa (complemento directo plural); eso es correcto. Pero es incorrecto reemplazar *lo* por *los* cuando se lo pidió a más de una persona (complemento indirecto). Por eso hay que recalcar que *se* puede ser singular o plural (*se lo ordenó a una persona* o *se lo ordenó a mil personas*).[110]

Si se cree que el sentido de la oración no quedaría claro al obedecer esta regla (cambiar *le* por *se* cuando le siga *lo*), habría que reduplicar, agregando el complemento indirecto en su forma completa:

Carla se lo ordenó a sus parientes.

1.2.6. Los complementos circunstanciales

Los complementos circunstanciales no pueden ser sustituidos por ningún pronombre, a diferencia de los complementos directos e indirectos.

¿Para qué sirven los circunstanciales? Para comunicar una serie de circunstancias en que se ejecuta la acción del verbo principal, del núcleo del predicado.

Hay muchas CIRCUNSTANCIAS, como *lugar, tiempo, materia, medio, modo, destino, finalidad* o *causa.*

Lugar	*en la avenida*	**Tiempo**	*ayer*
	allá		*a las 2 p.m.*
	a quince metros (de distancia)		*el año pasado*
Materia	*de metal*	**Medio**	*a pie*
	de madera		*por escrito*
	de papel		*con un binocular*
Modo	*de mala gana*	**Destino**	*hacia el sur*
	con mucho gusto		*rumbo a Europa*
	aterrorizado		*para la derecha*
Finalidad[111]	*para aprender más*	**Causa**	*por culpa del tráfico*
	para lograr mis objetivos		*por razones de fuerza mayor*
	para poder ascender		*por merced de tu ayuda*

Otra diferencia de los complementos circunstanciales es que pueden emplearse con verbos tanto intransitivos como transitivos (los complementos directos e indirectos no, pues sólo pueden emplearse con verbos transitivos).

> *Como ya se vio anteriormente, en las oraciones hay un orden más usual (aunque no necesariamente el único correcto); y éste es:* sujeto + núcleo del predicado + complementos. *Generalmente, al seguir esta secuencia, especialmente en cuanto a los complementos, la necesidad de puntuación se vuelve nula. Pero al variar la sintaxis de las oraciones, tal vez será necesario puntuarlas para que su sentido sea claro y preciso.*[112]

Ejemplos de proposiciones cuyos únicos complementos son circunstanciales:

Ejemplo	Complemento
Lorena lee en las tardes.	Tiempo
Mauricio aceptó porque no tenía opción.	Causa... circunstancial; incluye un verbo conjugado
Valeria salió ayer para Santiago.	Tiempo Destino
Andrés habla sin motivo alguno.	Causa

Si se agregan complementos directos, el sentido de la proposición es más completo:

Lorena lee historietas en las tardes.	
Mauricio aceptó comprar esa casa porque no tenía opción.	El verbo es parte del complemento

Pero a la penúltima proposición no se le puede agregar complemento *directo*, pues tiene un verbo intransitivo:

> *Valeria salió { } ayer para Santiago.*

Por otra parte, la inclusión o no inclusión de complementos *indirectos* dependerá del sentido de la oración.

Lorena lee historietas en las tardes.	*Lorena* no necesariamente lee para alguien, por lo menos en este caso. Es más común y probable que lea para sí. Tal vez podría leer para otra persona, como, por ejemplo, un cuento para un niño, antes de dormir.

Mauricio aceptó comprar esa casa, porque no tenía opción.

En cambio, Mauricio podría haber aceptado comprar esa casa para alguien: *Mauricio aceptó comprar esa casa para su madre porque no tenía opción.*

Asimismo, podría sustituirse el complemento indirecto por un pronombre: *Mauricio aceptó comprarle la casa, porque no tenía opción.* O sustituir los dos complementos por pronombres: *Mauricio aceptó comprársela, porque no tenía opción.*[113]

1.2.7. El orden de los complementos en el predicado

En términos generales, la norma de colocación de elementos oracionales, después del núcleo del predicado, es:

complemento directo	*complemento indirecto*	*complemento circunstancial*

Sin embargo, son los gustos y las necesidades del redactor los que determinan finalmente cuál será el orden definitivo.[114] Pero debemos ser muy cuidadosos, pues se podría acabar diciendo cosas muy alejadas de la intención original.

Así, el orden más común en una oración sería el siguiente:

Luis	*compró*	*un buen turrón*	*a*	*los niños*	*en la calle.*
sujeto	núcleo del predicado	complemento directo		complemento indirecto	complemento circunstancial de lugar

No obstante, aquí se genera una confusión. ¿Cuál es el complemento indirecto? (¿a quién compró?). El complemento indirecto puede ser *los niños* o *los niños en la calle.* Si se quiso decir que quienes recibieron los turrones eran unos *niños que andaban en la calle,* esta oración estaría correcta.

Entonces, de la siguiente manera se mejoraría bastante:

Luis	*compró*	*un buen turrón*	*a*	*los niños*	*que andaban en la calle.*

Ahora está más claro. Pero si *en la calle* fue el lugar de compra, la oración fue mal formulada.

Esta confusión puede ser reparada haciendo ciertas inversiones sintácticas:

En la calle, Luis compró un buen turrón a los niños.

Luis, en la calle, compró un buen turrón a los niños.

A los niños, Luis compró en la calle un buen turrón.

Muchas veces, para presentar más claridad es necesario utilizar ciertos elementos, especialmente los complementos o *frases incidentales.*[115]

2. ORACIONES COMPUESTAS

2.1. Oraciones coordinadas y subordinadas

2.1.1. Las oraciones coordinadas

La COORDINACIÓN es un procedimiento lingüístico mediante el cual podemos agrupar dos oraciones de acuerdo a ciertas relaciones. Se trata de dos ideas (oraciones) en una. Unimos las oraciones de acuerdo a los siguientes criterios: *

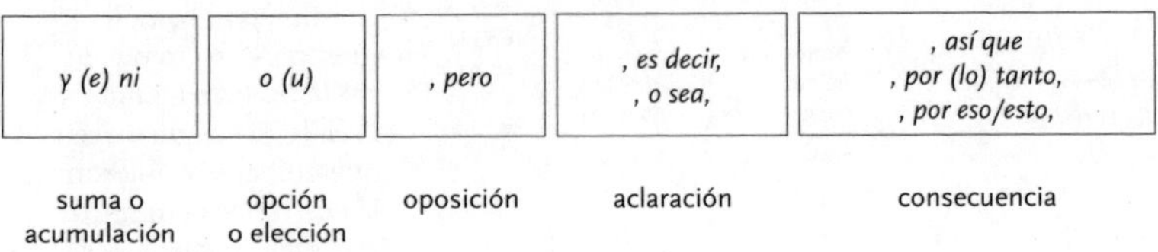

* En específico, *y* es COPULATIVA; *o*, DISYUNTIVA; *pero*, ADVERSATIVA; *es decir*, EXPLICATIVA; y *así que*, CONSECUTIVA.

El nexo indica exclusivamente la relación de las dos oraciones entre sí, y nada más.

Estoy totalmente de acuerdo contigo	***y***	*te apoyaré en todo lo que pueda.*
No pienso rendirme ahora	***ni***	*tampoco lo haré después.*
Iremos a la biblioteca	***o***	*podríamos ir a tomar un café.*
Él prometió ayudarnos a limpiar la casa	***, pero***	*no hizo nada.*

He tenido calificaciones impresionantes	***, es decir,*** ***, o sea,***	*he sido un excelente alumno.*

Mañana debemos levantarnos muy temprano	***, así que*** ***, por lo tanto,***	*nos iremos inmediatamente a la cama.*

De una manera sencilla:

- *Las oraciones coordinadas existen una al lado de la otra.*
- *Esta "alianza" implica que ninguna subordine a su "vecina".*
- *Se aúnan con conjunciones.*

2.1.2. Las oraciones subordinadas

Cuando hay dos oraciones con un verbo conjugado, y una de esas oraciones no puede existir de manera independiente (debido a su sentido), esta última se subordina a la que sí podría estar sola.

que entró ayer	*Nadie vio al bisoño*
que nadie recordaba	*Ya llamamos a tres personas*
que todos hagan su parte	*Está bien para mí*
conque Ana debe resolverlo	*Estaré tranquilo*
la cual se perdió	*Construimos una linda maqueta*
Estas oraciones no pueden existir de manera independiente.	Estas oraciones, en cambio, sí podrían constituir toda una proposición con sujeto y predicado, en un contexto u otro.

Las oraciones coordinadas constan de dos oraciones gramaticalmente independientes unidas por algún nexo o conjunción. En cambio, las subordinadas necesitan someterse a las independientes o SUBORDINANTES.

Nadie vio al bisoño que entró ayer.
Ya llamamos a tres personas que nadie recordaba.
Está bien para mí que todos hagan su parte.
Estaré tranquilo, conque Ana debe resolverlo.
Construimos una linda maqueta, la cual se perdió.

Una oración puede subordinarse al sujeto de una proposición, al núcleo del predicado, al complemento directo, al complemento indirecto o a uno de sus complementos circunstanciales. Debido a esta cualidad, pueden optimizar o enriquecer de manera valiosa cualquier escrito.

Las frases subordinadas se llaman según la función gramatical que desempeñan:[116]

√ **Subordinadas sustantivas**. *Cumplen función de sustantivo, cuando se trata de un sujeto o un complemento directo.*

Enrique tiene lo que quiere.
Ella hizo cuanto pudo.

√ **Subordinadas adjetivas**. *Cumplen función de adjetivo.*

El niño que tiene talento.
El joven que molesta.

√ **Subordinadas circunstanciales**. *Cumplen función de un complemento circunstancial.*

Martín come cuando lo dejan.
Él va porque quiere.

2.1.2.1. La subordinada sustantiva

Hay varios tipos de oraciones subordinadas sustantivas. Eso depende de la función que desempeñen:

• **Subordinadas al sujeto**

En ocasiones una oración subordinada constituye el sujeto de una oración. Por ejemplo:

El que los artistas esquiven esos tópicos ligeros, es un claro asomo a una búsqueda primorosa.

Que tú lo digas, me basta y me sobra.

Puede apreciarse que el sujeto es, en realidad, una oración subordinada al resto de la proposición; es decir, el sujeto es una *subordinación sustantiva* (*El que los artistas esquiven esos tópicos ligeros, Que tú lo digas*).

Quien esté libre de pecado, que lance la primera piedra.	*Quien esté libre de pecado* tiene verbo conjugado en subjuntivo (*esté*), y rige al verbo principal dentro del predicado (también en subjuntivo): *que lance la primera piedra.*

Hay una consideración aparte:

El alumno que se retiró de clases sin autorización tendrá que asumir las consecuencias.	El sujeto está formado por un núcleo (*alumno*) modificado por un artículo (*el*) y una oración subordinada adjetiva (*que se retiró de clases sin autorización*). Aquí la subordinación no es sustantiva, sino adjetiva, pues funciona precisamente como adjetivo (expresa especificación o explicación). Se incluyó aquí porque forma parte del sujeto, aunque contrasta con las subordinaciones sustantivas.

• **Subordinadas de complemento directo**

Así como hay complementos directos simples, también los hay en forma de oraciones subordinadas.

Cecilia escribió su respuesta.	*su respuesta* constituye el complemento directo.
Cecilia escribió que vendría pronto.	*que vendría pronto* es una oración subordinada de complemento directo... *Cecilia lo escribió.* *Que vendría pronto fue escrito por Cecilia.*

Cada vez que el redactor anuncia que cualquier persona dice, escribe o pregunta algo, se trata de una *subordinada complementaria:*

El vocero anunció que...

Mi papá dice que...

Los estadistas aseguran que...

Einstein expuso que...

Los derrotados argumentan que...

Estas frases introducen lo que serán oraciones subordinadas de complemento directo, o *complementarias directas*.

También hay casos de subordinaciones de complemento directo que no son enunciativas (que afirman o niegan), como en los ejemplos anteriores. Suelen emplearse con la combinación *-de + que-* o *-con + que*. Por ejemplo:[117]

Sé perfectamente la manera ***con que*** *debo manejar la situación.*

Estoy casi seguro ***de que*** *podrás aprender cabalmente.*

Comparto tu certeza ***de que*** *hemos hecho lo correcto.*

2.1.2.2. Las subordinadas adjetivas

Hay oraciones que tienen valor adjetivo. Pueden ser especificativas o explicativas, y pueden subordinarse prácticamente a cualquier parte de la oración.

Cabe recordar que un SUSTANTIVO puede ser modificado por un adjetivo:[118]

El gato grande.	
La hermosa playa.	Estos adjetivos modifican o caracterizan directamente al sustantivo, lo cual quiere decir que no requieren de la intervención de ninguna preposición.
El texto aburrido.	

No pasa lo mismo con las subordinaciones adjetivas:

El cuadro que compraste está muy lindo.	Éstas, las preposiciones adjetivas, van precedidas del pronombre relativo *que.*[119] Este pronombre relativo es el que introduce la oración subordinada, que, como un todo, modifica al sustantivo.
Tengo un televisor que no cabe en mi habitación.	
Fui a un lugar que sorprende por su belleza.	

El elegir una oración subordinada adjetiva en vez de un adjetivo simple presenta una ventaja: muchas veces los adjetivos simples no pueden comunicar exactamente lo que se desea dar a entender.

El joven intrigante.	En oraciones como éstas es posible decir más o menos lo mismo. Pero no es lo mismo causar que cometer.
El joven que comete intrigas.	

Como ya es sabido, una oración subordinada puede presentar una ventaja:

Aquel suntuoso lugar...	Es común utilizar sujetos como el del primer ejemplo; en cambio, con una subordinada adjetiva —segundo ejemplo— es posible decir mucho más.
Aquel lugar que despide suntuosidad...	

Del mismo modo:

No confíes en una persona <u>soberbia</u>...

No confíes en una persona <u>que vive de la altivez</u>...

• Oraciones subordinadas especificativas

Estas oraciones especifican o restringen el sentido del sustantivo que los antecede, al igual que los adjetivos en general. Esta condición encierra una magnitud esencial para la redacción, a pesar de parecer un detalle insignificante.

Hay que recordar que hay dos especies de oraciones subordinadas adjetivas, y cada una requiere de una puntuación distinta. Pero, por ahora, es preciso conocer la causa por la cual se requieren puntuaciones distintas...

Hay divergencia entre ambas. Y lamentablemente a diario hay confusiones entre ellas. Por ejemplo:

El joven que cometa intrigas.

El joven, que comete intrigas.

En el primer caso, se quiere dar a entender la referencia específica al joven que perpetra ciertos actos intrigantes. En el segundo caso (con coma), en cambio, no hay intención de identificar al joven como esencialmente intrigante, sino que únicamente desea agregar esa información como detalle más dentro del discurso que se armará enseguida.

Otros ejemplos:

El hombre, que mata a su prójimo, no merece el paraíso.	Éste es el caso de una ORACIÓN SUBORDINADA EXPLICATIVA. Aquí se desea dar a entender que *El hombre no merece el paraíso* (haga lo que haga); es decir, el inciso —lo que está entre comas— no determina el sentido de la oración... y podría obviarse. El hecho de que pueda matar a su prójimo es información puramente incidental. El inciso podría decir cualquier cosa, y de todos modos *el hombre no merecería el paraíso*: *El hombre, que cepilla sus dientes, no merece el paraíso*; *El hombre, que no cocina, no merece el paraíso*... Esta oración posee un sentido muy diferente del que aparece en la oración siguiente.
El hombre que mata a su prójimo no merece el paraíso.	Aquí, en cambio, se dice que únicamente el hombre que mata a su prójimo, y no otro, no merece el paraíso.

• **ORACIONES SUBORDINADAS EXPLICATIVAS**

A diferencia de las subordinadas especificativas, que restringen o especifican el sentido del sustantivo que las antecede, las explicativas van a agregar información adicional.

La información que agregan las oraciones explicativas puede ser de cualquier naturaleza; pero no debe ser esencial para la comprensión cabal de la oración.

El cuadro, que compraste ayer, está muy lindo.

Tenía el televisor, que parecía androide, más grande.

El perro, que ladraba día y noche, era negro.

Las oraciones subordinadas explicativas pueden ser fácilmente suprimidas sin que se afecte el significado profundo de sus respectivas oraciones: *El cuadro está muy lindo; Tenía el televisor más grande; El perro era negro.*

2.1.2.3. La subordinada circunstancial

Estas frases son siempre LOCUCIONES ADVERBIALES, muchas veces en sentido figurado:

Cantó a todo pulmón.	*Cantó muy fuerte.*
Iba como una gacela.	*Iba muy rápido.*

Se suelen dividir en TEMPORAL, DE LUGAR, MODAL, COMPARATIVA, CONSECUTIVA, CAUSAL, CONDICIONAL, CONCESIVA y FINAL:

TEMPORAL

Indican alguna circunstancia temporal (CUÁNDO, EN QUÉ MOMENTO)[120] de la proposición principal (anterioridad, posterioridad, simultaneidad, etc). Utiliza nexos como *cuando* [sin antecedente, es decir, sin elemento oracional al que se haga referencia previa], *antes (de) que, primero que, mientras (que), mientras tanto, en cuanto, apenas, luego que, así que, después (de) que, desde que, cada vez que, siempre que...* También es común escribir frases con la forma *al* + infinitivo o cláusulas absolutas de gerundio y participio.

Puede sustituirse por un adverbio o locución temporal (*ayer, hoy, entonces, en ese momento...*).

Enrique se fue cuando empezó a llover.	Esta frase, a partir de *cuando*, es simultánea (*empezó a llover en el mismo momento...*).
Ellas se fueron antes de que empezara el examen.	Esta frase es anterior.
María se fue después de que el maestro explicara el tema.	Esta frase es posterior.
Al llegar Rosa a la sala, sonó el timbre.	Frase anterior.
Leído el libro, Diego se acostó.	Frase posterior.

De lugar

Marca la situación espacial de la oración principal (dónde, en qué lugar). Utiliza nexos como *donde* [sin antecedente], precedido de cualquier preposición. Puede sustituirse por un adverbio o locución de lugar (*allí, ahí...*).

Fue a donde estaba Susana.

Donde le habían dicho, compró el libro.

Modal

Indica la manera o modo (cómo) en que se desarrolla lo enunciado en la proposición principal. Cuando el modo compara, utiliza nexos como *como, como si, según, conforme, tal y como...*

Puede sustituirse por un adverbio o locución modal (*así, de esa manera...*).

Estudió el libro como le explico el profesor.
Vi a Juan como si estuviera loco.

Comparativa

Funciona como término de comparación del enunciado principal: se compara una cualidad compartida por varios objetos; o bien, varias cualidades poseídas por un objeto, o finalmente cantidades. De este modo, opera para igualdad, inferioridad o superioridad.

Para igualdad se utiliza *tal cual, tal como, tanto __ cuanto, tanto / tan __ como, todo __ cuanto*; para inferioridad, *menos __ que / de*; y para superioridad, *más __ que / de.*

Tendrás tantos libros como cuadernos de apuntes.

Sobre la mesa había menos libros que lápices.

Tu madre es más joven que la mía.

Consecutiva

Expresa la consecuencia o deducción de lo dicho en la proposición principal. Se pueden distinguir dos clases: una INTENSIVA que se produce como consecuencia de la intensidad de la proposición principal; y una NO INTENSIVA, que no depende de la intensidad de la proposición principal.

Las intensivas usan *tanto, tan, tal, cada, un, de tal modo, de tal manera, en grado tal* + que; las no intensivas, *pues, luego, con que, por consiguiente, por tanto, así pues,* etc.

Va corriendo de tal modo que va a estrellarse.

Comió tantas hamburguesas, que se indigestó.

Tengo poco dinero, por tanto no podré comprar comida.

Causal

Indica la causa directa, indirecta o el motivo de la oración que se expresa en la oración principal. Sus nexos son *porque, que, pues, puesto que, ya que, como, a causa de que, en vista de que,* etc.

También se usa *al* (*de* o *por*) + infinitivo y *gerundio* + *al* (*de* o *por*) o *participio* + *al* (*de* o *por*).

Está cansado porque ha estudiado mucho.	o también...
Como ha estudiado mucho, está cansado.	

Se desesperó de no encontrarlo.	Es posible usar *al* o *por* en lugar de *de*.

Revisando su valor, subieron el precio.	Gerundio y participio.
Cansado de sus retrasos no la esperó	

• **Condicional**

Supedita el contenido de lo enunciado en la oración principal al cumplimiento de una condición indicada en la subordinada.[121] Hay tres tipos: *a*) CONDICIÓN NECESARIA [prótasis y apódosis con verbos en indicativo], *b*) CONDICIÓN INVEROSÍMIL O IMPROBABLE [prótasis en pretérito imperfecto de subjuntivo y apódosis en condicional],[122] *c*) CONDICIÓN IRREAL [prótasis en pretérito pluscuamperfecto de subjuntivo y apódosis en condicional compuesto o perfecto].[123]

Si vienes a mi casa, cenarás conmigo.	Condicional real
Si vinieras a mi casa, cenarías conmigo.	Improbable
Si hubieras venido a mi casa, habrías cenado conmigo.	Irreal
Como corras mucho, te vas a lesionar.	
Cuando trabaja, es que está sano.	
De haber estudiado, habrías aprobado.	

Leyendo este libro, entenderé el asunto.	O también...
Leído el libro, entenderás su contenido.	

Salvo que tenga dinero, no compraré la moto.

Concesiva

Expresa una dificultad para lo dicho en la proposición principal. Utiliza nexos como *aunque, a pesar de (que), así, si bien, por más / mucho que.* También utiliza frases con *aun / hasta / incluso/* + gerundio.

Aunque Raúl se esforzó, su equipo no ganó.

Aun llegando a la hora, ella no estaba.

- **Final**

Se refiere al propósito o finalidad con que se enuncia la proposición principal. Sus nexos: *para que, a que, que, a fin de que, con el objeto de que*; también *para / a fin de / con el objeto de* + infinitivo.

Fui a casa de Pepe para que me prestara los apuntes.

Vine para ayudarte.

Si desea enviar sugerencias u opiniones para las siguientes ediciones de esta obra, puede hacerlo al correo
redactario.ea@gmail.com

Si requiere mayor información o comunicación con el autor, puede acudir a la página
http://www.eaaraya.com

NOTAS PARA PROFUNDIZAR

PRIMERA PARTE
LENGUAJE ESCRITO Y ORTOGRAFÍA PUNTUAL

1 Son modificadores oracionales de perspectiva. Se trata de grupos de palabras que matizan, modifican o restringen el contenido global de la oración (*en mi opinión, a mi juicio, desde nuestro punto de vista, según nuestras fuentes*...). Por ejemplo: *Según mis fuentes, mañana darán una noticia importante.*

2 Locuciones preposicionales.

3 Es una oración relativa explicativa.

4 Estrictamente, las que tienen dos vocablos (biverbales, pluriverbales) son LOCUCIONES.

Estrictamente también, *(el/la) que, (los/las que), (el/la) cual, (los/las) cuales* y *quien(es)* son PRONOMBRES RELATIVOS O LOCUCIONES PRONOMINALES RELATIVAS; *cuyo*, ADJETIVO RELATIVO; *como, donde, cuando*, ADVERBIOS RELATIVOS. El caso de *cuanto* es especial: puede ser PRONOMBRE RELATIVO, ADJETIVO RELATIVO O ADVERBIO RELATIVO.

¿Cuándo usar *cual* o *que* en estos casos?

El relativo *que* es más frecuente en el habla corriente. En el terreno formal, en casi todos los contextos pueden usarse indistintamente; pero es obligatorio el uso de *cual* en el siguiente caso:

En complementos partitivos:

Dijo que tiene otros cuatro hijos, dos de los cuales son gemelos.

Sí puede sustituirse *cual* por el relativo *que* si el complemento partitivo antecede al núcleo:

Tiene cuatro hijos, de los que dos son gemelos.

5 Un ADJUNTO es un complemento que tiene la función sintáctica de modificar estructuralmente tanto a los núcleos de las unidades que se constituyen como una relación gramatical específica, como a alguna de sus partes o a toda la oración.

6 Para que podamos moverla debe ser un ADJUNTO.

7 No debemos confundir un COMPLEMENTO CIRCUNSTANCIAL con tres instancias: los COMPLEMENTOS ADVERBIALES DE ARGUMENTO (algo contrario a un ADJUNTO, no obligatorio), los COMPLEMENTOS DE RÉGIMEN VERBAL y los MODIFICADORES ORACIONALES. De todos modos, es la primera la que nos interesa.

Así pues, los adverbios o las construcciones adverbiales de argumento forman parte de, valga la redundancia, la estructura argumental de los verbos. Son parte de; son inseparables. ¡Cómo podríamos separar al uno del otro, entonces! Sucede así, por ejemplo, con construcciones DE CANTIDAD (que indican cuánto) seleccionadas por predicados de medida, duración y valoración: *distar, durar, medir, tardar, costar, valer*...

El partido de tenis ***duró*** ***mucho tiempo****.*

No es posible ni correcto separar el verbo (*durar*) del complemento (*mucho tiempo*), ya que el último es parte de la estructura argumental del primero. Si quitamos mentalmente *mucho tiempo* veremos que el mensaje queda incompleto: *El partido de tenis duró*. El *cuánto* es primordial.

¿Podemos corroborar? Sí. Si es posible hacer una paráfrasis con una CONSTRUCCIÓN DE RELIEVE (COPULATIVA ENFÁTICA), tenemos un complemento adverbial argumental del verbo:

Mucho tiempo *es cuanto* ***duró*** *el partido de tenis.*

Esto indica que no podríamos jugar con la coma. De este modo, en cuanto a variantes, lo único posible es el hipérbaton, en cualquier orden que el sentido lo permita, pero siempre con el cuidado de que *mucho tiempo* quede junto a *duró*, antepuesto o pospuesto, y sin utilizar coma:

El partido de tenis ***mucho tiempo duró.***
Mucho tiempo duró *el partido de tenis.*
Duró mucho tiempo *el partido de tenis.*

Otras opciones, como ***Mucho tiempo*** *el partido* ***duró***, si bien no son censurables (especialmente por la merced que lo corto del enunciado brinda), tienen el problema de separar el verbo de su argumento.

También tenemos construcciones adverbiales de lugar, que, además, suelen involucrar un complemento de régimen:

Alhelí y Karla ***residen en Antofagasta****.*

Quitemos mentalmente *en Antofagasta* (el lugar). El mensaje es muy distinto; el asunto va más allá de *residir* a secas, ya que es obvio que en algún lugar del mundo han de residir. El *dónde* es absolutamente primordial.

Una CONSTRUCCIÓN COPULATIVA ENFÁTICA, como ya sabemos, es una buena forma de corroborar:

En Antofagasta *es donde* ***residen*** *Alhelí y Karla.*

También tenemos construcciones de modo (que indican el *cómo*):

Dante ***se portó*** ***muy mal***.	Si quitamos mentalmente *muy mal* (el modo), el mensaje es muy distinto; de hecho, está inconcluso. Necesitamos saber cómo se portó.

Y ya sabemos que una CONSTRUCCIÓN COPULATIVA ENFÁTICA, otra vez, nos sirve para corroborar:

> ***Muy mal*** *es como* ***se portó*** *Dante.*

8 Dicho de la manera más sencilla, se trata de un ARGUMENTO, no de un ADJUNTO.

9 Una PARÁFRASIS es, entre otras cosas, una frase que, imitando en su estructura otra conocida, se formula con palabras diferentes. En este caso particular, se trata de una paráfrasis como ejercicio mental.

10 Hemos excluido los usos condicionales y comparativos. ¿El motivo? Práctico. El libro está dispuesto de manera en que se beneficie el aprendizaje, no para que cada pieza ensamble de acuerdo con las distinciones lingüísticas.

11 Suelen ser llamadas COPULATIVAS ENFÁTICAS O COPULATIVAS PERIFRÁSTICAS. Se trata de construcciones con el verbo *ser* en las que se realza o se destaca uno de sus componentes. En este caso en particular se trata de CONDICIONALES (con *si*); pero también hay DE RELATIVO y DE *QUE* GALICADO.

12 Una INTERJECCIÓN es una palabra o un grupo de palabras que establece un segundo hilo de comunicación, paralelo al de la oración, más directo que ésta y reforzador de la misma. Se encuentran enquistadas en las oraciones, pero con entonación independiente y sin formar parte de su engranaje; de este modo, podrían borrarse sin que por ello se altere en nada la estructura de aquéllas.

Pueden ser INTERJECCIONES PROPIAS, cuando son vocablos que sirven exclusivamente para esto. O pueden ser IMPROPIAS, cuando adverbios, verbos, adjetivos o sustantivos son utilizadas puntualmente como interjecciones. Y cuando la interjección está compuesta de dos o más palabras, se trata de una LOCUCIÓN INTERJECTIVA.

En general, según su intención pueden ser EXPRESIVAS (cuando manifiestan un sentimiento, opinión o sensación del emisor) o CONATIVAS (cuando buscan llamar la atención del oyente o modificar su comportamiento).

13 La naturaleza de la construcción de estas frases u oraciones puede ser muy variada, y sería imposible enumerar todas las posibilidades. Por eso, sólo se presentan algunas.

14 En el caso de *o sea*, esta frase puede perder la segunda coma cuando va seguida del relativo *que*.

Algunos, como *así pues, o bien, también,* pueden presentar variantes en la posición de comas; incluso podría haber ausencia de coma, de acuerdo a diversos criterios.

15 En estos ejemplos (los dos primeros) se juntan dos aspectos que determinan el uso de coma:

1) una locución adverbial: *por cierto*.

2) un vocativo: *estimado amigo*. Éste, además, si no va al medio o al final de la pregunta, queda fuera de los signos de interrogación.

16 Cualquier adverbio de modo terminado en *–mente*, dependiendo de su ubicación, podría modificar a cuanto verbo, adjetivo o adverbio haya en la oración. Pero...

Rápidamente, hizo todo lo que le expliqué.	En ambos casos, el adverbio modifica a toda la oración: está separado por comas.
Hizo todo lo que le expliqué, rápidamente.	

Un adverbio modifica al verbo, adjetivo o adverbio que tenga más cerca...

Rápidamente hizo todo lo que le expliqué.	En ambos casos "lo rápido" fue "lo que se hizo".
Hizo rápidamente todo lo que le expliqué.	
Hizo todo lo que rápidamente le expliqué.	Aquí, en cambio, "lo rápido" fue "lo que se explicó".
Hizo todo lo que le expliqué rápidamente.	

17 Frases absolutas, conjunciones y expresiones conjuntivas, expresiones aclarativas o confirmativas, adverbios o locuciones adverbiales.

18 Las oraciones originales, con sus correspondientes comas:

[...] Hechos tales como las complejas y extraordinarias excrecencias que invariablemente siguen a la inoculación de una pequeña gota de cochinilla, nos muestran qué modificaciones singulares podrían resultar. [...]

[...] Las peculiaridades que aparecen en los machos de nuestras crías domésticas, son frecuentemente transmitidas a los machos exclusivamente. [...]

[...] Que las especies tienen capacidad para cambiar, lo admitirán todos los evolucionistas [...]

[...] La consideración de estos hechos sobre el dimorfismo y también la consideración de los resultados de los cruzamientos recíprocos, claramente llevan a la conclusión de que la causa primaria de la esterilidad de las especies cruzadas está reducida a diferencias en sus elementos sexuales [...]

[...] El primer hombre que escogió una paloma con cola ligeramente más larga, seguramente ni se imaginó lo que los descendientes de esa paloma llegarían a hacer por selección [...]

[...] La segunda premisa que sustenta la actitud de que no hay nada que aprender sobre el amor, es la suposición de que el problema del amor es el de un objeto y no de una facultad. [...]

[...] El tercer error que lleva a suponer que no hay nada que aprender sobre el amor, radica en la confusión entre la experiencia inicial del "enamorarse" y la situación permanente de estar enamorado [...]

[...] La persona cuyo carácter no se ha desarrollado más allá de la etapa correspondiente a la orientación receptiva, experimenta de esa manera el acto de dar. [...]

[...] La gente cuya orientación fundamental no es productiva, vive el dar como un empobrecimiento [...]

[...] Que mis ojos pudieran ser combustibles, fue para mí una revelación. [...]

[...] Que con veinte mil que traigo encima, me completan un total de doscientas cincuenta mil libras [...]

[...] El hecho de que en un museo de Nueva York se esté exhibiendo un extenso y

curioso pergamino de origen oriental, ha dado motivo para que la prensa comente la cuestión en el sentido de que fueron los chinos los inventores del cine. [...]

[...] Que todo el mundo cante nuestras cartas de amor, es algo no sólo perdonable [...]

[...] El viejo deporte de los magnates de Hollywood de tirarse con los trastos a la cabeza, ha salido a relucir otra vez con la carga de profundidad que Charlie Chaplin les lanzó hace algunos días a los mercachifles del cine norteamericano. [...]

[...] La luna de miel de Eva y Juan Domingo, fue casi un golpe de estado a los prejuicios de la alta sociedad americana [...]

[...] Quien esto ha escrito, parece haber olvidado una verdad elemental [...]

19 Se llama MODALIDAD a la expresión de la ACTITUD DEL HABLANTE (*modus*), redactor en este caso, en relación con el CONTENIDO DEL MENSAJE (*dictum*).

del enunciado	**de la enunciación**
Son internas. Son puras o reales.	Son externas. Son lógicas o explicativas.
Manifiestan "lo dicho".	Pertenecen "al habla", "al decir", "a la puesta en marcha".
Son nociones que se relacionan con la actitud del redactor respecto a lo que enuncia, sea esto *lógico* o *apreciativo*.**	Son condiciones de producción de un mensaje (*quién* lo emite, *para quién, cuándo, dónde*), lo *aseverativo*, lo *interrogativo*, lo *exclamativo*, lo *imperativo*, lo *desiderativo*.
Permiten ver cómo se posiciona el redactor frente a lo que escribe.	Sirven para ubicar al redactor en relación con el lector.

** *a*) Lo LÓGICO: expresan verdad, falsedad, probabilidad, certidumbre, verosimilitud, obligación, necesidad.

b) Lo APRECIATIVO: expresan una valoración, una reacción emocional: lo feliz, lo útil, lo triste, etc. También los adverbios terminados en *-mente*: felizmente, seguramente.

20 El *verso* es la palabra o conjunto de palabras sujetas a medida y cadencia, o sólo a cadencia, propias de la poesía. También se entiende en sentido colectivo, como contraposición a la prosa.

A pesar de esta indicación, el verso puede darse cualquier licencia que estime conveniente y, por eso, podría soslayar esta u otra condición.

21 Un *anafórico* es una palabra o un conjunto de ellas que constituyen *anáfora*, es decir, un tipo de deixis que desempeñan ciertas palabras para recoger el significado de una parte del discurso ya emitida.

22 Una apuntación: *etcétera* es un *sustantivo-adjetivo* que significa «omitido, sobrentendido».

23 Uno de los casos de interrogaciones que con más frecuencia se redacta mal es el que empieza con la palabra *qué* para, después de una pausa, seguir con la pregunta específica.

24 Un *códice* es un libro anterior a la invención de la imprenta, o un libro manuscrito de cierta antigüedad.

25 En muchos lugares, para este efecto de duda o ironía suele usarse *dizque*, como adjetivo antepuesto: *al parecer, presuntamente*:

Últimamente está muy ocupado con sus dizque negocios.

26 Si el texto u oración está ya con letra cursiva, entonces ésta se marca... quitando la cursiva:

Me prestó su notebook.

27 Exclamaciones y oraciones unimembres.

28 Esto no ocurre así cuando se trata de oraciones compuestas, u oraciones coordinadas o subordinadas. En proposiciones de esta clase se colocan puntos al final de la última oración.

29 Éstos son ejemplos de ORACIONES ATRIBUTIVAS O COPULATIVAS.

30 Los únicos elementos que tal vez podrían permitir no recurrir a punto y coma entre algunas comas, serían el vocativo y la interjección. Pero, de todos modos, deberemos observar con mucho cuidado si esta libertad no causa imprecisiones.

31 Dos oraciones de construcción "no semejante" pueden unirse en una sola proposición, siempre y cuando guarden entre sí una estrecha relación en cuanto a su sentido.

32 Además de estas proposiciones largas, con coma antes de una conjunción, hay proposiciones largas que concretamente requieren de coma: cuando hay sujetos de construcción compleja o extensa.

SEGUNDA PARTE
DISCURSO Y ESTILO

1 Tal vez este párrafo pueda parecer uno de introducción, pero está ligado al ejemplo "sencillo" del párrafo anterior (*párrafo de introducción*). Así, se aprecia perfectamente que se trata de un párrafo de conclusión.

2 Hay un caso particular del párrafo de enumeración: el *párrafo de secuencia*. En él los elementos se presentan a menudo en un orden temporal; el orden se manifiesta por medio de números o de letras sucesivas.

3 Esto pareciera ser un párrafo de enumeración, pues la última oración es una "organizadora"; y sí lo es, pero no se trata de una enumeración cualquiera, sino de una de desarrollo: extiende la idea de un párrafo anterior (tanto así que comienza con un sujeto tácito).

No necesariamente el párrafo debe ligarse a la última oración del párrafo anterior, sino al menos a una, cualquiera, siempre que esto no cause anfibología. La ventaja de que se ligue a la última oración es que se puede comenzar el siguiente párrafo, como se dijo, con sujeto tácito.

4 Este párrafo además es de desarrollo, pues compone una sección titulada *Los puntos de vista de los filósofos griegos.*

5 Como referencia: estas dos proposiciones pudieron haber estado "unidas" en una sola, por medio de *ya que, pues,* etc.: [...] *de la que todo lo demás en el universo estaba hecho, ya que se dio cuenta* [...].

6 *Deixis,* o *deíxis,* es un señalamiento que se realiza mediante ciertos elementos lingüísticos. Muestran, como *éste, ésa;* indican una persona, como *yo, vosotros;* o un lugar, como *allí, arriba;* o un tiempo, como *ayer, ahora.* El señalamiento puede referirse a otros elementos del discurso o presentes sólo en la memoria.

Invité a tus hermanos, pero éstos no aceptaron. (éstos = *tus hermanos*)

Aquellos días fueron magníficos. (los días en que...)

7 Una *anáfora* es un tipo de deixis desempeñada por ciertas palabras para recoger el significado de una parte del discurso ya emitida:

lo, en	*dijo que había estado, pero no lo creí.*

Una *catáfora*, en cambio, es un tipo de deixis desempeñada por algunas palabras, como los pronombres, para anticipar el significado de una parte del discurso que va a ser emitida a continuación. Por ejemplo:

esto, en	*lo que dijo es esto: que renunciaba.*

Este último tipo de deixis en muchas ocasiones no es aconsejable, ya que podría ser innecesaria: duplicaría el complemento directo. Por ejemplo, como se ve en la representación, *esto = que renunciaba* ; por tanto, *esto* sobra; basta decir *lo que dijo es que renunciaba*.

En cambio, sí es necesaria —y recomendada— para la duplicación del complemento indirecto: *Le compró un libro a su hermano*.

8 No fueron consideradas la primera y segunda personas del singular, ya que no hay deixis: *tú y yo* son los participantes mínimos del proceso comunicativo. Si no hay un emisor explícito, se entiende que se trata de *yo*; si no hay un receptor explícito, se trata de *tú*.

9 Estos ejemplos son sólo para ilustrar, ya que en estricto rigor algunos están "mal utilizados": un pronombre personal debe producir deixis sólo si su ausencia pudiere provocar ambigüedad, si no se declara con certeza de quién se trata, o si se quiere hacer énfasis:

Mi profesor me calificó mal. *Obviamente no sabe que cometió un error.*	No es necesario decir *Obviamente él no sabe...*, pues se entiende notoriamente que se trata de *él, mi profesor*.
Mi mamá no quiso escucharme. *Seguramente tuvo buenas razones.*	No es necesario decir *ella*, y menos *mi mamá*, pues se entiende que se trata de *ella, mi mamá*.

10 Como se ve, estos pronombres, salvo los neutros, llevan tilde. Suelen usarse para representar cosas o situaciones, tomando en cuenta su género (hay que recordar que, en el español, todo lo no animado tiene un género por arbitrariedad).

Para la deixis de personas se prefieren los pronombres personales de sujeto (punto anterior).

Los neutros se refieren a situaciones u objetos tomados sin su género: *esto está mal* ("esta situación" o "esta silla"). Cuando así ocurre, se tiene la ventaja de que es más fácil "cambiar" de nombre el sujeto, si se quiere, sin cambiar el sentido de la oración; de este modo podría evitarse una deixis, y tal vez se recurra a *conexiones semánticas*. Por ejemplo:

Este atropello es descarado. Esto no será tolerado más.
Esta injusticia es descarada. Esto no será tolerado más.

11 Como se ve, nuevamente han sido omitidos algunos pronombres (1.ª y 2.ª), pues sólo las terceras personas —*lo, la, los, las,* además de *le* y *les* si se trata de LEÍSMO— pueden constituir deixis anafórica, que es la que justamente importa aquí. Pero, además, hay que fijarse en que el pronombre de la segunda persona, *usted, ustedes,* es "igual" al de las terceras personas; esto podría causar confusiones:

usted	hombre	**lo**	***Lo** acompañaré a la puerta [a usted].*
	mujer	**la**	***La** aprecian mucho en esta casa [a usted].*

ustedes	hombres	**los**	***Los** esperaba con impaciencia [a ustedes].*
	mujeres	**las**	***Las** invitarán [a ustedes].*

Si en alguna ocasión la deixis llegase a provocar anfibología, es necesario deshacerla, por ejemplo, con lo que aparece entre corchetes, u otra opción que se estime ventajosa:

Lo acompañaré a la puerta / Acompañaré a usted a la puerta.

12 Al igual que el complemento directo, la segunda persona *ustedes* puede causar confusiones:

	sin preposición	con preposición	
ustedes	**les**	*ustedes*	*Allí **les** darán un resguardo [a ustedes].*

13 *Sincrónico* se refiere a leyes y relaciones internas propias de una lengua o dialecto en un momento o período dados, sin atender a su evolución. *Diacrónico,* en oposición a un sincrónico, hace mención a fenómenos a lo largo del tiempo.

Su estudio del signo lingüístico, como recuerdo, se constituye por dos elementos que interactúan:

Significante o expresión. Imagen acústica o gráfica del objeto.

Significado o contenido. Imagen conceptual del objeto.

14 Considerar éstos como distintas expresiones para un mismo contenido —por algunos— o como sinónimos —para otros— es un debate inservible, al menos en este libro. Aquí sólo interesa su aplicación.

15 Nótese que, al aplicar la sinonimia en sustantivos, la expresión tal vez tenga un género distinto:

masculino	femenino
bazar	*tienda*
desenfado	*naturalidad*

Asimismo, pueden ser usados los *adjetivos* U.t.c.s. ("usados también como sustantivos"). Por ejemplo: *grandote, tonto, intelectual,* etc.

16 La *catacresis* etimológicamente significa «abuso del lenguaje». Es, por una parte, un *tropo*, es decir, el empleo de palabras en sentido distinto del que propiamente les corresponde; por tanto, produce lenguaje traslaticio, «figurado» (es mal llamado «metáfora», pues la metáfora es tan sólo uno de los tantos tropos... *sinécdoque, antonomasia, alegoría, hipérbole...*). Por otra parte, también sirve para dar un sentido estético a algo: una *figura literaria* (mecanismo de exornación), ya que representa un revestimiento de sutileza estética, sin necesidad de connotar a través de «lenguaje figurado». Asimismo, en otro extremo, puede entrañar falta de repertorio léxico.

1) ***Catacresis lingüística***. Donde se denomina de cierta manera (con varias palabras) a algo porque no tiene un nombre particular. Por ejemplo: *ojo de la cerradura, dientes del serrucho*.

2) ***Catacresis retórica***. Donde por lenguaje figurado (tropo) o por aptitud estética (figura literaria), se señala algo de cierta manera. Por ejemplo: *el infinito de tus ojos* (pupila).

3) ***Catacresis viciosa***. Donde por inoperancia se denomina algo con "varias palabras", a pesar de tener una denominación determinada. Por ejemplo: *temor a Dios* (atrición).

Una catacresis viciosa puede dejar de serlo si se emplea de manera atractiva o si notoriamente es un recurso para explayarse o "expandir" un mensaje, y no hacerlo breve y, tal vez, parco.

17 Las *subordinadas adjetivas*, que suelen articularse con el nexo *que* u otro:

frase adjetivada	frase con subordinada adjetiva
Una mirada fisgona	*Una mirada que fisgaba*

Una *locución adjetiva*, por su parte, se presenta de la siguiente manera:

frase adjetivada	frase con locución adjetiva
Una persona temeraria	*Una persona de armas tomar*

18 La locución *de carnes generosas* representa, además, un *eufemismo*: la sustitución de una palabra o frase por otra para disimular la crudeza, vulgaridad o gravedad de la original; es decir, es una especie de "dulcificación" (mecanismo opuesto al *disfemismo*). Ejemplos:

Relaciones impropias / Adulterio
Limpieza étnica / Matanza racista

El lenguaje coloquial lo utiliza para esquivar realidades como la muerte, la locura, el sexo y los defectos:

Pasar a mejor vida / Morirse
Donde la espalda pierde su nombre / Nalgas

19 En esta proposición, *buen* es un "apócope" de *bueno*.

20 En la sinonimia de adverbios es muy común encontrar *locuciones adverbiales*, como *en demasía*. Otros ejemplos:

Cuidadosamente / Con cuidado
Despiadadamente / A mansalva

Por otra parte, debemos recordar que los adverbios terminados en *-mente* provienen de un adjetivo (*rauda / raudamente*), específicamente de uno expresado siempre en femenino. Si el adjetivo que da origen al adverbio tiene tilde, el adverbio lo conservará.

Cabe destacar que, si la regla nombrada no existiese, todos los adverbios terminados en *-mente* llevarían tilde, sin excepción, pues todos serían al menos palabras esdrújulas (*-mente* descartaría una palabra aguda o una grave, ya que tiene dos sílabas).

21 Aquí hay dos elementos de cohesión: la proforma *hacer*, que puede reemplazar prácticamente a cualquier verbo, y la deixis *lo* (complemento directo).

22 *Pues* no tiene pausa después; *pues bien* asume lo anterior para lo que sigue; *así las cosas* no asume lo anterior para lo que sigue.

23 Algunos ordenadores, si van en incisos, se aproximan a los DIGRESORES, como es el caso de *por otra parte, por otro lado* y *por lo demás*:

Por su parte carece de marcador de apertura y no se encuentra totalmente "gramaticalizado" como tal.

El marcador de cierre *por lo demás* jerarquiza su miembro como de menor importancia que los anteriores.

24 *A todo esto* introduce un miembro que pide información que en ese momento del discurso ya debería ser conocida.

Otra cosa sirve para introducir otro tema sin ceder el turno de palabra.

25 Alguien puede señalar, por ejemplo, a una bella mujer y decir *además, es inteligente*, sin antes haber mencionado a dicha mujer.

26 *Incluso* indica que el argumento que sigue es más fuerte que el primero.

Por eso se puede decir *debemos llevar al niño al hospital. Tiene mucha fiebre e, incluso, ha comenzado a delirar.*

Pero no se puede decir *debemos llevar al niño al hospital, ha comenzado a delirar e, incluso, tiene mucha fiebre.*

Es más también potencia el argumento siguiente respecto al que precede.

27 *Encima* presenta el miembro anterior como argumento suficiente para una conclusión determinada y, a diferencia de *además*, puede incluir una conclusión opuesta: *se te compra una cosa y, encima, lloras.*

Aparte es propio de la lengua coloquial: *no iré a ver esa película; es larga y aburrida. Aparte, me comprometí a ir a otro lugar.*

Por añadidura conecta con un miembro anterior y más frecuentemente con una serie anterior de ellos.

28 *Por el contrario* muestra contraste o contradicción entre los miembros vinculados.

Antes bien tiene un miembro discursivo que comenta el mismo tema que el miembro anterior.

Ahora bien y *ahora* introducen conclusiones contrarias a las esperadas de un primer miembro.

Eso sí muestra un miembro discursivo que atenúa la fuerza argumentativa del miembro anterior.

29 *Digo* se utiliza como inciso, precedido o no de *o*.

30 *En suma, en conclusión, en resumen, en síntesis, en resolución, en una palabra, en dos palabras* y *en pocas palabras* presentan el miembro como una condensación de miembros anteriores.

Al fin y al cabo, después de todo indican que el miembro en que se encuentran tiene más fuerza argumentativa que otros miembros anteriores a él, como algunas veces también *en realidad* y *en el fondo.*

31 *En realidad* distingue a otro argumento como "apariencia".

En el fondo presenta a un argumento con mayor fuerza que otro meramente "posible".

De hecho presenta a un argumento como un hecho cierto, y por lo tanto con más fuerza que otro discutible o probable.

32 Éstos son reforzadores de la aserción *sí* o *no*, y algunos lo son al tematizarse con el relativo *que.*

33 *Sin duda* está menos "gramaticalizado", pues admite variantes como *sin duda alguna, sin ninguna duda, sin duda de ningún género*, etc... Otro grupo no puede hacerlo: *en efecto, efectivamente...*

34 En éstos se presenta el discurso como algo que refleja la propia opinión, o bien referido como algo que se ha oído decir, que se conoce a través de otros y que se transmite como una opinión ajena.

35 *Al parecer* tiene las variantes: *a mi parecer, al parecer de unos y de otros, según parece, a lo que parece...*

36 No son marcadores del discurso expresiones como *venga, en absoluto, ni hablar*, etc.

37 Comentar el fragmento del discurso al que se remite comprende mostrar la actitud del redactor respecto del propio discurso.

Los que apuntan al oyente son, por ejemplo, *hombre, mira, oye. Vamos* es un ejemplo de los que apuntan a ambos interlocutores.

También se suele usar formas verbales en segunda persona: *ves, verás, escucha, fíjate, sabes, entiendes... Por favor* en inciso es también un marcador del discurso *enfocador de la alteridad.*

38 La mayoría de éstos representan muletillas, por lo cual no deben ser aplicadas, a menos que se haga transcripción de lenguaje oral.

39 Éste es un adelanto de estilística.

40 Aquí, *el cual* introduce una oración subordinada explicativa, por tanto, se requiere coma precedente.

41 No obstante, un buen escritor puede permitirse los "juegos de expresión" que quiera; todo dependerá de la habilidad y buen gusto para hacerlo. Sin embargo, no está de más, para un principiante, tener en cuenta este criterio.

Por otra parte, nótese que la noticia está tomada como un ser animado: *[...] perseguir y acorralar <u>a</u> la noticia [...].*

42 El concepto de *comunicación escrita* tiene dos aspectos: contenido y expresión (por eso se habla de *formas de expresión*). El contenido es el mensaje; y la expresión, la forma que adopta el mensaje.

Por otra parte, un *discurso*, en este contexto, debe entenderse como la «facultad racional con que se infieren unas cosas de otras, sacándolas por consecuencia de sus principios o conociéndolas por indicios y señales». Se trata de una «cadena hablada o escrita», y en este caso, escrita. No debe considerarse como «razonamiento o exposición sobre algún tema que <u>se lee o pronuncia en público</u>».

43 La función estética en cuestión se refiere a la intención que toda obra artística persigue, la forma. Su finalidad es más ornamental que práctica: lo importante

no es la información que transmite, sino la expresión subjetiva de lo descrito y el efecto que la imagen pueda causar en el lector.

44 Un consejo para "aprender a observar" es intentar describir algo; luego, cotejar lo descrito con lo escrito: se dará cuenta de los detalles que se escaparon o percibirá otros sobrantes.

45 En la novela, estos fragmentos descriptivos informan sobre el escenario en el que se desarrolla la acción y, así, la enmarcan.

46 Ésta también es llamada impropiamente *cinematográfica*. Es desacertado porque apareció en la literatura antes que en el cine.

47 El *presente intemporal* se utiliza sobre todo en las descripciones técnicas; además, se emplea en los juicios o verdades permanentes y afirmaciones generales que no pierden su carácter de exactitud en el momento en que se habla. Es usual en la exposición de conocimientos, refranes, proverbios y expresiones de valor intemporal.

Por otra parte, el pretérito imperfecto de indicativo es la forma verbal característica de la descripción insertada en la narración.

48 *Imperfectivo* quiere decir que «expresa acción durativa o, en todo caso, no acabada».

49 Una estructura atributiva es aquélla que incluye un atributo en su predicado (el predicado es una cualidad del sujeto).

50 *Comparación*, en retórica, es equivalente a *símil*. Es una figura que consiste en comparar expresamente una cosa con otra, para dar idea viva y eficaz de una de ellas.

Metáfora es un *tropo* (empleo de las palabras en sentido distinto del que propiamente les corresponde, pero con alguna conexión, correspondencia o semejanza) que consiste en trasladar el sentido recto de las voces a otro figurado, en virtud de una comparación tácita.

Sinestesia es un tropo que consiste en unir dos imágenes o sensaciones procedentes de diferentes dominios sensoriales.

Personificación, en retórica, es la *prosopopeya*, una figura que consiste en atribuir a las cosas inanimadas o abstractas, acciones y cualidades propias de seres animados, o a los seres irracionales les atribuye las cualidades del hombre.

Aliteración se refiere a la repetición notoria del mismo o de los mismos fonemas, sobre todo consonánticos, en una frase; o a una figura que, mediante la repetición de fonemas, sobre todo consonánticos, contribuye a la estructura o expresividad del verso.

51 Hay algunas combinaciones que no podrían darse; por ejemplo: realista con ciencia ficción (!).

52 Este tipo de narrador, el protagonista, es muy frecuente en la novela del siglo XX.

53 Esta repetición de la misma conjunción en una frase se llama *polisíndeton*. Es una figura retórica empleada para darle mayor fuerza a la expresión, verso o prosa, especialmente si lo que se une son sinónimos totales o parciales, transformándose así en una especie de pleonasmo; esto se contrapone al uso de comas (1. Elementos en serie y 2. Entre frases u oraciones de construcción semejante):

Soy un fue, y un será, y un es cansado.
En el hoy y mañana y ayer, junto

pañales y mortaja, y he quedado
presentes sucesiones de difunto.

Francisco de Quevedo.

54 Las posibilidades se ciñen a dos puntos principales:

a) *Narrador situado en el punto de vista externo.* Es una simple voz que habla en tercera persona pues no tiene existencia propia. Tiene dos posibilidades:

a.1) *Que sepa todo sobre los personajes*: lo que hacen y dicen, pero también lo que sienten, dicen, anhelan en su interior. A veces juzga, aprueba o condena a sus personajes. Es el *narrador omnisciente.*

a.2) *Que sólo sepa lo que ve y oye*: no juzga, es totalmente imparcial. Es el *narrador no omnisciente* (o *narrador–video*).

b) *Narrador situado en el punto de vista interno.* Aquí caben dos posibilidades:

b.1) *Narrador en primera persona.* Habla el personaje, no es sólo una voz, tiene vida, personalidad. Puede ser el protagonista o uno de los protagonistas de la historia; se denomina *narrador–protagonista.* También puede ser un personaje secundario que narra en primera persona: *narrador–testigo.*

b.2) *Narrador en tercera persona que adopta el punto de vista de uno de los personajes,* como una cámara de video que estuviera sobre el hombro de un personaje y se moviera con él, sólo se registra lo que este personaje ve y oye.

Otras modalidades son el *narrador en segunda persona* y el *narrador en primera persona del plural.* Por otra parte, en el sentido literario, narrador y autor no son necesariamente lo mismo. El narrador es una voz que elige el autor para contar unos acontecimientos.

55 Muchos cuentos omiten el desenlace, dejándolo planteado o inducido a partir de un hecho determinado. A esta estructura se la conoce como *final abierto* y es muy utilizada por autores del siglo XX.

56 Normalmente son personas, pero en narraciones literarias también pueden ser otros seres, reales o imaginarios. Asimismo, éstos suelen llamarse "héroes" o "protagonistas".

57 El FLASHBACK (del inglés: *escena retrospectiva*) o *analepsis* es una técnica utilizada tanto en el cine como en la literatura, que altera la secuencia cronológica de la historia, conectando momentos distintos y trasladando la acción al pasado (es una vuelta repentina y rápida al pasado del personaje). Es diferente al *racconto,* que es también un quiebre en el relato volviendo al pasado, pero este último no es tan repentino y es más pausado en lo que refiere a la velocidad del relato.

Pedro Páramo (RULFO, Juan) es un buen ejemplo del uso de esta relación retrospectiva.

58 Un ejemplo de esto, donde se empieza por el final, ocurre en *Crónica de una muerte anunciada* (GARCÍA MÁRQUEZ, Gabriel).

Un ejemplo claro de tiempo interno lineal es *Las aventuras de Alicia en el país de las maravillas* (CARROLL, Lewis).

59 El *presente histórico* se utiliza cuando se emplea el presente para expresar hechos ocurridos en el pasado, pero que se actualizan en la mente del escritor y en la del lector; por ejemplo: *Virginia nace en Concepción, A las seis arriba el afamado actor, En 1962 graban su primer disco,* etc.

60 Las oraciones *predicativas* son aquéllas que no tienen atributo (formado por los verbos copulativos: *ser, estar, parecer...*), donde el predicado expresa una acción del sujeto. Ejemplo:

Tiene una hermosa casa junto al mar.

Las oraciones *atributivas* son aquéllas que incluyen un atributo —valga la redundancia— en su predicado; es decir, el predicado es una cualidad del sujeto. Se forman con verbos copulativos (que no aportan un significado pleno, ya que no suelen expresar de por sí una acción o condición; sirven para igualar o asociar el sujeto con el predicado). Ejemplos:

Yo soy muy simpático.
La casa es alta.
Mi amigo está enfermo.

61 DIALÉCTICA es «el arte de dialogar, argumentar y discutir».

62 Sobre Lógica hay una pequeña contribución al final de este apartado.

63 «Atender al destinatario» significa identificarlo, conocer sus gustos y valores, prever su opinión...

Contraargumentar es exponer razones que contrarresten o invaliden los razonamientos ajenos.

64 Se denominan FUNCIONES DEL LENGUAJE aquellas expresiones que pueden trasmitir las actitudes del emisor.

El lenguaje se usa para comunicar una realidad (sea afirmativa, negativa o de posibilidad), un deseo, una admiración, o para preguntar o dar una orden. De acuerdo a la utilización de las distintas oraciones que expresan dichas realidades, será la función que desempeñe el lenguaje.

El lenguaje tiene seis funciones:

1. ***Función emotiva***. El mensaje del emisor hace referencia a lo que él siente (predomina sobre todos los demás factores). Lingüísticamente se recurre a interjecciones y a oraciones exclamativas. *¡Ay! ¡Qué dolor de cabeza!* *¡Qué gusto de verte!* *¡Qué rico el postre!*	2. ***Función conativa***. El receptor predomina sobre los otros factores de la comunicación, pues la comunicación está centrada en la persona del *tú*. Lingüísticamente se recurre al vocativo y a las oraciones imperativas e interrogativas. *Pedro, haga el favor de traer más café.* *¿Trajiste la carta?* *Andrés, cierra la ventana, por favor.*
3. ***Función referencial***. La comunicación está centrada en el contexto (el asunto al que se hace referencia). Se utilizan oraciones enunciativas (afirmativas o negativas). *El hombre es animal racional.* *La fórmula del ozono es* O_3. *No hace frío.* *Las clases se suspenden hasta la tercera hora.*	4. ***Función metalingüística***. Ésta se centra en el código mismo de la lengua; es decir, es el código el factor predominante. *Pedrito no sabe muchas palabras y le pregunta a su papá: ¿Qué significa la palabra «canalla»?* *Ana se encuentra con una amiga y le dice: Sara, ¿a qué operación quirúrgica te refieres?*

5. ***Función fática***. Consiste en iniciar, interrumpir, continuar o finalizar la comunicación. Existen...
Fórmulas de saludo: *Buenos días, ¡Hola!, ¿Cómo estás?...*
Fórmulas de despedida: *Adiós, Hasta luego, Nos vemos...*
Fórmulas para interrumpir una conversación y luego continuarla: *Perdón..., Espere un momentito..., Como le decía..., Hablábamos de...*

6. ***Función poética***. Se utiliza preferentemente en la literatura, pues la comunicación está centrada en el mensaje mismo, en su disposición, en la forma. Entre los recursos expresivos utilizados están la rima, la aliteración, etc.
Bien vestido, bien recibido.
Casa Zabala, la que, al vender, regala.

65 Aristóteles planteó la siguiente estructura:

Exordio: Presentación del asunto; el fragmento que da apertura.

Exposición: Presentación de antecedentes. Su función es sentar bases para los argumentos que vienen en la siguiente sección.

Demostración: Se comienza a exponer pruebas, a dar argumentos respecto a todo lo expuesto con anterioridad.

Peroración: Cierre del discurso.

66 Una vez terminados los siguientes ejercicios, se encuentra un complemento a este tema (*Apéndice: Lógica*), donde, aparte de las falacias, se abordarán otros aspectos lógicos.

67 Cuando el material objeto de resumen o de reseña tiene una forma discursiva distinta de la exposición, y se trata, por ejemplo, de un cuento o de una novela, se respeta en el resumen o en la reseña la forma narrativa original.

68 La *descripción técnica* se parece mucho a la *definición*, pues comparte iguales técnicas expositivas.

69 Para ello se siguen cuatro pasos:

Leer	Conocer el material antes de trabajarlo.
Seleccionar	Separar lo principal de lo secundario.
Escribir	Relacionar todos los datos principales y redactarlos.
Comparar	Confirmar que el nuevo texto incluya la esencia del original, que no se haya incluido alguna idea ajena al mismo, y que sea, además, mucho más breve.

70 Como recordatorio, *denotativo* es la extensión del término, los objetos a los cuales puede aplicarse:

Definición por ejemplos: *Una ciudad es, por ejemplo,* Río de Janeiro.

Definición por demostración: *Un libro es* esto. (se señala el objeto)

Por su parte, *connotativo* es la intención del término, las propiedades comunes a todos los objetos comprendidos en la extensión:

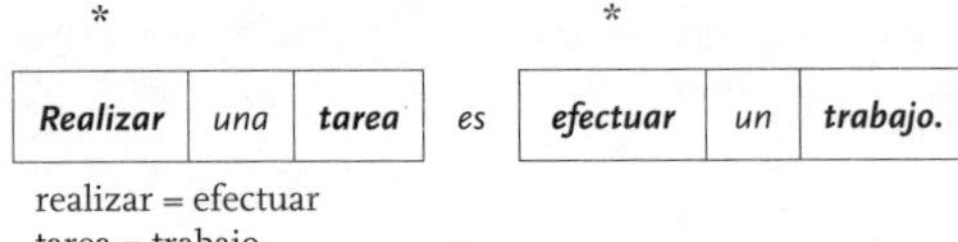

realizar = efectuar
tarea = trabajo

Definición por género próximo y diferencia específica:	*La* exposición *es la* forma de expresión lingüística *que tiene como propósito* informar *al lector*.	No es cualquier forma de expresión.

Es esta última aparecen aquí las expresiones *definiendum* y *definiens*. El *definiendum* es la expresión que se trata de definir; el *definiens*, la expresión que define. Por ejemplo: el triángulo (concepto por definir o *definiendum*) es un polígono (género próximo) de tres lados (diferencia específica).

71 Como recordatorio, ejemplos de aposiciones:
Nació en Venecia, la ciudad de los canales.
Ricardo, mi mejor amigo.
Ejemplos de incisos (frases incidentales o parentéticas):
Esto, creo, será más difícil.
Eso, que hayas sido tú, no lo creo.
Además:

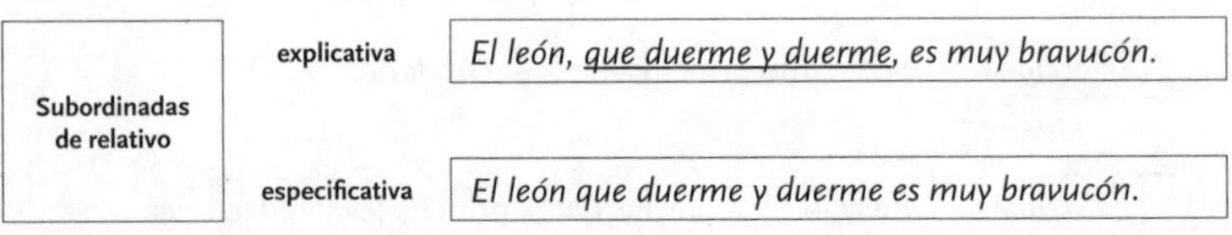

72 La función referencial (del lenguaje), como recordatorio, es aquélla en donde se pone énfasis al factor de contexto. Al ser el contexto todo lo extracomunicativo, la función referencial trata solamente sucesos reales y comprobables, ya que no se trata de opiniones ni cosas subjetivas, sino de una serie de elementos verificables.

73 Como recordatorio:

Pasiva	*Una canción fue tocada por mí.*
Pura	*Toqué una canción.*

Refleja	*Se tocó una canción.*

74 La pirámide invertida sirve para escribir organizando la información con datos de mayor a menor importancia, a través de la respuesta a las denominadas 6 *w*: *qué* (what), *quién* (who), *cuándo* (when), *dónde* (where), *por qué* (why), *cómo* (how). Esta estructura trata de mantener la atención del receptor de la información dosificando los puntos de interés.

La organización de mayor a menor importancia de los contenidos permite acortar los artículos "sin deformar" ni quitar información esencial (en caso de necesidad de espacio extra). Por ejemplo, esto sucede en una noticia importante, de última hora.

75 Este orden puede alterarse, pues, se dijo que la redacción del comentario no tiene reglas específicas: se podría comenzar por la solución o por el juicio crítico; eso dependerá de cómo se enfoque el punto.

76 Un *idiotismo*, como reiteración, es, en lingüística, un giro o expresión propio de una lengua que no se ajusta a las reglas gramaticales. Por ejemplo: *a ojos vistas, de armas tomar* (!).

77 Esta gráfica corresponde a una carta administrativa. Pero si se omiten ciertas partes, se obtiene una carta personal, ya que ambos tipos comparten una base.

78 El *yo* muchas veces se hace innecesario:

Yo soy Alejandro.	No es necesario decir *yo*, pues *soy* no concuerda con otra persona: no es posible decir *Ella soy Alejandro* ⊗.
—Hola, soy Carlos. *—Yo soy Alejandro.*	En un diálogo, por ejemplo, sí podría ser necesario, pues se hace énfasis en la persona.

El pronombre *yo* sólo debe ser utilizado cuando sea necesario: para hacer énfasis en la persona o para evitar ambigüedades.

Sobre esto se profundizará un poco más adelante: *Pronombres:* yo *y* uno.

79 No debe confundirse un *pleonasmo* con *redundancia*. El primero da fuerza; la segunda, insuficiencia.

Cuando el pleonasmo se produce por reiteración de sinónimos se denomina *datismo*: *Me siento, me arrellano y me repantigo*. Su uso objetivo claramente es enfatizar.

80 Cabe destacar que esta figura tiene el mismo nombre que el proceso lingüístico de sustantivar verbos, adjetivos...

81 A la metáfora en la que aparecen estos tres niveles se la denomina *metáfora explícita*. Sin embargo, cuando el tenor no aparece, se la denomina *metáfora implícita* («Los mares de tu rostro»).

Por otro lado, la *metonimia* es un recurso literario similar a la metáfora, pero en el cual la relación entre los términos identificados no es de semejanza; puede ser causa-efecto, parte-todo, autor-obra, continente-contenido...

82 Esta oración podría considerarse de presente intemporal. Eso dependerá de la perspectiva.

83 Éste es un caso de *traslación.*
84 *Conato* es el inicio de una acción que se frustra antes de llegar a su término.
85 El lenguaje inclusivo o incluyente...

En vista de que este tema provoca —porque sí o porque no— al menos disgusto en ciertos sectores, cabe aclarar que lo planteado en estos parajes está tratado con total objetividad y sustentado con argumentación y antecedentes. Nada más respetuoso y de buena voluntad que aquello. Y es que quienes nos dedicamos a la comunicación verbal —con la gran mochila de las experiencias práctica y teórica juntas a cuesta— valoramos de entrada los intentos por ampliar las posibilidades que la lengua nos brinda.

En cuanto a las intenciones del lenguaje en cuestión —y ahora hablo a título personal—, es decir, constituir mensajes no sexistas, sería cicatero oponerse moralmente a los intentos de conformar una sociedad más justa, del mismo modo en que es inadecuado e irrespetuoso oponerse a expresiones identitarias; porque todo lenguaje representa en el fondo una manifestación de referencia y pertenencia. Pero, igualmente —es necesario tener siempre presente—, deben ser respetados quienes no concuerden con estas identidades y, por tanto, con esas expresiones. En este contexto, lo adecuado es que nos dediquemos a inspeccionar de manera crítica todas las aristas, y señalar juiciosamente lo que no encaja con la coherencia u otra virtud que debiera esplender en estos asuntos.

Desde algún tiempo atrás, ha venido irrumpiendo una forma particular de abordar la comunicación. Algunos lo han llamado LENGUAJE INCLUSIVO; otros, LENGUAJE INCLUYENTE. Gracias a filtros sociales, académicos y políticos, ha evolucionado a, entre otros, LENGUAJE NO SEXISTA y LENGUAJE DE GÉNERO NEUTRO. Esto último sería, en rigor lingüístico, lo más adecuado.

Desde la perspectiva general o informal, LENGUA *y* LENGUAJE *pueden ser sinónimos. Así lo dice incluso el diccionario. No obstante, en rigor lingüístico y comunicacional, hay diferencias sustanciales y de gran relevancia para entender el tema en cuestión.*

La LENGUA *es un sistema de comunicación verbal propio de una comunidad humana y que cuenta generalmente con escritura. Es casi lo mismo que* IDIOMA, *pero sin la necesaria particularidad de estar referido a un pueblo o una nación, o de varios. Por dar nombres: español, inglés, francés, portugués, alemán, sueco, chino mandarín, ruso, japonés...*

El LENGUAJE, *por su parte, es la facultad y la manera que tiene el ser humano de expresarse y comunicarse con los demás a través del sonido articulado o de otros sistemas de signos. No es exclusivamente lingüístico; pero si lo enfocamos en ese trazado, sería entonces la manera particular en que utilizamos la lengua. He ahí la relación entre ambos. De este modo, el lenguaje puede ser pormenorizado por características de registro, de finalidad, de área... Las posibilidades son infinitas.*

En su denominación originaria se exterioriza la intención de incluir. Pero lo cierto es que, entre tantas visiones y aristas —parciales o apresuradas, por cierto—, no hay un enfoque exclusivo e inequívoco sobre lo que se pretende incluir, aunque sí asoma la intención general de buscar evitar presuntos prejuicios y estereotipos sexistas. Algunos apelan a la inclusión, por medio del lenguaje, de la comunidad LGBT+, que supuestamente estaría "invisibilizada" y excluida por los géneros gramaticales de la lengua española. Otros apelan a la misma situación pero en torno a la mujer, que supuestamente estaría velada, proscrita por el masculino genérico. Y los restantes buscan concertar ambas posiciones.

Impositivo y engorroso esto último. Sería un ejercicio *malabarístico* difícil de concertar e implementar en lo técnico, y, en caso de que se sorteara este enorme escollo preliminar, sería prácticamente imposible de ejecutar por parte de la gran mayoría de la población, que a duras penas logra sortear los escollos esenciales de la lengua y del lenguaje escrito.

Pues bien, la "visibilización" de "realidades corpóreas-sexuales"* no es asunto de la morfosintaxis de la lengua española; ni tampoco lo es paliar la disforia que pudiere producir esta disposición. Y lo mismo sucede con cualquier otra manifestación de identidad o autopercepción (especie, raza, edad..., además de asuntos sociales o intelectuales). Siendo más específicos, "los géneros gramaticales binarios" no pretenden representar la realidad interna, primero, y a la morfosintaxis de la lengua española no le corresponde hacerse cargo de lo que sus herramientas no pueden manifestar por sí solas, ya que no es un paladín justiciero. A fin de cuentas, a la lengua en sí no le corresponde categorizar más allá de sus accidentes. No participa en cuestionas discriminatorias, en asuntos de valoración social en general; no puede categorizar lo bueno y lo malo, lo grande y lo chico, lo bello y lo feo... Todo aquello, no obstante, sí podría ser asunto de un lenguaje determinado (la manera en que ejecutamos esas herramientas), en caso de que existiera la intención de cubrir tal demanda. Sí podría ser tarea del lenguaje, del discurso, del uso exhaustivo de los propios recursos de la lengua hasta lograr el propósito comunicativo.

Sobre la "visibilización" o "invisibilización" de la mujer, a la lengua española no le interesa entrar en dinámicas que desfavorezcan a tal o cual; bastante tiene con lo que su intrínseco pragmatismo le demanda. Claro, no es un ser vivo provisto de voluntad o malicia. No es machista aquel compendio de las reglas y principios que gobiernan el uso de nuestra lengua, es decir, la gramática española. Y tampoco es ésta absolutista, colectivista, creacionista, ecologista, esclavista, evolucionista, hedonista, moralista, narcisista, naturista, positivista, racista, reformista, separatista, sexista..., ni capitalista, comunista, derechista, fascista, feminista, humanista, imperialista, izquierdista, nacionalista, pacifista, progresista, socialista..., tampoco cubista, existencialista, formalista, independentista, modernista, nihilista, sofista, surrealista..., ni menos alarmista, altruista, apologista, arribista, bromista, chauvinista, conformista, derrotista, efectista, extremista, idealista, materialista, oportunista, optimista, perfeccionista, pesimista, populista, sensacionalista, simplista... Por supuesto, no hay una fijación —ancestral, tozuda y furtivamente perpetuada— que alienta una presunta organización social en la que el varón goza de una condición de supremacía, una fijación apoyada por la lengua, por lo demás. De haberla habido, sus motivaciones serían uno de los mayores enigmas, sólo superado por el mecanismo magistral para implementarlo, la capacidad para mantenerlo furtivo durante siglos y la exitosa proyección sobre un asunto que tendría más margen de error que posibilidad de acierto. Son el hablante y la sociedad quienes discriminan, quienes, mediante la intervención social sobre la lengua, utilizan ésta para generar discursos cargados de su propia esencia, la de ellos. La lengua en sí, por tanto, no tiene ninguna culpa de las injusticias sociales, ni las secunda.

En cualquier caso, la premisa «aquello que no se nombra no existe» en la que esta visión se sustenta, además de su dudosa autoría, tal vez apócrifa**, da para muchas interpretaciones o alcances. Sí es cierto que suena bastante contundente, plausible; tiene bastante sentido si es apreciada únicamente desde el filtro del primer examen ligero, al calor del entusiasmo y la frialdad del conformismo satisfecho; pero, con justa razón, se cae en lo epistemológico, ante la falta de estudios concluyentes y exceso de sesgo de confirmación, especialmente la falacia de evidencia incompleta.

En realidad, el lenguaje no otorga existencia, sino que articula sentido; una mujer, por ende, puede crear, cultivar su arte, aunque sea parte de 'los artistas'. Como sea, desde una perspectiva hermenéutica, no debemos confundir inexistencia (o invisibilización) con falta de reconocimiento. Y es que podemos percibir a través de los múltiples mecanismos de comprensión del propio lenguaje, que, por cierto, es mucho más que la somera denotación plasmada por la cadena de palabras; tenemos la implicatura, aquel beneficioso cóctel de sobrentendidos, presuposiciones, insinuaciones y connotaciones, entre otros. No necesitamos inventar morfemas flexivos para las palabras léxicas (sustantivos, verbos, adjetivos y adverbios) ni accidentes gramaticales a determinantes y pronombres, fijos por esencia gramatical.

Ahora, el "éxito" de las aspiraciones reivindicativas de este "lenguaje" es realmente complicado. Exteriorizado en la palestra pública —propio de lo político— y no necesariamente fraguado en la convicción íntima del fuero interno, su consumación requiere de un gran esfuerzo. En su calidad de cultivado, se ejecuta mediante el desarrollo de la memoria, la concentración extrema y la ejercitación, y no siempre con éxito. Muestra de esto último es cuando, a la primera desatención, bien por lo apasionado del tema, bien por un desenfoque, las duplicaciones o la *-e* desaparecen. Y, como si esto fuera poco, para una instauración efectiva de este lenguaje debe haber una exposición total, a toda hora, con todo el mundo. Es una labor ardua, más bien cercana a lo quimérico. La comunicación verbal es como caminar, un acto rutinario, una respuesta inmediata a un estilo; no nos comunicamos por capricho.

En todo caso, ¿se utiliza la duplicación en los conceptos negativos, los que reflejan la ruindad humana?: *las y los delincuentes* ⊗, *las y los ladrones* ⊗. Por lo visto, no. Ahí sí se recurre al masculino genérico. ¿Por qué? Periodística o políticamente, las duplicaciones se congregan en sustantivos que despliegan profesiones o condiciones de ciudadanía, virtudes sociales. El punto es que esta especie de excepción furtiva más bien es un atentado contra la lógica de lo requerido y, a fin de cuentas, de la maniobra. De todos modos, y he aquí el contrasentido, practicar minuciosamente las duplicaciones llevará en algún momento a alguna frase inviable, o seguramente a más de una. Y si tenemos la suerte descomunal de eludir este problema, nos toparemos con otro problema: un aspecto agotador y artificial, que conlleva un riesgo considerable de que el receptor se distancie del mensaje.

En este contexto, ¿se da realmente este "lenguaje" en la intimidad, cuando quien lo defiende llega a casa, con el cansancio encima, y habla con sus padres o su pareja, o cuando habla de trivialidades con sus amistades, o cuando se ha pasado de copas? Si no es espontáneo y sistémico, solamente alcanzará para la divergencia y la conformación de un ala pública y política de una diglosia. Y como si esto fuera poco, debemos sumar la permanencia en el tiempo: requiere de un ciclo de al menos tres generaciones sumido en la constancia y la ubicuidad. ¿Lo logrará? Muy probablemente no alcancemos a atestiguarlo. Como sea, es el discurso el que genera los cambios buscados, no la lengua.

Podemos ver que la gramática es sumamente respetuosa y celosa de sus fundamentos, los cuales fueron fraguándose lenta y colectivamente durante siglos, con total naturalidad, en virtud de necesidades no deliberadas propias del hablante, y jamás por carpetazo. Y como no es justiciera, no "le importa" lo justa que pueda ser la causa: no moverá tan fácilmente sus principios —aquel armazón tan bien constituido y dispuesto, sustentáculo de pautas firmemente arraigadas—, y cualquier alteración singular le ordenará encender sus alarmas de coherencia. Si no es meliorativo, no es bienvenido; e incluso si lo es, deberá pasar por un proceso de decantación, quién sabe hasta qué punto. Toda infiltración encontrará resistencia; si ésta es artificial, la resistencia será mayor, ya que dará de frente con un sistema natural; y si ésta al fin y al cabo es irruptora, ya podemos imaginar.

El problema es la imposición. Ni los jueces ni los economistas ni los poetas buscan que la ciudadanía hable de tal manera u otra.

* Le diremos simplemente así para no entrar en controversias técnicas, terminológicas o identitarias. En general, orientaciones sexuales, identidades de género, expresiones de género y características sexuales no normativas, como dicen los especialistas.

** Repetida hasta el cansancio, sin el mínimo rigor de cita, y atribuida al filósofo francés George Steiner.

¿Dónde y cuándo? ¿En qué obra? Dice Álex Grijelmo (George Steiner: Una cita de veracidad dudosa, *El País*, noviembre 24 de 2022): «Después de horas y horas de búsqueda en bibliotecas y en internet, sólo he hallado dos referencias precisas al origen: en un artículo que firma una estudiante de grado de la UNED publicado en diciembre de 2020 en el número 31 de una revista sobre educación social, y en un trabajo sobre "el impacto de género" elaborado para un posgrado en 2021. Ambos textos remiten a la página 199 de la edición de *Lenguaje y silencio* publicada por Gedisa en 1976. Pero he releído este libro para comprobarlo y no he encontrado la frase en cuestión ni en esta página ni en ninguna otra».

Grijelmo da cifras irrefutables, además, que evidencian que «la supuesta cita de Steiner ha triunfado en el mundo hispano, pero apenas en inglés y francés». Por cierto, el francés era su lengua materna, y el inglés, la lengua en la que escribió la mayor parte de su obra.

Por último, dice, Grijelmo, «se trata una afirmación que no parece casar con el pensamiento del filósofo, quien escribió que "sólo en los textos triviales o de circunstancias, la suma del significado es la suma de las partes" (*Le sens du sens*, 1988, página 62)».

De todos modos, otra vez Grijelmo: «muy a menudo el sentido de lo que decimos expresa mucho más que el grupo de palabras pronunciadas, merced a los sobrentendidos, las presuposiciones, las insinuaciones, las connotaciones, las implicaturas: se puede decir sin decir».

86 Los lenguajes inclusivos y su campo...

Tienen en sus denominaciones su razón de ser: un resultado deseado, un supuesto efecto. Comparten ese carácter con el lenguaje literario; pero este último, cuando realmente se consuma, suscita certeza. También comparte algo más con el lenguaje literario: la exigua precisión de cuáles son sus límites, el comienzo y el fin, qué es y qué no es.

Brotan como un conjunto de formas de expresión ideológicas, utilizada y enarbolada por un grupo determinado y con intenciones determinadas, especialmente durante los últimos años. Por motivos que no cabe examinar en esta obra,* esta forma de expresión llegó al lenguaje político, donde se asentó como un discurso disruptivo, políticamente disruptivo, haciendo eco de las presuntas desatenciones denunciadas por el grupo inicial y proclamando la subsanación de todo lo que todos los lenguajes supuestamente no pudieron o no quisieron hacer. No pasó mucho tiempo antes de que llegara al lenguaje periodístico,** que suele impregnarse sin resistencia alguna, con cualidad mimética, del lenguaje de la esfera abordada, incluso de lo artificial y artificioso en lo político, lo judicial, lo administrativo, lo policiaco... Y ahí lo inclusivo comenzó a desperdigarse por doquier.

De este modo, y como era de esperar, lo político se convirtió en burocrático, y en algunos casos en oficial. Y lo periodístico —por su intrínseco alcance masivo— trascendió a lo político-social, a una tendencia social: lo políticamente correcto.*** Sí, para algunos es norma de cortesía; y es poco lo que se puede hacer al respecto. Pero, como dice el aquí sabio refrán: «lo cortés no quita lo valiente». Debemos hacerlo bien.

Ahora bien, estamos frente a un asunto sociolingüístico. Por tanto, este proceder nada tiene que contender con tipos de lenguajes de accesibilidad, como el braille, a propósito del sofisma de quienes detractan: *eso no es, esto sí es.* Harina de otro costal. Asimismo, los tintes de este lenguaje, con registro *no esmerado,* aunque sí *cultivado,* no tienen cabida en el lenguaje académico, el lenguaje profesional, el lenguaje pedagógico y, en general, en el lenguaje formal, esmerado. Sencillamente, no son parte de *la norma.*

* Tampoco abordaremos —por estar también circunscrito en la esfera política— la instauración del término «género» en lugar de «sexo», específicamente en la Cuarta Conferencia Mundial sobre la Mujer: Acción para la Igualdad, el Desarrollo y la Paz, convocada por la ONU del 4 al 15 de septiembre de 1995 en Pekín, China, instancia en que los barullos lingüísticos-identitarios-reivindicativos comenzaron.

** Esto es en general. Tiene —como dice el cliché, y a propósito— sus honrosas excepciones.

Por cierto, es también el lenguaje periodístico el culpable de masificar, entre otros, vicios como el TARZANISMO, el GERUNDISMO, la POBREZA LÉXICA (que se manifiesta, esta última, de muchas formas, aunque preferentemente como frase hecha, cliché idiomático o estereotipo semántico), además de FÓRMULAS INNECESARIAS (como *y/o*). Claro, si lo dice el periodista, ha de ser correcto.

Sucede que el lenguaje periodístico suele entramar un cúmulo de premisas pragmáticas y divulgativas, por una parte, y se nutre, cual contagio, de disímiles propensiones de todos los círculos con los que tiene contacto, es decir, todos. Y ante esta copiosa influencia, lo menos escabroso es lo imitativo.

*** Como si nos despertáramos un día y nos dijeran que todo lo que hemos hecho en tal sentido ha estado mal. Como si hoy alguien nos dijera que la tierra no es cuadrada, sino redonda, y eso bastara; alguien lo dijo y ha de ser cierto. Eso sí, no restemos el influjo del *ad novitatem*.

87 Éstos son los que tienen estructura de singular pero representan pluralidad: *gentío, rosaleda, jauría*.

88 Es muy frecuente encontrarse con exceso de siglas.

89 *Apóstrofe* significa «injuria, insulto». No debe confundirse con «apóstrofo», signo ortográfico (´) que indica supresión de letras.

90 Actualmente se acepta *poeta* para masculino y femenino; es decir, se admite esta palabra como «común de dos». Sin embargo, *poetisa* también es reconocida, para femenino, irregular.

91 Es más o menos común escuchar u oír esta atrocidad: un sustantivo terminado en vocal, se insiste, sólo requiere una *-s* para pluralizarse.

92 Los sustantivos terminados en vocales débiles (*i, u*) acentuadas, deben pluralizarse con *-es*: *bambúes, iraquíes...*

93 En este caso es *-es* y no *-s*, simplemente con la brevedad de la palabra demanda esta terminación.

94 Salvo algunas excepciones, toda palabra terminada en consonante debe pluralizarse con *-es*, y ésta no es una excepción.

95 Ocurre lo mismo que con *lápiz*: toda palabra terminada en *-z*, al pluralizarse, agrega *-es*, pero cambia la *z* por *c*... y pasa a ser esdrújula.

96 Hay que agregar sus respectivos plurales: *mis, tus...*

97 Éste es uno de los pocos casos en que se le puede achacar pobreza al español. En contraste, por ejemplo, el francés utiliza *son, sa, ses, leur* y *leurs*; el inglés, *your, his, her, its* y *their*. El alemán es aún más rico, pues la terminología pronominal es completa: varía no sólo en género y número (!).

98 Sin duda alguna, estos rodeos no llevan a ninguna parte, salvo al despilfarro de tinta, tiempo...

99 Este tipo de enunciaciones sólo serían adecuadas para enfrentarse a un rey, en el siglo XV.

100 Nadie cree "en su exterior". La persona es "única" y también "pertinente". "Reiniciar", "de nuevo"; "inscripción de inscripciones"...

101 Para redacción "pura" esto es justamente "exagerado afán explicativo". Tal vez no sea así en una descripción literaria.

102 Con la palabra *nivel*, el uso de *a* puede ser inadecuado, de acuerdo al tipo de acción verbal empleada:

Si indica «inacción» («estar», «encontrarse», «permanecer»), corresponde *en*: *Jorge se encuentra* en *un nivel intermedio.*

Si tiene sentido de inmovilidad, *a* se emplea como *hacia* y es, por tanto, correcto: *Se empinará* a *niveles insospechados.*

103 En el punto *2.2.1. Abuso de posesivo* su, se vio que también genera anfibología.

TERCERA PARTE
APÉNDICES

1 Hay otras variedades clasificatorias, especificaciones:

1. Según su FORMA: **individuales** (en singular nombran un solo "elemento", pero admiten pluralizar con un morfema:* *rosa-s, libreta-s, bolígrafo-s, reloj-es*) y **colectivos** (tienen estructura de singular, pero representan pluralidad: *gentío, rosaleda, jauría*).

2. Según su COMPOSICIÓN: **simples** (*ojo, rayo, nuez, agua*) y **compuestos** (formados por dos palabras: *anteojos, pararrayos, cascanueces, aguardiente*).

3. Según su ORIGEN: **primitivos** (*pan, amor, joya*) y **derivados** (nacen de los primitivos: *panadero, desamor, joyería*); **aumentativos** (designan gran tamaño o gran intensidad, agregando *-ote, -ota, -ón, -ona, -azo, -aza, -tazo, -taza, -aco, -aca,* esencialmente: *autote, relojón, partidazo, libraco,* etc.), **diminutivos** (caracterizan pequeñez, poquedad o menor intensidad, agregando *-e-c-ito, -e-c-ita, -ico, -ica, -illo, -illa, -ín, -ina,* esencialmente: *niñito, avecita, lucecita, momentico, osillo, chiquitín*) y **despectivos** (designan desprecio, desdén, poquedad o sarcasmo, agregando *-aco, -aca, -ucho, -ucha, -z-uelo, -z-uela,* esencialmente: *pajarraco, plantucha, muchachuelo, mujerzuela*); **gentilicios** (derivan del lugar de nacimiento, sea éste continente, país, región o estado: *español, americano, salvadoreño, viñamarino, catalán, australiano, yucateco, pascuense, chalaco*), **patronímicos** (apellidos derivados de un nombre propio, terminados en *-ez*: *González, Martínez, Rodríguez, Sánchez, Domínguez*) e *hipocorísticos* (usados como designación cariñosa, familiar o eufemística, en forma diminutiva, abreviada o infantil: *Paco* o *Pancho, Pepe, Charo, Lupe,* etc.).

4. Según la CONTABILIDAD: **contables** (*tres piedras, cinco plantas, ocho sillas*) e **incontables** (*bastante humor, abundante humo, poca basura, leche*).

2 El verbo, el infinitivo es *verter*. Ni siquiera el problema es la conjugación...

3 El verbo es *prever* («presentir, pronosticar»... no confundir con *proveer*), y se conjuga tal como *ver*:

Yo preveo
Tú prevés

4 En uso de clíticos se podrá profundizar más en el siguiente apartado, 4.

5

Yo vine
Tú viniste
Él vino
Nosotros vinimos
Ustedes vinieron
Ellos vinieron

Nótese que todas las formas verbales de venir comienzan por la raíz *-vin*. De este modo, la forma *veniste* ⊗ no existe; en cambio, *venimos* sí, pero sólo en presente:

Vinimos a verte (ayer).
Venimos a verte (ahora).

6 Todos los verbos terminados en *-cuar* (*adecuar, evacuar, licuar...*) y *-guar* se conjugan de formas similares. Así, *licuar* debe conjugarse como *averiguar*... ¿Se escribe yo *averigúo* ⊗?...

yo averiguo...	*yo licuo*
tú averiguas...	*tú licuas*
él averigua...	*él licua*

7 En un acento DIERÉTICO, para "darle fuerza a un vocal débil", es necesario que ésta esté junto a una vocal fuerte (*a, e, o*): éste no es el caso. Un acento ortográfico tampoco puede ser utilizado, porque *huiste* es una palabra grave terminada en vocal.

8 Antiguamente los verbos con clíticos debían ser tildados de acuerdo a la conjugación de su forma verbal, soslayando el clítico:

dénos *sentóse (se sentó)* *preguntóme (me preguntó)*	*dé* (acento diacrítico), *sentó* y *preguntó* llevan tilde, entonces *"dénos"*, *"sentóse"* y *"preguntóme"* también llevaban.

Pero ahora sólo se considera la palabra completa; ésta llevará tilde únicamente si las reglas de acentuación ortográfica o dierética lo indican: *denos, sentose, preguntome.*

9 En las conjugaciones del presente, este verbo es grave, no esdrújulo: *las cosas se alinean* (no *se alínean* ⊗). La confusión se produce gracias a la palabra «línea», la cual sí es esdrújula.

10 La fórmula correcta para esta cláusula es: pasado subjuntivo + condicional indicativo

11 El futuro subjuntivo no es correcto aquí, pues éste significa posibilidad futura: *si fuere posible, mañana ve a ese lugar.*

12 Lo correcto es usar el presente subjuntivo. Es necesario recordar que este tiempo tiene implícito el relativo *que*: *que venga, que quiera...*

13 Esto se llama *gerundismo.*

14 Como derivados de *hacer*, se conjugan de manera similar a éste.

15 *Financiar* se conjuga como *abreviar, acariciar, aliviar, asociar...*; *vaciar* se conjuga como *aliar, confiar, criar, enfriar, guiar...*

16 *Apretar* se conjuga como *confesar, aventar, encerrar, pensar, despertar...*

17 Forzar se conjuga como *almorzar, reforzar, esforzar(se)...*

18 Conducir se conjuga como *deducir, producir, reducir, traducir...*

19 Hay un uso correcto de *hubieron*, personal: el que corresponde a la tercera persona del plural del pretérito perfecto simple o pretérito de indicativo del verbo *haber*: *hube, hubiste, hubo, hubimos, hubisteis, hubieron.* Esta forma verbal se emplea, correctamente, en los casos siguientes:

1. *hubieron* + participio

Cuando todos hubieron terminado, se marcharon a sus casas.	Este tiempo indica que la acción denotada por el verbo ha ocurrido en un momento inmediatamente anterior al de otra acción sucedida también en el pasado.
Apenas hubieron traspasado el umbral, la puerta se cerró de golpe.	En el uso actual, este tiempo verbal aparece siempre precedido de nexos como *cuando, tan pronto como, una vez que, después (de) que, hasta que, luego que, así que, no bien, apenas.* Prácticamente no se emplea en la lengua oral y es hoy raro también en la escrita, pues en su lugar suelen usarse otras opciones (*Cuando todos terminaron, se marcharon a sus casas* o *Apenas habían traspasado el umbral, la puerta se cerró de golpe*).

2. *hubieron* + *de* + infinitivo

El director y su equipo hubieron de recorrer muchos lugares antes de encontrar los exteriores apropiados para la película.	Este tiempo denota obligación o necesidad y equivale a la más usual hoy *-tener que* + infinitivo- (*El director y su equipo tuvieron que recorrer muchos lugares...*).

[20] También existen los PRONOMBRES ÁTONOS (inacentuados), como sabemos.

[21] Plural de subjuntivo sería *que nos dejemos de chismes.*

Esta forma puede usarse de manera exhortativa, como lo muestra el ejemplo: *Dejémonos de chismes.*

[22] Una perífrasis verbal es una unidad verbal constituida por un verbo en forma personal y otro en forma no personal: *vengo observando su conducta.*

[23] Solamente subsiste el uso pospuesto en expresiones lexicalizadas, como *¡Habrase visto!*

[24] Sólo es aceptable la incorporación de enclíticos a un participio cuando aparece en coordinación con otro y no se repite el auxiliar:

Y después de haber despachado el encargo y dádole una buena prebenda, descansaron.

[25] También favorecen la duplicación del complemento directo las oraciones de carácter enfático, como *Ya lo creo que vendrá* o *¡Vaya si las castigo a las niñas!*

La duplicación del complemento directo en otros casos (*Lo vi a Juan*; *La saludé a María*) es ajena a la norma culta de gran parte del ámbito hispánico, pero es normal en algunas regiones americanas.

[26] Éste es un caso de *losismo.*

[27] Un COMPLEMENTO NOMINAL hace referencia a una serie de funciones sintácticas cuyo cometido principal es completar, precisar, aclarar, extender o incrementar el significado de una palabra concreta a la cual se refieren y de la cual dependen.

[28] Una *elipsis* es la supresión u omisión de una o más palabras. En los ejemplos concretos, han sido suprimidos *ir* ("ve" a la cárcel) y *venir* o *ir* ("ve" o "ven" a comer).

[29] Así, *Con declarar, se eximió del tormento* equivale a *Declarando, se eximió del tormento.*

[30] Un *apelativo* es el nombre apelativo, es decir, un sobrenombre: *El caballero de los Leones.*

[31] Así, *De saberlo antes, habría venido* equivale a *Habría venido si lo hubiese sabido antes.*

[32] Por consiguiente, frases como *detrás de ti* no son posesivas, por lo cual es incorrecto decir *detrás suyo.*

33 Debemos recordar que las conjunciones copulativas son *y*, *e*.

Así, *Canta hasta cuando come* o *canta hasta comiendo* son equivalentes a *Canta incluso cuando come* (*Canta y come*).

34 ADVERSATIVO sugiere oposición.

Así, *Con buena calma te vienes para la prisa que yo tengo* equivale a *Con buena calma te vienes, a pesar de la prisa que yo tengo.*

35 No debe confundirse con *para qué* (con tilde). Ocurre lo mismo que con *Por qué / Porque.*

36 Obviamente, lo coloquial en este caso no es lo deseado.

37 Esto es: *no habiendo comido.*

38 Éstos son errores de COMPLEMENTOS DE RÉGIMEN: complemento preposicional exigido por un verbo, adjetivo o sustantivo.

39 Uno de estos errores de supresión es el vicio llamado DEQUEÍSMO.

40 Se produce con el uso de preposición en el ANTECEDENTE en lugar del CONSECUENTE, en oraciones con relacionante *que*.

Un *antecedente* es el nombre o expresión nominal a que hacen referencia algunos pronombres. Un *consecuente* es el segundo de los términos de la relación gramatical.

41 Hay casos en que la gramática permite —y encomienda— la supresión de la preposición *a* correspondiente al complemento directo de persona, porque el complemento indirecto que va junto a él también lleva preposición *a* y puede confundirse. Por ejemplo:

Prefiero Cervantes a Garcilaso.	Debería escribirse *Prefiero a Cervantes a Garcilaso.*
Presentó su hijo Juan.	Debería escribirse *Presentó a su hijo a Juan.*

Sin embargo, en ambos casos, u otros similares, siempre es recomendable recurrir a otros medios para evitar esta situación. Por ejemplo:

Cervantes es mi preferido frente a Garcilaso.

Su hijo fue presentado por él a Juan.

42 Debemos recordar que una frase SUBORDINADA es aquélla que depende de una principal. Específicamente, una de carácter adverbial funciona como complemento circunstancial de la principal.

43 Es el mismo caso expuesto con *Luisa llegó protestando.*

44 En este punto van incluidos los gerundios tan frecuentes en sentencias jurídicas: "Considerandos", que en realidad equivalen a *Si se considera.*

45 También debe incluirse el "Resultando" de las sentencias, equivalente a *Porque resulta.*

46 Verbos pronominales son, como recordatorio, aquéllos de uso reflexivo o recíproco.

Son verbos construidos con complementos de régimen: *acordarse de algo, alegrarse de algo, arrepentirse de algo, fijarse en algo, olvidarse de algo, preocuparse de* (o *por*) *algo*, etc.

47 *Convencer de algo, insistir en algo, tratar de algo* (en el sentido de "procurarlo, intentarlo"), etc.

48 Ejemplos de estos complementos: *condición de, ganas de, deseos de...*

49 Ejemplos de estos complementos: *seguro de, convencido de...*

50 Hay muchas más; éstas son sólo ilustración.

51 Así se usa en América; en España, *informar de algo [a alguien].*

52 En ocasiones una oración subordinada constituye el sujeto de una oración. Por ejemplo:

El que los artistas esquiven esos tópicos ligeros, es un claro asomo a una búsqueda primorosa.	Puede apreciarse que el sujeto es, en realidad, una oración subordinada al resto de la proposición; es decir, el sujeto todo es una *subordinación sustantiva* (*El que los artistas esquiven esos tópicos ligeros, Que tú lo digas*).
Que tú lo digas, me basta y me sobra.	

53 Hay complementos directos en forma de oraciones subordinadas.

Cecilia escribió su respuesta.	*su respuesta* constituye el complemento directo.
Cecilia escribió que vendría pronto.	*que vendría pronto* es una oración subordinada de complemento directo... *Cecilia lo escribió.* *Que vendría pronto fue escrito por Cecilia.*

La anteposición de *de* a una oración subordinada sustantiva de complemento directo ocurre, sobre todo, con verbos de *pensamiento* (*pensar, opinar, creer, considerar*, etc.), de *habla* (*decir, comunicar, exponer*, etc.), de *temor* (*temer*, etc.) y de *percepción* (*ver, oír*, etc.).

54 Así es en América; en España, *¿De qué informó el comité? (informó de que...).*

55 *Alfabeto* proviene del griego *alphabētum*, nombre de las dos primeras letras griegas. *Abecedario*, por su parte, proviene del latín.

56 De forma puntual, *ch* y *ll* son dígrafos, es decir, «signos ortográficos compuestos de dos letras para representar un fonema» (cada una de las unidades fonológicas [elementos relativos a la voz, atendiendo a su valor distintivo y funcional] mínimas que en el sistema de una lengua pueden oponerse a otras en contraste significativo). Pero desde 1803 estos dígrafos se consideran convencionalmente letras del abecedario español (cuarta y decimocuarta, respectivamente), debido a que cada uno de ellos representa un solo fonema.

A partir de 1994 se reajustaron esos dígrafos en el lugar que el alfabeto latino universal les concedía: en el diccionario, las palabras que comiencen por *ch* se registrarán en la letra *C*, entre las que empiezan por *ce* y *ci*; y con el mismo criterio se concertarán las palabras que comiencen por *ll*, es decir, en la letra *L*, entre las que empiezan por *li* y *lo*. Las palabras que contengan *ch* y *ll* en otras posiciones distintas a la inicial pasarán a ocupar el lugar que la secuencia del alfabeto universal les destina.

57 Se está soslayando el fenómeno llamado *yeísmo* (pronunciación de la *elle* como *ye*. Por ejemplo, diciendo "gayina", por *gallina*; "poyo", por *pollo*). Contemplando esto, ese dígrafo representaría dos fonemas.

58 *Seseo* es la acción y efecto de sesear (pronunciar la *z*, o la *c* ante *e*, *i*, como *s*. Es uso general en Andalucía, Canarias y otras regiones españolas, y en América. En otro sector de la Península Ibérica se pronuncia como *z*).

59 Pretérito imperfecto es:

cobrar (1.ª conjugación)	**querer** (2.ª conjugación)	**decir** (3.ª conjugación)
cobraba	*quería*	*decía*
cobrabas	*querías*	*decías*
cobraba	*quería*	*decía*
cobrábamos	*queríamos*	*decíamos*
cobrabais	*queríais*	*decías*
cobraban	*querían*	*decían*

60 Estos tiempos son:

PRESENTE		
indicativo	**imperativo**	**subjuntivo**
voy	-	*vaya*
vas	*ve (vaya)*	*vayas*
va	-	*vaya*
vamos	*vamos*	*vayamos*
vais	*id*	*vayáis*
van	*vayan*	*vayan*

61

INDICATIVO	SUBJUNTIVO	
pretérito	**pretérito imperfecto**	**futuro**
estuve *anduve* *tuve*	*estuviera* o *estuviese* *anduviera* o *anduviese* *tuviera* o *tuviese*	*estuviere* *anduviere* *tuviere*
estuviste *anduviste* *tuviste*	*estuvieras* o *estuvieses* *anduvieras* o *anduvieses* *tuvieras* o *tuvieses*	*estuvieres* *anduvieres* *tuvieres*
estuvo *anduvo* *tuvo*	*estuviera* o *estuviese* *anduviera* o *anduviese* *tuviera* o *tuviese*	*estuviere* *anduviere* *tuviere*
estuvimos *anduvimos* *tuvimos*	*estuviéramos* o *estuviésemos* *anduviéramos* o *anduviésemos* *tuviéramos* o *tuviésemos*	*estuviéremos* *anduviéremos* *tuviéremos*
estuvisteis *anduvisteis* *tuvisteis*	*estuvierais* o *estuvieseis* *anduvierais* o *anduvieses* *tuvierais* o *tuvieseis*	*estuviereis* *anduviereis* *tuviereis*
estuvieron, *anduvieron* *tuvieron*	*estuvieran* o *estuviesen* *anduvieran* o *anduviesen* *tuvieran* o *tuviesen*	*estuvieren* *anduvieren* *tuvieren*

62 Prácticamente la totalidad de sustantivos agregan *-s* o *-es* a al ser pluralizados.

63 *Oclusivo* se refiere a una consonante que se articula con los órganos de la palabra formando en algún punto del canal vocal un contacto que interrumpe la salida del aire espirado. *Velar* es de un sonido cuya articulación se caracteriza por la aproximación o contacto del dorso de la lengua y el velo del paladar. *Sordo* es un sonido que se articula sin vibración de las cuerdas vocales.

64 *Africado* es una consonante que se articula con una oclusión y una fricación formadas rápida y sucesivamente entre los mismos órganos. *Palatal* es una consonante (o una vocal) que se articula aplicando o acercando el dorso de la lengua a la parte correspondiente al paladar duro.

65 *Fricativo* hace alusión a una consonante que se articula permitiendo una salida continua del aire emitido, y hace que éste produzca cierta fricción o roce en los órganos bucales.

66 *Velar*, como ya fue mencionado, es un sonido cuya articulación se caracteriza por la aproximación o contacto del dorso de la lengua y el velo del paladar. *Sonoro* se refiere a un sonido que se articula con vibración de las cuerdas vocales.

67 Un prefijo es un afijo (partícula significativa) que va antepuesto: *desconfiar*, *reponer*.

68 Éste es el uso *mb*, *mp*.

69 Éste es el uso *nv* (en contraste a *mb*).

70 Y éste es el uso de *nf* (en contraste a *mb* y *mp*).

71 *Nasal* se refiere a un sonido en cuya pronunciación la corriente espirada sale total o parcialmente por la nariz. *Palatal*, como ya se mencionó, es una consonante (o una vocal) que se articula aplicando o acercando el dorso de la lengua a la parte correspondiente al paladar duro.

72 *Vibrante* se refiere a un sonido cuya pronunciación se caracteriza por un rápido contacto oclusivo, simple o múltiple, entre los órganos de la articulación; por ejemplo: la *r* de *hora* es *vibrante simple*; y la de *honra*, *vibrante múltiple*.

73 Como dato: En la Edad Media, la *x* representaba también el fonema de *dixo* ("fricativo palatal sordo"), que a partir del siglo XVI evolucionaría hacia el fonema de *dijo* ("fricativo velar sordo"). Algunos restos de esta grafía se encuentran en topónimos (nombre propio de lugar) como en *México*, *Oaxaca*, *Texas* y sus derivados (*mexicano*, *oaxaqueño*, *texano*), y en algunos apellidos como *Ximénez* o *Mexía*. La pronunciación de esta *x*, en ésas y otras palabras, es "fricativa velar sorda", es decir, suena como *j*; constituye, por tanto, un error ortológico articularlo como *ks*.

74 Según la RAE, la palabra *solo* puede ser un adjetivo o un adverbio. A juzgar por las reglas generales de acentuación, esta palabra no debería llevar tilde; pero cuando pueda interpretarse en un mismo enunciado con una u otra adopción, generando ambigüedad, es posible utilizar tilde en el uso adverbial. Por ejemplo:

1) *Estaré solo un mes* (*solo*, sin tilde, se interpreta como adjetivo: *estaré sin compañía un mes*);
2) *Estaré sólo un mes* (*sólo*, con tilde, se interpreta como adverbio: *estaré únicamente un mes*).

La RAE, no obstante, recomienda no poner tilde jamás, y buscar otras alternativas, como sustituir el adverbio *solo* por los sinónimos *solamente* o *únicamente*. Eso dice la RAE, centrada en, según ellos, casos rebuscados y de poca frecuencia. Nada más desacertado que ello.

Reproduzco a continuación un pasaje de mi obra *Redactario* (Océano, 2021):

(...) *No es un acto de rebeldía, al menos no de rebeldía irracional o antojadiza, sino un acto de consecuencia y de fidelidad desde y hacia mis ya curtidas labores de docente y de editor.*

Gracias al ejercicio de estos dos oficios, durante muchos años ininterrumpidos, he logrado reforzar la total convicción de que el tildismo es, en contraste con su discrepante, un excelente procedimiento para aprender. Y créanme que, cual científico con su espíritu de tal, una y otra vez he intentado vulnerar esta apreciación. No se trata de capricho ni de romanticismo, por tanto.

En el ámbito instructivo, particularmente en la enseñanza del lenguaje escrito, he corroborado la ventaja sustancial de diferenciar "solamente" de "en soledad". Quitar no siempre es simplificar. A la larga (y no tan larga), esto termina por obstaculizar la formación, especialmente en quienes sucumben ante el primer escollo de la redacción: escasa pericia o problemas para saber lo que quieren decir. Sí, es el primer escollo. Comprobado, comprobado no con proyecciones en papeles, sí con personas de carne y hueso, con alumnos de distintas esferas y edades y con escritores noveles. Además, como veremos (o ya vimos) en el mismo libro —refiriéndonos ligeramente a una de las tesis discrepantes—, el mensaje debe tener un sentido completo en sí; no podemos esperar que el contexto, en una especie de presuposición superlativa, nos resuelva la ambigüedad. Ni podemos ape-

lar a la prosodia de la oralidad (y a sus otros tantos acompañantes en la empresa de la comunicación) para obtener la figuración de los sentidos, en una suerte de adivinación venturosa, de carambola. Rehuir con la reformulación tampoco es el camino, no aquí, no en la redacción, no al menos por complacer premisas que se alejan de los propósitos de la comunicación escrita.

En el ejercicio de mi labor de corrección y edición de textos, por su parte, además de analista del lenguaje escrito, he acreditado la premisa de que no hay casos raros o rebuscados, especialmente si lo que busco es homologar el estilo de un texto. Es o no es. Punto. Si en un texto deshacemos con una tilde las ambigüedades (situación a veces inevitable), no tenemos más camino que seguir por esa senda hasta el final de dicho texto, y, por supuesto, rectificar el criterio hacia atrás. En caso contrario, desde este eje en adelante el texto en sí será una ambigüedad, a menos que, de la manera más afortunada, cada solo *sea un adjetivo, por ejemplo. Y si hay ambigüedad y no podemos deshacerla porque la palabra en verdad no debería llevar tilde, otra vez el texto en sí será inevitablemente una ambigüedad. Así pues, tengo motivos. Y en esta apreciación me secunda (o yo secundo a) un ostensible grupo de intelectuales, escritores, académicos...*

Como ven, me centro en un requisito sumamente útil en la redacción, en la enseñanza de la redacción, de manera general, y en la elaboración de textos. Sobre otras esferas no me pronuncio. Bueno, no tanto...

A ver, lo diacrítico debería apegarse a su etimología, es decir, a "que distingue", y hacerlo con fines útiles, no restringidos a requisitos limitantes establecidos románticamente (éstos sí) por un juez-parte: que sean monosílabos y que distingan lo átono de lo tónico. En todo caso, quien, a pesar de estas revelaciones, siga dudando o sintiéndose mal por "desobedecer" una "regla", entienda que a partir de 2010 la Academia dice "a partir de ahora se podrá prescindir de la tilde en esta forma". "Se podrá" es muy distinto a "se deberá" (o similar). Es más, tal cual está expresado, se advierte que no poner dicha tilde es una facultad, un permiso (por ende, no una regla). Además, la Academia remata con "la recomendación general es, pues, la de no tildar nunca estas palabras". Es una recomendación. Y, bueno, si esto siguiera siendo poco, no olvidemos que superiores de importantes departamentos de la Academia han sostenido que quienes estén desoyendo estas recomendaciones no faltan a la regla, ya que, según ellos, se trataba de "aconsejar". Por lo demás, recordemos que, como dijo el lexicógrafo, filólogo y lingüista español Manuel Seco, la Academia es una «institución humana y no divina». (...)

En tercer lugar, esta obra utiliza tilde en la o cuando ésta se encuentra junto a cifras. ¿El motivo? Puedo dar fe de que, en ciertos formatos y con ciertas tipografías, esta o sí podría ser confundida con un cero. Palabra de hombre de letras, de hombre de libros. También pensemos en personas con problemas visuales, ¿no? (...)

75 Un ACRÓNIMO es un tipo de sigla que se pronuncia como una palabra; por ejemplo: ***o****(bjeto)* ***v****(olante)* ***n****(o)* ***i****(dentificado)*. También puede ser un vocablo formado por la unión de elementos de dos o más palabras, constituido por el principio de la primera y el final de la última; por ejemplo: *ofi(cina infor)mática.*

76 *Antonomasia*, en retórica, es una sinécdoque (tropo que consiste en extender, restringir o alterar de algún modo la significación de las palabras, para designar un todo con el nombre de una de sus partes, o viceversa; un género con el de una especie, o, al contrario; una cosa con el de la materia de que está formada, etc.) que consiste en poner el nombre apelativo por el propio, o el propio por el apelativo: «el Apóstol» (por *San Pablo*), «un Nerón» (por un hombre cruel).

Por su parte, la expresión *por antonomasia* denota que a una persona o cosa le conviene el nombre apelativo con que se la designa, por ser, entre todas las de su clase, la más importante, conocida o característica.

77 Además, al *digitarlos* se hará en cursiva.

78 *Taxonómico* es perteneciente o relativo a la taxonomía (ciencia que trata de los principios, métodos y fines de la clasificación. Se aplica en particular, dentro de la biología, para la ordenación jerarquizada y sistemática, con sus nombres, de los grupos de animales y de vegetales).

Botánico es perteneciente o relativo a la botánica (ciencia que trata de los vegetales).

79 Un *verbo transitivo*, hay que recordar, es el que demanda complemento directo para entrañar oración; por ejemplo: *amar a* <u>*Dios*</u>, *decir* <u>*la verdad*</u>. En contraste, un *verbo intransitivo* es el que no solicita complemento directo; por ejemplo: *nacer* (*nazco, naces...*), *morir, correr, caminar.*

80 Como recordatorio: Una *oración* (o *frase*) *subordinada* es la que depende de la principal... Anteriormente se mencionó que existen subordinadas sustantivas, adjetivas y adverbiales. Pues, dentro de las adjetivas cabe mencionar (por el simple hecho de que llevan coma) las «explicativas, de pronombre relativo». En este caso el antecedente (nombre o expresión nominal a que hacen referencia algunos pronombres) está ya determinado y la proposición de relativo no es necesaria para identificarlo; se añade una precisión o descripción del mismo sin restringir su extensión. Van introducidas por pronombres relativos como *que* [y puede sustituirse por *el/la/los/las cual(es)*], *quien* o *quienes, el cual, la cual, los cuales, las cuales,* o *cuyo, cuya, cuyos(as)*:

Se encontró con un anciano, el cual cojeaba ostensiblemente.

En tanto, una *oración coordinada* es la que tiene unión de sus componentes, realizada por la conexión entre palabras o grupos sintácticos del mismo nivel jerárquico, de forma que ninguno de ellos esté subordinado al otro.

81 Algunas gramáticas consideran a la proposición casi estrictamente como sinónimo de oración. Pero aquí, una proposición se contemplará, en mayor medida, como "conjunto de oraciones unidas".

82 *Connotación* es el efecto de "conllevar", además de su significado propio o específico, otro de tipo expresivo o apelativo. Éstas están formadas por una palabra o un grupo reducido de palabras, y sirven para satisfacer las necesidades comunicativas.

Desde el punto de vista del contenido, toda oración tiene una organización común (una especie de estructura interna); existe un *tema* y una *tesis*:

tema	***tesis***
ser, animado o inanimado, sobre el que versa la oración	algo que se dice acerca de ese tema

83 Una *eufonía*, como fue mencionado anteriormente, es la sonoridad agradable que resulta de la acertada combinación de los elementos acústicos de las palabras. En contraste, una *cacofonía* es una disonancia que resulta de una combinación inarmónica.

84 Al núcleo del predicado antiguamente —o en instrucciones primarias de lenguaje— solía llamársele sólo *verbo*, ya que se trata precisamente de eso. Pero en ora-

ciones más complejas siempre aparecen más verbos, que no son núcleos. Por eso es mejor hacer notar que no es un verbo cualquiera, sino el núcleo del predicado. Por su parte, el complemento del predicado es lo que se conocía como predicado, "a secas".

En este libro ambos términos están más desarrollados; ambos componen el predicado: uno es el núcleo y el otro es el o los complementos.

85 Éste es el orden predilecto de algunos medios escritos para señalar sus títulos.

Por ejemplo: *Lanzaron jóvenes al río sus poemas* o *Compró el artista en la India su lienzo*... ¿Por qué siempre el núcleo del predicado primero?, ¿cuál es la justificación para este atavismo? Un título es un mensaje, una síntesis expuesta en una proposición... Toda proposición debe ser plasmada según cierto orden sugerido por las ideas mismas y por el interés del lector. Por ende, esta usanza se puede considerar, incluso, una manía, ya que es engorrosa e infundada.

86 Esta "habilitación" es producida por el procedimiento de *traslación*.

87 Debemos recordar que los pronombres demostrativos son los que pueden ser usados como sujeto en sí, sin ningún "acompañante" (como no lo hacen los adjetivos).

88 Los *artículos definidos* son: *el, la, los, las* (además del neutro *lo*). Éstos introducen elementos específicos, definen, ya que cuando se les utiliza, el redactor se refiere a un algo concreto, puntual. También existen los *artículos indefinidos*: *un, una, unos, unas*.

89 Preposiciones: *a, ante, bajo, cabe, con, contra, de, desde, en, entre, hacia, hasta, para, por, pro, según, sin, so, sobre* y *tras*.

90 En cambio, si la oración hubiese sido *Cuatro flamantes estafadores de paladines*, la palabra *estafadores* se convertiría en núcleo del sujeto, y *paladines*, en un *complemento adnominal*... Un *complemento adnominal* o *complemento del nombre* es un conjunto de palabras que modifica el núcleo del sujeto por medio de una preposición. Lo más común es usando la preposición *de*, pero hay otros casos con otras preposiciones, como:

El alimento para gatos.
El niño con zapatos negros.
La mujer sin carácter.
Un puente sobre aguas turbulentas.

91 La *preposición* es una palabra de enlace que se antepone a un sustantivo para convertirlo en complemento. En consecuencia, es un elemento "trasladador". Éstas son *a, ante, bajo, cabe, con, contra, de, desde, en, entre, hacia, hasta, para, por, pro, según, sin, so, sobre* y *tras*.

92 Se trata de yuxtaposición de un complemento de un sujeto; no debe confundirse con las *oraciones yuxtapuestas*.

93 Ésta es APOSICIÓN EN EL SUJETO. También puede ser una oración explicativa.

94 Si todo este punto, con sus diagramas explicativos, se vuelve demasiado confuso, no hay que preocuparse, ya que en este caso puntual se trata sólo de una ilustración tendiente a demostrar lo "abundante" que puede ser el sujeto: un núcleo rodeado de muchas "cosas". No es necesario aprender cómo se concierta cada sujeto, como si fuese una fórmula matemática.

95 *Anfibología* representa doble sentido, vicio de la palabra, cláusula o manera de, en este caso, escribir, por la cual puede darse más de una interpretación. En el español, es frecuente encontrarse con ese tipo de vicio, especialmente cuando se trata de sujetos tácitos, pues una misma forma verbal suele ser compartida por más de una persona.

El adjetivo posesivo *su* (con su plural) causa anfibología:

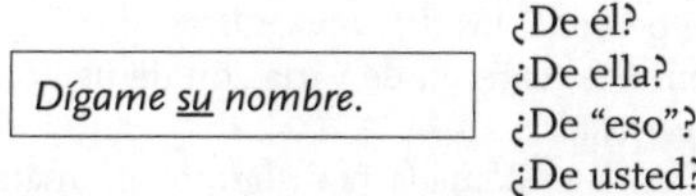

¿De él?
¿De ella?
¿De "eso"?
¿De usted?

El posesivo *su* es el responsable de muchos casos de equívoco, debido a su propiedad de pertenecer a varias personas. Es posible, también, que un verbo cause anfibología; éste es el caso de *caminar*:

Presente indicativo
Yo camino
Tú caminas
Él camina
Nosotros caminamos

Pretérito perfecto simple
Yo caminé
Tú caminaste
Él caminó
Nosotros caminamos

A menos que el contexto lo indique, si se dice *caminamos*, no se sabrá si la acción es en presente o en pretérito.

En retórica, la anfibología representa una figura que consiste en emplear adrede voces o cláusulas de doble sentido. Aprehéndase la clarificación, y utilización aceptada: sólo en retórica y *ex profeso*.

96 Hay un caso especial: En ocasiones se observa que no hay concordancia de persona entre el sujeto y el núcleo del predicado. Esta peculiaridad se llama *sujeto inclusivo*. Ejemplo:

sujeto	np	
Los deportistas	*somos*	*muy sanos.*
(ellos) 3.ª persona plural	2.ª persona plural	

Se está usando *ellos* pero con la inclusión de quien redacta, es decir, se está empleando *ellos* por *nosotros*.

El sujeto es *ellos* (*los deportistas*), y se conjuga con *son* (*somos* es para *nosotros*): *nosotros somos, ellos son...*

Siempre será recomendado evitar este tipo de sujetos, sorteando la inclusión:
Los deportistas, entre ellos yo, son muy sanos.
Los deportistas, y me incluyo, son muy sanos.

97 Ésta es llamada *concordancia de número.*

98 Ésta es llamada *concordancia de persona.*

99 Pero, como bien se sabe, hay verbos que sólo son parcialmente susceptibles de estas modificaciones, así como a las de persona: los *defectivos.* Otros, por funcionar como núcleos de oraciones unimembres, carecen de variación de persona y número (no las de tiempo y modo): *impersonales.*

100 Como dato extra, la oración independiente es llamada por algunos gramáticos *proposición principal* o *proposición subordinante.*

101 Algunos lo llaman *objeto directo* o *complemento de objeto directo* (incluso CASO ACUSATIVO O CUARTO CASO). Por motivos de simplicidad, aquí se le llamará meramente *complemento directo.* En éste se suele ver la expresión de una relación inmediata entre el verbo y el objeto al que se refiere la acción verbal, por tanto, el caso por excelencia del complemento directo.

102 La preposición *con* descarta inmediatamente un complemento directo, pues ya no se trata de *qué,* sino de *con qué.*

103 Este tipo de pronombre, antepuesto y separado, es llamado *proclítico...*

Los pronombres en tercera persona son los únicos que pueden reemplazar directamente a otras palabras.

104 Los pronombres de estos complementos son de tercera persona, como se vio en la apostilla anterior:

lo	masculino, singular
la	femenino singular
los	masculino plural
las	femenino plural

105 La *voz pasiva* es una forma de conjugación que sirve para significar que el sujeto del verbo recibe la acción del verbo (es *paciente*); por ejemplo: *Los perros son amados por Antonio.* En contraste, la *voz activa* (que ha abarcado la totalidad de las oraciones vistas hasta ahora y que es la "preferida" en el español), como recordatorio, es una forma de conjugación que sirve para significar que el sujeto del verbo designa a la persona, animal o cosa que realiza la acción del verbo (es *agente*); por ejemplo: *Antonio ama a los perros.*

106 No importa si la voz pasiva suena "forzada". Sólo interesa que sea posible plantear una voz pasiva para comprobar que hay complemento directo.

107 Los tres complementos son: *directo, indirecto* y *circunstancial* (además de ciertas "distinciones" que se expondrán en la apostilla siguiente).

108 No todo complemento que lleve *a* será un complemento indirecto (o algún tipo de directo). Podría ser un *complemento adverbial:*

Ejemplo	Comentario
*He ido <u>**a** mi pueblo</u>.*	Estos complementos son adverbiales. Un complemento adverbial nunca puede sustituirse por *le* o *les*, lo cual sí sucede con un complemento indirecto.
*Vienen <u>**a** comer</u>.*	

Además, algunas gramáticas incluyen bajo el rótulo de *complemento indirecto* otros dos complementos que no deben confundirse con él (que en realidad son complementos adverbiales, y no pueden reemplazarse por un pronombre personal átono):

	Ejemplo	Comentario
Complemento de destinatario	*<u>Para los niños</u> he traído unas revistas.*	Lleva siempre la preposición *para*, incluso si es un pronombre: *Traigo esto <u>para ti</u>.*
Complemento de finalidad	*Hemos venido <u>para descansar</u>.*	Se puede elegir entre diversas preposiciones: *Hemos venido* a *descansar*, ...para *descansar*, ...a fin de *descansar*, etc.

109 En este caso, el género es indiferente; sólo debe concordar la persona como tal (a diferencia de los complementos directos, donde además género y número deben concordar). Los pronombres que pueden reemplazar, los sin preposición, son las terceras personas:

		sin preposición	con preposición	
1.ª persona	yo	**me**	mí	***Me** enviaron una encomienda.* (a mí)
	nosotros, nosotras	**nos**	*nosotros*	***Nos** han quitado el ocio.* (a nosotros)
2.ª persona	tú	**te**	ti	***Te** doy lo tuyo.* (a ti)
	usted	**le**	*usted*	***Le** prometo una compensación.* (a usted)
	vosotros, vosotras	**os**	*vosotros*	***Os** reservaremos el sitio.* (a vosotros)
	ustedes	**les**	*ustedes*	***Les** presentaré a nuestra hija.* (a ustedes)

3.ª persona	él, ella, ello	**le**	*él, ella, ello*	***Le** enviaré una carta. Voy a enviar**le** una carta.* (a él o ella)
	ellos, ellas	**les**	*ellas, ellos*	***Les** contaré todo. Quiero contar**les** todo.* (a ellos o ellas)

110 Los pronombres de las terceras personas del complemento indirecto (*le, les*) no pueden "juntarse" con sus "pares" del complemento directo (*lo, la, los, las*). Así, *le* o *les* (complemento indirecto) debe cambiarse por *se*. Pero hay que destacar que, aunque se una el prenombre *se*, no se trata de oraciones reflexivas (*peinarse, mirarse, sentarse*...), o recíprocas (*abrazarse*...).

Pronombres átonos		
complemento directo	**Complemento indirecto**	
	Sin preposición	**Con preposición**
me	*me*	*mí*
te	*te*	*ti*
lo, la	***le***	***sí, él, ella***
nos	*nos*	*nosotros*
les (os)	*les (os)*	*ustedes (vosotros)*
los, las	***les***	***sí, ellos, ellas***

111 Anteriormente se dijo que no todo complemento que lleve *a* será un complemento indirecto (o algún tipo de directo). Podría ser un *complemento adverbial*. Algunas gramáticas incluyen bajo el rótulo de *complemento indirecto* algunos complementos adverbiales que no deben confundirse con él... no pueden reemplazarse por un pronombre personal átono):

Complemento de destinatario	*Para los niños he traído unas revistas.*	Lleva siempre la preposición *para*, incluso si es un pronombre: *Traigo esto para ti*.
Complemento de finalidad	*Hemos venido para descansar.*	Se puede elegir entre diversas preposiciones: *Hemos venido a descansar, ...para descansar, ...a fin de descansar*, etc.

112 *Sintaxis*, hay que recordar, es la parte de la gramática que enseña a coordinar y unir las palabras para formar las oraciones y expresar conceptos...

113 La partícula *le* de "comprarle" y las partículas *se, la* de "comprársela" son *enclíticos*, es decir, partículas o partes de la oración que se ligan con el vocablo precedente, formando con él una sola palabra.

En la lengua española son partículas enclíticas los pronombres pospuestos al verbo: *aconséjame, sosiégate*, etc. Existen, además de los enclíticos, los proclíticos (como se vio con los complementos directos e indirectos).

114 Esto no se refiere exclusivamente al uso de complementos, sino de sujeto y núcleo del predicado, además.

115 Una *frase incidental*, también llamada *inciso* o *aposición*, es una expresión que se intercala en otra con autonomía gramatical para explicar algo relacionado con ésta. La intercalación se realiza mediante comas.

116 Como "advertencia": Entrar al terreno de las oraciones subordinadas y compuestas puede acarrear riesgos, ya que, por ejemplo, una subordinación excesiva —subordinadas de subordinadas— empaña el sentido de lo escrito, y éste se vuelve pesado y nebuloso.

En contraste, las oraciones subordinadas bien utilizadas pueden brindar mayor claridad, más información y de forma muy variada.

Por otro lado, estrictamente hablando, la subordinada en muchas ocasiones es una frase (no tiene sentido completo... necesita de otras para eso).

117 Como nota: Los verbos de las oraciones subordinadas pueden estar en modo subjuntivo o modo indicativo:

Ejemplo	Comentario
Nadie sabía que la tía Sonia iba a venir. *El vigilante argumentó que el lugar estaba limpio.*	*iba* se encuentra en indicativo, y dentro de una oración subordinada. Del mismo modo, *estaba* forma parte de una oración subordinada y se encuentra en modo indicativo.
Yo no quería que esto sucediera. *¿Quién te pidió que cantaras?*	Los verbos en subjuntivo suelen llamarse de *voluntad, deseo* o *mandato*... Estos verbos son los que exigen la presencia del verbo conjugado en subjuntivo.
No creí que supieran la verdad. *Es muy probable que tus primos no lleguen a tiempo.*	Como se ve, también los hay de duda e inseguridad.

En cambio:

El director tenía la convicción de que las nuevas disposiciones desmejorarían el rendimiento.	Cuando el verbo principal —no subordinado— es de seguridad o certeza, el subordinado se conjugará en el modo indicativo: *desmejorarían* (condicional):

118 Como recordatorio, un *sustantivo* puede ser toda palabra que dé a entender una cosa, animal, lugar, persona o concepto abstracto.

119 Los *pronombres relativos* funcionan como palabras de "enlace" entre dos frases, y las convierten en una proposición.

Hay otros pronombres relativos además de *que*: *quien, cual* (siempre precedido de artículo: *el cual, la cual,* etc.), *cuyo* y *cuanto.*

El pronombre relativo *que* es invariable, mas *quien, cual, cuyo* y *cuanto* varían según su género y su número. *Que* y *cual* se refieren indistintamente a personas o cosas. *Quien* se refiere siempre a personas. En singular, *cuanto* sólo se refiere a cosas; en plural, a personas.

120 Estas frases, y no hay que olvidarlo, exponen el "cuándo", el "en qué momento"; pero, como frase subordinada, se trazará este momento como *cuando* (sin tilde). Así será con toda circunstancia subordinada, ya que es introducido por un pronombre relativo o una conjunción (*cuando, donde, como, porque, si, aunque, para que*).

121 El contenido del enunciado, la oración principal del período condicional, donde se completa o se cierra el sentido que queda pendiente en la *prótasis* (parte del período en que queda pendiente el sentido, que se completa o cierra en la apódosis), se llama *apódosis.*

Más gráfico:

Si vinieras mañana	,	*hablaríamos de eso.*
prótasis		**apódosis**
Introduce el supuesto, la hipótesis		Indica la consecuencia o el resultado de lo expresado por la condición.

122 Pretérito imperfecto de subjuntivo marcaría, por ejemplo, *saltara* o *saltase, comiera* o *comiese, riera* o *riese...*

123 El pretérito pluscuamperfecto de subjuntivo marcaría, por ejemplo, *hubieras saltado, hubieras comido, hubieras reído*; el condicional perfecto, *habrías saltado, habrías comido, habrías reído.*

OBRAS CONSULTADAS

ANDINO, María Elena: *Ortografía aplicada*, Sexta Edición, Guaymuras, Tegucigalpa, 2004.

ALONSO, Martín: *Ciencia del lenguaje y arte del estilo*, Duodécima Edición, Aguilar, Madrid, 1975.

ÁLVAREZ, Miriam: *Tipos de escrito I: narración y descripción*, Arco Libros, Madrid, 1993.

—: *Tipos de escrito II: exposición y argumentación*, Arco Libros, Madrid, 1993.

ARAYA, Eric: *Redactario*, Océano, México, 2021.

BERISTÁIN, Helena: *Gramática estructural de la lengua española: Primera versión corregida*, Segunda Edición, Limusa, Ciudad de México, 2006.

CASSANY, Daniel: *La cocina de la escritura*, Anagrama, Barcelona, 2002.

CORPAS PASTOR, Gloria: *Manual de fraseología española*, Gredos, Madrid, 1996.

CORRIPIO, Fernando: *Diccionario de ideas afines*, Herder, Barcelona, 2007.

DEL RÍO, María Asunción: *Taller de redacción 1*, McGraw-Hill Interamericana, Ciudad de México, 1993.

—: *Taller de redacción 2*, Segunda Edición, McGraw-Hill Interamericana, Ciudad de México, 2000.

ECO, Umberto: *Cómo se hace una tesis*, Sexta Edición, Gedisa, Barcelona, 2001.

—: *La estructura ausente*, Quinta Edición, Lumen, Barcelona, 1994.

GARCÍA FLORIO, Aurelio: *Diccionario de la conjugación*, Cuarta Edición, Kapelusz, Buenos Aires, 1965.

GÓMEZ TORREGO, Leonardo: *El léxico en el español*, Arco Libros, Madrid, 1995.

GONZÁLEZ REYNA, Susana: *Manual de redacción e investigación científica*, Cuarta Edición, Trillas, Ciudad de México, 1998.

GORSKI, D. P.: *Pensamiento y lenguaje*, Tercera Edición, Grijalbo, Ciudad de México, 1966.

JAKOBSON, Roman y HALLE, Morris: *Fundamentos del lenguaje*, Ayuso, Madrid, 1974.

JIMENO CAPILLA, Pedro: *Taller de expresión escrita*, Ediciones Octaedro, Barcelona, 2006.

LEAL-ISIDA, Robertha y SÁRNZA JIMÉNEZ, Dolores: *Escritura funcional. De la oración al párrafo*, Pearson, Ciudad de México, 2016.

LÓPEZ CANO, José Luis: *Taller de redacción. Primer semestre*, Vigésimo Séptima Edición, Esfinge, Ciudad de México, 2002.

—: *Taller de redacción. Primer semestre (Estilística)*, Vigésimo Quinta Edición, Esfinge, Ciudad de México, 2005.

MARTÍNEZ, José A.: *Escribir sin faltas. Manual básico de ortografía*, Nobel, Asturias, 2004.

MARTÍNEZ DE SOUSA, José: *Diccionario de usos y dudas del español actual*, Cuarta Edición, Trea, Asturias, 2008.

MAQUEO, Ana María: *Redacción*, Decimocuarta reimpresión, Limusa, Ciudad de México, 1996.

MARTÍN VIVALDI, Gonzalo: *Curso de redacción. Teoría y práctica de la composición y del estilo*, Decimonovena Edición, Paraninfo, Madrid, 1982.

MORENO DE ALBA, José G.: *El lenguaje en México*, Siglo Veintiuno, Ciudad de México, 1999.

ONIEVA MORALES, Juan Luis: *Cómo dominar la gramática estructural del español. Guía del profesor*, Tercera Edición, Playor, Madrid, 1990.

PAZ GAGO, José María: *La estilística*, Síntesis, Madrid, 1993.

PORTOLÉS, José: *Marcadores del discurso*, Segunda Edición, Ariel, Barcelona, 2001.

PLANTIN, Christian: *La argumentación*, Ariel, Barcelona, 1998.

REAL ACADEMIA DE LA LENGUA ESPAÑOLA: *Diccionario de la lengua española*, Vigésima Edición, Espasa Calpe, Madrid, 1984.

—: *Ortografía de la lengua española*, Espasa Calpe, Madrid, 1999.

SECO, Manuel: *Diccionario de dudas de la lengua española*, Octava Edición, Aguilar, Madrid, 1982.

—: *Gramática esencial del español*, Quinta Edición, Espasa Calpe, Madrid, 2006.

—: *Diccionario de dudas y dificultades de la lengua española*, Décima Edición, Espasa Calpe, Madrid, 1998.

TÉLLEZ, Roberto: *Conformación etimológica del español*, Cengage Learning, Ciudad de México, 2004.

TREVIÑO, Jorge: *Ortografía práctica al día*, Quinta Edición, Trillas, Ciudad de México, 1980.

VARIOS AUTORES: *Gramática descriptiva de la lengua española*, Espasa Calpe, Madrid, 1999.

ACERCA DEL AUTOR

Eric Araya-Monardes (Antofagasta, Chile) es comunicólogo, educador y lingüista especializado en lengua escrita y análisis lingüístico. Desde 2003, ha construido una destacada trayectoria como editor, corrector de estilo e investigador, con un enfoque en crestomatías y compilación de corpus de lenguaje pragmático y literario.

Apasionado por la enseñanza, imparte cursos de redacción y literatura y ha ejercido la docencia en instituciones culturales y educativas, abordando materias como comunicación, gramática, semántica, retórica, análisis discursivo, narrativa, estilística, poesía y ensayo. Su trabajo combina el rigor académico con una mirada práctica sobre el lenguaje.

Escritor de amplio registro, desarrolla proyectos en diversos géneros literarios. Su interés por el lenguaje y la cultura se refleja también en su pensamiento crítico y reflexivo, con una visión que enlaza lo literario con lo humano y lo social.

Con un agudo ojo crítico y una destacada capacidad analítica, brinda consultoría en proyectos de comunicación estratégica, social y corporativa.

Esta obra se imprimió y encuadernó
en el mes de junio de 2025,
en los talleres de Impregráfica Digital, S.A. de C.V.,
Av. Coyoacán 100–D, Col. Del Valle Norte,
C.P. 03103, Benito Juárez, Ciudad de México.